Oswald von Wolkenstein

Oswald von Wolkenstein

Leben – Werk – Rezeption

Herausgegeben von

Ulrich Müller und Margarete Springeth

De Gruyter

Gefördert vom Südtiroler Landesmuseum
für Kultur- und Landesgeschichte Schloss Tirol

SCHLOSS TIROL
CASTEL TIROLO

ISBN 978-3-11-020782-8
e-ISBN 978-3-11-023445-9

Library of Congress Cataloging-in-Publication Data

Oswald von Wolkenstein : leben, werk, rezeption / edited by Ulrich Müller und Margarete Springeth.
p. cm.
Includes bibliographical references and index.
ISBN 978-3-11-020782-8 (cloth : acid-free paper)
1. Wolkenstein, Oswald von, 1377?–1445 – Criticism and interpretation. 2. German literature – Middle High German, 1050–1500 – History and criticism. 3. Literature and society – Germany – History. I. Müller, Ulrich, 1940– II. Springeth, Margarete.
PT1695. W4O836 2011
831'.3–dc22

2011009457

Bibliografische Information der Deutschen Nationalbibliothek

Die Deutsche Nationalbibliothek verzeichnet diese Publikation in der Deutschen Nationalbibliografie; detaillierte bibliografische Daten sind im Internet über http://dnb.d-nb.de abrufbar.

Umschlagabbildung: ÖNB/Wien Cod. 2777.
Druck: Hubert & Co. GmbH und Co. KG, Göttingen
∞ Gedruckt auf säurefreiem Papier

Printed in Germany

www.degruyter.com

Inhalt

Zum Geleit: Selbstverständlich der Wolkensteiner?

Dieter Kühn

Nach Lesungen aus Biographien wird mir vielfach die Frage gestellt: Wie sind Sie eigentlich auf Clara Schumann gekommen? Oder: Was hat Sie zu Maria Sibylla Merian geführt (oder zu Gertrud Kolmar)? Diese Standardfrage mit wechselnden Namen hätte ich bei Oswald von Wolkenstein leicht und klar beantworten können.

Irgendwann Mitte der sechziger Jahre sah ich eine kleinformatige Reproduktion des Portraitgemäldes des Wolkensteiners mit all seinen Ehrenzeichen und Orden. Das erste authentische Bildnis eines deutschsprachigen Dichters, Komponisten, Sängers. Ein auffälliger Kopf, nicht nur, weil das rechte Auge geschlossen ist – massiger Schädel mit Energie verratenden, zumindest suggerierenden Kinnhöckern, mit deutlichen Blessuren, die auf ein ‚bewegtes Leben' schließen lassen. Über dieses Mannsbild, das ich so genau vor mir sah, wollte ich mehr erfahren.

Der zweite Impuls: eine Langspielplatte (LP) mit Wolkenstein-Liedern, in der Archiv-Produktion der Deutschen Grammophon Gesellschaft. Einige der Lied-Kompositionen des Wolkensteiners wurden rasch zu Ohrwürmern, vor allem: *Wach auf, mein Schatz! Schon leuchtet her / von Orient der lichte Tag!* (Hier freilich schon übersetzt.)

Dritter Impuls: Irgendwo las ich einen Liedtext (in der Stiasny-Bücherei?), in dem Oswald (stilisierend) besingt, wie er in seiner Burg Hauenstein bei Seis am Schlern haust, und es ist Winter, drangvolle Enge im einzigen Raum, der (außer der Küche, so ergänze ich) beheizt wurde. Um meine frühe Fixierung verständlich zu machen, ein kurzer Ausschnitt (in meiner Übersetzung aus der Projektbeschreibung, die ich meinem damaligen Verlag vorlegte):

Was mir an Ehrung ward zuteil
durch Fürsten, „manig" Königin,
und was ich so an Schönem sah,
das büß ich ab in diesem Bau.
Mein Unheil hier –
es zieht sich lange hin!
Ich bräuchte sehr viel Mutterwitz:
muß täglich sorgen für das Brot!

Dazu werd ich noch oft bedroht.
Kein schönes Mädchen tröstet mich!
Die früher auf mich hörten,
sie lassen mich im Stich.
Kein feiner Umgang mehr, statt des:
nur Kälber, Geißen, Böcke, Rinder
und Bauerndeppen, hässlich, schwarz,
im Winter ganz verrotzt.
Macht froh wie Pansch-Wein, Wanzenbiss …
In der Beklemmung hau ich oft
die Kinder in die Ecken.
Da kommt die Mutter angewetzt,
beginnt sogleich zu zetern.
Gäb sie mir eines mit der Faust,
ich müsst auch das erdulden!
Sie schreit: „Die Kinder hast du ja
ganz fladenflach geschlagen!"

Der Liedtext, dem ich diese Sequenz entnahm … Die frühe Einspielung des Tagelieds vom Liebespaar, das von der Morgensonne überrascht wird … Das reproduzierte Bildnis: dreifache Motivation!

Ich hatte ursprünglich vor, einen biographischen Essay von höchstens hundert Seiten zu schreiben. Bei einem Telefonat mit einem Mediävisten jedoch erfuhr ich, dass an die tausend Dokumente im Südtiroler Familienarchiv (sowie in anderen Archiven) erhalten blieben – vor allem durch die Alpenkette geschützt vor den Bränden, die der Dreißigjährige Krieg auch in Archiven entfachte.

Ich betonte dieses opulente Material-Angebot im Projektvorschlag, den ich, gegen bisherige Gewohnheit, an den Frankfurter Verlag schickte. Ich wurde eingeladen zu einem Gespräch mit dem Verleger: Eine Biographie gern, auch eine Biographie über eine Figur des Mittelalters, aber weshalb nur über eine dem Lesepublikum völlig unbekannte Person wie den Wolkensteiner? Was sollen, potz Wolkenbruch, die Vertreter dem Sortiment vortragen? Es liegt nur eine einzige Publikation vor, die sich mit dem Namen Wolkenstein verbindet, ein Bändchen der Reclam UB mit der kleinen Auswahl von Liedtexten, mittelhochdeutsch, begleitet von Prosaübersetzungen durch Wachinger – so etwas wie Textservice für Germanisten, die Scheine in Mittelhochdeutsch machen müssen. Also, höchstens in germanistischen Oberseminaren dürfte der Dichter einigermaßen bekannt sein, sonst aber: Fehlanzeige. Es liefe mit ziemlicher Sicherheit auf einen Misserfolg hinaus, wenn ich eine Biographie über diesen in der breiteren Öffentlichkeit völlig unbekannten Dichter schriebe. Da hätte die deutschsprachige Literatur des hohen Mittelalters entschieden mehr zu bieten!

Ich wies hin auf den bald bevorstehenden sechshundertsten Geburtstag des Wolkensteiners; dies könnte Redakteure und Rezensenten zu publizistischer Begleitmusik motivieren, damit wiederum könnte Echo geschaffen werden für den grandiosen Dichter und großen Musiker.

Dessen Geburtstag sei aber in keinem Literaturkalender vorgemerkt, würde nach Lage der Dinge bestimmt auch nicht gefeiert, und schon gar nicht durch eine Sonder-Briefmarke – ein Reclamheft allein erzeuge noch nicht hinreichend Resonanz für feuilletonistische Geburtstagsfeiern. Eine Biographie, wie gesagt, grundsätzlich gern, aber bitte nicht über eine Person ohne jede Präsenz.

Gerade diese Voraussetzungen aber würden mich reizen, mich herausfordern. Dieser Dichterkomponist aus dem heutigen Südtirol – würde er durch eine Biographie endlich mal in den Vordergrund gerückt, samt chronologisch eingeordneten Übertragungen seiner oft fulminanten Liedtexte, so müsste das doch Resonanz finden, gerade bei einer derart prägnanten Persönlichkeit, bei einem so grandiosen Werk!

Meine Argumentation als Gleichung mit mehreren Unbekannten … Man müsse das Lesepublikum aber dort abholen, wo es bereits angekommen sei. Warum also nicht eine mit Übertragungen angereicherte Biographie über einen weithin bekannten Dichterkomponisten des hohen Mittelalters, über Walther von der Vogelweide? Ein Name mit Klang! Mit diesem klangvollen Namen: Resonanz …!

Die biographischen Materialien über Walther seien aber recht dürftig, wendete ich ein. Über den Wolkensteiner hingegen: ein stattlicher Fundus! Die Figur dürfte einprägsame Konturen annehmen, der Lebenslauf dieses Abenteurers könnte präzis vermittelt werden. Bei Walther hingegen weiß man nicht einmal, von welchem der diversen Vogelweidhöfe des süddeutschen Sprachgebiets er stamme. Ich hätte mich bisher noch nicht näher mit dem Vogelweider befasst, aber dies sei wohl sicher: Über sein Leben sei wenig, viel zu wenig bekannt. Eine Biographie über ihn bleibe weithin auf Spekulationen angewiesen.

Wie auch immer: die Relationen stünden eins zu zehn. Sprich: eine Erstauflage von 2000 Exemplaren bei einer Biographie über Potzwolkenbruch, eine (nicht garantierte, von den Vertretern aber sicherlich angezielte) Erstauflage von 20.000 beim Vogelweider. Eine Vorauszahlung stünde übrigens auch in Relation zu den Erfolgsaussichten; zum Schwerpunkttitel könnte eine Wolkenstein-Biographie mit Sicherheit aber nicht nominiert werden. Zwar kein „Weglass-Titel“, aber: Werbung für eine Vogelweider-Biographie würde weitaus größere Resonanz finden.

Also, bitte alles nochmal reiflich überlegen. Der Verlag wird, falls ich auf meinem Vorhaben beharre, auch eine Wolkenstein-Biographie ins

Programm aufnehmen, keine Frage, aber, wie gesagt: eine Biographie über Walther von der Vogelweide hätte eine etwa zehnmal höhere Startauflage.

Ja, und ich saß als ein noch recht junger Familienvater vor dem Schreibtisch, war, als „free lancer“, angewiesen auf Einkünfte. Eine neue Alternative setzte sich fest: der Wolkensteiner oder der Vogelweider?

So könnte es gewesen sein.

Sigmund von Luxemburg und Friedrich IV., wer? Geltung und Bedeutung der Lieder Oswalds von Wolkenstein

Gerhard Ruiss

Schon die zur Verfügung stehende Auswahl seiner möglichen Geburtsjahre zeigt: Nur auf Fakten gestützt, lässt sich das Leben Oswalds von Wolkenstein nicht darstellen. Den Biographien und Ausgaben seiner Lieder zufolge liegt es zwischen 1376 und 1378, in der kommentierten Edition seiner Lebenszeugnisse wird es um 1375 herum angegeben. Die *Allgemeine Deutsche Biographie* bzw. *Neue Deutsche Biographie* führt ihn bis heute mit dem ihm in den Publikationen vor Erscheinen der Biographien und Lebenszeugnisse um 10 Jahre früher zugeschriebenen Geburtsjahr.

Von Anfang an haben zur Erstellung seiner Biographie seine Lieder als Belege für Ereignisse und Vorgänge in seinem Leben sowie Zitate aus den Liedern zu ihrer Beschreibung gedient. Die Persönlichkeit OsvW hat dadurch eine immer abenteuerlichere Gestalt angenommen, der Stellenwert seiner Lieder ist geringer geworden. Trotzdem wurde er vielfach als erster Autor im deutschen Sprachraum in einem heutigen Sinn bezeichnet, als Vorläufer der Gegenwartsdichtung und erster experimenteller Dichter in der Geschichte der deutschsprachigen Literatur.

OvW hat nur über ein schmales Spektrum an Möglichkeiten zum Verfassen und zur Verbreitung seiner Lieder verfügt, zwischen schriftlichen Fixierungen in eigenen Sammlungen und in Sammlungen mit anderen Autoren und dem eigenen Vortrag als einziger musikalischer Präsentationsmöglichkeit, falls die Lieder nicht auch durch jemand anderen vorgetragen wurden.

Eine direkte materielle Abhängigkeit vom Anklang seiner Lieder hat für ihn nicht bestanden. Gleichberechtigt stehen die Aufforderung zum Respekt vor der Obrigkeit und der Spott über sie in den Liedern nebeneinander. Das gilt genauso für kirchliche Oberhäupter wie für den Landesfürsten und schließlich sogar für den Kaiser selbst. Es ist daher ausgeschlossen, daß seine Lieder zu irgendjemandes höheren Ehren hätten empfunden werden können. Eher zutreffen wird, daß die bis vor wenigen Jahren auftretenden Schwierigkeiten im Umgang mit ihnen zur Zeit ihrer Entstehung noch viel größer gewesen sind. Andererseits hätte er nicht so deutlich mit seinen Liedern werden können, hätte es keine Zuhörerschaft für sie gegeben. Und sehr wahrscheinlich ist – Notengebung hin oder her –, nicht jedes Lied muß in derselben Fassung wie in seiner später dokumentierten Form oder überhaupt vorgetragen worden sein.

Welchen Grund, welches Ziel und welchen Entstehungszeitpunkt ein Lied hat, läßt sich bei den Liedern OsvW selten eindeutig sagen. Die meisten Lieder sind weder zeitlich noch auf eine einzige Interpretationsmöglichkeit festgelegt. Die in ihnen enthaltenen Anspielungen, Doppeldeutigkeiten, direkten und indirekten Angriffe, wie sie als Begleiterscheinungen von Versammlungen, Empfängen und sonstigen Zusammenkünften typisch sind, lassen sich für Nichteingeweihte sehr schwer und für Nichtbeteiligte einer späteren Zeit kaum noch durchschauen.

Ein Lied über Planeten und Sternzeichen kann sich genauso als Lob- und Spottlied über Zeitgenossen erweisen wie ein Lied, das sich sofort als solches zu erkennen gibt. Es als Lied über Gestirnkonstellationen und Eigenschaften von Sternzeichen aufzufassen, ist zwar möglich, bei der fast durchgehend doppelten Bedeutung seiner Lieder aber sicher nicht ausschließlich gemeint.

Die wenigen Hinweise auf die jeweilige Absicht eines Liedes sind oft nur bei ganz genauer Betrachtung zu erkennen. Es kann sogar sein, daß die maßgebliche Information zum Verständnis eines Liedes von vornherein vorausgesetzt wird und es im Lied selbst kein anderes Anzeichen dafür gibt als eine auffällige Häufung eines Vokabulars, das die Wichtigkeit des Augenblicks betont, und somit ein Lied, das aus Anrufungen um Beistand aller himmlischen Mächte besteht, die Situation vor einer im Lied nicht erwähnten bevorstehenden Schlacht thematisiert.

Wer bei einem Lied OsvW über die Jagd oder einem über eine Pilgerreise nach Jerusalem an die Vermittlung seiner Kenntnisse über die Jagd oder die Seefahrt denkt, übersieht leicht den entscheidenden Grund für ein solches Lied, in dem es letztlich weder um die Jagd in freier Wildbahn noch um die Warnung vor den Gefahren von Schiffsreisen geht. Die Jagdhunde in seinem Lied über die Jagd tragen die Namen von Gefühlen, und den besten Weg zum Erreichen des Ziels in seinem Lied über die Überfahrt ins gelobte Land läßt er die Veranlasserin der Pilgerreise erklären.

Zu einem Gutteil besteht der Umgang mit seinem Leben und den Liedern aus Spekulationen, Mißverständnissen, Gerüchten und Irrtümern. Sie beruhen auf der noch immer nicht vorgenommenen Entflechtung seines Lebens und Werks. Für die früheren Publikationen seiner Lebensgeschichte und Lieder gilt, je weniger die Lieder von ihren Originalen in aktuelle Fassungen übertragen wurden, desto mehr wurde von ihnen in die Lebensbeschreibungen OsvW übernommen, für spätere Publikationen gilt: man kann auf die Lieder vielleicht auch ganz verzichten. Eine Korrektur hat erst in jüngster Zeit durch die parallele Publikation seiner Lebenszeugnisse und mehrerer unterschiedlich ausgerichteter Übertragungen der Lieder stattgefunden. Trotz ihrer, gegenüber seiner Lebensgeschichte lange Zeit nachrangigen Bedeutung, liegt eine beeindruckende Publikationsgeschichte von ihnen vor, die mit einer ersten Veröffentlichung in Buchform mehr als 400 Jahre nach der Entstehung der Lieder in ihrer für Leser des 19. Jahrhunderts unverständlichen Originalsprache 1847 beginnt.

Eine zweite notwendige Korrektur im Umgang mit OvW und seiner Literatur nimmt allmählich Form an. Ließ sich noch Ende der 1980er Jahre das Stift Neustift um die Wiederaufnahme seiner Gebeine an ihrem ursprünglichen Beerdigungsort bitten, wo sie 15 Jahre zuvor gefunden worden waren und von dort aus zu Untersuchungszwecken auf Wanderschaft gegangen sind, zeigen sich in den letzten Jahren verstärkt Anzeichen dafür, daß OvW nunmehr auch in seiner Heimat Südtirol willkommen ist. Zumindest an zwei seiner zeitweiligen ehemaligen Lebensorte, in Gais bei Bruneck, unterhalb der Burg Neuhaus, und in Waidbruck, am Ausgangspunkt zur elterlichen Trostburg, wurden ihm und seinen Liedern 2005 und 2007 Denkmäler gesetzt.

Ohne großen Unterschied zur Sekundärliteratur, haben sich auch die Autoren literarischer Texte hauptsächlich mit dem Leben OsvW beschäftigt. In seinem Opernlibretto, *Wolkenstein. Eine Lebensballade*, greift Felix Mitterer die Dolomitensage von der Eisenhand auf, in der die Unglück bringende musikalische Begabung durch die Unfähigkeit zum Halten eines Instruments eingedämmt werden soll, in seinem Monolog *wolkenstein. mobilisierun'* zeichnet Thomas Kling Teile der Biographie OsvW nach. In den nachgelassenen Briefen Norbert C. Kasers hat sich eine auf seine eigene Biographie umgelegte Nachdichtung der Lebensbilanz OsvW von *Es fügt sich* gefunden, und Anita Pichler hat ihrer – von einem Lied OsvW abgeleiteten – Erzählung *Wie die Monate das Jahr* das entsprechende Lied *Mein puel laisst mir gesellschafft zwar* in einer Nachdichtung als Motto vorangestellt. Zudem sind mehrere Abenteuerromane über ihn erschienen.

Diese Vermeidung einer intensiveren Beschäftigung mit seinen Liedern entspricht nicht ihrer auf mehrere Generationen von Wissenschaftlern und Autoren ausgeübten Anziehungskraft, sie drückt nur die noch größere Schwierigkeit als die schon schwer lösbare Aufgabe der Entschlüsselung ihrer Inhalte aus, die Lieder wie auch immer geartet literarisch neu zu fassen.

Obwohl das Interesse an den Liedern OsvW in den letzten Jahren deutlich gestiegen ist, ihre von Wieland Schmied 1960 – vor mittlerweile 50 Jahren – angekündigte bevorstehende große Entdeckung ist bisher ausgeblieben. Seine Lieder werden geschätzt, veröffentlicht, zitiert, nachgespielt, sie haben aber nach wie vor nicht zu der ihnen möglichen Verbreitung und Wertschätzung gefunden. Die Voraussetzungen zur Einlösung der von Schmied abgegebenen, bereits selbst in ein Jubiläumsalter gekommenen Prognose waren allerdings nie besser als heute. Aber so oder so trifft zu: Wer Sigmund von Luxemburg und Friedrich IV. waren, König und Kaiser der eine, Tiroler Landesfürst der andere, wird man häufig erst erklären müssen, fällt hingegen der Name OvW, der beiden gedient hat, löst das bei den meisten sofort Wiedererkennungsreflexe aus.

Vorwort

Margarete Springeth und Ulrich Müller

Das vorliegende Studienbuch hat die Absicht, den derzeitigen wissenschaftlichen Kenntnisstand zu Leben, Werk und Rezeption Oswalds von Wolkenstein († 1445) zusammenzufassen und zu präsentieren. Als Leserinnen und Leser denken wir dabei an alle, die ausführliche und zuverlässige Information zu diesem Autor suchen, den viele als einen der hervorragendsten ‚Liedermacher' des deutschsprachigen, ja des europäischen Mittelalters einschätzen, darunter natürlich auch (aber eben nicht nur) Studierende und Lehrende an den Universitäten.

Anstoß zu diesem Studienbuch war der Plan des Südiroler Landesmuseums Schloss Tirol, im Sommer und Herbst 2011 eine große Landesausstellung in Südtirol zu Oswald von Wolkenstein zu veranstalten, kuratiert von Hans-Dieter Mück. Dem Direktor des Südtiroler Landesmuseums Siegfried de Rachewiltz ist es zu verdanken, dass im November 2009 viele einschlägige Fachleute verschiedener wissenschaftlicher Disziplinen zu einem Wolkenstein-Symposion auf Schloss Tirol eingeladen werden konnten; es diente der intensiven vorbereitenden Arbeit an diesem Studienbuch und auch der späteren Ausstellung. Was hier nun vorliegt, entspricht in seiner Anlage nicht einem Sammelband einer wissenschaftlichen Fachtagung: Wir haben vielmehr gemäß dem Konzept unseres geplanten Studienbuchs die einzelnen Themen den Eingeladenen und Mitwirkenden nach einer durchgehenden Systematik vorgegeben, in der Absicht, damit intensiv und interdisziplinär ein möglichst großes Spektrum abzudecken, das für Oswald von Wolkenstein und sein Werk von Bedeutung ist.

Vorgegeben haben wir auch den Umfang der einzelnen Beiträge, haben aber allen Mitwirkenden die Freiheit gelassen, das jeweilige Thema individuell abzuhandeln und darzustellen. Gelegentlich unterschiedliche Methoden und auch Interpretationen gehören zur lebendigen Wirklichkeit der akademischen Forschung, und deswegen haben wir in dieser Hinsicht keine widerspruchsfreie Einheitlichkeit in allen Fällen angestrebt, weder in Inhalt noch in Form. Aufgrund der vorbereitenden Tagung kannten die Mitwirkenden bei der Endfassung ihrer Beiträge zum großen Teil die jeweiligen Arbeiten ihrer Kolleginnen und Kollegen, und die Entwürfe dazu wurden auch gemeinsam diskutiert. Für die Chance einer solchen Arbeitsweise wiederholen wir unser aller Dank an Siegfried de Rachewiltz und sein Team (Paula Mair, Christiane Ganner, Daniela de Benedetti). Von großer Hilfe in verschiedenster Hinsicht waren unsere Kolleginnen Gertraud Mitterauer und Verena Vitzthum (beide Universität Salzburg), denen wir hier ausdrücklich danken.

Wir hoffen, dass die Konzeption des Bandes und seine Einrichtung im Detail keiner speziellen Erklärungen bedürfen. Anmerken möchten wir noch, dass wir in vielen, wenn auch nicht allen Fällen bei den Wolkenstein-Originalzitaten eine zu vielen Missverständnissen führende Eigenheit der Edition von Karl Kurt Klein (1962) beseitigt haben: Die Schreibung /ü/, die in Kleins Edition (1962 u.ö.) aus der Wolkenstein-Handschrift B übernommen wurde, bezeichnet in sehr vielen Fällen, anders als in der uns heute gebräuchlichen Schreibweise, keinen Umlaut, sondern gibt als diakritisches Zeichen verschiedene Laute mit /u/ (ohne oder mit Umlaut), also /ue/, /üe/, /uo/, /ü/ oder nur /u/ wieder und kann auch dazu dienen, die in mittelalterlichen Handschriften oft sehr leicht verwechselbaren Schreibungen von /n/ und /u/ deutlich zu unterscheiden. Wir haben, wie schon in unserer Neidhart-Edition (SNE), das genannte Graphem der Handschrift mit /ú/ wiedergegeben, wobei oft unterschiedliche lautliche Auflösungen möglich sind (siehe dazu auch Ingo Reiffenstein und Wernfried Hofmeister im vorliegenden Band S. 137 und 334).

Salzburg, im August 2010 Margarete Springeth/Ulrich Müller

Oswald von Wolkenstein und seine Zeit

Heinz Dopsch

Das späte Mittelalter, jene Epoche, in der OvW lebte und dichtete, gilt als Zeit der großen Krisen: Die Pestpandemie von 1348–1351 raffte in ganz Europa ein Drittel der Bevölkerung dahin, für das Papsttum begann bald nach der Rückkehr aus der „Babylonischen Gefangenschaft" in Avignon das große Schisma (1378–1417) und nach der Hinrichtung des Jan Hus in Konstanz (1415) versetzten die Hussitenzüge Mitteleuropa in Angst und Schrecken. England und Frankreich zerfleischten sich im Hundertjährigen Krieg, das deutsche Königtum büßte unter Wenzel von Luxemburg (1378–1400) viel von seinem Ansehen ein und vom Balkan her drang der Militärstaat der Osmanen immer stärker in Richtung Mitteleuropa vor. Mit dem Verfall der Kaisermacht war die von einer starken Zentralgewalt für das ganze Reich erstrebte Rechtssicherheit geschwunden, der Missbrauch des Fehdewesens mit Raub, Mord und Plünderung nahm überhand und die westfälischen Femegerichte, die überall aktiv wurden, verbreiteten Furcht und Todesangst.

Diesen krisenhaften Erscheinungen standen aber auch positive Entwicklungen gegenüber: Mit dem wohlhabenden Bürgertum der aufstrebenden Städte trat ein selbstbewusster vierter Stand neben die alte Dreiheit von Klerus, Adel und Bauern; im Nord- und Ostseeraum verschaffte der Städtebund der Hanse seinen Mitgliedern Reichtum und politischen Einfluss, das Rheingebiet mit Köln behauptete eine Spitzenposition in Handel und Politik; Süddeutschland und damit auch Oswalds Heimat Tirol profitierten vom blühenden Handel zwischen Venedig und den süddeutschen Reichsstädten. Der Bergbau auf Gold und Silber gewann sowohl im Alpenraum als auch im sächsischen Erzgebirge und in Thüringen an Bedeutung und mit dem Papier setzte sich ein billiger Beschreibstoff durch, der wesentlich dazu beitrug, breiteren Schichten der Bevölkerung Zugang zur Bildung zu ermöglichen. Während die horizontale Mobilität in Form von ausgedehnten Reisen deutlich zunahm, lockerten sich auch die gesellschaftlichen Schranken, und tatkräftigen Männern bot sich die Möglichkeit eines sozialen Aufstiegs. OvW verstand es, beide Chancen erfolgreich zu nutzen, obwohl er als zweitgeborener Sohn eines nicht mit besonderen Reichtümern gesegneten Tiroler Adelsgeschlechts und durch das körperliche Gebrechen der Einäugigkeit doppelt benachteiligt war. Er konnte nicht nur die für viele ‚christliche Ritter' üblichen Pilgerfahrten und Kreuzzüge in weite Teile Europas und ins Heilige Land unternehmen, sondern befuhr zu Schiff das Schwarze Meer und kam – zumindest seinen eigenen Angaben zufolge – auch nach Dänemark, Schweden und Vorderasien (Kl 12,1–9 und 44,1–17). Er behauptete sich in schweren Auseinandersetzungen als Burgherr auf Hauenstein und zählte schließlich nicht nur zu den prominenten Führern des Tiroler Adels, sondern auch zu den Räten und Vertrauten Kaiser Sigmunds.

1. Ein ‚europäischer' Dichter?

Angesichts der weiten Reisen, die Oswald in fast alle Teile Europas und darüber hinaus führten, drängt sich die Vorstellung von einem frühen ‚Europäer' auf. Dem widerspricht jedoch die Tatsache, dass man im Wortschatz des Dichters vergeblich nach Europa sucht und ein europäisches Gemeinschaftsbewusstsein, das heute so betont wird, damals so gut wie nicht vorhanden war. Gravitationszentrum war immer noch das Mittelmeer, wie schon zur Zeit der Griechen und der Römer, und im Mittelmeerraum erfolgten auch die geschichtsträchtige Begegnung und der Kulturaustausch zwischen Islam und Christentum.

Die Iberische Halbinsel nahm dabei eine Schlüsselposition ein und bot zugleich dem christlichen Adel die Möglichkeit, auf dem europäischen Festland an einem Kreuzzug teilzunehmen. Der Sieg der christlichen Reconquista stand zwar seit der entscheidenden Schlacht von Las Navas de Tolosa 1212 fest, doch mit dem Sultanat von Granada konnte sich ein muslimisches Königreich bis 1492 auf spanischem Boden behaupten. In Kastilien war nach langen Thronwirren das Haus Trastámara noch zu schwach, um die letzten Bastionen des Islam zu erobern, außerdem ließen sich vom prunkliebenden Haus der Nasriden in Granada reiche Tribute lukrieren. Auch Oswald wollte bei seinem Aufenthalt in Spanien (1416) den „roten König", Sultan Yusuf III., der in der Alhambra, der prachtvoll ausgestalteten „roten Burg" residierte, besuchen (Kl 26,15–17); ob er vom Herrscher Granadas wirklich empfangen wurde, ist in der Forschung umstritten. Indessen war König Johann I. von Portugal (1383/85–1433) zum Angriff auf muslimische Stützpunkte übergegangen. Oswald nahm 1415 gemeinsam mit dem Infanten Heinrich „dem Seefahrer" an der Eroberung von Cëuta teil (Kl 26,11 f.), mit der die Erschließung der afrikanischen Küsten durch Portugal begann und die europäische Expansion schon acht Jahrzehnte vor der ‚Entdeckung' Amerikas einsetzte.

Im Gegensatz zur Iberischen Halbinsel waren bedeutende Teile Europas noch keineswegs fest in das Abendland integriert. Das galt zunächst für die skandinavischen Königreiche Dänemark, Schweden und Norwegen, die sich in der „Kalmarer Union" (1397–1523) zusammengeschlossen hatten. Sie waren mit ihren eigenen politischen Problemen befasst und standen mit den Vorposten der Hanse auf Kriegsfuß. Erst die Reformation und der Dreißigjährige Krieg sollten zwischen dem Königreich Schweden unter der Dynastie der Wasa und Mitteleuropa engere Verbindungen schaffen.

Im Osten waren die russischen Fürstentümer fast zwei Jahrhunderte lang von Mitteleuropa förmlich abgeschottet. Sie standen seit dem 1238–1241 unternommenen Westfeldzug des Mongolenführers Batu, eines Enkels des großen Djingis Khan, unter der Herrschaft der „Ta(r)taren", wie die Mongolen in den europäischen Quellen meist genannt wurden. Fürst Alexander Newski von Nowgorod († 1263) hatte sich ganz nach dem Mongolenreich der Goldenen Horde orientiert und damit für fast drei Jahrhunderte die Abkehr vom katholischen Mitteleuropa vollzogen. Der Gegensatz zu Russland wird auch an Oswalds Fahrten deutlich. Seit dem 13. Jahrhundert war es zu wiederholten Kriegszügen gegen die heidnischen Slaven und Litauer gekommen, die zunächst als Kreuzzug deklariert wurden, und daraus waren die „Preußenreisen" des europäischen Adels entstanden. Man unternahm zur Unterstützung des Deutschen Ordens im Sommer oder im Winter Raub- und Plünderungszüge in das heidnische Großfürstentum Litauen. Nach dem Übergang Litauens zum Christentum (1396) richteten sich die militärischen Unternehmungen gegen die „Tartaren", aber auch gegen die orthodoxen Christen Russlands. Jene Kriegszüge, an denen OvW 1399 bis 1402 von Königsberg und der Marienburg aus teilnahm (LZ 5, 10 und 15–18), gingen wahrscheinlich gegen die „Tartaren" und nicht mehr gegen die Litauer. Erst einige Jahrzehnte nach dem Tod Oswalds sollte Zar Iwan III. († 1505) Russland aus der Oberhoheit der Goldenen Horde lösen und in der Nachfolge des Byzantinischen Reiches zur Schutzmacht des orthodoxen Christentums machen. Damit wurde auch Russland wieder in das Bündnissystem des christlichen Europa integriert.

Im Südosten bildete das Byzantinische Reich seit der Spätantike als legitimer Träger des römischen Kaisertums die Vormauer des Abendlandes. Perser, Awaren, Slaven, Araber und Seldschuken waren an dieser Bastion gescheitert. Dass Byzanz diese Rolle im Spätmittelalter nicht mehr wahrnehmen konnte, hatten die mitteleuropäischen Mächte mit den Kreuzzügen und der Einnahme von Konstantinopel 1204 zu einem guten Teil selbst verschuldet. Das Machtvakuum nützte die aufstrebende Militärmacht der Osmanen, die 1389 in der Schlacht auf dem Amselfeld über die christlichen Slavenfürsten des Balkangebietes siegte und 1396 bei Nikopolis ein Heer von Kreuzrittern aus Deutschland, Ungarn und Frankreich vernichtete. Sigmund von Luxemburg, der als König von Ungarn den Kreuzzug inszeniert hatte, konnte sein Leben nur durch eine abenteuerliche Flucht retten. In dieser Situation schien das weitere Vordringen der siegreichen Osmanen nach Mitteleuropa unmittelbar bevorzustehen. Da befreiten die unerwartete Niederlage, die der gefürchtete Sultan Bayezit „der Blitz" 1402 gegen den großen Eroberer Timur Lenk (Tamerlan) bei Ankara erlitt und der kurz darauf erfolgte Tod des Sultans die europäische Christenheit für einige Jahrzehnte von dieser Gefahr. Statt die Chance zu nützen und eine wirkungsvolle Abwehr gegen die türkische Bedrohung aufzubauen, sah man in Mitteleuropa dem Wiederaufstieg der osmanischen Macht tatenlos zu. Nur acht Jahre nach dem Tod Oswalds nahm Sultan Mehmet II. „der Eroberer" 1453 die alte Kaiserstadt Konstantinopel ein und setzte damit dem oströmischen Reich ein Ende. Nicht zu Unrecht wird dieses Ereignis von vielen Historikern als das eigentliche Ende des Mittelalters betrachtet.

2. Zwischen Kirche und Königtum

Die Gesellschaftsordnung zur Zeit Oswalds war noch immer von der Drei-Stände-Lehre geprägt: Der Klerus hatte für das Seelenheil der Menschheit zu sorgen, der Adel war für den Schutz der unbewaffneten Bevölkerung verantwortlich und die Bauern hatten durch ihrer Hände Arbeit die Ernährung der Menschen zu sichern. Neue gesellschaftliche Klassen wie das Bürgertum der Städte und Märkte und die im aufblühenden Montanwesen tätigen Bergleute mussten sich in diesem Weltbild erst allmählich ihren Platz erkämpfen. Religion war keine Privatsache, die christliche Kirche griff vielmehr tief in alle Sphären des täglichen Lebens ein. Erzbischöfe, Bischöfe und Reichsäbte übten als Reichsfürsten neben ihren geistlichen Ämtern, bisweilen auch als Landesherren, umfassende weltliche Herrschaftsrechte aus. Die Menschen waren nicht nur in ihrem Alltagsleben von kirchlichen Normen und Gesetzen sowie den großen Kirchenfesten bestimmt, sondern viele standen als Geistliche, die mit kirchlichen Pfründen ausgestattet waren, als adelige Lehens- und Amtsträger oder als bäuerliche Hintersassen auf Kirchenbesitz im Dienst der Kirche. Gerade in Tirol, wo die Fürstbischöfe von Trient und Brixen ungeachtet ihrer gewaltsamen Einbeziehung in die Landesbildung der Grafen von Tirol und Görz immer noch eine relativ unabhängige Stellung behaupteten, waren Macht und Einfluss der Kirche allgegenwärtig. Auch für Oswald bildeten zunächst die Lehen, die er vom Bistum Brixen besaß, und der Dienst für die Fürstbischöfe eine wichtige Basis für seinen Lebensunterhalt. Dazu kam das Naheverhältnis zum Augustiner Chorherrenstift Neustift nahe der Bischofsstadt Brixen, wo er sich 1411 als Pfründner einkaufte und ein eigenes Haus bewohnte (LZ 55).

Der Papst als Führer der Christenheit und Stellvertreter Gottes auf Erden hatte nach dem Sieg über das staufische Kaisertum viel von seiner glanzvollen Stellung verloren. Das Attentat von Anagni (1303), die „babylonische Gefangenschaft“ des Papsttums in Avignon (1309–1377) und das anschließende „große Abendländische Schisma“ (1378–1417) markierten die Etappen eines permanenten Abstiegs. Das Konzil von Pisa (1408) hatte die Kirchenspaltung nicht beseitigt, sondern zu den beiden konkurrierenden Päpsten in Rom und Avignon noch einen dritten hinzugefügt.

In dieser Situation richtete sich das Verlangen nach Wiederherstellung der kirchlichen Einheit auf die weltliche Macht. Wenzel von Luxemburg, der 1378 auf Karl IV. gefolgt war, besaß bei weitem nicht das Format des kaiserlichen Vaters. Der an Kunst und Literatur durchaus interessierte, aber in seinem persönlichen Auftreten eher derbe Monarch versuchte zwar, teilweise im Zusammenwirken mit König Karl VI. von Frankreich, das Schisma beizulegen, blieb dabei aber erfolglos und wurde von den vier rheinischen Kurfürsten 1400 als deutscher König abgesetzt. Sein Nachfolger, König Ruprecht von der Pfalz aus dem Hause Wittelsbach, verfügte über eine viel schmälere Machtbasis als Wenzel und sollte ein willfähriges Werkzeug in den Händen der drei geistlichen Kurfürsten sein. OvW, der sich im Herbst 1401 am Italienzug Ruprechts beteiligte (Kl 18,18–20), erlebte dort die Ohnmacht des Königs aus nächster Nähe. Das Unternehmen scheiterte bereits in Oberitalien am Widerstand Giangaleazzo Viscontis, den König Wenzel zum Herzog von Mailand erhoben hatte. Für Ruprecht bedeutete sein eigener Tod 1410 die Befreiung von Problemen, die für ihn auf politischem Weg nicht mehr zu lösen waren.

Als Nachfolger setzte sich 1410/11 der jüngere Halbbruder König Wenzels, Sigmund von Luxemburg, durch, der seit 1387 König von Ungarn war. Der hoch gebildete und kunstsinnige Monarch beherrschte mehrere Sprachen, war im Gegensatz zu seinem Vater Karl IV. ein lebenslustiger und sinnenfreudiger Mann, der schönen Frauen ebenso zugetan war wie prunkvollen Festen; er konnte dem römischen Königtum zumindest zeitweise zu neuem Glanz verhelfen. Sein größter Erfolg war der Zusammentritt des Konzils von Konstanz (1414–1418), auf dem die Kirchenspaltung überwunden wurde. Die Hinrichtung des böhmischen Reformators Jan Hus (1415), dem Sigmund freies Geleit nicht nur nach Konstanz, sondern auch zurück nach Prag zugesichert hatte, führte jedoch zu den Hussitenzügen, die Böhmen und seine Nachbarländer zwei Jahrzehnte lang verheerten. Auch Oswald nahm 1420 an Kämpfen gegen die radikale hussitische Partei der Taboriten teil (LZ 97), gehörte aber nicht jenem Heer von ‚Kreuzfahrern‘ an, das 1431 bei Taus in panischer Furcht vor den Hussiten floh (Kl 134). Sigmund, der 1433 in Rom zum Kaiser gekrönt wurde, konnte erst 1436, ein Jahr vor seinem Tod, seinen feierlichen Einzug als böhmischer König in Prag halten.

Obwohl Sigmund als König von Ungarn und Böhmen sowie als deutscher König und römischer Kaiser über eine wesentlich größere Machtbasis verfügte als sein Vorgänger, fehlte es ihm an Geld, um seine vielfältigen politischen Aktivitäten, vor allem seine zahlreichen Kriegszüge mit Söldnertruppen, zu finanzieren. Auch der stark vergrößerte Hof mit vielen Dienern und Räten, die der König in seinen Dienst nahm, erforderte enorme Aufwendungen. So war es kein Wunder, dass Sigmund diesen Männern nicht nur ihren Lohn schuldig blieb, sondern sich namhafte Summen von ihnen auslieh. Wo OvW zum ersten Mal mit dem König zusammentraf, ist nicht überliefert. Eine Stelle in seinen Liedern deutet darauf hin, dass er 1412 am Krieg Sigmunds gegen die Republik Venedig teilnahm. Vielleicht datiert die Bekanntschaft aber auch erst aus dem folgenden Sommer, als der König dem Bischof Ulrich I. von Brixen, in dessen Diensten Oswald damals stand, einen Besuch abstattete. Die Vorstellung liegt nahe, dass der abenteuerlustige Tiroler Landedelmann nicht durch seine äußere Erscheinung, sondern mit dem Vortrag seiner Lieder die Aufmerksamkeit des kunstsinnigen Königs auf sich zog. Als ihn Sigmund am 16. Februar 1415 als seinen Diener aufnimmt (LZ 70), werden die loyalen und unermüdlichen Dienste erwähnt, die der Dichter dem König bereits geleistet hatte.

Das Konzil in Konstanz, an dem auch Oswald teilnahm, gestaltete sich zu einem großen Erfolg der königlichen Politik. Es gelang, gegen alle Widerstände die drei Päpste zum Rücktritt zu zwingen und mit Martin V. ein allgemein anerkanntes Oberhaupt der römischen Kirche zu wählen. Oswald erlebte auch die Ankunft des Jan Hus in Konstanz und rief einige Jahre später in einem seiner Lieder dazu auf, „die böhmische Gans namens Hus zu schlagen“ (Kl 27,38–50) – eine Anspielung auf das tschechische Wort *husa*, das ‚Gans‘ bedeutet. Bei der Verbrennung des Reformators war er aber nicht zugegen, da er sich im Dienst des Königs auf einer großen Gesandtschaftsreise befand, die ihn 1415 über Heidelberg, England, Schottland und Irland nach Portugal, von wo aus er an der Einnahme von Cëuta teilnahm, und nach Spanien führte. In Perpignan, wo er wieder mit König Sigmund zusammentraf, empfing er aus der Hand der Königin Eleonore von Aragón die Insignien des königlichen Kannenordens, während ihm die Königinwitwe Margarita von Prades Ohren und Bart mit goldenen Ringen schmückte. Über Narbonne, Avignon und Chambéry ging es nach Paris, wo Königin Isabeau von Frankreich, eine gebürtige Wittelsbacherin, dem Dichter einen Diamanten in seinen Bart flocht (Kl 19,153–160 und 189–192). Es war kein Wunder, dass Oswald diese Reise, die ihn aus der Enge des Tiroler Raumes und des Kirchendienstes in die große Welt führte, als Höhepunkt seines Lebens betrachtete und in einem seiner bekanntesten Lieder verherrlichte.

Umso größer war die Enttäuschung, als er erkennen musste, dass er für den König nur so lange von Interesse war, als dieser ihn für seine politischen Aktivitäten in Tirol einsetzen konnte. Sobald Sigmund sich mit Herzog Friedrich IV. von Tirol, dem schärfsten Gegner Oswalds, ausgesöhnt hatte (LZ 82 f.), ließ er seinen Dichter und Rat rücksichtslos fallen. Zwei Reisen, die Oswald 1419 und 1422/23 zu Sigmund nach Ungarn unternahm, verliefen aus seiner Sicht ebenso enttäuschend wie eine Audienz beim König im Jahr 1425 (LZ 90 f., 134–139, 144 f.). Sigmund stellte zwar eine Fülle von Urkunden für Oswald und dessen Brüder aus, aber er dachte gar nicht daran, einen militärischen Einsatz zu dessen Gunsten zu riskieren. In bitteren Tönen beklagte Oswald in seinen Liedern die Schattenseiten des Hofdienstes und dass der römische König ganz auf ihn vergessen habe (Kl 26,86–88).

In den folgenden Jahren musste er die traurige Erfahrung machen, dass er in seinem Kampf gegen den Tiroler Landesfürsten nirgends einen starken Rückhalt finden konnte, auch nicht bei der Feme, den „heimlichen Gerichten“ Westfalens (U.M. Schwob 2009). So kam es 1430 zu einer erneuten Annäherung an König Sigmund (LZ 212), und das Verhältnis zu ihm gestaltete sich in den folgenden Jahren wesentlich günstiger, nicht zuletzt auf Grund der Erfahrungen, die Oswald bereits im Königsdienst gesammelt hatte. Sigmund nahm den Dichter in den königlichen Drachenorden – vielleicht sogar in dessen innersten Kreis – auf, berief ihn 1432, als er sich auf dem Zug zur Kaiserkrönung nach Rom befand, zu sich und sandte ihn dann als Sonderbeauftragten zum Konzil von Basel (LZ 234 f.). Oswald war daher bei der Kaiserkrönung Sigmunds in Rom nicht anwesend, hatte aber zuvor als militärischer Begleiter einer königlichen Gesandtschaft einige Wochen in der Ewigen Stadt verbracht. Ein letztes Mal traf der Dichter auf dem Hoftag von Ulm 1434 mit seinem Kaiser zusammen. Sigmund bestätigte Oswald auf dessen Bitte die Reichslehen seiner Gattin Margarethe von Schwangau (LZ 255). Durch diese Rechtskonstruktion wurde eine direkte Lehenbindung des Wolkensteiners an das Reich hergestellt und ihm damit in seiner Opposition gegen den Landesfürsten der Rücken gestärkt. Die Zeit allerdings, in der Oswald der kaiserlichen *milte* in einem Lied ein Denkmal gesetzt hätte, war damals längst vorüber.

3. Der ‚Ritter‘ aus Tirol

Oswalds Heimatland Tirol verdankte seine besondere Bedeutung der Lage an den wichtigsten Übergängen über die Ostalpen, dem Brenner und dem

Reschen. Mehr als die Hälfte aller Heerfahrten von deutschen Königen und römischen Kaisern nach Italien führten über die Tiroler Pässe. Ihre Bewachung wurde bereits im 11. Jahrhundert den Bischöfen von Trient und Brixen übertragen, die vom Kaiser die entlang der Passstraßen gelegenen Grafschaften erhielten. Obwohl sich beide Bischöfe im 13. Jahrhundert bereits als Landesherren betrachteten, gingen ihre geistlichen Fürstentümer in der Grafschaft Tirol auf, die Meinhard II. von Tirol-Görz (1258–1295) mit staatsmännischem Geschick und rücksichtsloser Gewalt auf Kosten der beiden Kirchenfürsten formte. Die meinhardinische Linie der Grafen von Tirol-Görz erlosch jedoch schon in der nächsten Generation und Meinhards Enkelin, Margarete „Maultasch", übergab das Land 1363 an Herzog Rudolf IV. von Österreich aus dem Hause der Habsburger. Damit wurde Tirol in den Verband der „österreichischen Erbländer" eingegliedert und besaß keinen Landesfürsten mehr, der selbst im Land residierte. Das änderte sich erst, als 1406 mit Rudolfs Neffen Friedrich IV. ein Habsburger die eigenständige Regierung in Tirol und den Vorlanden übernahm. Gemeinsam mit seinem älteren Bruder Leopold IV. bestätigte er zwar 1406 die alten Landesfreiheiten und besonders die Rechte des Tiroler Adels, aber seine Politik zielte von Anfang an darauf ab, die Sonderstellung des Landes zu beseitigen. Das rief den energischen Widerstand des Tiroler Adels, darunter auch OsvW hervor, der – letztlich vergeblich – versuchte, sich mit der Hilfe König Sigmunds gegen Herzog Friedrich IV. durchzusetzen.

Tirol war ein Land voller Gegensätze: Die Gebiete im Norden des Alpenhauptkamms waren vom breiten und fruchtbaren Inntal mit seinen Seitentälern und eingelagerten Beckenlandschaften geprägt, die Bauern lebten auf ihren Höfen vom Getreidebau und der Viehzucht; dazu kamen die zahlreichen auf die Produktion von Käse, Loden und Butterschmalz spezialisierten Schwaighöfe in mittlerer Höhenlage. Bei der Nutzung der Bodenschätze dominierte das in der Saline Hall bei Innsbruck produzierte Salz, im Spätmittelalter gewann der Bergbau auf Silber immer größere Bedeutung. Zu Lebzeiten Oswalds begann der Aufstieg von Schwaz zum bedeutendsten Montanzentrum Mitteleuropas. Südlich des Alpenhauptkamms spielte, besonders im Hochstift Trient, das romanische Bevölkerungselement eine dominante Rolle. Die Menschen lebten vor allem vom Weinbau, für den das breite Tal der Etsch im Vinschgau günstige Voraussetzungen bot. Östlich davon, so auch in Oswalds unmittelbarer Heimat, waren die Lebensbedingungen in den oft engen Tälern und den waldreichen Gebirgen bescheidener und härter als im Norden. Das galt auch für den Adel, dessen Burgen in großer Zahl als einfache Wehrbauten zur Sicherung von Übergängen und Höhen entstanden waren. Sie klebten bisweilen wie Vogelnester an steilen Felswänden oder lagen mitten in abgeschiedenen Wäldern. Die Reste der Burg Hauenstein, auf der Oswald seinen Wohnsitz nahm, und der namengebenden Burg Wolkenstein sind dafür eindrucksvolle Beispiele. Freilich gab es auch stattliche Anlagen wie die Trostburg, auf der Michael von Wolkenstein als Familienältester seinen Sitz hatte. Trotz aller Abgeschiedenheit eröffnete die Nähe der großen Verkehrswege auch Angehörigen ritterlicher Familien den Kontakt zur ‚großen Welt', wenn sie ihn mit Nachdruck suchten. Oswald hat von dieser Chance, die ihm seine Heimat bot, immer wieder Gebrauch gemacht, um der Enge des Alltags im Gebirge zu entfliehen. Dem scharfen Kontrast zwischen diesen beiden Lebenswelten hat er in einem seiner bekanntesten Lieder, in dem er den grauen Familienalltag auf Hauenstein beklagt, Ausdruck verliehen (Kl 44).

Der Tiroler Adel bildete auch zu Lebzeiten Oswalds noch keinen geschlossenen Stand, sondern eine – dem Werden des Landes entsprechend – heterogene Gruppe mit divergierenden Lebensformen, Interessen und Zielen. Hervorgegangen war dieser Adel aus der Ministerialität der Bischöfe von Brixen und Trient sowie der Dienstmannschaft der großen Adelsgeschlechter, der Herzoge von Andechs-Meranien, der Grafen von Eppan und Ulten sowie der Grafen von Tirol und von Görz. Der Versuch Meinhards II., alle diese Gruppen in eine homogene Landesministerialität zu integrieren, war nur in Ansätzen gelungen, da die Bischöfe als geistliche und die Grafen von Görz als weltliche Fürsten weiterhin über ihre eigenen Dienstleute verfügten. Dazu kamen gräfliche und edelfreie Geschlechter, von denen nur die Vögte von Matsch auf Dauer in den Landesadel eingebunden werden konnten und dessen Führung übernahmen, während die Herren bzw. Grafen von Arco und Castelbarco durchaus eigene Interessen verfolgten.

So wie in den Nachbarländern war auch in Tirol der hochmittelalterliche Adel in die drei Gruppen der Grafen und Edelfreien, der Ministerialen und der Ritter (*milites*) geschieden. Innerhalb der Ministerialität bildete sich eine Spitzengruppe, deren wichtigstes Kennzeichen die aktive Lehensfähigkeit war. Damit konnten sie eine eigene ritterliche Mannschaft an sich binden und im Kreise dieser Gefolgsleute traten sie auch in den Urkunden auf. Im Spätmittelalter, als man nicht mehr von Ministerialen sprach, wurden diese prominenten Männer bisweilen als (Land)Herren tituliert. Die Ritter wiederum, die Lehen nur empfangen konnten, stellten die Mannschaft der wichtigen Burgen und wohnten selbst in festen Höfen, die als Sitz (‚Gesäß') bezeichnet wurden, oder in einfachen Wohntürmen. Dieses relativ klare Bild erfuhr im Spätmittelalter bedeutende Veränderungen: Einerseits umfasste das Ideal des christlichen Ritters (*miles christianus*), das sich mit den Kreuzzügen durchsetzte, den gesamten Adel, vom einfachen Ritter bis zum König oder Kaiser. Andererseits kam es in Tirol beim landsässigen Adel nicht zur Ausbildung eines eigenen Herrenstandes, der auf den Landtagen getrennt vom Stand der Ritter und Edelknechte auftrat, sondern der gesamte Landesadel bildete einen gemeinsamen Stand. Maßgeblich dafür war, so wie im Nachbarland Salzburg, die geringe Zahl der Edelfreien und Herren. Das Spektrum des Adels war damit breit und ermöglichte innerhalb kurzer Zeit einen raschen Aufstieg aufgrund wirtschaftlichen Erfolgs oder persönlichen Ansehens, aber auch einen ebenso plötzlichen Fall. Als Beispiel sei auf Oswalds Verwandten von der Mutterseite, Engelmar von Vilanders verwiesen, der es binnen weniger Jahrzehnte bis zum Hauptmann von Tirol brachte, aber 1348 hingerichtet wurde (Pfeifer: Engelmar von Vilanders, 2009).

Diese gesellschaftlichen Verhältnisse im spätmittelalterlichen Tirol sind zu berücksichtigen, wenn man Oswalds Position genauer bestimmen will. Als zweitgeborener Sohn aus ritterlichem Adel hatte er denkbar schlechte Startbedingungen. Seine harte Ausbildung als Knappe oder Edelknecht, der hinter seinem berittenen Herrn nachlaufen musste, hat er selbst beschrieben. Er nützte aber, so wie sein jüngerer Bruder Leonhard, jede Chance, die sich für einen gesellschaftlichen Aufstieg bot. Sein Kampf um die Burg Hauenstein, der von ihm und seinen Gegnern mit gleicher Brutalität geführt wurde, ist nur dann verständlich, wenn man die Bedeutung des Wohnsitzes für das persönliche Ansehen berücksichtigt. Es war eben etwas anderes, auf einer zwar abgelegenen, aber stattlichen Burg zu leben, als auf einem Hof oder in einem Wohnturm. Im Gegensatz zur untersten Schicht der Ritter und Edelknechte, die auf den Kriegsdienst angewiesen waren, um ihre Zugehörigkeit zum Adel zu behaupten, und die gerade zur Zeit Oswalds durch die Siege der Schweizer Fußtruppen über die schwerfälligen Ritterheere in eine echte Existenzkrise gerieten, stand Oswald höchstens dann im Feld, wenn es um seine eigenen Interessen ging. Der Dienst für den König, der wiederholt für Oswald intervenierte, und freundschaftliche Beziehungen zu Reichsfürsten wie dem Pfalzgrafen Ludwig III. (Kl 86) und dem Grafen Heinrich von Görz werteten Oswalds gesellschaftliche Position ebenso auf wie seine 1417 geschlossene Ehe mit Margarethe von Schwangau, die einem reichsunmittelbaren schwäbischen Adelsgeschlecht entstammte.

Obwohl Oswald seine Sehnsucht nach der Ritterschaft anklingen lässt (Kl 26,35 f.), ist nicht bekannt, wann und wie er die Ritterwürde empfing. Schwertleite und Ritterschlag waren wichtige Zeremonien, die sich mit der Idee des christlichen Rittertums durchgesetzt hatten. Der Titel eines Ritters (*miles*), der an eine förmliche Verleihung geknüpft war, bedeutete eine persönliche Auszeichnung und fand auch bei der Reihung von Zeugen in den Urkunden Berücksichtigung, änderte aber an der gesellschaftlichen Position nur wenig. Oswald bezeichnete sich anlässlich der Vollendung der Hs. B 1432 erstmals selbst als Ritter (LZ 236) und führte diesen Titel seit 1433 fast regelmäßig in den Urkunden (LZ 239 f.). Ob ihm König Sigmund den Ritterschlag erteilte, wie häufig vermutet wurde, oder ein anderer Fürst, ist unsicher. Auffallend bleibt jedenfalls, dass der Dichter dieses wichtige Ereignis in keinem seiner Lieder anspricht, obwohl man das bei einer so lange angestrebten Auszeichnung durch den König erwarten würde. Der gesellschaftliche Aufstieg Oswalds setzte sich auch in den folgenden Jahren fort: Die Aufnahme durch Sigmund in den Drachenorden, die Position als königlicher Rat und die Übertragung der Reichslehen seiner Gattin Margarethe von Schwangau auch an ihn waren weitere wichtige Stationen. Das persönliche Ansehen Oswalds war schließlich so weit gestiegen, dass er in seinen letzten Lebensjahren neben dem Landeshauptmann, Vogt Ulrich von Matsch, zum wichtigsten Mann in der Landespolitik avancierte. Als der Dichter 1445 in Meran starb, zählte er ungeachtet seiner ritterlichen Herkunft zu den einflussreichsten und hoch angesehenen Vertretern des Tiroler Adels.

Mit diesem Bild korrespondiert ein Blick auf das erstaunliche wirtschaftliche Potential des Tiroler Dichters, das in manchen Details noch einer Klärung bedarf. So ist nicht bekannt, wie Oswald nach den harten Jahren als Knappe seine großen Reisen nach Preußen, zum Schwarzen Meer (Kl 18,28–32) und in etliche ferne Länder, die er in seinen Liedern erwähnt, finanzieren konnte. Der „Kleinodienraub“ des Jahres 1404, den er gemeinsam mit seinem Bruder Leonhard beging (LZ 218), ist sicher nicht als Zeichen finanzieller Not, sondern als gewaltsame Aktion zur Teilung des Familienvermögens zu deuten, die drei Jahre später in aller Form vollzogen wurde. Damals erhielt Oswald den Anteil der Wolkensteiner an der Burg Hauenstein, die er ein Jahrzehnt später zu seinem Familiensitz machte (LZ 32–36). Womit aber konnte der jugendliche Dichter die Christophoruskapelle im Brixner Dom und nach der Besitzteilung 1407 die Oswald-Kapelle mit zwei Messpriestern stiften? Woher nahm er die Mittel, um im folgenden Jahr – wohl in Hinblick auf die spätere Pilgerreise nach Jerusalem – den qualitätvollen „Gedenkstein“ mit seinem Konterfei für den Brixner Dom anfertigen zu lassen? Woher kam das erforderliche Vermögen für die Einpfründung samt zwei Knechten im Augustiner Chorherrenstift Neustift bei Brixen? Alle diese erstaunlichen Aufwendungen wurden getätigt, bevor Oswald in nähere Beziehungen zu König Sigmund trat. Das Einkommen aus dem auf fünf Jahre befristeten Dienstvertrag mit Bischof Ulrich I. von Brixen (LZ 63 und 66 f.) konnte dazu höchstens einen kleinen Teil beitragen.

Der Dienst für den König gestaltete sich zunächst alles andere als einträglich. Oswald notierte 1418 in seinem Rechnungsbuch, dass ihm Sigmund nicht nur den Jahressold von 300 Gulden für die Dienste als könig‑

licher Rat, sondern auch die hohe Summe von 3.000 Gulden, die er dem Monarchen vorgestreckt hatte, schuldete (LZ 84). Auch hier ist unklar, woher Oswald das Geld für dieses Darlehen an den König und noch an viele andere Männer nahm. Berücksichtigt man, dass Oswald seine Lieder in zwei schön ausgestatteten Pergamenthandschriften aufzeichnen ließ, die beide mit seinem Porträt versehen waren, und das zweite Porträt wohl dem berühmten und sicher auch teuren Maler Antonio Pisanello zuzuschreiben ist, so ergibt sich ein für einen Dichter ritterlicher Herkunft erstaunliches Vermögen. Dazu kommt noch eine große Zahl an teuren Waffen und Rüstungen, die Oswald auf seiner Burg Hauenstein gelagert hatte (LZ 84). Aus dem eher bescheidenen Grundbesitz und den von den bäuerlichen Eigenleuten erwirtschafteten Erträgen konnten die hohen Geldsummen nicht stammen. Sowohl der König als auch einige Fürsten dürften dann, wenn sie Geld zur Verfügung hatten, den Dichter großzügig bedacht haben. Dazu kamen Honorare, die Oswald für Auskünfte und Gutachten als rechtskundiger und erfahrener Verwalter bezog. Trotzdem bleibt in dieser Rechnung manche Frage offen.

So wie die meisten deutschen Länder war auch Tirol vom Ausufern des Fehdewesens betroffen. Von einem traditionellen Mittel der adeligen Rechtswahrung unter Beachtung genauer Formen wie der rechtzeitigen Ankündigung mit einer schriftlichen Absage und der Immunität von nicht wehrfähigen Personen war sie zum Faustrecht entartet, das sich vor allem gegen den Besitz und die schutzlosen Eigenleute des Fehdegegners richtete. Alle Versuche, die Fehde durch die Proklamation zeitlich befristeter Landfrieden einzudämmen, blieben erfolglos. Erst die Verkündigung des „Ewigen Landfriedens“ auf dem Wormser Reichstag 1495 und die Schaffung des Reichskammergerichts als Schlichtungsinstanz sollten eine Wende herbeiführen. Oswald hat von der Fehde ebenso rücksichtslos Gebrauch gemacht wie seine Gegner. Diesen ging er ins Netz, als ihm ausgerechnet seine frühere Geliebte Anna Hausmann eine Falle stellte. Der Dichter musste in der Gefangenschaft um sein Leben fürchten und wurde so schwer gefoltert (Kl 2,61–69 und 26,112–114), dass die Spuren der Tortur noch an seinem Skelett nachzuweisen sind. Diese Zustände in Tirol waren kein Sonderfall, sondern entsprachen durchaus der gewalttätigen Atmosphäre des späten Mittelalters.

In seiner Fehde mit Hans von Vilanders, der für ihn 1422 um die hohe Summe von 2000 Dukaten und 860 Mark gebürgt hatte und die Bürgschaftsbriefe nicht mehr herausgeben wollte, setzte Oswald seine Hoffnung auf die Macht der Feme. Einige der „heimlichen Gerichte“ in Westfalen nahmen Klagen aus ganz Deutschland und darüber hinaus an. Im Winter 1427/28 unternahm Oswald eine Reise (Kl 41), die ihn zunächst nach Köln zu Erzbischof Dietrich von Moers führte, zu dessen

Herrschaftsgebiet das Herzogtum Westfalen gehörte und den König Sigmund zum Statthalter der westfälischen Freigerichte bestellt hatte. Mit dessen Empfehlung erreichte er in Arnsberg, vielleicht auch schon in Volmarstein, seine Aufnahme in den Stand der Freischöffen und kehrte als „Wissender" nach Tirol zurück. Der bald darauf angestrengte Femeprozess gegen Hans von Vilanders führte jedoch zu keinem Erfolg, da Oswald selbst die Angelegenheit nach der zweiten Vorladung seines Kontrahenten nicht mehr weiter betrieb. Er war inzwischen als Freischöffe selbst ins Zwielicht geraten. 1429 hatten nicht weniger als 32 Tiroler Freischöffen einen Überfall auf den Brixner Bischof Ulrich II. Putsch unternommen, der bezichtigt wurde, die von ihm zugesagten Wahlkapitulationen nicht einzuhalten. Oswald als einer der Anführer hatte dem Bischof einen kräftigen Fausthieb ins Gesicht versetzt. Im Verlauf dieses Überfalls wurde der Freischöffe Hans von Annenberg, der zu den Parteigängern des Bischofs zählte, gehenkt. Dessen Sohn Parzival erreichte nach langen Bemühungen die Verfemung der Mörder, bestraft oder gar hingerichtet wurde aber keiner von ihnen (U.M. Schwob 2009). In Tirol lassen sich zu dieser Zeit mindestens 40 Freischöffen nachweisen, die zum Großteil dem Adel, teilweise auch dem Bürger- und Bauerntum angehörten. Auch Oswalds älterer Bruder Michael geriet ebenso wie Oswalds gleichnamiger Sohn in das Visier der Feme, aber beide konnten diese Klagen unbeschadet überstehen. Es war schließlich Kaiser Friedrich III., der Tirol 1475 von der Gerichtsbarkeit der Feme befreite, und Herzog Sigmund verstand es dann, diesen Spruch auch umzusetzen.

OvW hat mit seiner Bestellung zum Freischöffen versucht, alle Möglichkeiten zu nutzen, die sich damals boten oder gerade erst eröffneten. Diese Aufgeschlossenheit gegenüber Neuerungen, seine Abenteuerlust und sein Interesse an fernen Ländern, aber auch seine Wissbegierde und seine Lernfähigkeit haben den einfachen Ritter aus dem abgelegenen Südtirol in die große Welt geführt und ihm sogar die Gunst des Kaisers gesichert. Entscheidend dafür waren seine außergewöhnlichen Fähigkeiten als Dichter und Musiker, die den selbstbewussten Tiroler Landedelmann auch an großen und fernen Höfen zu einem gefeierten Künstler machten.

Für Rat und Hilfe danke ich Ute Monika Schwob und Gustav Pfeifer.

Oswald von Wolkenstein: Zeittafel zur Biographie

Die Zeittafel zur Biographie Oswalds von Wolkenstein, unter Verwendung einer umfassenden biographischen Skizze nach Lebenszeugnissen von Hans-Dieter Mück und Ute Monika Schwob (für Katalog ICH WOLKENSTEIN. Schloss Tirol 2011), erstellt von Ulrich Müller, berücksichtigt diejenigen Jahre ausführlicher, in denen wohl viele Lieder OsvW entstanden: Sie will keinen vollständigen und detaillierten Abriss der ereignisreichen und weitgehend gut bezeugten Biographie OsvW geben; zu den Einzelheiten siehe die Biographie von Schwob 1977 sowie die Sammlung der Lebenszeugnisse (Schwob 1999 ff.). Ereignisse, die aus den Gedichten erschlossen sind, werden in Kursivschrift erwähnt, mit Hinweisen auf dafür wichtige (aber keinesfalls alle!) Lieder. Einige wenige zentrale Daten der ‚Großen Politik' sind – in Kapitälchen – hinzugefügt. – (Abkürzungen: LZ = Schwob, Lebenszeugnisse; Kl = Gedicht-Zählung in der Edition von Klein 1962). – Als Ergänzung zu der Tabelle siehe die Abbildungen, auf die hier nicht einzeln hingewiesen wird.

AB 1363	DIE HABSBURGER WERDEN, IN NACHFOLGE DER WITTELSBACHER (MARGARETE MAULTASCH), HERREN VON TIROL
1376/1377	*OvW geboren (Kl 18),* zweiter Sohn des Landadligen Friedrich von Wolkenstein und seiner Ehefrau Katharina von Vil[!]anders-Trostburg, vermutlich auf der Trostburg (eventuell auf Burg Schöneck)
1378	TOD VON KAISER KARL IV.; BEGINN DES KIRCHEN-SCHISMA
1386 UND 1388	SIEG DER EIDGENOSSEN ÜBER DIE HABSBURGER BEI SEMPACH UND NÄFELS
ab ca. 10 Jahre nach der Geburt:	*‚Lehrzeit' OsvW als Knappe, erste Reisen (Kl 18 I/II, Kl 44, „Länderkataloge" u.a.); in den folgenden Jahren offenbar mehrfache und weite Reisen, unterbrochen von Aufenthalten in (Süd-)Tirol*
1394	Bezeugung eines Besitzstreites um Burg Hauenstein zwischen den Wolkensteinern sowie Martin Jäger von Tisens und dessen Ehefrau Barbara von Hauenstein: Oswalds Großvater Eckhard von Vilanders hatte ein Drittel der Burg (mit Zubehör) käuflich erworben, und ein Schiedsspruch des Brixener Bischofs von 1397 bestätigte, dass zwei Drittel

	Barbara von Hauenstein und ihrem Ehemann, ein Drittel der Familie Wolkenstein gehören würde (Schwob 1977, 27 f.)
1399 und 1402	Mutmaßlich Teilnahme an „Preußenfahrten“, d.h. Feldzügen vom Deutsch-Ordens-Land aus in litauisches Gebiet (LZ 5, 10, 18; *Kl 18/ 26/ 44/ 123)*
1400	Tod des Vaters (*siehe auch Kl 18 I*); erste überlieferte urkundliche Erwähnung OsvW (LZ 6: Tausch von Gütern)
1400–1410	KÖNIG RUPRECHT VON DER PFALZ
1401/Herbst	*Teilnahme OsvW am Italienfeldzug von König Ruprecht von der Pfalz (Kl 18 II; vgl. LZ 7); wohl weitere größere Reisen (Schiffbruch und wundersame Rettung: Kl 18/ 23; ferner Kl 44 und „Länderkataloge“; Votivbild im Brixner Dom von 1407, siehe LZ 37)*
1403	OvW möglicherweise erstmals als „Gotteshausmann“ im Dienst des Brixener Bischofs Ulrich I. bezeugt (LZ 20)
1404	Misslungener Kleinodienraub der beiden jüngeren Brüder Wolkenstein, schwere Verwundung OsvW durch Michael vW (LZ 218: Bericht des Bartholomäus von Gufidaun vom 12. Dezember 1430; *siehe evtl. Kl 23 II)*
1402/1406	Friedrich IV. von Österreich erhält Tirol und die Vorlande zugewiesen. OvW Gründungsmitglied des gegen Herzog Friedrich IV. gerichteten, eher machtlosen „Elefantenbundes“ von Tiroler Adeligen (23. August 1406); im folgenden Jahr Gründung eines größeren Adelsbundes („Bund an der Etsch“ LZ 31)
1407	Vermögensaufteilung zwischen Michael vW und seinen jüngeren Brüdern Oswald und Leonhard (LZ 32 ff.), wobei OvW unter anderem den Wolkensteinischen Anteil der Burg Hauenstein erhält; Stiftung der St. Oswald-Kapelle im Brixener Dom (LZ 37, 38; mit dem Votivbild des Schiffbruchs: *Kl 18, Kl 23; [‚swarze see‘ = „Schwarzes Meer“?])*
1408	Stiftung des „Gedenksteins“ für die St. Oswald-Kapelle im Brixener Dom (LZ 41)

1409, Mai 25	Urkundliche Erwähnung der Anna Hausmann, Tochter des verstorbenen Hans Hausmann, bischöflicher Schulmeister in Brixen und zeitweilig Bürgermeister von Brixen (LZ 45; ca. 20 weitere Urkunden); Siegler: OvW als ‚Hauptmann des Gotteshauses zu Brixen'; *die „Hausmannin" (= Kl 26 XII, 10) wahrscheinlich in zahlreichen Liedern als ‚buel' (Minnedame/ ‚Geliebte') erwähnt*
1410	Dienstvertrag mit Bischof Ulrich I. von Brixen, der später auf fünf Jahre befristet wird (LZ 63)
ca. 1410	*Pilgerreise nach Jerusalem und in den Orient (Kl 17, Kl 35 I, „Länderkataloge" u.a.*; siehe LZ 163: Ratschläge für eine Palästina-Pilgerfahrt an Pfalzgraf Ludwig III. vom 9. September 1426)
1410–1437	KÖNIG SIGMUND, AB 1433 KAISER
1411, November 2	Einpfründung OsvW ins Augustiner-Chorherrenstift Neustift bei Brixen, zusammen mit zwei Knechten (LZ 55)
1412/1413	*Eventuell Teilnahme am venezianischen Krieg von König Sigmund (Kl 18 II)*
1414–1418	KONZIL VON KONSTANZ
1415	OvW beim Konstanzer Konzil *(Kl 122, Kl 123, Kl 45, Kl 19 II)*; seit 15. Februar eine Art ‚Sonderbeauftragter' im Dienst von König Sigmund (LZ 70)
1415, MÄRZ	FLUCHT DES SCHISMATISCHEN PAPSTES JOHANNES XXIII. AUS KONSTANZ, MIT HILFE VON HERZOG FRIEDRICH IV.
1415/1416	*Gesandtschaftsreise des OvW im Auftrag von Sigmund. Stationen: Mutmaßlich Heidelberg, England, Schottland, Irland (Kl 26 I); dann Portugal, Cëuta/Nordafrika (Teilnahme an der portugiesischen Eroberung unter Heinrich dem Seefahrer), Granada, Perpignan, Avignon, Paris, mit Auszeichnungen in Perpignan und Avignon (Aragonesischer Kannen- bzw. Greifenorden) und Paris (Kl 18 III, Kl 19, Kl 26 I, „Länderkataloge"); in Perpignan trifft OvW König Sigmund wieder* – Ziel der Reise: Resignation des schismatischen Papstes Benedikt XIII. *In Paris* wird OvW von Sigmund nach Tirol zurückbeordert (LZ 73/90: Geleitbriefe)

1415, 6. JULI	IN KONSTANZ HINRICHTUNG (VERBRENNUNG) VON JOHANNES HUS, PROFESSOR AN DER KARLSUNIVERSITÄT PRAG; AM 30. MAI 1416 SEINES KOLLEGEN HIERONYMUS
1417	Wahrscheinlich Eheschließung mit Margarete von Schwangau, Wohnsitz: Burg Hauenstein (die OvW nur zu einem Drittel besitzt; siehe LZ 84, 88 [erste urkundliche Erwähnung Margaretes als Ehefrau: 20. Januar 1419]); *Margarete in verschiedenen Liedern mit Namen genannt („*die *stolze Swäbin": Kl 110 II, 1); weitere Lieder ohne ausdrückliche Namensnennung handeln wohl auch von ihr.*
1418	*Folgenloser Sieg der Wolkensteiner bei der Belagerung der Starkenbergischen Burg Greifenstein durch Truppen von Friedrich IV. (Kl 85?)* – Mai: Aussöhnung zwischen Sigmund und Friedrich IV., unter der Voraussetzung einer Amnestie von Tiroler Adligen, darunter OvW: LZ 82
1419	Reise OsvW zu König Sigmund nach Pressburg, einem seiner bevorzugten Sitze und damals Teil des Königreiches Ungarn (siehe LZ 73, 90). Im Mai bessert in Blindenburg/Ungarn der mit OvW befreundete Herzog Przemko I. von Troppau dessen Wappen durch Verleihung eines Ehrenzeiches in Form eines Kohlkorbes auf (LZ 91; Wiedergabe auf Siegel, Urbare, Neustifter Grabmal [nur in Nachzeichnung erhalten]).
1420	Teilnahme an Kämpfen gegen die Hussiten (LZ 97: Burg Vyšehrad bei Prag; *evtl. Kl 27*)
1421	OvW als Hauptmann auf der Görzer Burg Neuhaus erwähnt (LZ 100: 6. September 1421). Nach Wiederaufleben des Streites um Hauenstein (siehe LZ 112: Aufstellung von Martin Jäger der ihm und seiner Ehefrau durch OvW widerrechtlich entrissenen Güter und Einnahmen) wenig später Gefangennahme OsvW durch Martin Jäger und einige gleichfalls mit OvW verfeindete Helfer; *laut OvW geschah dies unter Mithilfe seines früheren ‚buel' (Anna Hausmann), die an dem Besitzstreit beteiligt war und die ihm eine Falle gestellt habe (Kl 2, 3, 59, 60). Zuerst wurde er auf Burg Vall bei Prissian,* später auf der Starken-

	bergischen Burg Forst, deren Pfleger Martin Jäger damals war, ohne Zustimmung der Starkenberger, gefangengesetzt (LZ 102); *OvW wurde gefoltert und fürchtete offensichtlich um sein Leben (siehe oben, ferner weitere Lieder, die offenbar aus jener Zeit stammen).* Im Dezember (LZ 106, 107) wird OvW als Gefangener seinem Landesherren Friedrich IV. nach Innsbruck überstellt.
1422	Im Verlauf des urkundlich gut bezeugten Streites (LZ 102 ff.) wird OvW am 18. März 1422 gegen die riesige Bürgschaft von 6000 Dukaten bis August desselben Jahres aus der Gefangenschaft entlassen. OvW entzieht sich aber offensichtlich durch Flucht auf die Görzer Burg Neuhaus (siehe LZ 129 ff.) einer Rückkehr in die Gefangenschaft und sucht anschließend Hilfe bei König Sigmund in Pressburg (LZ 135–139), der die Reichslehen des Herzogs einzieht und zur Mobilmachung gegen ihn aufruft.
1423	Kurzfristiger Tiroler Adelsbund gegen Herzog Friedrich IV; nochmalige Belagerung der Burg Greifenstein durch Truppen des Herzogs *(Kl 85?)*
1425, Februar 17	Friedensschluss zwischen Sigmund und Friedrich. Nochmalige Reise nach Pressburg zu Sigmund. *Möglicherweise entstanden damals die Lieder über die beschwerliche und erfolglose Ungarn-Reise nach Pressburg, mit einer enttäuschenden Audienz beim König (Kl 23, 30, 55).* Vorläufiger Abschluß der seit mehreren Jahren in Arbeit befindlichen Liederhandschrift A, wahrscheinlich in Wien (LZ 148; Ergänzungen bis ca. 1441). Allmähliche Unterwerfung der rebellischen Tiroler Adligen
1426/1427	*Im Winter OvW isoliert und bedrängt auf Hauenstein (Winterlied Kl 44; späteres Gegenstück das Sommerlied Kl 116)*
1427	Herzog Friedrich IV. lädt OvW zur Beendigung der politischen und privaterbrechtlichen Konflikte zum Landtag und Hofgerichtstag nach Bozen (LZ 165): OvW versucht durch Flucht der sich abzeichnenden Verurteilung durch das für Adlige zuständige Hofgericht zu entgehen, doch der von Martin Jäger und einem Verwandten von Anna Hausmann informierte Herzog läßt OvW gefan-

	gensetzen und auf Burg Vellenberg bei Innsbruck überführen. Am 1. Mai muß sich OvW dem Herzog unterwerfen (LZ 168: Unterwerfungsbrief; *ausführlich: Kl 26*), der aber die Bürgschaftsverschreibungen von 1422 als Druckmittel nicht herausgibt; am gleichen Tag wird der Besitzstreit um Hauenstein in einer für OvW glimpflichen Weise beendet (LZ 170–172; LZ 174: Urbar). Unerledigt bleiben die von März 1422 stammenden Schadlosstellungen von OsvW Vetter Hans von Vilanders
1427/1428, Winter	*Reise über Salzburg, München, Augsburg, Ulm, Heidelberg nach Köln und Westfalen; dort wird OvW in den Bund der westfälischen Freischöffen (der Femgerichte) aufgenommen; Rückreise über Heidelberg (Kl 41, 86)*
1429	Mehrfache Versuche OsvW, mit Hilfe der Femgerichte finanziell und politisch zu seinen vermeintlichen Rechten zu kommen (LZ 182, 195 f.). OvW ist einer der Anführer auf seiten des Domkapitels und Hochstifts von Brixen bei der Gefangennahme des 1427 neugewählten Brixener Bischofs Ulrich II. Putsch, dem das Nichteinhalten der Wahlkapitulationen vorgeworfen wurde; dabei hat OvW dem Bischof einen starken Fausthieb versetzt (LZ 199: Diarium des Bischofs); es kommt aber letztlich zum erzwungenen Ausgleich zwischen den Parteien *(siehe Kl 81, Kl 104)*
1430/1431	Besuch bei König Sigmund in Wien (LZ 212); in dessen Gefolge bei der „Versammlung“ (September 1430) und dem späteren Reichstag in Nürnberg (Frühjahr 1431: LZ 214, 216, 220–222; dazwischen in Konstanz *(Kl 98, Kl 99)*. Wohl zu dieser Zeit Aufnahme in den Drachenorden von König Sigmund (LZ 222; Hs. B: Porträt). Am 14. August 1431 Niederlage des Reichsheeres bei Taus/Böhmen gegen die Hussiten *(Kl 134)*; OvW kann an der Schlacht nicht teilgenommen haben, da er, nach kurzem Aufenthalt in Tirol, am 12. August 1431 von Sigmund aus Nürnberg als ‚Königlicher Rat‘ zu Friedrich IV. gesandt wurde (LZ 225, 226)
1431–1449	KONZIL VON BASEL

1432	König Sigmund, seit September 1431 nur in Begleitung seines Hofstaates auf einer hindernisreichen Reise zur Kaiserkrönung in Rom, fordert aus Piacenza OvW auf, für Sonderaufträge zu ihm zu kommen (LZ 231, 10. Januar 1432; *Kl 103).* Im Auftrag Sigmunds leitet OvW den Begleitschutz für den Diplomaten und Theologen Dr. Nikolaus Stock, ist einige Wochen in Rom (LZ 233; *zu den Gefahren einer solchen Reise siehe Kl 105* sowie zu LZ 234). Er wird von dort in gleicher Funktion von dem jetzt in Parma weilenden König zum Konzil in Basel gesandt (LZ 234: Mai 1432). Der vorläufige Abschluß der zweiten Liedersammlung, also von Hs. B, mit einem wahrscheinlich in Oberitalien gemalten Individualporträt, wird von OvW, der sich dort als ‚königlicher Rat' bezeichnet, auf den 30. August 1432 datiert (LZ 236); Nachträge bis über 1438 hinaus
1433	Spätestens seit Februar 1433 (LZ 237) ist OvW wieder in Tirol; an der Kaiserkrönung von Sigmund in Rom (31. Mai 1433) nimmt er vermutlich nicht teil
1434	Teilnahme am Reichstag zu Ulm (LZ 250–255; siehe Kl 103). Ab 1435 scheint OvW, der im Herbst schwer erkrankt ist, Tirol nicht mehr verlassen zu haben. Zu den Tätigkeiten des inzwischen sehr angesehenen Landherrn und juristischen Fachmanns OvW sowie seinen eigenen Geschäften siehe die Biographie von Schwob 1977 sowie LZ 256 ff. (LZ ab Nr. 277 in Vorbereitung)
1437/1439	KAISER SIGMUND STIRBT IN ZNAIM (9. DEZEMBER 1437). DER NACHFOLGER, DER HABSBURGER ALBRECHT II. STIRBT BEREITS AM 27. OKTOBER 1439, UND DIE REICHSHERRSCHAFT GEHT AN DESSEN LEOPOLDINISCHEN VETTER FRIEDRICH III. ÜBER, DER BIS 1493 REGIERT (SEIT 1452 ALS KAISER) HERZOG FRIEDRICH IV. STIRBT IN INNSBRUCK (24. JUNI 1439); DIE VORMUNDSCHAFT ÜBER DEN 12JÄHRIGEN SOHN SIGMUND ÜBERNIMMT FRIEDRICH III.

1439	Aus Hall/Tirol wird OvW von den dort versammelten Räten und Landtagsvertretern herbeigerufen, um bei der Regelung bezüglich der Vormundschaft des unmündigen Tiroler Herzogs Sigmund und des Landesschatzes mitzuwirken (LZ 296)
1440/1442	Ab Ende 1440 auf Druck von Oswalds Söhnen Oswald dem Jüngeren und Gotthard von Wolkenstein erneuter Versuch einer Beilegung des Streits mit Hans von Vilanders um dessen Bürgschaftsansprüche von 1422. Im Juni 1441 Wiederausbruch des schon lange dauernden Streites um Almrechte der Gemeinde Ritten auf der Villanderer Alm, an dem OvW maßgeblich beteiligt ist; nach missglücktem Versuch eines vierfachen Mordanschlags durch die Rittner im Mai 1442 auf OvW (LZ 350 ff.) und jahrzehntelangen weiteren Auseinandersetzungen wird der Streit schließlich 1443 beigelegt
1442, September 30	Erneute Erkrankung OsvW
1443	Nach dem Tod des Michael vW (Mitte Januar) wird OvW Familienoberhaupt und Lehensträger. Der junge Herzog Sigmund nimmt von Graz aus geheime Kontakte mit dem jetzt einflussreichen OvW auf (30. Januar 1443); im gleichen Jahr läuft der Vormundschaftsvertrag von Hall (1439) aus, Sigmund wird aber von König Friedrich III. zu einer sechsjährigen Verlängerung genötigt. Am 3. November 1443 rufen Mitglieder des Tiroler Adels zur Unterstützung des jungen Landesherrn auf
1444	Der Vormundschaftsrat des jungen Herzogs läßt den Vormundschaftsvertrag von 1439 sowie das Inventar der von Friedrich IV. hinterlassenen Schatzkammer, also der beiden wichtigsten Urkunden im Streit mit König Friedrich III., von Brixen nach Meran bringen; OvW besorgt einen sicheren Aufbewahrungsort und erhält, neben vier weiteren Vertrauenspersonen, zwei Schlüssel dafür
1445	Verschlechterung des Gesundheitszustandes von OvW (Briefe Margaretes von März und vom 28. Mai 1445); OvW nimmt am Landtag zu Meran (ab Mai 1445) teil; dort stirbt er am 2. August 1445 im Beisein seiner Ehefrau Margarete, die von Hauenstein

	dorthin geeilt war. Auf der Grundlage einer eidesstattlichen Zusage des Dekans von Neustift, die OvW am 14. Juni erhalten hat, wird sein Leichnam nach Neustift überführt („mit großer Mühe und bei großer Hitze") und dort in der Stiftskirche „vor/bei dem Taufstein" beigesetzt (Cod. 960 der UB Innsbruck; Beschreibung des wohl im 18. Jahrhundert zerstörten Grabsteins durch Marx Sittich von Wolkenstein). – Erst 1465 kann Oswalds gleichnamiger Sohn mit dem seit 1446 regierenden Herzog Sigmund die Frage der Bürgschaftsbriefe von 1422 regeln: Gegen Bezahlung von 1000 Gulden (anstelle der ursprünglichen Bürgschaftssumme von 6000 Gulden) erhält Oswald der Jüngere die Dokumente ausgehändigt
1973–1989	„Die letzte Reise OsvW" (zum Einzelnen siehe Schallaböck/Müller 2003): Im November 1973 wurden bei Fußbodengrabungen in der Stifskirche von Neustift an der oben genannten Stelle beigabenlose Skelettreste entdeckt, mit an Sicherheit grenzender Wahrscheinlichkeit diejenigen OsvW (Glowatzki-Mullis u.a. 1982/1983). Nach einer sechzehnjährigen [!] Odyssee hat die Oswald-von-Wolkenstein-Gesellschaft diese Skelettreste am 1. Oktober 1988 dem Kloster Neustift wieder übergeben, wo sie nach längerem Zögern schließlich ein Jahr später „unweit seiner alten Begräbnisstätte zur ‚hoffentlich letzten Ruhe gebettet'" wurden (R. Olt: FAZ 1989)

Die Wolkensteiner – Ein genealogisch-heraldischer Überblick

Alexander von Hohenbühel

Nach 1140/47 und bis in das frühe 15. Jahrhundert traten zahlreiche Vertreter eines Ministerialengeschlechts auf, das sich nach seinem Sitz Pardell auf dem Berg Villanders im Unteren Eisacktal (Südtirol) nannte. Deren genealogische Zugehörigkeit zu einzelnen Familienzweigen eröffnet sich dem Heraldiker bisweilen durch den akribisch unterschiedenen, aber meist nur geringfügig voneinander abweichenden Gebrauch der Helmzier oder des leicht abgewandelten Wappenbildes, ausgehend von einem Blau über Rot geteilten Schild, der im oberen Feld nebeneinander drei silberne Spitzen zeigt. In jenem Zweig der Herren von Vilanders-Pardell, der seinen Helm mit drei Mühlsteinen zierte, die später mit je drei Nadelholzzweigen besetzt wurden, sind auch die Ahnen Oswalds und im Allgemeinen die Stammväter der Herren von Wolkenstein zu suchen.

Burg und Gericht Wolkenstein hatten den Maulrappen von Kastelruth zugehört, ehe sie 1293 von Konrads Vater Randold (I.) von Vilanders-Pardell († 1319), einem Günstling Graf Meinhards II. von Tirol-Görz, übernommen wurden. Während andere Nachkommen Randolds etwa in Klausen, Eppan oder auf Festenstein saßen, begann sich der Zweig Konrads von Vilanders-Pardell († 1373) nach der Grödner Herrschaft Wolkenstein zu nennen. Er führte den Schild der Vilanders-Pardell, sein Oberwappen aber schmückte zwischen zwei silbernen Geweihstangen eine blaue Spitze oder ein spitzer Stülphut, aus deren oder dessen Ende eine Lilie oder eine schwarze Straußenfeder erwuchs. Die weitere Deszendenz Konrads, die ihren jeweiligen Sitz auf Wolkenstein und Ansheim bei Klausen oder auf Buchenstein und Thurn an der Gader hatte, erlosch bis zur Mitte des 15. Jahrhunderts; allein der bis heute blühenden Nachkommenschaft des Friedrich von Wolkenstein, der 1370 Katharina von Vilanders, die einzige Tochter Ekkehards von Trostburg († 1385), heiraten sollte, stand ein bedeutender Aufstieg bevor. Zur Untermauerung und Legitimierung seiner eigenen Ansprüche führte Friedrich († 1400) neben dem Vilanders-Pardeller Schild ab etwa 1370 auch ein neues Wappen, das an jenes der Herren von Maulrappen erinnern und den Namen Wolkenstein zum Erklingen bringen sollte: Fortan teilte ein Wolkenschnitt den

Schild schrägrechts in Silber über Rot und ersetzte den Zinnenmauerschnitt aus dem Wappen der Maulrappen. Das Oberwappen, zwei mit je drei, später fünf und mehr Pfauenspiegeln besetzte Büffelhörner, lehnte sich an jenes an, das bis dahin von einem ausgestorbenen Zweig der Vilanders-Pardell gebraucht worden war. Die politische Bedeutung der heraldischen Sprache wurde ein weiteres Mal besonders augenscheinlich, als Friedrich von Wolkenstein – obwohl vergeblich – auf das Erbe des auf Runkelstein und Gravetsch gesessenen Cyprian von Vilanders-Pardell – aus dem Zweig des Heinrich, Bruder Randolds (I.) – anspielte und dazu 1387 auf das ältere Vilanders-Pardeller Wappen zurückgriff und kurzfristig die Geweihstangen seines Oberwappens durch den offenen Flug des Runkelsteiner Zweiges (unter Verzicht auf Flugfedern) ersetzte.

Friedrich von Vilanders-Pardell begründete den Trostburger Stamm der Herren von Wolkenstein, der sich mit den Söhnen Michael, Leonhard und Oswald erneut in drei Linien teilen sollte.

1. Die „Trostburger Linie" nach Michael von Wolkenstein († 1446)

Mit den Enkeln Michaels und Söhnen Bertholds, Hans und Wilhelm (I.) von Wolkenstein, wurde diese Linie um 1476, jedenfalls noch vor 1491 als freiherrlich anerkannt, möglicherweise im Zuge der sich im 15. Jahrhundert nur zäh konstituierenden Tiroler Adelsmatrikel. Der scheinbar wenig formellen Standeserhöhung aller Wolkensteiner Linien dürfte die Vereinigung des Wolkensteiner und Vilanders-Pardeller Wappens in einem gevierten Schild einhergegangen sein, der von nun an das Wappen des Geschlechts bilden sollte. Wilhelms (I.) gleichnamiger Sohn hatte 18 Kinder, fünf Söhne teilten die Linie Wolkenstein-Trostburg in verschiedene Zweige, die auch für die weitere Geschichte dieses Geschlechts bedeutsam wurden.

a) Caspar (1529–1605) gründete den „Trienter Zweig" und wurde 1568 mit der Würde eines tirolischen Erblandvorschneiders belehnt. Sie sollte nach ihm immer an den jeweils Ältesten aller Wolkenstein vererbt werden, die Würde eines Erblandstallmeisters seines Vetters aus der Rodenegger Linie gelangte in Folge an den jeweils Zweitältesten. Ferner wurde Caspar 1579 mit dem beinahe „erblichen" Amt eines Stadthauptmanns von Trient begnadigt. Durch seine Ehe mit Elisabeth Lang von Wellenburg trat er zudem die Verwaltung der Herrschaft Kitzbühel an und konnte das Wappen seines Zweiges ab 1580 mit dem Schild dieser Familie (in Weiß und Rot gespalten in verwechselten Farben eine halbe Rose und eine halbe Lilie) vermehren. 1661 gelangten die „Trienter" zudem in den Besitz des Lehens Toblino.

1677 wurde Kitzbühel durch die Herrschaft Ivano ersetzt. Nach dem 1826 erfolgten Tod des Letzten seines Zweiges, Pius Fidelis Graf Wolkenstein, ging der Besitz über die Söhne seiner Nichte Maria Anna Gräfin Wolkenstein geb. Gräfin Firmian, nach 1808 Witwe des Anton Maria Graf Wolkenstein, an den Trostburger Zweig über.

b) Der „Ebersteiner Zweig“ des Zweitältesten, Melchior Hannibal (1537–1596), gelangte durch eine günstige Heirat mit der Erbtochter des Grafen Otto von Eberstein zu Mitbesitz an einer reichsunmittelbaren Grafschaft und damit zu Sitz und Stimme im Reichsgrafenkollegium. Wenngleich wirtschaftlich nur mäßig erfolgreich, trat die in Poltringen bei Tübingen und im Murgtal ansässige Deszendenz im Ausbau der Herrschaft in Eberstein mit den Markgrafen von Baden in Konkurrenz. Bis heute merkbar ist die im wolkensteinischen Murgtal gefestigte katholische Konfession, ansonsten ist die Erinnerung an die dortigen Wolkensteiner mit ihrem Erlöschen im Mannesstamme 1695 verblasst.

c) Der 1554 geborene drittälteste Sohn Wilhelm (III.) erwarb den Ansitz Hohensaal in Meran und starb 1636 als Graf von Wolkenstein „zu Hohensaal“. Unter den Nachkommen wird Sigmund Ignaz als Bischof von Chiemsee genannt, um 1723 erlosch auch dieser Zweig im Mannesstamm.

d) Der vierte war Marx Sittich (1563–1619), der als Geschichtsschreiber bis heute in Erinnerung blieb. Ihm fiel das Urbaramt Bozen und die Pfandherrschaft Neuhaus (bis 1733) zu, dazu erwarb er selbst die Herrschaft Rafenstein und das Gericht Wangen sowie einige Häuser in Bozen und Trient. Seine Nachkommen brachten ferner 1641 den Burgfrieden Sigmundskron, 1668 die Herrschaften Jenesien und Mölten und 1672 Schreckbichl in Eppan an sich, erbten von der Deszendenz der jüngsten Linie die von dieser 1619 erworbene Herrschaft Gufidaun (ab 1797 als Lehen) mit Schloss Summersberg, 1788 die Kirche St. Cosmas und Damian unterhalb von Greifenstein. Der Tiroler Landeshauptmann Caspar Paris Graf Wolkenstein (1691–1774) erhielt das ungarische Indigenat und nannte sich auch nach Lednicze. Unter Franz Graf Wolkenstein-Lednicze (1755–1821) wurde ein Großteil des Tiroler Besitzes veräußert, damit sich dieser um sein ungarisches Erbe der Grafen Aspremont kümmern konnte. Dieser Zweig erlosch 1937 mit Oswald-Gobert, der seinen Sohn um 23 Jahre überlebte.

e) Der jüngste war Engelhard Dietrich (1566–1647). Er war von seinen älteren Geschwistern bereits für ein Kanonikat vorgesehen, als das Los darüber entschied, dass ihm 1595 der Stammsitz Trostburg, die Ruine Wolkenstein und Zinsgüter im Etsch- und Eisacktal zufallen sollten. Um 1600 setzte er den von Marx Sittich begonnenen Bau des Bozner Kapuzinerklosters fort und erwarb 1612 (bis 1629) die Pustertaler Herrschaften Michaelsburg, Schöneck, Uttenheim und Heinfels, 1613 ein Urbar zu Innsbruck und 1615 sowie 1623 weitere im Oberinntal. 1619 erhielt er die drei Eisacktaler Herrschaften Gufidaun, Stein am Ritten und Villanders zum Pfand. Schließlich errichtete er die Fischburg im Grödner Tal und erreichte am 24.10.1630 die Standeserhöhung zu Grafen von Wolkenstein und Freiherren zu Trostburg und Neuhaus. Seine Enkel eröffneten erneut zwei Äste, wobei jener des Anton Albuin (1654–1720) das Erbe der Linie „Hohensaal" übernahm und bis zu seinem Aussterben 1852 auf der Trostburg verblieb. Der Ast des Ferdinand Karl (1649–1686) brachte Besitzungen in Mezzocorona (Kronmetz) und Pergine (Persen) an sich und beerbte 1828 die Trienter Linie und 1852 den Trostburger Ast, dennoch ließ sich der Besitz kaum mehr halten, bis auch der Stammsitz Trostburg (1967) und Toblino veräußert werden mussten. Die Trostburger Linie kennt heute nur noch zwei männliche Namensträger in Hamburg und in der Nähe von Verona.

2. Die Linie nach Leonhard von Wolkenstein († 1435)

Diese Wolkensteiner Linie saß auf Aichach und wurde unter Freiherrn Wolfgang zu Wolkenstein auch mit Gufidaun belehnt, erlosch aber schon 1515 im Mannesstamm.

3. Die „Rodenegger (Hauensteiner) Linie" nach Oswald von Wolkenstein († 1445)

Die Nachkommen des auf Hauenstein lebenden Dichterkomponisten Oswald von Wolkenstein (+1445) fanden 1492 in der Enkelgeneration mit den Golden-Vlies-Rittern Veit und Michael, den Söhnen des (ab 1493 Freiherrn) Oswald (II.) von Wolkenstein, gleich zwei Begründer der „Linie Rodenegg" (ältere Zweige erloschen bis 1616). Der kinderlose Veit empfing den Lehensbesitz an den Herrschaften Rodenegg und Ivano; Michael hatte die nötige Nachkommenschaft. Ab 1564 nahm Michaels Enkel Christoph (+1575) den blauen Schild mit einem silbernen Sparren, das Wappen der Herren von Rodank, als Herzschild in sein Wappen auf und unterschied sich dadurch heraldisch von der Trostburger Linie. Er hatte zahlreiche Nachfahren, die hohe Ämter und Würden bekleideten; zwei Söhne begründeten weitere am 24.10.1630 zu Grafen von Wolkenstein und Rodenegg erhobene Äste, die jedoch 1654 beziehungsweise 1793 im Mannesstamm erloschen. Ein dritter Sohn, ebenfalls Christoph (II.) genannt, wurde zum Stammhalter aller noch heute lebenden Rodenegger. Auch sie wurden mit Fortunat am 17.12.1633 in den Grafenstand erhoben und erlangten hohe Tiroler Ämter. Zu einer besonderen Erbteilung kam es im 20. Jahrhundert, als die Söhne des Dichters „Arthur von Rodank“ (1837–1907) zwei Zweige begründeten: Der jüngere und in Folge mit zahlreichen Nachkommen ausgestattete Sohn Graf Wolfgang von Wolkenstein (1865–1915) erhielt das seit 1777 in Besitz der Familie befindliche, allerdings 1857 abgebrannte (und 1917 verkaufte) Schloss St. Petersberg im Oberinntal. Der ohne männliche Erben verstorbene Sohn Arthur (1861–1939) hingegen verblieb auf Rodenegg, das über dessen Töchter an die Grafen Preysing (in Folge an die Grafen Thurn Valsassina und Taxis) und an die Freiherren von Call (in Folge an die Grafen Wolkenstein-Rodenegg-St. Petersberg) gelangen sollte. Der St. Petersberger Zweig der Rodenegger Linie setzt sich heute mit über zehn männlichen Namensträgern in den USA, Kanada und Großbritannien fort, der jüngste von Graf Leonhard von Wolkenstein (geb. 1929) begründete Ast lebt hingegen noch heute in Tirol (Innsbruck) und gelangte über Baronin May Call erneut in den Besitz der Burg Rodenegg.

Abschließend sei auf eine heraldische Eigentümlichkeit verwiesen: In Visegrád (nördlich von Budapest) verlieh Herzog Przemko am 5. Mai 1419 Oswald von Wolkenstein eine Besserung seines Wappenkleinods, nach der dieser einen so genannten „Kohlkorb“ zwischen die bereits erwähnten Büffelhörner des Wolkensteiner Oberwappens setzen durfte (LZ 91; Abb. 15 und 18). Dieses Ehrenzeichen wurde im Laufe des 15. Jahrhunderts auch von etlichen Nachkommen und spätestens seit dem 16. Jahrhundert von allen Wolkensteiner Linien, Zweigen und Ästen übernommen.

Die Überlieferung der Werke Oswalds von Wolkenstein

Hans Moser

1. Die „autorisierten" Handschriften

OvW hat selbst die Aufzeichnung seiner Lieder in zwei prächtig gestalteten Pergamenthandschriften veranlasst: Hs. A (Österreichische Nationalbibliothek Wien, Cod. Vind. 2777) und Hs. B (Universitätsbibliothek Innsbruck, ohne Signatur).

Die eingehendsten Beschreibungen dieser Hss. geben Klein 1987, XIII ff.; Schwob LZ 148, 236; Spicker 2007, 13 ff. Für für A: Delbono 1977, 29 ff., Röll 1968, 52 ff.; Müller/Spechtler 1974, 3 ff.; Robertshaw 2002, 108 ff.; für B: Neuhauser 1987, 18 ff.; Röll 1968, 55 ff.; Moser/Müller 1972, 6 ff.; Delbono 1977, 45; zu Porträt und Initialen: Neuhauser 1987, 21 ff.; zur Geschichte der Hss.: Neuhauser 1987, 16 ff.; Delbono 1977; A. Schwob, Wertung 1977. – Abb. 2–9.

1.1. Handschrift A

Pergament; Text, Noten, Illuminationen, 61 Blätter in 7 Lagen; auf der Innenseite des Vorderdeckels ein Vollbild des Dichters, in dem er in der erhobenen Hand ein Blatt mit Text und Noten des Eingangslieds der Hs. hält.

Am Ende der dritten Lage (Bl. 38^r) steht ein Register mit den bis dorthin eingetragenen 42 Liedern, überschrieben mit *Inn der Jarczal Tawsend vierhund(er)t vnd Inn dem fünf vnd Zwainzigisten Jare/ Geschriben jst dicz puch vnd jst es genannt der Wolkenstainer* (Schwob, LZ 148). In den Partien vor dem Register sind später noch Lieder nachgetragen worden, die daher im Register fehlen. Die folgenden Lagen sind schubweise gefüllt worden, wie sich aus der Synopse von Schreiberwechsel und Entstehungsdatum der Lieder ergibt. Das letzte in A eingetragene Lied Kl 111 trägt in der Hs. B das Datum 1436.

Insgesamt enthält die Hs. 108 Lieder. Zahl und Trennung der Schreiberhände sind in der Literatur unterschiedlich gesehen worden. Maßgeblich war bis 1977 der paläographische Befund von Schatz (1904, 26 ff.), der 7 Textschreiber unterscheidet und sie mit Kleinbuchstaben (*a,b...*)

bezeichnet. Die bislang eingehendste Untersuchung bietet Delbono (1977, 41 ff.), der Schatz in mehreren Punkten korrigiert; insbesondere weist er die Eintragungen in Lage 6 (39^r bis 47^v), die Schatz dem Schreiber *h* zugeschrieben hatte (dem Schreiber der Hs. B), dem aus Brixen stammenden Oswald Holer zu (43), der 1438 als Starkenbergischer Schreiber einen beträchtlichen Teil der Münchner Hs. Cgm 3897 beschrieben hat (Timm 1972, 14, Anm. 44). Insgesamt unterscheidet Delbono neun Schreiberhände. Vertiefend und korrigierend: Robertshaw (2002, 108 ff.).

1.2. Handschrift B

Pergament; Text, Noten, Illuminationen, 48 Blätter in 6 Lagen; mit eingebunden sind zwei Vorsetzblätter (ein Bogen), auf dem ersten ein Brustbild, auf dem zweiten ein Liedregister, überschrieben mit: *In der Jarczal Tausent Vierhundert vnd darnach In dem zway vnd dreis/ sigosten iare an dem nachsten Samstag nach Sant Augustins tag ist diss/ buch geticht vnd volbracht worden durch mich Oswalten von wolkenstein/ Ritter des allerdurchleuchtigosten Römischen künigs sigmu(n)d etc. Rat iar.18.*

Die Hs. enthält 117 Lieder und den Reimpaarspruch Kl 112. Auf Bl. 35^rv ist ein Lied fast restlos getilgt, das nach Ausweis des Registers den Titel *Ain kluegen abt* trägt (Näheres bei Moser 1978).

Vor der Niederschrift des ersten Lieds wurde unten auf das Blatt ein Beglaubigungsschreiben König Sigmunds für Oswald an Herzog Friedrich von Tirol eingetragen, das den Dichter als königlichen Rat ausweist, entsandt mit den herzoglichen Räten, um dem Herzog (offensichtlich vertraulich) *ettlich vnser maynung* vorzutragen (Schwob, LZ 226). Die Hs. ist fast zur Gänze vom Schreiber 7 der Hs. A (bei Schatz Schreiber *h*) geschrieben. Ab (dem letzten originalpaginierten) Bl. 44 wird die Schreiberzuordnung problematisch: Im Gegensatz zur bisherigen Forschung sieht Delbono (1977, 45) ab der deutschen Version des *Ave mater* (Kl 109) den Schreiber 8 der Hs. A am Werk. Kl 111 ist in der Hs. mit 1436, 112 mit 1438 datiert. Ganz am Schluss folgen Einträge zweier anderer Schreiber (je ein Lied).

Das dreispaltige Register stammt höchstwahrscheinlich vom Hauptschreiber 7. Welker (1987, 215 f.) hat beobachtet, dass die dritte Spalte sich von den vorherigen unterscheidet (Tinte, Schrift ca. 20 % größer, erster Buchstabe meist Majuskel), woraus er schließt, dass sie nach 1432 eingetragen wurde. Zu bedenken ist allerdings, dass auch der Schreibraum in dieser Spalte (vor allem, weil es keine Folgespalte mit I-Initiale + Verzierung gibt) um etwa 10 % breiter ist. Es ist zwar anzunehmen, dass die dritte Spalte tatsächlich etwas später eingetragen wurde, so wie die Lieder ab Kl 103, wo auch die Schrift im Textteil deutlich kleiner wird, eine Spätdatierung nach 1432 ist trotzdem nicht überzeugend (Robertshaw 2002, 127 ff.). Das widerspräche auch der Sorgfalt und Präzision, mit der das Register auf dreimal 36 Liedtitel angelegt ist. Mit Neuhauser (1987) ist daher anzunehmen, dass Kl 103–107 knapp nach Kl 102 eingetragen wurden, „ohne dass dabei die Arbeit wesentlich unterbrochen“ wurde, „sicher aber noch vor dem ‚offiziellen‘ Abschluss der Hs. am 30. August 1432“ (1987, 20). Mit Kl 108 beginnen die Nachträge. Dass ab 109 b ein (?) anderer Schreiber am Werk war, ist nicht auszuschließen, da abgesehen von der von Neuhauser beobachteten *v*-Schleife (1987, 20) auch die Unterschlinge des Buchstabens *g* sich markant ändert.

2. Die übrigen Textzeugen

2.1. Handschrift c

Tiroler Landesmuseum Ferdinandeum FB. 1950, Papier, Text ohne Noten und Illuminationen, 115 Blätter; Liedtexte bis Bl. 100, auf Bl. 115^{rv} der 2. Teil eines Inhaltsverzeichnisses, alles von einer einzigen Hand; 103^{r}–104^{r} Eintrag von Sigmund von Wolkenstein-Trostburg (geb. 1514). Die Hs. wurde bald nach OsvW Tod im Auftrag der Familie angefertigt.

Die Texte folgen der Liedanordnung in B – mit zwei Auslassungen (Kl 108 und 109) und zwei Umordnungen am Ende der Hs.: Die *Compassio Mariae* (Kl 114) folgt auf die Passion (Kl 111), die lange Reimpaarrede Kl 112 ist ganz ans Ende gerückt. Da diese überdies – gegen B – Gemeinsamkeiten mit der Londoner Hs. D aufweist, kann sie keine direkte Abschrift von B sein (so schon Schatz 1904, 45). Ob das auch für andere Lieder gilt, ist nicht restlos geklärt (Moser/Müller/Spechtler 1973, IX ff.). Nach Ausweis des Wasserzeichens ist die Hs. „mit hoher Sicherheit“ erst nach dem Tod des Autors angefertigt worden (ebda VI).

Hs.-Beschreibung: Klein XVI f.; Röll 1968, 58 f.; Moser/Müller/Spechtler 1973, V ff. – Abb. 10.

2.2. Die Streuüberlieferung

Von den in den Hss. enthaltenen Liedern sind zwölf auch in anderen frühen (Lieder-)Sammlungen überliefert: Kl 20, 21, 43, 67, 70, 76, 84, 85, 88, 91, 101 und 112, nur drei davon (Kl 67, 85, 112) mit Namensnennung, die übrigen anonym. Außer Kl 85 gehören sie alle – dem Zeitgeschmack entsprechend – dem traditionellem Typ des ‚Gesellschaftslieds‘ an (Spicker

2007, 24). Unter dem Namen OsvW finden sich außerhalb der Hss. die Lieder Kl 128 bis 132 und Kl 134. Nach Röll sind es „die spärlichen Reste dessen, was im 15. Jahrhundert an Aufzeichnungen [...] in Deutschland vorhanden war“ (1974, 236), was kurze Fragmente in anderen Hss. und Namens- bzw. Titelnennungen von – vermeintlichen oder verlorenen – Oswald-Liedern und die weite geographische Streuung der Zeugen (Spicker 2007, 20) nahelegen: das Incipit von Kl 74 in der Münchner Hs. Cgm 5919, Vers 25; von Kl 84 in Ms. M 65 (Sächsische Landesbibliothek); Incipit zu Kl 88 (Handschrift aus St. Emmeram: München Clm 14274); ein kleines Liedregister im Münchner Codex zum Mönch von Salzburg Cgm 715, möglicherweise mit einem anonymen Oswald-Lied (Zimmermann 1981, 220 ff.). Kl 21 und 76 werden in den Neidhart-Drucken (Wolkenstein-Überlieferung F, = Neidhart-Überlieferung $z/z^1/z^2$) diesem zugeschrieben.

Zu diesen Zeugnissen vgl. Klein 1987, XVIII; Timm 1972, 144 ff.; Röll 1974, 234 ff. Eingehende Analysen zur gesamten Streuüberlieferung: Mück 1980; Hss.-Beschreibungen und Faksimiles: Mück 1985. – Abb. 11.

Die Qualität der Überlieferungszeugen ist sehr unterschiedlich, angefangen von sehr verlässlichen, deren Varianten unter Umständen auf unterschiedliche Fassungen (Kl 85 im *Augsburger Liederbuch*/ Wolkenstein-Hs. G) verweisen, über offensichtlich Zersungenes bis hin zu unsicheren Anklängen (Wachinger 1987, 144).

3. Die autorisierten Handschriften: Struktur und Entstehung

3.1. Ansätze in der Forschungsliteratur

Ausgangspunkt der folgenden Überlegungen ist der von Erika Timm geführte Nachweis, dass Hs. B keine Abschrift von A sein kann. Beide Hss. gingen vielmehr „in ihrem Hauptbestand auf die gleichen Vorlagen zurück“ (Timm 1972, 122). Diese Vorlagen seien meist Einzelblätter gewesen, manchmal „kleinere Gruppenaufzeichnungen auf Doppelblättern“ (21), die allerdings zur Zeit der Entstehung von B noch ähnlich geordnet gewesen seien, wie sie schon den Schreibern von A vorgelegen hätten (21 ff. und 122). Die Liedfolge innerhalb der Vorlagengruppen sei nur „teilweise sinnvoll“ (122).

Der Schreiber von B habe die Liedfolge nur unter „einem einzigen – praktischen – Gesichtspunkt“ umgeordnet, indem er Lieder gleicher Melodie zusammengezogen habe, um die mehrfache Aufzeichnung einer Melodie zu vermeiden (122 f.). Es könne also nicht „davon die Rede“ sein, „dass Oswald die Erhaltung seines Werks sorgfältig geplant“ habe (123).

Dem widerspricht Norbert Mayr: Hs. A sei ein „Reigen“ von „thematisch- chronologisch geschlossenen Liedgruppen […], deren Reihung durch das Prinzip von Kontrast und Zeitfolge bestimmt“ sei, hinter der „die ordnende und planende Hand des Dichters“ stünde (1978, 363), um ein Bild der eigenen „Lebensgeschichte wie auch den dichterischen Werdegang“ nachzuzeichnen.

Ähnlich wie Mayr sieht A. Schwob die Entstehung der Handschrift A (1979, 235 ff.). Der erste Schreiber habe eine Reihe von „überlegt“ angeordneten „Liedern aus dem Jahr 1422 mit Rückblenden in frühere Schaffensperioden“ (236) eingetragen. Ausgangspunkt dieser Liederfolge seien das traumatische Gefangenschaftserlebnis von 1422 und der Verrat seiner Geliebten gewesen, der bewusst mit Liedern kontrastiert sei, die die glanzvollen Reisen „als Gegensatz zur Beengung der Gefangenschaft und die Liebe als Gegensatz zur Grausamkeit der Folterung“ darstellten (242).

Spicker sieht durch solche Versuche die Überlieferungslage überfordert; die Hss. seien „Zeugnisse einer Performanzkunst“ (2007,16) und sollten nicht als Werk, sondern als Sammlung interpretiert werden.

3.2. Versuch einer Synopse

3.2.1. Zur Pragmatik der beiden Handschriften A und B

OvW hat offensichtlich zweimal das kostspielige und mühevolle Unternehmen auf sich genommen, das die Anfertigung einer Pergamenthandschrift mit Text, Noten, Bildschmuck und Illumination bedeutete. Es war ihm also sehr wichtig, dass sein Werk in Um- und Nachwelt Beachtung fand. Anders gesprochen: es ging ihm einerseits um Repräsentation, zum anderen um die *memoria* .

Die Repräsentationsfunktion der seit dem 14. Jahrhundert häufiger werdenden Hss., in denen die kommunikative Funktion von der ästhetischen überlagert wird, hat A.S. Meyer an Hugo von Montfort exemplifiziert (1995). Sie ist auch bei OvW an der Ausstattung der Handschriften sinnlich erlebbar, speziell an den Portraits: das in A zeigt ihn als „adeligen Privatmann und Künstler“ (näher LZ 148), das Porträt in B visualisiert den im Autorisierungstext erhobenen Anspruch *Riter des … Römischen künigs sigmund etc. Rat.* Das Bild des königlichen Diplomaten im vollen Ordensschmuck wird verbatim bekräftigt durch die am Fuß von Blatt I (Inhaltsverzeichnis) eingetragene Abschrift des schon erwähnten Beglaubigungsschreibens.

Die *memoria*-Funktion liegt einmal im Denkmalcharakter der Hss. selbst: So wie sich Oswald schon 1408 vorsorglich als Kreuzfahrer in

Marmor verewigte, tut er es jetzt auf Pergament. Daher auch die wiederholten namentlichen Autorisierungen in beiden Hss., in A überdies durch die Tatsache, dass er im Bild ein Blatt in der Hand hält, in dem er sich mit dem Liedanfang als Autor mit hohem Anspruch präsentiert. In B wird sogar das Datum des Tages festgehalten, an dem er *diss buch geticht vnd volbracht* hat. Es ist daher wohl kein Zufall – oder ein Zufall von Bedeutung –, wenn das vorletzte in die Handschrift nachgetragene Lied mit den Versen beginnt: *Und swig ich nu die lenge zwar/ so wúrd mein schier vergessen gar.*

3.3. Zur Struktur der Haupthandschriften

3.3.1. Makrostruktur: Die Liedfolge

Die Überlegungen zur Pragmatik der Hss. legen nahe, dass es Oswald wohl kaum befriedigt hätte, wenn seine Lieder in wirrem Durcheinander aufgezeichnet worden wären. Schon das Eingangslied *Ain anefangk* ist offenbar bewusst gewählt und verweist „auf den moralisch-didaktischen Ernst seines Künstlertums“ (Hartmann 1980, 240).

Andererseits sind die Versuche, die „ordnende Hand“ des Autors konkret nachzuweisen, nur in Ansätzen überzeugend. Gegen die These Mayrs, in Hs. A sei so etwas wie eine „lyrische Biographie“ intendiert, spricht die Überlegung Robertshaws, dass davon in der wohl geplanten Hs. B nichts zu bemerken ist (1998, 339 f.). A. Schwobs Überlegungen könnten für den ersten Vorlagenteil von Hs. A durchaus zutreffen, sind aber für die Hs. im Ganzen nicht tragfähig. Robertshaw sieht daher in diesen Thesen einen Anstoß, mit „einer genaueren Analyse der kleineren Liedgruppen innerhalb des schichtenartige Aufbaus der Hs.“ den Weg weiter zu gehen (1998, 338).

Genau das hat Wachinger in seinem Rezensionsaufsatz zu Timm getan (Burghart Wachinger: Rez. von Erika Timm 1972. In: ZfdPh 95, 1976, 123–131; im Folgenden zitiert nach dem Wiederabdruck in: Sammelband OvW 1980, 404–413). Er schließt sich darin zwar den meisten Überlegungen Timms an, sieht aber „die Ansätze zu sinnvoller Ordnung“ in den Vorlagen unterbewertet (406) und stellt der Hypothese von der „relativ zufälligen“ Einzelblattüberlieferung die Annahme gegenüber, zumindest „für einen Teil des Bestands“ sei mit „einer gattungstypologisch-thematisch geordneten und relativ geschlossenen Sammlung als Vorlage zu rechnen“ (411). Das gelte vor allem für jenen „Grundstock“ an Liedern, die im Register von A aufscheinen (ohne die Nachträge), und für die entsprechenden Partien von B. Vorlage dieses Grundstocks könne durchaus eine „an Nachträgen reiche“ Vorlagensammlung/Sammelhandschrift von etwa folgender Struktur gewesen sein: 1. Einstimmige „Sangspruchlieder“ und religiöse Lieder: Kl 1–15; 2. Einstimmige Liebes- und Erzähllieder: Kl 16–21; 3. mehrstimmige Liebeslieder: Kl 46–64; 4. Kalendergedichte: Kl 28, 67, 22 (407–409 mit detaillierter Begründung). Die in A fehlende Liedstrecke zwischen 1. und 2. (Kl 21–46 in B) war nach Timm dadurch zustande gekommen, dass die erste Vorlagengruppe der Entstehungsphase III von A in B nach vorne gezogen und vor den mehrstimmigen Liedern eingefügt wurde.

Die folgende Synopse setzt bei Wachinger an, denn wenn man nach Ordnungsgesichtspunkten sucht, ist es nur konsequent, von dem von ihm angesprochenen „Grundstock“ auszugehen, weil das der erste umfangreiche und geschlossene Liedkomplex war, den der Autor dem Schreiber zum Eintrag übergeben hat. Um ganz sicher zu gehen, wird der Grundstock von A zunächst mit den von Schreiber 1 eingetragenen Liedern gleichgesetzt, die mit dem Lied XXXVIII (Kl 63) enden. Diese Einschränkung empfiehlt sich auch deshalb, weil nach diesem Lied in der Hs. die Bemerkung *finis istius tractatuli* angefügt ist, die darauf hindeutet, dass die Vorlage des Schreibers 1 mit diesem Lied zu Ende war.

Diese erste Liedstrecke lässt in der Tat relativ klare Ordnungsprinzipien erkennen. Das erste lautet: G-Lieder vor W-Liedern. (G wie ‚geistlich‘, was natürlich im weitesten Sinn des Worts zu verstehen ist, genauso wie das Kürzel W für ‚weltlich‘). Die G-Lieder sind identisch mit Wachingers Block 1 (s. oben), in dem er auch Lieder mit weltanschaulich-didaktischem Anspruch und Neigung zum „exemplarischen Ich“ zusammengestellt sieht. Es sind dies die Nummern I bis XI in A. Dieses Prinzip gilt bis zum Ende des Grundstocks durchgängig.

Das zweite Prinzip lautet: im Bereich der W-Lieder einstimmige Liebes- und Erzähllieder zuerst; das sind die Lieder XII bis XX. Wachinger hat für diese Lieder auch Merkmale identifiziert, die ihnen eine gewisse „Familienähnlichkeit“ geben: keine Kanzonenform, lange Länderkataloge, formale Gemeinsamkeiten (407 f.). Es ist trotzdem einzuräumen, dass es sich um keine sehr homogene Gruppe handelt: „Die Gruppe wäre thematisch geschlossener“, meint Wachinger, „wenn man entweder 19, das einzige Lied ohne Liebesthematik, oder 57 und 58, die einzigen rein ‚subjektiven‘ Liebeslieder, ausschlösse“ (408). Erst dann folgen die mehrstimmigen Liebeslieder, in A Nr. XXI bis XXXII, gefolgt von drei einstimmigen Liedern, die den Verrat seines *buel* thematisieren, und weiteren drei Liebesliedern. Der Block der mehrstimmigen Lieder ist nur von einem einstimmigen Lied (Kl 119) unterbrochen.

Als drittes Prinzip ist das Bestreben zu beobachten, melodiegleiche Lieder nacheinander aufzuzeichnen: I–IV; dieses Prinzip ist allerdings zwei Mal durchbrochen (IX müsste nach VI, XIII nach VII stehen).

Die nächste Frage ist: Wie steht es mit diesen Prinzipien im großen Rest der Hs.? Die nächste Liedstrecke in A umfasst die Lagen IV und V und endet mit dem Inhaltsverzeichnis auf Bl 38^{r}. In den ersten 6 Liedern sind die Schreiber 2, 3 und 5 tätig, danach nur noch 5, wenn man davon ausgeht, dass die Lieder Kl 124, 125 und 110 von Schreiber 8 erst später eingefügt wurden (s. Timm 1972, 114 f.), weshalb sie auch im Register fehlen. Das heißt: Die ursprüngliche Liedstrecke beginnt mit einem Liebeslied, das unmittelbar an die vorhergehenden Lieder anschließt; dann sind von Schreiber 3 die Kalendergedichte eingetragen, zweimal unterbrochen von melodiegleichen G-Liedern, die Schreiber 5 – offenbar später - dazwischen geschoben hat (also Prinzip 3!). Danach folgt die Liedstrecke, die Schreiber 5 in einem Zug notiert hat: 15 W-Lieder, vorwiegend Liebeslieder, 9 davon zweistimmig. Den Schluss – ursprünglich wohl als Schluss der Hs. gedacht – bilden vier bedeutsame G-Lieder.

Das Resümee für diesen Teil der Hs. ist also klar: Ein durchgehendes Anordnungsprinzip für alle fünf Lagen gibt es zwar nicht, aber das Bemühen, gleichartige Lieder zusammenzustellen, ist deutlich spürbar, vor allem das Bemühen, den G-Liedern eine exponierte Stelle zu geben: Da aber ab Lage IV der Anfang der Hs. nicht mehr in Frage kam, werden sie (auch wegen des Prinzips der Melodieübereinstimmung) zu den Kalendergedichten bzw. überhaupt an den Schluss der Handschrift gestellt. Mayrs Beobachtung, „ernst hat das *puch* begonnen, ernst schließt es“ (1978, 361), trifft also *cum grano salis* zu.

Die Eintragungen der VI. Lage von A (Eintragungsphase 3, 1427: Timm 1972, 23) lassen solche Ordnungsprinzipien nicht mehr erkennen. Auch die Lieder, die von Schreiber 7 in die VII. Lage eingetragen wurden (Phase 4), dürften eine Mischung aus „Nachlese“ und neuen Liedern sein, die – nach Ausweis von Kl 111 – bis 1436 reichen.

Mustert man den Grundstock der Hs. B nach den in A beobachteten Prinzipien, stellt sich heraus, dass zwei davon erheblich deutlicher hervortreten. Zuerst das Prinzip (3): Melodiegleiche – manchmal auch in Metrum und Strophenbau gleiche – Lieder werden konsequent zusammengezogen. Ausnahmen sind nur Kl 87 und 95. Nach Timm ist dies „das einzige erkennbare Ordnungsprinzip in B“ (1972, 123). Was ihr entgangen ist, ist das andere schon in A zu beobachtende Prinzip (1): G-Lieder vor W-Liedern. Sämtliche Lieder mit religiöser oder weltanschaulich-didaktischer Grundhaltung stehen nämlich im Anfangsteil der Hs. von Lied Kl 1 bis Lied 40. Einzige Ausnahme ist wiederum Kl 95. Dieses Prinzip wurde bisher deshalb nicht gesehen, weil es dadurch überdeckt ist, dass die Gruppe der Liebes- und Erzähllieder der ersten Vorlagengruppe von A ihren Platz behalten hat. Überdies sind vier W-Lieder (Kl 25, 30, 33, 37) dazugekommen, weil sie mit G-Liedern melodiegleich sind. Dazugekommen sind auch das Urfehde-Lied (Kl 26) und das Hussitenlied (Kl 27), d.h. zwei autobiographisch wichtige Erzähllieder (mit stark religiösem Bezug!), die mit der – in der Hs. A nachgetragenen – Strophe von der siebten Todesgefahr im benachbarten Lied Kl 23 korrespondieren.

Aus der ersten Gruppe der W-Lieder sind die von Wachinger als Störung der Einheitlichkeit empfundenen Lieder Kl 57 und 58 tatsächlich entfernt worden. Man darf daher jetzt die Bezeichnung dieser Liedgruppe umkehren in „Erzähl- und Liebeslieder". Denn diese Gruppe von Liedern hat jetzt deutlich die Präsentation des weitgereisten (Länderkataloge!) und bewährten Ritters und Sängers zum Hauptthema und ist insofern ein Kontrastprogramm zum Oswald der G-Lieder. Die in B darauf folgenden Lieder Kl 41–45 setzen dann diesen Liedtyp fort. Die Liedfolge nach Kl 45 erklärt sich zwanglos aus der von Timm erkannten „Regelung des Arbeitsablaufs" (1972, 26): Nachdem die an den Anfang der Hs. gestellten Lieder ausgesondert waren, wurden die alten Vorlagengruppen, die offenbar erhalten geblieben waren, blockweise – meist sogar in derselben Reihenfolge – in B eingetragen: zuerst der zweite Block der Vorlagen von Schreiber 1 in Hs. A (Kl 46 bis 64); es sind alles Liebeslieder, erweitert um die aus der ersten Gruppe ausgeschiedenen Lieder Kl 57 und 58 und das vorgezogene Lied Kl 53, die alle thematisch gut in diese Liedgruppe passen. Drei Lieder (Kl 119–121) fehlen in B überhaupt, weil sie offenbar nicht mehr bei den Vorlagen waren. Ab Kl 54 stimmt auch die Reihenfolge überein.

Dann folgt der Block der Vorlagen für die Schreiber 2, 3, 5 bis zum Inhaltsverzeichnis von A: Kl 65 bis 77 (Timms Gruppe II). Das Blatt mit den Liedern Kl 122 und 123 war offenbar nicht greifbar. Die beiden melodiegleichen Lieder Kl 73 und 74 sind eingefügt. Die Reihenfolge hat sich nur an einer Stelle geändert.

Der Vorlagenblock von Schreiber 6 der Hs. A schließt sich an: Kl 78–87; bis Kl 84, abgesehen von der Umstellung von Kl 78 und 79, wiederum in der Reihenfolge von A. Dann folgt der Einschub der in A fehlenden Lieder Kl 85 und 87 und des Lieds *Ain kluegen abt*, wodurch im Endeffekt die Serie der Liebeslieder durch vier andere Lieder (zwei politische Schmählieder, ein Preislied und ein Trinklied) unterbrochen wird. Zuletzt werden die nach der Umstellung übrig gebliebenen Vorlagen des Schreibers 7 eingetragen: Kl 88 bis 101. Eingeschoben sind Kl 93, Kl 94 (in A durch Schreiber 5 bzw. 6 in den zweiten Teil der Lieder von 1 nachgetragen) und Kl 95 (in A Schreiber 6).

Der entscheidende Unterschied zu den von Timm angenommenen Vorlagengruppen (1972, 26) besteht darin, dass ihre Aufteilung der Gruppen I und III in zwei Untergruppen überflüssig geworden ist, weil die Liedfolge zwischen Kl 21 und Kl 46 restlos aus den An- bzw. Umordnungsprinzipien (1) und (3) ableitbar ist. Dass damit der Weg zu einem tieferen Verständnis der Gruppierung einzelner Lieder/ der Gesamtstruktur der Hss. noch nicht zu Ende ist, zeigt der Ansatz von Lutz 1991 (besonders S. 71 ff.)

3.3.2. Die Mikrostruktur der Handschriften: Texte und Melodien

Die Qualität der Textaufzeichnungen in beiden Haupthandschriften ist bemerkenswert gut. Abweichungen sind manchmal als Versehen bzw. Unklarheit der Vorlagen zu erklären. Häufiger sind aber wohl die Fälle, in denen die Abweichungen als Autorvarianten zu deuten sind, wie es in Zeugnissen einer Kunst, die auf die Aufführungssituationen bezogen ist, erwartet werden muss (Spicker 2007, 16), seien es als gleichwertig anzusehende Varianten, wie im Fall der Zusatzstrophe von Kl 26 in A (nach Vers 140) oder der Textvariante am Anfang der 2. Strophe von Kl 55, seien es solche, die als Verbesserungen intendiert waren. Die in Kl 111 noch in der Hs. A vorgenommenen Korrekturen ab Vers 103 sind dafür ebenso cin Modellfall wie die Tilgung und Neueintragung des gesungenen Kalenders (Timm 1972, 84). Normalerweise wurden solche Besserungen aber offensichtlich schon in den Vorlagen vorgenommen, erschließbar etwa aus den Varianten in Kl 35 und 45 (weitere Beispiele bei Moser 1974, 97 ff.; Timm 1972, 115 ff.; Hartmann 1980, 64).

Insgesamt steht es außer Zweifel, dass der Autor den Schreibern Vorlagen zur Verfügung stellte, die – wenn nicht die, so doch eine – ausgereifte Textfassung enthielten. Ähnliches ist *mutatis mutandis* für die Melodien anzunehmen. Timm hat zwar darauf aufmerksam gemacht, dass bereits der Grundstock der Lieder in A Varianten gegenüber B aufweist: „äußerst selten“ und „geringfügig(e)“ in den mehrstimmigen Liedern, „zahlreich“ und erheblich in den rezitativisch-einstimmigen (1972, 86 ff.), offensichtlich typisch für die Vortragspraxis der Zeit, die gegenüber Variation im Vortrag offen war. Im Gesamtkorpus treten allerdings nicht selten auch markante Unterschiede in mehrstimmigen Liedern auf – bis hin zu mehrfach vorkommenden Unterschieden in der Stimmenzahl (Timm 1972, 154 f.). Sie können in diesem Zusammenhang nicht im Einzelnen erörtert werden, obwohl sie für die Einschätzung des Gesamtcharakters der Handschriften nicht unerheblich sind. Pelnar hat mehrfach beobachtet (1982, 52, 56, 100 u.ö.), dass die Melodieaufzeichnungen in A insgesamt „zwar manchmal ‚unsauber‘“ sind, aber „eine für den Vortrag geeignetere“ Fassung überliefern und vermutet daher, die Sammlung habe eher den Zweck gehabt, „das private Musizieren für den späteren Gebrauch“ festzuhalten (118) als die in solchen Fällen manchmal genauere Hs. B, die primär der Repräsentation diente.

Sowohl Timm wie Pelnar weisen jedenfalls auf die beachtliche Professionalität der Notenschreiber hin, die es ihnen im Einzelfall sogar erlaubte, Stimmen selbständig zu ergänzen (Pelnar 1982, 116 f.). Man kann also getrost davon ausgehen, dass auch die Überlieferung der Melodien im Normalfall den Erwartungen des Dichter-Komponisten entsprochen hat.

4. Zeit und Ort der Entstehung der Handschriften

Hs. A vermerkt am Ende der 5. Lage *Geschriben* sei *dicz puch* im Jahr 1425, was als *terminus ante quem* zu sehen ist. A. Schwob nimmt an, der Schreiber 1 sei „zwischen 1423 und 1425" am Werk gewesen (LZ 148), Mayr sieht den Anfang schon 1422 (1978, 352 f.). Wenn man allerdings das von Schreiber 1 in der ersten Liedstrecke eingetragene Lied *Wes mich mein buel* (Kl 55), Kl 23,81 ff. und Kl 11 auf die Ungarnreise Anfang 1425 (A. Schwob 1977, 181 ff.) bezieht, ist das Partizip *geschriben* wörtlich zu nehmen und der Grundstock der Handschrift bis hin zum Register erst im Jahr 1425 angefertigt worden.

Robertshaw bezieht Kl 55 auf die Ungarnreise von 1422 (1977, 159 ff.). Kl 23,81 ff. berichtet sicher von der Reise 1425, weil die später nachgetragene Strophe 4, die von der siebten Todesgefahr – der Gefangenschaft von 1427 – handelt, mit den Worten *Darnach bei dritthalb jaren* (V. 96) beginnt. In Kl 30,25 ff. wäre dann ebenfalls von der späteren Reise die Rede. Beide Datierungen sind mit Delbonos Annahme vereinbar, dass die dritte Strophe von Kl 23 von Oswald Holer nachgetragen wurde, als er – ebenfalls 1427/28 – die sechste Lage füllte. Die Lieder der letzten Lage von A sind etwa 1431 eingetragen worden.

Der Schreiber dieser letzten Lage wurde dann offenbar knapp danach mit der Anlage der Hs. B beauftragt, *terminus post quem* ist gemäß dem auf Bl. I^r eingetragenen Schreiben der August 1431. Der Grundstock (bis Kl 107) war im August 1432 fertig gestellt. Mit Kl 108 beginnen die Nachträge. Sei es von Schreiber 7 oder, wie Delbono vermutet (1977, 45), von Kl 109b bis Kl 116 von der Hand des Schreibers 8 der HS A, der dort Kl 111 eingetragen hat. Das letzte Lied von der Hand dieses Schreibers, Kl 116, war wohl das nach Kl 40 angekündigte (*sequitur aliud*!) Lied, das der Schreiber 7 zur Zeit der Eintragung von Kl 40 kannte, aber nicht vorliegen hatte.

Wenig eindeutig ist die Frage nach dem Entstehungsort der Hss. zu beantworten. Da die Anlage der Handschriften ein Team von Fachleuten voraussetzt (Spezialisten für Text, Noten, Initialen, Cadellen, Lombarden) und wegen gewisser Übereinstimmungen mit anderen dort entstandenen Hss., kam für Timm nur das Skriptorium des Klosters Neustift in Frage

(1972, 16 f.), in dem die entsprechenden Spezialisten – vor allem die geübten Notenschreiber – vorhanden waren.

Für Hs. A hat dies A. Schwob massiv in Zweifel gezogen: Diese „Annahme" sei in Anbetracht der Lebenszeugnisse „zumindest für die ersten fünf Lagen nicht haltbar" (LZ 148). Das Stift sei aufgrund der Auseinandersetzungen mit der Familie Wolkenstein für OvW „viele Jahre lang feindlicher Boden" gewesen (ebda). Als Alternative bleibt dann nur Wien, der Hauptsitz der Starkenberger, wo sich Oswald nach der ersten Gefangenschaft nachweislich immer wieder aufhielt und wo in der Umgebung der Starkenberger auch Schreiber aus dem Bistum Brixen tätig waren, wie das Beispiel von Schreiber 6 (Oswald Holer) zeigt.

Auch bei Hs. B ist Neustift als Entstehungsort inzwischen in Frage gestellt. Zuerst hat Mayr (1978, 356 f.) folgenden Indizienbeweis dagegen geführt: OvW war 1431/32 praktisch ständig auf Reisen – zuerst in Süddeutschland, dann in Italien; er war dabei meist in der Umgebung des Königs; Kl 103 (Piacenza) und wohl auch Kl 105 (Ronciglione) lassen erkennen, dass er mit wichtigen Sekretären der königlichen Kanzlei einen auffällig intensiven und höchst vertraulichen Umgang pflegte; in Kl 103 spricht er in V. 24–27 von „seinem" Schreiber, obwohl er einen solchen für seinen Geschäftsverkehr sicher nicht brauchte.

Aus all dem zieht Mayr folgende Schlüsse: Oswald führte Hs. A und ein knappes Dutzend noch nicht eingetragener Liedvorlagen auf der Süddeutschlandreise mit sich; er lernte im Umkreis der königlichen Kanzlei Schreiber 7 kennen und beauftragte ihn, die Vorlagen in Hs. A einzutragen; dabei kam der Gedanke auf, eine neue, schöner und einheitlicher gestaltete Hs. anzulegen, der dann auf der Italienreise mit Hilfe der königlichen Kanzlei in die Tat umgesetzt wurde. A. Schwob fand diese Annahme schon 1979 „absolut einleuchtend", 2004 hat er sie als die insgesamt wahrscheinlichste ausführlich begründet (LZ 236).

Ein gewisses Unbehagen bleibt trotzdem, weil sich dabei neue Fragen auftun: Wie ist die von Delbono beobachtete Ähnlichkeit der Ausschmückung der ersten drei Lagen von A mit der in B zu erklären, woher kommen die Cadellen (39f.; vertiefend Neuhauser 1987, 16), wie sind die von Timm und Pelnar beobachteten Unterschiede in der musikalischen Notation zustande gekommen? Gab es in einer reisenden Fürstenkanzlei versierte Notenschreiber und Initialenmaler? Und zuletzt: „Für eine Hs. dieser Größe, dieses Umfangs und dieser Qualität der Ausstattung ist kaum anzunehmen, dass sie von einem Privatschreiber [...] oder gar auf Reisen selbst geschrieben und ausgeschmückt worden wäre" (Neuhauser 1987, 15).

5. Schluss

Sowohl die Beobachtungen zur Pragmatik wie jene zur Struktur lassen erkennen, dass OvW an der Gestaltung seiner Handschriften höchst interessiert war: Bilder, Autorisierungen, Eintrag des Beglaubigungsschreibens, Vorgaben für die Anordnung der Lieder, Sorge für brauchbare Text- und Melodievorlagen bis hin zu konkreten Textverbesserungen oder Aktualisierungen.

In diesen Punkten hat Hs. B in den Augen des Autors die ältere Hs. A sicher übertroffen. Ein Indiz dafür ist auch, dass diese an Albrecht VI. von Österreich abgegeben wurde, während B im Familienbesitz blieb. Doch auch die Qualitäten von A liegen auf der Hand: Sie überliefert ebenfalls authentische Fassungen, hilft, Fehler und Versehen von B zu ermitteln und ist stärker an der Musizierpraxis orientiert. Hs. A lässt zumindest in ihrem Grundstock Anordnungsprinzipien erkennen, die dann in B viel konsequenter umgesetzt werden, ohne dass eine Systematik im modernen Sinn abgestrebt wird. Prinzipiell ist aber anzunehmen, dass die beobachteten Prinzipien für die Performanzkunst Oswalds – und die seiner Zeit – ausreichend waren (Spicker 2007, 15 ff.). Gerade das macht aber beide Hss. so wertvoll: dass sie exemplarisch sind für all das, was bei anderen Autoren nicht beobachtet werden kann, weil sie die Erhaltung ihres Werks nicht so sorgfältig geplant haben wie Oswald.

Die Lebenszeugnisse Oswalds von Wolkenstein

Anton und Ute Monika Schwob

Vorbemerkung zu Edition und Kommentierung der Lebenszeugnisse

Im Zuge der Vorbereitung einer OvW-Biographie (A. Schwob 1977) war es zunächst notwendig, das von Arthur Graf von Wolkenstein-Rodenegg bereits 1930 vorgestellte Quellenmaterial (158 Regesten sowie zahlreiche weitere Angaben im Fließtext und in den Fußnoten) persönlich einzusehen und es womöglich durch weitere Archivalien zu ergänzen. Schon bald sah ich (A. Sch.) mich einer zunehmend unübersichtlichen Masse von authentischen Nachrichten gegenüber, die mich zwang, vieles nur im Anmerkungsapparat zu erwähnen und manches ungenützt zu lassen. Seither plante ich eine umfassende Edition aller Lebenszeugnisse dieses rührigen, augenscheinlich schriftbesessenen Wolkensteiners. Das voraussehbar arbeitsaufwändige Projekt bedurfte allerdings personeller, materieller und organisatorischer Voraussetzungen, die erst 1986 dank eines Fonds-Projekts am Germanistischen Institut der Universität Graz gegeben waren. Damals begann eine von mir und vier wissenschaftlichen Mitarbeitern (Karin Kranich-Hofbauer, Ute Monika Schwob, Brigitte Spreitzer, Diethard Suntinger) getragene, systematische Durchsuchung jener Archive und Bibliotheken, aus denen bereits entsprechende Funde bekannt waren, anschließend weiterer Bestände, in denen Auskünfte über das Leben OsvW erwartet werden konnten.

Fundorte, Materialerhebung

Insgesamt ergaben sich rund 40 Fundorte, vor allem in Nord- und Südtirol, aber auch im weiteren Österreich, in Deutschland, Slowenien und Tschechien gelegen, wobei der Nachlass der Familie Wolkenstein-Rodenegg im Germanischen Nationalmuseum Nürnberg hervorzuheben ist. Während die Staats- und Landes-Archive im allgemeinen zugänglich, geordnet, teilweise sogar durch Regesten erschlossen waren, kostete es große, oft vergebliche Mühe, in Pfarr- und Dekanatsarchive oder gar Adelsarchive und andere Privatsammlungen vorzudringen. So konnte etwa das Archiv Wolkenstein-Trostburg, damals noch im Archivio di Stato di Trento/Trient untergebracht, erst mit Hilfe eines offiziellen italienischen Forschungsauftrags gesichtet, das auf der Ehrenburg im Pustertal liegende Archiv der Herren von Künigl erst nach dessen Erwerbung durch das Südtiroler Landesarchiv näher untersucht werden. Das Thun'sche Familienarchiv in Děčín/Tetschen wurde durch die politische Wende nach 1989 endlich zugänglich. Doch auch Besuche im Wiener Haus-, Hof- und Staatsarchiv oder im Bayerischen Hauptstaatsarchiv München erforderten Zähigkeit und Standfestigkeit, um an Dokumente heranzukommen, deren genaue Signaturen uns bis dahin nicht bekannt waren. Unsere Bittgesuche an Pfarrhaustüren und vor fest verriegelten, von Hunden umbellten Schlosstoren böten Stoff für manche unterhaltsame Kurzgeschichte. – Ergänzt wurden die alten und neuen Funde durch Zutaten aus Privatsammlungen und handschriftlichen Nachlässen von Urkunden-Exzerptoren und -Editoren wie Josef Resch, Anton Emmert, Justinian Ladurner, Anton Noggler und anderen. Hinweise auf frühere Faksimiles, Editionen oder Regesten (nicht auf Erwähnungen) wurden den gesammelten Stücken zugeordnet.

Unsere Materialerhebung erbrachte rund 1000 Fotokopien und Xerokopien von Stücken auf Pergament oder Papier, die als ‚Lebenszeugnisse OsvW' bezeichnet werden können und eine direkte Nennung unserer Bezugsperson enthalten. Davon müssen freilich viele als Zweitausfertigungen, Register- oder Kopialbucheintragungen, Konzepte oder Abschriften, gelegentlich auch als Exzerpte von vorhandenen ausgefertigten Urkunden, Briefen oder originalen Aktenstücken anlässlich der Bearbeitung für die Textedition ausgeschieden werden. Bei Mehrfachüberlieferung greifen wir nämlich auf das Original beziehungsweise die diesem jeweils chronologisch am nächsten stehende Textfassung zurück und vermerken weitere Fassungen nur noch im Überlieferungsapparat. Die endgültige Anzahl der zu edierenden Stücke kann erst festgestellt werden, wenn auch der letzte Zettel mit dem übrigen Material verglichen worden ist. Bei Aussparung der umfangreichen späten Urbare dürften fünf Druckbände zustande kommen.

1. Typologie der Lebenszeugnisse Oswalds von Wolkenstein, Editionsprinzipien

Wir haben es in erster Linie mit Dokumenten aus der alltäglichen Rechts- und Geschäftswelt zu tun. Die Menge der Stücke demonstriert die zunehmende Bürokratisierung zur Lebenszeit des Wolkensteiners, aber auch seinen persönlichen Drang, Schriftliches aufzubewahren. Zu seinem Nachlass gehören, zumeist auf Einzelblättern oder Doppelbögen, gelegentlich in Heften gesammelt, Briefe, Urkunden und Akten mit sehr unterschiedlichen Textsortenvarianten (Rachoinig 2009, passim). Sie wurden zum Teil bereits unter OsvW Aufsicht sozusagen vorklassifiziert: Testamente, Jahrtagsregelungen, Einpfründungen, Stiftungen und Schenkungen an die Kirche, Dienstbriefe, Lehensbestätigungen, Pfandbriefe, Schuldverschreibungen, Rechnungen, Quittungen, Rechnungsbücher, Urbare, Inventare, Pachtverträge, Mitgiftabsprachen, Witwenversorgungen, Fehdeansagen, Vorladungen zu Gerichtsverhandlungen, Geleitbriefe, Kundschaftsbriefe, Bürgschaftsbriefe, Verhandlungsprotokolle, Gerichtsurteile, Urfehden, Vollmachten, Bündnisverträge, eine Wappenbesserung, öffentliche Anschläge, Briefe in Rechts- und Geschäftsangelegenheiten, für die letzten Lebensjahre auch Privatbriefe, ferner Einkaufszettel und Auftragsnotizen für Diener.

Sucht man in diesem unerhört reichen Fundus an Textsorten und Textsortenvarianten nach einem individuellen Stil des ausgewiesenen Sprachkünstlers OvW oder gar nach kreativen Ausbrüchen aus dem hergebrachten Formular, so findet man im Gegenteil eher die strikte Anpassung des routinierten Rechtskenners an die allgemein bekannten Muster. Nur diese Vorgangsweise versprach dem Verfasser Erfolg.

Aussteller, Adressaten und Beteiligte an den in den Lebenszeugnissen erfassten Aktivitäten entstammen allen sozialen Schichten vom König bis zum Gesinde. Sprachlich weisen die Lebenszeugnisse des Wolkensteiners eine relativ einheitliche oberdeutsche und oberschichtige Schreibnorm auf. Aus dem Rahmen fallen vornehmlich die in der Kanzlei König Sigmunds von Luxemburg aufgezeichneten sowie einige im Zusammenhang mit der Femgerichtsbarkeit aus Westfalen abgesandte Texte. – Nachträglich wurden noch für das Leben OsvW relevante Passagen aus Chroniken, die Datierung erhellende Eintragungen in seinen Liederhandschriften, eine Inschrift auf seinem Gedenkstein sowie eine seinen Tod betreffende Randglosse in einem zeitgenössischen Buchmanuskript chronologisch eingereiht.

Die gesammelten Briefe, Urkunden und Aktenstücke wurden noch in den Archiven nach einem vorgefassten Schema für die sogenannte ‚archivalische Anmerkung' beschrieben und anschließend in Graz nach Ausarbeitung von präzisen Editionsprinzipien auch bei bereits vorliegenden Editionen grundsätzlich neu transkribiert. Wir haben uns für eine historisch-diplomatische Edition mit einer möglichst authentischen, aber doch zitiertauglichen Textwiedergabe entschieden. Unsere Prinzipien der Textgestaltung werden in jedem Band einleitend vorgestellt. Wir betrachten die Lebenszeugnisse als eine Serie von Einzelstücken, die jeweils datiert, lokalisiert, chronologisch durchnumeriert, mit einem Kopfregest versehen sowie bezüglich Form, Erhaltungszustand, Überlieferungsgeschichte, Dorsalvermerk und Beglaubigungsinstrument knapp beschrieben werden. Die transkribierten, in den entsprechenden Archiven mit den Originalen kollationierten Texte wurden computerunterstützt, oft genug von Softwareproblemen retardiert, für das Satz- und Layoutprogramm TEX aufbereitet, mit vorläufigen Notizen zur Überlieferung und Beschreibung versehen, nach Provenienz und vorläufiger Datierung geordnet sowohl im Computer (dort nach Archiven) wie auch als Ausdrucke in Mappen (nach Datum) aufbewahrt, als das Team die gemeinsame Arbeit ruhen ließ. Erst Mitte der 90er Jahre begann Ute Monika Schwob mit der weiteren Bearbeitung, das heißt der endgültigen Datierung und damit Reihung, der Formulierung von personenbezogenen Regesten, der Vereinheitlichung und Ergänzung der Beschreibungen und Literaturreferenzen sowie der umfassenden Kommentierung. Bisher sind von den geplanten fünf Bänden drei im Druck erschienen (Bd. 1: 1999; Bd. 2: 2001; Bd. 3: 2004); Bd. 4 ist seit Juni 2010 druckfertig.

2. Datierung, Registrierung, Kommentierung

Die implizite Thematisierung des ‚Lebens' unserer Bezugsperson erfordert eine chronologische Anordnung der Texte und damit eine präzise Datierung auch der relativ zahlreichen undatierten Stücke. Müssen schon eindeutige mittelalterliche Datierungen (etwa 1424 *an freitag vor herren vasnacht*) sorgfältig in moderne Datumsangaben (März 3) umgewandelt werden, so kosten unvollständige oder fehlende Datumsangaben zeitraubende Recherchen. Undatierte Urbare, Rechnungsbücher, Inventare, Notizen, Listen sowie zahlreiche Konzepte und Abschriften von Stücken, die nicht im Original erhalten sind, müssen zumeist nach inhaltlichen Anhaltspunkten zur zeitlichen Einordnung durchsucht und notfalls größeren Zeiträumen zugeordnet werden. Ähnliches gilt für die Lokalisierung, wobei der Ort manchmal Hinweis auf den Zeitpunkt der Entstehung ist und das Datum oft den Ort festlegt. Weitere Hilfe findet sich vor allem in den Zeugenreihen, im beschriebenen Rechtsgeschäft und dessen Umfeld sowie bei den Konstellationen von genannten Personen. Wenn eine bedeutende Anzahl der Zeugen eines Rechtsgeschäfts aus einem bestimmten Ort stammt, wie das wiederholt etwa für Brixen nachzuweisen ist, scheint der Ausstellungsort gesichert; ebenso sind anhand einer Liste mit Vorschlägen für die Ernennung von Urteilern Schlüsse auf einen bestimmten Prozess und damit auf dessen Ort und Zeit erlaubt. Dank solcher und ähnlicher Schlussfolgerungen konnte gar manches in Archiven und in der Literatur falsch oder gar nicht erst datierte Stück in unserer Edition an den richtigen Platz gerückt werden.

Ein regelrechtes Itinerar, wie es aus den Datierungen und Lokalisierungen königlicher Urkunden vielfach zusammengestellt wurde, kann trotz der Dichte der Lebenszeugnisse OsvW aus diesen Angaben nicht oder höchstens für die letzten Lebensjahre erschlossen werden, denn seine Reisen sind angesichts ihrer Rolle in den Liedern unzulänglich bezeugt. Trotzdem gab es auch diesbezüglich im Laufe der Arbeit Überraschungen. Es fand sich zum Beispiel in den uns verspätet zugänglichen Archivalien der Herren von Künigl-Ehrenburg ein Nachweis für einen in der Reimpaarrede *Mich fragt ain ritter* (Kl 112,189–196) behaupteten Aufenthalt OsvW in Rom, der freilich nicht zum Zeitpunkt der Krönung König Sigmunds zum Kaiser stattfand, sondern im Rahmen der Vorverhandlungen 14 Monate früher: ein Privatbrief, *Geben zu Roma am samstag vor mittervassten Anno etc. tricesimosecundo* (LZ 233 von 1432 März 29).

Spannend werden Datierung und Lokalisierung, wenn Urkundenfälschung oder zumindest -adaptierung vorliegt. Ein mit dem 1. April 1419 datierter lateinischer Geleitbrief, den König Sigmund angeblich in Pressburg ausgestellt hat, weist Differenzen zwischen der Datumszeile und den angegebenen Regierungsjahren Sigmunds als König von Ungarn und Römischer König auf. Außerdem urkundete der König von Mitte März bis Mitte April 1419 in Gran. Misstrauisch geworden, hat sich der Bearbeiter der lateinischen Stücke (Reinhard Härtel, s. LZ, Vorwort) den Schriftduktus der nicht zueinander passenden Angaben angesehen. Es erwies sich, dass *decimonono* wie nachträglich hineingequetscht wirkt und dass die merkwürdig verdeutschte Ortsangabe *Prespurge*, an deren Stelle *Posonii* zu erwarten wäre, vom ersten Buchstaben abgesehen auf Rasur steht. Außerdem hatte der Schreiber der Korrekturen eine zu dicke Feder gewählt. Kurzum: Hier stand ursprünglich *1416* und *Parisiis*, womit der historische Wahrheitsbeweis für die Strophen 22 bis 26 im Lied *Es ist ain altgesprochner rat* (Kl 19) erbracht ist (s. LZ 73 und 90). Selbstverständlich hatte die adaptierte Fassung von 1419 ihre Funktion; sie sollte die Heimreise OsvW aus Ungarn, wo er noch am 5. Mai auf der Blindenburg einen Wappenbrief einheimsen konnte (A. Schwob 2000, Wappenbrief, 359–367), absichern.

Der Aufschlüsselung von Ausstellungszeit und -ort folgt in unserer Edition ein Regest, das den Rechtsinhalt des transkribierten Textes knapp zusammenfasst, aber im Gegensatz zu der in Archiven üblichen Praxis stets die Person des Wolkensteiners anvisiert, auch wenn sie objektiv besehen nicht im Zentrum der Aussage steht. So scheinen in dem als Goldene Bulle 1431 in Nürnberg erlassenen Gesetz über die sogenannte ‚Pfahlbürger'-Aufnahme in süddeutschen Städten als letzte in der Reihe von 39 namentlich genannten Zeugen Michael und OvW auf, für sie ein bedeutsames Zeugnis ihres Ansehens, für die Reichsgesetzgebung von geringem Belang (LZ 221). Dank solcher Fokussierung auf OvW können die Regesten unserer Edition nacheinander gelesen für den bezeugten Zeitraum eine durchaus akzeptable, jedenfalls sachlich richtige biographische Skizze ergeben.

Noch deutlicher wird dieser Ansatz zu einer Biographie aus den historischen Quellen bei Hinzuziehung der Kommentare. Sie sind neben den Textzeugnissen eigentlicher Schwerpunkt der Edition. Ohne sie bliebe für die meisten Leser vieles in den Texten unverständlich oder unbemerkt, weshalb sie jeweils erklärend vorangestellt werden (U.M. Schwob 1993, 125–135). Im Kommentar wird auf Besonderheiten betreffend Datum, Ort, Rechtsinhalt, Überlieferungsform, Fundort, Siegel, Unterschrift, in-dorso-Notiz, Sprache, Stil und Weiteres aufmerksam gemacht. Hier werden Entscheidungen betreffend Textrekonstruktion sowie Identifizierungen von Personen, Orten, Sachverhalten, die aus dem Text nicht eindeutig hervorgehen, begründet. Hier wird gegebenenfalls auf Irreführung der Textaussage sowie auf parallele Aussagen in Liedern hingewiesen. Solche nach vermutetem Bedarf ausgeführte Erläuterungen werden ergänzt durch

Verknüpfung des jeweiligen Textes mit anderen im Gesamtkorpus oder auch außerhalb desselben, vor allem mit Urkunden des Tiroler Landesarchivs Innsbruck. Dabei sollen Urkunden und Akten mit dem dazugehörenden Rechtsprozess, etwa einem langwierigen, immer wieder aufscheinenden Erbschafts- oder Almstreit, verbunden werden, weshalb sich oft verfolgen lässt, wie weit die Textproduktion ihr anvisiertes Ziel erreicht hat. Im Kommentar kann ferner auf inhaltlich oder formal verwandte vorausgehende oder nachfolgende Stücke beziehungsweise archivalische Zusammenhänge aufmerksam gemacht werden. Einander ähnliche Vorgänge, etwa Vermögensstreitigkeiten gleicher Art mit mehreren Geschwistern, gehören hierher, ebenso das Aufweisen von persönlichen Beziehungen und Netzwerken, die im Mittelalter eine noch größere Rolle gespielt haben als heute. Schließlich gilt die Kommentierung auch der Einordnung des einzelnen Textes in größere Zusammenhänge, etwa in die Rechtsverhältnisse der Zeit, in die regionale Verfassungs-, Verwaltungs- und Ämtergeschichte, in die personale und verfahrenstechnische Organisation der Femgerichte oder in Grundzüge der Reichsreform. Das wirtschafts- und sozialgeschichtliche Umfeld kann beschrieben werden. Eine Einbettung in die Familien- oder Landesgeschichte, in kultur- oder kirchengeschichtliche Wechselbeziehungen kann vorgenommen werden. Hinweise auf geographische oder topographische, ethnische oder sprachliche Gegebenheiten und vieles mehr haben hier ihren Platz.

Wer kommentiert, darf frei entscheiden, was ihm anhand des jeweiligen Textstücks erklärungsbedürftig scheint. Das macht Kommentare reizvoll, aber auch temporär. Gute Vorsätze, sich kurz zu halten, werden im Eifer der gewonnenen Erkenntnisse allzu leicht über Bord geworfen. Wir hoffen trotzdem, annähernd das richtige Maß getroffen und aus dem aktuellen Stand der Forschung faktisch richtige, für die Mehrzahl der Leser nützliche Aussagen erschlossen zu haben.

In ihrer Gesamtheit können die Kommentare zu den schriftlichen Lebenszeugnissen OsvW biographische Fragen klären, quellenmäßig bezeugte Stationen zu einem Lebenslauf machen und diesen in das historische Umfeld einbetten. Sie können Erfolge, Misserfolge oder Teilerfolge angestrengter Bemühungen sichtbar machen. Dabei erzählt jedes einzelne ‚Lebenszeugnis' seine eigene kleine Geschichte, manchmal an Vorangehendes oder Nachfolgendes anknüpfend, dann wieder unvermittelt Neues aufgreifend. Der Vielseitigkeit, Regsamkeit und Mobilität des Wolkensteiners, seinem Aufstiegswillen und seiner Vitalität waren offensichtlich kaum Grenzen zu setzen. So ergibt sich ein einmaliges und zugleich für seine Zeit und seinen Stand charakteristisches Lebensbild, das sich unter anderem in den überlieferten Titulierungen spiegelt. Angefangen vom ‚Kind' der Katharina von Trostburg und jüngeren ‚Bruder' des ‚Ritters'

Michael von Wolkenstein, vom ‚Jungherrn', der über bäuerliche Pächter verfügte, über den ‚edlen, ehrbaren und weisen' Angestellten des Brixner Bischofs, den ‚Freischöffen' der Feme, den ‚Diener und Rat' König Sigmunds und des Görzer Grafen bis zum ‚edlen und festen Ritter', ‚Verweser am Eisack und im Pustertal', dem mit ‚edel, streng' und ‚guter Freund und Gönner' angesprochenen Landherren enthüllen seine Selbstbenennungen sowie seine Titulierungen durch Unter-, Gleich- und Übergeordnete einen beispiellosen und doch wieder von vielen seiner adeligen Landsleute angestrebten Aufstieg (A. Schwob 1977, Selbstbenennungen, 253–269).

Da Urkunden und Akten ihrem Wesen nach Rechtsdokumente sind, darf es den Leser nicht wundern, in dieser Edition eine beachtliche Fundgrube für rechtshistorisch relevante Vorgänge zu finden. Man erlebt den Wolkensteiner bei einfachen Rechtsgeschäften wie Kauf, Verkauf und deren formelhafter schriftlicher Fixierung. Man trifft ihn wie seine Standesgenossen ständig bei Gerichtsverhandlungen an, etwa als Zeuge, Urteiler, Richter, als Kläger und Beklagter, und man erkennt bald den ausgeprägt rituellen Charakter gewohnheitsrechtlicher Abläufe. OvW erhält und verursacht Ladungen, benötigt Geleitbriefe und Bürgschaftsbriefe. Er agiert mit Vollmachten und der Einholung von Kundschaften, erstellt Verhandlungsprotokolle und formuliert Gerichtsurteile. Er muss eine Unterwerfung beschwören. Seine Rolle als Freischöffe der westfälischen Feme ist eine eigene Untersuchung wert (U.M. Schwob 2009, 11–29, 45–77). Hinzu kommen rechtliche Absicherungen seines Besitzes und sozialen Ranges wie Lehensverleihungen, die jeweils für den Familienältesten ausgestellt wurden, ferner Pfandbriefe, Bündnisverträge, eine Wappenbesserung und zwei emotionale öffentliche Anschläge zur Verteidigung seiner Position betreffend Almrechte. Rechtsakte wie vertragliche Vermögensaufteilung oder Heiratsverträge begleiten auch seine Familienpolitik.

Bürokratie wurde im 15. Jh. vor allem im Rechnungswesen als erfolgversprechend angesehen. Demgemäß sehen wir den Wolkensteiner Rechnungen, Quittungen und Schuldbriefe ausstellen, Rechnungsbücher führen sowie die Erstellung von Urbaren und Inventaren in Auftrag geben (A./U.M. Schwob 1999, Inventare, 247–267). Zur Vermögensverwaltung gehörten auch Pfandbriefe, Pachtverträge und allerlei Rechtsgeschäfte für verwandte oder ihm anvertraute Frauen (U.M. Schwob 2000, Innerfamiliäre Beziehungen, S. 369–384) wie Mitgiftabsprachen, Witwenversorgungen und Erbschaftssachen. Auf eine rechtliche Basis gestellt wurden ferner Abmachungen mit der Kirche wie Stiftungen und Schenkungen an kirchliche Einrichtungen (A./U.M. Schwob 1999, Kapellenstiftungen, 114–124), OsvW Einpfründung in Neustift (A. Schwob 1992, 252–266) sowie testamentarische Verfügungen.

Auf die Bedeutung der Edition für die spätmittelalterliche und frühneuzeitliche Geschichte der geschriebenen deutschen Sprache kann hier nur mit einigen Stichworten hingewiesen werden. Während sich die Sprachwissenschaft bisher vornehmlich an Kanzleisprachen orientiert hat, weil solche durch Editionen bezeugt und daher überprüfbar sind, finden sich in den Lebenszeugnissen OsvW nicht nur unterschiedliche Kanzleigebräuche, sondern vor allem Einzelstücke aus dem Leben eines spätmittelalterlichen Adeligen, der mit landesfürstlichen, bischöflichen, königlichen Kanzleien, mit den Schreibstuben geistlicher Konvente oder Domkapitel und den jeweils angeheuerten Schreibern einzelner Adeliger oder bäuerlicher Gemeinden schriftlich kommunizierte. Diese Schreibsprache ist lebensnäher, gelegentlich weniger normiert oder deutlicher regional geprägt als die einer Kanzlei. Die Abhängigkeit der Niederschrift vom Diktat ist oft noch spürbar. In Einzelfällen sind Spuren mündlicher Streitgespräche, Gerichtsverhandlungen oder Verhöre erkennbar. Die aus den späteren Lebensjahren OsvW überlieferten Privatbriefe, insbesondere die von Frauen, heben sich deutlich von den spätmittelalterlichen Briefen mit geschäftlichen und rechtlichen Anliegen, erst recht von den normativ gestalteten Urkunden ab. Politische Stellungnahmen, etwa zu Landesangelegenheiten oder Almstreitigkeiten, sind ebenfalls spontaner, persönlicher, weniger formelhaft, als wir es aus Kanzleisprachen gewohnt sind.

3. Zur Bedeutung der Lebenszeugnisse für die Beurteilung von Handschriften und Liedern

Am Schluss dieser knappen Beschreibung stellt sich für Literarhistoriker die Frage nach fachspezifisch besonders interessanten Ergebnissen der Edition von Lebenszeugnissen OsvW. Gibt es über einige Datierungen hinaus Überraschungen, die Einfluss auf die Beurteilung von Handschriften oder Liedern nehmen können? Abgesehen davon, dass es jedem, der sich mit den Liedern des Wolkensteiners befasst, wohl ansteht, auch über den Lebenslauf des Dichters, dessen persönliche und ständische Bindungen, dessen politische Ansichten, emotionale Ausbrüche und zeittypische Interessen einigermaßen informiert zu sein, finden sich in dieser Edition tatsächlich teils erwartungsgemäß, teils unverhofft, Auskünfte zum realen Hintergrund für Fiktives. Auch diesbezüglich muss es bei einigen Hinweisen bleiben. – Selbstverständlich sind die ‚Lebenszeugnisse' nicht als durchgehend verlässliche Basis für Lieddatierungen und Interpretationen zu gebrauchen, am allerwenigsten bei Liedgattungen, die mehr an literarische Traditionen als an biographische Fakten anknüpfen. Da aber der Wolkensteiner oft und gern Autobiographisches in seine Lieder einbringt, sind Seitenblicke auf historisch Bezeugtes nicht nur erlaubt, sondern in vielen Fällen geboten, insbesondere dann, wenn eine politische Stoßrichtung, und sei es eine *pro domo*, spürbar ist.

Die relativ distanzierte Einstellung des Lieddichters zu Erlebnissen in *Reussen, Preussen, Eiffenlant* (Kl 44,7), speziell zum dortigen Brauch, Gefangene zu transportieren (Kl 26,51–54), findet in der Geschichte der späten Sommer- und Winterreisen des Deutschen Ordens und den knappen Rechnungsbelegen für den Wolkensteiner ihre Erklärung (U.M. Schwob 2008, 271–289). Verblüfft stellt der Leser eines Inventars der Burg Hauenstein aus dem Jahr 1418 fest, dass in OsvW Kammer ein Paar Pauken, eine Trompete sowie eine mit Silber beschlagene Tartsche, das heißt ein Wappenschild, aufbewahrt wurden, was die Vermutung nährt, dass dieser einäugige Krieger auch als Musiker unter den adeligen Reitern ins Feld gezogen ist (A./U.M. Schwob 1998, 141–146).

Wer die Urkundenkommentare zu den Brixner Stücken vor 1415 liest, die Enge dieser provinziellen Bischofsstadt zu spüren meint, den Kampf um kleine Geldsummen verfolgt, die mangelnden Aufstiegsmöglichkeiten bedenkt, versteht die frustrierte Gefühlslage, die im Lied *Ain burger und ain hofman* (Kl 25) zum Ausdruck kommt. Und wer sich anschließend mit Stücken der Konstanzer Konzilszeit beschäftigt, insbesondere mit der Aufnahme OsvW in das königliche Hofgesinde, dem scheinen Hochstimmung und Fürwitz von Liedern dieser Phase absolut folgerichtig. Dass OsvW Gefangenschaften und seine Unterwerfung unter die landesfürstliche Oberhoheit in Liedern, namentlich in *Durch aubenteuer tal und perg* (Kl 26), emotional geschildert, in Briefen, Urkunden und Akten punktuell bezeugt, nicht ohne den realen Hintergrund interpretiert werden sollten, ist hinreichend beschrieben worden (A. Schwob 1979, Realität, passim). Ähnlich steht es mit den literarischen Äußerungen über den Brixner Bischof Ulrich II. Putsch, vor allem in *Von trauren möchte ich werden taub* (Kl 104), die ohne die historisch bezeugte Gefangennahme des Bischofs durch Tiroler Freischöffen, allen voran OvW, und ohne die nachfolgenden, in den Lebenszeugnissen dicht belegten Ereignisse der Jahre 1429 und 1430 schwerlich angemessen zu interpretieren sind (U.M. Schwob 2009, 54–77; siehe schon Müller 1968).

Eine besondere Erwähnung verdient der historische Hintergrund für das Hussitenlied *Ich hab gehört durch mangen granns* (Kl 27). Der ist nämlich nicht in Konstanz zur Zeit des Prozesses gegen Jan Hus zu suchen, sondern fünf Jahre später beim Hussitenkrieg auf Wyschehrad beziehungsweise in Kuttenberg: Eberhard Windecke, zeitgenössischer Chronist König Sigmunds, berichtet über die Belagerung und misslungene Entsetzung der nahe Prag gelegenen Burg Wyschehrad, auf der (Oswald) der ‚Wolkensteiner' und (Michael) der ‚Trostburger' gemeinsam mit einem Tiroler

Landsmann das Kommando hatten (LZ 97). Mit Mühe konnten sie sich nach Kuttenberg absetzen, wo OvW in der Umgebung des Königs auch noch den Spott hussitischer Propaganda- und Schmähschriften erleben musste. Einige Textstellen des von Hass und Empörung getragenen Hussitenlieds scheinen direkt auf Verhöhnungen in diesen hussitischen Schriften Bezug zu nehmen (U.M. Schwob 2001, 301–318).

Auch sonst können die ‚Lebenszeugnisse' gängige Vorstellungen widerlegen. Dazu gehört die aus paläographischen Beobachtungen abgeleitete Meinung, die beiden Prachthandschriften der Lieder OsvW seien der Schreibstube von Neustift bei Brixen zuzuordenen. Dies kann für die Handschrift A keinesfalls und auch für B wohl kaum zutreffen. Der Vermerk über den vorläufigen Abschluss der Eintragungen in die zuerst angelegte Handschrift A nennt mit ‚1425' einen Zeitpunkt, zu dem sich die Brüder Wolkenstein sozusagen im Fehdezustand mit dem Neustifter Propst Heinrich Millauner und dessen Konvent befanden. Erst nach dem Tod Leonhards von Wolkenstein (1426), der den Propst 1421 überfallen und als Gefangenen nach Aichach verschleppt hatte, und nach dem Ableben von Heinrich Millauner (1427) konnte eine Entspannung eintreten, die eine Befassung von Neustifter Chorherren mit OsvW Liedern erlaubt hätte (A. Schwob 2001, Beobachtungen, 243–254).

Wie aus dem bisher Gesagten hoffentlich ausreichend hervorgeht, zeigen uns die ‚Lebenszeugnisse Oswalds von Wolkenstein' einen markanten Vertreter seiner Familie, seines Standes, seines Landes und seiner Zeit, einen Rechtssachverständigen, Krieger und Diplomaten, einen Fürstendiener und zugleich provokanten Vertreter des Adels, einen bürokratischen Geschäftsmann, aber nicht den Künstler. Dennoch können sie fallweise für Datierungen und Interpretationen von Liedern des Wolkensteiners nützlich sein. Wo immer ein Interpret auf eindeutig ‚politisch' motivierte Liedaussagen stößt, sollte er nicht ausschließlich auf literarische Traditionen und Praktiken rekurrieren, sondern die Meinungsäußerung dieses leidenschaftlichen Politikers als solche respektieren und auf ihren realen Hintergrund, der in den ‚Lebenszeugnissen' umfassend dokumentiert ist, zumindest verweisen.

Uns ist es wichtig, dass diese Zweckdienlichkeit von historischen Quellenstücken als Hilfsmittel der Literaturwissenschaft bei der Bewertung der umfangreichen Edition als ein Aspekt unter vielen verstanden wird, das heißt, dass auch Sprachhistoriker, Rechtshistoriker, Landeshistoriker, Kirchenhistoriker und andere Vertreter von betroffenen Fachbereichen zugreifen, damit der mit so viel Mühe gesammelte und bearbeitete, in gedruckten Bänden dargebotene Bestand an Briefen, Urkunden und Akten einer nichtfürstlichen Persönlichkeit des Spätmittelalters möglichst breit genutzt wird.

[…] tranck, essen, wein und brot […] (Kl 14,1–2): Zur Ess- und Trinkkultur auf Hauenstein

Siegfried de Rachewiltz

Als Ausgangspunkt dieser Abhandlung dienen die zwei Hauenstein'schen Inventare: Das erste wurde 1417/18 aufgestellt (LZ 1, 284 ff.; hier und im Folgenden zitiert nach Band und Seitenzahl), das zweite entstand nach dem Tode OsvW, als die Burg dem zweiten Sohn des Sängers übergeben wurde (Trapp 1984, 340–341). Sie unterscheiden sich von anderen Burginventaren in einigen signifikanten Punkten. So fehlen etwa in beiden die Angaben über jene Räume, in denen sich die jeweiligen Sachgüter befanden; im ersten Inventar wird zwar die *Speis* erwähnt, in der die Vorräte gelagert wurden, sowie *meins h(e)rr(e)n kamer* mit den in der Wolkenstein-Forschung berühmten Pauken; im zweiten aber gibt es gar keine räumlichen Hinweise. Das Fehlen dieser Zuordnungen ist umso bedauerlicher, als gerade diese Information einen besseren Einblick in die Wohnverhältnisse auf Hauenstein gewährt hätte.

Aus vergleichbaren Inventaren geht hervor, dass die Burgen des Kleinadels oft recht spärlich eingerichtet waren. Was das Mobiliar betrifft, so werden im Inventar von 1417/18 lediglich 13 Betten, 3 ‚gute' Tische, 1 Tischgestell (*dischtútl*) sowie 4 Truhen angeführt. Im Nachlassinventar von 1447 werden nur mehr 10 Betten genannt. Was z.B. in beiden Inventaren fehlt, sind die sicherlich vorhandenen und sonst oft ausführlich aufgezählten landwirtschaftlichen Geräte. Als letzten Eintrag im Nachlassinventar finden sich zwar 6 Kühe, doch weder eine Sense noch eine Gabel, geschweige denn ein Melkschemel oder ein Milchgefäß. Ohne auf die Gründe der Lückenhaftigkeit dieser Dokumente einzugehen, konnten darin trotzdem einige spannende Hinweise für das Thema dieser Abhandlung gefunden werden.

1. Das Getreide

1417 waren es 137 Star Mehl, nach dem Tode OsvW werden 1447 im Inventar *3 kästen mel* und *zwainczig star waicz* angeführt, wobei diese Auflistungen Momentaufnahmen darstellen, welche keine weiteren konkreten

Schlüsse zulassen. Hingegen legt die Unterscheidung zwischen Mehl und nicht gemahlenem Getreide (*waicz*) die Frage nahe: Wo ließ OvW sein Getreide mahlen und aus welchem wurde sein Brot gebacken? Eine hauseigene, wasserbetriebene Mühle ist lagebedingt nur in den seltensten Fällen mit einer Burg vereinbar. Die vielen Handmühlen bzw. Mühlsteine, die man auf Burgen gefunden hat – auch im Bergfried von Hauenstein wurde ein solcher entdeckt – muss man sich eher als Grundausstattung im Falle einer Belagerung vorstellen. Das gilt wohl auch für die 1523 erwähnte Handmühle auf Hinterschwangau, dem Geburtshaus von Oswalds Gattin Margarethe (Pörnbacher 1974, 285).

Die Antwort auf die oben gestellte Frage also, wo OvW Getreide mahlen ließ, liefert das Rechnungsbuch von 1417/18, in dem u.a. vermerkt ist, man habe dem Winterklaub-Bauern 97 Star Korn (= Roggen) übergeben und dafür 121 Star Mehl erhalten (1 Star entspricht in der Gegend von Kastelruth etwa 30 Litern als Volumenmaßeinheit; 1 Liter Korn ergibt ca. 1,3 Liter Mehl durch die Volumenvergrößerung). Es gab also am Winterklaubhof eine Mühle, aus der später ein eigener Hof wurde, der Lochmüller in Seis: „[…] 1680 Mühle in Unter S. so von alters die Winterclaub Mil genannt." (Ausserer 1934, 31). Oswald ließ also einen Teil des ihm zustehenden Getreides für den Eigenbedarf bei diesem und möglicherweise auch bei anderen Bauern mahlen: *it(em) d(er) rochk ist al(er) auf das hàws gmal(en)*" (LZ 1, 297). Dieses Mehl wurde dann in den im Inventar angeführten ledernen *Pulgen* eingefasst und vermutlich von den Eseln, deren Geschrei Oswalds sensible Ohren reizte (Kl 44 III,2), in den Hauenstein'schen Vorratskeller gebracht – während der Schlossherr mit dem restlichen Getreide Handel trieb bzw. es seinen Bauleuten (Pächtern) verlieh. Ein weiterer Hinweis auf einen Müller könnten schließlich die *zwei swein* sein, welche im Zusammenhang mit einem gewissen *Amadeo* angeführt werden (LZ 1, 298). Die Grundherren betrachteten eine Mühle als notwendiges Zubehör eines Güterkomplexes und verlangten als Abgabe ein oder zwei Schweine, die u.a. mit der abfallenden Kleie gefüttert wurden: *[…] und faisste swein, gemescht von kleib […]* (Kl 45 III,63). Dieser Vers ist allerdings ironisch zu verstehen, denn mit Kleie allein mästet man keine Schweine.

Auch die Figur der Müllerin in Kl 50,48, die in der üblichen Zweideutigkeit ihren Ansprechpartner auffordert, das Wasser abzukehren (*[…] ker ab so sprach die mulnerin […]* Kl 50,48), wurde als literarisches Klischee gedeutet (Ocken/Mück 1981, 167). Allerdings lassen sich zu diesem Zeitpunkt in Tirol durchaus auch Müllerinnen urkundlich nachweisen. Im Stadtrecht von Klausen von 1485 heißt es z.B.: *[…] item, auch sol ain ieglicher mülner und mülnerinn den rechten muesnapf nemmen.* (TW IV, 355). Die Anwesenheit von Frauen im Müllergewerbe lässt sich vor allem technikgeschichtlich erklären. Die Mechanisierung des Sichtwerks, d.h. der Siebvorrichtung, setzte in den Mühlen erst um 1500 ein; zu Oswalds Zeiten wurden zum Trennen der Kleie vom Mehl und zum Erzeugen der verschiedenen Mehlarten Handsiebe bzw. *Peutel* benützt – eine Arbeit, wie sie die Ikonographie (s. die Darstellung der Vestalin Tuscia im Brixner Kreuzgang) oder die Heiligenlegenden (s. die Legende des hl. Benedikt, der das Sieb seiner Amme zerbricht) mehrfach bezeugen und die stets als *opus feminile* angesehen wurde. So erklären sich auch die *zwei maiden*, welche laut Bozner Stadtrecht von 1379 jedem Müller bzw. Müllerin *je zu dem Rade* (pro Mahlwerk) zugestanden wurden (TW IV, 388). Das Getreide wurde in der Mühle gemahlen und dann von Hand mit Sieben und Beuteln aus unterschiedlichem Gewebe – je nach gewünschter Feinheit des Mehls aus Leinen oder Seide – gesiebt. Für diese Arbeit musste der Kunde ein eigenes „Beutelgeld" bezahlen, das noch in der Landesordnung von 1573 festgelegt ist. Ein weiterer Hinweis auf das Mahlwesen findet sich in Kl 32 II,23, wo Ehebrecher in der ersten Höllenkammer für ihre Sünden büßen: *Damit so wirt vergolten das, / ain jeder metz nach seinem leben mit der mass […]:* So wird in „Gottes Mühle" die Sündenschuld mit dem Mahl-Lohn bemessen – denn *metz* bezeichnet jenen Teil des Mehls, der dem Müller als Lohn zusteht.

2. *Mues,* Brei und Brot

Der Großteil der Getreidearten wurde in Form von *Múss* (Kl 86,17; heute mundartlich „Mues") bzw. Brei verzehrt und nicht als Brot. Dabei wurde für das *Mues* – wo man es sich leisten konnte – Weizenmehl und Milch verwendet, während Hirse, Gerste und Hafer mit Wasser zu Suppen oder Brei verkocht wurden. Die Brixner ‚Dirne' (= Magd), welcher der abgeblitzte Höfling elf Zähne ausgeschlagen hatte, verlangt von dessen Rivalen eine Kuh: *[…] da mit ich hab zu melhen / ain múss des morgens frú* (Kl 25 IV,23–24).

Brot stellte auch zu Oswalds Zeiten eine der symbolträchtigsten Speisen dar. Dabei war das Brotgetreide der bäuerlichen Bevölkerung Tirols stets der Roggen – deshalb auch als ‚Korn' bezeichnet. Der in geringeren Mengen produzierbare Weizen – der zartere, empfindlichere von beiden – fand in der bäuerlichen Küche, wenn überhaupt, nur für in der Pfanne gebackene Mehlspeisen oder als Festbrot Eingang. Umso mehr war es für den sich von den Bauern abheben wollenden Adel wie auch für den wohlhabenden Bürger eine Prestigefrage, Weizenbrot konsumieren zu können. Aus Weizen ist auch der ‚Weggen', den die Brixner Kupplerin als Lohn erhält, wenn sie dem Bürger mit der „schweren Tasche" das schöne Mädchen zuführt: *[…] und waiss ain schöne mëtzen / dort oben an dem egk, / die soltu mir erswetzen, / das gilt dir wúrst und wegk.*" (Kl 25 IV,29–32). Auf Hauenstein wurde das tägliche Brot im schlosseigenen Ofen gebacken, wobei sicherlich auch hier – vor allem für das Hausgesinde – Roggenbrot auf Vorrat hergestellt wurde. Die zahlreichen Brotrahmen (*protheng, brotrem*) – gitterartige Vorrichtungen aus Holz, in denen das Brot zum Trocknen aufbewahrt wurde – in den Burginventaren bezeugen, dass auch auf Burgen Roggenbrot als Hartbrot verzehrt wurde. Die zwei *múlder* im Inventar von 1417/18 könnten entsprechend auch als *protmúlter*, d.h. als Teigtröge gedeutet werden. Genauso wie das *stúcklin brot*, das der Knabe OvW in seinem Beutel hatte, als er in die Welt hinaus zog (Kl 18 I,5), ein Stück hartes Roggenbrot gewesen sein dürfte.

3. *[…] seid ich múss sorgen umb das brot […]* (Kl 44 II,38)

Brot steht – nicht nur bei OvW – für die Nahrung allgemein. Wenn Oswald klagt: *Tieff ist das kot, teuer das brot […]* (Kl 103 I,6), so bezieht er sich in diesem Fall auf die hohen Lebenskosten in der Lombardei.

Der spezifische, standesbezogene Stellenwert des Brotes ergibt sich allerdings nicht nur aus dem Getreide, aus dem es gebacken wurde, sondern aus der Kombination mit anderen Symbolspeisen; wenn z.B. in Kl 92 das ‚Hiatamadl' Bärbelin herausfordernd behauptet: *[…] ja keut ich nie das käss und brot / von heut, das mir mein mútter bot […]* (Kl 92,17–18), dann bestätigt sie, was schon in unzähligen Tiroler Urkunden vor Augen geführt wird: dass nämlich Handwerker, Dienstboten und das gesamte Hausgesinde vornehmlich mit Käse entlohnt wurden. Die Grundherren bezogen große Mengen an Käse von ihren Schwaighöfen (Viehhöfen) als Zins, von dem sie einen Großteil benützten, um ihre Bediensteten zu bezahlen. So wird das Binom „Käs und Brot" zum Inbegriff der dem einfachen Volk zustehenden Zwischenmahlzeit („Halbmittag"). Wenn es in den Tiroler Weisthümern um die Entlohnung von Hirten, Saltnern, Fronboten etc. geht, wird vornehmlich (Hart-)Brot als Zahlungsmittel unter den Bauern erwähnt. Brot und Käse dienten auch als Almosen: Oswalds Großvater Eckhard von Villanders hinterließ dem Spital zu Brixen u.a. 5 Pfund Berner, *umb chaes und prot* für die Armen zu kaufen, während er den *parfuzzen gen Bozen* ein Star Weizen *ce oblat* (Hostienbrot) vermachte (LZ 1, 6).

Die Verknüpfung von *würsst und wegk* in Kl 25 IV,32 als Ausdruck der Großtuerei des neureichen Bürgers wurde schon erwähnt. Zu Oswalds Zeiten hatte das Wort *wegk* zudem noch seine ursprüngliche Bedeutung als ‚Keil' – in den Burginventaren finden sich auch eiserne *wegk* (Zingerle

1909, 382); in Oswalds Lied geht es hingegen um ein feineres Weizenbrot, wie es z.B. auch der junge Meierssohn Helmbrecht verlangt, *von wîzen semeln ezzen brôt* (*Meier Helmbrecht* V. 398)

4. Brot und Wein

Spricht OvW hingegen die Welt des Adels an, dann kommt es fast ausschließlich zur klassischen Paarung von Brot mit Wein. So rät der die Unbeständigkeit und Schlechtigkeit der Welt anprangernde Sänger, *der fürsten brot und wein* zu meiden (Kl 115 II,27); er selbst macht sich Sorgen, wie er seine Familie vor seinen Feinden beschützen soll: *[...] das in die wolf verzucken nicht / das brötlin und den win* (Kl 104 IV,73–74) – wobei der Diminutiv von Brot hier wirkungsvoll das Bild der wehrlosen Kleinkinder heraufbeschwört. Und in seinem Tischgebet *Gesegnet sei die frucht* hebt er wiederum Wein und Brot als Krönung aller Speisen hervor: *Gesegnet sei die frucht, / tranck, essen, wein und brot [...]* (Kl 14,1–2). Wenn in Oswalds Liedern Brot ohne Wein zitiert wird, dann geschieht dies stets in einem negativen Kontext: Kl 44 II,37–38: *vil gútter witz, der gieng mir not, seid ich múss sorgen umb das brot*; oder, wie schon erwähnt, Kl 103 I,6: *[...] tieff ist das kot, teuer das brot [...]*. Und schließlich die schlimme Erinnerung an seine Gefangenschaft in Kl 26 VIII,73–74, als er mit seinen Wächtern aus einer Schüssel essen musste: *[...] die machten grausen meinen leib, / wenn wir das brot zesamen wurden duncken.* Metaphorisch verwendet OvW schließlich den Begriff *bettenbro*t (Botenbrot) im Sinne des Botenlohnes: Einmal verlangt er es als Lohn, weil er eine ‚Maid' besingt (Kl 74 I,2), einmal als Beteuerung seiner Ehre (Kl 68 III,28). In Kl 7 II,30 schließlich ist es Gott, der das Brot vom Sünder als eine Art *redde rationem* einfordert.

5. *[...] wie hastu nu erzausst / die kind zu ainem zelten!* (Kl 44 II,56–57)

Unter normalen Umständen hätten sich Oswalds Kinder vermutlich über einen „Zelten" gefreut; wenn man aber selbst ‚zerrupft' und ‚gequetscht' wird, sieht die Sache anders aus. Oswald lässt obigen Vers seine Gattin Margarete sagen, nachdem er – von seinen Kindern verärgert – letztere „zu Fladen gebläut" hatte (Spechtler 2004, 138); daher auch der Vergleich mit der anstrengenden Herstellung des „Zeltens", dessen zäher Teig lange geknetet und geschlagen werden muss. Als „Zelten" bezeichnete man in Tirol schon zu Zeiten OsvW ein besonderes Brot für besondere Anlässe; es konnte z.B., wie man in den 1538 aufgezeichneten Dorfrechten von

Mals lesen kann, auch ein Spendbrot für die Armen sein: *[…] zelten-brot und tuech [soll] den armen leuten, wie von alters beschehen, ausgetheilt werden […]* (TW III, 29). Die Speiseordnung des Spitals zu Bozen bestimmte 1420, dass an alle Spitalsinsassen jeden Samstag Abend ein *phanzelten* auszuteilen sei. Häufig findet man das Wort „Zelten" auch in Zusammenhang mit jenen Broten, die aus Teigresten für die Kinder hergestellt und mit einer weiteren Zutat wie z.B. „kloazn" (getrocknete Birnen) schmackhafter gemacht wurden; das Gleiche gilt für die „Seelenzelten", eine Spende an Kinder und Arme zu Allerseelen. Den Höhepunkt seiner Entwicklung erreichte dieses besondere Brot als „Weihnachtszelten", dem allerlei Nüsse, Trockenobst und Honig beigefügt wurden.

6. *[…] setz zú flaisch und kraut!* (Kl 48 I,2)

Was im Inventar von 1417/18 sofort auffällt, sind die gelagerten Fleischvorräte: ganze 6 Ochsen, zu denen noch *zwelfthalben meczen* hinzu kommen, wobei man unter *meizet* heute noch in der Tiroler Mundart eine ganze Speckseite, d.h. ein der Länge nach halbiertes Schwein ohne Schinken versteht. Auch wenn der Fleischkonsum des Adels beträchtlich war, erscheint die Anzahl etwas übertrieben. Es wird auch nicht spezifiziert, ob sie zu *gedigen fleisch*, d.h. zu Geselchtem oder Gepökeltem verarbeitet wurden; dass die Tiere in der Tat geschlachtet worden waren, bezeugen aber jedenfalls die weiter unten getrennt angeführten sechs Ochsenhäute. Es ist anzunehmen, dass OvW auch in diesem Fall mit dem Überschuss seiner Einnahmen Handel trieb. In diesem Handel spielte auch Margarete von Schwangau eine aktive Rolle: In ihrem Brief vom 18. Mai 1445 teilt sie ihrem Gatten mit, dass sie zwei Ochsen erstanden habe (Pörnbacher 1974, 296). Wegen seiner Ochsen war Oswald mit der Gemeinde Kastelruth in argen Streit geraten, denn er scheint Weiderechte auf der Seiseralm in Anspruch genommen zu haben, die ihm nicht zustanden. Wie viele Ochsen er dort auf die Weide treiben ließ, lässt sich anhand der Kundschaften, welche sein Sohn 1473 einholen ließ, nicht genau feststellen, denn die angegebenen Zahlen schwanken zwischen 2 und 32 (Grass 1975, 112). Es wurde schließlich eine Vereinbarung getroffen, die im *Castlrutterischen Seiser Alm Zetl* festgeschrieben wurde, wonach Oswalds Söhne und ihre Erben je 6 Ochsen in den Almwaldungen der Seiseralm, nicht aber auf den dortigen *Mahdwiesen*, sömmern durften (Ausserer 1934, 46–50). Beim Villanderer Almstreit hingegen war es um das Heu gegangen, das OvW aus seinen Mahdwiesen dort bezog; hier wehrte sich Oswald vehement gegen das Vorweiderecht der Rittner Bauern, welche im Vorsommer ihr Vieh dort auftrieben und u.a. auf Oswalds Wiesen weideten. Dieser berühmte Streit fand erst im vorletzten Lebensjahr OsvW ein vorläufiges Ende (Grass 1990, 115). Nach Oswalds Tod wurden seinem Sohn auf Hauenstein *czwen ochxsen gedigens fleisch und vierczehen viertail sweines fleisch* übergeben, immerhin noch ein beachtlicher Fleisch- und Speckvorrat, der die Bedeutung des Fleisches für die standesgemäße Ernährung eines Ritters bestätigt.

7. *[...] zeuch die rúben auss!* (Kl 48 I,1)

Allein die acht Spalten, welche Grimms Deutsches Wörterbuch dem Wort ‚Kraut' widmet, führen dem Leser die Vielfalt der Interpretationsmöglichkeiten dieses Nahrungsmittels vor Augen. Das Wort ‚Kraut' bezeichnet im Mittelalter ganz allgemein jegliches essbare Blattgewächs. Aus kulinarischer Sicht ist es also ein Gemüsegericht, das je nach Gegend und Jahreszeit aus verschiedenen ‚Kräutern' bestehen und verschiedentlich zubereitet werden kann.

Im Tiroler Raum war im Mittelalter – und in manchen Tälern bis ins 20. Jh. – das saure Rübenkraut das wichtigste Wintergemüse überhaupt. Die früheste urkundliche Erwähnung eines Rübenzinses findet sich in einer Handschrift im Kloster Marienberg aus dem Jahre 1142; dem Benediktinerkloster in Schuls war jährlich die *terciam partem rabarum* zu entrichten. (TU I, 1937, 82). Dass vor allem in Burgen große Mengen an Rüben auf Vorrat eingelagert wurden, führt z.B. die Schlossordnung von Mayenburg von 1315 vor Augen, laut welcher die Bauern von Tisens jährlich *neun pennen rueben* (eine ‚penne' ist ein Wagenkorb und entspricht somit einer Fuhre) ins Schloss führen mussten (TW IV, 171). Auch die Dorf Tiroler mussten als „Burgfrieder" alljährlich einen Acker von 6 Starland (1 Starland = ca. 720 qm, also insgesamt ca. 4320 qm) mit Rüben bepflanzen, diese ernten und nach Schloss Tirol bringen: *[...] pawen, prachen, ausziechen und in das gschloss füern* (TW IV, 3). Dass wenigstens der Großteil dieser Rüben eingehackt, gesalzen und zu Rübenkraut verarbeitet wurde, bezeugen u.a. die zahlreichen *krautprett*, *krawthacken*, *krautmesser*, *ruobscherren* und *krautfas* in den Burginventaren Tirols. Auch Oswalds Inventar von 1417/18 führt zwei *krawt messer* an.

Während also mit Sicherheit behauptet werden kann, dass ein Großteil der Bauern und des Burggesindes mit saurem Rübenkraut gesund durch den Winter gebracht wurde, gestaltet sich folgende Überlegung etwas komplizierter: Welches Kraut bevorzugte Oswald? Die Frage ergibt sich aus der Tatsache, dass sich über die Klostergärten- und -küchen ein anderes Gemüse, der *kabes* (mittellat. *caputium*, also der Kohl) zunehmend verbreitete und das ursprüngliche ‚Kraut', also das Rübenkraut, mehr und mehr verdrängte. Die erste Erwähnung eines *chabesgart* in Tirol findet sich im Urbar von Marienberg von 1390 (Zingerle 1890, 283). Während aber die Steckrübe in großen Mengen als Nachfrucht zum Roggen im Herbst angebaut und im Spätherbst geerntet werden konnte sowie als robuste Pflanze auch in klimatisch rauen Gegenden gedieh, war der Kohl – was Boden und Klima betraf – um einiges anspruchsvoller und konnte jedenfalls nicht als Nachfrucht angebaut werden. Damit war der Konflikt schon vorprogrammiert: Adel und Klerus bevorzugten das aus Kohlköpfen fein geschnittene *zettelkraut*; die Bauern versuchten, diese *kabisköpfe* nun in ihren *krautgärten*, aber auch in Weingärten und unter Obstbäumen anzupflanzen, um den geforderten Krautzehent, den sie früher nur in Form von Rüben bezahlt hatten, abliefern zu können. In diesem Zusammenhang ist die Klage der Küchenmeierhöfe zu Bruneck, die in der Küche des Bischofs von Brixen zu dienen hatten, während des Bauernkrieges von 1525 aufschlussreich. Darin geben sie an, dass sie dem gnädigen Herren in Brixen *nach sannd Bartlmestag* [24. August] *kabiskraut geben* müssen und dass dieser *kain annder kraut verguet nemen [will] auf seinen tisch bis zum St. Veitstag* [15. Juni] (Wopfner 1908, 163). Es ist also denkbar, dass OvW ähnliche Ansprüche gestellt hat und Kohlkraut als das standesgemäße Gemüse empfand.

In der Tat ist die Rübe auch literarisch mit eher negativ-bäuerlichen Konnotationen beladen, so z.B. schon im *Meier Helmbrecht*, wo ‚*Slintezgeu*' (*Helmbrecht* V. 1092) seine Schwester davor warnt, einen Bauern zu heiraten, denn bei dem müsse sie u.a. auch die *ruoben graben* (*Helmbrecht* V. 1211–1212). Umgekehrt bezeugt König Rudolf von Habsburg seine Festigkeit als Heeresführer, wenn er sich in der Not mit einer nicht standesgemäßen Rübe zufrieden gibt. Natürlich wurde auch anderes Gemüse wie z.B. Rettich oder Ronen mit dem Kraut, das auf den Tisch kam, gegessen. Und damit kommen wir wieder zur ‚Paarung der Speisen' als ausschlaggebendem Faktor in Bezug auf ihre ‚Standesmäßigkeit'. Wenn Oswald der Küchenmagd zuruft: *[…] setz zú flaisch und kraut […]* (Kl 48 I,2) und sich in Überlingen beklagt: *[…] fleisch lútzel, krut ain gross geschrai; […]* (Kl 45 I, 9), so wird ziemlich klar, dass er sich um den Gemüseanteil im Essen wenig scherte – es ging ihm in erster Linie um das Fleisch. In der Tat spielten Fleisch bzw. Fett an der adeligen Tafel eine ausschlaggebende Rolle; das bestätigt letztlich auch der bereits erwähnte Brief Margaretes an ihren Gatten, worin sie ihm über ihre Versuche, den Schmalzüberschuss Hauensteins zu verkaufen, berichtet.

Das gilt auch für den Sänger Friedrich von Sonnenburg, wenn er sich über das magere *kezzelkrut* und den *zuberwin* eines geizigen Burgherren beklagt (ed. Masser 1979: 71), und das gilt auch für Oswald, wenn er sich in Heidelberg über das *hausdierelin* lustig macht, das nicht nur Kraut und Brei versalzen, sondern zudem noch mit dem Schmalz gegeizt hat: *[…] es was nit wolgesmalzen [...]* (Kl 84 V,39) (s. Okken/Mück 1981, 476). Das dürfte sowohl für das rohe, als auch für das gekochte Kraut gegolten haben. Während rohes Rübenkraut und -saft primär in der Volksmedizin Anwendung finden – und zwar schon seit Hildegard von Bingen –, ist ein roher, mit fein geschnittenem Speck „geschmälzter Kabiskrautsalat" eine in Tirol beliebte Zuspeise. Die Redensart „Das macht das Kraut nicht fett" und eine Vielzahl ähnlicher Zitate aus Literatur und mündlicher Überlieferung beinhalten denselben Grundgedanken: dass nämlich Kraut ohne Fleisch oder Fett als Zeichen von Armut oder ‚Knauserei' anzusehen ist. Als der junge Helmbrecht ins Elternhaus zurückkehrt, wird er mit Kraut und Fleisch empfangen: *[...] ein krut vil kleine gesniten, / veizt und mager, in beiden siten, / ein guts fleisch lac da bi* (*Meier Helmbrecht* V. 751–753). Auch Oswalds Eltern hatten sich die Bereitstellung von „Holz, Salz und Kraut" als Teil des Mietzinses für ihr Haus in Innsbruck ausbedungen, wenn sie sich dort aufhielten (LZ 1, 98); das kann als eine Art Grundausstattung gelten – das Schmalz oder Fleisch zum Kraut werden sich Friedrich und Katharina von Wolkenstein anderswo besorgt haben. In Oswalds Nachlassinventar mangelt es jedenfalls nicht an Fettvorräten: ganze *czehen smer laib*, also zehn Laibe ausgelassenen Schweinefetts, standen in seinem Vorratskeller für *wolgesmalzene* Mahlzeiten zur Verfügung (Trapp 1984, 344).

8. *[...] gút wein [...]* (Kl 41 IV,58)

Ob Oswald Zeit und Lust hatte, persönlich die Quantität und Qualität der ihm zustehenden Naturalabgaben zu überprüfen (z.B. ob das Getreide *guet, resch und wolgefirmt* (LZ 1, 204) – also gut, gesund und wohlgesäubert war), ist fraglich. Wahrscheinlich beauftragte er damit einen *frumen knecht*, und nach seiner Hochzeit wird sich die neue Schlossherrin auch damit befasst haben. Beim Wein allerdings scheint Oswald selbst die Zügel in die Hand genommen zu haben; das geht u.a. aus einer Eintragung in seinem Urbar- und Zinsbuch von 1427 in Bezug auf den Weinzins des Partschillhofes hervor: *Ittem der hof zu Partschil geit des Sextentheil herren=wein [...] Und soll mir unnd meinen Pfärden Und Khnechten zessen unnd zetrincken geben biß der wein gethailt wirt* (LZ 2, 286). Oswald war also bei dieser Weinteilung – vermutlich zur Zeit der Weinlese – persönlich anwesend, als die Trauben mit der gewaltigen „Preiltorggl" („Baumtorggl") gepresst wurden. Die Szenen, die sich da abgespielt haben mögen, sind im Freskenzyklus der Jahreszeiten im Adlerturm von Trient anschaulich dargestellt. Da sieht man, wie die Trauben in Tragebutten eingebracht und die Maische in das „Torgglbett" geschüttet wird; zwei Knechte drehen die Holzschraube, mit welcher der daran gekoppelte „Torgglstein“ gehoben wird, um den Druck des Pressbaumes zu erhöhen.

Aber der geforderte „Herrenwein“ wurde mit dem guten Most erzeugt, der aus der Torggl herausfloss, bevor man den Pressbaum ansetzte: der so genannte „Vorschuss“ oder „Vorlauf“. Der „Mitterschuss“ und der „Nachtorggler“ hingegen – wo man aus den Trauben den letzten Saft samt einer gehörigen Menge Bitterstoffe herausgepresst hatte – blieben den „Tafernen“ und den Bauleuten vorbehalten. So ist auch das jährliche *fuder wein gelts Clausner mas gúten vorlas nit Torkler* zu verstehen, das der Hof Markadretsch in Villanders OvW abliefern musste (LZ 1, 219). Gleiches gilt für die Forderung an den Baumann des Hofes Süß: Sechs *vrn zinsz wein anders nicht wann guten fúrlas vnd chain torkler nicht* (LZ 1, 259). Wie viel Wein OvW aus seinen Weinhöfen bezog, lässt sich leider nicht eruieren; allein an Zinswein (der eben erwähnte „Herrenwein“) waren es laut Urbar von 1427 an die 56 Yhren. Eine Klausner Yhr entsprach ca. 103 Litern, das wären also gesamt an die 5.800 Liter Wein. Hinzu kam das „Fuder“ (= 622 Liter) vom Markadretsch und der nicht quantifizierbare „Halbwein“ (bzw. „Drittelwein“ etc.), den die Bauleute seiner Weinhöfe abzugeben hatten. Es waren auf jeden Fall beachtliche Mengen, die in Oswalds Kellern gelagert wurden, und man kann davon ausgehen, dass er damit einen ertragreichen Handel betrieb (ein Teil der „Weingilten“ floss allerdings in die Stiftungen ein, die OvW für sein Seelenheil gegründet hatte). Auch in diesem Fall musste sich Margarete wegen der vielen Abwesenheiten ihres Gatten tüchtig mit einbringen, wie aus den wenigen, sie betreffenden Briefen und Urkunden hervorgeht. Im Frühjahr 1445 schreibt sie ihrem *erbaren und weisen* Diener Jörg: *Vnd wenn des weins nyemer sei ob ich denn roten sol anczäpfen [...]* (Pörnbacher 1974, 295). Sie will also wissen, was zu tun sei, wenn der Weißwein ausgeht, und ob sie dann den Roten anzapfen soll.

9. *[...] dick gen Traminn stet mein gedanck; [...]* (Kl 45 II,34)

Wenn OvW auf Hauenstein residierte, half ihm der gute „Herrenwein“ – eine „Eisacktaler Auslese“ –, die Unannehmlichkeiten des harten Winters zu überstehen. Auf Reisen allerdings konnte man diesbezüglich auch (böse) Überraschungen erleben, vor allem dann, wenn man gierigen Wirten oder geizigen Schlossherren ausgeliefert war. Zwar war Oswald als Weinkenner bedacht, auch im Ausland die besten Tropfen aufzuspüren – *[...] ab nach dem Rein súcht ich gút wein [...]* (Kl 41 V,58) – doch in Überlingen am Bodensee setzte man ihm jenen herben *slehen tranck* (Kl 45 II,31) vor, der ihn zur berühmten Reminiszenz seines geliebten Tramin(ers) bewog:

[...] dick gen Traminn stet mein gedanck [...] (Kl 45 II,34). Der Traminerwein gehörte schon im Mittelalter zu jener kleinen Gruppe erlesener Weine, die im gesamten deutschen Sprachraum und darüber hinaus bekannt und geschätzt waren, und entsprechend groß ist die Zahl literarischer Erwähnungen (Insam 1945, 8–16). Neuesten Erkenntnissen zufolge soll es sich um eine Spielart des heute in Südtirol nicht mehr vorkommenden „weißen Lagreins" gehandelt haben, der im bevorzugten ‚Terroir' von Tramin einen besonders kräftigen, alkoholreichen und blumigen Wein hervorbrachte, welcher mit einer gewissen Restzuckermenge die dem Lieblichen und Süßen sehr zugetanen mittelalterlichen Gaumen erfreute.

Weißwein – der *vinum album* – wurde im Mittelalter als der edlere, standesgemäße Wein für Adel und Klerus angesehen; somit erklärt sich auch die oben erwähnte Frage Margaretes, in der sie von Wein spricht und damit wie selbstverständlich den Weißwein meint. Allerdings geht aus den Quellen hervor, dass es mehrere Sorten Traminerweins gab: den weißen *(albus)*, den gelben *(fulvus)* und den roten, wobei auch der rote „einen süßen, wohlschmeckenden" Wein abgab, „welcher aber doch mehr weiß als rot ist." (Insam 1945, 12); hier liegt der Gedanke an einen Rosenmuskateller nahe, aber auch an einen gemischten Satz. Die Tatsache, dass der 1471 durch Tirol reisende Humanist Giovannantonio Campano den „Muskatellerwein aus Tramin" lobend hervorhebt, weist ebenfalls in diese Richtung (Dengel 1931, 213). Dessen ungeachtet bleibt der „weiße Lagrein", der im 16. Jh. und darüber hinaus die im südlichen Tirol überwiegend angebaute Rebsorte war (Zwerger 2005, 82), Favorit als jener Traminer, der auch OvW zum Schwärmen brachte.

10. *[...] mit gůtem malvisir [...]* (Kl 23 II,54)

Süße griechische Importweine gehörten auch in Tirol zu den prestigeträchtigen Köstlichkeiten. Die Landesfürsten gingen mit gutem Beispiel voran – in ihren Rechnungsbüchern findet man ab der ersten Hälfte des 14. Jh. den *vinum graecum* (Stolz 1957, 50). Aber schon im Meraner Stadtrecht von 1337 wird der Preis für diese Weine festgesetzt, was also bedeutet, dass auch die betuchten Meraner Bürger sie begehrten: *Man sol ouch den kriechel und romaner schenken ein ganzes trinken um zwene zweinziger und [...] malfasier ein trinken umb dri zweinziger [...]* (Grimm, Deutsches Wörterbuch 12, 1885, Sp. 1512). Der *kriechel* und der *romaner* (*romania*) waren griechische Süßweine, wie auch der wesentlich teurere *malfasier*, dessen Namen sich von der Hafenstadt Monemvasia im Süden der Peloponnes herleitet. Den Venezianern war es schon vor 1350 gelungen, diese Rebe auf der Insel Kreta heimisch zu machen, und sie trieben zwischen dem 14. und dem 17. Jh. mit Malvasier einen regen Handel. OvW nennt ihn nur in Zusammenhang mit jenem Fass, das ihn angeblich bei seinem Schiffbruch vor dem Tod durch Ertrinken rettete (Müller 1968, 58). Besondere Verdienste für den Malvasier erwarb sich Oswalds Intimfeind Bischof Ulrich Putsch. Er rühmt sich 1431 in seinem Tagebuch, dass in diesem Jahr in Brixen Malvasier, Rumäner und Rivoglio ausgeschenkt wurden, *was keiner von meinen Vorfahren zuwegen bringen konnte* (Zingerle 1877, 283); privat hatte sich der Bischof natürlich schon vorher mit Malvasier eingedeckt. Als im Oktober 1429 OvW und die Kanoniker von Brixen dem Bischof einen ‚Besuch' abstatteten, schenkte er ihnen laut eigener Aussage als Begrüßungstrunk *bonam malvasiam* ein. Das hinderte Oswald nicht daran, ihm einen Fausthieb zu versetzen und ihn anschließend gefangen zu nehmen (LZ 3, 71–72).

OvW hat natürlich auf seinen vielen Reisen die Möglichkeit gehabt, edle Tropfen aus den verschiedenen Weinbaugegenden Europas zu kosten; nicht selten aber musste er auch mit minderen Zechweinen Vorlieb nehmen, z.B. mit *sackwein* (Kl 44 II,49) – vermutlich der letzte Rest im Fass, bei dem man den Satz durch einen Sack filtert (Müller 1968, 81); in den Inventaren wird er auch als *naigwein* bezeichnet, weil das Fass geneigt werden musste, um den Rest abfließen zu lassen (Zingerle 1909, 346). Dennoch hat Oswald, wann immer er konnte und wie es ihm zustand, nur das Beste vom Besten getrunken.

Als seine Witwe, seine geliebte ‚Gret', Hauenstein ihrem Sohn übergab, hinterließ sie ihm auch *fünf vas alts weins* (Trapp 1984, 344) – wohl der beste „Herrenwein" des Ritters und Gutsherren OvW.

Literatur (zusätzlich zur Gesamtbibliographie)

Ausserer, Carl: Die Besiedelung des Kastelruther Berges. Eine siedlungsgeschichtliche und namenkundliche Studie. In: Schlern-Schriften 25, Innsbruck 1934.

Ausserer, Carl: Die Seiseralpe. Eine geographisch-historische und namenkundliche Studie. In: Schlern-Schriften 38, Innsbruck 1937.

Dengel, Ignaz Philipp: Eine Beschreibung Tirols aus dem Jahre 1471. In: Veröffentlichungen des Museum Ferdinandeum Heft 11, Innsbruck 1931.

Grass, Nikolaus: Alm und Wein. Aufsätze aus Rechts- und Wirtschaftsgeschichte, Hildesheim 1990.

Insam, Matthias: Der Traminerwein in der deutschen Literatur. In: Der Schlern 1945, S. 8–16.

Masser, Achim (Hrsg.): Die Sprüche Friedrichs von Sonnenburg. Tübingen 1979 (= ATB 86).

Stolz, Otto: Der geschichtliche Inhalt der Rechnungsbücher der Tiroler Landesfürsten von 1288–1350. Innsbruck 1957 (=: Schlern-Schriften 175).

Trapp, Oswald: Hauenstein“. In Tiroler Burgenbuch, IV. Band – Eisacktal. 2. Aufl. Bozen 1984, S. 336–346.

TW = Die tirolischen Weisthümer, 4 Bde., hrsg. von Ignaz V. Zingerle und K. Theodor von Inama-Sternegg, Bd. 5, hrsg. von Nikolaus Grass und Karl Finsterwalder (= Österreichische Weisthümer 2–5 und 17), Wien 1875/91 und Innsbruck 1966.

TU = Tiroler Urkundenbuch, hrsg. von der historischen Kommission des Landesmuseums Ferdinandeum in Innsbruck, bearbeitet von Franz Huter; Bd. 1. Die Urkunden zur Geschichte des deutschen Etschlandes und des Vintschgaues bis zum Jahre 1200. Innsbruck 1937

Wopfner, Hermann (Hrsg.): Quellen zur Geschichte des Bauernkrieges in Deutschtirol 1525, Teil 1. Innsbruck 1908, Neudruck Aalen 1984.

von Zingerle, Oswald: Mittelalterliche Inventare aus Tirol und Vorarlberg. Innsbruck 1909.

von Zingerle, Oswald: Urbare Meinhards II. Urbare der Grafschaft Tirol. 1. Theil (= Fontes rerum Austriacarum II 45/1). Wien 1890.

Zingerle, Ignaz : Schildereien aus Tirol, Bd. 1. Innsbruck 1877.

Zwerger, Roland: Vom Weißen Lagrein über den „Weißterlinger“ zum Gewürztraminer. In: Der Schlern 2005, S. 78–87.

Die Ausbildung eines jungen Ritters: Kindheit und Jugend Oswalds von Wolkenstein

Max Siller

0. Vorbemerkung

Jede Form von Ausbildung und Erziehung orientiert sich an bestimmten Werten. Ein Wertesystem „nährt" – vielleicht könnte man auch sagen: reflektiert – „die Träume und die Utopien" (Duby 1990, 32) einer Gesellschaft, es erzeugt soziale Regeln und moralische Vorschriften, die auf dem Weg der Erziehung von Generation zu Generation weiter tradiert werden, relativ stabil sind und die historisch aktuell prävalenten sozialen Verhältnisse stabilisieren, wobei im mittelalterlichen Europa stets eine gewisse Abgleichung mit christlich-religiösen Vorstellungen stattfand (s. Duby 1990, 32 f.).

Die auf den Wertesystemen fußenden Ideologien und ihr Beharrungsbedürfnis be- und verhindern auch neue Wege in der Erziehung, erschweren potentielle innovative Entwicklungen bei neuen Generationen und lassen auch diese ‚Nachkommen' im Erwachsenenstadium und im Alter gerne zu ‚eingelernten', konservativen Vorstellungen zurückkehren. So wurden etwa – trotz schrecklicher Erinnerungen der jeweils Betroffenen – Humiliation und Gewalt als pädagogische Instrumente von Generation zu Generation weiter vererbt. Der Psychohistoriker deMause (2000, 91) stellt im Zusammenhang dieser „transgenerationalen Weitergabe" (Richter-Appelt 2001) von erzieherischer Violenz fest: „Jahrhundert um Jahrhundert wuchsen geschlagene Kinder heran und schlugen wieder ihre eigenen Kinder" – und gaben damit in einem leidvollen ‚Feed-back' ihre schweren Traumatisierungen weiter (s. Frenken 1999, II 690) und sorgten dafür, dass die „Kette der Gewalt" (Miller 2007, 10) nicht abriss. Und im Zivilisationsprozess der menschlichen Gesellschaft haben wir noch einen weiten Weg vor uns, wenn man bedenkt, dass sich dem Vorstoß Schwedens aus den siebziger Jahren, Gewalt gegen Kinder gesetzlich zu verbieten, bis zum Jahr 2007 bloß 17 der 192 Mitgliedsstaaten der UNO angeschlossen haben (Miller 2007, 107 f.).

Positive und negative Kontinuität basiert auf der Angst vor Störung eines als notwendig erachteten Gleichgewichts, bedingt wohl durch die

Notwendigkeit und Gewissheit eines existentiellen Urvertrauens von Gesellschaften: „Zum Schutz ziehen sie sich unter einen Panzer von Gewohnheiten zurück und finden ihre Sicherheit im Respekt vor einer Weisheit, deren Gewährsleute die Alten sind." (Duby 1990, 36). Im Spätmittelalter zeigt sich diese grundsätzlich konservative Haltung sehr deutlich in OsvW Reimpaarrede Kl 112, einem im Alter geschriebenen ‚Rechtsgutachten' (A. Schwob, Biographie 1977, 294; auch die folgenden Zitate beziehen sich jeweils auf die Biographie). Wenngleich OvW der Meinung ist, dass *ain gwonhait bös, wie alt die ist* (Kl 112,247), abzustellen sei, schätzt er doch *redlich alte gwonhait* (Kl 112,258) und *gůte gewonhait alt* (Kl 112,220; 250) über alles (s. A. Schwob 1977, 294 f.; vgl. auch Ehlers 2008, 95). In unserem Kontext mag zur Erläuterung des Gesagten der Hinweis auf eine Äußerung OsvW genügen: *Gůt můtter, hand ir nie gelesen,/ vor langer zeit: „ie lieber kind, ie grösser besen!"?* (Kl 30,43 f.).

Vor langer zeit: je älter, desto besser, weil – vorgeblich – desto bewährter!

1. Bildung – Ausbildung

Der Titel meines Beitrags spricht von ‚Aus-bildung' des jungen Ritters. Es ist bekannt, dass die Erziehung der adligen Frau nach völlig anderen Kriterien erfolgt als die des Mannes (s. z.B. Grundmann: Frauen, 1978; Schreiner 2004, 216–218; 221 f.). Wenn wir von Ausbildung des männlichen Adels sprechen, so deshalb, weil ‚Bildung', die Aneignung von gelehrtem Wissen, etwa des Lesens und Schreibens, bis zum späten Mittelalter nicht als erstrebenswert für eine adlige Lebensführung galt (s. Schreiner 2004, 199). Es mag ab dem 12. Jahrhundert einzelne litterate Laienadlige gegeben haben. Allbekannt ist jener *ritter sô gelêret was,/ daz er an den buochen las,/ swaz er dar an geschriben vant.* Aber dieser dichtende Ministeriale Hartmann, *dienstman ze Ouwe*, findet seine Lesekompetenz so bemerkenswert, dass er sie (zweimal) ausdrücklich hervorhebt (Hartmann von Aue: *Der arme Heinrich*, V. 1–5; *Iwein*, V. 21 f.). Auch mögen Gelehrte wie etwa Vinzenz von Beauvais im 13. Jahrhundert – Vinzenz' Erziehungsschrift *De eruditione filiorum nobilium* entstand zwischen 1247 und 1249 – mit Blick auf den Adel proklamieren, der vollkommene Mann (*perfectus homo*) müsse sowohl lesen als auch schreiben können (Schreiner 2004, 208; 222). Aber noch um 1411 hält es Hans Vintler für *widerwärtig* (‚verkehrt'), *wenn der ritter püecher schreibt,/ und das der münich harnasch trait* (*Blumen der Tugend*, V. 9473 f.; 9484).

Damit bestätigt der Bozner Neuedle für das ausgehende Mittelalter, was Jahrhunderte vor ihm Gelehrte beklagt haben. So bietet etwa Wipo, der Kanzler Kaiser Konrads II. und Heinrichs III., in seinem um 1041 vollendeten *Tetralogus* eine Beschreibung des trostlosen Zustands der ‚Schulbildung' deutscher Adliger: Den Deutschen scheine es „unwichtig oder schandbar *(vacuum vel turpe)*, daß man irgendjemanden unterrichtet, es sei denn, er wollte Geistlicher werden" (zitiert nach Bumke 1986, 602). Mag seit dem 11. und 12. Jahrhundert von den Gelehrten „Bildung als Norm adliger Lebensführung" (Schreiner 2004) eingefordert worden (s. Grundmann: *Litteratus*, 1978, 52 f.) und als unumkehrbares Element des spätmittelalterlichen Zivilisationsprozesses wahrnehmbar sein, grundsätzlich gilt: „Was Adlige über die Bibel, über Kirchenväter und römische Klassiker wußten, wußten sie aus mündlicher Überlieferung oder durch aufmerksame Aneignung dessen, was andere ihnen vorgelesen hatten." (Schreiner 2004, 200). Und die literarische Bildung eines Hans Vintler ist im Kontext der patrizisch-städtischen Lebensführung zu sehen, an der die Vintler-Sippe zu Beginn des 15. Jahrhunderts sicher noch partizipierte. Dass (auch) Wissen Macht ist, hat schon der adlige Kleriker Walter Map (* um 1140; † zw. 1208 und 1210) erkannt und wütend festgestellt, dass die Adligen ihren Kindern nicht das Lesen beibringen lassen (Bumke 1986, 600), stattdessen ließen „die Unfreien, Knechte, Bauern ihre Mißgeburten in den ihnen nicht zukommenden Künsten erziehen" (Grundmann: *Litteratus*, 1978, 51; s. auch Bumke 1986, 600).

In Sterzinger Fastnachtspielen des frühen 16. Jahrhunderts, in *Venus* (*Sterzinger Spiele* IV, 2, besonders V. 834–841) oder in *Rex Viole cum filia sua* (*Sterzinger Spiele* IV, 3, besonders V. 826 f.; ähnlich V. 881–886) werden dann ungebildete Adlige vorgeführt und von Scholaren im Werben um Venus ausgestochen, wobei sie auf die, wie es scheint, für sie typische Weise reagieren: mit Aggression und nackter Gewalt gegen den Kontrahenten. Nach Meinung dieser Bühnen-Helden soll sich die ‚Eroberung' einer Frau wie die Gewinnung eines Beutestücks abspielen, im Kampf auf Leben und Tod.

Bei aller komischen Brechung reflektieren die Spiele – und eine analoge Szene findet sich im Lied »*Ain burger und ain hofman*« OsvW (Kl 25) – doch Elemente bürgerlicher Wahrnehmung bezüglich einer spätmittelalterlichen Aristokratie, die gleichsam Unbildung als Vorzug und Gewalttätigkeit als ständisches Privileg verstand. Tatsächlich wird es noch lange dauern, bis sich die Ansicht des Erasmus von Rotterdam von der Komplementarität von „Literarisierung und Zivilisierung" (Kühlmann 2004) allgemein durchsetzt: *Pro nobilibus autem habendi sunt omnes, qui in studiis liberalibus excolunt animum* – „Alle, die ihren Geist in den freien Künsten verfeinern, sind als Adlige anzusehen." Die hier (nach Kühlmann 2004, 286) anzitierte Schrift *De Civilitate morum puerilium* stammt aus dem Jahr 1530. Vorläufig hält sich der Adlige schon aufgrund seiner ‚Welt-erfahrung' etwa im rechtlichen Bildungsbereich einem Gelehrten für ebenbürtig und einem illitteraten Bauern sowieso für himmelhoch überlegen. So formuliert etwa Oswald (Kl 112,279–284) die Vorzüge eines weitgereisten Edelmanns (seines Schlags?). Allerdings sind zwischen hohem und niederem Adel gewisse Unterschiede feststellbar. Im Hochadel, dem königliche, fürstliche und edelfreie Geschlechter zuzuordnen sind (zusammenfassend zur hierarchischen Struktur der mittelalterlichen Gesellschaft s. etwa Bumke 1986, 43–54), hat sich eine gewisse Bildung schon früher durchgesetzt, galt doch schon seit dem frühen 12. Jahrhundert der Spruch *rex illitteratus asinus coronatus* – „Ein ungebildeter König ist ein gekrönter Esel" (William von Malmesbury um 1120, s. Bumke 1986, 596 f.), den dann Freidank in seiner Spruchsammlung *Bescheidenheit* (140,3 f.) verdeutscht weiterentwickelt: *Swâ man den esel kroenet,/ da ist daz land gehoenet.*

Im Hochmittelalter bescheinigen französische Chroniken Mitgliedern von Fürsten- und Grafenfamilien zunehmend, sie seien „dem Waffenhandwerk und den Wissenschaften ergeben" (Bumke 1986, 598), deutsche Könige und Fürsten scheinen bis zum 14. Jahrhundert großteils Analphabeten gewesen zu sein (Bumke 1986, 596–606).

2. Ausbildung zur ‚Ritterschaft'

Im niederen Adel, bei den Ministerialen, die sich seit dem 13. Jahrhundert gleichwohl zur Nobilität zählten (s. Bumke 1986, 48–51), mag jene „zutiefst in den Lebensmechanismen verwurzelte Abwehr jeder Innovation" (Duby 1990, 34) besonders stark ausgeprägt gewesen sein. Die Niederadligen legitimierten ihre Bildungsfeindlichkeit weiterhin mit der Verpflichtung zur *militia*, zur ‚Ritterschaft' (Bumke 1986, 597). Bis in die frühe Neuzeit wurden Adlige, die Universitäten besuchten, von ihren Standesgenossen als „Bücherfresser" und *schreiber* (‚Studenten') verhöhnt. Ein deutlicher Anstieg von adligen Universitätsstudenten ist erst ab der Mitte des 15. Jahrhunderts festzustellen (s. Schreiner 2004, 226 f.; 235 f.; s. auch A. Schwob 1977, 255). Bis in die Neuzeit hinein behielt die Dreiständelehre den Alleinanspruch auf sozialpolitisches Setting. Bei OvW erscheinen die drei gottgewollten Stände – *got hat drei tail geordent schon* (Kl 112,163) – als *gaistlich, edel und arbaiter* (Kl 112,166; ebenso Kl 113,9) und ihre (obersten) Repräsentanten sind *bābst*, *kaiser* und *pawman* (Kl 113,1). In zahlreichen Texten wurde die Lehre von der Dreiteilung der Stände ideologisch und religiös begründet und zementiert und insbesondere die Ritteridee religiös untermauert (*miles christianus*), historisch legitimiert und in das Gesellschaftssystem eingeordnet (s. Arentzen/Ruberg 1987, 30–86). Die Idee von Nähr-, Wehr- und Ehrstand gab dem Ritter das Ziel vor, Klerus und Bauern zu beschützen und gegen Feinde zu verteidigen (s. z.B. Bumke 1986, 39–43): *streitten sol die ritterschaft*, meint OvW (Kl 112,170). Im Gegenzug habe der Klerus die Aufgabe, für die zwei anderen Stände zu *bitten tag und nacht* [...] *gottes kraft* (Kl 112,168 f.), der Bauer habe allesamt zu ernähren (Kl 112,172–174). Das Ausbildungsziel für adlige Männer ist demnach *virtus* im Sinn von Kriegstüchtigkeit. Sie befähigt zur Ausübung von Herrschaft, in der Idealvorstellung eben zum Schutz der (wehrlosen) Untertanen.

Der Friulaner Kleriker Thomasin von Zerklaere entwirft in seinem 1215–1216 für die Nobilität geschriebenen Lehrgedicht *Der Welsche Gast* (V. 1041–1048) ein anspruchsvolles Erziehungsprogramm für junge Adlige, das eine Orientierung an literarischen Gestalten wie Gawein, Cliges, Erec, Iwein, König Artus und König Karl vorsieht. Er geht von der Annahme aus, dass *guot âventiure zuht mêrt* (*Der Welsche Gast*, V. 1138; s. Ehlers 2008, 51 f.; Winter 1984, 110). Einen Fürstenhof des 13. Jahrhunderts mag solche Lehre berührt und zur Steigerung des höfischen Verhaltens, der *curialitas*, der *hövescheit* seiner Bewohner beigetragen haben, aber der Großteil des niederen Adels wird mit einem solchen Eliteprogramm kaum je in Berührung gekommen sein (s. Ehlers 2008, 46 f.). Und am Vollzug eines zivilisationshistorischen Werteschwenks wird sich ein armer kleiner Ritter kaum beteiligt haben. Ihn mag allenfalls der Traum vom Glück eines Iwein beseelt haben: einen Landesherren zu erschlagen und dessen Frau und Land zu überkommen.

3. Oswald von Wolkenstein: Kindheit

Es wäre eingangs natürlich sehr viel ausführlicher über das ‚*Ich*' im Œuvre OsvW zu handeln, als der Raum es hier zulässt (siehe zum Folgenden Siller 2006). Nach meinem Dafürhalten ist die Diskussion darüber, wieweit dieses *Ich* ein rein ‚lyrisches' Ich oder (auch) von biografischer Relevanz ist (s. zusammenfassend Spicker 2007, 38–51; ferner Müller [Die Lieder] im vorliegenden Band), durch die akribische Untersuchung der ‚Gefangenschaftslieder' durch A. Schwob (1979; s. jetzt auch Voss 2005) als grundsätzlich abgeschlossen zu betrachten. In sehr vielen der 2000 Belege für das Personalpronomen *ich* und dessen Flexionsformen *mein*, *mir*, *mich* (s. Jones/Mück/Müller 1973, 626; 653–661; 642–650; s. auch Mittelhochdeutsche Begriffsdatenbank/MHDBDB, dazu Springeth im vorliegenden Band) lässt sich ein rein imaginiertes, fiktives Ich von einem autobiographischen Ich des Typs *ich Wolkenstein* relativ deutlich trennen. Niemand wird leugnen, dass dieser Tiroler Ritter sein Leben in seinen Liedern stilisiert, dass er – wie jede (auch nichtliterarische) Autobiographie – historische Fakten auf seine subjektive Art und Weise ‚interpretiert'. Aber OvW ist nicht mit anderen mittelalterlichen Lyrikern des Typs Walther von der Vogelweide zu vergleichen. Von diesem haben wir bekanntlich ein einziges sicheres Lebenszeugnis, OvW begegnet uns dagegen in Hunderten von Urkunden, die bisher vorliegenden drei Bände der *Lebenszeugnisse OsvW* umfassen 276 Stücke. Und die minutiöse Analyse des genannten Teilcorpus der ‚Gefangenschaftslieder' in der Gegenüberstellung mit dem urkundlichen Material hat exemplarisch gezeigt: OvW stilisiert seine Vita, aber er ‚erfindet' sie nicht. Und wo das lyrische Ich gar mit dem Namen des Autors verbunden erscheint, darf man wohl eine besondere „biographische Authentizität" (Müller 2004, 86) annehmen, das heißt, das lyrische Dichter-Ich darf zuweilen – mit der gebotenen Vorsicht – mit dem biographischen Ich des Tiroler Ritters gleichgesetzt werden.

Wenngleich sich der Erwachsene historisch markanter als jeder andere mittelalterliche Dichter fassen lässt – die maßgeblichen Biographien von A. Schwob, Kühn und Robertshaw erschienen alle im Jahr 1977 –, so bewegt man sich doch „für die ersten vierundzwanzig Jahre auf ungesichertem Boden" (A. Schwob 1977, 22). In der ‚autobiographischen' Ballade Kl 18 hält der 38-jährige OvW „Rückblick und Ausblick" (Kühn 1979, 176). Hier, aber auch sonst in all seinen Liedern, erfahren wir nichts über seine frühen Kinderjahre. Hatten seine Familie, seine Eltern und Geschwister für ihn, wie vielfach im Mittelalter (s. Ariès 1998, 469–501), eine so geringe Bedeutung gehabt, dass sie ihm nicht erwähnenswert erscheinen? Hat der Knabe Oswald eine – wenigstens rudimentäre – schulische Ausbildung genossen? Der Eingang von Kl 18 zeigt ein lyrisches Ich im Alter von zehn Jahren: *Es fúgt sich, do ich was von zehen jaren alt, / ich wolt besehen, wie die werlt wer gestalt* (Kl 18,1 f.).

Zieht man den „mangelnden Sinn für die Kindheit im Mittelalter" und die für die Zeit (und damit auch für Oswald) charakteristische „Indifferenz gegenüber dem Kind" (Ariès 1998, 51; s. auch Winter 1984, 67–77) in Betracht, verwundert es nicht weiter, wenn dem Dichter nicht in den Sinn kommt, über sein erstes Lebensjahrzehnt zu berichten. Die Feststellung des lyrischen Ichs, den Wunsch verspürt zu haben, als Zehnjähriger die Welt zu erkunden, klingt fast nach der für Oswald typischen Selbstironie. Ähnlich kommentiert er bekanntlich die Katastrophe seines Schiffbruchs im Schwarzen Meer (Kl 23,65–72): Er habe das Schwimmen erlernen wollen (*schwimmen wolt ich leren*) und auf dem Meeresgrund mit seiner Nasenspitze nach Fischen gesucht. Jedoch auch hinter diesem *wollen* haben wir die mittelalterliche Vorstellung zu sehen, der zufolge ein Kind, „kaum daß es sich physisch zurechtfinden konnte, übergangslos zu den Erwachsenen gezählt [wurde]" (Ariès 1998, 46). Irgendwie scheint der inzwischen bald 40-Jährige dieses einschneidende Erlebnis seiner Kindheit eingeordnet zu haben, denn, so das lyrische Ich, *es fuegte sich*: „es gehörte sich / es schickte sich". Diese Aussage korrespondiert mit jener Ansicht, die Oswald gut zwei Jahrzehnte später äußern wird. In seiner Reimpaarrede (von 1438) meint der Dichter nämlich – unter anderem auf den Kreuzzugsgedanken und auf die *militia Christi* anspielend (s. A. Schwob 1977, 24–26; vgl. Bumke 1986, 399) –, das, was sich *aim ritter zú gebiert*, sei, dass er

> *[...] sich der welde manig jar*
> *zu gúter mass ervaren hett*
> *durch manig kungkreich, lant und stet,*
> *in fürsten höfen hin und her,*
> *ain tail der haidenschaft entwer* (Kl 112,2–7).

Und das ist historisch sicher richtig und – im Übrigen bis in die Neuzeit hinein – tatsächlich Usus, dass Kinder, vor allem Nachgeborene aus ärmeren Adelskreisen, in zartestem Kindesalter (manchmal sogar schon mit sieben Jahren) ihr Elternhaus verlassen mussten, als Diener oder Pagen in andere Häuser verschickt oder einem landfahrenden Ritter ‚anvertraut' wurden (s. Orme 2003, 317–321; deMause 2000, 71–73; vgl. auch Bumke 1986, 433 f.; Ehlers 2008, 63 f.).

Trotz mangelnder Selbstaussagen und fehlender Lebenszeugnisse fragen wir: Wie war Oswalds erstes Lebensjahrzehnt verlaufen? Eines dürfen wir festhalten: Die Untersuchung der „innerfamiliäre[n] Beziehungen" der Wolkensteiner durch U.M. Schwob (2000, 374–377; 380 f.) legt nahe, dass Oswald keine sehr friedvolle, harmonische frühe Kindheit erlebt haben dürfte. Oswalds Mutter hat eine Tochter (Anna) den anderen Kindern gegenüber (1392) eklatant bevorzugt, gegen ihren ältesten Sohn, Michael, musste sie sogar (1402 und 1404) Freunde und Gerichte bemühen. Martha konnte ihre Erbschaftsansprüche gegen ihren Bruder Oswald nur im Prozessweg durchsetzen. Bekannt ist, dass Oswald (um 1404) zusammen mit seinem jüngeren Bruder Leonhard der Gattin Michaels Schmuck und Geld entwendete, versteckte und verschacherte, dann die Frau beschuldigte, sie habe die Kleinodien mit ihrem Liebhaber durchgebracht; Zeugenaussagen zufolge hätte daraufhin Michael seine Frau, wäre sie zu Hause gewesen, umgebracht; später verprügelte er Oswald fürchterlich, verletzte ihn mit dem Schwert lebensgefährlich und setzte ihn gefangen. Dieser Aufsehen erregende Kleinodiendiebstahl war noch Jahrzehnte später Gesprächsthema (s. LZ. 218; s. A. Schwob 1977, 34–36; Kühn 1979, 50–54).

Ein Element in der Erziehung Oswalds darf als sicher gelten: die Rute. Eine Erziehung ohne körperliche Züchtigung war kaum vorstellbar, wobei sich das christliche Abendland auf den perversen Spruch der Bibel berufen konnte: *Qui parcit virge, odit filium* (Sprüche 13, 24) – „Wer die Rute schont, hasst sein Kind". Das – übrigens bis in die neueste Zeit gültige – Sprichwort „Je schärfer die Rute, je besser das Kind" (Wander 3, 1780, Nr. 33) illustriert die Spirale der Gewalt, an deren stetige Steigerungsfähigkeit die meisten glaubten (s. Orme 2003, 84 f.; Arnold 1980, 78–86).

Gewalt war ein Grundelement der Kindererziehung (s. Dinzelbacher 2003, 406–408), aber OvW hat – wie alle geschlagenen Kinder über die Jahrtausende herauf – seine schlimmen Kindheitserfahrungen nicht reflektiert und orientiert sich an alten ‚pädagogischen' Mustern, wenn er als Mittvierziger sein Unverständnis darüber zum Ausdruck bringt, wie ein Mann so unvernünftig sein könne und *sein kind nicht ziehen kann / und lat es gan so gar an alle rútte* (Kl 30,37–40). Oswald zeigt hier eklatant die von Miller (2007, 8 f.) als ‚Denkblockade' beschriebene Verleugnungshaltung: „Die Verwirrung des kleinen Kindes, gepaart mit der Verleugnung des Leidens, hinterlässt im Erwachsenen offenbar den Unwillen oder die Weigerung, das Problem des Schlagens kleiner Kinder zu reflektieren." In der Pose des Pädagogen rät Oswald den „guten Müttern" eindringlich zum Brechen des kindlichen Willens und zu eifrigem Gebrauch der Rute (Kl 30,43 f.; s.o.): „Je mehr man ein Kind liebt, desto heftiger soll man es züchtigen." Diese perverse Ansicht variiert Oswald in sarkastisch-satirischem Kontext und beschreibt damit die brutale Folterung durch seine ehemalige Geliebte: *Es schadt nicht, was die liebe tút,/ie zarter kind, ie grösser rút* (Kl 59,34 f.).

Auf den ersten Blick skurril, bei näherem Hinsehen eine doch viel sagende Gleichsetzung! In so grotesken Zusammenhang nämlich hier die Kinderzucht-Maxime gerückt wird, in so manifester Art und Weise zeigt sich, wie Oswald (und natürlich ‚gezüchtigte' Kinder allgemein) Gewalt erlebten: In der Tortur in feindlicher Gefangenschaft taucht die verdrängte Erinnerung an die Kindheit wieder auf.

4. Oswald von Wolkenstein: Jugend

Das zehnjährige Kind kommt nun ins Milieu von Berufskriegern (s. A. Schwob 1977, 22 f.). In der ersten Strophe seiner Lebensballade Kl 18 berichtet Oswald von *ellend* und von *armuet, not, swerer buess*, von manchen blutigen Verletzungen. Raub und Diebstahl, galgenwürdige Verbrechen, gehören nun zu seiner jugendlichen Sozialisation. Oswald war *renner* und *marstaller*, war also ‚Schildknecht, Rossknecht, Stallknecht'. Was hat es zu bedeuten, wenn der Dichter sagt: *Ich loff ze fúss*, bis zu seinem 24. Lebensjahr habe er nämlich kein Pferd besessen?

Werfen wir hier einen Blick auf das Schicksal jener Kinder und Jugendlichen, die als „Renner" einen Ritter begleiteten, das heißt, tagaus tagein hinter einem Pferd her liefen. Um 1300 hat Hugo von Trimberg in seinem *Renner* (V. 7391–7418) eindrucksvoll *Von schiltknappen* (*Von schiltknehten vnd von armen puben*) und ihrer Lebensweise geschrieben: ‚Man sieht sie rauben, morden, ein lockeres Leben führen, fechten und kämpfen. Ohne je zur Ruhe zu kommen, führen sie ein Leben in (ständiger) Angst.' (Hugo von Trimberg, *Der Renner,* V. 7403–7407). Obwohl das Leben dieser Menschen eine einzige schwere Mühsal sei, obwohl ihnen auf Erden nie etwas Gutes widerfahre, so bringe ihnen das doch keinen Nutzen für ihre Seele, ja, sie setzten in ihren Kämpfen ihr Seelenheil aufs Spiel. Ein Schildknecht, so Hugo (*Renner,* V. 7418) lapidar, *hât der werlde und gotes haz*: „Er wird von den Menschen und von Gott gehasst."

Noch genauere Details erfahren wir um 1350 in den Reimreden Heinrichs des Teichners (Nr. 132: *Von den schiltchnechten*; Nr. 635: *Von eim peschaiden man geslecht und von einem armen schiltknecht*). Er werde, so lässt der Teichner (Nr. 635) einen *armen schiltknecht* klagen, von seinem Herren andauernd und wegen jeder Kleinigkeit *zeplawen*; *stich und slach*, *sleg und stoss* erhalte er, *das ich sterben mocht davan. „Faiger pueb!"* („verdammter Bube") sei die normale Anrede, gepaart mit schrecklichen Drohungen: *„faiger pueb, man solt dich henkchen. / zwar, ich wil dir dran gedenkchen!"* Abends, wenn man in eine Herberge komme, setze sich der Herr zur Ruhe, *so get der schilt chnecht arbait an*: den Herrn entkleiden, dann die Pferde versorgen, todmüde und hungrig sich ein Weilchen auf eine Bank legen, nein, sich an eine Wand lehnen, bis der Herr ruft: *„nu eil! leg auf den satel! ez ist tag!"*. Der Teichner (Nr. 132) behauptet, er kenne keine Lebensweise, die so hart sei: *Ich waiz chain als herten or[d]en.* Wenn einer dies alles um seiner Seele Heil willen erlitte, wäre er der größte Heilige. Aber diesen Burschen sei die Höllenpein gewiss, denn mit Fluchen und anderen Freveln verwirkten sie sich die Seligkeit. Bei den Bauern sei es daher ein geflügeltes Wort, *daz niemen die hell als hart ervecht/ als die arm schiltchnecht* (Teichner 132, 59 f.).

Heinrich der Teichner starb um die Zeit, als OvW geboren wurde. An der Lebensweise dieser ritterlichen Kinder und Jugendlichen hat sich nicht viel geändert. Noch lange nach Oswald erfahren wir z.B. aus der Autobiographie des Ludwig von Diesbach (1452–1527), der als 14jähriger in die ‚Obhut' eines Ritters gegeben wurde, er sei „ständig von Hunger, Durst, Hitze und Frost geplagt" gewesen (s. Frenken 1999, I 304).

5. Oswald von Wolkenstein: Vom Schildknecht zum Hofmann

Oswalds ‚Ausbildung' war nun vollendet. So ausgebildet, so – in mehrfachem Sinn – ‚zugerichtet', kehrte Oswald um 1400 heim. Wie sollte sich ein solch entwurzelter Draufgänger, ein solcher Rabauke in einer zivilen Gesellschaft wieder zurechtfinden und sich darin eingliedern? Hinzu kam, neben ökonomischen Problemen (s. A. Schwob 1977, 27–29) die grundsätzliche Verachtung seines Standes in großen Teilen der Gesellschaft, die er später selbst poetisch in dem Lied *Ain burger und ain hofman* (Kl 25) thematisieren wird. Die soziale Reintegration musste missglücken. Offenbar nahm er die nächstbeste Gelegenheit wahr, um wieder dem erlernten blutigen Handwerk, der *militia*, nachzugehen: Er schloss sich – auf eigene Kosten, das heißt, in der Hoffnung auf Beute – dem Italienfeldzug König Ruprechts an (s. A. Schwob 1977, 29 f.). An ‚Preußenfahrten' (Raubzüge gegen Litauer, Tataren und Russen im Gefolge des Deutschen Ordens) dürfte er sich 1399 und 1402 beteiligt haben (s. LZ 5 und 18).

Erst im Jahr 1415, auf dem Konzil zu Konstanz, bekommt Oswald einen seiner ‚Ausbildung' adäquate Anstellung. Ein skrupelloser Höfling seines Typs eignete sich vorzüglich als *diener vnd hofgesinde* eines Fürsten; sprachengewandt und weitgereist, aber vor allem ein perfekter ‚Bodyguard' – *Du ste vor im, tritt hinden nach* (Kl 11,49) –, war er am Hof des Königs Sigmund willkommen (s. LZ 70; A. Schwob 1977, 104–107). Auf riskanten Gesandtschaftsreisen konnte er sich gleich hervortun und bei einer Mohrenhatz in Nordafrika (Cëuta) bewähren (s. A. Schwob 1977, 111–119; Koller 1997).

Um 1427 wird OvW, nun ein ausrangierter Höfling, enttäuscht und verzweifelt in dem sarkastischen Lied *O snöde werlt* (Kl 11,43–48) eine makabre Beschreibung seiner Aktivitäten im Herrendienst liefern, die den völligen Kollaps jeder zivilisatorischen Disziplinierung erahnen lässt. Folgen wir der Analyse von Miller (2007, 9), so manifestiert sich im mörderischen Blutrausch des *hofmans* jener Zorn, der bei jedem einzelnen Individuum „aus dem primären, *berechtigten* Zorn des kleinen Kindes auf die schlagenden Eltern entsteht, dessen unmittelbarer Ausdruck unterdrückt wird und der sich später mit hemmungsloser Gewalt auf Unschuldige richtet".

6. Fazit der Ausbildung zur ‚Ritterschaft'

Ich denke, dass beim Blick auf Erziehung und Ausbildung eines Ritters gerne ein Aspekt vernachlässigt wird: die Gewalt und die dadurch hervorgerufenen Traumata (s. Siller 2006). Die Gewalt beginnt in frühester Kindheit mit der Rute und anderen strukturellen Brutalitäten in den innerfamiliären Beziehungen. Sollte Oswald je in eine Schule geschickt worden sein – A. Schwob (1977, 22) geht davon aus, dass er „ein wenig lesen, schreiben und singen lernte" – so hat er auch dort ganz gewiss gleich mit der Rute Bekanntschaft gemacht (s. z.B. Winter 1984, 77–80; Orme 2003, 68–92). Als schwer traumatisierendes Erlebnis hat die Praxis der frühen Trennung von der Familie, eigentlich eine institutionalisierte Form der Kind-Weglegung, zu gelten (deMause 2000, 71; Beispiele bei Orme 2003,

317–321). Dieses „trauma of leaving home“ (Orme 2003, 319) konnte eine lebenslange Wunde hinterlassen, ein „Weggabetrauma“ (Frenken 1999, I 265–268), wie es in Gottfrieds *Tristan* (2068–2084) im Zusammenhang mit dem Weggang des siebenjährigen Tristan aus dem Elternhaus in die Fremde eindrucksvoll beschrieben wird.

In einem psychohistorischen Versuch (Siller 2006, 136–144) habe ich die Persönlichkeitsentwicklung, wie sie sich für OvW erahnen und rekonstruieren lässt, mit der eines Kindersoldaten (‚child soldiers‘) verglichen und versucht, die Folgen einer solchen traumatisierenden „Gewaltsozialisation“ (Kassis 2005, 191) aufzuzeigen, die sich, eben auch bei Oswald, bis ins hohe Alter als posttraumatische Belastungsstörungen manifestieren. Was mir dabei wichtig erscheint, ist die Vermutung, dass Oswald kein Einzelfall war. Wir dürfen davon ausgehen, dass jene tausenden Kinder, deren Erziehung auf die „Entfaltung standestypischer Eigenschaften“ (Borst 1983, 320) abzielte und deren Karriere vom *Renner* und *Schildknecht* zum *Hofmann* oder Berufskrieger führte, mit Oswald nicht nur Kindheits- und Jugendform, Erziehung und Ausbildung teilten, sondern (eben deshalb) auch zu einer „Psychoklasse“, also einer Gruppe von Individuen „mit derselben Kindheitsform innerhalb einer bestimmten Bevölkerung“ (deMause 2000, 190) gehörten: Es ist die Gruppe der Ritter. Oswald war einer von jenen zahllosen Rittern, vor allem niederadligen, armen, nachgeborenen, deren kindlich-jugendliche Sozialisation von Historikern bis heute oft gedankenlos, ja zuweilen fast idealisierend mit ‚Ertüchtigung‘, ‚hartem Lebenstraining‘ und ähnlich beschrieben wird, wo adäquater von frühzeitiger Abrichtung zu Aggression und Brutalität, von ‚Kindersoldatentum‘ eben zu reden wäre. Diese Psychoklasse weist jedenfalls keine Spur von den strahlenden Rittern des höfischen Romans auf. Sie spiegelt aber wahrscheinlich in extremer Form einen Zustand wider, in dem die „Pathologie einer bestimmten kulturellen Gemeinschaft“ (deMause 2000, 12, nach Sigmund Freud) manifest wird.

Literatur (zusätzlich zur Gesamtbibliographie)

Arentzen, Jörg und Uwe Ruberg (Hrsg.): Die Ritteridee in der deutschen Literatur des Mittelalters. Eine kommentierte Anthologie. Darmstadt 1987.

Ariès, Philippe: Geschichte der Kindheit. Mit einem Vorwort von Hartmut von Hentig. Aus dem Französischen von Caroline Neubaur und Karin Kersten. 12. Aufl. München 1998 (= dtv 30138) [Französische Originalausgabe Paris 1960: *L' enfant et la vie familiale sous l'ancien régime*].

Arnold, Klaus: Kind und Gesellschaft in Mittelalter und Renaissance. Beiträge und Texte zur Geschichte der Kindheit. Paderborn/München 1980 (= Sammlung Zebra – Reihe B 2).

Borst, Otto: Alltagsleben im Mittelalter. Frankfurt/M. ^{1}1983 (= insel taschenbuch 513).

Bumke, Joachim: Höfische Kultur. Literatur und Gesellschaft im hohen Mittelalter. 2 Bde. München ^{1}1986 (= dtv 4442).

deMause, Lloyd: Was ist Psychohistorie? Eine Grundlegung. Hrsg. von Artur R. Boelderl und Ludwig Janus. Aus dem Amerikanischen von Artur R. Boelderl. Gießen 2000 (= Psyche und Gesellschaft).

Dinzelbacher, Peter: Gewalt im Mittelalter. Überlegungen zu ihrer mentalitätshistorischen Erfassung. In: Ders.: Religiosität und Mentalität des Mittelalters. Klagenfurt, Wien 2003, 403–428.

Duby, Georges: Wirklichkeit und höfischer Traum. Zur Kultur des Mittelalters. Aus dem Französischen von Grete Osterwald. Frankfurt/M. ^{2}1990 (Originalausgabe Berlin 1986).

Ehlers, Joachim: Die Ritter. Geschichte und Kultur. München (Sonderausgabe) 2008.

Grundmann, Herbert: *Litteratus – illitteratus.* Der Wandel einer Bildungsnorm vom Altertum zum Mittelalter. In: Ders.: Ausgewählte Aufsätze, Teil 3: Bildung und Sprache. Stuttgart 1978 (= Monumenta Germaniae Historica – Schriften, 25, 3), S. 1–66.

Grundmann, Herbert: Die Frauen und die Literatur im Mittelalter. Ein Beitrag zur Frage nach der Entstehung des Schrifttums in der Volkssprache. In: Ders.: Ausgewählte Aufsätze, Teil 3: Bildung und Sprache. Stuttgart 1978 (= Monumenta Germaniae Historica – Schriften, 25, 3), S. 67–95.

Frenken, Ralph: Kindheit und Autobiographie vom 14. bis 17. Jahrhundert. Psychohistorische Rekonstruktionen. 2 Bde. Kiel 1999 (= PsychoHistorische Forschungen 1/1 und 2).

Kassis, Wassilis: Über die verschlungenen Beziehungen zwischen Erziehungsstil und Gewalterfahrungen männlicher Jugendlicher. In: Joachim Küchenhoff u.a. (Hrsg.): Gewalt. Ursachen, Formen, Prävention. Gießen 2005 (= Psyche und Gesellschaft), S. 175–199.

Kühlmann, Wilhelm: Literarisierung und Zivilisierung. Anmerkungen zur Kulturanthropologie und zu ‚*De Civilitate morum puerilium*' (1530) des Erasmus von Rotteram. In: Schnell 2004, S. 277–294.

Miller, Alice: Dein gerettetes Leben. Wege zur Befreiung. Frankfurt/M. ^{1}2007.

Müller, Ulrich: Der mittelalterliche Autor. Eine (postmoderne) Mischung aus Lazarus, Proteus und Medusa? – oder: Autorisation und Authentizität: Mittelalterliche Liebeslyrik als Erlebnislyrik? In: Autor – Autorisation – Authentizität. Hrsg. von Thomas Bein u.a. Tübingen 2004 (= Beihefte zu editio 21), S. 83–92.

Orme, Nicholas: Medieval Children. Yale University Press, New Haven, London 2003.

Richter-Appelt, Hertha: Gewalt in der Familie und ihre transgenerationale Weitergabe. In: Jahrbuch für Psychohistorische Forschung 1 (2000) = Winfried Kurth und Martin Rheinheimer (Hrsg.): Gruppenfantasien und Gewalt. Heidelberg 2001, S. 9–18.

Schnell, Rüdiger (Hrsg.): Zivilisationsprozesse. Zu Erziehungsschriften der Vormoderne. Köln u.a. 2004.

Schreiner, Klaus: Bildung als Norm adliger Lebensführung. Zur Wirkungsgeschichte eines Zivilisationsprozesses, untersucht am Beispiel von ‚*De eruditione filiorum nobilium*' des Vinzenz von Beauvais. In: Schnell 2004, S. 199–237.

Sterzinger Spiele. Die weltlichen Spiele des Sterzinger Spielarchivs nach den Originalhandschriften (1510–1535) von Vigil Raber und nach der Ausgabe Oswald Zingerles (1886) hrsg. von Werner M. Bauer. Wien 1982 (= Wiener Neudrucke 6).

Wander, Karl Friedrich Wilhelm (Hrsg.): Deutsches Sprichwörter-Lexikon. Ein Hausschatz für das deutsche Volk. 5 Bde. Leipzig 1867–1880 (Nachdruck Darmstadt 1964).

Winter, Matthias: Kindheit und Jugend im Mittelalter. Freiburg/Breisg. 1984 (= Hochschulsammlung Philosophie: Geschichte 6).

Oswald von Wolkenstein und die Kunst: Selbstdarstellung und Repräsentation

Leo Andergassen

1. Der Brixner Bildnisstein

Der auf 1408 datierte Brixner Bildnisstein mit der ganzfigurigen Darstellung OsvW war als Stiftungsmemorial konzipiert und – wie zunächst Marx Sittich von Wolkenstein († 1620) und nach ihm Joseph Resch († 1783) festhielt – in der Art eines Grabmals vor dem Oswald-Altar in den Boden eingelassen. So erfüllte der vor dem Altar eingelassene Stein primär die Funktion eines Stiftergedächtnisses: Der vom Altar abgewandte Geistliche schaute auf den Stein und sah darauf das Bildnis des Stifters im Typus des *miles christianus*. Grablegen nicht geistlicher Personen im Brixner Dom sind auch für andere Familien belegt; sie sind allemal als Ausnahmesituationen zu betrachten: So wurden hier beispielsweise im 13. Jahrhundert Heinrich von Reischach (vor dem Margarethenaltar), im 14. Jahrhundert Rudolph von Katzenstein und Katharina Zinzingerin, 1442 Johannes Zwingensteiner, dessen Wappengrabstein erhalten blieb, im späten 15. Jahrhundert Caspar von Meckau, ein Bruder des Kardinals und Brixner Bischofs Melchior, auf den eine kleine Messingtafel aufmerksam machte, und schließlich im frühen 16. Jahrhundert Johannes Hieberger (1506) bestattet.

Zur Vorgeschichte: Vor dem Hintergrund der Vermögensaufteilung vom April 1407 stiftete OvW am Sonntag nach Fronleichnam, dem 29. Mai desselben Jahres, zwei Benefizien an der St. Oswald-Kapelle, die zwischen den beiden Domtürmen auf der Empore errichtet worden war. Die Zweckbestimmung ist im Stiftbrief nicht explizit definiert, es findet sich hier lediglich der eher allgemein gehaltene Passus, wonach die Stiftung *mir selb vnd allen mein vodern vnd nachkomen vnd allen glaubigen selen zehilf vnd ze trost* geschehen sei; sie schließt aber einen Jahrtag an Oswalds Todestag mit ein, zusätzlich gebe es gestiftete Jahrtage, die von den beiden Benefiziaten zu halten seien (LZ 37). Zu den mit der Stiftung baulichen Maßnahmen gehörte zudem das Neudecken des Südturmdaches, das Einziehen eines Gewölbes im Turm und das Einrichten einer Sakristei, von der aus es wohl einen direkten Zugang zur Kapelle gab. Weiters stiftete Oswald einen vermutlich nach Osten gerichteten Altar (darunter kann man sich auch ein Retabel vorstellen) und ließ die Kapelle freskieren (*den altar gewidembt vnd die Chapell gemalt vnd geweicht*). Die Gottesdienstregelung sah vor, dass an Sonntagen beide Benefiziaten die Messe zu lesen hatten, an Werktagen aber abwechselnd. Die Stiftung wurde vom Domkapitel und dem Domdekan Sebastian Stempfl, dem späteren Brixner Fürstbischof (1417–1418), noch am selben Tag angenommen. Zeit seines Lebens behielt sich Oswald das Präsentationsrecht vor, nach seinem Tode sollte es an das Domkapitel fallen.

Die ein Jahr nach der Stiftung der Kapelle erfolgte Fertigstellung des Memorialsteines OsvW lässt vermuten, dass die Bau- und Ausstattungsarbeiten sich über das Stiftungsjahr hinauszogen. Die nicht ausschließlich in der Kreuzfahrerikonographie, sondern auch in der ritterlichen Ordensikonographie wurzelnde Bezeichnung des Banners mit dem Kreuz (dargestellt ist nicht das Jerusalemkreuz, sondern ein griechisches Kreuz mit vier gleicharmigen Balken) und das Ritterordenswappen am Gürtel ließen bereits früh die Vermutung aufkommen, der Stein wäre als Gedenkstein in Vorbereitung einer Heiliglandfahrt entstanden. Dieser Hypothese ist entgegenzuhalten, dass der Stein zeitgleich mit seiner Herstellung beschriftet wurde: *anno dni m cccc viii Osbaldus de Wolckenstain*. Dem festlichen Auftakt *anno domini* folgt allerdings kein Verb, es gibt kein *obiit*. Man hat den Eindruck, als wäre zunächst der Namenszug des Steininhabers gesetzt, und erst in einem zweiten Schritt, als der Stein bereits im Boden lag, durch den Zusatz mit der Datierung ergänzt worden, wobei es ungewöhnlich ist, dass das konkrete Jahr ohne syntaktische Einbindung und erklärenden Kommentar blieb. Die Wappenbeigaben der Vilanders (Doppelsturzsparren), der Vilanders-Pardell (Spickel) und der Wolkensteiner (Wolkenschnitt) bezeichnen die Memorialgemeinschaft des Geschlechts, sie kehren in vertauschter Position auch am späteren, zwischen 1425 und 1431 entstandenen Ganzfigurenbildnis des Autors im cvp 2777 (Wolkenstein-Hs. A) wieder. Sie erweitern die Memoria der eigenen Familie letztlich bis zu Randolt von Vilanders-Pardell († 1344), der als Ahnherr der Stirps zu betrachten ist.

Stilistisch wurde die Figuralität an Oswalds Stein mit jener am Grabstein des 1403 verstorbenen Domherrn Heinrich Surauer im Nordflügel des Brixner Kreuzgangs verglichen (Mannhart 1959, 25 f.), und doch vermisst man bei Oswald die beim Kanonikergrabmal so überzeugend vorgetragene Plastizität in der Figurenbildung und in der raumgreifenden Gewandbildung. Von einer Entstehung in derselben Bildhauerwerkstatt kann nicht die Rede sein. Überhaupt entzieht sich der Gedenkstein einer Möglichkeit zum direkten Vergleich. An einer Entstehung des Grabsteines im frühen 15. Jahrhundert ist insgesamt nicht zu zweifeln. Dazu lassen sich zusätzlich folgende Elemente anführen, die Fürbeth (2003/04) nicht ausreichend berücksichtigt hat: Das rechte geschlossene Auge wird in der

Darstellung nicht hervorgehoben, die Linksdrehung der Figur könnte damit begründet werden; sie findet sich allerdings auch an anderen zeitgenössischen Gedenkmalen, etwa dem Grabstein für Hans Kummersprucker († 1393) in der Servitenkirche von Rattenberg im Tiroler Unterinntal. Das markante Herausstreichen des Bartes hingegen, von Fürbeth im Gegensatz zur Ritterdarstellung gelesen, erhält durch den von Bernd Konrad gebrachten Hinweis auf die Bart-Ehrungen (Konrad 2005, 374) unter Verweis auch auf das um 1415 oder zuvor entstandene Oswald-Bildnis in der Federzeichnung am Bildrand von fol. 202v der Wolfenbütteler Petrarca-Handschrift eine historische Sinndeutung (dazu Mück in Abbildungen II, 1973).

Der Gedenkstein, der wohl eher als Kenotaphplatte oder auch als Stifterstein zu bezeichnen ist, zumal er nachgewiesenermaßen in den Kapellenboden vor dem Altar eingelassen war, war nicht das einzige Denkmal im Dombezirk, das einen geharnischten Ritter zeigte. Anleihen daraus nahm man offenbar für die um 1490 entstandene Grabplatte für Laurenz von Wehingen (?), die zwischen der Sakristei und der Barbarakapelle lag. Die jüngst von Frank Fürbeth vorgeschlagene Lesart spricht sich letztlich für eine zeitliche Ansetzung des Steines um 1430 aus, konzentriert sich jedoch auf einige wenige Merkmale (Fürbeth 2003/04). Meines Erachtens wurde hierbei die Möglichkeit außer Acht gelassen, dass sich Oswald als *miles christianus* darstellen ließ, dessen Kreuzesfahne und Kreuzwappen am Gürtel zu den Kennzeichen der *militia Christi* dazugehören. Das *Miles-Christianus*-Fresko im Kreuzgang, in unmittelbarer Nähe zur Christophoruskapelle, ist in das zweite Jahrzehnt des 15. Jahrhunderts zu datieren. Das Kreuz an der Fahne des tugendhaften Ritters ist somit nicht zwingend mit dem Deutschen Orden oder dem Heiliglandfahrer in Verbindung zu bringen. Doch ist der faktische Anspruch, sich auch bereits vor der Schwertleite und der Verleihung des Rittertitels als *miles*, als Ritter, zu geben, für den ständisch zum Ritteradel gehörenden Wolkensteiner nicht weiter ungewöhnlich, der Rittertitel ist lediglich eine prestigeträchtige Auszeichnung und hier kein Kriterium für eine Spätdatierung des Memorialsteins. Die Kleidung des *miles* ist zugleich als Standestracht zu sehen, wie auch Kanoniker und andere Geistliche sich an ihren Grabplatten in Messgewandung und mit dem Messkelch in Händen darstellen ließen.

2. Die Oswald-Bildnisse in den Handschriften

Die Darstellung OsvW in der Liederhandschrift A (Österreichische Nationalbibliothek Wien, Cod. 2777) ist um 1425 entstanden (Menhardt 1960/61, 1; Unterkircher 1957, 85; Timm 1972; Müller/Spechtler 1974;

Delbono 1977, Plangg 1986). Der schlechte Erhaltungszustand wird aus der alkalischen Wirkung des Einbandleders begründet; er ist bereits 1783 als solcher belegt. Oswald ist ganzfigurig gezeigt: Er steht mit gespreizten Beinen, hochgehobener Rechten und in die Hüfte gestützter Linken über den Wappenschilden seiner Familien und Ahnen und folgt insofern dem Typus von Darstellungen in Wappenbüchern. In der Rechten hält er ein Liedblatt und zeigt sich somit als Autor. Den Kopf bedeckt ein breitkrempiger Hut. Oswald ist über das geschlossene rechte Auge charakterisiert; ansonsten hält sich der Darstellungstyp an Vorlagen, die mit dem „Meister der Spielkarten" (Vogel-Unter, Raubtier-Unter) verwandt zu sein scheinen. Als Vorläufer sind des weiteren Serien der ‚Neun Helden', so in einer französischen Handschrift um 1390 oder in den Fresken von Castello della Manta (Piemont). Reflexe davon sind auf Schloss Runkelstein zu notieren (Kusche 1991). Die erhobene Hand erinnert an die Karte Blumen-Unter (Geisberg 1905, Nr. 41). Insofern ist die Anlage jener am Stiftungsgedächtnisstein aus der Oswald-Kapelle im Brixner Dom verwandt. Das linke Wappen zeigt das Familienwappen der Wolkensteiner, das rechte jenes der Vilanders-Pardell (Abb. 2 und 3).

Zusammen mit der Darstellung des ganzfigurigen Dichters in der Handschrift A gehört auch jenes in der Handschrift B zu den ersten authentischen Porträts eines deutschen Dichters (Hermann 1905, 217; Laußermayer 1963 und Tagung Neustift 1974; Moser, Tagung Seis 1978, 408; Neuhauser 1987, 47–50; Pfändtner 2007; Weiss 2007). Die um 1432/38 entstandene Miniatur in der Liederhandschrift B (Universitätsbibliothek Innsbruck, ohne Signatur, fol. 1v) gehört zweifelsohne zu den am häufigsten rezipierten authentischen Oswald-Bildnissen (Abb. 4–6). Sie zeigt das Bruststück des Dichters: Er trägt auf einem teuren Brokat mit Greifenmuster das seidene, an den Rändern ausgefranste Band des Drachenordens Sigismunds, in den er 1431 aufgenommen wurde, mit aufgestecktem Ordensemblem. Den pelzverbrämten Kragenrand umläuft die dem Sänger von der aragonesischen Königswitwe Margarita de Prades 1415/16 verliehene Ordenskette als Zeichen seiner Aufnahme in den Kannen- bzw. Greifenorden, daran hängt als Geschmeide das Emblem des Greifs; zusätzlich ist das Kannenzeichen dieses Ordens unterhalb des Drachenordens nochmals angesteckt. Der Blick des im Dreiviertelprofil gegebenen Oswald fixiert nicht den Betrachter, sondern reicht über das Bildfeld hinaus. Das rechte Auge ist geschlossen. Eine purpurfarbene Mütze mit Hermelinbesatz am Rand bedeckt das Haupt, ohne allerdings die in Locken gelegten, braunen, vollen Haare zu verdecken. Die Wangen sind nicht glattrasiert, das wohlgenährte Aussehen reflektiert im Doppelkinn. Die Datierung des Porträts ist über die Beigabe der Orden möglich; diese stellen zusammen mit den ältesten Einträgen von 1432 den *terminus post quem*, die Nachträge von 1438 hingegen den *terminus ante quem*. Die Frage der Zuschreibung ließ an Pisanello denken. Allerdings ist die Entstehung zwingend in Tirol anzunehmen. Die Darstellung Oswalds gehört auch in diesem Kontext zu den frühesten Zeugnissen eines authentischen Porträts. Die bis ins ausgehende 19. Jahrhundert im Familienbesitz befindliche Handschrift (Arthur von Wolkenstein verkaufte sie 1889 an Kaiser Franz Joseph I.) beeinflusste auch weitere neuzeitliche Oswald-Darstellungen, darunter die um 1609 entstandene Nischenfigur des Dichters im Ahnensaal der Trostburg, eine Arbeit des Bildhauers Joseph Proy, die in der Gestaltung der Ordensbeigabe zweifelsohne auf das Bildnis in der Liederhandschrift rekurriert. Auch der Wappenstammbaum der Wolkensteiner auf der Churburg (17. Jh.) zeigt eine Kopie davon.

Eine Federzeichnung des Dichters findet sich in der Wolfenbütteler Handschrift (Wolfenbüttel, Herzog August Bibliothek, Cod. Guelf. 11 Aug. 4, fol. 202v; siehe Milde 1972 und Mück in Abbildungen II, 1973). Diese Darstellung korreliert nicht mit den oben zitierten, denn sie gibt Oswald einen Bart bei, auch zeigt sie ihn von schlanker Statur. Die Darstellung beansprucht keinerlei Porträtcharakter. Der Dichter ist durch die Namensbeischrift und sein Wappen zu identifizieren. Die Datierung wurde für 1415 (Konrad 2005, 373) vorgeschlagen (Abb. 12).

3. Vitenszenen Oswalds

Dass es in der Oswald-Kapelle im Brixner Dom zumindest eine bildliche Szene aus dem Leben OsvW gab, überliefert Marx Sittich von Wolkenstein (Tiroler Landesmuseum Ferdinandeum, FB Cod. 3818, fol. 181; Text siehe z.B. im Beitrag von Hans-Dieter Mück im vorliegenden Band). Es soll sich um ein Votivbild einer Errettung aus Seenot gehandelt haben. Oswald wäre am Fresko auf einem Fass sitzend im Meer dargestellt gewesen (siehe auch Kl 18 II, Kl 23 II). Diese Vitenszene steht im Übrigen vielleicht gar nicht isoliert da: In der Burg Hauenstein bei Seis konnten 1976/77 profane Freskenreste des 15. Jahrhunderts geborgen werden. Diese (Stampfer 1977) zeigen nicht Szenen sakralen Inhalts, sondern Profanszenen, die inhaltlich nicht bestimmbar sind. Es finden sich Kopfpartien tonsurierter Mönche, das Gesicht eines Mädchens, ein Mann mit einer roten Mütze, der mit Ausnahme des geschlossenen linken Auges jener Darstellung Oswalds in der Liederhandschrift B nicht unähnlich ist (Pörnbacher 2010). Gerade dieses Freskofragment lässt daran denken, dass es Szenen mit Begebenheiten aus der Oswald-Biographie waren (Abb. 23). Noch zwei weitere männliche Bildnisse sind zu sehen, vielleicht Bruder und Verwandte oder adelige Standesgenossen. Reste von Bordüren zeigen die in der ersten Jahrhunderthälfte häufig angewandte Rautenzier und krautige Füllungen. Eine schlüssige Interpretation steht noch aus. Die Zeitstellung der Malereien ist um 1420/30 anzusetzen.

4. Oswalds Kryptobildnisse

An einem Wandbild in der achten Arkade des Neustifter Kreuzgangs findet sich die durch den Ausbruch für ein Marmorepitaph im 19. Jahrhundert arg beschädigte Darstellung einer *Intercessio* (‚Fürbitte'). Aus den überkommenen Resten ist noch abzulesen, dass es im Kontext einer Schutzmantelmadonna zur Darstellung einer Votantengruppe gekommen war (Andergassen 1992; Andergassen, in Pfeifer/Andermann 2009; Abb. 19). In die Reihe Letzterer ist auch OvW aufgenommen: Dessen im Dreiviertelprofil festgehaltenes Bildnis entspricht unzweifelhaft dem 1432 entstandenen der Handschrift B in der Innsbrucker Universitätsbibliothek. Oswald trägt einen kurzen, mittig gescheitelten Kinnbart, gelocktes Haupthaar, die blaue Mütze mit hermelinverbrämtem Rand, das linke Auge ist leicht geschlossen. In nächster Nähe befinden sich weitere Adelige in differenzierter Altersangabe. Zeitlich lässt sich das Fresko um 1450 verorten. Ausführende Werkstatt ist jene, die auch in der Margarethenkirche das Wandfeld mit den Szenen der Märtyrerin aus Antiochia ausgeführt hatte. Damit korreliert auch die Type der Inschriftschleifen, eine davon, sie enthält ein Psalmzitat, nimmt von Oswalds Kopf ihren Anfang.

Diese vom Typus her mit dem Bildnis Oswalds in der Handschrift B der Innsbrucker Universitätsbibliothek übereinstimmende Darstellung (unter Weglassung der Orden) steht gewissermaßen im Gegensatz zu weiteren, als Kryptoporträts gedeuteten Darstellungen des Wolkensteiners, der einem Vorschlag von Hera König-Seitz (1976), Monika und Walter Neuhauser (1990) und Franz Daxecker (1996/97) zufolge an mehreren Kreuzigungsdarstellungen im Brixner Raum oder am Altar des Thomas von Klausenburg in Esztergom als Longinus gegeben wäre. Diese Hypothese lässt sich allerdings insofern entkräften, als die Longinusdarstellung an sich schon die Darstellung des geheilten Blinden erfordert, der mit der Linken auf sein sich gerade öffnendes oder noch geschlossenes Auge weist. Somit trifft diese Identifizierungshypothese selbst für das Kreuzigungsfresko in St. Oswald in Kastelruth nicht zu. Vorschläge in diese Richtung sind nicht nur problematisch, sondern als Spekulation abzulehnen.

Der Versuch, Oswald in Kryptoform in Heiligenszenen zu identifizieren, blieb nicht auf den Tiroler Raum beschränkt. Weitere zur Diskussion gestellte Kryptodarstellungen des Wolkensteiners etwa als Ankläger auf einer Tafel des Retabels in der Dortmunder Reinoldikirche (Rinke 1986/87), in einer Reitergruppe auf der Kreuztragung in Budapest (Konrad 2005, 360), in der Klerikergruppe auf der Anbetung des Lammes sowie auf der Pilgertafel des Genter Altars der Brüder van Eyck nach Vorzeichnungen des Hans Krutli am Konstanzer Konzil (1414–1418) (Voorn 1999; Konrad 2005, 16) oder etwa Oswald als Anbetender einer Schutzmantelmadonna in Le Puy-en-Velay (Auvergne) (Hartmann 2001/02) überzeugen nicht und können daher aus konkreten Überlegungen heraus für Oswald nicht in Anspruch genommen werden.

Plausibel bleiben zwei Darstellungen in der um 1465 entstandenen Konzil-Chronik des Ulrich Richental (siehe dazu auch Mück im vorliegenden Band): Die eine zeigt Oswald auf einem Fischmarkt (Abb. 14). Desgleichen kann er mit einem der Reiter in der Szene der Belehnung von Pfalzgraf Ludwig III., dem Bärtigen, die am 11. Mai 1417 am Marktplatz zu Konstanz stattfand, identifiziert werden: Er trägt halblanges Haar, auf dem Kopf einen breitkrempigen Hut mit einer Zieragraffe, den Körper bedeckt ein blauer Mantel mit braunem Pelzkragen. Das *linke* [!] Augenlid ist geschlossen, mit der rechten Hand muss er den Schaft einer Fahnenstandarte umfassen, was aus der links von ihm hochragenden Standarte geschlossen werden kann (Abb. 13).

5. Die Wolkenstein'sche Christophoruskapelle am Brixner Kreuzgang

Die Christophoruskapelle im Kreuzgang stiftete OvW gewiss noch in jungen Jahren, um 1435 erweiterte er die Stiftung um ein Ewiges Licht. Darin ist bezeugt, dass OvW der Erbauer der Kapelle war, *zu meiner capelln die ich gepawt han inn den eren sant Cristoffels vnd allen selen zu hilff vnd zu trost die gelegen ist inn dem krewtzgang zu Brichsen zu eynem ewigen liecht das man all nacht zinden sol mit andern ewigen liechten die auch gestift sein inn dem selben münster da pey vnd sol der obgeschriben nutz vnd gelt von den vorgenanten weingarten vnd höfen yerecleich auf men ce capeln zu sant Oswalt welch das selbn benefitz dan ynhaben gefallen vnd die selben sollen dan das ewige liecht da von yerecleichen in aller der maß vnd an der stat aufrichten vnd volfüren als oben geschriben stet stet* (Brixen Diözesanarchiv, Kapitelarchiv, Lade 68). Die Kapelle befand sich bis zum Domumbau von 1745 in der Nordwestecke des Kreuzgangs. Baugeschichtlich ist festzuhalten, dass zuvor der heute noch existente Gewölbe tragende Rundpfeiler entstand, der noch die Farbfassung des ausgehenden 14. Jahrhunderts trägt, dann erst die durchfensterten Wände hochgezogen wurden. Der Zugang erfolgte dem von Joseph Resch überlieferten Grundriss nach über das südliche Seitenschiff des Domes, Fenster erhellten den Raum von Süden. Der in seinen Dimensionen sicherlich bescheidene Kapellenraum enthielt einen Altar und mehrere Grabdenkmäler. Als erster wurde an dieser Stelle des Kreuzgangs 1391 Heinrich von Wagenberg bestattet. Nach Resch fanden hier auch der Kanonikus Reinger, der hier am 12. März 1395 bestattet wurde, und Elisabeth von Hauenstein, die in der Oktav zum Bartholomäusfest 1400 beigesetzt wurde, ihre letzte Ruhestätte. Die frühen Bestattungen dürften aber sekundär in den Kapellenbau einbezogen worden sein. Grabsteine haben sich allerdings keine erhalten, sodass auch mögliche Vorformen für Oswalds Memorialstein abgehen. Das nicht überkommene freskierte Retabel hat man sich wohl als Wandmalerei vorzustellen; es dürfte das obligate Stifterbild eingeschlossen haben. Eine weitere Messstiftung in der Christophoruskapelle ist durch Clara Secklerin von Brixen zu Pfingsten 1471 bezeugt. Die Stiftung der Kapelle zu Ehren des Reisenden- und Pilgerpatrons Christoph dürfte ihren Grund in den weiten Fahrten des Stifters haben. Östlich schließt im Kreuzgang die Darstellung des *miles christianus* an. Es ist bereits darauf hingewiesen worden, dass diese Ikonographie mit dem Bildverständnis am Memorialstein in der Oswald-Kapelle zusammenhängt. Die Nähe zu der von Oswald gestifteten Kapelle macht es offenbar. Die Inschrift am Fresko moniert das Einhalten christlicher Tugenden: *Militia est vita hominis super terram. Caro autem est equus qui ascendit [...]. Sella est continentia quia non possessorem projciat in lutum. Frenum est abstinentia quod eum facit tutum. Scutum est fides muniens hominem et faciens semper tutum. Longa lancia est in bono perseverantia. Vexillum: Deus videt, noli peccare. Gladius potestas ecclesie. Lorica congeries virtutum. Tunica caritas cooperiens omnia. Strepae patientia et humilitas. Calcaria significant dei et proximi geminum amorem. Quatuor pedes sunt virtutes cardinales scilicet fortitudo, temperantia, iustitia et prudentia. Galea eternorum spes et salutis, erigens animum ad superna. Sic ergo Christi miles in campo huius mundi his virtutum armis munitus ad debellandum mundum, carnem et diabolum, et haec est lex in qua quemlibet catholicum militare oportet. Fac bene, tu vides qua te tua facta sequantur.*

6. Das Hausmann-Epitaph in der IV. Arkade

Noch einen weiteren Bezugspunkt zu OvW lässt sich im Brixner Kreuzgang finden: In der IV. Arkade wurde der Brixner Schullehrer Johannes Hausmann bestattet. Auch dessen Ehefrau Agnes fand hier ihre letzte Ruhe. Die Stiftung der Freskierung geht allerdings auf deren Kinder zurück, zu denen auch Barbara Hausmann, die sog. Hausmännin, langjährige Geliebte Oswalds, zu zählen ist. Die Stiftung der Malereien im Jahr 1417 fällt gerade in die Zeitspanne, als sich Oswald durch eine Heirat an Margarete von Schwangau bindet. Dass Hausmann hier seine Grablege finden durfte, liegt in seinem beruflichen Wirken. Er war an der Domschule als Lehrer angestellt. Unter den ausgewählten Heiligen finden sich an der ‚Stifterpredella' des freskierten Wandepitaphs neben den knienden Verstorbenen und der zentral postierten *Imago-pietatis*-Gruppe die Brixner Stiftspatrone und die Heiligen Christoph und Oswald. Ein ikonographischer Bezug zu den „wolkensteinischen" Heiligen im Dombezirk ist hier offengelegt. Die Auswahl hält an einem Bezugsmuster fest, das in erster Linie als persönliches Bekenntnis zu sehen ist. Immerhin gehörten die Oswald'schen Stiftungen im Hohen Dom zu den einzigen herausragenden Laienstiftungen. Eine Bezugnahme darauf konnte nur als Bekenntnis zum Laienstand zu lesen sein. Die Malereien sind traditionell dem Meister Hans von Bruneck zugewiesen, was allerdings kritisch zu hinterfragen ist, zumal es keinerlei Belege dafür gibt. Nur in der kompositionellen Wiederholung der Gewölbeinhalte in St. Jakob in Kastellaz 1441 durch Ambrosius Gander, der sich als *familiaris* des Joannes Ghining de Braunegg ausgibt, kann eine Verbindung zu einem Maler Hans hergestellt werden, deren in den Quellen gleich mehrere aufscheinen. Unangezweifelt bleibt die Qualität der Malerei, was für ein gereiftes Kunstverständnis der Auftraggeber spricht.

7. Oswalds Grabplatz in Neustift

Der Grabstein OsvW ist entgegen anderslautender Annahmen (Sparber 1920, 44) nicht erhalten, seine Form und Gestalt überliefern jedoch auch eine Miniatur in der Landesbeschreibung des Marx Sittich von Wolkenstein und eine weitere Darstellung auf dem Wolkenstein-Stammbaum in der Churburg (Trapp 1977, 355). Demnach erschien auf dem hochrechteckigen, offenbar inschriftenlosen Stein das wolkensteinische Oberwappen in Relief, darunter die zwei gelehnten Schilde der Allianz Wolkenstein und Schwangau. Den Wappengrabstein umlief ein von einem Band umzogener Rundstab. Oswalds Grablege befand sich vor dem Kreuzaltar im Langhaus der Stiftskirche (Innerhofer 1984; Glowatzki 1984; Innerhofer 2007, 115), nach Aussagen des frühen 17. Jahrhunderts *bey dem taufstein* oder *ad [...] baptisterii dextram*, zur Rechten des Taufsteins (Schwob 285). Marx Sittich von Wolkenstein beschrieb das Grabmal eingehend: Demnach handelte es sich um einen *weissen marbelstein* mit den Wappenschilden der Wolkensteiner und Schwangauer, darüber der Helm mit dem wolkensteinischen Büffelhörnerzimier. War der Stein auch als Grabstein in den Boden eingelassen, so ergänzte ein gemaltes Bildepitaph an der Mauer das Programm: Dort war OvW zusammen mit seinen fünf Söhnen und zweien seiner Töchter dargestellt. Im dreizehnten Buch seiner Chronik hält sich Marx Sittich aber, was die wolkensteinische Grablege betrifft, eher im Allgemeinen: *Ess ligt unser ehne, ahnfraw und vatter auch aldort, und hat unser vatter seel. dem closter 80.000 fl. geben wollen, wan sye ihme die gülten und güetter alle so unsere vorvorderen darzue gestifft haben. Deficit hic sensus uno verbo* (Rasmo 1951, 132). Dabei erinnert sich Marx Sittich an das Grab seines Großvaters Wilhelm I. von Wolkenstein, seiner Großmutter Anna von Annenberg und seines Vaters Wilhelm II. Die vom Stift auszurichtenden Jahrtage der Wolkensteiner waren an einer eigenen Tabelle im Chor der Stiftskirche angeschrieben. Das Begräbnis Oswalds ist zudem durch Skelettfunde dokumentiert (Glowatzki-Mullis/Ulrich-Bochsler/Glowatzki/Kloiber/Ulrich 1982/83). (Abb. 6 und 18).

8. Oswald und das Augustiner Chorherrenstift Neustift

Mit der Barockisierung der Stiftskirche gingen gewiss weitere Bildzeugnisse der Wolkensteiner verloren. Ob Oswald als Stifter des Margarethenzyklus in der Neustifter Margarethenkirche in Frage kommt, muss letztlich offen blieben, denn die unteren Partien des Freskos sind noch nicht freigelegt. In den hier in der Leibungswölbung berücksichtigten Allegorien der Tugenden und Laster werden von deutschen Texten begleitete Motive aufgegriffen, die in der zeitgenössischen Literatur eine Rolle spielten (Schumacher 1996/97). In der Kirche, die an seine Pfründnerwohnung angrenzte, stiftete er 1419 ein Ewiges Licht zur Erinnerung an seine Gemahlin Margarete von Schwangau (Schwob 1992). In den Inschriften fällt die Verwendung des Deutschen an den Tituli auf, sind doch die Inschriften im Kreuzgang der Kanoniker ausnahmsweise in Latein abgefasst. Die Zeitstellung der Malereien lässt sich nicht präzise fassen, denkbar bleiben die 40er Jahre des 15. Jahrhunderts.

9. St. Oswald in Seis – eine Wolkenstein'sche Stiftung

Das angebliche Kryptoporträt OsvW in der weißbärtigen Longinusfigur veranlasste Hera König-Seitz, im Wolkensteiner den Stifter der Ausstattung der Kirche St. Oswald in Kastelruth zu sehen (König-Seitz 1976). In der Tat bestimmte er 1445 in seinem Neustifter Testament die Summe von hundert Mark Bernern zur Ausmalung seiner Kapelle auf Hauenstein. Diese testamentarische Zuwendung sollte sein Sohn überwachen und ihre Umsetzung beim Neustifter Propst einfordern. Nicht nur König-Seitz verwechselt in ihrer Darstellung die Oswald-Kapelle zwischen den Türmen am Brixner Dom mit jener in Kastelruth. Das von ihr zitierte Bild mit dem Schiffbruch des Sängers war in Brixen dargestellt. Auch sind die beiden Figuren der um die Kleider würfelnden Soldaten nicht als Stifterpaar anzusprechen. Eine Notiz Beda Webers, zitiert von Karl Felix Wolff, wonach im Langhaus der Kirche Vitenszenen Oswalds dargestellt wären, macht stutzig, zumal Profanszenen in einem Kirchenraum nur unter dem Aspekt des Votivbildes vorkommen. Weber war es somit, der erstmals die bei Marx Sittich von Wolkenstein zu findende Notiz der Votivszene in der Brixner Oswald-Kapelle nach St. Oswald in Kastelruth verlegt. Die Kreuzigungsdarstellung in der dritten Brixner Kreuzgangarkade bildet gleichsam das Bindeglied zu einem Familienmitglied der Trostburger Linie, das in rascher Folge die kirchliche Karriereleiter erklimmen sollte: Theobald von Wolkenstein. Theobald wurde als Sohn des Michael von Wolkenstein, eines Bruders OsvW, geboren. Ein Kanonikat in Brixen erwarb er 1430, ein weiteres am Großmünster in Zürich. Er studierte 1431 in Wien und 1442 in Padua Rechtswissenschaften, wo er im selben Jahr zum Doktor promoviert wurde. 1443 hatte er für wenige Monate die Propstei am Kreuzgang zu Brixen inne. In Trient, wo er seit 1441 im Domkapitel saß, wurde er 1444 zum Bischof gewählt und vom Basler Konzil bestätigt. Die Approbation durch Papst Eugen IV. blieb ihm aber versagt, sodass er 1446 resignierte. 1458 resignierte cr auch seine Brixner Dignitäten. In Brixen hatte Theobald von Wolkenstein-Trostburg an der Johanneskapelle bis 1458 das Benefizium inne, sodass das Amtsdatum zugleich als terminus ante quem für die Ausführung der Malerei in Kastelruth zu sehen ist. Johannes der Täufer ist als der dortige Kapellenheilige auch ins Chorprogramm von St. Oswald aufgenommen. Da hier die Fläche rechts davon stark in Mitleidenschaft gezogen ist, kann nicht mit Bestimmtheit gesagt werden, ob sich der Stifter nicht auch hier neben dem Täufer darstellen ließ. Die Stiftung in St. Oswald fällt in die Amtszeit Theobalds als Pfarrer von Kastelruth zwischen 1445 und 1487, wobei die Ausführung noch in den ersten Jahren seiner seelsorgerischen Tätigkeit festzumachen ist, möglicherweise in Erinnerung an den 1445 verstorbenen OvW. Die enge stilistische Anbindung an die Kreuzigung in der dritten Arkade, der theologische Anspruch im Programm, der Bezug auf die in erster Linie vom Klerus rezipierte Andachtsliteratur, die Betonung des Ablasses sowie familiengeschichtliche Gründe machen allgemein gesehen eine Konzeption der Malereien durch einen Angehörigen des Domkapitels mehr als wahrscheinlich, zumal auch die stilistischen Bezugspunkte zum Brixner Kreuzgang als Argument dafür herangezogen werden können (Andergassen 2008). Hier sind Jakob von Seckau und auch ein früher Mitarbeiter des Leonhard von Brixen beschäftigt. Im Bildprogramm des Chores behaupten sich Oswald-Szenen, die in ein Genesis- und Passionsprogramm eingebettet erscheinen.

Literatur (zusätzlich zur Gesamtbibliographie)

Andergassen: Leo: Die mittelalterlichen Wandmalereien im Kreuzgang zu Neustift. In: ARX. Zeitschrift für Burgenkunde, Heft 1, 1992, S. 113–118.

Andergassen, Leo: Die spätgotische Chormalerei von St. Oswald in Kastelruth. In: Der Schlern 82 (2008), Heft 2, S. 64–88.

Andergassen, Leo: Der Dom zu Brixen (= Veröffentlichungen des Südtiroler Kulturinstituts 8). Lana-Bozen 2009.

Die illuminierten Handschriften in Tirol (= Beschreibendes Verzeichnis der illuminierten Handschriften in Österreich, hrsg. von Franz Wickhoff, Bd. 1). Leipzig 1905.

Innerhofer, Theobald: Vorsorge für Zeit und Ewigkeit – Kloster Neustift und seine Pfründner. In: Der Schlern 81 (2007), Heft 5/6, S. 110–125.

Mannhart, Fritz Leo: Das Bildnis in der Tiroler Grabplastik (= Schlern-Schriften 187). Innsbruck 1959.

Milde, Wolfgang: Mittelalterliche Handschriften der Herzog August-Bibliothek. Frankfurt am Main 1972.

Menhardt, Hermann: Verzeichnis der altdeutschen literarischen Handschriften der österreichischen Nationalbibliothek. 3 Bde., Berlin 1960/61.

Neuhauser, Walter: Katalog der Handschriften der Universitätsbibliothek Innsbruck, Teil 1: Cod. 1–100. Wien 1987.

Rasmo, Nicolò: Il XIII volume delle cronache di Marx Sittich von Wolkenstein. In: Cultura atesina / Kultur des Etschlandes 5 (1951), S. 64–139.

Sparber, Anselm: Abriß der Geschichte des Chorherrenstiftes Neustift. Brixen 1920.

Unterkircher, Franz: Inventar der illuminierten Handschriften, Inkunabeln und Frühdrucke der Österreichischen Nationalbibliothek, Teil 1: Die abendländischen Handschriften. Wien 1957.

Siehe auch die Beiträge von Moser und Mück im vorliegenden Band.

Oswald von Wolkenstein und der Tiroler Adel

Gustav Pfeifer

OvW gehört zu den herausragenden Exponenten des Tiroler Adels der ersten Hälfte des 15. Jahrhunderts. Mit seinen adligen Standesgenossen verband ihn ein enges familiäres, soziales, genossenschaftliches und politisches Beziehungsgeflecht.

Im Folgenden soll versucht werden, in knappen Zügen die Entwicklung des spätmittelalterlichen Tiroler Adels zu skizzieren, mit Blick auf den Wolkensteiner einige Grundbegriffe zu klären sowie die Position OsvW im ständischen Gefüge Tirols vor dem Hintergrund der sich verdichtenden Landesherrschaft Herzog Friedrichs IV. von Österreich zu verorten. Dabei wird vor allem auf allgemeine Aspekte und Strukturelemente abgehoben, da die biographischen Details zu OvW als hinreichend erforscht gelten dürfen.

1. Der Tiroler Adel des späten Mittelalters

Der spätmittelalterliche Tiroler Adel war – trotz fortschreitender Nivellierung – kein homogenes Sozialgebilde. Er umfasste vielmehr jene breite, hinsichtlich Prestige, Machtpositionen und ökonomischer Situation einzelner Familien stark binnendifferenzierte Schicht, die sich nach 1300 aus der unfreien hochmittelalterlichen Dienstmannschaft der Kirchen und des hohen Adels, der sogenannten Ministerialität, sowie aus Aufsteigerfamilien und Zuwanderern formierte.

Der ältere freie Adel war in Tirol als potentieller konkurrierender Herrschaftsträger zum größeren Teil noch unter Graf Meinhard II. von Görz-Tirol (seit 1286 auch Herzog von Kärnten, † 1295) verdrängt oder in seinen Rechten ausgekauft worden. Als letztes altadliges Geschlecht im Bannkreis der Tiroler Landesherren wurden die Vögte von Matsch 1349/51 in deren Lehnsverband und mithin weitgehend in die Landsässigkeit gezwungen.

Meinhard II. hatte auch Ministerialen systematisch aus herrschaftlichen Funktionen entfernt und durch absetzbare Amtsträger ersetzt. Nach dem Tod des Herzogs schied die adlige Führungsschicht durch den erneut möglichen Empfang von Lehen, die Anpfändung von Herrschaftsrechten und durch die Teilhabe an der mit hohem gesellschaftlichen Prestige versehenen *militia* in einem Umformungsprozess aus der Unfreiheit des Hofrechtsverbands, der *familia*, aus und rückte u.a. in freiwerdende Positionen und Besitzrechte des ‚ausgestorbenen' älteren freien Adels ein.

Die durch dynastische Zufälle ausgelösten Herrschaftskrisen im zweiten Drittel des 14. Jahrhunderts eröffneten politisch aktiven Familien bei geschicktem Taktieren den Zugang zu standesgemäßen Betätigungsfeldern und Möglichkeiten zur Erschließung neuer wirtschaftlicher Ressourcen, deren langfristige Sicherung im Spannungsfeld sich verdichtender Landesherrschaft zu den zentralen Anliegen des landsässigen Adels zählte. In diesem Licht sind ab der Herrschaft Herzog Heinrichs († 1335) auch erste Formen ständischer Mitbestimmung zu sehen. Die ‚richtige' politische Orientierung barg für den Adel in diesen Jahrzehnten alle mit Herrschaftsnähe verbundenen Chancen (Dienstnahme, Mitgliedschaft im herzoglichen Rat, Herrschaftspfänder), aber auch Unwägbarkeiten und Risiken (wirtschaftlicher und sozialer Abstieg).

Zwischen dem im engeren Sinne Tiroler Adel, dem Brixner und Teilen des Trienter Stiftsadels gab es eine breite Osmose und es bestanden enge, nicht zuletzt durch Konnubium konstituierte Verflechtungen, so dass man eigentlich von *einer* Adelslandschaft sprechen kann.

Die im Laufe der Zeit wechselnde Zusammensetzung des Tiroler Adels spiegelt Auf- und Abstiegsphänomene und mithin eine erhebliche soziale Dynamik wider. So findet sich nur mehr ein Teil der um 1300 zum Adel zu rechnenden Familien auch noch in den Landtagsmatrikeln im letzten Drittel des 15. Jahrhunderts. 1474 etwa bildeten die jüngeren, zum Teil erst im 15. Jahrhundert in den Adel aufgestiegenen Familien bereits die Mehrheit (Brandstätter 2011). Bei der Beschreibung und Untersuchung des regionalen Adels gilt es daher zeitlich, aber auch räumlich, möglichst zu differenzieren. Bei in etwa vergleichbarer Ausgangsposition und ähnlichen Karrierestufen vollzieht sich der Aufstieg eines Botsch von Florenz († 1374) und seiner Nachkommen in Bozen deutlich bruchloser und zügiger, als der eines Niklaus Vintler († 1413) in derselben Stadt nur eine gute Generation später, aber unter veränderten politischen und gesellschaftlichen Rahmenbedingungen.

Anders als etwa in den Herzogtümern Österreich ob und unter der Enns, Steier, Kärnten und Krain bildete sich in Tirol kein *rechtlich* unterscheidbarer höherer landsässiger Adel aus, der in diesen Territorien als ‚Landherren' bezeichnet wird und in Österreich ob und unter der Enns in der Adelskurie auf den Landtagen eine eigene, vom ritterlichen Adel (‚Ritter und Knechte') klar abgesetzte Herrenbank bildete. Nach der klassischen ‚Definition' von Otto Brunner untersteht der „Herrenstand [...] allein dem oberen Landgericht, dem Landtaiding, besitzt ‚Herrschaften', deren Immunität nur die Blutfälle ausschließt, ist fähig, Vogt über Kirchen und Lehensherr über ritterliche Lehensleute zu sein.“ (Brunner 1959, 406)

Zwar gab es auch in Tirol um 1400 unter den führenden Adelsfamilien solche, denen man ‚herrenmäßige Qualität‘ zubilligen wird – neben den großen, vor allem im Süden des Hochstifts Trient herrschaftlich verankerten Familien wie den Castelbarco, den Lodron oder, mit Abstrichen, den Arco, könnte man die Rottenburger, die Starkenberger oder die Freundsberger nennen –, insgesamt gesehen aber war diese Gruppe als Folge der Adelspolitik Meinhards II. und der übermächtigen Position des Tiroler Landesherrn sehr klein, und dieses dünne Substrat reichte nicht zur Bildung eines kompakt handelnden, rechtlich abgeschichteten Herrenstandes oder gar einer eigenen Herrenbank.

In der zeitgenössischen Chronistik (Johann von Viktring, Karl IV., Mathias von Neuenburg, Goswin von Marienberg) ist im zweiten Drittel des 14. Jahrhunderts, wenn die Rede auf die politisch führenden Adelsfamilien in Tirol kommt, noch unspezifisch von den *terrigene comitatus*, den *terrigene nobiles et meliores*, den *barones comitatus*, den *maiores terre*, den *nobiles*, *potentes*, *pociores* u.ä. die Rede. Die ab den sechziger Jahren des 14. Jahrhunderts vielleicht auch nach österreichischen Vorbildern in den Urkunden auftauchenden Kollektivbezeichnungen für den Tiroler Landesadel suggerieren mit ihren Begriffspaaren und -gruppen auch hier vorderhand eine ständische Differenzierung. Die sich im Laufe der Jahrzehnte wandelnde Begrifflichkeit ist allerdings unscharf und die Zuordnung einzelner Familien zu einer der ‚Kategorien‘ bleibt problematisch. Für manche dieser Titel lassen sich keine konkreten Personen festmachen, die diese tatsächlich geführt hätten oder damit belegt worden wären.

Im Sommer 1362 laden die Tiroler Stände Markgraf bzw. Herzog Meinhard III. († 1363) ein, ins Land zu kommen, wobei sich die adligen Vertreter der Landschaft als *dienstlevt ritter vnd chnecht* bezeichnen. Neben vier Städten siegeln die Urkunde Vogt Ulrich III. von Matsch, Heinrich IV. von Rottenburg, Petermann von Schenna, Eckhard III. von Vilanders-Trostburg, Berchtold von Gufidaun, Ludwig von Reichenstein und der – unter keine der drei angeführten Rubriken subsumierbare – Nichtadlige Botsch von Florenz. (Huter 1962, 35 f.) Die Erbeinsetzungsurkunde Margaretes von Tirol zugunsten von Herzog Rudolf IV. von Österreich vom 26. Jänner 1363 spricht von *allen grafen freyen dyenstlaůten lantherren rittern vnd chnechten.* Bezeugt und mitbesiegelt wird die Urkunde von vierzehn genannten *lantherren vnd ratgeben* bzw. *lantherren vnd ratgeben ritter vnd knecht*, wobei das Spektrum von Graf Egno von Tübingen, dem Deutschordens-Landkomtur, über Vogt Ulrich IV. von Matsch bis zu dem bürgerlichen Aufsteiger Botsch von Florenz reicht. (Schwind/Dopsch 1895, 111) Auch noch in der Landesordnung Herzog Leopolds IV. für Tirol von 1404 wird der Landesadel mit *dienstleut herren ritter knecht* bezeichnet (Wopfner 1903, 204), in der Landesordnung von 1406 ist die Rede von *unser landesherren ritter knecht* (Schwind/Dopsch 1895, 158); die Bestätigungsurkunde von 1415 spricht von den Vertretern der Landschaft *als unser liebsten getrewen gemainlich all landesherren dienstlewte herren ritter knecht stet auch all lanndeslewt unsers lanndes der grafschaft Tyrol und in dem Intal* (Schober 1990, 10).

Die begriffliche Trias ‚(Land)herren, Ritter (und) Knechte' findet sich zwar in landesherrlichen und landschaftlichen Quellen zur Zeit OsvW immer wieder (LZ 93, 108, 139, 160 usw.), häufig handelt es sich aber wohl lediglich um Formelhaftes, ohne dass jedem einzelnen der drei Termini rechtlich unterscheidbare Sachverhalte oder bestimmte Personen(gruppen) entsprechen würden. Kaum aussagekräftiger sind von diesem Schema abweichende Bezeichnungen: Der Bundbrief des Ständebündnisses vom März 1407 spricht an einem Punkt davon, dass *yeglichem ritter und knecht der in unserr puntnuss ist* und der widerrechtlich befehdet wird, die Burgen der anderen Bundesgenossen offen stehen sollen (Schwind/Dopsch 1895, 162; LZ 31). Wilhelm von Starkenberg betont Ende 1425 in einem Schreiben an Herzog Ernst von Bayern, *daz ich vnd mein bruder zu der grafschaft Tyrol geborrn vnd mit andern rittern vnd knechten von der herschaft Osterrich vnd Tyrol genediclich gefreyet sein* (Kranich-Hofbauer 1994, 318). Michael von Wolkenstein, Oswalds älterer Bruder, spricht andererseits 1417 in einem Schreiben an König Sigmund eine adlige Gruppe (Peter von Spaur, Ulrich von Starkenberg, Bartholomäus und Sigmund von Gufidaun, Hans von Vilanders und Ulrich von Freundsberg) explizit als *landtherrn* an (LZ 74). In den Landtagsverhandlungen von Ende 1423 werden u.a. derselbe Michael, aber auch Bartholomäus von Gufidaun und Hans von Vilanders zusammen etwa mit zwei Vögten von Matsch und anderen ohne weitere Unterscheidung als Vertreter der *ritterschaft*, d. h. in diesem Fall des landsässigen Adels schlechthin, bezeichnet (Brandis 1821, 122; s. auch Schwind/Dopsch 1895, 171). ‚Ritterschaft' konnte sich aber als integrativer Begriff nicht lange behaupten, ab den späteren 1430er Jahren wird dieser Terminus, ähnlich wie etwa in Franken, schrittweise durch den wiederum das gesamte soziale Spektrum der adligen Landsassen überwölbenden Begriff ‚Adel' (1437: *wir obgenanten der adel stet merkt gericht und teler alle gemainikleich*; 1456: *von prelaten dem adel stetten und gerichten unser lanndtschafft unserr grafschafft Tirol*) ersetzt (Schwind/Dopsch 1895, 181; Schober 1990, 19; s. Morsel 1997, 322–327).

Aus der wechselnden und unscharfen Begrifflichkeit ist somit – anders als in Österreich – *nicht* auf eine rechtlich begründete innere Differenzierung des Tiroler Adels zu schließen, Ständeverzeichnisse oder Aufgebotslisten unterscheiden nicht zwischen ‚Herren' einerseits und ‚Rittern und Knechten' andererseits. Die Unterschiede an Machtmitteln, wirtschaftlicher Potenz und Sozialprestige innerhalb des regionalen Adels waren freilich beträchtlich, und dies kommt nicht zuletzt in der konsequent hierarchischen Reihung bei Aufzählungen deutlich zum Ausdruck. Die diesbezügliche begriffliche Unschärfe der zeitgenössischen Quellen ist im Übrigen kein spezifisch tirolisches Problem, man trifft sie *mutatis mutandis* genauso etwa in nieder- und oberbayerischen Quellen. Allerdings war der nicht herrenmäßige Adel dort seinerseits in einen höheren, ‚mehrern' Adel, die Dienstmannen, oder, wie es später heißt: den Turnieradel, und einen niederen, die Ritter und Knechte umfassenden ‚Kleinadel' geteilt, aber auch im Bayerischen fehlt für die Quellenbegriffe zuweilen das Widerlager in konkret festzumachenden Gruppen und Personen, auch hier finden sich in der Literatur dementsprechend widersprüchliche Angaben (Lieberich 1964; Schneider 2003, 236; Brandstätter 2011).

Zusammenfassend könnte man festhalten: Damit sich keine falschen Assoziationen einstellen, wäre bis zum Vorliegen einer auf breiter Quellenbasis gearbeiteten Untersuchung der vor allem anhand der Verhältnisse in den Herzogtümern Österreich ob und unter der Enns, Steier, Kärnten und Krain entwickelte, in den dortigen Quellen ab der Mitte des 13. Jahrhunderts nachweisbare, in der Forschungsliteratur etablierte und klar rechtlich definierbare Begriff ‚Landherr' für den allergrößten Teil des spätmittelalterlichen Tiroler Adels zu vermeiden.

2. Die Wolkensteiner

Die Wolkensteiner, also jener Zweig der Vilanderer, der sich zuerst mit Konrad, dem Großvater Oswalds, seit spätestens 1370 nach der 1293 von Randold von Vilanders-Pardell erworbenen Burg Wolkenstein im Langental (Gröden) bezeichnet, zählen um 1400 jedenfalls nicht zu dieser schmalen Spitzengruppe mit herrenmäßigen Qualitäten. Die Vilanderer ihrerseits stammen zu erheblichen Teilen von Eigenleuten unbestimmter, aber auf jeden Fall niederer ständischer Qualität aus dem Umfeld der Brixner Ministerialen von Voitsberg-Garnstein und Velthurns, d. h. sie waren selbst nicht Ministerialen im engeren Sinne. Allenfalls Randold und seine Brüder Heinrich und Tegen von Vilanders-Pardell sind möglicherweise als brixnerische Ministerialen anzusprechen (Bitschnau 1983, 182b–c). Im letzten Drittel des 13. Jahrhunderts gehört die Hauptlinie der Vilanderer vorwiegend zum Dienstleuteverband Herzog Meinhards II., ab 1280 begegnen sie als Richter in dem knapp zuvor unter tirolische Oberhoheit gekommenen Gericht Villanders. Mit der Wahrnehmung herrschaftlicher Aufgaben steigen sie rasch auf und sind, wie sich vor allem an den Heiratsverbindungen ablesen lässt, im ersten Viertel des 14. Jahrhunderts, also innerhalb von nur einer Generation, bereits fest im regionalen Adel verankert, sitzen als Pfand- und Burgleheninhaber auf verschiedenen Burgen (Rodenegg, Trostburg, Gufidaun) und führen vereinzelt auch schon den Rittertitel. Engelmar von Vilanders († 1348), der wichtigste Vertreter der Familie in der ersten Hälfte des 14. Jahrhunderts, nutzte die Möglichkeiten der Ämterverfassung, die über die Ämterpacht und die Anpfändung von Herrschaftsrechten gegen Darlehen an den Landesherrn Zugang zu ökonomischen Ressourcen und zu standesgemäßer ‚Herrschaft über Land und Leute' eröffnete. Sold- und Dienstgelder, aber auch Beute aus militärischen Unternehmungen im nahen oberitalienischen Raum schufen die hierfür nötigen finanziellen Voraussetzungen. Sein Sturz und sein Tod durch Enthauptung im Frühjahr 1348 bedeuteten für Engelmars engere Familie den Verlust praktisch aller relevanten Herrschaftspositionen. Von dieser Demontage kaum betroffen war aber sein Neffe, Eckhard III. von Vilanders-Trostburg († 1385), der mütterliche Großvater Oswalds: Er siegelt als einer von vierzehn ständischen Vertretern die erwähnte Erbeinsetzungsurkunde Herzogin Margaretes zugunsten von Herzog Rudolf IV. von Österreich vom 26. Jänner 1363 mit (Pfeifer 2009).

Wie der agnatische (Vilanders-Pardell bzw. Wolkenstein) und der kognatische Zweig (Vilanders-Trostburg) seiner Familie, so gehörte auch OvW von der Standesqualität her zum Ritteradel. Dies findet einen Niederschlag in seiner Titulatur, allen voran in dem für diese – wiederum vom sozialen, wirtschaftlichen und politischen Gewicht der einzelnen Familien her sehr heterogene – Schicht prägenden Rittertitel. Der mit der Erhebung zum Ritter – zunächst mittels Schwertleite, zu Zeiten OsvW mittels Ritterschlag – *ad personam* vergebene Ritter/*miles*-Titel ist dominierendes Ordnungskriterium in Zeugenreihen, Ritter werden von den Nichtrittern bzw. den Rittertitel nicht führenden Rittermäßigen abgehoben (s. etwa LZ 29, 96). Der Rittertitel markiert einen Prestige-, aber keinen *ständischen* Vorrang und bedeutet erst recht keine Standeserhebung. Anders gewendet: Auch der den Rittertitel noch nicht führende OvW gehörte qua Geburt zum Ritteradel. 1427 lädt Herzog Friedrich von Österreich seinen *getrewn lieben Oswalden Wolkenstain* als einen seiner Ritter und Knechte (*allen vnsern rittern knechten und gemeiner landschafft*) zum Landtag nach Bozen (LZ 165). Um 1400 hatte sich die Ritterwürde längst geburtsständisch verfestigt, der rittermäßige Adel sich vor allem nach unten sozial abgeschottet. Noch in der ersten Hälfte des 14. Jahrhunderts aber war der Erwerb des Rittertitels nicht unbedingt an die Ritterbürtigkeit gebunden gewesen: So etwa konnte ein dank Meinhard II. aus der Leibeigenschaft (*homo proprius*) aufgestiegener Gottschalk Knoger von Bozen, Richter von Enn-Neumarkt († 1334), den Rittertitel erwerben (1323: *nobilis et potens miles*).

OvW dürfte den Ritterschlag, wiewohl er in seinen Dichtungen an keiner Stelle darauf eingeht, wohl um die Mitte des Jahres 1432 (von König Sigmund?) empfangen haben. In dem zum 30. August 1432 datierten Kolophon der Liederhandschrift B führt er den Rittertitel erstmals als Selbstbezeichnung (*durch mich Oswalten von Wolkenstein ritter*, LZ 236), in der urkundlichen Überlieferung finden sich die ersten einschlägigen Nennungen zum Frühjahr 1433: *der edl vnd veste ritter her Oswalt von Wolkchenstain* bzw. *herr Oswald von Wolkenstain ritter* (LZ 239–241). Den Ritterschlag empfingen zwar nicht ausschließlich Ritteradlige oder adelsgleiche Aufsteiger aus dem patrizischen Milieu, sondern durchaus auch Mitglieder des höheren Adels, Fürsten, Grafen, Edelfreie und (Land)herren, nur bezeichnete sich etwa ein Vogt Ulrich von Matsch oder ein Heinrich von Rottenburg nie selbst als Ritter. Die Scheidelinie zwischen höherem Adel und Ritteradel bleibt im Spätmittelalter aufrecht, ein Aufstieg vom Ritteradel in den – in Tirol in dieser Form freilich nicht existierenden – ‚Herrenstand' ist in jedem Fall als Ausnahme zu betrachten. Der *edl vnd veste ritter her Oswalt* wird somit *nicht* zum „angesehene[n] Landherr[n]" (s. etwa A. Schwob 1997, 264), er (war und) bleibt aus ständischer Sicht ein Mitglied des Ritteradels, gehört aber – als burggesessener Adliger mit direkten Beziehungen zum Reichsoberhaupt und als Angehöriger einer der politisch aktivsten Familien – mit Sicherheit zu dessen profiliertesten Vertretern. Der mit dem Rittertitel regelmäßig geführte *dominus-/her(r)*-Titel diente „als ehrende Anrede für den Inhaber der Ritterwürde und nicht als Standestitel" (Spieß 1992, 203).

Für die Begrifflichkeit gilt somit folgendes Fazit: Im Zusammenhang mit OvW und seinen adligen Standesgenossen sollte nicht mehr von „Ministerialen" gesprochen werden, dieser Begriff ist für die Zeit nach 1300 weitgehend anachronistisch; auch ist OvW nicht als „Landherr" und sein Vater Friedrich nicht als „Edelfreier" anzusprechen (Knapp 2004, 552), wollte man nicht – um es zugespitzt zu formulieren – „unter Umständen die spätmittelalterliche Ständeordnung ins Wanken" bringen (Spieß 1992, 203).

3. Herzog Friedrich IV.

Zentral für das Verständnis der politischen Rolle und der Handlungsspielräume OsvW und des Tiroler Adels im regionalen Machtgefüge der Zeit ist die Frage der Beurteilung der Herrschaft Herzog Friedrichs IV. (1404/06–1439). Weitere wichtige Akteure im Kräfteparallelogramm waren König (seit 1433 Kaiser) Sigmund, die vom tirolischen Landesherrn nicht zuletzt als Gegengewicht zum Adel aufgebauten, landschaftlich aktiven, wenn auch zahlenmäßig vergleichsweise schwachen Städte und die landesherrlichen Immediatuntertanen der Täler und Gerichte, die Bischöfe von Brixen und Trient, die Grafen von Görz und schließlich die Herzöge Ernst und Albrecht V. von Österreich.

Fürstliche Herrschaft entfaltete sich nicht über ein flächenhaft einheitliches Gebiet, sondern bedeutete vor allem die Wahrnehmung einzelner Herrschaftsrechte. Noch im 14. Jahrhundert dominierte aufgrund des hohen Geldbedarfs des Landesherrn als Folge politischen Versagens, militärischer Abenteuer und des verschwenderischen Aufwands bei Hof die Kommerzialisierung von Herrschaftsrechten durch regelmäßige Verpfändungen von Kammergut, d. h. von Gerichten und Ämtern, vorzüglich an Parteigänger, wovon vor allem der Adel, aber auch wirtschaftlich potente Aufsteiger über Jahrzehnte profitierten. Mit dem Übergang Tirols an die Habsburger 1363 gab es zunächst, auch unter der leopoldinischen Linie nach der Neuberger Teilung von 1379, keine kontinuierliche Präsenz des Landesherrn in Tirol.

Dies sollte sich mit dem Regierungsantritt von Herzog Friedrich IV. ändern. Als eine der ersten Maßnahmen ließ er das landesherrliche Kammergut in Tirol in einem neuen, 1412 abgeschlossenen Gesamturbar erfassen. Das Rechnungswesen wurde auf eine neue Basis gestellt: Aus den Jahren 1414 bis 1419 sind nach längerer Unterbrechung wieder Raitbücher überliefert, die nicht mehr nur der Kontrolle der zur Rechnungslegung verpflichteten nachgeordneten Ämter dienten, sondern auch Auskunft „über die Geldgebarung der nunmehr unzweifelhaft wieder bestehenden Zentralkassa" geben sollten (Mayer 1920, 125). Nach 1363 hatte sich der Schwerpunkt der Herrschaft aus den älteren Zentralräumen im Süden (vor allem um Meran und Bozen) sukzessive in das mittlere Inntal mit den Städten Innsbruck (als Residenz) und Hall verschoben. Hier boten sich verkehrstechnisch deutlich bessere Voraussetzungen: Das Inntal bildete eine wichtige verbindende Magistrale zwischen vorländischen und donauländischen Domänen der Habsburger, zudem waren Präsenz und Druck des oppositionellen Adels hier wohl geringer. Friedrich IV. trieb nach der mit den bekannten Geschehnissen in Konstanz verbundenen Krise seit etwa 1418/20 die Residenzbildung in Innsbruck stark voran, ließ am Stadtplatz mehrere Häuser zusammenlegen und zum „Neuen Hof" ausbauen. Kanzlei und Kammer wurden nunmehr endlich sesshaft und gewannen mit der damit verbundenen Verstetigung ihres Wirkens wesentlich an Effizienz.

Friedrichs konsequente, vor allem mit der Auslösung alter Pfandschaften einhergehende Rekuperations- und Mediatisierungspolitik traf einen zentralen Lebensnerv der führenden Familien des Tiroler Landesadels und wurde dementsprechend heftig bekämpft. Diese Politik war nicht zuletzt auch Ausdruck der Herrschaftsauffassung des Herzogs: Die Herausbildung der spätmittelalterlichen „Herrschaft zu Österreich“, des *dominium Austrie*, d.h. der mit dem Herzogtum Österreich in Personalunion verbundenen Länder und Herrschaften, hat u.a. mit der Rezeption römischrechtlicher Vorstellungen zu tun, die die Dynasten ihre Länder als ihr Eigentum betrachten ließen. Dazu kamen im Falle des Hauses Österreich die 1358/59 angefertigten sogenannten Freiheitsbriefe (darunter das *Privilegium maius*), mittels derer die habsburgischen Herzoge u.a. die in der Goldenen Bulle von 1356 festgeschriebenen Vorrechte der Kurfürsten auch für sich beanspruchten (Hageneder 1996, 223 f.; A. Schwob / U.M. Schwob 1999, 200–202).

Bereits vor dem unter dem Eindruck der Appenzellerkriege stehenden, schwierigen Herrschaftsantritt Herzog Friedrichs in Tirol formierten sich hier erste kurzlebige Adelsgenossenschaften, die in erster Linie als „gegenüber dem Hegemonialfürsten abwehr- und emanzipationsbereite Einung(en)“ zu verstehen sind (Moraw 1995, 17). Der im August 1406 von einundzwanzig Adligen – auffallenderweise fast ausschließlich noch nicht burggesessenen und noch nicht den Rittertitel führenden Männern, darunter OvW – unter der Führung zweier Vögte von Matsch geschlossene Elefantenbund (LZ 28) sollte vorderhand der Wahrung des Landrechts, mithin der verbrieften adligen Rechte, und der Friedenswahrung unter den Bündnisgenossen dienen. Dieses zunächst auf die Dauer von fünf Jahren angesetzte Adelsbündnis dürfte bereits im März des Folgejahres aufgehört haben zu existieren, als es durch ein weit umfassenderes Ständebündnis unter der Führung des Tiroler Hofmeisters Heinrich (VI.) von Rottenburg, der sich als Gegenspieler Friedrichs zu profilieren versuchte, ersetzt wurde. Unter den adligen Mitgliedern dieses Bündnisses finden sich nun auch Michael, Hans, Oswald, Konrad und Leonhard von Wolkenstein (LZ 31). Der Herzog konnte durch seinen eigenen Beitritt dem „Bund an der Etsch“ zwar die Spitze nehmen, Heinrich von Rottenburg aber führte seine Fehde gegen den habsburgischen Landesherrn weiter und verbündete sich 1410 mit Bischof Georg von Trient und Herzog Stephan III. von Bayern-Ingolstadt. Herzog Friedrich konnte sich mit Hilfe vor allem der Vögte von Matsch, von Städten und Landgemeinden letztlich militärisch durchsetzen. Der Rottenburger musste sich im Herbst 1410 unterwerfen und starb im darauf folgenden Frühjahr.

Friedrichs politisch unkluges Verhalten auf dem Konstanzer Konzil mit seiner Unterstützung von Papst Johannes XXIII. führte 1415 zur Ächtung und Reichsexekution, 1417 folgte der Kirchenbann. Diese zeitweise Schwächung des Herzogs versuchten Teile des fehdelustigen und gewalttätigen Tiroler Adels, allen voran Peter von Spaur, Michael von Wolkenstein, Heinrich von Schlandersberg, Ulrich und Wilhelm von Starkenberg, unterstützt durch den König, erneut zu massiven Widerstandshandlungen zu nutzen. Da die von Sigmund zugesagte militärische Hilfe ausblieb, konnte Herzog Friedrich aber mehrere Burgen der Adelsfronde brechen und der Lage schließlich Herr werden, wenngleich die Belagerung der von den Starkenbergern und Wolkensteinern gehaltenen Burg Greifenstein scheiterte (Kl 85). Nach der Lösung vom Kirchenbann und der Wiederbelehnung Friedrichs durch König Sigmund im Mai 1418 konzentrierten sich die Fehdehandlungen des Adels auf den südlichen Landesteil und das Hochstift Trient, wo Bischof Georg, Peter von Spaur und Paris von Lodron an der Spitze der Opposition standen. Der Tod des Bischofs im Mai 1419 bedeutete einen Wendepunkt, der Streit mit Peter von Spaur wurde im Dezember 1420 durch einen Schiedsspruch der Bischöfe von Trient und Brixen vorläufig beigelegt. In der Folge erreichten die Auseinandersetzungen mit Ulrich und Wilhelm von Starkenberg ihren Höhepunkt. Hierbei prallten die widerstreitenden Rechtspositionen mit Vehemenz und in exemplarischer Deutlichkeit aufeinander: Als Friedrich IV. von Wilhelm von Starkenberg ihm verpfändete Rechte zurückforderte, ließ der Herzog diesem im Mai 1423 durch seine Räte erklären *daz lannd sey sein* und der Starkenberger habe sich einem nach dem Gutdünken des Landesherrn zu besetzenden Gericht zu unterwerfen, das *nach dez loblichen hawss Osterrich sýtt vnd gewonhait* urteilen werde (Kranich-Hofbauer 1994, 292). Der Starkenberger antwortete darauf seiner eigenen Darstellung gemäß: *Nu ist mir nit wissnlich, was sýtt vnd gewonheit daz haws von Osterrich hat wan ich ain inwoner der grafschafft ze Tyrol bin vnd mir solich rechtbieten fromd sein*; im Übrigen habe er sein Recht nur vor der adligen Gerichtsgemeinde zu suchen (Kranich-Hofbauer 1994, 292; Hageneder 1996, 225; Lackner 2005, 296). Diese offenbar nicht zu schließende Divergenz verhinderte alle Versuche einer gütlichen Einigung, erst die militärische Niederlage der Starkenberger mit der Übergabe von Greifenstein Ende 1426 besiegelte das Ende der langjährigen Fehde. An deren Ausgang hatte weder die von König Sigmund über Herzog Friedrich 1423 erneut verhängte Reichsacht noch der im Juli desselben Jahres geschlossene Adelsbund etwas ändern können, der sich als Kern eines Ständebündnisses zur Wahrung des Landrechts und der Freiheiten des Landes Tirol begriff und vor allem versuchte, gegen den habsburgischen Landesherrn die Reichsunmittelbarkeit zu erlangen. Bereits Ende November 1423 wurde der Bund wieder aufgelöst und der Herzog nahm 27 der adligen Mitglieder wieder in Gnaden auf.

Schließlich war die Reihe an OvW, der durch seine guten Verbindungen zum König und mit seinen Brüdern Michael und Leonhard eine „enge Solidar- und Kampfgemeinschaft“ (Schmitt 2009, 61) bildend dem Landesherrn als gefährlicher Fehdegegner galt. Der lange köchelnde hauensteinische Erbschaftsstreit und die schwere Bürgschaft von 6000 Gulden boten Herzog Friedrich immer wieder rechtliche Handhabe gegen den Dichter, der sich am 1. Mai 1427 schließlich förmlich unterwerfen musste (LZ 168). Damit hatte sich Friedrich von Österreich durchgesetzt, der Adel war in das Land integriert. 1429 leistete auch Paris von Lodron dem Herzog Urfehde und nahm die Burg Lodron zu Lehen. Das – allerdings nicht konsequente – Bemühen Sigmunds, durch Begünstigung des landsässigen Adels seine Position gegenüber Herzog Friedrich zu stärken, war gescheitert.

Wie Malte Prietzel auch anhand anderer Fälle resümierend feststellt, vermochten die Fürsten in der Zeit Sigmunds „die Änderungen in Verwaltung, Wirtschaft und Militär letztlich zu ihren Gunsten zu nutzen. Sie schafften es, ihre Herrschaft immer besser zu organisieren, ihre Zugriffsmöglichkeiten auf ihre Untertanen auszuweiten, immer mehr Geld aus ihren Ländern herauszupressen und diese finanzielle Überlegenheit nicht zuletzt in militärische Stärke umzusetzen. Städte, Adel und König gerieten ihnen gegenüber immer mehr ins Hintertreffen" (Prietzel 2004, 118 f.). Weniger die Mitregierung, die sich über die sich nunmehr verfestigenden ständischen Organe artikulierte, als vielmehr der Fürstendienst an dem unter Herzog Friedrich sich etablierenden Innsbrucker Hof wiesen für den regionalen Adel unter Friedrichs Nachfolger Sigmund von Österreich-Tirol (1439/46–1490) den Weg in die Zukunft. Die nach der Mitte des 15. Jahrhunderts einsetzenden Standeserhebungen – 1464 wurden die Spaur, 1491 die Wolkenstein, 1506 die Liechtenstein-Castelcorno in den Freiherrenstand erhoben – sollten an der Landsässigkeit des Tiroler Adels nichts ändern (Brandstätter 2010).

Literatur (zusätzlich zur Gesamtbibliographie)

Bitschnau, Martin: Burg und Adel in Tirol zwischen 1050 und 1300. Grundlagen zu ihrer Erforschung (= Österreichische Akademie der Wissenschaften, Sitzungsberichte, phil.-hist. Kl. 403), Wien 1983.

Clemens Wenzeslaus zu Brandis: Tirol unter Friedrich von Österreich. Wien 1821.

Brandstätter, Klaus: Tirol. In: Höfe und Residenzen im spätmittelalterlichen Reich, 4. Grafen und Herren, hrsg. von Werner Paravicini, bearbeitet von Jan Hirschbiegel und Jörg Wettlaufer (= Residenzenforschung 15/IV/1), Ostfildern 2011.

Brunner, Otto: Land und Herrschaft. Grundfragen der territorialen Verfassungsgeschichte Österreichs im Mittelalter. Wien/Wiesbaden [4]1959.

Hageneder, Othmar: Die Herrschaft zu Österreich und ihre Länder im Mittelalter. In: Carinthia I/186 (1996), 219–235.

Huter, Franz: Der Eintritt Tirols in die „Herrschaft zu Österreich" (1363). In: Tiroler Heimat 26 (1962), 13–36.

Knapp, Fritz Peter: Die Literatur des Spätmittelalters in den Ländern Österreich, Steiermark, Kärnten, Salzburg und Tirol von 1273 bis 1439. II: Die Literatur zur Zeit der habsburgischen Herzöge von Rudolf IV. bis Albrecht V. (1358–1439) (= Geschichte der Literatur in Österreich 2/2), Graz 2004.

Lackner, Christian: Das Haus Österreich und seine Länder im Spätmittelalter. Dynastische Integration und regionale Identitäten. In: Fragen der politischen Integration im mittelalterlichen Europa, hrsg. von Werner Maleczek (= Vorträge und Forschungen 63), Ostfildern 2005, 273–301.

Lieberich, Heinz: Landherren und Landleute. Zur politischen Führungsschicht Baierns im Spätmittelalter (= Schriftenreihe zur bayerischen Landesgeschichte 63), München 1964.

Mayer, Theodor: Beiträge zur Geschichte der tirolischen Finanzverwaltung im späten Mittelalter. In: Forschungen und Mitteilungen zur Geschichte Tirols und Vorarlbergs 16/17 (1919/1920), 110–168.

Moraw, Peter: Die Funktion von Einungen und Bünden im spätmittelalterlichen Reich. In: Alternativen zur Reichsverfassung in der Frühen Neuzeit?, hrsg. von Volker Press und Dieter Stievermann (= Schriften des Historischen Kollegs, Kolloquien 23). München 1995, 1–21.

Morsel, Joseph: Die Erfindung des Adels. Zur Soziogenese des Adels am Ende des Mittelalters – das Beispiel Frankens. In: Nobilitas. Funktion und Repräsentation des Adels in Alteuropa, hrsg. von Otto Gerhard Oexle und Werner Paravicini (= Veröffentlichungen des Max-Planck-Instituts für Geschichte 133), Göttingen 1997, 312–375.

Pfeifer, Gustav: *miles potens in comitatu*. Engelmar von Vilanders und der Tiroler Adel in der ersten Hälfte des 14. Jahrhunderts. In: Pfeifer/ Andermann 2009, 29–52.

Prietzel, Malte: Das Heilige Römische Reich im Spätmittelalter. Darmstadt 2004.

Schneider, Joachim: Spätmittelalterlicher deutscher Niederadel. Ein landschaftlicher Vergleich (= Monographien zur Geschichte des Mittelalters 52), Stuttgart 2003.

Schober, Richard (Bearbeiter): Die Urkunden des Landschaftlichen Archivs zu Innsbruck (1342–1600). (= Tiroler Geschichtsquellen 29), Innsbruck 1990.

von Schwind, Alfons/Alfons Dopsch (Bearbeiter): Ausgewählte Urkunden zur Verfassungsgeschichte der deutsch-österreichischen Erblande im Mittelalter, Innsbruck 1895.

Spieß, Karl-Heinz: Ständische Abgrenzung und soziale Differenzierung zwischen Hochadel und Ritteradel im Spätmittelalter. In: Rheinische Vierteljahrsblätter 56 (1992), 181–205.

Wopfner, Hermann: Beiträge zur Geschichte der freien bäuerlichen Erbleihe Deutschtirols im Mittelalter (= Untersuchungen zur deutschen Staats- und Rechts-Geschichte 67), Breslau 1903.

Oswald von Wolkenstein und Ladinien

Roland Verra

1. Oswald von Wolkenstein – ein Ladiner?

Das Leben des OvW kreist um Ladinien, vom wahrscheinlichen Geburtsort Schloss Neuhaus bis zur Stammburg Trostburg, vom namengebenden Adlerhorst Wolkenstein (ladinisch: Ciastel de Val) bis zur heiß umkämpften Wohnstätte Hauenstein.

Aber auch Oswalds Dichtung lässt Hinweise auf die Dolomitenlandschaft anklingen, wo unter anderem von der Seiser Alm die Rede ist (Kl 116 I,3). Es wäre allerdings unangebracht, dem Dichter ein Naturgefühl moderner oder romantischer Art zuzuschreiben, das wir nachträglich in seine Lieder hineininterpretieren möchten. Die Darstellung der Natur bleibt in den meisten Liedern – anders als in Kl 116 – konventionell oder rückt lediglich in den Hintergrund, Oswald ist in dieser Hinsicht ganz Dichter seiner Zeit. Deswegen wäre es völlig vermessen, in seinen Gedichten etwas von der besonderen Aura der Dolomitenlandschaft zu suchen, die uns Nachfahren der Romantik so sehr in ihren Bann schlägt. Berge, so wie die Dolomiten, waren zumindest bis zu Petrarca oder sogar bis Haller eher ein Hindernis oder eine schreckeneinflößende Landschaft und wohl kein Motiv für dichterische Verklärung.

Ladinien war zu Oswalds Zeiten kein Begriff, ist es für einige hierzulande nicht einmal heute; ein ladinisches Identitätsgefühl artikulierte sich erst ziemlich spät im 19. Jahrhundert, obwohl ein Gefühl des Andersseins unter den Ladinern wahrscheinlich immer schon vorhanden war. Ein Nachfahre Oswalds, Marx Sittich, wird in seiner tirolischen ‚Chronik' diesen sprachlich-ethnischen Unterschied sehr wohl erkennen, wenn er von der *grob-wälsch Sprach* berichtet, die in Gröden und sogar in manchen Weilern um Kastelruth (lad. Ciastel) noch gesprochen wurde.

Oswald stand als Mann zwischen zwei Zeitaltern wahrscheinlich sehr aufgeschlossen und unvoreingenommen dem Phänomen Ladinisch oder Ladinien gegenüber, zumal nationale Gefühle damals kaum ausgeprägt waren und eine natürliche Vielsprachigkeit seinem Wesen durchwegs entsprach. Er rühmt sich ja nachgerade dieser polyglotten Fähigkeiten, die ihn als Diplomaten und Mann von Welt auszeichnen. Darüber hinaus fühlte er sich als Adliger als Teil jener christlichen Republik, als *miles christianus*, so wie er sich stolz auf dem Gedenkstein, heutzutage im Brixner Dombezirk, darstellen lässt. Man kann somit davon ausgehen, dass Oswald die Anwesenheit einer ladinischen Sprache in seinem ‚Herrschaftsgebiet' bzw. in seiner unmittelbaren Lebensumgebung als natürliche Tatsache wertfrei beurteilte und keineswegs mit irgendwelchen geschichtlichen oder kulturellen Problematiken verband.

Sehr umstritten ist die These, wonach OvW mit dem *Roman*, das sich unter den vielen Sprachen, die, zu sprechen er behauptete, findet (Kl 18 III,21–23) ‚Ladinisch' oder vielleicht Rumänisch (?) gemeint habe. Die Meinungen der Wissenschaftler gehen stark auseinander, z.B. Josef Schatz (1930, 27) spricht sich eher dagegen aus. Der Sprachwissenschaftler Heinrich Kuen (Rhätoromanisches bei OvW 1979) zeigte, dass in verschiedenen Gedichten Oswalds grödnerische Sprachelemente des 15. Jahrhunderts nachgewiesen werden können, so z.B. *flor* (heute *flëura*), *serviray* (heute *servirè*), *alt* (heute *aut*) usw. Dazu schreibt er: „Oswald von Wolkenstein hat sich auf seinen Reisen durch fremde Länder für die verschiedensten Sprachen so sehr interessiert, dass er sie nicht nur im Gespräch, wenn er es nötig hatte (*wenn mir zerrann),* sondern auch in seiner Dichtung verwenden konnte. Er hat in dieser auch die Bauern seiner Tiroler Heimat, ein schwäbisches Fräulein und andere Personen durch mundartliche Eigenheiten charakterisiert. Es wäre höchst verwunderlich, wenn ein sprachlich so interessierter Mann die Sprache nicht beachtet hätte, die in der nächsten Umgebung seiner Stammburg Wolkenstein (Ciastel de Val) und in unmittelbarer Nähe seiner zeitweiligen Aufenthaltsorte – der Trostburg und Hauensteins – gesprochen wurde, die rätoromanische Mundart des Grödner Tales, und wenn er in seinen mehrsprachigen Gedichten nicht auch von ihr Gebrauch gemacht hätte. Dass er das, was sie erwarten, getan hat, dürfte durch unsere Untersuchung erwiesen sein, die mehr als die bisherigen versucht hat, den sprachgeographischen und sprachhistorischen Hintergrund für die Sprachkenntnisse Oswalds, seine eigene Übersetzung der fremdsprachlichen Versteile und den Sinnzusammenhang, in dem sie stehen, zu berücksichtigen."

So wäre angesichts der Tatsache, dass der Ort St. Michael (lad. San Michiel de Tor) bis ca. 1700 ladinisch war (also unmittelbar an Oswalds Besitztümer angrenzend) und dass sich Oswald erwiesenermaßen in Gröden aufgehalten hat, seine Unkenntnis des Ladinischen eher unwahrscheinlich, zumal Grödens Bevölkerung einsprachig ladinisch war.

2. Die Rezeption Oswalds von Wolkenstein in Ladinien

Die Rezeption von Oswalds Gestalt und Dichtung in der ladinischen Kultur ist eine nur partielle: So wurden z.B. einige Kultureinrichtungen in den ladinischen Tälern nach Oswald benannt, wie etwa das Kulturhaus und die

Bibliothek in Sëlva/Wolkenstein. Es soll auch daran erinnert werden, dass Oswalds Adelswappen (aber nicht in der vereinfachten Form auf dem Gedenkstein in Brixen) von der Gemeinde Sëlva/Wolkenstein übernommen wurde.

Gleich am Eingang des *Museum de Gherdëina* in Urtijëi/St. Ulrich (Gröden) empfängt uns eine historische Darstellung Oswalds hoch zu Ross, als Kreuzritter dargestellt, teilweise in Anlehnung an das Standbild im Dombezirk von Brixen. Das beinahe lebensgroße Holzbildwerk stammt vom bedeutenden lokalen Bildhauer Johann Baptist Moroder (1870–1932); klarerweise handelt es sich um eine freie Interpretation nach dem Geschmack der Zeit um 1900. Das Standbild hat eine kuriose Geschichte, wurde es doch während des Ersten Weltkriegs von der österreichischen Militärverwaltung dazu benutzt, Geldmittel für die Kriegsanstrengungen von der örtlichen Bevölkerung aufzubringen. Jene, die eine gewisse Summe für diesen Zweck spendeten, durften einen Ziernagel in der Frontpartie der Statue anbringen, bis diese gänzlich davon bedeckt war. Ein seltsames Schicksal für diese künstlerisch ansprechende Arbeit, das aber auch von einer gewissen Identifizierung der Gestalt des Dichters mit deutschnationalen Inhalten zur damaligen Zeit zeugt und offenbar in die Klischées der Kriegspropaganda gut hineinpasste …

Übrigens findet man im selben Museum eine neuere, stilisierte künstlerische Interpretation desselben Motivs durch den Bildhauer Luis Piazza aus dem Jahre 1970 als Relief in Bellerophon-Stein. Ein weiterer ladinischer Künstler, Lothar Dellago, hat 2005 den schönen Dorfbrunnen in Waidbruck mit den Gestalten Oswalds und ‚Sabina Jägers' erstellt (zur Gestalt der ‚Sabina' siehe Müller [Lieder OsvW; Rezeption] im vorliegenden Band.

Im künstlerischen Bereich hat sich insbesondere Markus Vallazza mit dieser Gestalt beschäftigt: Dieser ladinische Künstler, geb. 1936 in Urtijëi/St. Ulrich (Gröden), bildete sich in Florenz, Paris und Wien aus. In seinem umfassenden Œuvre, hauptsächlich als Radierkünstler, behandelt er oft Themen der Weltliteratur, besonders bekannt ist das große Werk zur *Divina Commedia* von Dante Alighieri, des weiteren werden Autoren wie H.C. Artmann, Jean Genet, François Villon, E.A. Poe und Hermann Broch graphisch illustriert und interpretiert. Vallazza inspiriert sich auch an anderen wichtigen Gestalten der bildenden Kunst und der Literatur und setzt ihnen graphisch ein sehr persönliches und eigenwilliges Denkmal: Kafka, Hölderlin, Leonardo da Vinci, Samuel Beckett usw.

Trotz dieser weiten Perspektive und des hohen künstlerischen Anspruchs bleibt er der Dichtung und der Natur seiner Heimat eng verbunden, so in der Sammlung von 13 Stichen zum Thema *Die Frauen aus Fanis* oder eben die *25 Radierungen über Oswald von Wolkenstein*, mit Dichtungen und einem einführenden Essay von Christian Sotriffer (Edition Tusch, Wien 1973).

Unter diesen Sammelmappen ist jene über Oswald die erste, und das ist sehr bezeichnend, denn darin fand Vallazza einen ihm geistig verwandten Künstler, mit seiner Rastlosigkeit, mit seinem unkonventionellen Streben und mit all seinen Konflikten: „Im gedachten Dreieck zwischen den drei Burgen liegt Oswalds engerer Heimatbereich, der auch jener des Künstlers ist. Fünfhundert Jahre später versucht er sich ihm, bis zur Identifikation einerseits, distanziert andererseits, zu nähern, misstrauisch belauert von seinem Partner, dessen Erscheinung durch eine der ältesten Porträtsdarstellungen überhaupt überliefert ist.“ (Sotriffer 1973, 5)

In seiner graphischen Darstellung der Gestalt Oswalds verrät Vallazza des Öfteren auch seine persönliche innere Zerrissenheit im Verhältnis zur ladinischen Heimat der Dolomiten: So manche Radierungen geben einen zwischen Bergen eingeklemmten Oswald wieder oder sogar einen Dichter, der mit festen Ketten an die Bergwelt geschmiedet ist. Diese eigentümliche Interpretation der Dichtergestalt ist besonders typisch für die Künstlergeneration Vallazzas, die als erste versuchte, die enge traditionelle Kultur Grödens aufzubrechen. Oswald musste wohl für diese Künstler auch in dieser Hinsicht ein Vorbild sein, nämlich als Haudegen, der sich über alle Konventionen hinwegsetzte und weder vor der herrschenden Moral noch vor dem Herzog oder dem Bischof ‚kuschte‘.

Vallazza baut also die Elemente der Bergheimat Ladiniens als Gegenpart, als drohendes Gefängnis beinahe, in die Darstellung Oswalds ein. Man muss auch bedenken, dass Vallazza in der damaligen Schaffensphase eine besondere Vorliebe für das Krasse, das Gewalttätige, das Extreme in jeder Hinsicht an den Tag legte. Auch die sprachliche Freizügigkeit des Autors und die multilinguale Beweglichkeit Oswalds musste dem Ladiner Vallazza in seinem Befreiungsschlag künstlerischer Art besonders behagen.

Seltsamerweise ist OvW kaum in der ladinischen Literatur präsent; vor Jahren verfasste ich ein kleines Gedicht zur Gestalt des Dichters:

A Oswald

Cun ti uedl sfragacià me cëles,
l slef dala superbia,
l mus da ladron dessenëus,
y ti bedaies rubedes,
y ti mans nsangunedes
sona l tënder strumënt dla poejìa…

Patron de puecia pières ruinedes,
petladëur de grazies, stlet cumediant,
tu dramà, malterjà, aguzin,
poet assatanà, àna perduda,
tu frut mo eje de mi tiera
y dla sajons perdudes de la vita…

Für Oswald

Mit deinem zerschmetterten Auge siehtst du mich an,
die verächtlich gehobene Lippe,
das leicht entzündbare Räubergesicht,
und deine vielgepriesenen Auszeichnungen,
und deine blutigen Hände
spielen das zerbrechliche Instrument der Dichtung …

Herrscher über wenige zerfallene Ruinen,
Bettler von Begünstigungen, schlechter Komödiant,
du Geschlagener, Gefolterter, Verfolger,
besessener Dichter, verlorene Seele,
du noch unreife Frucht meiner Heimat
und der verschwundenen Jahreszeiten des Lebens …

(aus: Roland Verra: L cudejel di dis y dla sajons. Urtijëi/St. Ulrich: ULG (= Union di Ladins de Gherdëina) 1989)

In diesem Gedicht in ladinischer Sprache wird ein eher drastisches Bild des Dichters gezeichnet, in all seinen gewalttätigen Eigenschaften, und gerade als Kontrast dazu wird die Bedeutung Oswalds als künstlerische Gestalt hervorgehoben, und zwar am Ende der ersten Strophe, wo darauf hingewiesen wird, wie gerade die Dichtung über all den menschlichen Tragödien steht, und am Ende der zweiten Strophe, wo ganz bewusst auf Oswald als Gestalt der ladinischen Umgebung verwiesen wird.

Diese etwas eigenwillige Interpretation der Gestalt Oswalds wurde in ladinischen Kreisen eher kritisch aufgenommen, auch weil sie vom traditionellen Bild des idealisierten Sängers Abstand nahm, so wie es auch in den ladinischen Tälern besonders von der Schule vermittelt wurde. Es handelt sich meines Wissens um die einzige literarische ladinische Bearbeitung der Gestalt Oswalds, welche sich von der traditionellen Heimatliteratur abhebt.

Die Spuren der Gestalt Oswalds in der ladinischen Literatur sind also sehr spärlich gesät, was eigentlich seltsam erscheint, wenn man bedenkt, dass diese Gestalt doch zur unmittelbaren Kultur der Gegend gehört. Interessant ist vielleicht die Übersetzung von fünf Gedichten Oswalds in *Menizles* von Frida Piazza, 1999: *Es fügte sich*; *Fliehet, scharff winde*; *Ain Mensch*; *Zergangen ist meins herzen we* und *Gott.* Die Autorin betreibt eine sehr eigenwillige und persönliche Übersetzungsarbeit, bemüht sich aber, Versmaß und Rhythmus des Originals zu bewahren; dabei beweist sie ein sicheres sprachliches Gespür und ein ausgeprägtes poetisches Einfühlungsvermögen:

Fliehet, scharpf winde,	*Piëde via, vo cruve vënc,*
lat uns an not,	*ve scunjure, vo sciachënc!*
ir seit genidert,	*Seis da schivé*
die meinem kinde	*vo che la bocia nrojuleda*
sein mündlin rot	*de mi muta, la eis*
han durchfidert.	*de cretes splaieda!*

Zur ladinischen mythischen Tradition gehört die Geschichte *Man de fyer* als Bearbeitung der *Antermoia-Sage* durch Karl Felix Wolff (bzw. Hugo de Rossi; siehe dazu auch Müller im vorliegenden Band). Dazu vermerkt Wolff: „Durch die Dolomitentäler geht seit unvordenklichen Zeiten die Sage von einem alten Sänger, der kommen werde, wenn die ‚verheißene Zeit' beginne. Dieser mythische Sänger ist zweifellos eine Gestalt der urrätischen Poesie, wenn er auch einmal als König von Contrín erscheint, ein andermal (besonders im Gebiete der Seiser Alm) als OvW. Auf diesen hochberühmten Sänger sind überhaupt allerlei Erzählungen und Sagen der deutschen und ladinischen Gebirgsbewohner übertragen worden. Dahin gehört die Geschichte von Man de fyèr und Antermòya" (Wolff 2003, 176). Es handelt sich um eine komplizierte Geschichte, die eindeutig eine Umdichtung eines früheren Motivs darstellt. Bei vielen ladinischen Sagen wird der Bruch eines Tabus durch einen Fluch seitens einer übernatürlichen Gestalt bestraft (siehe Text S. 292).

Ursprünglich handelte es sich wohl um eine typische ladinische Sage der Begegnung eines Menschen mit einer übernatürlichen Kreatur des Wassers, einer sogenannten „Gana", mit dem Namen Antermoia. Der gleichnamige See in der Molignongruppe wird noch heutzutage mit dieser Gestalt in Verbindung gebracht. Der eigentliche Tabubruch der alten Sage bestand darin, den Namen der übernatürlichen Kreatur zu verraten oder auch nur auszusprechen. Meistens verschwand die Kreatur vollkommen oder belegte den Wortbrüchigen mit einem Fluch.

In dieses alt-ladinischen Motiv flocht Wolff in seiner späten Bearbeitung der Sage die Gestalt Oswalds. Dabei verwendete er wahrscheinlich Elemente des höfischen Epos und stellte eine seltsame Verbindung zwischen der Rastlosigkeit Oswalds im Leben und der unmöglichen Liebe zu Antermoia her. Fast als Entschädigung dafür löste das Verschwinden der *Gana* den Bann auf, der dem Dichter die Fähigkeit, Harfe zu spielen, genommen hatte. Es handelte sich also um einen Tausch zwischen Liebe und Kunst: ein sehr romantisches Motiv, das unmöglich zur ursprünglichen Tradition gehören konnte …

Genauso wie im Falle der Sage von König Laurin und seinem Rosengarten werden hier durch Wolff altladinische und deutsche mittelalterliche Motive künstlich miteinander verknüpft. Die Tatsache, dass man OvW als Eisenhand (*man de fyer*) in diese Sage einbaute, zeigt die Absicht, ladinisches und deutsches Sagengut miteinander zu harmonisieren, was aber unschwer als spätere Umdichtung erkannt wird. Ebenso verhält es sich mit der Sage von Partschott auf der Seiser Alm, den man in der sogenannten ‚Verheißenen Zeit' mit OvW durch die Wälder reiten sieht, nachdem die Alm sieben Mal Weide und sieben Mal Wald geworden ist.

„Nicht nur in den Dolomiten und wohl immer schon haben Menschen aus der Erinnerung an das Vergangene ihre Mythen gesponnen und sie in einer jeweils verwirrenden Gegenwart auf Zukünftiges projiziert. Mitunter wechseln legendäre Figuren den Namen, mit dem sie im Sinn einer besseren Identifikationsmöglichkeit belehnt wurden. Eine dieser Gestalten der urrätischen Poesie ist jener Sänger, dessen Wiederkehr die Vorstellung vom Anbruch einer *verheißenen* Zeit ankündigt. In diese Gestalt ist Oswald von Wolkenstein eingegangen, der eines Tages dem zwischen Langkofel und Schlern umherirrenden Waldhüter Partschótt in voller Panzerrüstung begegnen wird." (Sotriffer 1973, 3)

Die Entrückung Oswalds von der biographischen Wirklichkeit in eine mythische Dimension der Sage entspricht dem Wunsch nach Überhöhung dieser Gestalt, die man am Anfang des 20. Jahrhunderts noch nicht in ihrer historischen Bedeutung und Wirklichkeit erkannt hatte, ganz zu schweigen von der Wiederentdeckung als eminente Figur der deutschen Literatur. Bei Wolff kommt in beiden Sagen folgendes Motiv vor: Ein Sänger kündigt die ‚Verheißene Zeit' an; in der Sage von den Helden von Fanes sind es die Silberposaunen. Die ‚Verheißene Zeit' ist ein altes Sagenmotiv der Ladiner, nämlich jenes der Befreiung des Volkes durch mythische Entrückung, abseits jeder Verfolgung.

In seinem so erfolgreichen Buch „Ich Wolkenstein" (1977) befasst sich Dieter Kühn nur am Rande mit Ladinien: Gleich am Anfang gibt er eine etwas humorige und ironische Darstellung des Ortes Sëlva/Wolkenstein und der Ruine der Veste (lad. Ciastel del Val) wieder. Abgesehen von der beeindruckenden Hochgebirgslandschaft scheint der Autor vom Fremdenverkehrsort Sëlva/Wolkenstein eher enttäuscht zu sein. Er vermerkt kritisch den heruntergekommenen Eindruck des Hotels, das den Namen des Dichters trägt. Inzwischen wurde auch dieses Gebäude saniert und dem neuesten Standard des touristischen Komforts angepasst. Überhaupt hat in den letzten Jahren eine rasante Fortentwicklung im Bauwesen stattgefunden, so dass nicht nur Oswald, sondern sogar Dieter Kühn selber Schwierigkeiten hätte, den Ort wiederzuerkennen. Er wundert sich auch über die winzigen Ausmaße der verbleibenden Ruine Wolkenstein (lad. Ciastel del Val) und mutmaßt, dass große Teile davon in die Tiefe gestürzt sein müssen.

Kühn erkennt richtigerweise, dass es sich eher um eine Befestigung zur Kontrolle der Passübergänge handeln musste, also nicht um eine richtige Wohnburg. Er weist auch auf die nicht gerade schmeichelhaften Tätigkeiten von Oswalds Vorfahren auf dieser Burg hin, die sich erwiesenermaßen als Menschenschinder und sogar Wegelagerer betätigten. Allerdings versäumt er, die Episode zu erwähnen, wonach Oswald die Kleinodien der Gattin seines Bruders Michael entwendet und in dieser Burg versteckt habe, worauf er entdeckt und bestraft wurde, indem er öffentlich dafür Buße leisten musste (siehe LZ 218).

Kühn erwähnt die Sage von Antermoia und bezeichnet sie als Südtiroler Sage, wobei er wenig später in diesem Zusammenhang das Ladinische fälschlicherweise als „Mundart" bezeichnet: Ladinisch ist aber die älteste Landessprache Tirols. Immerhin ist auch er der Meinung, dass Oswald ladinisch konnte, z.B. erwähnt er in seiner Nachdichtung des Gedichtes *Es fügt sich* (Kl 18) das Ladinische als Sprache, die sich Oswald zu sprechen rühmte.

Das Thema „Oswald von Wolkenstein" ist emblematisch für die komplexe Beziehung der Ladiner zur Südtiroler Kultur deutscher Ausprägung: Sie ist einerseits charakterisiert durch große Sympathie und Anziehungskraft und das Bestreben dazuzugehören (z.B. bei Markus Vallazza), andererseits durch die Problematik des Andersseins (z.B. die Zerrissenheit des Künstlers Hans Peter Demetz, der sein Ladiner-Sein teilweise ins Lächerliche zieht und OvW zur Hauptgestalt eines Tourismus-‚Happenings' wie den „Oswald von Wolkenstein-Ritt" macht!).

Dennoch ist die Gestalt, zumindest die Ikone des Dichters, im lokalen öffentlichen Bewusstsein Ladiniens doch präsent, auch jenseits der touristischen Vermarktung oder der Pflege der historischen Tradition; die Tatsache, dass ein Gegenwartskünstler wie der Grödner Egon Moroder Rusina das berühmte Porträt Oswalds als Vorlage für gesellschaftskritische Karikaturen verwendet, bestätigt die Aktualität und Lebendigkeit dieser Persönlichkeit.

Für die Ladiner bleibt OvW eine Gestalt, die nur bedingt, also eher am Rande, zu ihrem Kulturkreis gehört, sie möchten daran teilhaben, erfahren aber eher das Sagenhafte, das Atmosphärische an ihm und identifizieren sich kaum mit ihm als bedeutende Gestalt der deutschen Literatur.

Auch in ladinischen Kulturkreisen hat sich mittlerweile eine kritischere, objektivere Sicht der Gestalt Oswalds durchgesetzt, doch bleibt die Auffassung der Mehrheit der Ladiner eine eher traditionelle, die großteils der vagen Vorstellung eines gemeinsamen Tiroler Mittelalters angehört. Das heißt, man unterscheidet kaum zwischen einer Innensicht, welche Oswald als Teil der ladinischen Kultur sieht, und einer Außensicht, die Oswald eher als Gestalt der deutschen Literatur und Kultur betrachtet.

Die Haltung der Ladiner zu Oswald bleibt also eine ambivalente, aber das betrifft eine Vielzahl von Gestalten der Tiroler Geschichte, obwohl eigentlich Oswald wegen der räumlichen Nähe eher als verwandte Gestalt empfunden werden müsste. Mag sein, dass ein tieferer Zugang zu seiner Dichtung noch nicht genügend in der ladinischen Kultur verankert ist. Der Mensch Oswald, in all seiner Zerrissenheit und Vielseitigkeit, scheint eher als seine künstlerische Leistung das Interesse der Ladiner zu finden.

Das Bild des Adels in der Tiroler Wandmalerei zur Zeit Oswalds von Wolkenstein

Helmut Stampfer

Von Burgen, Adelssitzen, Bürgerhäusern und Bauernhöfen aus der Zeit Oswalds haben sich in Tirol nur einzelne Bauelemente erhalten, zu einschneidend waren die Umgestaltungen während der geradezu fieberhaften Bautätigkeit zwischen 1450 und 1525, von Veränderungen in jüngerer Zeit ganz zu schweigen. Etwas besser steht es um die sakrale Architektur, die wenigstens vollständige Bauteile aufzuweisen hat, wie z.B. den zwischen 1380 und 1420 entstandenen Umgangschor der Pfarrkirche von Bozen. Ein Überblick über die Architektur der Zeit ließe sich daher nur annähernd als Puzzle mit allzu vielen Fehlstellen gewinnen.

Einen weitaus umfassenderen Eindruck der künstlerischen Situation zu Lebzeiten Oswalds vermittelt hingegen die Wandmalerei, da sie von stilistischen Überformungen in späteren Zeiten verschont blieb. Auf den außergewöhnlich zahlreichen Bestand an mittelalterlichen Fresken in Südtirol hat bereits 1889 der junge Kunsthistoriker Paul Clemen hingewiesen und in der „glücklichen Abgeschiedenheit des Landes“ die Hauptursache gesehen (Clemen 1889, 11). Inzwischen wurde in Tirol jedes Dorf, häufig auch die letzte Alm, für den Motorverkehr erschlossen, gleichzeitig kamen bis heute aber noch unerwartet viele mittelalterliche Fresken zum Vorschein. Zusammenfassend veröffentlicht wurden Altbestand und Neufunde bis 1971 (Rasmo 1971), von 1971 bis 1981 war ein weiterer Zuwachs von 45 Funden an mittelalterlicher Wandmalerei zu verzeichnen (Stampfer 1982). Seit 1983 halten die Jahresberichte des Landesdenkmalamtes Bozen Neufunde wie Restaurierungen in Text und Bild fest.

Selbst beschränkt auf die Lebenszeit Oswalds wäre eine lückenlose Vorstellung des Bestandes im vorgegebenen Rahmen nicht möglich. Es soll daher das Selbstbild und das zu Grunde liegende Selbstverständnis des Adels, wie es uns im Medium der Wandmalerei zwischen 1380 und 1450 entgegentritt, in den Mittelpunkt gestellt werden, wobei die profane Malerei an erster Stelle steht. Die Konzeption des vorliegenden Bandes erlaubt es leider nicht, die gesamte präsentierte Wandmalerei abzubilden; nur einige wenige Beispiele, zudem in schwarz-weiß, sind möglich, doch sind die allermeisten der im Literaturverzeichnis angeführten Arbeiten mit Abbildungen versehen.

1. Die Vintler als Auftraggeber profaner Wandmalerei: Runkelstein, Schrofenstein

1385, nur wenige Jahre nach Oswalds Geburt, erwerben die Brüder Nikolaus und Franz Vintler die Burg Runkelstein nördlich von Bozen. Bis 1407 lassen sie die Anlage wesentlich vergrößern und mit Wandmalereien ausschmücken. Die Bilder wurden in der ersten Hälfte des 19. Jahrhunderts von Reisenden bekannt gemacht. Ignaz Vinzenz von Zingerle legte 1857 erstmals ein großes Tafelwerk mit Zeichnungen des *Tristan-*, *Garel-* und *Wigalois-*Zyklus sowie der *Triaden* vor, die bei Germanisten auf größtes Interesse stießen. Gleichsam in deren Schatten standen hingegen bis zur Restaurierung in den 60er Jahren des 20. Jahrhunderts die allgemein höfischen Szenen im Westpalas, die von Zingerle nur kurz erwähnt wurden. René Wetzel, der sich in den letzten Jahren mehrmals mit den Vintlern und Runkelstein auseinandergesetzt hat, interpretiert die verschiedenen Bildinhalte nicht als Gegensatz, sondern als zwei Seiten ein und derselben Medaille. Während im Westpalas ein ‚literarisches' Interesse an Kultur und Geschichte hervortritt, werden hinter den Figuren der literarischen Zyklen die sozialen und kulturellen Modelle gesucht und eine Einordnung in die Genealogie des höfischen Tugend- und Kulturadels angestrebt (Wetzel 2007, 80). Nikolaus Vintler verkörpert den klassischen ‚Aufsteiger-Typ', der im Dienste der Landesfürsten aus dem Hause Habsburg zu Ansehen, Macht und Geld gekommen war. Bereits durch den Kauf der Burg, aber noch mehr mit Hilfe der Malereien versuchte er nicht nur seinen sozialen Aufstieg zur Schau zu stellen, sondern sich auch den Zugang zum alten Adel zu ermöglichen, um nicht zu sagen zu erzwingen.

Der reiche Bestand an Wandmalereien in Runkelstein ist zwar gut dokumentiert (vor allem: Runkelstein 2000, mit zahlreichen Abbildungen), aber noch keineswegs zur Gänze erforscht. Ungeklärt ist z.B. das Bildprogramm in dem seit Zingerle zu Unrecht als Badestube bezeichneten Zimmer im 2. Stock, für das erst kürzlich eine neue Interpretation vorgeschlagen wurde (Opitz 2008). Besondere Bedeutung kommt den Bildern im dritten Stock des Westpalas zu, der erst unter den Vintlern dem Altbestand hinzugefügt wurde. An der südlichen Stirnwand des großen Saales springt, sobald man den aufgrund seiner Größe wichtigsten Repräsentationsraum der Burg betritt, eine Turnierszene ins Auge. Am Lanzenstechen nehmen ein österreichischer Erzherzog, wohl Albrecht III., ein Rottenburger aus altem Tiroler Adel, aber auch Nikolaus Vintler selbst teil. Die herausragende Bedeutung des Bildes wird durch den privilegierten Standort – das Gegenstück im Norden ist leider nicht erhalten – , aber auch durch den Rahmen unterstrichen, in dem oben der Kaiseradler und die Wappen der sieben Kurfürsten, am unteren Rand jene verschiedener Königreiche Europas zu sehen sind. Diese Schlüsselszene, die den Auftraggeber nicht nur ins Bild bringt, sondern in Gesellschaft des Hochadels zeigt, wurde treffend als „ideologisierte Inszenierung eines Anspruchs auf gleichberechtigte Teilhabe an der militia" interpretiert (Pfeifer 2001, 17). Darunter, zu beiden Seiten der Tür in den Nachbarraum, sind Ballspiel und Tanz dargestellt, weitere, aber weniger anspruchsvolle Formen höfischen Zeitvertreibs (Abb. 30). Schon Mitte des 19. Jahrhunderts vermutete man, dass die Frau mit dem weißen Kleid, die den Ball wirft, Margarethe Maultasch sei (Zingerle 1857, Blatt 1v.). Aufgrund der schwarzen Flügel-Appliken auf dem Kleid wurde sie kürzlich als Darstellung der Weirat von Vilanders interpretiert (U.M. Schwob 2007, 255), die sich nachweislich wegen eines kostspieligen Gewandes dieser Machart in Schulden gestürzt hatte. So wenig diese Zuschreibungen letztendlich bewiesen werden können, tragen sie doch zur Erklärung der ursprünglichen Funktion der Bilder bei. Die gemalten Einzelfiguren und Gruppen an den Wänden des Saales bilden mit den Gästen von damals eine ideale Einheit und geben Gesprächsthemen vor. Auf den Zweck des gesamten Bildprogramms, nämlich die Konversation im Saal, vor allem unter Männern und Frauen, zu erleichtern und zu steuern, wurde bereits ausführlich hingewiesen (Wetzel 2005). An den anderen drei Wänden zieht sich, leider von mehreren Fehlstellen unterbrochen, eine kontinuierliche Folge von Jagd- und Fischereidarstellungen hin, die wiederum und in aller Breite eine dem Adel vorbehaltene Beschäftigung vorführen. Der Hirschjagd als edelster Form des Waidwerks kommt große Bedeutung für die Selbstdarstellung des Adels zu, während der Fischfang mehr als Vorwand für eine Gesellschaftsszene von jungen Männern und Frauen – eine Frau ist übrigens auch bei der Hirschjagd mit dabei – dient (Abb. 31).

Da Nikolaus Vintler 1393 ein Wappen und somit auch die Turnierfähigkeit erhält, ergibt sich ein Anhaltspunkt *post quem* für die Entstehungszeit der Ausmalung, die generell ins letzte Jahrzehnt des 14. Jahrhunderts gesetzt wird. Nicht beachtet wurde bisher, dass die Szenen des Saales nicht, wie in der italienischen Trecento-Malerei üblich, in die freie Landschaft gestellt sind. Diese Hintergrundgestaltung hatte sich in Bozen und Umgebung seit der Mitte des 14. Jahrhunderts nicht nur in der sakralen Malerei durchgesetzt, auch die wenig später entstandenen Bilder zum Gawein im Sommerhaus von Runkelstein folgen ihr. Im großen Saal zeigen hingegen die Hintergründe und ihre Details deutlich, dass hier Bildteppiche, also eine besonders kostspielige Form des Wandschmuckes, mit dem Pinsel nachgeahmt bzw. vorgetäuscht werden sollten. Mit diesem Anspruch erhält die Intention des Auftraggebers eine in Tirol zu jener Zeit sehr seltene, ja außergewöhnliche Ausprägung.

Weit schwieriger ist eine kunsthistorische Einordnung der Malereien. Anregungen und Vorbilder wurden in den aus der Lombardei stammenden *Tacuina sanitatis* (Bildcodices zur Gesundheitslehre nach einer arabischen Vorlage) und in der Paduaner und Veroneser Malerei gesehen (Rasmo 1964, 22). Da Nikolaus Vintler nachweislich 1378 in Belluno und 1381/82 in Treviso war (Pfeifer 2001, 16), hatte er Gelegenheit, ähnliche Ausmalungen kennenzulernen. Hinzu kommt der allgemeine Einfluss des höfischen Stils, der um 1400 in Europa international verbreitet war. Der mit der malerischen Ausstattung verbundene Anspruch tritt noch deutlicher und schärfer hervor, wenn man bedenkt, dass ungefähr zur gleichen Zeit Georg von Liechtenstein, der 1391 von Wien als Bischof nach Trient berufen worden war, den Adlerturm des bischöflichen Schlosses Buonconsiglio in Trient mit den berühmten Monatsbildern ausschmücken ließ. Die Szenen dort hat der Maler, wie es der italienischen Trecento-Malerei entspricht, unter azuritblauen Himmel gesetzt. Turnier, Tanz und Jagd stimmen aber ikonografisch mit den Runkelsteiner Bildern in einigen Details genau überein, auch wenn die stilistische Ausführung verfeinerter und im Bereich der Kleidermode fortschrittlicher wirkt. Sollte der Runkelsteiner Zyklus tatsächlich wenig früher entstanden sein, was aber nicht nachgewiesen ist, so müssen gemeinsame Vorbilder angenommen werden.

Im südlichen Nebenraum des Runkelsteiner Saales füllt ein dicht gedrängtes Kolbenturnier die entsprechende Fläche an der Stirnwand. Die einfachere Rahmung und der Standort im Nebenraum lassen das geringere gesellschaftliche Ansehen dieser Turnierart deutlich werden. Darunter, aber auch an den anderen drei Wänden, sind prächtig gekleidete Männer und Frauen dargestellt, deren Oberkörper sich über den Vorhang am Sockel erheben. In ihrer Kommunikation halten sie die gesellschaftliche Funktion des Raumes fest. Eine höfische Szene aus dem ersten Obergeschoß des Westpalas, die erst kurz vor der Wiedereröffnung der Burg im Jahre 2000 aufgedeckt wurde, beweist, dass die Ausmalung von Runkelstein ursprünglich noch viel vollständiger war, als sie auf uns gekommen ist (Abb. 32).

Dass Nikolaus Vintler auch seinen Stadtsitz Schrofenstein in Bozen mit höfischen Malereien ausstatten ließ, war seit dem späten 19. Jahrhundert bekannt. Die kümmerlichen Reste in einem Saal erlaubten allerdings nur geringe Rückschlüsse auf den Inhalt und die Qualität des Werks. Bei Umbauarbeiten kamen 2007 in einem anderen Raum zwei Wände mit weitgehend erhaltenen Malereien ans Licht. Aus diesem Neufund, der zur Zeit von Waltraud Kofler-Engl bearbeitet wird, erwähne ich, auch um der geplanten Publikation nicht vorzugreifen, nur ein einziges Bild. Es zeigt ein Lanzenstechen zweier Ritter, von denen einer aus dem Sattel geworfen wird. Die Vorliebe der Vintler für das ritterliche Thema wird hier nochmals unter Beweis gestellt, die Malerei zeigt sich stilistisch etwas fortgeschrittener als jene in Runkelstein.

2. Die profane Wandmalerei: Lichtenberg, Wendelstein, Niederhaus, Massauer/Perkheim

Vor wenigen Jahren wurden bei Sicherungsarbeiten an der Burgruine Lichtenberg im Vinschgau zahlreiche Fragmente von Wandmalereien aus dem Boden geborgen. Verschiedene Köpfe, die keinen Szenen zugeordnet werden konnten, zeigen eine vorzügliche, grafisch-feine Behandlung (Stampfer 2001). Sie bereichern nicht nur den Bestand an höfischer Malerei in Lichtenberg, die der Germanist Ignaz Vinzenz von Zingerle um die Mitte des 19. Jahrhunderts erstmals bekannt gemacht hatte. Sie dokumentieren auch, dass die 14 Bilder, die 1908 abgenommen und ins Tiroler Landesmuseum nach Innsbruck überführt wurden, damals in ihrem Zustand schon stark reduziert waren. Als Ursache sind die Witterungseinflüsse zu nennen, denen sie ausgesetzt waren, während die in den Boden gelangten Fragmente die Farbigkeit und den Pinselstrich bis auf den heutigen Tag erhalten haben. Von 18 bekannten Bildern sind je zwei der Jagd auf Hirsch und Sau und dem Turnier mit Kolben und Lanzen gewidmet. Im Lanzenstechen lässt sich in Analogie zu Runkelstein ein Herr von Lichtenberg, vielleicht Daniel, der 1387 und 1411 als Lehensinhaber bezeugt ist und somit als Auftraggeber in Frage kommt (Thali 2006, 271), anhand seines Wappens nachweisen. Fünf Szenen aus der Genesis, drei aus dem Laurin-Epos, zwei Tierfabeln, ein Lebens- oder Wunderbaum, die Heiligen Agatha und Barbara, zwei ausgesprochen höfische Szenen (Reigentanz und Rosenpflücken) und schließlich das Rad der Fortuna bildeten den Wandschmuck von mindestens zwei Räumen (Abb. 33/34). Der unbekannte Künstler, dessen Werkstatt man zu Recht in Meran angesiedelt hat und der im Vinschgau auch in verschiedenen Kirchen nachzuweisen ist, gewährt uns mit dieser Ausstattung aus dem ersten Jahrzehnt des 15. Jahrhunderts einen weiten Einblick in die Vorstellungen und Wünsche, ebenso wie in den kulturellen Horizont des zeitgenössischen Tiroler Adels.

Ungefähr zur gleichen Zeit, um 1400, sind auch die Malereien im Saal des ehemals landesfürstlichen Schlosses Wendelstein in Bozen entstanden, die zwar schon seit 1928 bekannt waren, aber erst vor wenigen Jahren restauriert wurden (Stampfer 2007). Die Maltechnik gleicht jener von Lichtenberg mit betont grafischer Ausrichtung und Beschränkung auf wenige Farben, aufgrund der geringen Reste lässt sich aber eine Zuschreibung an denselben Künstler nicht beweisen. An einer Längswand des

Saales ist ein festlicher Einzug von Rittern, auf der gegenüberliegenden Seite das Fragment einer Turnierszene dargestellt (Abb. 35). Als Auftraggeber kommen die Tiroler Landesfürsten aus dem Hause Habsburg, Albrecht III. oder Leopold IV., in Frage. Ob diese tatsächlich durch die Ausmalung von Runkelstein in Zugzwang versetzt wurden, wie man vermutet hat (Rizzolli 2000, 262), oder ob eher umgekehrt die Vintler den Landesfürsten nachgeahmt haben, lässt sich nicht mit Bestimmtheit festlegen, solange die Feindatierung nicht gesichert ist.

Etwas später wurden drei Räume im Ansitz Niederhaus bei Bozen ausgemalt. Als Auftraggeber kommt Hans von Niederhaus in Frage, der 1407 als Landrichter von Bozen aufscheint. Sein Sohn Gottfried war von 1421 bis 1442 Landkomtur des Deutschen Ordens in Bozen. Ein Raum zeigt höfische Szenen, einen Spaziergang und ein Bad in einem Holzschaff (Abb. 36/37). Die Figuren sind der internationalen Gotik verpflichtet, die fantasievollen Kopfbedeckungen erinnern an Kreationen von Pisanello. Ein anderer Raum überrascht durch seine ausgeprägt dekorative Gestaltung mit gemalten Quadern, in denen stellenweise Ranken, Köpfe und Tiere erscheinen. Im dritten Raum ist die obere Wandhälfte von einem Bilderfries mit jungen Männern und Frauen, die sich nahe kommen, überzogen. Kostbare Gewänder, Musikinstrumente und die feine Zeichnung der Köpfe, die trotz Übertünchung und Freilegung noch gut zur Geltung kommen, betonen den gehobenen Anspruch des Auftraggebers, der zumindest in den erhaltenen Partien auf Schilderungen von Turnier und Jagd verzichtet hat. Der Künstler, von dem wir keine anderen Werke kennen, übertrifft an künstlerischer Qualität den Maler von Runkelstein und gehört mit Sicherheit der nächsten Generation an. Als Entstehungszeit kommen die Jahre um 1420/30 in Frage.

In etwas gröberer Form, aber in gleicher Ikonografie, begegnen wir dem Liebespaar im Ansitz Massauer/Perkheim in Eppan. Erst vor wenigen Jahren wurden dort zwei Wände des ehemaligen Saales freigelegt, deren Malereien noch einmal das gesamte Kompendium höfisch-ritterlichen Lebens vor Augen führen (Stampfer 2007). Bereits ursprünglich in schwacher Maltechnik ausgeführt, haben die Bilder durch Übertünchung gelitten, so dass der erste Eindruck eher dürftig ist. Bei genauerem Hinsehen lassen sich aber die Einzelheiten der höfischen Szenen und des ausnehmend kleinen Turnierbildes gut erkennen. Obwohl gegen Ende des 2. Viertels des 15. Jahrhunderts, somit in den letzten Lebensjahren Oswalds entstanden, nehmen die Bilder mit Jagd-, Turnier- und Liebesszenen nochmals das verbreitete Repertoire der Zeit um 1400 auf. Als Zugeständnis an die neue Zeit sind die Figuren am Sockel zu werten, deren Gesten durch Schriftbänder erläutert waren und auf bekannte Schwänke Bezug genommen haben dürften. Bis auf wenige Worte sind sie heute nicht mehr lesbar, der Zusammenhang bleibt uns daher leider bis auf weiteres verborgen.

Auch wenn wir die Zufälligkeit der Erhaltung profaner Wandmalerei berücksichtigen, ergibt sich für das südliche Tirol ein reiches und vielseitiges Bild, das Wünsche und Vorstellungen oder, um Johan Huizinga zu zitieren, den Traum vom „Schönen Leben" der Auftraggeber festhält. Neben diesen allgemeinen, für die Zeit um 1400 charakteristischen Bezügen gilt es auch die lokale historische Situation nicht außer Acht zu lassen. Nachdem 1386 der Tiroler Landesfürst Leopold III. in der Schlacht von Sempach gegen die Eidgenossen gefallen war, erfreute sich der Tiroler Adel unter seinen Nachfolgern Albrecht III. und Leopold IV. einer gewissen Selbständigkeit. Als schließlich Friedrich IV. nach 1406 die Zügel wieder anziehen und ein strafferes Regiment in Tirol einführen wollte, kam es zu Adelsbünden, die in offene Gegnerschaft mündeten. Trotz seines wenig schmeichelhaften Übernamens „Herzog Friedel mit der leeren Tasche" gelang es ihm, den unbotmäßigen Adel zu unterwerfen. Die nach diesem Umschwung entstandene profane Wandmalerei ist daher noch mehr als jene vorher als ideales Wunschbild vergangener Zeiten und Machtverhältnisse zu interpretieren.

3. Kirchliche Malerei

Bei Betrachtung der gleichzeitigen kirchlichen Malerei fällt auf, dass die Auftraggeber, die an den Wänden der eigenen Burgen und Ansitze so selbstbewusst im Bild erscheinen, sehr klein und demütig unter den von ihnen gestifteten Bildern knien.

Vor der Muttergottes kniet in voller Rüstung Blasius von Castelnuovo auf dem Bild von 1404 in der Dominikanerkirche in Bozen. Ebenfalls gerüstet, aber ohne Helm erscheint drei Jahre später 1407 Sigismund von Niederthor vor seinem Namenspatron kniend neben der Verkündigung an der Südseite des Langhauses der Pfarrkirche von Terlan. Die Heiligen Georg und Sigmund tragen augenscheinlich die gleichen Rüstungen mit ausgezaddelten Waffenröcken wie ihre Schützlinge, die sie der Gottesmutter empfehlen. Für die Identifikation in den Augen der Betrachter kommt solchen Details große Bedeutung zu. Beide Werke stammen von dem wahrscheinlich aus Ulm nach Bozen gezogenen Maler Hans Stockinger. In seinem Umkreis ist auch der hl. Georg am südlichen Triumphbogen von St. Martin in Kampill bei Bozen entstanden, der ebenfalls als modisch gerüsteter Ritter erscheint. Stockinger verbindet Elemente der oberitalienischen Trecento-Malerei, vor allem ‚begehbare' Architekturkulissen, mit grafischer Zeichnung aus dem süddeutschen Kunstraum, zeigt aber, von den Stifterbildern abgesehen, in den sakralen Kompositionen weniger Hinwendung zur höfisch-ritterlichen Welt. Auch sein Mitarbeiter, der nur wenig später im anschließenden Westjoch der Terlaner Kirche die Kindheitsgeschichte Jesu malte, lässt im Kindermord von Bethlehem wohl Kriegsknechte in voller Rüstung, aber keine Ritter auftreten.

Ganz anders die ungefähr gleichzeitig, zu Beginn des 15. Jahrhunderts geschaffenen Fresken in St. Georg in Schenna bei Meran. Die Darstellungen des Kirchenpatrons entsprechen zur Gänze ritterlichen Idealen, wie wir sie in der Profanmalerei kennengelernt haben. Die Gewänder der drei Jungfrauen aus der bekannten Episode der Nikolauslegende, in denen der Heilige ihnen goldene Kugeln für die Aussteuer durch das Fenster wirft, weisen so auffallende Übereinstimmungen mit den Wandbildern von Lichtenberg auf, dass zumindest ein Werkstattzusammenhang, wenn nicht gar der gleiche Meister anzunehmen ist.

Ebenfalls im Raum Meran signierte Meister Wenzlaus 1415 die Wand- und Deckenbilder in der Friedhofskapelle von Riffian. Die künstlerische Qualität, die Feinheit der Zeichnung und Farbgebung sowie die lyrische Grundstimmung reihen den wenig bekannten Zyklus unter die Hauptwerke der internationalen Gotik in Tirol ein. In der Szene der Auffindung des wahren Kreuzes Christi erscheinen im Gefolge des Bischofs Würdenträger mit prächtigen Gewändern und Kopfbedeckungen, die der höfischen Oberschicht der Zeit entsprechen.

Der hl. Georg in St. Stefan bei Obermontani im Vinschgau trägt zwar wiederum Rüstung und Schwert wie zu Beginn des 15. Jahrhunderts, das derbe Gesicht hat den höfischen Stil aber hinter sich gelassen und entspricht der Überganszeit zum bürgerlichen Realismus um 1430/40.

Im Eisacktal begegnet uns Hans der Ältere von Völs als Stifter der Malereien an der Triumphbogenwand von St. Michael in Völs (um 1410/20). Er kniet zu Füßen der hl. Helena mit kurzem Rock, Degen und Kopfbedeckung, neben sich das Stammwappen seines Geschlechtes.

Ebenfalls im Banne der internationalen Gotik stehen die Szenen aus der Vita der hl. Dorothea in der 10. Arkade des Kreuzganges von Neustift. Unter der Enthauptung der Heiligen kniet ein namenloser, höchstwahrscheinlich adeliger Chorherr als Auftraggeber. Auf einem anderen Bild erscheint Theophilus als adeliger Herr mit pelzgefüttertem Mantel. Auf den kleinteiliger gestalteten acht Sequenzen aus dem Leben der hl. Barbara in der 11. Arkade folgen die kulissenartigen Bauten noch den Vorbildern der italienischen Trecento-Malerei. Der Bau des Turmes, die Zerstörung der Götzenbilder und die kühne Neigung des Turmes, die der Heiligen die Flucht ermöglicht, warten mit zahlreichen Figuren aus dem höfischen Umfeld auf. Sie lassen den kapillaren Einfluss der internationalen Gotik und die neue Freude an der Wiedergabe der Wirklichkeit erkennen.

Der bedeutendste Vertreter dieser Strömung im Raum Brixen ist Johannes von Bruneck. Er bevorzugt eine monumentalere Gestaltung der Figuren, zeichnet sich durch eine lyrische Grundstimmung aus und bleibt stets höfischen Schönheitsidealen verpflichtet. Die Kreuzritter und der Drachenkampf des hl. Georg in der 4. Arkade des Brixner Kreuzganges, 1417 entstanden, führen die profanen Bildthemen des Adels im Sakralbereich nahtlos weiter. Ein Schüler und Mitarbeiter des Johannes von Bruneck, Ambrosius Gander, malt noch über die Jahrhundertmitte hinaus in den gleichen Stilformen, die sich beim Adel besonderer Beliebtheit erfreuen. Die Herren von Koburg ließen in ihrer Kapelle bei der Pfarrkirche von Gufidaun eine ältere Ausmalung vollenden und schlossen sie, wie eine Inschrift überliefert, 1465 mit einem Bild der hl. Sippe ab. Sehr passend knien darunter die Auftraggeber und deren Verwandte. Der hl. Georg und die Darstellung der Stifter könnten stilistisch ebenso gut um 1420/30 entstanden sein und beweisen die Langlebigkeit dieser höfisch-ritterlich geprägten Kunst.

Dem gleichen Maler sind auch die ab 2000 freigelegten Fresken an der Nordwand der Kirche St. Margareth in Neustift zuzuschreiben (Abb. 38). Aufgrund der guten Aufnahme, die seine Malweise gefunden hatte, gestaltet sich eine Feindatierung schwierig. Eine Entstehung gegen Ende des 2. Viertels des 15. Jahrhunderts dürfte zutreffen. Während einerseits nochmals ikonografische Formeln aus dem Beginn des Jahrhunderts übernommen und weitergeführt werden, brechen bei den Schergen realistische Züge durch, die bereits der aufkommenden Kunstströmung des bürgerlichen Realismus verpflichtet sind.

In einem Zeitraum von knapp 70 Jahren, die der Lebenszeit Oswalds entsprechen, erreichte die adelige Profanmalerei im südlichen Tirol aufgrund geschichtlicher Konstellationen eine außergewöhnliche Blüte. Diesem von den Stiftern geförderten Einfluss konnte sich auch die Malerei in den Kirchen nicht entziehen. In den künstlerischen Strahlungsbereichen der Städte Bozen, Meran und Brixen fanden ritterlich-höfische Motive in unterschiedlichem Ausmaß Eingang in sakrale Darstellungen, bis sich die Stilformen um 1450 zu ändern begannen.

In den Dreikönigsbildern des frühen 15. Jahrhunderts, wie sie in St. Martin in Kampill, St. Valentin in Tramin, im Kreuzgang von Brixen und in der Spitalkirche von Sterzing erhalten geblieben sind, wird das exotisch Fremde besonders betont, so dass die Szenen trotz des gleichbleibenden biblischen Textes zunehmend ausführlicher werden und dementsprechend mehr Raum beanspruchen. Ganz neuartig und nicht gebunden an Vorlagen zeigt sich das Fresko im Durchgang unter dem Pfarrturm von Meran. Die Landschaft mit zwei knienden Männern, von denen einer auf ein blau-rotes Kreuz hinweist, wurde als Votivbild eines Mannes gedeutet, der mit Hilfe des Trinitarierordens aus maurischer Gefangenschaft heimkehren konnte (Inama 1927, 153 f.; Weingartner 1930, 131). Neuerdings hat Leo Andergassen (2003) die beiden Männer als Johannes von Matha und Felix von Valois interpretiert, die aufgrund einer Kreuzeserscheinung den Trinitarierorden gegründet hatten. Er schlug außerdem vor, das Bild mit dem zweihundertsten Todestag des ersteren (gest. 1213) in Verbindung zu bringen (Andergassen 2003, 15). Wie OvW seine Erfahrung der Fremde thematisierte, so vermittelt auch dieses singuläre Bildzeugnis einen Hauch von Ferne. Das übernatürlich erscheinende blau-rote Kreuz steht im Gegensatz zur realistisch, ja minutiös dargestellten Landschaft im silbernen Licht des Vollmondes. Die neue Freude an der Wirklichkeit bei gleichzeitiger Bindung an das mittelalterliche Weltmodell kommt in diesem Bild besonders gut zum Ausdruck (Abb. 39).

Literatur (zusätzlich zur Gesamtbibliographie)

Fast alle Titel enthalten Abbildungen.

Andergassen, Leo: Die Ausstattung der Stadtpfarrkirche St. Nikolaus in Meran. In: Stadtpfarrkirche St. Nikolaus Meran. Ein Gotteshaus im Wandel der Zeit. Hrsg. von der Pfarrgemeinde St. Nikolaus Meran. Meran 2003.

Andergassen, Leo: Kunstraum Tirol. Bozen 2007.

Clemen, Paul: Beiträge zur Kenntnis älterer Wandmalereien in Tyrol. In: Mittheilungen der k. k. Central-Commission zur Erforschung und Erhaltung der Kunst- und Historischen Denkmale, N. F. 15 (1889), I, 11–18, II, 82–88, III, 185–192, IV, 237–244.

Inama, Carl: Die Bedeutung des Wandgemäldes in der Turmhalle der Meraner Pfarrkirche. In: Der Schlern 8 (1927), S. 153–154.

Naredi-Rainer, Paul/Lukas Madersbacher: Kunst in Tirol. Bd. 1: Von den Anfängen bis zur Renaissance. Innsbruck 2007.

Opitz, Christian Nikolaus: Eine „chambre aux enfants“ auf Burg Runkelstein? Ein neuer Vorschlag zur Deutung der sogenannten „Badestube“. In: Zeitschrift für Kunstgeschichte, Heft 4, 2008, S. 467–480.

Pfeifer, Gustav: Neuer Adel im Bozen des 14. Jahrhunderts. Botsch von Florenz und Niklaus Vintler. In: Pro Civitate Austriae, Informationen zur Stadtgeschichtsforschung in Österreich, Neue Folge Heft 6, 2001, S. 3–23.

Rasmo, Nicolò: Gli affreschi medioevali di Castelroncolo. In: Cultura atesina – Kultur des Etschlandes XVIII (1964), S. 1–24.

Rasmo, Nicolò: Affreschi medioevali atesini. Mailand 1971.

Rizzolli, Helmut: Ein Gotteshaus an der Stelle des ehemaligen Wucherhauses. In: Der Schlern 74 (2000), S. 255–272.

Runkelstein 2000 = Schloss Runkelstein. Die Bilderburg. Hrsg. von der Stadt Bozen unter Mitwirkung des Südtiroler Kulturinstitutes. Bozen 2000.

Spada-Pintarelli, Silvia: Fresken in Südtirol. Venedig 1997.

Schwob, Ute Monika: Entfaltungsmöglichkeiten adeliger Frauen im zeitlichen und räumlichen Umfeld der Margarethe „Maultasch". In: Margarethe „Maultasch". Zur Lebenswelt einer Landesfürstin und anderer Tiroler Frauen des Mittelalters. Hrsg. von Julia Hörmann-Thurn und Taxis im Auftrag des Landesmuseums Schloss Tirol (= Schlern-Schriften 339), Innsbruck 2007, S. 247–261.

Stampfer, Helmut: Entdeckt! Jüngste Freskenfunde auf der Burgruine Lichtenberg (= ARX. Burgen und Schlösser in Bayern, Österreich und Südtirol 2/2001), S. 16/17.

Stampfer, Helmut: Neufunde höfischer Wandmalerei im Kapuzinerkloster in Bozen und im Ansitz Massauer in St. Michael/Eppan (Südtirol). In: Paroles de murs. Peinture murale, Littérature et Histoire au Moyen Age – Sprechende Wände. Wandmalerei, Literatur und Geschichte im Mittelalter. Sous la direction de Eckart Conrad Lutz et Dominique Rigaux en collaboration avec Stefan Matter. Grenoble 2007, S. 183–192.

Thali, Johanna: Schrift als Bild. Literatur als Teil adeliger Selbstdarstellung im Wandmalereizyklus der Burg Lichtenberg (um 1400). In: Wolfram-Studien XIX: Text und Text in lateinischer und volkssprachlicher Überlieferung des Mittelalters. Freiburger Kolloquium 2004. In Verbindung mit Wolfgang Haubrichs und Klaus Ridder hrsg. von Eckart Conrad Lutz. Berlin 2006, S. 269–300.

Weingartner, Josef: Die Kunstdenkmäler des Etschlandes, Bd. 4, Wien/Augsburg 1930.

Wetzel, René: Konvention und Konversation. Die Wandbilder von Runkelstein und ihre Betrachter. In: Literatur und Wandmalerei II. Konventionalität und Konversation. Burgdorfer Colloquium 2001. Hrsg. von Eckart Conrad Lutz, Johanna Thali und René Wetzel. Tübingen 2005, S. 521–537.

Wetzel, René: La famille des Vintler et le programme des peintures murales de Castelroncolo (Runkelstein) près Bolzano dans le contexte de la civilisation courtoise. In: Paroles de murs. Peinture murale, Littérature et Histoire au Moyen Age – Sprechende Wände. Wandmalerei, Literatur und Geschichte im Mittelalter. Sous la direction de Eckart Conrad Lutz et Dominique Rigaux en collaboration avec Stefan Matter. Grenoble 2007, S. 75–89.

Zingerle 1857 = Fresken-Cyklus des Schlosses Runkelstein bei Bozen gezeichnet und lithografiert von Ignaz Seelos, erklärt von Dr. Ignaz Vinzenz Zingerle, hrsg. von dem Ferdinandeum in Innsbruck 1857.

Oswald von Wolkenstein und der europäische Kontext seiner Dichtung und Musik

Sieglinde Hartmann

OvW und den europäischen Kontext seiner Dichtung und Musik zu skizzieren, impliziert ein Vorgehen in zwei methodischen Schritten: Als Kriterien für einen Überblick sind erstens intertextuelle Bezüge zu anderen Texten (wie auch musikalischen Vorlagen) zu berücksichtigen sowie zweitens kontextuelle Relationen zur Außenwelt literarischer Kommunikation. Warum? Der methodische Zweischritt ergibt sich aus der Art und Weise, wie Wolkensteins Liedkunst durch seine Doppelrolle als adliger Ritter und Sangeskünstler geprägt ist. Denn es waren nicht nur Leseerfahrungen, sondern Lebenserfahrungen, die OvW auf seinen Reisen mit den Sprachen, Literaturen und Kulturen anderer europäischer Länder gesammelt und in seinen Liedern verarbeitet hat. Bekanntlich haben diese Reisen den Sänger sowohl zu bedeutenden europäischen Zentren höfischer Liedkunst als auch zu anderweitig relevanten Schauplätzen abseits literarischer Kommunikation geführt. Beide Formen unterschiedlicher Fremderfahrung haben ihn nicht nur zu literarischen oder musikalischen Nachgestaltungen, sondern auch zu neuartigen Liedformen inspiriert, worin die gewählten Szenerien mit ihrem wechselnden fremdartigen Lokalkolorit eigene Bedeutungen entfalten. Insofern lässt sich ein bedeutender Anteil seiner Liedkunst nicht ohne die intertextuellen Bezüge und die kontextuellen Relationen zu den übrigen europäischen Kulturen seiner Zeit deuten.

Für den folgenden Überblick gilt, dass im Sinn einer engeren mediävistischen Definition von Intertextualität und Kontextualität nur nachweisbare Bezüge und Parallelen, aber nicht unbewusste Einflüsse aufgezeigt werden (Broich 2000, 176). Insgesamt gibt es bereits, wie die Bibliographie im vorliegenden Band zeigt, verschiedene übergreifende und vor allem spezielle Untersuchungen zu diesem Themenbereich.

Unter den nachweisbaren Verbindungslinien anderer Sprachkulturen zu Oswalds Liedkunst haben seine Kontrafakturen mehrstimmiger Sätze aus der nordfranzösischen, burgundischen und italienischen Musik bisher die größte Aufmerksamkeit auf sich gezogen. Aus musikhistorischer Sicht zu recht. Schließlich sind von Oswalds mehr als 30 polyphonen Sätzen rund die Hälfte als Bearbeitungen von Vorlagen westlicher Provenienz nachgewiesen (Welker 1990/1991 und 2007; Sammelband Berger 2010). Damit gilt der Tiroler Liederdichter nach dem Mönch von Salzburg als Pionier einer neuartig mehrstimmigen Kompositionsweise, die sich bereits im internationalen Repertoire westlicher Länder von Italien bis England mit Schwerpunkten in Burgund und Nordfrankreich durchgesetzt hatte (Strohm 1993). Die musikgeschichtliche Bedeutung der polyphonen Liedkunst OsvW ist daher unbestritten (siehe auch den Beitrag von Marc Lewon im vorliegenden Band).

Im Unterschied zu den überlieferten Notenaufzeichnungen haben die dazu gehörigen Texte der Vorlagen allerdings kaum Beachtung gefunden. Das lässt sich wohl hauptsächlich darauf zurückführen, dass der deutschsprachige Tiroler fast alle Melodievorlagen – bis auf zwei Ausnahmen – gänzlich neu textiert hat. Die wahren Gründe für die Neudichtungen des Wolkensteiners liegen indes noch weitgehend im Dunkeln. Um Klarheit über Oswalds Verfahrensweisen zu schaffen, bedürfte es systematischer Untersuchungen, worin die sprachlich-gedankliche Andersartigkeit seiner Neutextierungen kontrastscharf gegen die Vorlagen herausgearbeitet wäre.

Will man nun die Formen intertextueller Bezüge und kontextueller Relationen mit europäischem Gepräge systematisieren, so lassen sich insgesamt neun Bereiche unterscheiden.

1. Einsprengsel fremdsprachlicher Aussagen in deutsche Liedtexte

Auffällig ist die virtuose Aneignung von Sprachmischung durch OvW, wie sie sich mit der okzitanischen/altprovenzalischen Trobador-Lyrik vor allem nach Westen in den iberischen Sprachraum verbreitet hatte.

Ein charakteristisches Beispiel ist die wörtliche Rede, mit der OvW die Königin von Aragon in Strophe III seines Liedes Kl 18 zitiert. Darin schildert der Dichter seine Auszeichnung an ihrem Hof, wobei er die namentliche Identität der Königin zunächst verschweigt. Aber für Kenner verraten die Gesten und Worte bereits, dass hier nur die aragonesische Königinwitwe Margarita von Prades (1387/88–1429) gemeint sein kann, die berühmte Mäzenin ibero-romanischer Dichter. Wieso entlarven die wenigen Worte, *non maiplus dis ligaides*, sofort die Identität der Königin? Weil sich die zitierten Redeformen in ihrer Mischung aus portugiesisch-katalanischen Verneinungsformen und einer kastilischen Imperativform als eine typische Sprachmischung entpuppen, welche mit den wichtigsten Sprachen dieser literarischen Szene zugleich ihre charakteristischen Stilmittel vorstellt.

In der Tat hatte sich gegen Ende des 14. Jahrhunderts der Schwerpunkt iberischer Dichtkunst von Portugal wieder nach Osten in die Länder katalanischer Sprache verlagert. Hier hatte sich nach der ersten hochmittelalterlichen Rezeptionsphase der Trobador-Kunst (Rieger 1983, 225) ein Dichterkreis gebildet, dem nochmals die alten Provenzalen, allerdings auch die neueren Italiener, zum Vorbild werden sollten. Den höfischen Mittelpunkt bildete zunächst der Musenhof des aragonesischen Königs Martin I. (1356–1410). Nach seinem Tod scharten sich die Dichter um seine junge Witwe Margarita von Prades (Riquer 1982, 654–676). Lieder aus der Zeit vor 1400 sind vorwiegend im *Cancionero de Baena* (Azáceta 1966) von circa 1450 überliefert, dem ältesten spanischen Liederbuch. Wie bei den ältesten katalanischen Trobadors finden sich auch dort zahlreiche Beispiele von Texten mit Sprachmischungen aus Altportugiesisch, Altkastilisch, Altkatalanisch, Okzitanisch und Latein vereinigt (Schmid 1951).

In ähnlicher Weise setzten die Autoren aus Margaritas Dichterkreis, also Oswalds Zeitgenossen, die spezifisch iberisch-provenzalische Tradition der Sprachmischungen fort. Zu Margaritas Günstlingen zählten vorwiegend ritterbürtige Katalanen wie Jordi de Sant Jordi (ca. 1400–1424 tätig) oder Lluís Icart (ca. 1390–1435 tätig), aber auch ein Kastilier wie Íñigo López de Mendoza (1398–1458), der spätere Marqués de Santillana. Die literaturgeschichtliche Bedeutung des Marqués, der heute zu den bedeutendsten Lyrikern des spanischen 15. Jahrhunderts zählt, gründet auf seiner Petrarca-Rezeption sowie auf der Originalität seiner weltberühmten Gebirgspastourellen. Ansehen und Wirkung eines Jordi de Sant Jordi blieben dagegen weitgehend auf seine Heimat Katalonien beschränkt. Dort galt und gilt er indes als einer der profiliertesten höfischen Sänger klassisch-okzitanischer Prägung. Denn der katalanische Ritter hatte seine Dichtungen noch selbst vertont, weshalb er sich einen ebenso großen Ruhm als Musiker erworben hatte. So hält es jedenfalls der Marqués de Santillana Jahrzehnte nach dem Tod der Dichterkönigin für die Nachwelt fest (Durán, Bd. II, 1987, 217). Ob oder wie sich OvW von Jordis Kompositionen hat inspirieren lassen, ist allerdings kaum mehr zu rekonstruieren. Denn von der gesamten spätmittelalterlich-höfischen Liedkunst Kataloniens sind keine Notenüberlieferungen erhalten. So hat es zumindest der beste Kenner dieser Szene, Martì de Riquer, bestätigt (1982, 675).

Offenbar durfte sich OvW zeitweilig ebenfalls zu den Günstlingen der aragonesischen Dichterkönigin zählen. Bekanntlich hatte sich der Tiroler Ritter während der Verhandlungen zur Beseitigung der Kirchenspaltung, die der Römische König und zukünftige Kaiser Sigismund im Herbst 1415 mehrere Wochen in Perpignan durchführte, ebenfalls in der Hauptstadt der aragonesischen Grafschaft Roussillon eingefunden (Hartmann 1997). Nachweislich zur gleichen Zeit hatte sich Margarita von Prades in den

Verhandlungsort am Fuß der Pyrenäen begeben (Fort i Cogul 1970, 208–209). Abseits der offiziellen Zeremonien, welche der amtierende aragonesische König Ferdinand I. von Trastámara veranstaltete, blieben dort noch genügend Gelegenheiten für die Königinwitwe, ihren Musenhof zu pflegen. Welche der Dichter ihres Kreises persönlich an Margaritas Veranstaltungen in Perpignan teilgenommen hatten, geben die Quellen indes nicht zu erkennen. Einzig die Anwesenheit des späteren Marqués de Santillana lässt sich mit großer Wahrscheinlichkeit erschließen. Denn der junge Don Íñigo war erst kürzlich als Vorschneider ins Gefolge des Kronprinzen Alfons von Aragón aufgenommen worden und mit dessen Hofstaat nach Perpignan gelangt.

Für einen OvW, der sich rühmte, auf seinen Ritterschaftsreisen Kenntnisse in zehn Sprachen erworben zu haben (Kl 18,21–23), dürfte Margaritas poetisch ambitionierter Dichterkreis mit seinen polyglotten Dichtungstraditionen eine ideale Bühne geboten haben, um seine sprachkünstlerischen Fähigkeiten voll zur Entfaltung zu bringen. Ja, wahrscheinlich musste der Wolkensteiner in dieser Hinsicht die höchste Herausforderung seines Lebens bewältigen. Er hatte nämlich unter dem Namen eines türkischen Vizegrafen aufzutreten und in einem maurischen Prunkgewand, das ihm Sigismund übereignet hatte, heidnische Tänze und Gesänge aufzuführen. Wie es Oswalds Darstellung in Lied Kl 19 (Vers 153–168) suggeriert, hatte er diese Rolle auf Wunsch seines königlichen Herrn übernommen. Neuere Forschungen zu den chronikalischen Quellen legen die Vermutung nahe, dass Oswalds Sonderrolle höchstwahrscheinlich als Teil einer diplomatischen List verstanden werden muss, welche den iberischen Fürsten Sigismunds Erfolge in der Bekämpfung der Türkengefahr sinnfällig vor Augen führen sollte (Hartmann 1997, 137–139; Ogier 1999; Hartmann 2001/2002, 323).

OvW muss seine artistische Masquerade mit Bravour gemeistert haben, da die königliche Preisrichterin ihn dafür mit der eigenhändigen Verleihung von goldenen Ringen ausgezeichnet hat. Ob er tatsächlich arabische oder gar türkische Gesänge zum Besten gegeben hatte, davon sind bisher in den beiden Liederhandschriften des Dichters keinerlei textliche oder musikalische Spuren entdeckt worden.

Ungleich deutlicher lassen sich in Oswalds dichterischem Werk die Einflüsse der ibero-provenzalischen Dichtungstraditionen mit ihren diversen Formen der Sprachmischung ablesen: erstens in Form von fremdsprachlichen Einsprengseln wie im Fall der geschilderten Dichterehrung durch Margarita von Prades; und zweitens in Gestalt von systematischen Aneinanderreihungen mehrsprachiger Aussagen zu einem fortlaufenden Text.

Im Unterschied zu den iberischen Nachfolgern der Trobadors setzt OvW das erstgenannte Stilmittel weniger als Rekurs auf literarische Vorbilder ein, sondern fast ausschließlich zur Authentifizierung des Geschilderten mit sprachlichem Lokalkolorit. Beispiele dafür bieten Liedtexte in deutsch-venezianischer Sprachmischung (Kl 17: Mayr 1961; Battisti 1962) oder Strophen mit Einsprengseln charakteristischer Ausdrücke bzw. Redewendungen aus dem Italienischen (Kl 103, Kl 105), aus dem Französischen (Kl 50, Kl 86), dem Franko-Provenzalischen (Kl 19,210), Spanischen (Kl 21) und dem Ungarischen (Kl 23, Kl 102). Methodisch gewendet bedeutet dieser Befund, dass der Dichter sich mit seinen fremdsprachlichen Zitaten nicht auf poetische Prätexte bezieht, sondern auf Kontexte seiner Lebenserfahrungen.

2. Liedtexte aus mehrsprachigen Aussagen

Der andere Fall von Sprachmischung, wo fremdsprachliche Aussagen zu einem fortlaufenden Sinngefüge verbunden werden, dient bei Oswald, wie bei den klassischen Trobadors, rein rhetorischen Zwecken. Insgesamt hat der Tiroler Dichter zwei Liebeslieder dieses Stils verfasst (Wachinger 1977). Im Lied Kl 119 wechseln drei Strophen aus Versen mit Halbsätzen auf Windisch (Slowenisch), Deutsch, Französisch, Okzitanisch, Latein und Welsch (Italienisch) mit rein deutschen Strophen, worin der gesamte Mischtext übersetzt erscheint. Als wahres rhetorisches Prunkstück hat der Dichter das Liebeslied Kl 69 aus einer Mischung von sieben Sprachen verfasst. Denn in diesem Fall hat Oswald nicht nur eine detaillierte Erläuterung der fremdsprachlichen Wendungen in Form einer *exposicio* in den Handschriften eintragen lassen, sondern auch im Refrain Erläuterungen mitgeliefert, wie die verwendeten Sprachen bei der Liebe eingesetzt werden sollten: Eine polyglotte Liebespoetik, die in ihrer Mischung aus Deutsch, Italienisch, Französisch, Ungarisch, Slowenisch, Flämisch und Latein zugleich den multikulturellen Lebensraum des Dichters spiegelt, welcher sich mit den Herrschaftsgebieten bzw. den Einflussbereichen des Römischen und Ungarischen Königs Sigismund deckte (siehe dazu Dopsch im vorliegenden Band). Dabei lässt sich die Apostrophe an eine Adressatin namens *Margarita well* (= ‚schöne Margarita', V. 32) überdies als Huldigung an die aragonesische Königin verstehen. Schließlich gibt die Lautform ihren Namen samt preisendem Epitheton sowohl auf Italienisch als auch in reinem Katalanisch wieder. Insofern dürfte dieser Liedtext gleichzeitig an die Tradition wohl kalkulierter Sprachartistik anknüpfen, wie sie beispielsweise durch Vorbilder klassischer Trobadors wie Raimbaut de Vaqueiras berühmt geworden ist (*Eras quan vey verdeyar*: Mischung aus Provenzalisch, Italienisch, Französisch, Gascognisch, Galizisch-Portugiesisch: Riquer, Bd. 2, 2001, 840–842; Classen 1986/87).

3. Übernahmen formaler, reimtechnischer Art

Welch nachhaltige Eindrücke der klassischen Trobador-Kunst sich in Oswalds Schaffen niedergeschlagen haben, lässt sich zudem an seiner Verskunst ablesen, wenn sie wie von okzitanischer Reimartistik inspiriert wirkt. Ein Paradebeispiel dafür liefert das Tagelied Kl 20, dessen Schauplatz bezeichnenderweise in Narbonne angesiedelt ist. Ähnlich wie in den okzitanischen *Albas* zeichnet sich jede Strophe, die mit einem obligatorischen Refrain ausklingt, durch eine ausgefeilte Reimtechnik aus. Oswald steigert allerdings den normalen Strophenumfang einer Alba um ein Vielfaches und versteht es zudem, jede der 30-versigen Strophen in zwei Blöcke auf einen einzigen Endreim zu gliedern, wobei er die beiden Reimfolgen durch einen Schweifreim verklammert. Für weitere Beispiele dieser Art von Reimvirtuosität sei auf den Beitrag von Horst Brunner in diesem Band verwiesen. Methodisch ist bei diesem Lied ebenfalls zu beachten, dass die topographisch exakt wiedergegebene Schauplatzgestaltung nicht auf Vorbilder der Trobadors rekurriert, sondern auf den Kontext der großen Gesandtschaftsreise im Gefolge König Sigismunds.

Die folgenden Fälle von Intertextualität sind möglicherweise in den gleichen historischen Zusammenhang von Sigismunds Reiseroute einzubetten. Allerdings weisen die intertextuellen Affinitäten nun deutlicher nach Nordfrankreich und Paris, der Endstation der großen Gesandtschaftsreise. Wie in der Forschung bereits beschrieben, traf OvW in der Hauptstadt des französischen Königreichs auf eine der facettenreichsten literarischen und musikalischen Szenen Europas (Hartmann, Frankreich, 2001). Denn trotz der Beeinträchtigungen durch den Hundertjährigen Krieg mit England hatten sich an den zahlreichen Pariser Fürstenhöfen wie auch in bürgerlichen Kreisen nordfranzösischer Städte florierende literarische Zirkel gebildet. Dort wurden neueste literarische Kontroversen (wie z.B. der Streit um den Rosenroman) ausgetragen, neuartige bukolische Schäferspiele inszeniert oder die traditionelle höfische Liebespoesie in neuen Dichtungsformen fortgeführt sowie gänzlich neuartige Formen der Mariendichtung entwickelt. Gleichzeitig hielten sich die führenden Höfe Musikkapellen, wo die neuen Formen mehrstimmiger Liedkunst gepflegt werden konnten (Strohm 2009). Bei alledem hatte sich König Karl VI. selbst der Pflege des traditionell höfischen Liebeskults verschrieben, da er die Schirmherrschaft für den um 1400 gegründeten Liebeshof übernommen hatte (*Cour amoureuse dite de Charles VI*: Bozzolo/Loyau 1982/1992). Dieser Liebeshof hatte sich, wie die übrigen literarischen Höfe oder *Puys*, zu einer Institution formiert, wo nach festgelegten Regeln literarische Wettbewerbe veranstaltet worden sind. Dabei sind fast ausschließlich ‚moderne' Dichtungsgattungen in festen strophischen Formen wie *ballade*, *rondeaux* oder *virelais* ausgelobt und von den jeweiligen Fürsten mit Preisen bewertet worden (Bozzolo/Loyau, Bd. 2; Wolfzettel 1983, 510–511). Außer dem König hatte sich auch seine deutsche Gemahlin, Isabeau de Bavière, der Förderung von Literatur und Dichtkunst gewidmet. Dabei zählte die heute berühmteste französische Dichterin des 15. Jahrhunderts, Christine de Pizan, zu ihren bevorzugten Günstlingen.

Aufgrund ihrer deutschen Herkunft darf es nicht verwundern, dass die französische Königin an Oswalds Liedkunst besonderen Gefallen fand und den Künstler mit einem Diamanten dafür auszeichnete (Kl 19,185–192). Für OvW bot Isabeaus Hof zudem eine ideale Bühne für seine Neubearbeitungen mehrstimmiger französischer Vorlagen, da die Herrscherin in ihrem Hofstaat zahlreiche deutsche Mitglieder aufgenommen hatte. In diesem Bereich seines Repertoires ist dem Tiroler Sänger auch das bemerkenswerteste Beispiel einer Umdichtung fremdsprachiger Textvorlagen gelungen.

4. Umdichtungen fremdsprachiger Textvorlagen

Bei der Textvorlage für Kl 50 handelt es sich um eines der beliebtesten französischen *Virelais* der Zeit. Das *Virelai* gehörte zu den lyrischen Großformen, worin mehrere Strophenteile durch einen Refrain zu Beginn, in der Mitte und am Schluss zu einer Einheit verschlossen wurden. Oswalds Vorlage stammt von dem sonst kaum bekannten Komponisten Jean Vaillant, der darin einen Kampf zwischen den edlen Singvögeln und dem bäurischen Kuckuck um die Vorherrschaft im frühlingshaft erblühten Wald inszeniert. Die symbolischen Vertreter des Adels obsiegen, indem sie den unerwünschten Eindringling mit unverhohlener Aggressivität verjagen und töten. Oswald übernimmt den mehrstimmigen Satz des *Virelai* für Kl 50 mit einigen Abwandlungen, überführt das szenische Geschehen indes in ein teils heiter aristokratisches, teils bäurisch-burleskes ‚Frühlingserwachen' (Wachinger/Brunner 2007, 42–55, 325–328). Die gänzlich andersartige Wirkung erzielt Oswald mittels eines genialen Kunstgriffs: Er verschmilzt den originalen Wortlaut der französischen Vogelstimmen in seinem deutschen Text zu rein lautmalerischen Vogelrufen, so dass der Eindruck eines virtuos inszenierten Frühlingskonzerts von unvergleichlich illusionistischer Klangwirkung entsteht (Berger/Tomasek 2005; Hartmann 2005, 164).

5. Übernahmen fremdsprachiger Liedgattungen oder Gedichttypen

Aus den unterschiedlichen Szenen organisierter Dichtkunst hat OvW offenbar ebenfalls Anregungen zur Bereicherung seines Repertoires empfangen. Das betrifft die Gattung der Pastourelle und im Bereich geistlicher Lieddichtung einen neuen Typ des Marienliedes. Bei diesen beiden Liedgattungen, wie übrigens auch bei der polyphonen Liedkunst, muss allerdings offen bleiben, ob sie der Dichter bereits auf früheren Reisen durch Frankreich oder erst 1416 in Paris kennengelernt hat.

Auffällig bleibt bei Oswalds Pastourellen, dass er mit einem seiner drei Lieder dieses Typs (Kl 92) an bukolische Szenengestaltungen anknüpft, wie sie in der französischen Lyrik bereits Ende des 13. Jahrhunderts aufkamen (Bec 1977/78, 123–124; Wolfzettel 1983, 428–446, bes. 437). Zu reicher Entfaltung gelangte die bukolische Schäferpoesie allerdings erst im 15. Jahrhundert, wobei die idyllischen Inszenierungen von Schäferspielen an Isabeaus Hof für OvW möglicherweise das unmittelbarste Anschauungsmaterial geboten haben dürften. Eine andere von Oswalds Neuerungen, die Verlegung der Schauplätze ins Hochgebirge, findet überraschende Parallelen in der spanischen Lyrik. Denn in diesem Kunstgriff gleichen Oswalds drei Gebirgspastourellen (Kl 76, 83, 92) den acht Serranillas des Marqués de Santillana (siehe zu beidem Hartmann 1999 und 2001, 76).

Die singulärste Innovation im Repertoire Oswalds dürfte auf Vorbilder zurückgehen, wie sie in den französischen *Puys marials*, Zirkeln städtischer Marienbruderschaften, als neue Kunstform zur Marienverehrung entstanden waren. Mitglieder dieser Bruderschaften hatten Marienbildnisse mit ihrer jeweiligen Thematik in festgelegten Gedichtformen darzustellen und das entsprechende Marienlob im Stil höfischer Liebespoesie auszuführen (Gros 1996, 381). Neuesten Forschungen zufolge zeigen vier von Oswalds Marienliedern (Kl 12, 34, 78, 120) enge motivliche Affinitäten zu diesem französischen Gedichttyp (Knapp 2002; Hartmann 2007). Dabei dürften dem Tiroler in den Liedern Kl 34 und Kl 120 die erstaunlichsten Eigenleistungen gelungen sein. Denn in einer Anspielung auf den Maler Jan van Eyck in Oswalds marianischem Tagelied Kl 34 offenbart sich eine singuläre Verschmelzung von poetischer Intertextualität und ikonographischer Kontextualität. Darauf hatte der schwedische Kunsthistoriker Knut Andersson bereits 2001 aufmerksam gemacht (www.artresearch.se). In der Tat schildert der Tiroler Dichter den aufgehenden Morgen in den gleichen grau-blauen Farben wie der flämische Meister, dessen Namen und Devise *Als ich can* Oswald anschließend mittels eines Wortspiels enthüllt (dazu und zum Folgenden Hartmann 2007). Der zweite Fall wirkt nicht minder innovativ, da der Dichter in seinem

Schönheitspreis auf die jungfräuliche Gottesmutter (Kl 120) – im Unterschied zu allen französischen Gedichten ähnlichen Typs – ein Marienbildnis nicht als Kultfigur, sondern erstmals als Kunstfigur beschreibt.

6. Parallelen in motivlicher oder thematischer Hinsicht

Bei dieser Art von stilistischen und motivlichen Ähnlichkeiten ist wiederum zu beachten, dass OvW in keinem Fall die strophischen Bauformen der französischen Liedgattungen übernimmt. Sieht man jedoch von den formalen Scheidelinien zwischen der für einen Sprechvortrag konzipierten französischen Dichtkunst mit ihrem rigiden Gattungssystem und Oswalds Liedkunst mit ihrer Freiheit an formalen und inhaltlichen Variationen ab, dann öffnet sich der Blick auf einen weiten Horizont gemeinsamer Motive und Themen. Besonders frappierend wirkt, dass in den Dichtungen von vergleichbar profilierten Lyrikern wie Christine de Pizan (1365–1429/30), Charles d'Orléans (1394–1465) oder François Villon (ca. 1431 – ca. 1463) ähnliche Verinnerlichungsprozesse profaner oder religiöser Erfahrungen begegnen wie in Oswalds Altersdichtung (Hartmann 1980). Andererseits lassen sich in Vergleichen mit diesen Autoren am prägnantesten Oswalds dichterische Eigenleistungen ermessen. Denn dank seiner unvergleichlichen Anverwandlung fremder Kulturelemente eröffnet er der europäischen Lyrik ganz neuartige Dimensionen poetischer Selbst- und Weltdarstellungen. Das zeigt sich nicht zuletzt in seiner singulären Kunst, fremde Personen, Orte oder Sitten in Bildern mit authentischem Lokalkolorit und daher von lebendigster Anschaulichkeit darzustellen. Infolgedessen offenbart sich im weltläufigen Darstellungsstil OsvW die wahrhaft europäische Dimension seiner Dichtungen. Darüber hinaus deuten die Vergleiche mit den genannten französischen Dichtern aus der ersten Hälfte des 15. Jahrhunderts auf eine gemeinsame Epochenzugehörigkeit, zumal sich OvW, wie die drei genannten Lyriker, von dem Einfluss Petrarcas und des aufkommenden Petrarkismus noch gänzlich unbeeinflusst zeigt.

7. Berufungen auf lateinische Autoritäten

Diese Schlussfolgerung gilt unbeschadet der Tatsache, dass OvW in einem seiner Alters- oder Weltabsagelieder Petrarca namentlich zitiert (Kl 10,28). Wie mehrfach bemerkt, bezieht sich der Tiroler dabei auf eine von Petrarcas lateinischen Schriften (Mück 1974; Worstbrock 1989, 483; Knape 1995; Hartmann 2001). Welchen Text Oswald zitiert, konnte bisher nicht ermittelt werden. Es bleibt lediglich erkennbar, dass mit diesem Zitat höchstwahrscheinlich eine echte Lesefrucht vorliegt, wofür das so genannte ‚Wolfenbütteler Porträt' einen zusätzlichen Beweis liefert (Herzog August Bibliothek, Cod. Guelf. 11 Aug. 4°, Blatt 202v). Diese Oswald-Darstellung am Rande eines Textes von Petrarcas *Liber sine nomine* gibt sich dank der Einäugigkeit des Dargestellten, des Wolkensteinwappens und der namentlichen Inschrift auf dem Schild als primäres Bildzeugnis und zugleich als Lesespur OsvW zu erkennen (Mück, in:. Abbildungen zur Überlieferung II, 1973, XVIII–XXX; Mück 1974). Damit bezeugt der deutsche Liederdichter seine Rückbindung an die führenden lateinischen Autoritäten seiner Zeit, aber eben keine Kenntnis oder gar Wertschätzung des italienischen Liebeslyrikers Francesco Petrarca.

Mithin gehört Oswalds Autoritätenzitat, dem eine Berufung auf Thomas von Aquin (Kl 111,49) an die Seite zu stellen ist, zu den klassischsten Formen mittelalterlicher Intertextualität. Aus heutiger Sicht zeigt sich damit, wie stark volkssprachige Dichter und ihre Dichtungen in der gemeinsamen lateinisch-christlichen Kultur verwurzelt waren.

8. Übersetzungen aus dem Lateinischen

Die Verwurzelung Wolkenstein'scher Liedkunst in der christlichen Glaubenswelt westlich-lateinischer Prägung dokumentiert sich zudem in zahlreichen Bibelzitaten, Rekursen auf geistliche Schriften, Teilübersetzungen von Texten der Glaubenspraxis (z.B. Tischsegen Kl 14 und 15) sowie in seinen Übertragungen lateinischer Kirchenlieder (Kl 109, 129, 130), ebenso klassischen Fällen mittelalterlicher Intertextualität (Bärnthaler 1983). Diese Art von intertextuellen Bezügen ist – wie die Gesamtheit geistlicher Dichtungen OsvW – bisher nur punktuell erschlossen (siehe Löser im vorliegenden Band).

9. Schilderung von autobiographischen Schlüsselerlebnissen in fremdländischen Szenerien und ihre auktoriale Bedeutung

Wollte man ein kurzes Résumé aus den behandelten Fällen von Intertextualität und Kontextualität ziehen, so bliebe festzuhalten, dass Oswald aus Frankreich und der Iberia die wichtigsten künstlerischen Anregungen empfangen und in singulärer Kreativität weiter entwickelt hat – dabei ist indes noch der Hinweis in Hs. A, Kl 55, auf die Musik des Klosters Montserrat zu entschlüsseln (f. 22v *Nichil debet hic stare nisi monserra t(a)l(e) e(est).*

d(icen).d(um).). An dritter Stelle folgten die Einflüsse aus der italienischen Literatur und Kultur, ihren Sprachen und vor allem ihrer Polyphonie (Classen 1987a und 1991; Hartmann 2001). Abschließend wären noch Oswalds Auseinandersetzungen mit den hussitischen Ketzern in Böhmen (Kl 27,134: U.M. Schwob 2004) zu erwähnen, deren intertextuelle Bezüge noch unerforscht sind.

Bei alldem bleibt zu bedenken, dass OvW Schlüsselszenen seiner autobiographischen Lyrik (Kl 18, 26, 44 z.B.) weit außerhalb deutscher Lande ansiedelt: von Portugal, Granada und Aragon über die Ägäis-Inseln Kreta und Nios bis zum Schwarzen Meer und dem Heiligen Land, also bezeichnenderweise rund ums Mittelmeer (Hartmann 1994/95). Dabei lässt sich beobachten, dass die geographischen Räume seiner dichterischen Welt nicht das Abbild einer abstrakten Idee, sondern seiner realen Lebenswelt darbieten. „Daher sind ihre unterschiedlichen geographischen Einzelteile wie persönliche Erlebnisräume geschildert, die untrennbar mit der Person und den Erfahrungen des Autors verbunden sind.“ (Hartmann 2005, 353). Ihre Bewertung wandelt sich indes merklich von den ersten ‚Reiseliedern‘ wie Kl 18 und Kl 19 bis zu einem späten Lied ähnlichen Genres wie Kl 44. Während Länder außerhalb seiner Heimat wie auch die gesamte irdische Welt in Oswalds frühen ‚Reiseliedern‘ als eine gefahrvolle Fremde, ja sogar als ein Bereich sündiger Gottesferne dargestellt werden, erscheint dem gealterten Autor sein Leben auf der heimatlichen Burg als *ellend,* als Verbannung aus der Welt ruhmreicher Ritterschaftsreisen, die ihm jetzt als eigentliche Heimat erscheint.

In dieser Fernwehklage kommt vielleicht am prägnantesten zum Ausdruck, wie sehr dem Autor die Lebenserfahrungen seiner Ritterschaftsreisen zur zweiten Natur geworden waren: OvW ist als Ritter, Dichter und Sänger eine Persönlichkeit von wahrhaft europäischem Rang, ja von Weltformat.

Literatur (zusätzlich zur Gesamtbibliographie)

I. Quellen:

Cancionero de Juan Alfonso de Baena. Ed. Crítica por Juan M. Azáceta. 3 vols. 1966.

Riquer, Martín de: Jordi de Sant Jordi. Estudio y edición. Universidad de Granada 1955.

La Cour amoureuse dite de Charles VI. Étude et édition critique des sources manuscrites par Carla Bozzolo et Hélène Loyau. 3 vols. Paris 1982/1992.

Marqués de Santillana. Poesías completas. Edición, introducción y notas de Manuel Duarte. 2 vols. Madrid 1975–1980 u.ö.

Riquer, Martín de: Los trovadores. Historia literaria y textos. 3 vols. Barcelona 1975 und 1983; reprints 2001/2001/1999.

II. Sekundärliteratur:

Bec, Pierre: La lyrique française au Moyen Âge (XIIe–XIIIe siècles). Bd. I: Études. Paris 1977/1978.

Broich, Ulrich: Intertextualität. In: RL II (2000), 175–179.

Fort i Cogul, Eufemià: La llegenda sobre Margarida de Prades. Barcelona 1970.

Gros, Gérard: Le Poème du Puy marial. Étude sur le serventois et le chant royal du XIVe siècle à la Renaissance. Paris 1996.

Knape, Joachim: Petrarca in Germania fino alla fine del Cinquecento. In: Prospero, 2 (1995), S. 5–24.

Rieger, Dietmar: Die altprovenzalische Lyrik. In: Lyrik des Mittelalters I. Hrsg. von Heinz Bergner. Stuttgart 1983 (=RUB 7896), S. 197–390.

Riquer, Martì de: Història de la literatura catalana. Bd. 1. 3. Aufl. Barcelona 1982.

Schmid, Walter: Der Wortschatz des Cancionero de Baena. Bern 1951.

Strohm, Reinhard: Hofkapellen: Die Institutionalisierung der Musikpflege im Zusammenwirken von Hof und Kirche. In: Institutionalisierung als Prozess – Organisationsformen musikalischer Eliten im Europa des 15. und 16. Jahrhunderts. Hrsg. von Birgit Lodes und Laurenz Lütteken. Laaber 2009, S. 79–102 (= Analecta Musicologica 43).

Wolfzettel, Friedrich: Die mittelalterliche Lyrik Nordfrankreichs. In: Lyrik des Mittelalters I. Hrsg. von Heinz Bergner. Stuttgart 1983 (= RUB 7896), S. 391–558.

Worstbrock, Franz Josef: Petrarca, Francesco. In: VL VII (1987), Sp. 471–490.

Zur Sprache der Lieder Oswalds von Wolkenstein

Ingo Reiffenstein

1. Spätmittelhochdeutsch – Frühneuhochdeutsch: Die sprachgeschichtliche und sprachgeographische Einordnung der Sprache Oswalds von Wolkenstein

Zwischen dem Spätmittelalter und der frühen Neuzeit liegt sprachgeschichtlich im Deutschen keine deutliche Zäsur, sondern fließende, zudem regional unterschiedlich gelagerte Übergänge. Hatte man sich früher bei der Periodisierung der deutschen Sprachgeschichte am Modell der Historiker orientiert und das Mittelhochdeutsche zusammen mit dem Mittelalter um 1500 / im frühen 16. Jahrhundert ausklingen lassen, so ist es seit Wilhelm Scherer üblich, zwischen Mittelhochdeutsch und Neuhochdeutsch das Frühneuhochdeutsche als eigene Periode (ca. 1350–1650) einzuschieben. Aus süddeutscher Sicht gibt es aber gute Gründe, das Ende des mittelalterlichen Deutsch nicht ins 14. Jahrhundert, sondern erst an den Anfang des 16. Jahrhunderts zu setzen. Das Mittelhochdeutsche hat zwar auch im Süden seit dem 13. Jahrhundert vielfältige Veränderungen, aber doch keine einschneidenden Brüche erfahren. Die Sprache OsvW liefert dafür gute Belege (zur Periodisierung s. Roelcke 1998, 798 ff., bes. 812).

OvW sprach seiner regionalen Herkunft gemäß fraglos bairisch, vermutlich den tirolischen Dialekt seiner Heimat. Aber als Angehöriger der adligen Oberschicht und als weitgereister Mann verfügte er auch über gehobene Varietäten des Bairischen, die regional weniger eng gebunden waren. Sie bildeten die Grundlage der Schreibsprachen.

2. Oswald von Wolkensteins Lieder: Die Schreiber der Handschriften und ihre Schreibsprachen

Für die Schreibsprache eines spätmittelalterlichen Textes ist nicht der Autor verantwortlich, sondern der oder die Schreiber. Von den Liedern OsvW existieren drei Haupthandschriften, die im letzten Drittel seines

Lebens bzw. bald nach seinem Tod in seiner unmittelbaren Umgebung entstanden (zwischen 1423/25 und ca. 1450). Wie weit der Dichter an der Entstehumg dieser Handschriften (Hss.) mitgewirkt hat, ist umstritten; völlig unbeteiligt wird er daran nicht gewesen sein. Auf die verwendete Schreibsprache hat er jedoch kaum Einfluss genommen (zu den Hss. siehe auch Moser im vorliegenden Band).

Die älteste Hs. (A, Wien, Grundstock 1425, Nachträge bis 1436) stammt von mehreren Schreibern, von denen einer die ersten drei Lagen geschrieben hat, drei den Großteil der folgenden vier Lagen; fünf weitere Schreiber sind mit je nur einigen Liedern beteiligt (ich folge der Schreiberbestimmung von Delbono 1977, 41–45, die mit den jeweiligen Schreibschriften besser korreliert als die von Schatz 1904, 22 ff.; Übersicht nach Schatz in Faks. A [Müller/Spechtler 1974, 7]). Dem Schreiber 7 von A, der fast alle Lieder der letzten Lage schrieb (bei Schatz *h,* mit größerem Anteil), wurde die alleinige Herstellung der Hs. B (Innsbruck, 1432, Nachträge bis 1438) übertragen. Zum Unterschied von den repräsentativen Pergamenthss. A und B ist die Hs. c (Innsbruck) eine einfache Papierhs., die bald nach dem Tode OsvW entstand; sie ist im wesentlichen eine Abschrift von B und enthält nur die Texte.

Nur diese jüngste Hs. c weist die schreibsprachliche Charakteristik auf, die man für die autornahe Überlieferung der Werke eines Tiroler Dichters erwarten würde, nämlich die typischen Merkmale der bairischen Schreibsprache des 15. Jahrhunderts. Ich nenne nur durchgehendes <*ai*> für mhd. *ei,* überwiegend <*p-*> für anlautende *b-,* die sehr häufige *w-/b-*Vertauschung, die im Apparat der Edition von Klein nicht nachgewiesen wird, z.B. Kl 1,2 *gbissen,* 22 *weliben,* 23 *zu billen,* 31 *wetracht,* 35 *vberbindt,* 36 *weslagen* usw. (Reiffenstein 2003, 2915 f.) usw. An einzelnen Wortformen hebe ich hervor die häufig/überwiegend auftretenden *kum, kumbt* ‚komm, kommt' (Kl 2,44, Kl 4,8/51 usw.), *nit, mang-* ‚manch-', *hiet* ‚hätte' u.v.a.

Die Orthographie der beiden Pergamenthss. bietet ein uneinheitliches Bild (gründlichste Beschreibung bei Röll 1968, Einleitung 65–91, geordnet nach Schatz' Identifikation der Schreiber). Auf einen ersten flüchtigen Blick sieht man vieles, das aus bairischen Handschriften des 15. Jahrhunderts vertraut ist, z.B. viele <*p-*> für *b-,* <*ck, ckh, ch*> für *k,* weitgehend <*ai*> für *ei,* Diphthonge für mhd. *î, û, iu,* unterschiedlich häufige *w/b-*Vertauschung u.a. Bei einem genaueren Blick zeigt sich aber, dass die meisten Schreiber auch Formen verwenden, die mit einer bairischen Schreibsprache nicht vereinbar sind. Das gilt, wenn auch in unterschiedlicher Weise, gerade auch für jene beiden Schreiber, die den Großteil der Lieder aufgezeichnet haben, nämlich für den Schreiber des Grundstocks von A (Schreiber 1) und für den Schreiber *7,* von dem die letzte Lage von A und die gesamte Hs. B stammt.

Der Schreiber 1 der Hs. A (Schatz *a*) fällt durch einige mitteldeutsche Züge auf. Da begegnen <*i*> für *ie* (*ider, ymant, lib, liblich, licht, gepitten* ‚gebieten', *schid* ‚schied', Röll 1968, Einleitg, 67, dazu *nymant, schyr,* ‚Dirn'), vereinzelt auch <*ie*> für *i* (*dieser, viel*); typisch mitteldeutsch ist <*a*> für *o* in den Kleinwörtern *ab, ader* (Reichmann/Wegera 1993, 38; ferner in *betragen* Kl 3,30, *versmagen* Kl 21,6) und <*au*> für *iu* in *awer* ‚euer' Kl 8,57 (*auch* 8,44 zu *euch* korrigiert; Reichmann/Wegera 1993, 60). Das Bild wird durch weitere mitteldeutsche Formen ergänzt: häufige *manich* für *manig* (Stopp 1973, 130), gelegentlicher Schwund von *-h-* in *hoster, -en* ‚höchster' Kl 10,34; Kl 16,49; Kl 62,17, *geschen* Kl 12,38, *enphollen* ‚empfolhen' Kl 19,119 (dazu „falsches" *h* in *snehes* ‚snewes' Kl 21,5) und wohl auch *frawd(e)* ‚Freude' Kl 8,38/48; Kl 9,1; Kl 11,74/96. Auch die <*o*> für *a, â* lassen sich hier anfügen (*kloglich, der eren von, morner, dor, docht, hot, host, wofen,* Röll 1968, Einleitung, 70). Das Bairische kennt freilich auch die Verdumpfung des *a,* die bairische Schreibsprache hält aber tendenziell an <*a*> fest (Moser 1929, 116, 143 f.).

Die mitteldeutschen Merkmale fallen quantitativ nicht stark ins Gewicht, aber es sind zu viele, um als Zufälle abgetan werden zu können. Eine ähnliche Mischung aus bairischer Grundlage mit mitteldeutschen Einschlägen, z.T. mit genau den gleichen Merkmalen wie beim Schreiber 1, kennzeichnet einen Schreiber des Ofener Stadtrechtes (Lyc 2, Mollay 1959), das etwa gleichzeitig mit unserer Hs. entstanden ist. Wenn sich OvW 1424 bei König Sigmund in Pressburg aufhielt (A. Schwob 1977, 181 ff.; Kl 30,25; Kl 55,22), dann ist es denkbar, dass er für die Herstellung von A einen ungarndeutschen Schreiber engagierte. In späteren Teilen von A scheint die Hand 1 nicht mehr auf (erster Abschluss mit Register f. 38r, datiert 1425; zur mutmaßlichen Entstehung von A in Wien s. A. Schwob 2001 und den Kommentar zu LZ 148).

Auch die Orthographie der nur sporadisch beschäftigten Schreiber (2, 3, 4, 8, 9) ist nicht einheitlich. Bairisch ist die Orthographie der Schreiber 2 (Kl 64), 4 (Schatz *b,* Kl 5) und 9 (Schatz *i,* Kl 126): viele *p-,* Diphthongierung auch im Nebenton (*-leich,* z.T. *-lein*), z.T. *ch-* für *k-, -ch-* für *-h-,* nichts „Unbairisches". Die drei Lieder des Schreibers 3 (Kl 28, 67, 22) zeigen einerseits bairische Züge (z.T. *w/b*-Vertauschung, *p-, -leich*), andererseits einige *i* für *ie* (Kl 67,20 *verdriss*; Kl 22,2 *nymant,* 101/103 *schissen/verdrissen*), einige *g-* für *j-* (Kl 67,1 *Genner,* 22,4 *getten*; ostmitteldeutsch? Moser 1951, 90). Schreiber 8 (Kl 124, 125, 110, 111) verwendet einige schwäbisch-alemannische Merkmale: durchgehend *-lich, -lin, ö* für *öü* in Kl 110,1 *fröwen;* Kl 110,14; Kl 124,5 *öglin;* 1x *au* für *â* Kl 111,10 *awbentewer,* wenige *p-*.

Auch die Textpartien der Schreiber 5 (f. 21r, 27v, 28v, 30r–37v) und 6 (f. 39r–49v) sind nicht auf einen Nenner zu bringen. Da begegnen beim

Schreiber 5 Alemannismen wie <*au, aw*> für *â* (neben häufigerem <*a*>), gelegentlich undiphthongierte Formen (neben vielen *-leich*), <*ä*> für *ë, ê* (Moser 1929, 120: Augsburg) oder die Abkürzung *dz* für *daz, das.* Beispiele: <*au*> Kl 65,6 *h ǎ t g e t ǎ n* (im Apparat von Kl zu *hät getän* verschlimmbessert). 18 *jaur,* 33,14 *vngeslawffen,* 53,11 *plawben,* 34,27 *awbentewr* (gelegentlich steht aber <*a*>, wo die Hs. B <*au*> hat: Kl 53,20 *slaffes,* 72,30 *plater*); unterbliebene Diphthongierung Kl 70,7 *trütel,* 11 *risß* ‚reiße', Kl 6,9 *gewichen* ‚weichen', 19 *dücht,* 29 *vfenthalt*; <*ä*> für *ë, ê* Kl 32,9 *mären* ‚mehren', 10 *gemäldet,* 13 *sälber mält,* 19/30 *-sälbig,* 23 *lähen* ‚Lehen' (hierher stelle ich gegen Schatz 1930, 5 auch die <*ä*> für *ë* in Kl 82); *dz* Kl 71,8/13/17/29; Kl 123,8. Schreiber 6 zeigt in den ersten acht Liedern bei überwiegend bairischer Charakteristik (viele *p-, -p, ch-, -leich[en]*, Kl 24,25 3.Pl. *lesent*) wenig Auffallendes (Kl 79,15 *volcken* ‚Falken', 27 *wosser*), ab f. 42v (Kl 26) mehren sich aber auch bei ihm Alemannismen: Kl 26,1 *awbentewr,* Kl 42,39 *plaube,* Kl 27,48 *strauße,* 74 *wauffen,* Kl 84,9 *lauß,* Kl 30,8 *aubent,* 27 *slauffen,* Kl 41,36/60 *-grauf,* 50 *Auch* ‚Aachen', nicht selten undiphthongierte Formen wie Kl 84,5 *sy gar verhyt,* 7 *wiben,* Kl 84,8; Kl 25,129 *stritt,* Kl 84,19 *vngelichem,* Kl 86,2 *by Rin so vin,* 10 *wißhait,* 15 *vf,* Kl 43,25 *himelrich,* Kl 39,24 *nidig,* Kl 44,74 *nyde,* Kl 116,35 *zit* (daneben aber häufig *-leich*), vereinzelt <*o, ö*> für *ou, öü* (Kl 25,32; Kl 86,39 *loff,* Kl 38,81 *pom,* Kl 95,42 *höptern;* dazu Kl 26,136 *kom* ‚kaum', Kl 84,20 *stobs* ‚Staubes', Kl 39,18 *zobrey* mit <*o*> für *û*).

Der Schreiber 7 war seit 1427 für OvW tätig (Schatz 1904, 33, erste erhaltene Urkunde OsvW Urfehdebrief vom 1. Mai 1427; LZ 168 [dort bleibt der Schreiber unerwähnt]). Bei ihm treten schwäbisch-alemannische Merkmale nicht nur fallweise auf, sondern sie sind durchgehend vorhanden, wenn auch in unterschiedlicher Dichte (s. dazu Röll 1968, Einleitg 84 ff. über den Schreiber *h,* dem nach Schatz allerdings neben 7 auch noch 6, 8 und Teile von 5 zugeordnet sind). Besonders auffällig sind die vielen erhaltenen Monophthonge <*i, u*>, häufig in Kleinwörtern wie *vf(f)* Kl 40,42; Kl 99,9/13; Kl 88,1/4; Kl 45,44; Kl 91,26/36/37/42; Kl 92,45, *vß(-)* Kl 40,29; 48; Kl 98,5; Kl 45,10; Kl 91,7; Kl 92,7/25, *by(-)*Kl 40,55; Kl 98,28; Kl 99,27; Kl 45,88 und in kurzen, oft verwendeten Wörtern wie *lib* 98,27; Kl 88,16; Kl 45,65; Kl 92,46; *wib* Kl 98,25; Kl 45,62; Kl 91,29; *brys(en)* Kl 98,21; Kl 88,8; Kl 45,58; *trut* Kl 91,29; Kl 74,9; Kl 92,1. Oft stehen solche Formen im Reim oder in Reimketten wie Kl 45,61-65 *verschrib/wib/klyb/vertrib/lib* (in der gleichen Str. aber mit Diphthongen 67–71 *kraus/haus/-maus/paus/zaus*), Kl 92,34-36 *brut/hut/lut,* Kl 88,11-13 *ewiklich/gewich* ‚entweiche'/*tich* ‚Teich' (Kl 91,80 steht hingegen *tich* am Ende einer Reihe diphthongierter Reimwörter: *reich/geleich/speich*; OvW sprach sicher diphthongisches *-leich,* wie viele Reime erweisen: Kl 3,24/30 *reich : frävelich,* Kl 7,6/12; Kl 11,125 f. *reich : ewikleich* usw.; vereinzelt Kl 111,78/84 *gelich/ich*; Wiesinger 1974, 373). Durchgehend steht *i* im Nebenton (*-lich, -lin;* Ausnahmen Kl 97,28 *ödleichen,* Kl 92,3/10/19 *bärbelein, vogelein, swemmelein*). Zu den Alemannismen gehört auch <*o, ö*> für *ou, öü* (45,59 *bom,* Kl 88,15 *vrlob, frow,* Kl 99,3 *fröwen,* Kl 91,4 *öglin*), während <*a*> in Kl 40,47/51/55 *gam/tram/pam* bairisch ist (im 15. Jhd. auch augsburgisch: Moser 1929, 173; in B *-aw-*). Erstaunlicherweise kommt <*au*> für *â* nur zweimal vor (Kl 40,16 *aubenteuer,* Kl 92,47 *aubent*), zweimal steht <*a*>, wo die Hs. B <*au*> hat (Kl 45,14 *braten,* Kl 91,7 *slaffes*). Ziemlich durchgehend schreibt 7 und einige andere Schreiber für den Umlaut von *â* das Zeichen <*ë*> (z.B. Kl 89,9/11 *geuër/mër,* Kl 74,17/18 *geuër/wër,* Kl 25 *mit stëttem flíße,* Kl 97,14/18 *wëh/beschëch* usw.), während bairische Schreibsprachen sowohl für *ä* wie für *æ* überwiegend <*ä*> verwenden (wie Kl 97,26 *stäte*). Der schwäbische Charakter der Orthographie von Schreiber 7 wird schließlich auch durch das Überwiegen von <*b-*> über <*p-*> bestätigt (Mischung von *b-* und *p-* ist für Augsburg charakteristisch: Moser 1951, 104 f.). Rölls Annahme, der Schreiber *h* sei Schwabe gewesen (1968, Einleitung, 83; Röll 1981, 65 f.), ist gut begründet. Was mit der Identifikation des Schreibers 6 mit einem Oswald Holer „aus der Brixener Diözese" durch Delbono (1977, 43) gewonnen ist, kann ich nicht sehen. Von der Schreibsprache her bestehen zwischen den Schreibern 7 und Teilen von 5 und 6 Übereinstimmungen.

Wie die starke Uneinheitlichkeit der Schreibungen aller Schreiber der Hs. A zu erklären ist, muss offen bleiben. Natürlich ist Variabilität eine Eigenschaft alles mittelalterlichen Schreibens. In unserem Fall scheint mir aber darüber hinaus ziemlich sicher, dass auch die Vorlagen in einem freilich nicht bestimmbaren Ausmaß durchschlagen. Dass die Schreiber gehalten waren, ihre Vorlagen sorgfältig abzuschreiben, geht schon aus den vielen fremdsprachigen, lautmalenden, oft exzentrischen Wörtern und Wortformen hervor, die eine buchstabengetreue Wiedergabe erforderten.

In den Jahren 1431/32 bis nach 1438 schrieb Schreiber 7 mit Ausnahme der beiden letzten Lieder (Kl 117, 118) die gesamte Hs B. Dem Typus nach ist seine Orthographie in B die gleiche wie in A, aber die spezifisch schwäbischen Merkmale sind deutlich zurückgedrängt (überprüfbar mit Hilfe des Reimregisters von Jones/Mück/Müller 1973). Das gilt vor allem für die erhaltenen Monophthonge (z.B. *vff(-)* Kl 6,29; Kl 9,3; Kl 18,102; Kl 45,17; *vß(-)* Kl 20,78; Kl 22,143, *himelrich, künigkrich* Kl 9,13/17, *richem* Kl 40,36, *vorslisse/flisse* Kl 11,2/8; *itel* Kl 11,3, *schribet* Kl 3,8 usw., dazu ein falscher Diphthong in Kl 30,9 *stauben*) und <*au*> für *â* (mehrfach *aubenteuer* Kl 1,62, Kl 34,27, Kl 62,55, Kl 90,5 usw., *slauff(en)* Kl 7,42; Kl 40,12; Kl 51,28; Kl 53,20 usw., ferner *autem* Kl 5,34; Kl 26,66; *plaus(en)* Kl 52,25; Kl 93,28, *aubent* Kl 16,46, *autern* ‚Natter' Kl 32,50, *brauten* Kl 45,14, *blauter* Kl 72,30). Interessant ist ein Vergleich der *au*-Belege der

Schreiber 5, 6 in Hs. A mit denen in Hs. B: für 10 von 15 *au*-Belegen in A steht in B *a*. Der schwäbische Charakter bleibt aber doch gut erkennbar: im Überwiegen von *b*- gegenüber *p*- (s. Jones/Mück/Müller 1973, 64–109 *b*-, 726–746 *p*-; in wenigen Wörtern überwiegt *p*-: *pald, pawer, pein* [nur so], *perg, plumen, -lin, pringen*), in den wenigen *ch*- für *k*- und im fast ausnahmslosen Gebrauch von *-o-* in den Präsensformen von *komen* (*kom(p)st, kompt*; in c durchgehend, in A oft *-u-*). Manche typisch alemannischen Schreibungen wie <*ú*> für *iu, ü* oder *dz* für *daz* (Schneider 2009, 94, 90; Römer 1997, 118 ff.) fehlen allerdings völlig.

Zu den Eigenheiten des Schreibers 7 gehört schließlich der reichliche Gebrauch eines meist schräg gestellten Doppelpunktes über Vokalzeichen. Klein hat sie unterschiedslos durch *ä, ü, ö, ë* wiedergegeben. Sie bezeichnen zwar in vielen Fällen Umlaute, oft aber auch andere Laute. Nicht selten ist noch zu erkennen, dass die beiden Punkte Reste eines übergesetzten *e* oder *o* sind (Schneider 2009, 94 f.). <*ä*> kann für nichtumgelautetes *â* stehen (z.B. *-stän* Kl 2,63; Kl 5,47; Kl 10,14; Kl 11,60 usw., *-gän* Kl 5,45; Kl 11,66; Kl 19,185 usw., *län* Kl 20,48, *jän* Kl 20,49, *wän* Kl 20,38, *här* Kl 1,43, *geräten* Kl 16,47 usw.), aber auch für *ä,* während *æ* meistens durch <*ë*> bezeichnet wird (*swër* Kl 1,90/121; Kl 2,17 usw., *gevër* Kl 1,123 usw.), seltener durch <*ä*>. <*ü*> steht einerseits für den Umlaut, häufiger aber für *uo* und dessen Umlaut (Kl 1,6/12 *güt/hüt,* 10 *tü,* 14/16 *grüsst/büsst,* 63 *klüg,* 85/87 *füg/trüg* usw., Beispiele fast auf jeder Seite). Lediglich <*ö*> bezeichnet fast immer den Umlaut. In der Hs. A kommen die übergesetzten Punkte auf den ersten 40 Blättern selten vor, erst mit den Schreibern 6 und 7 werden sie häufiger.

Die Orthographie der nachgetragenen Lieder Kl 117 und 118 ist bairisch.

3. Die Sprache der Reime

Die Orthographie der Schreiber spiegelt nicht die Sprache des Autors wieder. Wohl aber kann die Phonologie seiner Sprache über Reimuntersuchungen erschlossen werden, wie sie für viele mittelalterliche Dichter mit Erfolg durchgeführt wurden. Es genügt, auf die bedeutenden Arbeiten Konrad Zwierzinas hinzuweisen. Voraussetzung dafür ist allerdings, dass der Autor Reimreinheit angestrebt hat. Maurer (1922) und Schatz (1930) haben OsvW Reime untersucht. Mit dem verfeinerten Instrumentarium der modernen Dialektologie hat Wiesinger (1973) den Vokalismus der Reime OsvW analysiert. Das gemeinsame Ergebnis ist, dass viele nach dem normalisierten Mittelhochdeutschen unreine Reime unter Berücksichtigung bairischer phonologischer Verhältnisse sehr wohl rein sind. Allerdings ist dabei nicht von dem phonologischen System einer südbairischen Grundmundart auszugehen, sondern von dem der Literatursprache. Die Sprache von OsvW Liedern ist ein Bairisch ohne besondere Auffälligkeiten, wie es in anderen Texten dieser Zeit auch vorliegt, z.B. bei OsvW Landsmann Vintler oder in den Liedern des Mönchs von Salzburg. Es handelt sich um eine Literatursprache, die eine gehobene Umgangssprache widerspiegelt, die über den Dialekten stand. Wiesinger (1974) bezeichnet diese partiell überregionale Oberschichtvarietät als „Herrensprache". Sie trägt deutlich Züge des bayerisch-österreichischen Zentralraumes (d.h. mittelbairische Züge). Es liegt daher nahe, an Wien, die bedeutendste österreichische Stadt, als Ausstrahlungszentrum und gesellschaftlich-kulturellen Mittelpunkt dieser Sprache zu denken. Die tendenziell schwäbische Schreibsprache der Hs. B mit ihren vielen <*b-*>, <*-lich*> usw. gibt diese Sprache nicht angemessen wieder.

Die bairischen Reime OsvW (wie anderer zeitgenössischer Dichter aus dem bairischen Sprachgebiet) lassen sich freilich nicht einem einzigen Mundartgebiet zuordnen. Wiesinger (1973, 384) meint aber, dass sie, mit Ambivalenzen, alle in der Wiener Herrensprache vorkommen konnten und dass die ambivalenten Realisierungsmöglichkeiten OvW „eine Anpassung an sein jeweiliges Publikum gestattet" hätten (388). Aber die Ambivalenzen zusammen mit den literarischen und den „Augenreimen" machen meines Erachtens deutlich, dass OvW in der Wahl seiner Reime und wohl auch hinsichtlich ihrer Reinheit nicht kleinlich war. Wenn es gerade passte, dann konnte auch ein niederdeutsches Reimwort aushelfen wie Kl 64,10 *lieff* ‚lieb' (im Reim auf *brieff : tieff*), ganz ohne niederdeutschen Kontext (s. aber Wachinger 1977, 286 f., auch zu Kl 91,61 f.). Wenn von „Augenreimen" (skeptisch dazu Röll 1981, 66) die Rede ist, muss man fragen, ob mittelalterliche Dichter, die oft selbst nicht schreiben und lesen konnten (Jones 1978), überhaupt an Leser gedacht haben. Die Lieder wurden gesungen und nicht gelesen. Zudem nahmen die Schreiber auf Reimübereinstimmungen oft keine Rücksicht, wenn das ihren Schreibgewohnheiten widersprach (z.B. Kl 1,37/43 *zwar/här,* Kl 2,63/65 *gestän/man,* Kl 8,8/10 *schribet/scheibet* usw.; Hs. A hat in diesen Fällen „reine" Reime). „Augenreime" sind lautähnliche Reime (*u : uo, ü : üe, ê : ä* u.ä.), deren Unreinheit offenbar hingenommen wurde. Die große Mehrheit der Reime entspricht aber, die bairischen Sprachverhältnisse eingerechnet, dem Gebot der Reimreinheit gut.

4. Fremde Sprachen, Dialekte

OvW hielt sich viel zugute auf seine Kenntnis fremder Sprachen. In Kl 18,21 f. nennt er nicht weniger als 10 Sprachen (einschließlich Deutsch und Latein), die er auf seinen Reisen gebrauchte, wenn es nötig war. Neben fünf romanischen Sprachen (Französisch, Katalanisch, Kastilisch, *lampertisch* und *roman*) nennt er noch *mörisch* ‚Arabisch', *windisch* ‚Slowenisch' und *reuchisch* ‚Russisch'. In dem etwa zur gleichen Zeit entstandenen Lied Kl 69 *Do fraig amors* nennt der Refrain (12 ff.) die sieben Sprachen, die in regelmäßigem Wechsel das Lied bilden; zwei davon waren im ersten Katalog noch nicht angeführt: Ungarisch und Flämisch. Anhand der romanischen Zitate, Wörter und Namen hat Lüdtke (1981) zu ermitteln versucht, wie es um OsvW Sprachkenntnisse bestellt war. Gute Kenntnisse bescheinigt er ihm lediglich für die oberitalienischen Sprachen/Dialekte (vor allem das Lombardische) und allenfalls für das Französische. In den anderen Sprachen wird er in der Lage gewesen sein, sich zu verständigen, wie Touristen heute, wie er ja in Kl 18,23 selbst sagt: *die zehen sprach hab ich gebraucht, wenn mir zerran* ‚wenn es nötig war'. Zudem darf man „für das Gebiet zwischen Oberitalien und Kastilien von der Möglichkeit gegenseitiger Verständigung ausgehen" (Lüdtke 1981, 311), und in genau diesem Gebiet lagen außer dem Französischen die von OvW genannten romanischen Sprachen. Mit der Kenntnis der anderen Sprachen war es sicher nicht besser bestellt. Am meisten Text liegt für das Slowenische (*windisch*; Kl 69, Kl 119) und für das Flämische vor (Kl 69,17 *flemming*; Kl 69, Kl 90, Kl 96, Pseudoflämisch; Marold 1995, 188 ff., 227 f., 237 f.). Ungarisch ist eine der Sprachen, aus denen Kl 69 gebildet ist (Marold 1995, 188 ff.; Motz 1913); ein vielleicht ungarischer Fluch steht in Kl 102,65 (Marold 1995, 246). Wie gut OvW Ungarisch sprechen konnte, lässt sich den paar Brocken nicht entnehmen. Mit lateinischen Zitaten geht OvW ziemlich sparsam um (Wachinger 1977, 288 ff.).

Mit der Montage mehrerer Sprachen in einem Lied steht OvW in einer poetischen Tradition, der Wachinger (1977) nachgegangen ist. OvW geht mit dieser Tradition sehr frei um. Während sonst in der Regel eine Volkssprache mit Latein kombiniert wird, stehen in Kl 69 und Kl 119 verschiedene Volkssprachen und Latein in einem geordneten Wechsel untereinander. Konstitutiv ist venezianische nautische Terminologie in Str. 2 und 3 von Kl 17, in dem das Kreuzfahrtthema der Aufhänger ist, die Realität des Lebens auf dem Schiff in der Sprache der Seeleute zu vergegenwärtigen und mit der genauen Kenntnis der Windrose mitsamt den Windnamen zu prunken. Im Gegensatz zu Kl 69 und Kl 119 ist Kl 17 keine Montage verschiedener Sprachen, sondern ein deutscher Text mit einer den Laien freilich irritierenden Häufung exotischer Fachtermini (für den Fachmann macht das Ganze guten Sinn; Marold 1995, 35 ff.; Moser 1969, 77 f.; Wachinger 1977, 287 f.). Viel Raum gibt OvW dem Niederdeutsch-Flämischen, meist freilich nur in einer oberflächlichen Einfärbung. Kl 90 und 96 sind ganz in diesem Idiom gehalten (Kl 90 nur in A;

B, c haben eine hochdeutsche Version). Oberdeutsche Formen im pseudoniederdeutschen Text können auf das Konto des Schreibers gehen (Kl 90,9 *hiet, pald,* 15 *plick,* 24 *panget*), nicht aber der Reim Kl 90,2/4 *was/haß*, der nur hochdeutsch möglich ist. Der Hang zum Flämeln zeigt sich auch in verschiedenen Reimwörtern (zum Flämeln seit Neidhart und dem *Helmbrecht* s. Wachinger 1977, 286 f.).

Zur Charakterisierung von Personen und Situationen kann auch der heimische Dialekt in der gleichen Weise wie fremde Sprachen punktuell eingesetzt werden. Ein gutes Beispiel dafür ist Kl 82 (Moser 1969, 79 f.), wo ein Bauer um die Liebe einer Dame wirbt, die ihm aber einen *hübschen knaben gut* aus *Krä zu Kastellrut* (82,8 f.) vorzieht. Die tölpische Direktheit des Bauern wird durch einige auffallend ländliche Formen unterstrichen, z.B. 15 *neut* ‚nicht' (altertümlich im Ötz- und Oberinntal *nuit,* Schatz 1955/56, 2, 451), Formen von *queden* ‚sprechen' (40 *so keut man,* 62 *ich ... gekeude*, Schmeller 1872, 1, 1224), *der-* für *er-* (31 *derklupfe*), 42 *leup* ‚lieb', 49 *heint* ‚heute' (sonst *heut*; *haint* in Kl 82,49 in dessen Edition ist falsch: die Hss. haben korrekt *heint*) und die Verballhornung 39 *numerdum und numine* ‚in nomine domini' (weiteres bei Schatz 1930, 5, wohl mit Abstrichen, z.B. <*ä*> für *ë,* s.o.). Auch die Kupplerin von Kl 25 spricht diese Sprache (117 f. *derwelhen, newt* A). An einem Detail ist der Kontrast zwischen Dialekt und Literatursprache gut ablesbar: Das Präfix *der-* für *er-* wurde seit dem 14. Jahrhundert im Bairischen zunehmend üblich. Vintler ist es ganz geläufig. OvW verwendet es gezielt nur in Kl 82,31; Kl 25,117 zur Charakterisierung bäuerlichen Sprechens, bleibt aber sonst beim hochsprachlichen *er-* (N. Wolf 1969, 104 f.). Der Dialekt macht die ständische Distanz hörbar.

Lokalkolorit kann auch sonst durch Dialektsignale angedeutet werden, so durch die schwäbischen Diminutivformen *Kädrichin, Engichin, kindichin* in dem Preis auf Pfalzgraf Ludwig (Kl 86,20 f./26; dazu der Reim 11 f. *getrawen* A : *frauen*, Schatz 1930, 4) und durch das Niederdeutsch des Jülicher Kollegen im Piacenza-Lied Kl 103,17 f. (*von disem sütten hechtigin*; niederdeutsch auch *örigin, stäbickin* in Kl 90,7/9 [in B hochdeutsch *örichin, stäbichin*]). Ohne regionale Anbindung bleibt *schäffgin* Kl 92,2 (nur in A; *schäfflin* B). Schwäbische Verbformen in direkter Rede chrarakterisieren den groben Wirt in Überlingen (Kl 45,16/18: 2.Pl. *turrent ir, ir sein[t]*; verändert in A) ebenso wie *mang freulin zart* in Konstanz (Kl 123,17 *Hör ... was ich dir seg*; auch die *ä*-Reime 41–43 sind schwäbisch).

Auch wenn OsvW Sprache nicht der Dialekt ist, so ist sie in ihrem ungemein reichen Wortschatz doch unverkennbar regional geprägt, z.B. durch typisch bairische Wörter wie *pfinztag* Kl 67,15; Kl 28,14, *tengk, tenkisch* Kl 1,99; Kl 63,17, *topfen/schotten* Kl 79,33/35, *prächten* ‚reden' Kl 82,35 (A), *tämisch* Kl 117,24, *poschot, -at* Kl 56,13, *kent ein* ‚zünd an' Kl 48,2 (nur A), *goder* Kl 117,44, *klapf* ‚Fels' Kl 23,90, *schawer* ‚Hagel' Kl 23,121; Kl 25,115, *zülle* ‚Kahn' Kl 105,34, durch bäuerlichen Fachwortschatz u.v.a. (weiteres bei Insam 1970), nicht zuletzt auch durch die unzähligen Diminutiva (Schatz 1930, 38; Wolf 1997) wie *gänsel, kränzel, heutel, treutel, töckel, liechtel, teubelein, ermlein, kindlin, öglin, füesslin, meusli, steudli, maidli* usw. und Kosenamen wie *Hänselein, Öselein, Gredelein, Gredli, Mätzli, Kleusli* usw.

5. Sprachliche Kreativität: Akustische Spiele, kühne Wortbildungen, Expressivität

Wichtiger als die regionale Bindung von OsvW Sprache ist ihre unbändige Kreativität, die Lust an der Erzeugung überraschender Klangwirkungen, an kühnen Bildern, an ausgefallenen Wortbildungen. Der sprachliche Einfallsreichtum, mit dem auch thematisch konventionelle Lieder gestaltet sind, begründet in glücklichen Fällen ihre Einzigartigkeit. Für eine einlässliche Darstellung fehlt der Raum (und meinerseits ausreichende Spezialkenntnisse; gute Hinweise bei Wachinger 1989, 152 ff.).

Zweifellos spielt der akustische Aspekt, der sich in Reimketten, Schlagreimen und im Gebrauch vieler Wörter für akustische Phänomene äußert, für OvW eine bedeutende Rolle (Moser 1969, zum akustischen Wortschatz 81 f.). Auch wenn OvW damit auch in der Tradition des geblümten Stils steht, so haben seine expressiven Schlagreime doch eine nur ihm eigene Intensität, in den meisten Fällen frei von prunkender Gelehrsamkeit (die es bei ihm natürlich auch gibt). Diese Stilmittel dienen überwiegend der emotionalen Steigerung. In Kl 21 z.B. werden die langen Reimketten der ersten beiden Strophen in Str. 3 zu einer Massierung von Diminutiven auf *-li* gesteigert, die weder auf Sinn noch auf Reimreinheit Rücksicht nimmt (99–113 *zissli müssli / fissli füssli* usw., *Clērli Metzli / Elli Ketzli* bis zur eindeutigen Aufforderung *vacht das rëtzli*). Die hämmernde, gehetzte Wiederholung setzt die Emotion unmittelbar in Klang um (schon vorher stehen auffallende Verbformen im Reim, z.B. 39 ff. *quientieret/discantieret/sonieret,* 77 ff. *firlifanzen/tanzen/verglanzen* und 92 ff. ein Katalog von 17 Ländernamen). Auf andere Weise bewirkt die je dreimalige Wiederholung innerhalb der Verszeile in Kl 70 die gleiche derb-drastische Steigerung (von 2/4/6 *trag auf wein ..., pring her wein ..., nu schenck ein ...* bis zu 30 *dran, dran, dran ...*). Eine ähnliche Verstechnik, aber in gelassen-heiterer Stimmung zur Begrüßung des Mai findet sich in Kl 75. Wieder signalisieren die vielen gereimten Diminutiva auf *-li* in Str. 2 Emotionalität (27 *Ösli Gredli!*; zum emotiven Aspekt des Diminutivs Wolf 1997, 91), mit dem Schlusspunkt v. 39 *leicht vach ich dir das rëtzli.* Um gewünschte Klänge oder Lautmalerei zu erzielen, nützt OvW die Möglichkeiten seiner sprachlichen

Register und darüber hinaus mit Entlehnungen aus anderen Varietäten bedenkenlos aus, wenn es sein muss auch durch die Bildung neuer Sprachformen (z.B. Kl 73,7 f. *von mirę / schire* [sonst 432x *mir*]). Vertrackten Wortspielen ist Robertshaw 1997 nachgegangen (siehe auch im vorliegenden Band).

Zu den Desiderata der Erforschung von OsvW Sprache gehört zweifellos der Wortschatz (unentbehrlich immer noch Schatz 1930; gute Einzeluntersuchungen von Banta 1967/1980, Insam 1970, Jagt 1973, Okken 1972–1981) und die Wortbildung. N. Wolf (1969) hat mit Erfolg die verbalen *er*-Bildungen untersucht und mit denen in Vintlers „Pluemen der Tugent“ verglichen, wobei sich durchaus interessante Eigentümlichkeiten OsvW ergeben, einschließlich einiger Neu- oder ad-hoc-Bildungen (Wolf 1969, 99, Anm. 18). Der Aufsatz ihres Namensvetters über die Diminutiva (Wolf 1997) wurde schon genannt. Ich weise zum Schluss noch auf Adjektivbildungen in Kl 53 hin (Banta 1967/1980). Von der ersten Zeile an sind *-lich*-Bildungen im ganzen Lied häufig (*frölich, zärtlich, lieplich, klärlich, lustlich, minniklich, taugenlich, freuntlich, lächerlich, waidelich, wunniklich*). Außer *lächerlich* ‚lachend‘ (nur hier belegt, bei Lexer nur *lachelich*) sind es Bildungen ohne Besonderheiten (außer *lächerlich* und *taugenlich* auch von OvW oft verwendet), aber immerhin auffallend gehäuft. Hoch markiert sind hingegen die Adjektive auf *-lo(ch)t* in Str. 2: 14 *Lünzlot, münzlot, klünzlot und zisplot, wisplot sprachen* ‚reden‘ *[...] sol dein pöschelochter, rotter mund*, 23 f. *zendlin weiss [...] trielisch, mielisch, vöslocht, röslocht.* Adjektiva auf *-(l)oht* sind schon im Mittelhochdeutschen selten und nur oberdeutsch belegt (Klein/Solms/Wegera 2009, 330 ff.). Die von OvW verwendeten Wörter sind außer *röselocht* durchwegs Hapaxlegomena, die vermutlich auch OsvW Tiroler Zuhörern wenig geläufig waren. Aber ihr genauer Sinn war auch weniger wichtig als der expressive, einschmeichelnde Klang, verstärkt noch durch *trielisch mielisch,* die auch nur hier belegt sind. Das Lied steigert sich in Str. 3 zum Traum der erotischen Erfüllung (Banta 1980, 74 f.), und da stellen sich wieder hochemotionale Diminutiva ein (*zünglin, brüstlin, beuchlin, reuchlin*).

Literatur (ergänzend zur Gesamtbibliographie)

Klein, Thomas, Hans-Joachim Solms, Klaus-Peter Wegera: Mittelhochdeutsche Grammatik. Teil III. Wortbildung. Tübingen 2009.

Mollay, Karl (Hrsg.): Das Ofner Stadtrecht. Eine deutschsprachige Rechtssammlung des 15. Jahrhunderts aus Ungarn. Weimar 1959.

Moser, Virgil: Frühneuhochdeutsche Grammatik. I, 1. Heidelberg 1929 (= Germanische Bibliothek I, I, 17). 3. Teil . Heidelberg 1951.

Reichmann, Oskar/Klaus-Peter Wegera (Hrsg.): Frühneuhochdeutsche Grammatik. Tübingen 1993 (Sammlung kurzer Grammatiken germanischer Dialekte A, 12).

Reiffenstein, Ingo: Aspekte einer Sprachgeschichte des Bayerisch-Österreichischen bis zum Beginn der frühen Neuzeit. In: Sprachgeschichte. 3. Teilband. 2003, S. 2889–2942.

Roelcke, Thorsten: Die Periodisierung der deutschen Sprachgeschichte. In: Sprachgeschichte. 1. Teilband 1998, S. 798–815.

Römer, Jürgen: Geschichte der Kürzungen. Abbreviaturen in deutschsprachigen Texten des Mittelalters und der Frühen Neuzeit. Göppingen 1997 (= GAG 645).

Schatz, Josef: Wörterbuch der Tiroler Mundarten. Bearbeitet von Karl Finsterwalder. 2 Bde. Innsbruck 1955/56 (= Schlern-Schriften 119/120).

Schmeller, Johann Andreas: Bayerisches Wörterbuch. 2. Aufl. bearbeitet von G. Karl Frommann. 2 Bde. München 1872–77.

Schneider, Karin: Paläographie und Handschriftenkunde für Germanisten. 2. Aufl. Tübingen 2009 (= Sammlung kurzer Grammatiken germanischer Dialekte B 8).

Sprachgeschichte. Ein Handbuch zur Geschichte der deutschen Sprache und ihrer Erforschung. Hrsg. von Werner Besch, Anne Betten, Oskar Reichmann, Stefan Sonderegger. Berlin 1998–2004 (= Handbücher zur Sprach- und Kommunikationswiss. 2.1–4).

Stopp, Hugo: Grammatik des Frühneuhochdeutschen, hrsg. von Hugo Moser und Hugo Stopp. I. Bd, 2. Teil: Vokalismus der Nebensilben II. Heidelberg 1973 (= Germanische Bibliothek, 1. Reihe).

Wortspiele und Doppeldeutigkeiten in den Liedern Oswalds von Wolkenstein

Alan Robertshaw

In seiner Dissertation über den Stil OsvW hat Johannes Beyrich dem Thema ‚Wortspiel' nur ein kurzes Kapitel gewidmet (Beyrich 1910, 43 f.). Trotzdem gehört der Tiroler Dichterkomponist sicher zu jenen mittelalterlichen Poeten, deren „Wort- und Klangphantasie [...] sich in Kultivierung wortrhetorischer Mittel erfüllt", wobei sich oft eine Vorliebe für Wortspiele offenbart (Brinkmann 1928, 157 f.). In diesem Beitrag werde ich versuchen, anhand von ein paar Beispielen Oswalds ‚Klangphantasie' (s. Moser 1969) zu erläutern, und zwar vor allem bei seinem Spiel mit Personen- und Ortsnamen sowie auch mit doppeldeutigen erotischen Ausdrücken.

1. Personennamen

Personennamen kommen in großen Mengen in Oswalds Lyrik vor (Überblicke bei Wittstruck 1987 und Marold 1995, 337–350). Wenn er mit solchen Namen spielt, dient dies gelegentlich dem Zweck der Schmeichelei. In einem Bericht über die von Erfolg gekrönten Bemühungen des römischen Königs Sigmund, im Winter 1415–16 den schismatischen Papst Benedikt XIII. zum Rücktritt zu zwingen (A. Schwob 1977, 111 ff.), wird *künig* ***Sig****munds* ***sig*** (Kl 19,118) gepriesen. Solche Wortspiele werden aber häufiger mit Spott als mit Lob verbunden. In demselben autobiographischen Lied Kl 19, das anscheinend während Oswalds Reise nach Spanien und Frankreich im Gefolge des Königs entstand (siehe dazu Dallapiazza/Molinari im vorliegenden Band), spielt er auch mit dem Namen von Sigmunds päpstlichem Gegenspieler, der bekanntlich mit Namen Pedro de Luna hieß, ein Name, der dem Dichter reichlich Gelegenheit zur Schmähung des Gegners bot. De Luna wird als *ain kind mit falscher* ***lawne*** (Kl 19,130) beschimpft (s. Kl 18,47: *ir babst* ***von Lun,*** *genant Petro*).

Nicht ganz so durchsichtig ist der Spitzname *Peter* ***Schreufel*** (Kl 19,47), der meist mit ‚Schrauf', Schraube verbunden wird, eine Deutung, die auf Oswalds ersten Herausgeber und Biographen Beda Weber zurückgeht:

schreufel, das = kleine Schraube, MT. Schraufe, diminuirt Schreufl, der Nagel, welcher das Herausgehen des Rades an der Achse verhindert, MT auch Luner genannt [...], Spottname auf Peter de Luna, der sich durch die schraubenden Künste seiner Politik als Papst erhalten wollte“ (Weber 1947, 421 f.; s. auch Schatz 1930, 96; Marold 1995, 53; Hofmeister 1989, 63).

Mir will das aber nicht ganz einleuchten, denn es gibt nur einen lockeren Zusammenhang zwischen den Wörtern ‚Luner‘ (‚Achsnagel‘) und ‚Schraube‘. Für ein Publikum im Gefolge des Königs wäre das auch nicht leicht verständlich. Eine näherliegende Quelle von *schreufel* ist das mhd. Wort *schrewel, schrowel, schröuwel*, ‚Teufel, Peiniger, Henker‘ (Lexer II, 806), um so eher, weil *schreufel* hier auf *teufel* (V. 48) reimt, und Pedro auch (V. 129) *du böse katz* (= ‚Ketzer‘, s. Grimm 5, 639) genannt wird. Bei Lexer wird ferner *schrovel*, das Diminutiv von ‚schroffe‘, ‚rauher Fels‘ aufgeführt, was bestens zu ‚Peter‘ passt, ein Name, der ja mit ‚Fels‘ gleichbedeutend ist.

Die Tirade gegen Pedro de Luna ist ein relativ seltenes Beispiel der politischen Polemik in Oswalds Œuvre. Auch in diesem Lied (Kl 19) bleiben die politischen Ereignisse eher im Hintergrund der balladesken Erzählung seiner Abenteuer in Frankreich und Spanien. Politisch in engerem Sinne ist Kl 27 *Ich hab gehört durch mangen granns*, wo Oswald über mehrere Strophen eine Invektive gegen den böhmischen Kleriker Jan Hus und seine Anhänger ausspinnt. Hier bedient sich der Dichter des von anderen Feinden des Häretikers aufgegriffenen Wortspiels ‚Hus‘ = tschechisch ‚Gans‘. Über die eigentliche Zielscheibe von Oswalds polemischer Salve gibt es aber keine einstimmige Meinung. Mathias Feldges sieht hier einen Angriff auf Jan Hus, und zwar zur Zeit des Konstanzer Konzils, das Oswald aus der Nähe erlebte (Feldges 1977, 137 ff.). Aber obwohl nach Feldges’ Meinung die Einzahl *huss* sich nur auf den Kleriker selbst beziehen kann, wurden dessen Anhänger tatsächlich bald als ‚Hussen‘ bekannt (z.B. Windecke 1893, 113 und passim). Die Zweideutigkeit des Wortes, auch in der Einzahl, lässt sich also nicht leicht abstreiten.

In demselben Lied ist ein Wortspiel mit dem Namen einer weiteren zeitgenössischen Gestalt zu finden, und zwar in den Anfangszeilen (Kl 27,1–6):

Ich hab gehört durch mangen granns
mit ainem sprichwort dick ain toren triegen:
simm, Lippel wer ain gůte ganns,
hett er neur federn, das im slawnt ze fliegen.
bei dem ain jeder merken sol,
das sich die **löff** *in manchem* **weg** *verkeren.*

Dass man diesen Hinweis auf den englischen Gelehrten John Wycliffe übersehen hat, ist nicht weiter verwunderlich, denn in seiner kritischen Ausgabe der Gedichte Oswalds hat sich Josef Schatz (1902, 1904) hier an Hs. c gehalten (V. 6: *leuff*), ohne die Lesarten von A und B (beide:

löff) zu verzeichnen, trotz der Verse in Strophe V, wo Oswald Hus oder – in der kollektiven Einzahl – seine Anhänger folgendermaßen tadelt (Kl 27,49–50):

wilt du den ***Wigklöff*** *nicht verlän,*
sein ler, die wirt dich hassen.

Ob der Dichter in den Anfangsversen dieses Liedes bloß seine Freude am Wortspiel an den Tag legen will, oder ob er auf ganz bestimmte Ereignisse anspielt, ist noch nicht endgültig geklärt. Feldges (1977, 152), der auch den Hinweis auf Wycliffe anscheinend nicht bemerkt hat, übersetzt V. 5 f. wie folgt:

„Daraus soll ein jeder erkennen,
daß sich die Zeitläufte in mancher Hinsicht verändern."

Eine genauere Übertragung würde aber Oswalds Metapher wiedergeben, z.B. „dass die Wege in viele falsche Richtungen laufen".

Bemerkenswert ist auch die Lesart von Vers 6 in Hs. A: in *mang**en** weg*, was auf eine Bewegung nach vielen Richtungen hin deutet. Das könnte ein Hinweis entweder auf die Spaltung der Hussiten oder auf die Verbreitung der (falschen) Lehren Wycliffes sein. Oswalds Mahnung in V. 49–50 erinnert an König Sigmunds Aufruf an die Böhmen im Jahre 1420, sie sollten den Lehren Wycliffes abschwören (Previté-Orton 1969; s. auch U.M. Schwob 2001). Wenn eine geschichtliche Gestalt auch hinter dem bisher nicht näher identifizierten *Lippel* (V. 3) steckt, würde das vielleicht mehr Licht auf diese Stelle werfen.

Die Wortspiele im ‚Hus-Lied' weisen einen durchweg ernsthaften Ton auf. Für Oswald typischer ist seine Auswertung des komischen Potentials im Namen einer weniger bekannten Gestalt, und zwar eines italienischen Adeligen (Kl 105,1–4; 73–74):

Es komen neue mër gerant
*von ainem graven, ‚**süss**' genant,*
*wie **sawer** der sein gesst emphacht*
dort in Runzelian [...]
*do conta **Dulz** den firlafai*
*pfaiff durch ein **sawern** don.*

Hier wird ein Vorfall in der oberitalienischen Stadt Ronciglione geschildert, wobei ein Graf Dolce einer Reisegesellschaft deutscher Ritter eine Tracht Prügel erteilte (s. Marold 1995, 251 ff.; Mayr 1961, 110 ff.). Im gleichzeitig entstandenen Kl 103 (*Wer die ougen wil verschúren*) über seine Reise nach Italien spielt Oswald in eher freundlicher Weise mit dem Namen eines Kameraden im Gefolge König Sigmunds, Hermann Hecht (s. Mayr 1961, 107 ff.).

Solche Lieder wurden sicher ursprünglich vor einem mit den Tatsachen schon vertrauten Publikum vorgetragen. Das gilt auch für jene Wortspiele Oswalds, die sich auf Personen und Ortschaften im engen, lokalen Kreis beziehen, wie in den folgenden Zeilen (Kl 104,1–8):

Von trauren möcht ich werden taub,
seid das der vorder ***winderklaub***
herwider hat behauset sich
auff seinen alten sitz.
Der ist so nahent bei der tür
gelegen mir durch mangen spür,
des ich mag klein erfreuen mich;
das macht sein grober litz.

Dem Uneingeweihten scheint das Wort *winderklaub* lediglich eine Personifizierung des Winters zu sein, der Oswalds Burg Hauenstein heimsucht. Aber aus zeitgenössischen Dokumenten ist zu erschließen, dass es sich auch um den Namen eines Oswald anscheinend feindlich gesinnten Bauern handelt, und zwar vom benachbarten ‚Winterklaubhof'. Es wird auch ein weiterer Nachbar des Dichters in die Beschreibung einbezogen, der ‚Bösaier', ein Name, zu dem Oswald ein Sprichwort erfindet, um seinen Unmut auszudrücken (Kl 104,9–14):

Kellt, reiff und grossen snee,
den bach verdackt mit eise
bracht er auss des **Bösaiers** *haus,*
des nam ich auch nicht breise,
wann raine frucht aus ***bösem ai***
kom nie von vogels hitz.

Obwohl sich diese Wortspiele mit Hilfe geschichtlicher Zeugnisse entziffern lassen (s. Müller 1969, 223 ff.; van der Jagt 1973, 541 ff.; Wittstruck 1987, 179–180; Robertshaw 1990, 327 f.), bringen sie uns nicht sehr weit, was den genauen Hintergrund der Polemik betrifft. Es geht sicher um Oswalds Fehde mit dem damaligen Bischof von Brixen, Ulrich Putsch (s. LZ 177). Er wird einmal eindeutig mit *Üli* (V. 50) angesprochen, dunkler dann mit *Perzli* (V. 50) und *Gabriel* (V. 33). Nach Marold (1995, 249) könnte hinter der letzten Bezeichnung, womit Ulrich auch beschuldigt wird, durch die Straßen zu einem Stelldichein mit seiner Geliebten zu schleichen, eine Anspielung auf eine Episode in Boccaccios *Decamerone* stecken.

In diesem Lied wird Oswalds Schmähung des Brixner Bischofs mit seiner Animosität gegen den Fürsten von Tirol, Friedrich IV. von Habsburg, verbunden (V. 75–80). Diese gut dokumentierten Ereignisse erwecken beim Leser den Verdacht eines Wortspiels in Oswalds *contemptus mundi*-Lied *O welt, o welt* (Kl 9), wo er darüber klagt, dass man genau auf sein Eigentum aufpassen muss, denn *der neithart liess aim nicht ain fesen* (V. 37). „Neidhart" könnte hier einfach ‚der neidige Mensch' bedeuten, aber ein Diener des Herzog Friedrich namens ‚der neithart' wird in einem

Brief Oswalds beschuldigt, gegen den Dichter zu intrigieren (s. Marold 1995, 18). Wenn es sich hier tatsächlich um eine wirkliche Person handelt – in Hs. A hat das Wort einen kleinen Anfangsbuchstaben, in B wird das N groß geschrieben – ist es wieder klar, dass Oswald dabei ein bestimmtes Publikum im Auge hatte, das den Hintergrund seines Worträtsels kannte.

Seine Reisegefährten in Konstanz waren sicher mit dem *Stainbrecher von Nesselwangk* bekannt, der beim Lernen des *a b c* unter Aufsicht seiner Schützlinge, der *freulin zart*, Geld von ihnen erpresste (Kl 123,5/35/38). Dieser Bericht scheint der Schlüssel zu dem Verweis in Kl 19 zu sein, wo sich Oswald an die Entwendung des ‚Siegelsteins' aus seinem Geldbeutel in Konstanz erinnert. Hierauf komme ich noch zurück.

2. Ortsnamen

Das Wortspiel mit Ortsnamen ist in Oswalds Liedern nicht so häufig. Eine Moralpredigt über die Schlechtigkeit der Welt und die Notwendigkeit der Buße endet mit einem persönlichen Bekenntnis (Kl 4,53–54):

Wann leiden swennt der sünden gall;
des lig ich Wolkensteiner inn der ***fall.***

Der Sünder Oswald lag also in einer metaphorischen Falle. Der gleichzeitige Hinweis auf einen realen Ort wäre leicht zu übersehen, wenn man nicht aufgrund von Urkunden feststellen könnte, dass Oswalds Fehdegegner im Jahre 1421 im Besitz eines Turms, genannt ‚die Fall' waren (heute: Schloss Fahlburg; s. Marold 1995, 12 f.).

Ein besser bekannter Ortsname ist in den folgenden Versen meist unbeachtet geblieben (Kl 104,61–64):

Ach, *Cölen, Wienen, Mainz, Paris,*
Affian, Costnitz, Nüremberg!
was ich freuden da gesach,
die gan mir hie nicht in [...]

Nach Marold (1995, 251) muss nach dem ersten Wort dieses Zitats, im Gegensatz zur Edition von Klein, ein Komma stehen, denn es gehört zu der Reihe der Ortsnamen, die es einleitet: Es ist die Stadt Aachen. Diese Deutung wird dadurch unterstützt, dass *Ach* unmittelbar vor *Cölen* steht. Die Namen der beiden Städte stehen in ähnlicher Nachbarschaft in einem anderen Lied (Kl 41,49–50):

Auff meinen völn und schiffen ich zu ***Cölen*** *für,*
von dann gen ***Aach*** *miet ich ain karren wilder rür.*

Die Absicht des Dichters in den zitierten Zeilen aus Kl 104 ist sicher ein Wortspiel, da sein *Ach* zugleich sein Bedauern darüber äußert, dass die

Freuden, die er einst in jenen schönen Städten erlebt hatte, nunmehr nur Erinnerung sind. In Kl 98 spendet er einer dieser Städte besonderes Lob, wieder durch einen doppeldeutigen Ausdruck (Kl 98,1–2):

O wunnikliches ***paradis,***
wie gar zu Costniz vind ich dich!

Die geläufige Metapher hat auch eine lokale Bedeutung: ‚Paradies' heißt ein Vorort von Konstanz, wo Oswald und seine Reisegefährten die beste Unterhaltung genossen hatten (s. Mayr 1961, 107).

Ein weiterer, bisher nicht geklärter Hinweis auf eine Stadt findet sich in dem schon mehrmals zitierten Lied Kl 104. Nach seiner Erwähnung der vermeintlichen Liebesaffäre Bischof Ulrichs fährt Oswald fort (Kl 104,35–40):

Ich näm ain grossen klupf,
als der mir Strassburg gäbe,
ob in wurd allen ausgefegt
mit ainem haissen schäbe,
die minn da pflegen sunder hel
durch gogeliche schand.

Bei Hofmeister (1989, 283) lautet die Übersetzung dieser Verse:

Ich wäre richtig verblüfft,
(so, als ob mir jemand Straßburg schenkte),
würden alle ausgefegt
mit einem glühenden Besen,
die da ihren Liebschaften unverhohlen
auf lächerlich-schändliche Weise nachgehen.

Um diese Zeit war Straßburg wegen seiner prächtigen Kathedrale berühmt, deren achteckiger Turm im Jahre 1419 vollendet wurde, die 142 Meter hohe Spitze etwa zwanzig Jahre später. Ob Oswald hier bloß auf den Reichtum der Stadt anspielte oder auf gewisse Begebenheiten, ist unsicher. Zur Zeit des Konstanzer Konzils war ein Streit ausgebrochen, in dem der Straßburger Bischof, Wilhelm von Diest, wegen Aneignung kirchlicher Güter und Verschwendung der Einkünfte angeklagt wurde (Wylie 1900, 53).

3. Erotische Doppeldeutigkeit

Jener skurrile Angriff auf den Bischof von Brixen leitet zu meinem nächsten Thema über. Erotische Bilder und Wortspiele sind ja der mittelalterlichen Lyrik geläufig. Oswald selbst hat zwei pastourelle Lieder verfasst, die sich jeweils stark auf erotische Gleichnisse stützen, indem sie Eskapaden mit einer *graserin* (Kl 76) und einer *jeterin* (Kl 83) ausmalen. Hier kann man kaum von versteckter Bedeutung sprechen, denn die metaphorische Sprache ist sehr transparent. Das gilt auch für die lebhaften Aufrufe in Kl 54: *welcher fidelt mir neur auf meinem saittenspil?* (V. 13) und *ler mich das A B C!* (V. 20; dazu auch Müller 1968, 221 f.).

Weniger eindeutig ist die Ausdrucksweise der beiden Lieder, in denen Oswald sich an seine Erlebnisse bei den *freulin zart* von Augsburg (Kl 122,2) und Konstanz (Kl 123,5) erinnert. Das erste Lied ist eine ironische Schilderung seiner Begegnung in einem Augsburger Tanzsaal mit gewissen ‚feinen Damen', die sich über seinen langen Bart lustig machten. Im zweiten hören wir in den Anfangsstrophen von dem kuriosen Missgeschick, das demselben Bart in Konstanz zustieß, und zwar wieder bei der Zusammenkunft mit dem anderen Geschlecht auf dem Tanzboden. Hier wurde der Dichter ‚trockengeschoren' (V. 2), wobei seine Tanzpartnerinnen in seinem Bart *grasten* (V. 6), d.h. sie zogen die langen Haare aus (V. 14) und streuten sie *in die stuben hin und her* (V. 31). In der dritten und vierten Strophe tritt dann das Thema Geld in den Vordergrund. Oswald wurde von den *freulin* gezwungen, den Inhalt seines Geldbeutels dem *Stainbrecher von Nesselwangk* auszuhändigen (V. 37 f.).

Dass die Themen ‚bart' und ‚schilling' miteinander verwandt sind, wird am Schluss von Strophe III klar, wo der Dichter das Benehmen der habgierigen Damen als *schinden, schaben* zusammenfasst (V. 48). In den beiden letzten Strophen wird weder Bart noch Geld erwähnt, Oswald bemerkt aber, dass er bei seiner Abreise aus Konstanz *des emphind [...] an der seitten* (V. 76), anscheinend eine Anspielung auf den Gewichtsverlust seines Geldbeutels. Der Parallelismus der beiden Themen lässt durchblicken, dass Oswalds Bart hier stellvertretend für seine Geldtasche steht. Was auch aus Kl 123 deutlich hervorgeht, ist, dass die in Konstanz feilgebotene Ware das ‚ABC-Lernen' ist. Wenn er also erzählt, dass er die Folgen jenes Kaufs in dem *peutel* (s. Schmeller 1872 I, 304; Bloch 1986, 44, 72–74, 98) und *an der seitten* spürt, ist es offensichtlich, dass er beide Ausdrücke in doppeldeutigem Sinn verwendet: Kleidungsstück und Körperteil.

Ob Oswalds Verknüpfung von ‚Bart' und ‚Beutel' seine eigene Erfindung oder ein seinem Publikum schon bekannter Code war, hat man meines Wissens noch nicht feststellen können. Eine mögliche Quelle dieser Assoziation ist der Gebrauch des Worts „bart" für einen Teil einer Tragtasche, wie z.B. in einer von Alwin Schulz (1892, 390 f.) zitierten Beschreibung aus dem Jahre 1471:

> *Das erste stük sol sein eine grosse rauhe* ***tasche***
> *[...] und sol haben eine ausgestochene decke und*
> *einen unterlegten eingriff und einen genähten* ***bart****.*

Wie schon oben erwähnt wurde, verweist Oswald auf seine Erlebnisse in Konstanz in der Einleitung zur Schilderung seiner Abenteuer in Frankreich und Spanien im Gefolge König Sigmunds (Kl 19,9–12):

Und was mein ***bart*** *von freulin rain*
zu Costenz hat erlitten,
und meiner ***taschen*** *der sigelstain*
ward maisterlich geschnitten.

In diesem Fall aber stehen Bart und Tasche eher in einem kontrastiven Verhältnis: Oswalds Bart wird von der Königin von Aragon mit einem goldenen Ring (Kl 19 XX) und von der Königin von Frankreich mit einem Diamanten (XXIV) geschmückt; was seiner Tasche passierte, hat man übersehen, denn für sie wird hier eine ‚dunkle' Bezeichnung verwendet: *der strich* (V. 113, 146). Es ist aber offensichtlich, dass Oswald während eines geselligen Abends in Avignon von seinem Geldbeutel getrennt wurde (Kl 19,145–148):

Zwar alle ding verkert sich knawss:
der strich *leit mir im sinne;*
ein ander füret zwen hinaus,
so liess ich ainen dinnen.

Der *strich* wird hier als *pars pro toto* gebraucht: Es ist ein Riemen oder Gürtel, mit dem seine Kostbarkeit befestigt wird (V. 149–152):

Der [strich] gieng zu rund umb meinen leib.
vil mancher nimpt ain edel weib,
er deucht sich wol geheuer,
wurd im so vil haimsteuer.

Wie aus den obigen Ausführungen hervorgeht, umfasst Oswalds Vorliebe für Wortspiel und Doppeldeutigkeit sowohl Anspielungen, die einem zeitgenössischen oder heutigen Publikum relativ leicht zugänglich sind, als auch solche, die dem modernen Leser Kopfschmerzen bereiten. Mein abschließendes Beispiel vereinigt mehrere der schon angesprochenen Aspekte.

In der zweiten Strophe von Kl 55 beschreibt der Dichter eine Audienz bei König Sigmund, womit er anscheinend Beistand in seiner Fehde mit seinen Feinden in Tirol – darunter Herzog Friedrich von Österreich und dem *búlen* Oswalds, der *Hausmannin* – gewinnen wollte. Eingangs nennt er den Schauplatz dieser Unterredung sowie auch die Anwesenden (Kl 55,22–25):

Zu Prespurg vor dem ofenloch
ich und der Ebser hetten rát.
zwar schüren, haitzen kund ich doch,
das ich den künig fürher jagt.

Erstes Rätsel: Sollen wir das wörtlich auffassen? Hat er (zusammen mit dem *Ebser*) in Pressburg [heute: Bratislava] tatsächlich die Heizung geschürt, um den König aus seiner Kammer hervorzulocken? Oder sind seine Worte metaphorisch zu verstehen, etwa „In Pressburg, auf dem Weg nach oder von Ofen [Buda], habe ich den König gezwungen, mir eine Audienz zu gewähren"? Wie an anderen Stellen, können sowohl ein bildlicher als auch ein wörtlicher Sinn gemeint sein.

Nun geht der Dichter zu seiner Aussprache mit dem König über (Kl 55,26–29):

Ich meldt mich, das er es ersach.
er sprach zu mir: ‚dein ungemach
leidst du von der, die an dir brach,
dorumb das dir die saitten nimmer klungen'.

Eine mögliche Deutung von Sigmunds Worten ist: „Die Ursache Deiner Sorgen ist die Frau, die Dich verstoßen hat, weil Du für sie kein Geld mehr hattest" (s. Kl 59,41 f. und Müller 1968, 221.) Wenn wir aber den Sinn von *saittenspil* an der schon zitierten Stelle von Kl 54,13 in Betracht ziehen, können wir Vers 29 auch anders lesen, und zwar: „Weil Du sie nicht mehr geliebt hast (oder: lieben konntest)".

Hierauf erwidert der Dichter (V. 30–33):

Ich antwurt im an als gevër:
‚hett ich gehabt ain peutel swër
als euer genad, vernempt die mär,
von meiner frauen wër mir bas gelungen'.

Schon wieder verbindet die Doppeldeutigkeit (von *peutel swër*) das Finanzielle mit dem Erotischen: „Wenn ich eine so schwere ‚Tasche' gehabt hätte wie Euer Gnaden [...], so hätte ich bei meiner Geliebten größeren Erfolg gehabt".

Dass Oswald sein eigentliches Gespräch mit dem König hier nicht wiedergibt – dass die ‚Audienz' allerdings in Ungarn wirklich stattfand, darf als sicher gelten –, sondern es bewusst verkleidet, ist klar. Seine Darstellung passt zu seiner gewohnten Art, seine politischen Sorgen in Tirol als Liebeskummer umzustilisieren. Was er seinem damaligen Publikum zu verstehen geben wollte, war wohl, nach meiner Auffassung, dass er bei dieser Gelegenheit mit Sigmund über ihre Erfolge oder Misserfolge bei Frauen gescherzt (oder dem König diesbezüglich geschmeichelt) und ihm gegenüber ernsthaft über seine Geldnot geklagt hat.

In diesem und anderen ‚autobiographischen' Liedern wittert Ulrich Müller (1968, 229 ff.) versteckte politische Absichten. In einem weitern, in Ungarn verfassten Gedicht (Kl 30) deutet Müller das ungezogene *kindlin* in Oswalds Nachtlager als Symbol seiner politischen und persönlichen Leiden. Wenn dies zutrifft, würde daraus folgen, dass der Dichter über eine ganz subtile Technik der versteckten Mitteilung verfügte. Obwohl mich diese Interpretation von Kl 30 nicht ganz überzeugt, scheinen die oben angeführten Beispiele zu bestätigen, dass Oswald eine solche Technik durchaus zuzutrauen ist.

Literatur (zusätzlich zur Gesamtbibliographie)

Brinkmann, Hennig: Zu Wesen und Form mittelalterlicher Dichtung. Halle 1928. (Nachdruck Tübingen 1979).

Bloch, R. Howard: The Scandal of the Fabliaux. Chicago/London 1986.

Previté-Orton, C.W. und Brooke, Z.N. (Hrsg.): The Cambridge Medieval History. Volume VIII: The Close of the Middle Ages. Cambridge 1969.

Schmeller, Johann Andreas und Frommann, G. Karl: Bayerisches Wörterbuch. München 1872. (Nachdruck Aalen 1966).

Schulz, Alwin: Deutsches Leben im XIV. und XV. Jahrhundert. Prag/Wien/Leipzig 1892.

Windecke, Eberhard: Das Leben König Sigmunds. Hrsg. von Wilhelm Altmann. Berlin 1893.

Wylie, James Hamilton: The Council of Constance to the Death of John Hus. London 1900.

Oswald von Wolkenstein: Die einstimmigen Lieder. Strophenbau und Wort-Ton-Beziehungen

Horst Brunner

1. Strophenbau

Die Strophenstrukturen der mittelalterlichen Lieddichtung stehen in der altgermanistischen Forschung nach wie vor am Rand des Interesses. Zwar gibt es zahlreiche Detailforschungen – so sind seit jüngster Zeit (2009) die Strophenformen (‚Töne') von Sangspruchdichtung und Meistergesang in den Bänden 2/1 und 2/2 des RSM umfassend katalogisiert und durch Register erschlossen, sie wurden teilweise auch eingehend beschrieben (s. etwa Rettelbach 1993) –, doch fehlt nach wie vor eine übergreifende, zusammenfassende Darstellung des Gesamtgebietes der mittelalterlichen Strophik. Was Einzelforschungen für die Epoche Oswalds betrifft, so ist besonders auf neuere Arbeiten von Sittig 1987 (metrische Schemata der Liebesliеddichtung aus der ersten Hälfte des 15. Jahrhunderts – ohne Berücksichtigung Oswalds), Hages-Weißflog 1998 (Eberhard von Cersne), März 1999 (weltliche Lieder des Mönchs von Salzburg), Brunner 2003b (Hugo von Montfort) zu verweisen. Einschlägig für Oswald sind die Kommentare von Marold 1995, Röll 1968a sowie die kommentierten Ausgaben von Wachinger 2007 und Wachinger/Brunner 2007; ferner Untersuchungen und Darstellungen von Loewenstein 1932; Röll 1968b, 1976, 1981, 54 ff.; Wachinger 1987, 2009.

1.1. Übersicht über die von Oswald in den einstimmigen Liedern verwendeten Strophenformen

Das Korpus der einstimmigen Lieder umfasst 90 Texte. Insgesamt hat der Dichter hierfür 44 unterschiedliche Strophenformen (Töne) verwendet; nicht eigens gezählt sind dabei Strophenformen, die lediglich als Varianten zu beurteilen sind. Zu manchen Tönen und Tonvarianten hat Oswald unterschiedliche Melodien geschaffen; die Zahl der unterschiedlichen Melodien beträgt 59. (Die Lieder Kl 128–130, 132, 134 sind melodielos überliefert.)

Die folgende Übersicht hält sich im Prinzip an die Reihenfolge der Lieder in Hs. B. Die Töne sind römisch nummeriert. In eckigen Klammern ist mit Großbuchstaben jeweils die metrische Bauform angegeben, dabei steht die Abkürzung R für Refrain; dahinter ist zunächst die Zeilenzahl der Strophenteile vermerkt, nach dem ‚=‘-Zeichen steht die Gesamtzahl der Zeilen, aus denen der Ton zusammengesetzt ist.

I	= Variante von Regenbogen, *Grauer Ton*: a. Kl 1–7 (Melodie A); b. Kl 11, 12, 95 (Melodie B); c. Kl 111 (Melodie C) [AA//BB//C: 6/6//2/2//2 = 18].
II	a. Kl 8 (Melodie A) [AA//B: 4/4//1/3 = 12]; b. Kl 18 (Melodie A); c. Kl 41 (Melodie B) [AA//BB: 4/4//4/4 = 16].
III	= Frauenlob, *Vergessener Ton*: Kl 9, 10 [AA//B: 4/4//7 = 15].
IV	Kl 13 [AA//BB/CC: 2/2//1/1/7=13].
V	Kl 14 [AA//B: 5/5//8 = 18].
VI	Kl 15 [A/B: 5/3 = 8].
VII	= Peter von Arberg, *Große Tagweise*: a. (Langform) Kl 16, 17 (Melodien A und B) [AA//BB//C: 3/3//3/3//7 = 19]; b.(verkürzte Form) Kl 28–32,117 (Melodie C) [AA//BB: 3/3//6].
VIII	Kl 19 [A/B: 4/4 = 8].
IX	Kl 20 [AA//B: 15/15//7 = 37].
X	Kl 21 [AA//BB//CC: 4/4//7/7//8/8 = 38].
XI	Kl 22–25 [AA//BB: 8/8//8/8 = 32]; (Kurzform?) Kl 128 (vgl. Wachinger 2000, 404–407, Echtheit fraglich) [AA//BB?: 2/2//2/2 = 8].
XII	a. Kl 26 (Melodie A); b. Kl 27 (Melodie B) [AA//BB//C: 2/2//2/2//2 = 10].
XIII	Kl 33–36 [AA//BB//C: 2/2//2/2//4 = 12].
XIV	Kl 39 [AA//B: 4/4//4 = 12].
XV	(Langform) a. Kl 40, 116, 126 (Melodie A); b. Kl 59 (Melodie B); c. Kl 123 (Melodie C) [AA//BB//CC: 4/4//4/4//4/4 = 24]; (Kurzform) d. Kl 58 (Melodie D); e. Kl 122 (Melodie E) [AA//BB: 4/4//4/4 = 16].
XVI	= Variante von Peter von Sachs, *Barantton*: Kl 42 [AA//BB: 8/8//4/4 = 24].
XVII	Kl 44, 45 [AA//BB: 6/6//9/9 = 30].
XVIII	Kl 47 [A/B: 8/7 = 15]. In Hs. A zweistimmig überliefert!

XIX	(Langform) a. Kl 55 (Melodie A) [AA/BB//R: 2/2//4/4//9 = 21]; (Kurzform) b. Kl 98 (Melodie B) [AA//R: 4/4//8 = 16], c. Kl 99 (Melodie C) [AA//R: 4/4//9 = 17].
XX	(Langform) a. Kl 110 (Melodie A) [AA//B: 2/2//5 = 9]; (kürzere Form) b. Kl 57 (Melodie B), Kl 80 (Melodie C) [A/B: 4/4 = 8].
XXI	a. Kl 60 (Melodie A) [AA//B//R: 2/2//4//7 = 15]; b. Kl 90 (Melodie B) [AA//B//R: 2/2//4//5 = 13].
XXII	Kl 61 [A/AC: 5/5/1 = 11].
XXIII	Kl 63 [AA//B: 6/6//4 = 16].
XXIV	Kl 69 [AA//R: 3/3//6 = 12].
XXV	Kl 73, 74 [AA//B//R: 3/3//2//2 = 10].
XXVI	Kl 81 (Melodie A) [AA//R: 5/5//6 = 16]; Kl 83, 87 (Melodie B) [AA//R: 5/5//5 = 15].
XXVII	Kl 82 [AA//BB//R: 5/5//5/5//8 = 28].
XXVIII	=*Hildebrandston*: Kl 85 [A/B: 3/1 = 4]; 134 (*Heunenweise?* Textfragment).
XXIX	Kl 86 [AA//B: 4/4//5 = 13].
XXX	Kl 89 [AA//R: 2/2//4 = 8].
XXXI	Kl 92 [A/B: 2/2 = 4].
XXXII	Kl 97 [AA//B: 4/4//2 = 10]. Die Melodie ist entlehnt, siehe unten.
XXXIII	Kl 100 [A: 6 – nicht zweiteilig].
XXXIV	Kl 102 (Melodie A); 104, 105 (Melodie B) [AA//BB: 4/4//6/6 = 20].
XXXV	Kl 106 [AA//B: 4/4//6 = 14].
XXXVI	Kl 113 [A/B: 4/7 = 11].
XXXVII	Kl 114 [AA//B: 7/7//5 = 19].
XXXVIII	Kl 115 [AAA//B: 7/7/7//3 = 24].
XXXIX	Kl 118 [A/B: 4/7 = 11].
XL	Kl 119 [AA//BB: 2/2//2/2 = 8].
XLI	Kl 124 [A/B: 2/2 = 4].
XLII	Kl 125 [A/B: 3/2 = 5].
XLIII	Kl 129 (Kl 129 und 130 sind Übersetzungen aus dem Lateinischen, die Strophenformen wurden mit übernommen; beide Lieder sind melodielos überliefert).
XLIV	Kl 130.

1.2. Mehrfach benutzte Melodien

Zwölf seiner einstimmigen Melodien hat Oswald mehrfach benutzt: Kl 1–7; 9/10; 11/12/95; 16/17; 22–25; 28–32/117; 33–36; 40/116/126; 44/45; 73/74; 83/87; 104/105. Insgesamt haben damit 38 Lieder keine ‚individuelle' Melodie.

1.3. Versarten, Reime, Varianten innerhalb eines Tonschemas

Oswalds Versbau bleibt im Rahmen dessen, was um 1400 auf diesem Gebiet üblich war (s. Brunner 2003a, 119 f.; Brunner 2007). Die Verse sind alternierend gebaut, d.h. Hebung und Senkung wechseln regelmäßig miteinander ab. Normalerweise beginnen die Verse mit Auftakt, z.B. *Es füegt sich, dó ich wás von zéhen járen ált* (Kl 18 I,1), hin und wieder gibt es jedoch auch auftaktlose Verse, z.B. *rítterlích vecht mít den léuen* (Kl 118 I,7). Am Versende steht entweder Hebung (männliche Kadenz: ...*járen ált*) oder Senkung (weibliche Kadenz: ... *den léuen*).

Folgende Versarten finden sich (angegeben ist jeweils die Taktzahl, weibliche Kadenz wird mit ' hinter der Taktzahl bezeichnet, männliche Kadenz bleibt unbezeichnet): 2, 2', 3, 3', 4, 4', 5, 5', 6, 6'. Die Verse können durch Binnenreime, im Fall von Kl 85 durch eine Binnenzäsur (3'x/3a), unterteilt sein:

2-taktige Verse erscheinen auch in der Form 1/1; 1'/1';
3-taktige Verse auch als 1'/2, 1/1/1, 1/2; 1'/2', 2'/1', 1'/1'/1';
4-taktige Verse auch als 1/1/2, 2/2, 1'/1'/2, 1/3; 3'/1', 2'/2', 1'/3';
5-taktige Verse auch als 2/1/2, 1/1/1/2, 2/1/1/1, 1/4, 1'/1'/2'/1, 1'/1'/3; 1/3';
6-taktige Verse auch als 2/2/2, 3/3, 3'/3, 2'/4, 1'/1'/1'/3, 1/1/1/3; 1/5'.

Die Verse sind fast stets gereimt, reimlose Zeilen, sogenannte Waisen (in den Schemata bezeichnet mit x) sind selten (nur in Kl 26, 60, 100, 102, 104, 105, 114). Manchmal finden sich strophenübergreifende Reime, sogenannte Kornreime (bezeichnet mit K: Kl 13, 47, 57, 61, 80, 85, 110, 114, 115, 118). Die Zahl der unterschiedlichen Reimklänge ist, vor allem bedingt durch die hohe Zahl von Binnenreimen, vielfach ausgesprochen hoch. Viele Töne weisen neun und mehr Reimklänge auf; in Kl 18 und 21 sind es zwölf, in Kl 86 dreizehn, in Kl 82 vierzehn, in Kl 22 sechzehn, in Kl 42 gar neunzehn. Ein anderes Reimkunststück stellen die Tiradenreime dar. So erscheinen etwa in Kl 21 der g- und der i-Reim je sechsmal, der j- und der l-Reim je siebenmal, in Kl 20 werden der a- und der c-Reim je vierzehnmal wiederholt.

Hinzuweisen ist darauf, dass Oswald in den Folgestrophen eines Liedes sich in Details nicht immer strikt an die Vorgaben der 1. Strophen gehalten hat. In den Reimschemata, gelegentlich auch in den Verslängen, kommen bisweilen Variationen vor. Ein Beispiel liefert etwa Kl 13:

Die je zweiversigen Stollen sind hier über Kreuz gereimt: a b/a b. In Str. I wird der b-Reim zu Beginn des Abgesangs fortgesetzt: b b, in den Strophen II und III erscheint an der gleichen Stelle ein neuer Reim c c; Z. 9 und 10 sind in Str. I durch Binnenreime ‚aufgebrochen': 2 d / 2 e, 2 d / 2 e, in Str. II und III unterbleibt dies, hier finden sich lediglich Vierheber: 4 e, 4 e; anstelle eines (mit Binnenreimen geschmückten) weiblichen Vierhebers in Str. I und II (3' h / 1' h bzw. in Str. II 3' g / 1' g) steht in Str. III ein männlicher Vers (3 g / 3 g); der den Ton abschließende Kornreim ist in I und III ein männlicher Dreiheber, in II ein Zweiheber.

1.4. Übernahme von Tonschemata

Für mehrere seiner Töne benutzte Oswald vorhandene Tonschemata. Allerdings hat er sie stets mehr oder weniger variiert und er hat in keinem Fall die dazugehörige Melodie mit übernommen. Es handelt sich (nach jetzigem Forschungsstand) um fünf Töne:

(1) Regenbogen: *Grauer Ton*

Der vermutlich echte Ton des Sangspruchdichters Regenbogen (um 1300) hat folgendes Schema (vgl. RSM Bd. 2/1, 2009, 220):

2	2	3	4	3	4	5 //	4/3	4/3	4	5
a	b	c	d	e_5	a	f	x/h_{15}	x/i	h	i
g	b	c_{10}	d	e	g	f				

Bei Oswald begegnet das Schema in folgender Form (Kl 1–7, 11):

4	5	4	3'	4	5 //	4	3	4	5
a	b	c	b	c_5	d	g	h	i	i
a	e	f	e_{10}	f	d	g_{15}	h		

Varianten bei Oswald: Z. 2/8 hat in Kl 12 die Form 6 b / 6 b, das Reimschema ist hier (sowie in Kl 95 und 111): a b c d e f / a b c d e f.

Oswald hat dieses Schema für insgesamt 11 Lieder verwendet. Dazu hat er freilich drei unterschiedliche Melodien komponiert: zu Kl 1–7 Melodie A, zu Kl 11, 12, 95 Melodie B, zu Kl 111 Melodie C.

(2) Frauenlob: *Vergessener Ton*

Der echte Ton des Sangspruchdichters Frauenlob (um 1300) hat das folgende Schema (s. RSM, Bd. 2/1, 2009, 64):

5'	5'	4	3' //	4	4	3'	6	6	4	3'
a	a	x	b	e	e_{10}	f	g	g	d	f_{15}
c_5	c	d	b							

Oswald hat dieses Schema für die Lieder Kl 9 und 10 benutzt, dabei hat er lediglich das Reimschema der Stollen verändert: a a b c, d d b c. Auch hier hat er jedoch eine neue Melodie erfunden.

(3) Peter von Arberg: *Große Tagweise*

Schema (s. RSM, Bd.2/1, 2009, 206):

2	2	4	5'//	4	6	2	3'	4	6	2	3'	3'	3	3'	3	3'	3'	3
a	a	a	b	d	d_{10}	d	e	f	f	f_{15}	e	g	h	g	h_{20}	i	i	h
c_5	c	c	b															

Für seine Lieder Kl 16 und 17 hat Oswald dieses Schema unverändert übernommen, hat allerdings in den Schlusszeilen der Stollen in je verschiedener Weise zusätzliche Reime eingebaut. Dazu hat er zwei neue Melodien geschaffen. Für die Lieder Kl 28–32/117, die auf eine dritte Melodie (Melodie C) gesungen werden, hat er den Schlussteil ab V. 17 weggelassen, das Schema durch Zusammenfassung kurzer und Aufspaltung langer Zeilen verändert und von 23 auf 14 Verse verkürzt.

Schema von Kl 29:

4	4	2	3'//	4	6	5'	4	6	5'
a	a	a	b	d	d_{10}	e	f	f	e_{15}
c_5	c	c	b						

(In Kl 28 hat der Abgesang die Form: … 4d 3d/3d 3'e 4f 6f 3'e.)

(4) Peter von Sachs: *Barantton*

Das umfangreiche, besonders reimreiche Schema dieses Tones, der aus dem anonym überlieferten Minnelied *Man siht louber touber* (1. Hälfte 14. Jahrhundert) stammt, wurde von Oswald für sein Lied Kl 42 übernommen – auch hier verändert und versehen mit einer neuen Melodie:

Barantton (s. RSM, Bd. 2/1, 2009, 208):

2'/1	2'/1'/1'/1'	3	2	5'//	2	2	2	2	3'	2'/1	2'/1'/1'/1'	3	2	5'
a/a	b/b/c/c	d	d.d	e_5	k	k	k	k	l_{15}	m/m	n/n/o/o	p	p.p	l_{20}
f/f	g/g/h/h	i	i.i	e_{10}										

Kl 42:

2'/1'	2'/1'	1'/1'/1'	1'/2	1'/2	2'	1'/1'	3'//	2/2/2/2	3'	2'/2'/2'/2'	3'
a/b	b/b	c/c/d	d/e	e/e_5	f	f/f	g	n/n/n/n	o_{10}	p/p/p/p	o
h/h	i/i	j/j/k_{15}	k/l	l/l	m	m/m	g_{20}	q/q/q/q	r	s/s/s/s	r

Ausführlich beschrieben wird der Sachverhalt durch Röll 1976, heranzuziehen ist dazu Kornrumpf 2008, 245–256.

(5) *Hildebrandston, Heunenweise*

Von Oswald für zwei politische Ereignislieder benutzt wurde – auch hier mit Varianten – der Ton des *Jüngeren Hildebrandsliedes* (3'x/3a, 3'x/3a, 3'x/3b, 3'x/3b) bzw. die davon durch die Binnenreime an den Zäsurstellen zu unterscheidende *Heunenweise* (3'a, 3b, 3'a, 3b, 3'c, 3d, 3'c, 3d), deren Melodie kanzonenförmig gestaltet ist (s. RSM, Bd. 2/1, 2009, 319). In Kl 85, dem *Greifensteinlied*, erscheint der *Hildebrandston* (mit einer neuen, jedoch ebenfalls durchkomponierten Melodie) in folgender Form: 3'x/3a, 3'x/3a, 3'x/3a, 3'x/3K. Mehr in Richtung auf die Form der *Heunenweise* gestaltet erscheint der Ton des ohne Melodie überlieferten Fragments des Anti-Hussitenliedes Kl 134: 3'a, 3b, 3'a, 3b, 3'x, 3c, 3'x, 3c. Hinzuweisen ist darauf, dass die Metrik zweier weiterer Töne Oswalds der *Heunenweise* entspricht. Im 32-zeiligen Ton der auf dieselbe Melodie zu singenden Lieder Kl 22–25 (Bauform AA//BB) erscheinen ausschließlich Verse der Form 3' und 3, die jeweils durch Kreuzreime verbunden sind: 3'a, 3b, 3'a, 3b, 3'c_5, 3d … 3'o_{31}, 3p; je zwei Kreuzreimpaare bilden die beiden Stollen (Z.1–8, 9–16) und die beiden Teile des Abgesangs (17–24, 25–32); s. hierzu auch Kornrumpf 2008, 104 f. Das gleiche Bauprinzip weist das ohne die Melodie überlieferte Liebeslied Kl 128 auf. Hier sind lediglich zwei Kreuzreimpaare miteinander verbunden: 3'a, 3a, 3'a, 3b, 3'c, 3d, 3'c, 3d. Vermutlich handelt es sich auch hier um eine Kanzone, wahrscheinlich der Form AA//BB oder AA//B.

1.5. Tonfamilien

Sparsamkeit in der Erfindung von Schemata zeigt sich nicht nur in der Übernahme vorhandener Töne anderer Autoren (s.o.), sondern auch in der meist variierten Mehrfachverwendung eigener Tonschemata, die allerdings wiederum fast durchweg mit neuen Melodien versehen wurden. Ich zähle insgesamt acht Fälle:

(1) Eng verwandte Schemata benutzen Kl 8, 18 und 41. Das 16-zeilige Schema von Kl 18 gliedert sich in vierzeilige Stollen und einen Abgesang aus zwei ebenfalls gedoppelten Vierzeilern (AA//BB):

6	6	6	5'	//	2/2/2	2/2/2	2/2/2	5'
a	a	a	b		d d e	f f e_{10}	g g e	b
c_5	c	c	b		h h i	k k i	l l i_{15}	b

Das Schema von Kl 41 ist identisch, doch ist die Zahl der Inreime noch vermehrt (s. im Einzelnen Marold 1995, 143). In Kl 8 ist das Schema gekürzt, der 2. Teil des Abgesangs ist gestrichen (AA/B), außerdem gibt es keine Inreime. Die Melodien von Kl 8 und 18 sind bis auf Kleinigkeiten identisch (doch wird in Kl 8 selbstverständlich der B-Teil nicht repetiert), Kl 41 hat eine völlig abweichende Melodie.

(2) Die Lieder Kl 26 und 27 verwenden das gleiche Schema, die Melodien sind jedoch unterschiedlich.

(3) Das Schema der Lieder Kl 40, 116, 126 (AA//BB//CC) findet sich mit zwei unterschiedlichen Melodien auch in Kl 59 und 123. In verkürzter Form (AA//BB) und mit geringfügigen Varianten im Reimschema und in der Metrik begegnet es, ebenfalls mit zwei neuen Melodien, in Kl 58 und 122.

(4) Das Schema von Kl 55 (AA//BB//R) wurde – gleichfalls in verkürzter Form (AA//R – der B-Teil ist gestrichen!) – auch in Kl 98 und 99 benutzt. Die Melodien aller drei Lieder sind unterschiedlich.

(5) Die Lieder Kl 57 und 80 verwenden dieselbe Strophenform, haben aber verschiedene Melodien; das Schema von Kl 110, das mit einer wiederum anderen Melodie verbunden ist, weicht nur geringfügig ab (an vorletzter Stelle des Abgesangs ist eine Zeile eingeschoben: 2d/1e/1e/1d, die abschließende Zeile mit dem Kornreim, in Kl 57 und 80 ein weiblicher Dreiheber, ist hier ein männlicher Vierheber). An die Stelle der Zweiteiligkeit von Kl 57 und 80 ist in Kl 110 allerdings die Kanzonenform getreten.

(6) Verwandtschaft zeigen auch die Schemata von Kl 60 und 90, die ebenfalls mit unterschiedlichen Melodien ausgestattet sind. Gegenüber Kl 60 ist in Kl 90 der Refrainteil leicht verkürzt: Anstelle des Refrains 2e/2e 4e 4e 2'f 4x 2'f 3'f findet sich in Kl 90 der Refrain 4e 4e 4e 2'f 6'f.

(7) Die Schemata von Kl 81 und Kl 83, 87 – letztere werden auf dieselbe Melodie gesungen – sind bis auf Kleinigkeiten gleich: Am Ende des 2. Stollens in Kl 83, 87 ist eine 2-hebig männliche Kurzzeile angereimt.

(8) Ebenfalls bis auf einige Kleinigkeiten gleich sind die Schemata von Kl 102 und den auf dieselbe Melodie gesungenen Liedern Kl 104, 105, im Wesentlichen ist nur die Reimanordnung etwas unterschiedlich.

1.6. Bauformen

1.6.1. Durchkomponierte Töne

Zwölf Töne Oswalds (mit vierzehn Liedern) sind durchkomponiert, wobei fast alle durch die Melodie als zweiteilig (A/B) erwiesen werden. Die Zeilenzahl dieser Töne ist beschränkt, die meisten von ihnen haben vier (Kl 85/134, 92, 124), fünf (Kl 125), sechs (Kl 100), acht (Kl 15, 19, 57 und 80) oder neun (Kl 113) Zeilen, die wenigen längeren haben elf (Kl 61, 118)

Zeilen oder fünfzehn Zeilen (Kl 47 – die Melodie ist nur in Hs. B einstimmig, in Hs. A zweistimmig, s. Pelnar 1977, 274). Beispiele:

Kl 15:

4	4	4	4	4//	4	4	3
a	a	a	b	b_5	b	K_1	K_2

Kl 92:

1	2/4 //	1/3	1/3
a	a/b	c/d	c/d

(Die a-Reime sind äquivok, d.h. es wird dasselbe Wort wiederholt.)

Im folgenden Fall ist Zweiteiligkeit in der Melodie – die Oswald einem Rondeau von Gilles Binchois entlehnt hat (s. Böhm 2001/02, 269–278) – nicht erkennbar:

Kl 100:

5	2	3	3	3	4 (Str. II: 3a)
a	a	a	a	a_5	x

Ein Sonderfall ist Kl 61:

4	4	4	4	3' / 3'	
a	a	a	a	b_5	
a	a	a	a	b_{10}	K

Der Ton erscheint zunächst durch die Wiederholung des ersten Teils stollig gebaut zu sein, d.h. der Teil erscheint als Aufgesang einer Kanzone. Indes ist der ‚Abgesang' auf eine einzige Zeile reduziert – man spricht daher besser von einer zweiteiligen Bauform, bei der an den 2. Teil eine Coda angehängt ist (A/AC).

1.6.2. ‚Einfache' Kanzonen ohne Refrain

Die üblichste Bauform der mittelalterlichen Lieddichtung ist die dreiteilige Kanzone AA/B (zum Begriff ‚Kanzone' siehe Brunner 2000), bestehend aus dem Aufgesang aus zwei in der metrischen Form gleichen, auf die gleiche Melodie gesungenen Stollen und dem metrisch-musikalisch abweichenden Abgesang. Diese ‚einfache' Form der Kanzone weisen 12 von Oswalds Tönen auf; in ihnen sind 19 Lieder abgefasst (Kl 9/10, 13, 14, 19, 20, 28–32 und 117, 39, 63, 86, 97, 106, 110, 114). Die Töne umfassen 9, 10 (zweimal), 12, 13 (zweimal), 14, 16, 18, 19 (zweimal) Zeilen, der Ton des Tageliedes Kl 20 weist 37 Zeilen auf. Die Stollen bestehen meist aus zwei, drei oder vier Versen, fünf, sechs, sieben bzw. fünfzehn Verszeilen finden sich in dieser Position nur je einmal (Kl 14, 63, 114, 20). Beispiele:

Kl 28–32, 117:

4	4	2/3'	//	4	3/3	3'	4	6	3'
a	a	a/b		d	d/d	e	4_{10}	f	e
c	c_{5}	c/b							

Kl 97:

5	4	4	3	//	1'/1'/1'/3	4
a	a	b	c		e/ e/ e/ f	f_{10}
d_{5}	d	b	c			

Ein Sonderfall ist Kl 115: Hier gibt es drei Stollen (AAA – die Erscheinung ist nicht zu verwechseln mit dem im Bereich Sangspruch und Meistergesang häufigen 3. Stollen, der am Ende des Abgesangs steht!). Der Blick auf die Melodie zeigt im Übrigen, dass jeder einzelne Stollen kanzonenförmig gebaut ist (Z. 1, 2/8, 9/14, 15 = 1. Stollen; Z. 3, 4/10, 11/16, 17 = 2. Stollen; V. 5–7/12–14/18–20 = Abgesang); die Bauform des Tones ist somit genau genommen: AAB/AAB/AAB//C:

4	4	4	4	4	4	3//	4	1/2	1/4
a	b	a	b	c_{5}	c	c	j	j/k	k/K
d	e	d_{10}	e	f	f	f			
g	h_{15}	g	h	i	i	i_{20}			

1.6.3. ‚Einfache' Kanzonen mit Refrain

Bei acht Tönen, in denen Oswald elf Lieder abgefasst hat, besteht der Abgesang vollständig oder teilweise aus einem Refrain, d.h. einem Textteil, der am Ende jeder Strophe wörtlich wiederholt wird. Vorausgehen kann – muss aber nicht – ein ‚Steg', d.h. ein Text- oder Melodieteil, dessen Text in den Folgestrophen nicht repetiert wird. Kanzonen mit Steg sind Kl 60, 73/74, 90, Refrainkanzonen ohne Steg sind Kl 69, 81/83/87, 89, 98, 99. Die Töne umfassen 8, 10, 12 (zweimal), 15 (zweimal), 16 und 17 Zeilen, die Stollen bestehen aus 2 bis 5 Zeilen, die Umfänge der Refrains betragen 2 bis 9 Zeilen. Eine Besonderheit bietet der Ton von Kl 73/74: Hier ist die Melodie des Refrains identisch mit der des Stegs.

Beispiele:

Kl 89:

4	4	//	R:	4	4	4	4
a	b			c_{5}	d	c	d

Kl 60:

4	4	//	4	2'	4	2'	R:	2/2	4	4	2'	4	2'	3'
a	b		c_{5}	d	c	d		e/e	e	e_{10}	f	x	f	f
a	b													

1.6.4. Kanzonen der Form AA/BB(/C oder R)

Die im Bereich der Sangspruchdichtung seit dem zweiten Drittel des 13. Jahrhunderts, später dann auch im Meistergesang überaus häufige Form der Kanzone mit 3. Stollen (AA//BA; s. RSM Bd. 2/2, 2009, 565 ff.) hat Oswald geradezu gemieden. Sie begegnet nur ein einziges Mal in dem zweistimmigen Lied Kl 51. Die bei ihm häufigste Kanzonenform ist jene, bei der der Abgesang verdoppelt ist (AA//BB), wobei sich ein dritter Teil (C) oder auch ein Refrain anschließen kann. Die Form AA/BB findet sich in 6 Tönen mit 14 Liedern: Kl 18/41, 22–25, 42, 58/102/122, 102/104/105, 119; die Form AA/BB/C in 4 Tönen mit 18 Liedern: 1–7/ 11/12/95/111, 13, 26/27, 33–36; AA/BB/CC in 2 Tönen mit 5 Liedern: Kl 21, 40/116/126/59; AA/BB/R in 3 Tönen mit 3 Liedern: Kl 55, 82, 116. Insgesamt gehören 39 Lieder hierher. Die Zeilenzahl der 14 Töne beträgt 8, 12 (dreimal) 10, 16, 18, 20, 21, 24 (zweimal), 28, 38 (= Kl 21); die Stollen haben 2 (dreimal), 4 (viermal), 5, 6, 8 Zeilen.

Beispiele:

Kl 119 (AA/BB):

4	4	//	4	4
a	a		c_5	c
b	b		d	d

Kl 26/27 (AA/BB/C):

4	5'	//	4	5'	//	4	3'
a	b		c_5	d		x	d_{10}
a	b		c	d			

Kl 40/116/126/59 (AA/BB/CC):

4	4	4	3'	//	4	4	4	3'	//	4	4	4	3'
a	a	b	c		e	e_{10}	b	c		g	g	g	h_{20}
d_5	d	b	c		f	f	b_{15}	c		i	i	i	h

Kl 55 (AA/BB/R):

4	4	//	4	4	4	5'	//	R:	2	2	2	3'	2	2	2	2	3'
a	b		c_5	c	c	d			f	f	f_{15}	g	h	h	h	h_{20}	g
a	b		e	e_{10}	e	d											

Die gültige Würdigung der Strophenkunst Oswalds ist beim derzeitigen Forschungsstand noch nicht möglich. Offenkundig ist, dass er Anregungen aus vielen Bereichen der damaligen Liedkunst aufnahm, aus der Tradition der Sangspruchdichtung ebenso wie aus denen des politischen Ereignisliedes und der unterschiedlichen Formen des geistlichen und weltlichen Liedes unterschiedlicher Art. Durchkomponierte, meist zweiteilige Strophenformen finden sich etwa im zeitgenössischen Liebeslied häufig (s. Sittig 1987), mehrfach auch bei Hugo von Montfort (s. Brunner 2003b). Wachinger (2009) weist darauf hin, dass der elfzeilige, unstollige, reimreiche Ton von Kl 118 (mit Kornreimen am Strophenschluss) eine formale Parallele in der Struktur der (seit der Untersuchung von März 1999) als *Tenores* bezeichneten Hauptform der weltlichen Lieder des Mönchs von Salzburg hat. Auch ‚einfache' Kanzonen mit Refrain – sowohl mit wie ohne Steg – finden sich in der zeitgenössischen Liedkunst häufig (s. Sittig 1987; Hages-Weißflog 1998: Eberhard von Cersne, Lied I, XIX, XVII; Hofmeister 2005: Hugo von Montfort, Lied 6 und 7). Der Ton von Kl 73/74, bei dem (worauf ich oben hingewiesen habe) die Refrainmelodie identisch ist mit der des Stegs, entspricht in der Form der anderen Hauptform der weltlichen Lieder des Mönchs, dem sog. Virelais-Balladen-Typ (s. Wachinger 2009). Aus diesem Formtyp kann ohne weiteres auch Oswalds Kanzonentyp AA//BB – der bei den Sangspruchdichtern so gut wie gar nicht vorkommt (s. RSM Bd.2/2, 2009, 569) – abgeleitet sein, wobei freilich bei ihm, mit der einen erwähnten Ausnahme, der zweite B-Teil nie einen Refrain darstellt.

Man kann davon ausgehen, dass Oswald im Bereich der Strophik seiner einstimmigen Lieder nicht wirklich innovativ gewesen ist. Auf einem anderen Blatt steht freilich deren Ausgestaltung im Detail: Kein anderer Liedautor der Zeit kann es auch nur annähernd mit dem Einfallsreichtum und der Vielfalt seiner Reimtechnik und dem sprachlichen Reichtum seiner Lieder aufnehmen.

2. Wort-Ton-Beziehungen

Zentral für die künstlerische Form der Lieder Oswalds sind die Beziehungen zwischen Text und Melodie. In dem grundlegenden Aufsatz von Bruno Stäblein (1972) wurde Oswald als „Schöpfer des Individualliedes" bezeichnet. Unter „Individuallied" versteht Stäblein „eine Liedschöpfung [...], in der ein ganz bestimmter Inhalt sich in der textlichen und musikalischen Gestalt ausdrückt, so, daß andere Inhalte nur bei seltenen, besonders gelagerten Fällen in das für diesen primären Inhalt geschaffene Kleid schlüpfen können und sich mit ihm zur Deckung bringen lassen" (113 f.). Hervorgehoben wird in diesem Zusammenhang der „strikte Gegensatz" zu den „Tönen" – mit diesem Terminus bezeichnet Stäblein hier die „neutralen Melodien, denen jede Anspielung auf einen Textinhalt fehlt, so daß sie sich mit verschiedenen Textinhalten verbinden lassen" (114; s. auch Stäblein 1970). Die geistliche und weltliche Monodie des Mittelalters sei vom „Prinzip" so verstandener „Töne" „so ziemlich ausschließlich beherrscht" gewesen. Dagegen habe Oswalds Liedschaffen zumindest zum

Teil mit dem „Individuallied“ grundlegend Neues gebracht. Stäblein zeigt, dass Reimhäufungen (Binnenreime, Schlagreime) bei Oswald oftmals der Verlebendigung bestimmter Inhalte dienen (117), beispielsweise würden im B-Teil (Repeticio, v. 31–37) von Kl 20, „die drängenden Reime die Liebeshandlung mit ihren erotischen Einzelheiten fast greifbar“ „illustrieren“ (118). Außerdem würden inhaltliche Momente immer wieder durch die Melodiegestaltung ausgedrückt (mehr in Hs. A als in B, wo manche Tonmalereien zurückgenommen seien, s. S. 122). So interpretiert Stäblein zum Beispiel die „eigenartige Melodik“ von Kl 16 „als originelle Schilderung der Schlaftrunkenheit“ (126), am Beginn von Kl 17 erkennt er „Schifferrufe“ (127). (Ausführliche Interpretationen der Lieder Kl 13, 60, 68, 69, 118 finden sich bei Stäblein 1970.)

Der Ansatz Stäbleins, dessen Interpretationen im Einzelnen gewiss kritisiert werden können, kann gleichwohl als wesentlicher Beitrag zur Beschreibung von Oswalds Artifizialität gesehen werden. Er wurde bisher freilich nicht systematisch weiterverfolgt; Loenertz (2003) bietet lediglich Interpretationen einzelner ausgewählter Lieder (S. 287–295: Kl 13, 16, 39, 68, 118). Im vorliegenden Zusammenhang kann ich die Möglichkeiten, die Stäbleins Ansatz bietet, lediglich an einigen wenigen Beispielen verdeutlichen.

Unüberhörbar sollen in Kl 33, v. 10 (bei Wachinger/Brunner: OvW. Lieder 2007, Nr. 20) zwei Melismen, ein aufsteigendes sechstöniges g-h-c-d-e-d und ein absteigendes dreitöniges c-h-a, den Liebesseufzer ausdrücken: *(wenn ich die lieb be-) seuff-te.* Im geistlichen Wächterlied Kl 118 (Wachinger/Brunner Nr. 41) wird zu Beginn der Aufruf zum Wachsein fanfarenartig mit der wiederholten fallenden Quarte c-g-c-g: *Wol auf und wacht* (v. 1) zum Ausdruck gebracht; dieselbe Quarte findet sich in weltlichem Zusammenhang, jedoch im gleichen Sinn zu Beginn des dreistimmigen Satzes Kl 49 (Wachinger/Brunner Nr. 10): *Los, frau, und hör* (v. 1). Außer mit melodischen hat Oswald auch mit rhythmischen Mitteln Zusammenhänge zwischen Text und Musik hergestellt. So fällt beispielsweise in Kl 83 (Wachinger/Brunner Nr. 13) auf, dass der tänzerisch-fröhliche Dreierrhythmus, der das Lied bestimmt, in Z. 2/7 durch eine Zeile im Zweierrhythmus unterbrochen wird: Die Linie aus aufsteigenden Sekunden f-g-a zu Beginn verweist zweifellos auf die Mühsal des Aufstiegs auf den *sticklen perg*, die folgenden Noten g-D-fE-D kann man als Ausdruck der Erschöpfung nach dem Aufstieg verstehen. Im gleichen Lied werden in v. 12+13 die außerordentlichen Schönheitsmerkmale der Jäterin ebenfalls im Zweierrhythmus nachdrücklich in das Bewusstsein gehoben. Häufig markiert Dreierrhythmus mit der melodischen Abfolge von kurz – lang eine intendierte oder lediglich imaginierte Tanzsituation, siehe z.B. Kl 60 (Wachinger/Brunner Nr. 23). Ganz anders wird dieser Rhythmus indes in der Sehnsuchtsklage

Kl 57 (Wachinger/Brunner Nr. 1) verwendet. Vor allem die vieltönigen Melismen in v. 1 (ein neuntöniges Melisma) und 5 (sechstönig) machen die Klage auch in der Melodie, die überwiegend im Zweierrhythmus komponiert ist, sinnfällig, der in v. 6+7 unversehens erscheinende Dreierrhythmus bringt hingegen die vom Gedanken an „ihr“ *mündlein* verursachte Ruhelosigkeit, über die der Sänger sich beklagt, zum Ausdruck – in der Schlusszeile (v. 8) beruhigt die Melodie sich dann wieder.

Für kritische Lektüre und für Hinweise bin ich Burghart Wachinger dankbar verbunden.

Literatur (zusätzlich zur Gesamtbibliographie)

Brunner, Horst: Kanzone. In: RL II, 230–232.

Brunner, Horst: Die Spruchtöne Heinrichs von Mügeln. Bemerkungen zur Form und zur formgeschichtlichen Stellung. In: Horst Brunner / Werner Williams-Krapp (Hrsg.): Forschungen zur deutschen Literatur des Spätmittelalters. Festschrift Johannes Janota. Tübingen 2003, S. 109–123 [= Brunner 2003a].

Brunner, Horst: Art. Hugo von Montfort. In: MGG, 2. Aufl., Personenteil IX, 477 f. [= Brunner 2003b].

Brunner, Horst: Die frühen Töne Michel Beheims. In: Ingrid Bennewitz (Hrsg.): *wort und wise, singen unde sagen.* Festschrift Ulrich Müller. Göppingen 2007 (= GAG 741), S. 1–10.

Hages-Weißflog, Elisabeth: Die Lieder Eberhards von Cersne. Edition und Kommentar. Tübingen 1998 (= Hermaea 84).

Hofmeister, Wernfried (Hrsg.): Hugo von Montfort, Das poetische Werk. Mit einem Melodie-Anhang von Agnes Grond. Berlin/New York 2005.

März, Christoph: Die weltlichen Lieder des Mönchs von Salzburg. Texte und Melodien. Tübingen 1999 (= MTU 114).

Kornrumpf, Gisela: Vom Codex Manesse zur Kolmarer Liederhandschrift. Bd. 1. Tübingen 2008 (= MTU 133), 245–256.

Rettelbach, Johannes: Variation – Derivation – Imitation. Untersuchungen zu den Tönen der Sangspruchdichter und Meistersinger. Tübingen 1993 (= Frühe Neuzeit 14).

Sittig, Doris: *Vyl wonders machet minne.* Das deutsche Liebeslied in der ersten Hälfte des 15. Jahrhundert. Versuch einer Typologie. Göppingen 1987 (= GAG 465).

Oswald von Wolkenstein: Die mehrstimmigen Lieder

Marc Lewon

1. Ein Überblick

1.1. Das mehrstimmige Œuvre Oswalds von Wolkenstein

Die 37 Lieder OsvW, die in mindestens einer seiner beiden Haupthandschriften als mehrstimmig notiert gedeutet werden können, fasst man gewöhnlich unter dem Begriff ‚mehrstimmige Lieder' als eine in sich geschlossene Einheit zusammen. Die vorsichtige Formulierung dieses Satzes lässt erahnen, dass diese Kategorisierung nicht so scharf umgrenzt und das zusammengefasste Œuvre nicht so einheitlich ist, wie die Etikettierung scheinbar suggeriert: Was als mehrstimmig zu gelten hat und was nicht, ist, wie im Folgenden gezeigt wird, bei vielen Stücken umstritten. In der Forschung werden außerdem verschiedene Ansätze verfolgt, die Lieder innerhalb seines bei genauem Hinsehen sehr heterogen erscheinenden mehrstimmigen Werks stilistisch oder nach Kompositions- und Notationstechniken zu gruppieren.

Ein Blick auf die unterschiedlichen Themenbereiche, die Oswalds einstimmiges Liedgut von seinem mehrstimmigen unterscheidet, offenbart, dass sich unter seinen mehrstimmigen Komposition keine epischen und nur wenige politische Texte finden. Diese Themenbereiche sind traditionell eine Domäne der Einstimmigkeit, die sich für die Darstellung erzählender Gedichte besonders eignet. Die überwiegende Anzahl unter den mehrstimmigen Liedern hingegen ist der Liebeslyrik gewidmet und stimmt so mit den Inhalten anderer mehrstimmiger Œuvres, z.B. aus dem Bereich der *Ars Nova* und der burgundischen *Chanson*, weitestgehend überein: Die Themenwahl für sein polyphones Werk folgt also vordergründig der verbreiteten Praxis. Die Funktion der Mehrstimmigkeit hingegen scheint bei Oswald nicht nur rein ästhetischen Gesichtspunkten oder Konventionen zu folgen. Vielmehr nutzt er sie sehr ohrenfällig für sprachliche Effekte, sei es in den doppelt textierten Liedern zur plastischen Darstellung eines Dialogs, durch gegenseitige Textergänzung zweier Stimmen im *Hoquetus* (altfrz. „Schluckauf"; eine musikalische Satztechnik, bei der eine oder mehrere Stimmen durch Pausen in Einzeltöne oder sehr kurze Phrasen zerteilt werden und sich durch abwechselndes Pausieren der Effekt ergeben kann, als fielen sich die Stimmen gegenseitig ins Wort oder ergänzten sich zu einer einzigen Melodie) oder durch die Überlagerung eines Textes mit sich selbst in den Kanons. Ferner scheinen manche Stücke erst in der Mehrstimmigkeit musikalisch zu wirken, wie viele der unten näher erläuterten ‚organalen' Stücke, bei denen es bisweilen schwer fällt, eine Hauptmelodie herauszuhören, und deren Zweistimmigkeit sie erst zu einem lebendigen Musikstück macht (wie z.B. *Ach senliches leiden* Kl 51 und *Wol auff, wol an* Kl 75). Andere muten als durch die Mehrstimmigkeit ‚geadelt' an bzw. erhalten durch die Polyphonie zusätzlichen Schmuck (wie z.B. *Ain gút geboren edel man* Kl 43 und *Des himels trone* Kl 37). Wieder andere indessen können erst im mehrstimmigen Satz funktionieren (wie *Der mai mit lieber zal* Kl 50, wo die textierte Oberstimme nur im Verbund mit dem stützenden *Ténor* ihren musikalischen Sinn entfalten kann).

Allgemein bekannt und die heutige Sicht auf das mehrstimmige Werk OsvW prägend ist die Tatsache, dass er für zahlreiche seiner Lieder präexistente Liedsätze übernahm und für seine Zwecke umarbeitete. Oft spricht man bei diesem Vorgang, der sich am auffälligsten darin äußert, dass Oswald die betreffende Komposition mit einem neuen, deutschen Text versieht, von ‚Kontrafaktur'. Da die Eingriffe in die Vorlagen aber so erheblich sind und bisweilen in einer völligen Umdeutung des musikalischen Vorlagensatzes resultieren, spricht Pelnar (1982, 96) nicht von ‚Kontrafakturen', sondern stets von „Übernahmen" oder von „westlichem Einfluß" – wobei mit ‚westlich' ein frühes, internationales Repertoire umschrieben wird, das von Westeuropa (dabei im Wesentlichen von Frankreich) ausging und für das relativ einheitliche Regeln des Kontrapunkts, der mehrstimmigen Klanglichkeit und der Notation gelten. Der Einfachheit halber werden Oswalds Stücke, die auf solche Vorlagen zurückgreifen, im Folgenden als ‚Kontrafaktur' bezeichnet, in dem Wissen, dass es sich dabei nicht um schlichte Neutextierungen, sondern um grundlegende Neuaneignungen fremder Werke durch Oswald handelt.

Neben diesen Übernahmen gibt es eine Reihe von Stücken, die scheinbar keiner zu Oswalds Zeit üblichen Satztechniken folgen und für die kaum ein vergleichbares Repertoire überliefert ist. Göllner (1967, 62) wies auf einige wenige Beispiele eines entfernt ähnlichen Repertoires in zeitgenössischen Handschriften hin, die er im Codex Emmeram fand (geschrieben um 1435 in Wien mit Repertoire des späten 14. bis frühen 15. Jhs.; München, Bayerische Staatsbibliothek, Clm 14274). Auch der Engelberg-Codex (spätes 14. bis frühes 15. Jh.; Engelberg, Kloster, Stiftsbibliothek, 314) enthält noch ein paar zweistimmige Stücke, die vielleicht zu einem Vergleich herangezogen werden könnten. Die betreffenden Kompositionen Oswalds sind generell zweistimmig und am ehesten mit den archaischen Praktiken des improvisierten und daher in der Regel schriftlosen *Organums* vergleichbar, das sich in manchen Klöstern neben modernerer Polyphonie bis weit in die Neuzeit halten konnte. Die Satz- bzw. Improvisationstechnik des *Organums* äußert sich in den Stücken OsvW vor allem in Form von parallelen Quinten, bordunähnlichen Passagen, stimmkreuzenden Gegenbewegungen im Note-gegen-Note-Satz und ungeregeltem Gebrauch von Dissonanzen. Lieder, die zu dieser Gruppe von Kompositionen gezählt werden können, werden im Folgenden als ‚organal' bezeichnet.

Zwischen diesen beiden Extremen, den ‚Kontrafakturen' und den ‚organalen' Stücken Oswalds, gibt es eine stilistische ‚Mischgruppe', die Merkmale beider Satztechniken aufweist: Prinzipiell scheinen sie in die Gruppe der ‚organalen' Sätze zu gehören, aber gerade vor Kadenzen, also an Stellen, an denen kontrapunktische Klischeewendungen zu erwarten sind, tauchen typische Merkmale des westlichen Kontrapunkts auf. Für Stücke aus dieser Gruppe konnten bislang ebenfalls keine Vorlagen gefunden werden.

1.2. Oswald als Komponist mehrstimmiger Lieder

Da man in den letztgenannten beiden Gruppen von Stücken bisher keine Kontrafakturen ausfindig machen konnte, liegt die Vermutung nahe, dass sie Oswalds eigene Kompositionen darstellen. Gerade das Fehlen eines vergleichbaren Repertoires in zeitgenössischen Quellen verhindert aber natürlich das Auffinden von Vorlagen, und so könnte es sein, dass diese Art von Kontrapunkt generell schriftlos existierte und lediglich durch Oswalds Hingabe für die Verschriftlichung seines Werks ausnahmsweise ihren Weg in eine Handschrift fand. So wäre es möglich, dass auch diese Werke von Oswald aus schon existierenden Sätzen übernommen oder von anderen Musikern eigens für ihn komponiert wurden. Besonders die Erkenntnis, dass ein Großteil seines mehrstimmigen Werks aus Kontrafakturen besteht, führte zu einer Art ‚Entthronung' Oswalds aus dem Kreise der polyphonen Komponisten, indem zahlreiche Wissenschaftler ihm die Fähigkeit zu mehrstimmigem Kontrapunkt in Teilen (Göllner 1967, 62) oder weitgehend (Timm 1972, 121 und Timm 1973; Welker 2007, 324) absprachen, bzw. ein mangelndes Interesse Oswalds an Mehrstimmigkeit attestierten. Andere Forscher (Pelnar 1982, 120f.; Welker 1987, 206) räumen die Möglichkeit ein, dass OvW mit organalen Improvisationstechniken während eines wahrscheinlichen Besuchs auf der Klosterschule zu Brixen vertraut geworden sein könnte und diese Kenntnisse für seine eigenen Kompositionen einsetzte, bzw. im Falle der ‚Mischgruppe‘ mit seinen Erfahrungen aus dem internationalen Repertoire vermengte.

Welchen Anteil OvW an der Komposition seiner mehrstimmigen Werke hatte, lässt sich letztlich nicht feststellen. Ob er komponieren konnte oder nicht, ob er mensurale Notation beherrschte oder nicht – ihm muss die Faktur mehrstimmiger Musik und die zugehörige Notation zumindest einigermaßen geläufig gewesen sein, denn ohne eine solche Vertrautheit wäre er nicht in der Lage gewesen, die komplexeren Zusammenhänge in den Stücken, die eindeutig mehrstimmig zu interpretieren sind, sinnvoll in textliche Relation zu setzen oder gar aufzuführen.

1.3. Probleme bei der Deutung der Notation

Die Notation der mehrstimmigen Kompositionen in den Oswald-Codices enthält sehr viele Fehler und unklare Stellen, ist daher generell problematisch und bedarf in der Regel der sorgfältigen Deutung und Übertragung, um eine plausible Version des ursprünglich Gemeinten zu rekonstruieren. Partiturnotation wurde zwar im Mittelalter für bestimmte Repertoires gelegentlich eingesetzt und wäre in vielen Fällen für Oswalds Œuvre sicher angemessen und für uns heutzutage hilfreich gewesen. Die Niederschrift des polyphonen Werks in Oswalds Handschriften jedoch wurde entsprechend des gängigen Gebrauchs dieser Zeit in Einzelstimmen vorgenommen. Ein Hauptaugenmerk bei der Interpretation von Oswalds Niederschriften liegt also auf der Rekonstruktion der korrekten Ausrichtung der Stimmen zueinander. Bei vielen Stücken ist trotz ungenauer Aufzeichnung der Sachverhalt recht klar, wenn z.B. der verwendete Grundrhythmus unkompliziert ist und die Notation offenbar pragmatisch verwendet wurde, nach dem Motto ‚man weiß schon, was gemeint ist‘. Auch wurden manche Stücke sehr syllabisch und homophon vertont, sodass klar ist, welche Noten übereinander zu liegen haben. Im Falle von aufgedeckten Kontrafakturen schließlich existieren Vorlagen, nach denen man die Niederschriften in den Oswald-Handschriften korrigieren oder letztere an ersteren orientieren kann. Vereinzelt finden sich auch relativ exakt und gut entzifferbar notierte Stücke.

Andere Kompositionen hingegen sind so rudimentär oder ungewöhnlich aufgezeichnet, dass eine eindeutige Übertragung Schwierigkeiten bereitet. In den meisten Fällen ist die Problematik der Niederschrift sicher einer Satztechnik geschuldet, für welche die mensurale Notenschrift nicht geeignet und ursprünglich nicht vorgesehen war. Unregelmäßigkeiten in der Notation betreffen in erster Linie den musikalischen Rhythmus, also die gelegentlich ungenaue oder falsche Darstellung von Tondauern, das

Fehlen erforderlicher Vorzeichen, die generell in den Oswald-Codices äußerst sparsam eingesetzt sind, und die häufig inkorrekte Verwendung der Pausen. Fehler in der Notation von Tonhöhen kommen hauptsächlich in Form von falschen Schlüsselsetzungen oder Transpositionen einer ganzen Stimme um ein gewisses Intervall vor – häufig einen Ganzton. Sie scheinen also eher einer generellen Entscheidung für einen bestimmten tonartlichen Modus geschuldet, als durch einzelne, falsch gesetzte Töne hervorgerufen worden zu sein, denn ‚normale' Verschreibungen um eine Notenlinie oder einen Zwischenraum resultieren in Terzversetzungen. Die Gründe dafür könnten gemäß Pelnar (1982, 53 und 74f.) darin liegen, dass der Schreiber versuchte, in einer bestimmten Stimme die natürlichen Halbtonpositionen zu nutzen, um Vorzeichen zu vermeiden – eine Art der Entscheidungsfindung, die für die Notation von einstimmiger Musik angewandt wird, die aber bei den festen Relationen der Stimmen in mehrstimmiger Musik nicht funktioniert. Diese Beobachtungen legen nahe, dass die Schreiber zwar mit Mensuralnotation vertraut, aber keine Experten in der Niederschrift polyphoner Musik waren. Welker (1987, 201 und 2007, 318) nimmt an, dass sie in der Notation des *cantus fractus* geübt waren, einer im 15. Jh. aufkommenden Form der mensuralen Aufzeichnung und Diminuition von ‚einstimmiger' Musik.

Das Aufzeichnungsbild der mehrstimmigen Lieder in den Oswald-Codices lässt vermuten, dass es mit den vorhandenen Mitteln nicht möglich und eventuell auch nicht beabsichtigt war, eine exakte Niederschrift herzustellen, um jemandem, der die Stücke nicht kannte, eine Neuerarbeitung zu ermöglichen. Die Notation wurde also nicht als ‚Vorschrift' für Musiker, sondern vielmehr als ‚Nachschrift', als Erinnerungsstütze und zur Repräsentation eingesetzt. Es ist anzunehmen, daß Oswald selbst nicht in der Lage war, komplizierte Passagen in der Notation zu korrigieren und Fehler zu entdecken. Mit Sicherheit beherrschte er die Stimmen, die er sang, auswendig, und möglicherweise hat er die Melodien und Rhythmen in den Aufzeichnungen zu erkennen vermocht, ohne sie aber im Einzelnen exakt kontrollieren zu können – was in einer Kultur, die stark auf Gedächtnisleistungen basiert, auch gar nicht nötig war. Er hat sich bei der Niederschrift gewiss auf die wohl erfahreneren Schreiber verlassen.

1.4. Zwei Handschriften, zwei Fassungen, ein Lied

Die z.T. deutlich abweichenden Versionen zu manchen mehrstimmigen Stücken in den beiden Haupthandschriften A und B, die sich z.B. durch unterschiedliche Stimmenzahlen äußern, deutet Pelnar (1982) so, dass

Oswald möglicherweise eine private Sammlung für die Abschrift zur Verfügung gestellt hatte, die nicht zu allen Liedern die musikalische Notation enthielt. Wenn die Vorlage beispielsweise nur die Angabe enthielt, auf welche Komposition oder Melodie ein bestimmter Text zu singen sei, oder nur die textierte Stimme notiert war, dann mussten die Schreiber teilweise auf andere Sammlungen zur Ergänzung der Reinschrift zurückgreifen und eventuell manche Textunterlegungen selbst vornehmen.

Die beiden Handschriften wurden in ihrer Bedeutung, Anlage und Funktion in Bezug auf die Notation der mehrstimmigen Lieder in der Forschung sehr unterschiedlich beurteilt:

Pelnar (1982, 118) hält Hs. A für aufführungsnäher, d.h. besser geeignet für das Musizieren, weil sie trotz ‚unordentlicherer' Notation mehr Informationen z.B. für die Textierung von Oberstimmen enthält, während sie Hs. B für aufführungsferner, aber systematischer und sauberer erachtet.

Welker (2007) interpretiert die Fakten anders: Da in Hs. A tendenziell mehr Lieder polyphon notiert und häufig auch deren Oberstimmen zusätzlich textiert oder Textierungen dafür angedeutet sind, hält er sie für vorlagennäher und repräsentativer: Die Schreiber haben seiner Auffassung nach die Kontrafakturen getreuer den Vorlagen abgeschrieben und um weitere Stimmen ergänzt, die das Stück vielleicht respektabler aussehen ließen und daher auch aus optischen Gründen in die Handschrift aufgenommen worden sein könnten. Der Hauptschreiber der Hs. B hingegen verhielt sich demnach ökonomischer und gleichzeitig aufführungsnäher, indem er dazu neigte, nur die Stimmen zu notieren, die Oswald auch tatsächlich aufführte. Er notierte häufiger also auch Lieder, die in Hs. A noch zweistimmig stehen, in Hs. B dann nur mit der Hauptstimme.

2. Was ist ‚einstimmig' und wie vielstimmig ist ‚mehrstimmig'?

2.1. Die Trennung von Ein- und Mehrstimmigkeit in den Oswald-Codices

Schon mit der ersten Gesamtedition aller Lieder OsvW durch Schatz/Koller (1902) wurde sein musikalisches Werk klar in die Sphären „einstimmige Lieder“ und „mehrstimmige Compositionen“ getrennt – eine Trennung, die bis heute, dieser Artikel eingeschlossen, durchgehalten wird. Das ergibt aus mehreren, auch historischen Gründen Sinn:

Zum einen wird schon in mittelalterlichen Quellen sehr bewusst zwischen ein- und mehrstimmigen Œuvres unterschieden, sodass polyphone

Stücke innerhalb einer Handschrift in Sammlungen oder Gruppen beieinanderstehen (wie das auch in den Oswald-Codices z.T. der Fall ist) oder gar ganze Codices entweder einstimmiger oder polyphoner Musik gewidmet sind. Zum anderen trennt die verwendete Notation zwischen ein- und mehrstimmigen Repertoires: Die rhythmuslose Choralnotation, die ursprünglich für die Aufzeichnung des gregorianischen Chorals aus den frühen Neumen entwickelt wurde, unterscheidet sich in Bedeutung, Verwendung und äußerem Erscheinungsbild klar von der Mensuralnotation, die für die Niederschrift ‚gemessener', mehrstimmiger Musik erfunden wurde. Dass Oswalds Mehrstimmigkeit eine gesonderte Beachtung gefunden hat, hängt ferner damit zusammen, dass sie zumindest aus heutiger Sicht als Meilenstein und richtungweisend für die Musik im deutschsprachigen Raum gilt, weil sie nach den wenigen, sehr schlichten polyphonen Stücken des Mönchs von Salzburg das erste große mehrstimmige Œuvre in deutscher Sprache überhaupt darstellt und damit den Weg aus der bis dato vorherrschenden Einstimmigkeit aufzuzeigen scheint.

Diese deutliche Trennlinie in der Edition der Lieder OsvW birgt aber auch Probleme: Einerseits beeinflusst sie die Grundvoraussetzungen für die Beschäftigung mit seinem Werk, sodass die Œuvres von musikalischer Seite ab diesem Zeitpunkt generell getrennt betrachtet und von unterschiedlichen Fachleuten behandelt werden, obwohl sie von einem einzigen Autor stammen, in den Handschriften nebeneinander stehen und möglicherweise untereinander viele Bezüge aufweisen. Andererseits kann eine Grenze zwischen Oswalds Ein- und Mehrstimmigkeit gar nicht so scharf gezogen werden, wie es zunächst den Anschein haben mag: Einige Lieder treten in einem der beiden Hauptcodices einstimmig, im anderen hingegen mehrstimmig auf, wobei man beobachten kann, dass sich die Waagschale zugunsten mehrstimmiger Überlieferung eher zu Hs. A neigt. Wäre also nur eine der beiden Handschriften erhalten geblieben, so fänden sich manche der betroffenen Kompositionen in den Editionen automatisch im einstimmigen Œuvre wieder, die jetzt aber zu den mehrstimmigen Liedern zählen (darunter z.B. *Fröleichen so wel wir* Kl 47, s. dazu v.a. Strohm 1996/97). Trotz der vorliegenden, partiell polyphonen Überlieferungssituation einiger Lieder wurde bei manchen der betroffenen Stücke bereits vermutet, dass sie von Oswald als eigentlich einstimmig angesehen wurden (s. Timm 1972, zusammengefasst bei Hausner 1984/85, 52, sowie Welker 2007, 320–322). Und selbst bei den Stücken, die in beiden Handschriften mehrstimmig notiert sind, wurde schon bezweifelt, ob sie satztechnisch als originär mehrstimmig gelten können, oder nicht eher eine Art ‚erweiterte Einstimmigkeit', oder wie Pelnar (1982, 26) es ausdrückt, „mehrfache Einstimmigkeit" darstellen (z.B. *Des himels trone* Kl 37 und *Wol auff, wol an* Kl 75). Bei einigen mehrstimmig überlieferten Stücken finden wir außerdem deutliche Merkmale einstimmiger Notation in der Hauptmelodie (Pelnar 1982, 115), die nahelegen, dass das Stück möglicherweise genuin als einstimmig zu betrachten ist und weitere Stimmen eventuell nur als Option anbei gestellt wurden (z.B. *Ain gút geboren edel man* Kl 43 in der Aufzeichnung der Hs. B).

Auf der anderen Seite gibt es eine Reihe von einstimmig notierten Stücken, die deutliche Merkmale von Mensuralnotation tragen und wie aus einem polyphonen Satz herausgenommen erscheinen, die also möglicherweise ursprünglich aus einem mehrstimmigen Umfeld stammten. Zum Teil sind diese in Oswalds Handschriften auch innerhalb oder nahe der Blöcke von mehrstimmiger Musik eingeordnet und erwecken so den Eindruck, als gehörten sie in polyphone Umgebung. Eines dieser Stücke (*O wunniklicher, wolgezierter mai* Kl 100) wurde von Böhm (2001/02) als Kontrafaktur der *Ténor*-Stimme aus einem mehrstimmigen Vorlagensatz identifiziert (*Triste plaisir* von Gilles Binchois). Welker (1990/91, 259) vermutet weitere derartige Stücke hinter Kl 89 und 92, es gibt unter den einstimmigen Liedern aber noch zahlreiche andere wahrscheinliche Kandidaten (z.B. Kl 80, Kl 81, Kl 123 u.v.m.).

Genauso schwer wie es manchmal zu entscheiden ist, welche Lieder von OvW mehrstimmig oder einstimmig konzipiert und aufgeführt wurden, ist es bisweilen festzulegen, wie vielstimmig ein Lied genau sein sollte: Einige Stücke liegen in Fassungen mit unterschiedlicher Stimmzahl vor, und bei zwei der Kanons (*Die minne füget niemand* Kl 72 und *Nu rue mit sorgen* Kl 121) ist es unklar, ob sie mit zwei oder drei Stimmeinsätzen vorgesehen waren. Es gibt plausible Argumente für beide Varianten.

Neben einzelnen zweifelhaften Fällen im Werk OsvW gibt es aber eine ganze Anzahl von Kompositionen in seinen Handschriften, die als eindeutig mehrstimmig zu werten sind, sei es, dass sie z.B. aufgrund von Doppeltextigkeit erst in der Mehrstimmigkeit vervollständigt werden (z.B. *Stand auff Maredel! – Frau ich enmag* Kl 48, *Herz prich* Kl 93), sei es, dass die geplanten textlichen Effekte nur in mehrstimmiger Aufführung zur Geltung kommen (hier besonders bei den Kanons, z.B. *Die minne füget niemand* Kl 72, *Her wiert* Kl 70) oder dass sie aufgrund der Satztechnik Mehrstimmigkeit erfordern, um zu funktionieren (z.B. *Der mai mit lieber zal* Kl 50).

Zwischen den eindeutigen Fällen von Ein- und Mehrstimmigkeit offenbart sich also eine breite Grauzone, bei der eine eindeutige Zuordnung zu einer der beiden Vertonungs- bzw. Aufführungsarten nicht möglich ist. Die neueren Gedanken von Welker (2007) zu diesem Thema legen nahe, dass Oswald für seine eigenen Darbietungen zur Einstimmigkeit tendierte, bzw. bei den eindeutig mehrstimmigen Liedern zu den Versionen mit weniger Stimmen neigte – eine Deutung, die eine Aufführungssituation postuliert, bei der davon ausgegangen wird, dass Oswald nicht immer eine

Reihe von in Mehrstimmigkeit ausgebildeten Musikern zur Verfügung hatte und oft auf solistischen Vortrag zurückgreifen musste. Es scheint auf jeden Fall so, als hätte Oswald nicht eine bestimmte, festgelegte Art der Ausführung für viele seiner Werke, sondern einen ‚fließenden' Notentext im Sinn gehabt, der verschiedene, mal ‚repräsentativere', mal praktikablere Aufführungsfassungen zuließ.

2.2. Die Gruppierung des mehrstimmigen Werks

Das mehrstimmige Werk Oswalds ist stilistisch sehr breit angelegt und lässt Einteilungen zu, bei denen satztechnische und notationstechnische Aspekte sich gegenseitig stützen. Auf dieser Grundlage trennt Pelnar (1982) in ihrer ausführlichen Analyse und Neuedition der mehrstimmigen Lieder diese in „bodenständige Tenorlieder", „Kanons und Tenorlieder, die Merkmale genuiner Mehrstimmigkeit aufweisen" und „Lieder, die unter dem Einfluß westlicher Mehrstimmigkeit stehen". Ihre Kategorie der „bodenständigen Tenorlieder" wird im Folgenden unter dem Titel „organale" Kompositionen behandelt. Pelnars zweite Kategorie enthält zwar einige Stücke, die schon in den Bereich der Kontrafaktur gehören, umschreibt aber hauptsächlich die oben erwähnte „Mischgruppe", die möglicherweise zur kompositorischen Eigenleistung OsvW gezählt und tendenziell zu den „organalen" Werken gruppiert werden kann. Ihre dritte Kategorie umschreibt die Gruppe der Kontrafakturen bzw. der Stücke, die, wenn auch als solche noch nicht nachgewiesen, wahrscheinlich Kontrafakturen sind, weil sie die entsprechenden satztechnischen Merkmale aufweisen.

Welker (1987, 1990/91 und 2007) legt dagegen seiner Einteilung die Gruppierungen der Stücke in den Handschriften sowie die Datierung der Kontrafakturvorlagen zugrunde und trennt die ‚übernommenen' Stücke im Wesentlichen in zwei Gruppen auf: eine Gruppe von Kontrafakturen, die in den Handschriften generell nah beieinander stehen und Neubearbeitungen von Kompositionen des 14. Jhs. darstellen (hauptsächlich aus der französischen *Ars Nova*) und eine zweite Gruppe von Kontrafakturen, die weiter gestreut und häufig unter den Nachträgen der Handschriften wiederzufinden sind und die Merkmale eines späteren Kontrapunkts tragen, der in die burgundische Epoche datiert werden kann. Während die erste Gruppe also aus Übernahmen besteht, die zu Oswalds Zeit schon ‚Klassiker' gewesen sein müssen, stellt die zweite Gruppe zeitgenössische, sehr ‚aktuelle' Übernahmen durch Oswald dar.

Im Folgenden soll das heterogene, mehrstimmige Werk OsvW auf die beiden deutlicheren Pole der „Kontrafakturen" und der „organalen Kompositionen“ beschränkt werden, wobei es natürlich einige Stücke gibt, die zwischen beiden Gruppen stehen.

3. Die Kontrafakturen

3.1. Zum Anteil der Kontrafakturen im Œuvre Oswalds

Die Geschichte der Beschäftigung mit OsvW mehrstimmigen Kompositionen ist zugleich eine Geschichte des Auffindens von Kontrafakturen. Erstmals entdeckte Friedrich Ludwig (1928) sechs Stücke unter Oswalds mehrstimmigem Werk, deren Satz präexistenten Kompositionen entstammt. Durch weitere Funde (Göllner 1967, Timm 1972, Pelnar 1982 und andere) konnten bis heute 16 Kontrafakturen unter seinen polyphonen Stücken nachgewiesen werden. Dabei fällt auf, dass diese, von drei Ausnahmen abgesehen (*Der mai mit lieber zal* Kl 50, *Frölich geschrai* Kl 54, *Ave mater / Ave, mủtter* Kl 109, siehe Welker 1987, 190 und 217), in den Quellen keinerlei Hinweise auf ihre Vorlagen enthalten. Oswald markierte demnach keine seiner Bearbeitungen als Übernahmen und man ist darauf angewiesen, durch Vergleiche von Notentexten mit anderen Quellen den Vorlagen auf die Spur zu kommen.

Die Bearbeitung bereits bestehender Kompositionen macht also einen erheblichen Teil des mehrstimmigen Werks OsvW aus. Da die Mehrzahl seiner polyphonen Kompositionen, die den Regeln des zeitgenössischen, westeuropäischen Satzes gehorchen, bislang als Kontrafakturen nachgewiesen werden konnten, nimmt man ferner an (s. Welkers 1990/91 und 2007), dass Oswald diese Satztechnik selbst nicht beherrschte und folglich alle Sätze, die zu seiner Zeit auf der Höhe des ‚westlichen‘ Kontrapunkts stehen, Übernahmen von schon existierenden Kompositionen durch Oswald darstellen, auch wenn für sie noch keine Vorlagen identifiziert werden konnten. Für die vorliegende Gruppierung seines mehrstimmigen Werks werden also auch diejenigen Stücke hier unter den „Kontrafakturen“ versammelt, die aufgrund ihres Kontrapunktes wahrscheinlich Bearbeitungen westlicher Sätze sind, auch wenn Vorlagen für sie noch nicht nachgewiesen werden konnten (darunter z.B. *Freu dich du weltlich creatủr* Kl 120, *Ich klag* Kl 108, *Ain gủt geboren edel man* Kl 43).

Die Erkenntnis, dass sich unter den Werken Oswalds nicht nur Einzelfälle, sondern eine ganze Reihe von westlichen Kompositionen befinden, und nicht zuletzt die Vermutung weiterer westlicher Sätze, die bislang nirgendwo anders entdeckt werden konnten, veranlasst Welker (2007), die Wolkenstein-Codices zu den wichtigen Überlieferungsträgern eines internationalen Repertoires zu zählen. Somit wären diese Handschriften also nicht allein Zeugen eines sehr individuellen Œuvres, nicht allein Überlieferung der frühesten, umfangreichen, deutschen Polyphonie, sondern zugleich auch eine wichtige Quelle für ein überregionales Repertoire und dessen Rezeption fern der Zentren seiner Entstehung und Hauptüberlieferung.

Inzwischen wurden in Oswalds Repertoire neben zahlreichen Kontrafakturen aus einer früheren Epoche (der mittleren bis späten *Ars Nova*) auch einige zeitgenössische Kontrafakturen entdeckt, die aus dem Umfeld der burgundischen *Chansons* und der späten *Laude* (nicht-liturgische, religiöse, dabei volkssprachliche Lieder im spätmittelalterlichen Italien des 15. Jhs., meist mehrstimmig) stammen, und die Welker als eine eigene Gruppe in Oswalds Œuvre ansieht. Zu den wenigen bewiesenen Kontrafakturen dieser Gruppe können leicht weitere Stücke, die einen ähnlichen kontrapunktischen Stil aufweisen, hinzugezogen werden.

3.2. Was waren die Vorlagen OsvW?

Vergleicht man die nachgewiesenen Kontrafakturen Oswalds mit ihren Vorlagen, so stellt man eine Reihe von Unterschieden in den Fassungen fest, über die Rückschlüsse auf Oswalds Vorgehensweise bei der Kontrafaktur gezogen wurden. Folgende Tendenzen wurden festgestellt:

- für gewöhnlich eine Reduzierung der ‚originalen' Stimmenzahl, häufig auf das Minimum eines Kernsatzes aus *Cantus* (auch: *Discantus*) und *Ténor* (= obere und untere Stimme im zweistimmigen Satz);
- Textierung des *Ténors* an Stelle des *Cantus*, der in den Vorlagen in der Regel Träger des Textes ist;
- eine im Vergleich zum Original deutlich dichtere Austextierung, d.h. Unterbringung von mehr Silben auf gleichem Raum, als in der Vorlage – z.B. durch Austextierung von textlosen Melismen des Originals;
- zahlreiche Tonspaltungen in allen Stimmen, die besonders im *Ténor* (der in den Vorlagen tendenziell weniger und längere Noten enthält als der *Cantus*) dazu verwendet werden, den bei Oswald gegenüber seinen Vorlagen dichteren Text unterzubringen;
- Nichtbeachtung der Textform der Vorlage bzw. neutraler gesprochen: Nichterfüllung der originalen Textform in Oswalds Kontrafaktur.

Diese Beobachtungen wurden in der Vergangenheit als starke Umarbeitungen der übernommenen Kompositionen durch Oswald mit sehr bewussten Eingriffen in die Struktur seiner Vorlagen ausgelegt: Dabei wurde Oswald zwar zugute gehalten, dass er bei der Reduktion der Stimmen stets die wichtigsten, tragenden Stimmen des mittelalterlichen Satzes erhielt und eine gewisse Vertrautheit im Umgang mit Polyphonie dadurch bewies, dass er nur ‚entbehrliche Zusatzstimmen' strich. Ferner wurde ihm durchaus eine besondere Sensibilität für die musikalischen Qualitäten seiner Vorlagen zugesprochen, die er durch seine Bearbeitungen uminterpretierte und so den Satz zu etwas ganz Neuem machte. Generell aber deutete man seine Reduktion der Sätze und v.a. die Nichtbeachtung der Vorlagenformen, die in der Regel zum Kanon der von Guillaume de Machaut konsolidierten *formes fixes* (Ballade, Rondeau, Virelai) zählen, als fehlendes Interesse an Mehrstimmigkeit und Unkenntnis bzw. Unverständnis der originalen Liedformen.

Es wurde anfänglich vermutet, dass seine weiten Reisen OvW die Gelegenheit gaben, in Kontakt mit mehrstimmiger Musik zu kommen, die ihm schließlich die Vorlagen für seine eigenen Bearbeitungen lieferte: z.B. direkt in Frankreich oder während der Konzile zu Konstanz und Basel, den idealen Gelegenheiten kulturellen Austausches. Bereits 1972 schlug Timm jedoch vor, dass Oswalds unmittelbare Arbeitsvorlagen möglicherweise nicht aus den Zentren der Entstehung stammen, sondern ihm Abschriften vorgelegen haben könnten, die in den Klöstern seiner Südtiroler Umgebung lagerten, z.B. in Neustift bei Brixen.

Strohm (1993, 120–121) zeigte außerdem auf, wie eine Anzahl erhaltener und im deutschsprachigen Raum verfassten Codices eine wesentlich größere Nähe in Notation und Zusammenstellung zu den Oswald-Handschriften aufweist als die ‚originaleren' französischen Quellen. Solche in der Peripherie entstandenen Quellen enthalten einzelne Stücke eines internationalen Repertoires häufig in einer schon bearbeiteten Fassung – so ist z.B. *Par maintes foys* des Jean Vaillant (die Vorlage zu *Der mai mit lieber zal* Kl 50) im Codex St. Emmeram (um 1435 in Wien entstanden; München, Bayerische Staatsbibliothek, Clm 14274, fol. 27v–28r) mit dem gleichen latinisierten Incipit *Per montes foys* wie in der Wolkenstein-Handschrift A versehen und dort in einer zweistimmigen und lateinisch kontrafazierten Fassung enthalten. Ein jüngst von Martin Kirnbauer in Basel entdecktes Fragment (Publikation in Vorbereitung) des gleichen Stückes bestätigt diesen Trend zur Bearbeitung und Vereinfachung in den peripheren Quellen: Dieses Basler Fragment von *Par maintes foys* enthält ebenfalls eine lateinische und zweistimmige Kontrafaktur über die originale *Chanson*. Im St. Emmeram-Codex findet sich außerdem eine Kyrie-Kontrafaktur über das *Questa fanciull'amor* von Francesco Landini, das ebenfalls von Oswald kontrafaziert wurde. Welker (2007, 320) spricht dabei von einem Repertoire, das durch einen „mitteleuropäischen Rezeptionsfilter" gegangen ist, bevor es zu den Schreibern der Oswald-Codices kam, und von dem Beispiele in Form des St. Emmeram-Codex und der Straßburger Handschrift (frühes 15. Jhd., südwestdeutscher Raum, vielleicht Freiburg oder Straßburg; Strasbourg, Bibliothèque Municipale, 222 (C.22), 1870 verbrannt) vorliegen. Vor allem die Straßburger Handschrift zeigt eine deutliche Nähe zu Oswalds Quellen (s. Welker 1987, 223; Strohm 1993, 121): Sie enthielt, wie die Oswald-Codices, ein- und mehrstimmige Musik (in Straßburg geistlich, bei OvW weltlich), der überwiegende Anteil des mehrstimmigen Repertoires bestand aus Kontrafakturen (in Straßburg lateinisch, bei OvW deutsch), die Œuvres sind in beiden Fällen in ein frühes und ein spätes Repertoire getrennt und beide Handschriften entstanden fern der Zentren, aus denen die Vorlagen stammten. Oswald wirkte also in einem Umfeld, das gerade im deutschsprachigen Raum schon intensiv an der Kontrafaktur eines internationalen Repertoires arbeitete – er stand mit seinen Ansätzen nicht ‚allein auf weiter Flur', sondern konnte Inspiration für seine Fassungen allenthalben und besonders auf seinen Reisen zu den Konzilen erfahren haben (s. Strohm 1993, 120–121).

Nimmt man an, dass zumindest einige von Oswalds direkten Vorlagen schon aus Bearbeitungen des internationalen Repertoires bestanden, die ihm in diesen peripheren Handschriften wohl räumlich wesentlich greifbarer zur Verfügung gestanden haben könnten als die französischen Primärquellen, dann waren Oswalds Eingriffe in seine Vorlagen nicht so erheblich, wie der vordergründige Vergleich mit den ‚originalen' Fassungen der Lieder es zunächst erscheinen ließ: Der Entschluss zur Kontrafaktur wäre durch die lateinische Version für die betreffende Vorlage bereits antizipiert, die originale Textform entweder schon beseitigt oder aufgeweicht und die Reduktion in der Stimmenzahl vermutlich ebenfalls vorgenommen worden.

Was die von den Vorlagen abweichende Textierung des *Ténors* anstelle des *Cantus* anbetrifft, so wurde wiederholt vermutet, dass die Lage des *Ténors* schlicht diejenige war, die Oswald persönlich am besten lag, und wir daher davon ausgehen können, dass er diese Stimme selbst sang und sie natürlicherweise auch vorrangig mit einem Text versah. Timm (1973, 325) und Göllner (1967) hielten es außerdem für möglich, dass Orgeltabulaturen mit ihrer deutlichen Betonung des *Ténors* mitverantwortlich dafür gemacht werden könnten, dass der *Ténor* bei Oswald in den Fokus tritt. Um die wesentlich dichtere Austextierung und die zahlreichen Tonspaltungen zu erklären, schlug Pelnar (1982, 102) überdies vor, dass Oswald vielleicht nicht textierte Vorlagen bearbeitete, sondern wieder auf besagte Orgeltabulaturen zurückgegriffen haben könnte, bei denen oft längere Notenwerte in kleinere aufgespalten werden. Diese Beobachtung betrifft aber weniger die Behandlung des *Ténors* als vielmehr die Aufhebung der Synkopen in den *Cantus*-Linien – was bei Oswald ebenfalls häufiger anzutreffen ist (z.B. bei *Frölich, zärtlich* Kl 53 und bei *Ave mater / Ave, mútter* Kl 109).

Ein anderer Ansatz eröffnet jedoch in Bezug auf Oswalds Vorlieben für die dichte Austextierung von *Ténor*-Linien eine vielversprechende Spur:

Neben der hochentwickelten Mensuralnotation war im frühen 15. Jh. auch eine Form der Notenschrift in Verwendung, die dieses komplexe System stark vereinfacht und eine Kenntnis vieler Regeln für die Deutung längerer Werte überflüssig macht, indem sie quasi ‚abzählend' notiert: die sogenannte ‚Strichnotation'. Viele Beispiele dieser ‚selbsterklärenden' Art der Notation sind gerade in peripheren und aufführungsnahen Quellen erhalten, die wahrscheinlich von solchen Musikern aus der ‚zweiten Reihe' benutzt wurden, die mit mensuraler Notation weniger vertraut gewesen sein mochten – so z.B. neben vielen anderen auch in drei einstimmigen Liedaufzeichnungen des Lochamer-Liederbuches (ca. 1450, Nürnberg; Berlin, Staatsbibliothek zu Berlin Preußischer Kulturbesitz, Mus. 40613).

Strohm (1993, 352) brachte die einstimmigen Liedaufzeichnungen in den Oswald-Codices schon mit Strichnotation in Verbindung. Weitet man diesen Ansatz auf die kontrafazierte Mehrstimmigkeit bei Oswald aus, so öffnet die Annahme von Oswald-Vorlagen in Strichnotation zwei neue Möglichkeiten bezüglich seiner Kontrafakturpraktiken: Da bei dieser Notation längere Notenwerte optisch bereits in kleinere zerteilt werden, wäre die Idee der Tonspaltung schon in der Vorlage vorweggenommen worden. Ferner scheinen Kontrafakturen von *Tenores* aus mehrstimmigen *Chansons* in Strichnotation in Umlauf gewesen zu sein, wie die erwähnten Stücke aus dem Lochamer-Liederbuch zeigen – alle drei sind einstimmige, lateinische Kontrafakturen von *Ténor*-Linien, die aus mehrstimmigen *Chansons* entnommen wurden. Eine davon ist die *Ténor*-Melodie von *Je loe amours* des Gilles Binchois. Da mit dem *Techst über das geleÿemors Wolkenstainer* (Kl 131) in der Streuüberlieferung zu OvW ein Gedicht ohne Melodie überliefert ist, das offenbar von Oswald ebenfalls auf das *Je loe amours* gedichtet wurde, legt diese Überlieferung im Lochamer-Liederbuch nahe, dass es Usus war, *Ténor*-Melodien auch unabhängig von den zugehörigen mehrstimmigen Fassungen als einstimmige Lieder neu zu textieren. Zudem findet sich die Vorlage zu Oswalds einstimmigem *O wunniklicher, wolgeziérter mai* (Kl 100), das ebenfalls von Gilles Binchois stammende *Triste plaisir*, ‚einstimmig' im Bayeux-Chansonnier (ca. 1500, Nordfrankreich; Paris, Bibliothèque Nationale de France, f. fr. 9346, fol. 78v–79r), wobei nicht der zu erwartende *Cantus*, sondern der *Ténor* in verzierter Version mit dem Liedtext unterlegt wurde. Die einstimmige Verwendung und Textierung von *Ténor*-Linien aus mehrstimmigen *Chansons*, die sonst den Text im *Cantus* tragen, war also möglicherweise auch außerhalb von Oswalds Werk gängige Praxis (siehe Timm 1973, 324f.).

Diese Beobachtungen lassen mehrere Schlüsse zu: Einerseits steht Oswald mit seiner Textierung von *Ténor*-Linien und der einstimmigen Verwendung von *Ténor*-Melodien nicht allein, andererseits können wir unter den einstimmigen Melodien Oswalds weitere Kontrafakturen erwarten, die möglicherweise ursprünglich aus einem polyphonen Kontext stammen. Ferner könnten bereits Oswalds Vorlagen für diese Kontrafakturen einstimmig gewesen sein, so dass er weder die Entscheidung für die Textierung des *Ténors* getroffen noch eine Reduktion einer mehrstimmigen *Chanson* auf eine Stimme vorgenommen haben müsste. Und schließlich ist es wahrscheinlich, dass das *geleÿemors Wolkenstainer* (*Mir dringet* Kl 131) wie schon *O wunniklicher, wolgezierter mai* (Kl 100) von Oswald als einstimmiges Lied angelegt worden war. Ein weiterer, die letzte Vermutung bekräftigender Hinweis ist die Feststellung, dass die Aufführungsgeschwindigkeit bei normaler Textdeklamation für diese beiden Wolkensteinfassungen schneller ist als für die originale *Chanson*. Dies ist ein Sachverhalt, den man sehr schnell überprüfen kann, wenn man die Oberstimmen beider *Chansons* auf die textierten *Tenores* von Oswald setzt: Die Aufführungsgeschwindigkeit für die *Cantus*-Linien nimmt enorm zu – eine Tendenz, die bei den eindeutig mehrstimmigen Liedern Oswalds sonst nicht zu beobachten ist, im Gegenteil: Durch seine sehr dichte Austextierung wird die Aufführungsgeschwindigkeit normalerweise eher langsamer.

Bei der Frage nach Oswalds unmittelbaren Vorlagen und seiner Methode bei der Kontrafaktur darf man letztlich auch nicht die erheblichen Gedächtnisleistungen unterschätzen, die zu dieser Zeit üblich waren. Es ist anzunehmen, dass er nicht einmal direkte Notenaufzeichnungen für seine Kontrafakturen benötigte, sondern seine Bearbeitungen über das Auswendigsingen seiner Vorlagen vornahm – etwas, das Strohm einen „Kontrafakturprozess im Kopf" nennt (Strohm 1993, 120; 2001).

4. Die ‚organale Zweistimmigkeit'

4.1. Das Dilemma mit den roten Noten

Im mehrstimmigen Werk OsvW gibt es eine Anzahl von Kompositionen, die sich deutlich vom zeitgenössischen, ‚westlichen' Kontrapunkt abheben. Diese schwer fassbare Gruppe zweistimmiger Kompositionen, die in den Handschriften tendenziell beieinanderstehen und dadurch rein äußerlich als zusammenhängend ausgezeichnet sind, wird von Pelnar (1982) mit dem Begriff „bodenständig" umschrieben – ein sehr vager Begriff, dem der Ruch von „Volksmusik" anhaftet, den sie jedoch nirgends genau definiert und scheinbar synonym zum Begriff der „organalen Zweistimmigkeit" verwendet. Da es keinerlei Hinweise auf volksmusikalische Elemente in der Musik Oswalds gibt und die Vermutung, dass hier traditionelle Musizier- oder Improvisationstechniken ihren Niederschlag gefunden haben könnten, auf rein gefühlsmäßigen Assoziationen beruht und darüber hinaus keine Aufzeichnungen von Volksmusik aus dem Mittelalter überliefert sind, die zum Vergleich herangezogen werden können, soll für die vorliegenden kontrapunktischen Verhältnisse im Folgenden der Begriff der ‚organalen Zweistimmigkeit' verwendet werden – allerdings stets mit Anführungszeichen, da diese Sätze kein kirchliches *Organum* im eigentlichen Sinne darstellen und der Begriff nur Hilfskonstruktion in Ermangelung einer eindeutigen Terminologie ist.

Einige Stücke aus diesem Repertoire, zu dem hier auch die oben erwähnte ‚Mischgruppe' gezählt wird, sind relativ leicht zu übertragen, im Rhythmus zu interpretieren und ihre Stimmen sinnvoll in Partitur zu setzen (z.B. *Des himels trone* Kl 37, *Ach senliches leiden* Kl 51, *Wol auff, wir wellen slaufen* Kl 84, *Wach auff mein hort* Kl 101). Andere jedoch bereiten bei der Übertragung und Deutung Schwierigkeiten. Dazu zählen vor allem Stücke, in denen rote Notation gehäuft auftritt (z.B. *Wol auff, wol an* Kl 75, *Ain graserin* Kl 76, *Frölich so wil ich aber singen* Kl 79). Ein Hauptproblem liegt dabei in der Interpretation besagter roter Noten (auch rubrizierte Noten oder *Rubrae* genannt), die normalerweise in der Mensuralnotation dieser Zeit verwendet werden, um zweizeitige Notenwerte in einem dreizeitigen Kontext darzustellen. Am klassischsten wird diese Technik zur Abbildung von Hemiolen (drei zweizeitige Notenwerte, die an Stelle von zwei dreizeitigen eingesetzt werden und damit eine Akzentverschiebung hervorrufen) im *tempus imperfectum major* (einer Art Sechserrhythmus) eingesetzt, wobei sie in der Regel in Gruppierungen zu drei Semibrevis-Einheiten auftreten und zusätzlich meist als Gegenrhythmus in einer Stimme gegen eine andere. In dieser standardmäßigen Verwendung sind rote Noten im Werk Oswalds v.a. und erwartungsgemäß bei den Kontrafakturen nach westlichen Vorlagen zu finden (ein besonders plastisches Beispiel für die ‚normale' Verwendung der roten Noten bietet *Kom, liebster man* Kl 107).

Bei den ‚organalen' Stücken hingegen ist der Kontext dieser Notation ein anderer: Die *Rubrae* stehen häufig nicht zu drei Semibreviswerten beisammen, sondern können einzeln, in Zweier- oder Vierergruppen vorkommen, sodass bei gebräuchlicher Auslegung der Rhythmus ‚nicht mehr aufgeht'. Ferner fehlt bei diesen Stücken meist der kontrastierende Rhythmus der zweiten Stimme, die im Gegenteil in vielen Fällen sogar gleichzeitig auch rote Noten aufweist. Pelnar war daher der Ansicht, dass eine normale Interpretation dieser Notation für die ‚organalen' Stücke Oswalds nicht funktioniert und suchte nach einer anderen Lösung. Sie gelangte an zwei Traktate des frühen 15. Jhs., die eine neben vielen anderen Bedeutungen mögliche Interpretation der *Rubrae* als *Proportio dupla* (eine Verdopplung des Tempos für die betroffenen Notenwerte) angeben, sodass rote Semibreven also Werte von Minimen annehmen konnten

(s. Pelnar 1982, 23 und 47). Pelnar folgte dieser Spur und übertrug die rote Notation der betreffenden Lieder generell als *dupla*, was sie aber zu weitergehenden Eingriffen zwang, die darin resultierten, dass viele andere Notenwerte, die eigentlich nicht betroffen waren, auch angeglichen werden mussten (z.B. Minimen zu Semiminimen wurden etc.). Das Ergebnis waren Übertragungen, die durch diese Deutung sehr bewegt und rhythmisch pointiert wurden, im Falle von *Wol auff, wol an* (Kl 75) sogar Fünferrhythmen enthielten, die sonst in mittelalterlicher Musik nirgends erscheinen und die Pelnars Vermutung, hier ein von Volksmusik beeinflusstes Œuvre vorliegen zu haben, bestätigte (die Fünferrhythmen rückte sie in die Nähe des „Zwiefachen", Pelnar 1982, 54). Es drohte ein Zirkelschluss, denn das Auffinden vermeintlich volkstümlicher Elemente in den resultierenden Übertragungen bestätigte wiederum die Richtigkeit der Annahmen und führte schließlich zum Begriff der „bodenständigen Lieder" für dieses Repertoire.

Es gibt trotz der ungewöhnlichen Gruppierungen der roten Noten bei den besagten Stücken jedoch keinerlei Hinweise darauf, dass sie in diesen Kompositionen anders zu deuten wären als in den ‚westlich beeinflussten' Stücken Oswalds. Ferner scheint es unwahrscheinlich, dass eine so außergewöhnliche Verwendung roter Notation, wie sie von Pelnar vorgeschlagen wird und die an Praktiken der hochkomplexen *Ars Subtilior* erinnert, für die Niederschrift von Stücken anzusetzen sein sollte, die nicht im Geringsten an eine solche Komplexität heranreichen und zugleich so ungenau notiert sind. Außerdem würde es verwundern, dass aufwändig rote Noten verwendet worden wären, wenn der gleiche Effekt problemlos durch den Einsatz von schwarzen Minimen hätte erzielt werden können. Und schließlich sind die ‚volkstümlichen' Rhythmen, die sich in Pelnars Übertragungen bei diesen Stücken ergeben, am Original nicht nachvollziehbar. Eine dermaßen weitgehende Deutung müsste sich optisch aber in der Quelle abbilden. Kurzum: Diese Deutung der roten Noten bei den ‚organalen' Stücken in Pelnars Edition ergibt im Endeffekt keinen Sinn und muss revidiert werden.

4.2. Zur Notwendigkeit eines neuen Ansatzes

Der sicherste Ansatz für eine Deutung der Niederschrift dieser ‚organalen' Stücke wäre die Vermutung, dass die Notation im Prinzip auf den üblichen Gebräuchen basiert. Geht man gleichzeitig davon aus, dass es sich bei den vorliegenden Stücken um eine Art von Kontrapunkt handelt, der normalerweise nicht aufgezeichnet wurde und für den Mensuralnotation nur unzureichend geeignet sein kann (s. Pelnar 1982, 115), dann gäbe es einige Ansatzpunkte für eine Auslegung: Das ‚freie Organum' bedurfte gewöhnlich keiner rhythmischen Notation, sondern wurde in Partitur notiert und durch die gleichzeitige Textdeklamation beider Stimmen koordiniert. Eine solche Notation ist erstmals mit der aquitanischen Polyphonie des 12. Jhs. überliefert, lässt sich aber auch noch im späten Engelberg-Codex nachweisen und wäre wahrscheinlich die eigentlich passende für die betreffenden Stücke Oswalds gewesen. Es scheint so, als hätte der Notator versucht, einen solchen freier fließenden, metrisch nicht genau geordneten Rhythmus durch die kreative und unorthodoxe Nutzung von Mensuralnoten festzuhalten. In diesem Sinne könnte man die rote Notation bei den erwähnten Stücken schlicht als feinere Aufteilung rhythmischer Werte deuten: rote Semibreven sind in der Aufführung schneller zu singen oder zu spielen als schwarze, aber langsamer als Minimen. Von daher müsste man in der Übertragung der Kompositionen ebenfalls andere Wege gehen und eher über das praktische Ausprobieren Lösungen für die Stücke finden. Einen einzigen, exakten Übertragungsschlüssel scheint es nicht zu geben, und alle derartigen Versuche sind bislang gescheitert. Das Fehlen einer plausiblen Edition dieser Stücke ist letztendlich auch dafür verantwortlich, dass sie so selten aufgeführt werden. Im Wissen um die notierte Freiheit im Rhythmus und den angestrebten Stil kann über die Arbeit direkt aus den originalen Quellen durch historisch informierte und stilistisch erfahrene Musiker Neues zu den besagten Kompositionen herausgefunden werden. Die Notation ist in diesen Fällen buchstäblich als ‚Nachschrift' zu verstehen, als Echo auf ein genuin schriftloses Repertoire.

5. Einige Gedanken zur Aufführungspraxis

5.1. ‚Textlos' heißt nicht ‚instrumental'

In zahlreichen Veröffentlichungen bis weit in die zweite Hälfte des 20. Jhs. wurden untextierte Stimmen oder Passagen innerhalb spätmittelalterlicher *Chanson*-Kompositionen fast automatisch als „instrumental" bezeichnet. „Textlos" und „instrumental" galten geradezu als Synonyme. Dass diese Gleichsetzung zu kurz greift, hat sich als Erkenntnis inzwischen durchgesetzt, denn schon lange vor den *Chansons* des 14. und 15. Jhs. enthalten viele Gattungen mittelalterlicher Polyphonie ausgedehnte, textlose Melismen, die zweifelsfrei als vokal zu gelten haben, wie z.B. die *Clausulae* der *Notre Dame*-Epoche und die *Conductus* der *Ars Antiqua*. Besonders die häufig im burgundischen Lied-Repertoire und auch bei OvW anzutreffenden, textlosen Anfangsmelismen wurden in der erwähnten Forschungsliteratur gerne als „instrumentale Vorspiele“ bezeichnet, die gewissermaßen dazu dienen sollten, den Sängern die Tonart für deren Einsatz zu geben. Diese Interpretation lässt sich schnell ad absurdum führen, wenn man sich vor Augen hält, wie das Abwechseln von Instrument und Gesangsstimme zum ‚Arrangement‘ führt, das seinem Wesen nach ein sehr junges Konzept ist. Als ein Hauptargument für die instrumentale Ausführung textloser Partien in der Gesangslinie galt eine bessere Textverständlichkeit: Wendet man eine Praxis an, bei der das Instrument immer dann ‚übernimmt‘, wenn die entsprechende Stimme ein Melisma aufweist, dann wird der Text bei manchen Kompositionen durch dieses Arrangement mitunter so zerstückelt, dass sich der Zusammenhang der Verszeilen auflöst. Führt man hingegen das Instrument in der betreffenden Stimme durchgehend mit, so erfährt die Melodie ausgerechnet in den textierten Teilen eine Doppelung, sodass Klarheit vom Textvortrag genommen wird. In beiden Fällen wird durch das Arrangement also genau das Gegenteil des Angestrebten erreicht: Textzusammenhang und -verständlichkeit leiden eher, als dass sie gewinnen. Ferner gibt weder die Notation noch irgendeine Aufführungsanweisung in den Handschriften Anlass, eine solche Deutung anzunehmen. Das Arrangement zwischen untextiertem Instrumentalvortrag und textiertem Gesang innerhalb einer Melodielinie ist somit die umständlichere, die aufwändigere Art des Vortrags – die Ausführung allein mit der Stimme hingegen das Naheliegende. Nebenbei sind textlose Melismen ja durch den gregorianischen Choral über das gesamte Mittelalter hinweg omnipräsent und von daher ohnehin nichts Neues.

Es steht außer Frage, dass untextierte Stimmen einer polyphonen Komposition sich generell zu instrumentaler Ausführung eignen; einen Beweis für eine instrumentale Besetzung stellt Textlosigkeit aber nicht dar: Auch völlig untextierte Stimmen können rein vokal ausgeführt werden, sei es durch gleichermaßen ‚instrumentales‘ Singen auf einem Vokal oder durch Austextierung der betreffenden Stimme. Für letzteres sprechen Indizien, die sich gelegentlich in einer der Oswald-Codices finden, wie z.B. die voll austextierte Oberstimme von *Ach senliches leiden* (Kl 51) in Hs. A, die in der Fassung der Hs. B platzsparend textlos notiert wurde. Solche Hinweise sind an anderen Stellen auf bloße Textmarken reduziert, die anzeigen, an welchen Stellen bestimmte Verse des Gedichtes beginnen sollen und die als Orientierungshilfe für eine eigenständige Textunterlegung gedeutet werden können (wie z.B. der *Cantus* von *Mein herz, das ist versert* Kl 65 in Hs. A). Bei gleicher Notenanzahl zwischen textlosen Begleitstimmen und texttragender Hauptstimme besteht also offenbar die Möglichkeit, den Text zu transferieren (analog ließe sich das z.B. für den textlosen *Contratenor* der Hs. A von *Des himels trone* Kl 37 vornehmen).

5.2. Zur Funktion und Ausführung der textlosen ‚Vorspiele'

Die textlosen Anfangsmelismen in den Liedern des 15. Jhs. sind, wie oben dargelegt, weder instrumental konzipiert noch sind sie als ‚Vorspiele' vorgesehen: Sie fungieren weder als ‚Intonationsfloskel' noch sind sie ‚optional', sodass man sie beispielsweise bei Wiederholungen oder Folgestrophen weglassen könnte. Sie sind schlicht ein textloser Teil der Melodie und damit unentbehrlich, was sich an einzelnen Beispielen belegen lässt (z.B. in der Überlieferung von *Des klaffers neiden* im Lochamer-Liederbuch und im Buxheimer Orgelbuch – siehe: Das Lochamer-Liederbuch in neuer Übertragung und mit ausführlichem Kommentar, hrsg. von Marc Lewon, 2. Band, Brensbach 2008, 39–42). Dabei ist es gleich, ob es sich um mehrstimmige oder einstimmige Lieder handelt: Textlose Anfangsmelismen finden sich bei beiden Vertonungs- oder Überlieferungsarten in derselben Weise und unterscheiden sich nicht in ihrem Charakter. Das gilt ebenso für Oswald: In vielen seiner ein- und mehrstimmigen Lieder finden sich solche textfreien Eingangsmelismen, die sich nahtlos in den westeuropäischen ‚Mainstream' einpassen.

Bei der anzunehmenden ‚gesungenen' Ausführung stellt sich allerdings immer noch die Frage nach dem ‚wie': Häufig ist dem Melisma lediglich die Initiale des Textes vorangestellt, gelegentlich wurde aber bereits das erste Wort unterlegt, wenn es einsilbig ist (z.B. bei *Mich tröst ain adeliche mait* Kl 78 in Hs. B) und es kommt mitunter vor, dass dieses erste Wort mit dem eigentlichen Texteinsatz nochmals wiederholt wird (z.B. bei *Ain graserin* Kl 76 in Hs. B). Die Beobachtungen hinsichtlich der Handhabung in den Quellen legen nahe, für das Anfangsmelisma die erste Silbe des Textes zu verwenden und diese gegebenenfalls beim eigentlichen Texteinsatz zu wiederholen – eine solche Verdopplung kann einen guten Effekt erzielen und die Funktion des Melismas verstärken: Es wirkt zum einen wie eine vertonte Initiale des Liedes, wie ein musikalischer Doppelpunkt, und fungiert zum anderen als rhetorische Dehnung des Strophenbeginns, als Spannungsaufbau vor dem eigentlichen Texteinsatz.

5.3. Zur Textverständlichkeit in den ‚motettenartigen' Stücken

Bei einer Reihe polyphoner Lieder Oswalds erklingen verschiedene Texte in mehreren Stimmen gleichzeitig. Einige davon, nämlich die meisten der Kanons, verwenden das gleiche Gedicht, das in beiden Stimmen einfach versetzt zueinander vorgetragen wird. Andere hingegen sind doppeltextig angelegt, d.h. in den einzelnen Stimmen mit unterschiedlichen Gedichten versehen. Obwohl es sich dabei nicht um *Motetten* handelt, ist der klangliche Effekt dem einer *Motette* sehr ähnlich und wird auch außerhalb dieser Gattung in Liedern gerne und nicht nur von OvW verwendet (siehe z.B. das *Aquila altera* von Jacopo da Bologna, das *Sanz cuer* von Guillaume de Machaut oder allgemein die Gattung der *Doppelballade*).

Obwohl sich also ‚motettenartige' Kompositionen im Mittelalter offenbar großer Beliebtheit erfreuten, wurde in der Moderne, vor allem von Seiten der Literaturhistoriker, immer wieder die schlechte Verständlichkeit der parallel vorgetragenen Texte bemängelt, die ja vom Hörer unmöglich gleichzeitig wahrgenommen werden könnten. Beim Kanon ist ganz klar die vokale Ausführung mit mehreren textierten Stimmen gleichzeitig vorgesehen – das gilt auch heute noch als akzeptabel und wird nicht als Problem wahrgenommen, weil Kanons immer noch Teil der Musikkultur sind, obwohl sich, wenngleich nicht so akut, im Kern die gleiche Situation ergibt wie bei den ‚motettenähnlichen' Stücken. Als Stein des Anstoßes jedoch gelten letztere, bei denen mehrere, bei Oswald stets zwei Texte, zumindest über Teile der Komposition hinweg, gleichzeitig erklingen (z.B. *Stand auff Maredel! – Frau ich enmag* Kl 48, *Sag an – Los, frau* Kl 49, *Tröstlicher hort – Frölich das tún ich* Kl 56). Wie die seit dem 13. Jh. florierende Gattung der *Motette* zeigt, kann der gleichzeitige Vortrag mehrerer Texte für das ästhetische Empfinden des mittelalterlichen Publikums aber keine Schwierigkeit dargestellt haben. Das Problem liegt also weniger im mittelalterlichen Konzept motettenartiger Kompositionen als vielmehr in ihrer neuzeitlichen Wahrnehmung bzw. einer veränderten Erwartungshaltung durch die Rezipienten.

Aus welchem Grunde sollte man alle Texte beim ersten Hören eines solchen Stückes gleichzeitig verstehen müssen? Das Konzept des modernen ‚Konzertes', bei dem jedes Stück vor einem Publikum nur einmal erklingt, gab es im Mittelalter nicht. Zwar haben wir heute Tonaufnahmen, die man sich beliebig oft vorspielen lassen kann – man hört dann aber stets dieselbe Interpretation, während beim wiederholten Live-Vortrag das gleiche Stück immer anders klingen wird. Die mittelalterlichen Hörer hätten sich auf Bitten hin ein Stück mehrmals vortragen lassen, sich mal näher zum einen, mal zum anderen Vortragenden stellen können, um herauszuhören, was der einzelne Musiker in welchem Augenblick macht. Sie hätten sich Stimmen separat vortragen lassen können, um zu verstehen, wie die Einzelteile gebaut sind, um dann bei Aufführung aller Stimmen gleichzeitig den raffiniert gesetzten Effekt der sich verschränkenden Texte, Melodien und Bedeutungsebenen zu genießen.

Auch wenn ein moderner Hörer einer Symphonie lauscht, kann er nicht das gesamte komplexe Wirken des Orchesterapparates in allen Einzelheiten durchdringen und trotzdem das Stück genießen. Warum sollten wir also von mittelalterlicher Musik einfordern, dass sie sich beim ersten

Hören vollständig zu erschließen habe? Die Komplexität einer *Motette* war Teil ihrer Funktion, und die Fähigkeit des Komponisten, die vielen verschiedenen Schichten parallel zu überblicken und in eine Ordnung zu bringen, machte genau ihre Wirkung aus – diese meisterhafte Kontrolle galt als ‚schön'. Außerdem wurde diese Musik für einen hochgebildeten, elitären Insiderkreis geschaffen, der mit den angewandten Techniken und Stilmitteln vertraut war. Aus didaktischer Sicht kann man zwar ohne weiteres die Stimmen einer solchen Komposition zunächst separat präsentieren oder parallele Stimmen wechselseitig mit Instrumenten besetzen, um einem Publikum darzulegen, was im Einzelnen geschieht – eine historische Aufführungspraxis wird damit aber nicht rekonstruiert. Das Stück funktioniert erst, wenn es vollständig, mit gleichzeitig gesungenen Texten erklingt.

Oswald setzte die motettischen Verfahren in den besagten Stücken zwar weniger komplex ein, dafür aber auf sehr eigene und wirkungsvolle Weise, um Szenerien lebendig nachzuzeichnen: Bei *Stand auff Maredel! – Frau ich enmag* (Kl 48) ist es die Streitgesprächssituation zwischen Herrin und Magd, bei der man das Durcheinanderreden der Beteiligten ganz plastisch vor Ohren geführt bekommt. Bei *Sag an – Los, frau* (Kl 49) ist es die Tageliedsituation, in der die verschiedenen Handlungsebenen der sich trennenden Liebenden und des warnenden Wächters als gleichzeitig stattfindend dargestellt werden.

Obwohl ihm eine systematische Ausbildung fehlte, um die typischen Wendungen des westlichen Kontrapunkts seiner Zeit selbst kompositorisch umzusetzen, hatte Oswald sie dennoch ‚im Ohr'. Er mag zwar kein ‚Kontrapunktist' aus der ersten Reihe gewesen sein und war im Wesentlichen der einstimmigen, textierten Melodielinie verpflichtet – der Einsatzmöglichkeiten von Polyphonie zur Abbildung textlicher und klanglicher Effekte war er sich jedoch sehr bewusst und in der Lage, sie für seine Zwecke zu instrumentalisieren.

6. Eine Liste polyphoner Lieder OsvW

Kl 37, *Des himels trone*: ‚organal' – Hs. A: 2vv, Hs. B: 1v

Kl 38, *Keuschlich geboren*: siehe Kl 37 – zweiter Text auf gleiche Komposition

Kl 43, *Ain gút geboren edel man*: Kontrafaktur? – Hs. A: 1v, Hs. B: 3vv

Kl 46, *Du ausserweltes*: Kontrafaktur – 4vv, meint aber zwei alternative 3vv Fassungen

Kl 47, *Fröleichen so well wir*: Kontrafaktur – Hs. A: 2vv (problematisch), Hs. B: 1v

Kl 48, *Stand auff Maredel! – Frau ich enmag*: Kontrafaktur, doppeltextig – Hs. A: 4vv, meint aber zwei alternative 3vv Fassungen, Hs. B: 2vv
Kl 49, *Sag an – Los, frau*: Kontrafaktur? doppeltextig – Hs. A: 3vv, Hs. B: 2vv
Kl 50, *Der mai mit lieber zal*: Kontrafaktur – 2vv
Kl 51, *Ach senliches leiden*: ‚organal' – 2vv
Kl 52, *Wolauff, gesell! wer jagen well*: Kontrafaktur, doppeltextig – 3vv
Kl 53, *Frölich, zärtlich*: Kontrafaktur – 2vv
Kl 54, *Frölich geschrai*: Kontrafaktur – Hs. A: 3vv, Hs. B: 2vv
Kl 56, *Tröstlicher hort – Frölich das tún ich*: Kontrafaktur, doppeltextig – 2vv
Kl 62, *Von rechter lieb krafft – Sag an, gesellschafft*: Kontrafaktur, doppeltextig, phrasenweiser Hoquetus – 2vv
Kl 64, *Gar wunniklich*: Kontrafaktur? Kanon – 2vv
Kl 65, *Mein herz, das ist versert*: Kontrafaktur – 2vv
Kl 66, *Weiss, rot, mit brawn verleucht*: siehe Kl 65 – zweiter Text auf gleiche Komposition
Kl 68, *Mein herz júngt sich*: ‚organal' – Hs. A: 2vv, Hs. B: 1v
Kl 70, *Her wiert, uns dürstet*: Kontrafaktur? (es existiert eine anonyme, fragmentarische Parallelüberlieferung mit anderem Text), Kanon mit Hoquetus – 3vv
Kl 71, *Mit gúnstlichem herzen*: Kontrafaktur? sehr enger Kanon, doppeltextig – 2vv
Kl 72, *Die minne*: Kontrafaktur, Kanon mit Hoquetus – 2vv oder 3vv möglich
Kl 75, *Wol auff, wol an*: ‚organal', phrasenweiser Hoquetus – 2vv
Kl 76, *Ain graserin*: ‚organal' – 2vv
Kl 77, *Simm Gredlin, Gret*: ‚organal', phrasenweiser Hoquetus – Hs. A: 2vv, Hs. B: 1v (aber *Cantus* vorgesehen)
Kl 78, *Mich tröst ain adeliche mait*: Kontrafaktur? – 2vv
Kl 79, *Frölich so wil ich aber singen:* ‚organal' – 2vv
Kl 84, *Wol auff, wir wellen slauffen:* ‚organal' – 2vv
Kl 88, *Vier hundert jar auff erd*: Kontrafaktur – 2vv
Kl 91, *Freuntlicher blick*: ‚organal' – 2vv
Kl 93, *Herz, prich*: ‚organal' mit Hoquetus – 2vv
Kl 94, *Lieb, dein verlangen*: ‚organal' mit Hoquetus – Hs. A: 2vv (problematisch), Hs. B: 1v (Raum für *Cantus*)
Kl 96, *Grasselik lif*: Kontrafaktur? – Hs. A: ohne Noten (Raum für 3 Stimmen), Hs. B: 3vv
[Kl 100, *O wunniklicher*: Kontrafaktur – 1v in beiden Hss., aber aus Polyphonie entnommen]

Kl 101, *Wach auff, mein hort*: ‚organal' – 2vv
Kl 103, *Wer die ougen wil verschúren*: Kontrafaktur – nur in Hs. B: 2vv
Kl 107, *Kom, liebster man*: Kontrafaktur – nur in Hs. B: 2vv
Kl 108, *Ich klag*: Kontrafaktur? – nur in Hs. B: 3vv
Kl 109, *Ave mater / Ave, mútter*: Kontrafaktur – nur in Hs. B: 3vv
Kl 120, *Freu dich, du weltlich creatúr*: Kontrafaktur? – nur in Hs. A: 3vv
Kl 121, *Nu rue mit sorgen*: Kontrafaktur? – nur in Hs. A: 2vv oder 3vv möglich
[Kl 131, *Mir dringet zwinget = Den Techst über das geleÿemors Wolkenstainer*: Kontrafaktur – melodielos in Streuüberlieferung, aber Vorlage ist mehrstimmig]

(Anmerkung: v = *eine* ‚voice', 2vv = *zwei* ‚voices', 3vv = *drei* ‚voices', 4vv = *vier* ‚voices': so nach dem Vorbild des „New Grove Dictionary of Music and Musicians").

Oswald von Wolkenstein und die Musik

Franz Viktor Spechtler

OvW war Dichter, Komponist und wahrscheinlich auch Sänger seiner Lieder und mit den Musiktraditionen seiner Zeit ganz offensichtlich bestens vertraut. Die mittelalterliche Lyrik war gesungene, vor einem erlesenen geistlichen und weltlichen Publikum meist mit Instrumentalbegleitung vorgetragene Dichtung, was die Literaturwissenschaft lange kaum beachtet hat. Viele Einspielungen seit den sechziger Jahren des vergangenen Jahrhunderts brachten hier eine Wende (siehe dazu Martin Schubert im vorliegenden Band). Dazu kamen die Ausgabe von Karl Kurt Klein (erstmals 1962) und der Neueinsatz der Oswaldforschung mit den einschlägigen Tagungen seit 1973.

Der Autor selbst hat ja die Herstellung der beiden Handschriften A und B mit Melodien veranlasst und wahrscheinlich überwacht. Eine Gesamtausgabe mit Melodien steht immer noch aus, ist es doch eindeutig, dass Text und Melodie gerade bei Oswald nicht zu trennen sind. Umso wichtiger sind die seit 1972 publizierten Faksimile-Ausgaben, die uns ermöglichen, die Melodien bei entsprechendem Transponieren in den heute gebräuchlichen Violinschlüssel zu transkribieren und damit verständlich zu beschreiben.

Hat der Autor die Herstellung der Handschriften überwacht, so konnte er natürlich auch lesen und schreiben und war im Stande, die gängige Notenschrift zu benützen. Er kannte sicherlich auch die gängige geistliche Musik, wie die Übertragung der verbreiteten Sequenzen Kl 129 und 130 (*Mundi renovatio, Mittit ad virginem*) und Kl 109 (*Ave mater, o Maria*) belegen. Immerhin hat er über dreißig geistliche Lieder geschrieben (siehe dazu Freimut Löser im vorliegenden Band). Dabei ist zu bedenken, dass man lesen, schreiben, Noten schreiben und lesen, Latein etc. nur in klösterlichen, bischöflichen oder Herrscher-Schreibstuben lernen konnte. Denn ‚geistlich' und ‚weltlich' waren eben nicht so getrennt, wie es oft dargestellt wird.

1. Die *Sterzinger Miszellaneenhandschrift*

Bei der Frage, woher Oswald seine Kenntnisse haben konnte, sticht eine Überlieferung ins Auge, die in seiner unmittelbaren Umgebung entstanden ist: die *Sterzinger Miszellaneen-Handschrift*, wie sie nach ihrem Aufbewahrungsort genannt wird. Sie ist bald nach 1400 entstanden, zur Zeit etwa, als Hugo von Montfort seine Prunkhandschrift als Landeshauptmann der Steiermark anfertigen ließ (Universitätsbibliothek Heidelberg cgp 329: Faksimile 1978 und 1988; digitalisiert online im Internet: http://digi.ub.uni-heidelberg.de/diglit/cpg329/). Die Sterzinger Sammelhandschrift befand sich 1511 im Eigentum von Vigil Raber, der auch die berühmten Spielhandschriften besaß. Wir konnten die nach dem Zweiten Weltkrieg lange Zeit ‚verschollene' Handschrift mit Hilfe von Eugen Thurnher 1978 erstmals faksimiliert veröffentlichen (siehe dazu auch Zimmermann 1980).

Diese Sammelhandschrift unterscheidet sich wesentlich von den Prunkhandschriften des Minnesangs, die ja der Repräsentation und Textsammlung dienten (Große Heidelberger ‚Manessische' Liederhandschrift, Weingartner-Stuttgarter Liederhandschrift) und daher leider keine Melodien enthalten. Die Sterzinger Handschrift ist dagegen ohne jeden Schmuck, dafür ein Dokument als Gebrauchshandschrift für das Wissen und die Musik der Zeit, also auch für die Lyrik, das spätmittelalterliche Lied mit Melodien (März 1999, 123–127; alle Mönch-Melodien bei Waechter/Spechtler 2004). Sie dürfte in Neustift, einem Zentrum der Musik, entstanden sein. Ein Schreiber erscheint auch in der Innsbrucker Spielhandschrift von 1391, in die dann das Todesdatum Oswalds eingetragen wurde. Oswald dürfte die Sterzinger Handschrift benutzt haben (Zimmermann 1995).

Sie wurde von acht Hauptschreibern geschrieben und beginnt mit einem umfangreichen lateinischen Musiktraktat, der auch eine Tabelle zu den Solmisationssilben und die sog. ‚Guidonische Hand' enthält (ein auf Guido von Arezzo zurückgehendes optisches Hilfsmittel, um mit der linken Hand Chorsänger zu leiten), die später vom Quintenzirkel abgelöst wurde. Dann folgen kleinere lateinische Texte (Erotisches, Trinksprüche, Cantiones in Vagantenstrophen usw.). Folgende Autoren sind zum Teil mit Namen vertreten: der Marner, Freidank, Neidhart, Johann von Bopfingen (Spechtler VL 2. Aufl. 4, 543–544), Mönch von Salzburg, Suchensinn, Heinrich der Teichner, Hermann Smid, der auch in der Innsbrucker Spielhandschrift cod. 960 vertreten ist. Interessant ist Johann von Bopfingen (urkundlich 1356–76), der zwei (oder drei) Lieder gedichtet hat und 1373 als Domherr von Brixen belegt ist und auch schon als Urheber der Handschrift genannt wurde (Spechtler 1982, 141–156). Die Notenschrift ähnelt jener im Montfort-Kodex (‚Metzer Notation' nach Bruno Stäblein) sowie der Handschrift des Stiftes Engelberg (Hs. 314) von 1372, die zwei geistliche Lieder des Mönchs von Salzburg als früheste Überlieferung enthält (G 40 und 47: Spechtler 1972, 69 f.). Sie sind auch in der Sterzinger Handschrift enthalten. Für die weltlichen Lieder des Mönchs von Salzburg ist diese die früheste Überlieferung. Besonders bemerkenswert ist die Tatsache, dass die Handschrift sechzehn (!) ‚Neidharte' überliefert, davon neun mit Melodien (SNE III, 530). Es war also in Neustift und Brixen zur Zeit Oswalds ein großes Liedkorpus bekannt, das dem Wolkensteiner bald nach dem Mönch von Salzburg (datierte Lieder 1387 und 1392) zugänglich war.

2. Der Mönch von Salzburg

Die Sterzinger Handschrift überliefert also die ersten Aufzeichnungen von weltlichen Liedern des Mönchs von Salzburg, gleich nach Johann von Bopfingen, ab Blatt 7v: W 2: Tagelied ohne Melodie; W 24, mit Zuschreibung an den Mönch: Liebeslied ohne Melodie; Blatt 41v: W15; Blatt 43v: W 5: Tagelied, zweistimmig (hier aber einstimmig mit zwei Melodiezeilen notiert). (Die Lieder des Mönchs von Salzburg werden wie folgt zitiert: W = Zählung der weltlichen Lieder (März 1999); G = Zählung der geistlichen Liedern (nach der Edition von Spechtler 1972).

Die vier geistlichen Lieder sind Übertragungen von gängigen Sequenzen, die zum Teil auch lateinisch in der Handschrift vorhanden sind: 33v: G 27 (*Ut queant laxis*); 42r: G 40 (*Pange lingua*); 34v: G 21 (*A solis ortus cardine*); 46r: G 43 (*Christe qui lux es*), alle ohne Melodien.

Die gängigen Sequenzen und Übertragungen des Mönchs von Salzburg waren also in Südtirol schon zu Anfang des 15. Jahrhunderts bekannt. (Auch Walther von der Vogelweide hat seinen Leich in Sequenzform gedichtet). Dazu belegen die lateinischen Traktate (Messe, *Pater noster* etc.) in der Sterzinger Handschrift die Kenntnisse einer guten Lateinschule. ‚Geistlich' und ‚weltlich' waren im Mittelalter nie so getrennt wie in den Literaturgeschichten dargestellt.

So ist es nicht verwunderlich, dass Oswald eine große Zahl von geistlichen Liedern geschrieben hat, mehr als ein Viertel seines Werks (Spechtler 1974 und 1978, zuletzt Hartmann 2005). Sehr interessant sind die Marienlieder Kl 12, 13, 34, 36, 78, 109, 114 und 130, wobei für das Marienlob immer wieder ‚weltlicher Wortschatz' verwendet wird (Kl 12). Mehrere verweisen auf den Mönch, z.B. das lateinische Lied 109, die *Compassio beate virginis Marie* (Überschrift, s. Mönch G 30) sowie die Übertragungen des *Mittit ad virginem* Kl 130 und *Mundi renovatio* Kl 129, die auch der Mönch übersetzt hat. Die Palette wird noch breiter: Den *Tischsegen* (Mönch G 42) gestaltet Oswald als zwei Lieder Kl 14 und 15; die *Passio domini nostri Jhesu Christi completa Anno 36* Kl 111 beschreibt er in 11 Strophen (s. Mönch G 23); siehe dazu auch die Lieder Kl 29, 31, 32, 35, 36, 38, 39 (Beichtlied), 95, 118, 126.

Die Analyse der Sterzinger Handschrift zeigt und legt nahe, dass Oswald bei den dortigen Autoren Vorbilder gefunden hat, besonders beim Mönch. Das belegen auch die Kalenderlieder (*Cisiojani*) Kl 28 und 67 (vgl. Mönch G 45).

Ebenso können wir bei den weltlichen Liedern Zusammenhänge feststellen, vor allem bei den Tageliedern und der Mehrstimmigkeit, die beim Mönch zum ersten Mal auftritt und von Oswald unter dem westlichen Einfluss genial entwickelt wurde. Es scheinen also bei zahlreichen Liedern Traditionszusammenhänge zu bestehen (Wachinger 1987). Dazu kommt auch ein Kanon (Saufkanon) zu drei Stimmen Kl 70, wobei daran zu erinnern ist, dass der Mönch den ersten in deutscher Sprache verfasst hat (W 55: *Ain radel von drein Stymmen, Ein rädel von sand Martein*). Die hier vorhandenen Formen der Mehrstimmigkeit hat Oswald weiterentwickelt (37 Sätze: Pelnar, Edition 1981).

3. Musiktermini in den Liedern

Schon beim Mönch von Salzburg finden wir Hinweise auf Instrumente (*pumhart* als Bass-Horn bei den Tageliedern). Es mehren sich die Termini bei Oswald, z.B. *Ténor, Discantus, Fuga.* Aber auch in den Liedern selbst benutzt er erstmals Begriffe, die nur den in der Musik Ausgebildeten verständlich waren.

In Lied 116, 11–14 verwendet er die Solmisationssilben, um den schönen Gesang der Vögel um Hauenstein zu beschreiben:

Ich hör die voglin gros und klein
in meinem wald umb Hauenstein
die musick brechen in der kel,
durch scharpfe nötlin schellen
auf von dem ut hoch in das la
und hrab zu tal schon auf das fa
durch manig süsse stimm so hel.
des freut eu, gut gesellen!

Diese Bezeichnung der Achttonreihe stammt aus Silben des Johanneshymnus *Ut queant laxis*, der in der Sterzinger Handschrift lateinisch enthalten ist und den der Mönch mit G 57 übersetzt hat. Und diese Handschrift erklärt das System auch Bl. 4r. Dabei ist auf die Kirchentonarten zu verweisen (Loenertz, Edition 2003, 33 ff.), die die erste Grundlage der mittelalterlichen Musik bilden (siehe Spechtler/Waechter 2000). Gemäß Vers. 3 „brechen“ die Vöglein die Musik in ihrer Kehle: Das heißt, sie zerlegen die Akkorde nach der Art des *Arpeggio*, wie es bei den Harfen üblich ist. Dabei werden die Obertöne angesprochen, von denen noch die

Rede sein wird. Auch in Lied Kl 34,5 finden wir eine solche Stelle (Spechtler 1974).

Die genannten Solmisationssilben (später *do* statt *ut*) sprechen den Hexakord an, also die beliebte, meist in den Melodien überschießende Sext mit dem Abfall auf die Quart, in den Violinschlüssel transponiert auf c: c – a – f. Diese Töne eröffnen häufig den Weg zu Terz und Quint. Die Elemente der Pentatonik gibt es zum Beispiel schon in einem nicht liturgischen lateinischen Cantus *Resonet in laudibus*, dessen Melodie mit diesen Ecktönen vom Mönch von Salzburg in *Josef, lieber neve (heute: Josef) mein* (G 22) aufgenommen wurde. Vielleicht ist es aus diesen Melodiegründen heute noch als Weihnachtslied lebendig. Bei der Melodie auf f (Fünfter Kirchenton: lydisch) im C-Schlüssel auf der dritten Linie des (schon) fünflinigen Systems B 47v sind Quart und Sext wichtig, in den Violinschlüssel transponiert: g – d – e. Daher kommt die Nennung dieser Silben nicht von ungefähr.

In Lied Kl 26,127 kommen die Silben ebenfalls vor: *Wir müssen singen fa, sol, la.* Dies sind Quart, Quint und wiederum die Sext. Die aufsteigende Quart ist charakteristisch für diese Melodie. Also sind diese Nennungen der Solmisationssilben durch den in der Kirchenmusik offensichtlich ausgebildeten Oswald bewusst eingesetzt.

In Kl 12,49 ff. spricht das lyrische Ich von der Angebeteten (Maria?), dass sie so süße Töne von sich gibt, wie man das noch nie gehört hat:

Sie dempft die ganzen musica
mit grosser resonanz,
die recht mensur apposita;
all noten hol und ganz
lat si erzittren durch ir kel,
das es erklingt in meines herzen sel.

Sie beherrscht also die ganze Musik mit reichem Klang, und zwar mit dem richtigen Zeitmaß (d.h. dem richtig zugefügten Maß). So wird die Rhythmisierung angesprochen, die vor allem bei den mehrstimmigen Liedern wichtig ist, weil sonst die verschiedenen Melodien nicht übereinstimmen. Auch Pausenzeichen sind bereits bekannt, wie schon die Überlieferung des Mönchs von Salzburg (*Mondsee-Wiener Liederhandschrift*: Österreichische Nationalbibliothek Wien Hs. 2856; siehe Faksimile 1968) zeigt. Mit den hohlen und ganzen (vollen) Noten(köpfen) ist die übliche schwarze Notenschrift gemeint, mit den hohlen die neu aufkommende weiße, für die es in der Sterzinger Handschrift Proben gibt und die dann in den Lautentabulaturen (z.B. den ‚Liederbüchern' des 15. Jhds) üblich wird. Oswalds musikalische Bildung ließ also nichts zu wünschen übrig.

Ergänzend sei vermerkt, dass OvW sich offenbar auch sonst in der früheren Lyrik auskannte, was allerdings nur Textzitate zeigen: Er zitiert in

Kl 17 mit der italienischen ‚Windrose' das Kreuzlied des Tannhäusers (Lied XIII; siehe Mayr 1961), von dessen Stil sich auch sonst Spuren finden; das Reimwort in Kl 18 III,16 (*erfröret*) stammt sicherlich aus der Frauenlob-Strophe 141 (die ihn vielleicht inhaltlich auch zu seinem Lied Kl 4 angeregt hat; zu Neidhart siehe unten).

4. Text- und Melodiestrukturen

In diesem Zusammenhang müssen wenige einleitende Ausführungen genügen, denen einige genauere Untersuchungen folgen müssten. Im Wesentlichen geht es darum, für die Interpretationen und die Editionen den Faktor Musik zu berücksichtigen, handelt es sich doch, wie gesagt, um Lyrik, zu der die Musik wesentlich gehört. Das hat im Rückgriff auf die Überlieferung zu beginnen und die entsprechenden kulturellen Traditionen einzubeziehen. Neustift, Brixen und die Sterzinger Handschrift sollen dafür Stichwörter sein. Diese Lyrik hat aus dem Gesangsvortrag gelebt. Heutige Aufführungsversuche zeigen das. Denken wir nur an Kl 85, an die Kanons des Mönchs und Oswalds oder die Dialoglieder.

Ein Beispiel, an dem die verschiedenen Zusammenhänge gezeigt werden können, sind die Lieder Kl 14 und 15, in den Handschriften überschrieben mit *Benedicite* und *Gracias*. Damit werden nicht nur der übliche Klostergruß, sondern auch die Gebete vor und nach dem Essen zitiert. Dass der Mönch von Salzburg ein solches Gebet als Lied in seiner Sammlung hat (G 42, drei Strophen vor, zwei nach dem Essen, mit Gebetzitaten), ist nahezu selbstverständlich. Die reiche Überlieferung zeigt deren Beliebtheit (Spechtler 1972, 327–332). Oswald dichtete und komponierte aber zwei Lieder, nämlich Kl 14 und 15, und er deutet den alten Zusammenhang durch die Überschriften (ohne Gebete) an, womit die klösterliche Tradition belegt ist. Das gilt vor allem für Kl 14 mit den Bitten vor dem Essen (einstrophig). Kl 15 ist dreistrophig, wobei nach dem Dank der ersten Strophe in der zweiten und dritten ein Marienlob und eine Bitte für den armen Sünder angeschlossen sind. Schreibt der Mönch Sechszeiler mit Paarreimen, so komponiert Oswald Stollen-Strophen. Kl 14 ist in der Ausgabe von Klein (1962), meinem Lehrer, dessen Verdienst um Oswald nicht hoch genug einzuschätzen ist, nach Reimen abgesetzt, was jedoch an der Melodiestruktur vorbeigeht.

Zunächst beginnt jeder Stollen mit einem Melisma. Das kennen wir aus der geistlichen Lyrik. Abweichend von Loenertz (Edition 2003, 154, dreizeilige Stollen) können wir Vierzeiler erkennen. Dazu die folgende Aufstellung (links die Zeilen von Kl, dann die Reime und in Großbuchstaben die Melodiezeilen).

1. Stollen				2. Stollen				Steg				Abgesang			
1		a	A	6	d		A	11+12	g	g	D	13+14	h	i	C'
2		b	B	7	e		B					15+16	h	i	C"
3+4	a	c	C	8+9	d	ff	C					17	k		E
5		b	A'	10	e		A'					18	k		F

Diese Analyse mit Hilfe der Melodie ergibt also vier übliche Vierzeiler, wobei natürlich die beiden Stollen (= Aufgesang) die gleiche Melodie haben. Der Abgesang variiert die Melodiezeile C und endet mit dem Gebetsschluss, der zum d (in den Violinschlüssel transportiert) in einer Fallzeile absinkt (erster Kirchenton: dorisch), die schon mit d (d – d) angekündigt wird. Wesentlich ist bei dieser Struktur, dass Vers 11+12 einen sogenannten ‚Steg' zwischen Aufgesang und Abgesang bilden, was der Hilferuf *des hilf, frau, kron! kyrieleison* auch textlich nahe legt. Die Melodiezeile fällt von g – a auf d. Diese Zeile trennt bzw. verbindet mit dem liturgischen Ruf Aufgesang und Abgesang. In der letzten Zeile haben wir wieder eine solche Fallzeile g – a – d.

Solche Stege sind immer wieder festzustellen, wir finden sie schon bei Neidhart. Der Hinweis, dass in der Sterzinger Handschrift 16 Neidhart-Lieder überliefert sind und daher in Neustift/Brixen bekannt waren, ist wichtig. Oswald scheint auch von diesen Melodien gelernt zu haben. Wahrscheinlich gab es eine größere Sammlung von Neidhart-Liedern samt Melodien. Im letzten Neidhart-Lied der Sterzinger Handschrift sehen wir auch Quintensprünge am Ende der Stollen in einer ähnlichen Funktion (SNE II, S. 290: s 15). Einen besonders schönen Steg als Quintensprung d – a finden wir in Neidharts Lied c 29 (SNE I, S. 361; so wie das Lied in der Edition der *Altdeutschen Textbibliothek* abgedruckt ist [Sommerlied 23], wird es in keiner Handschrift überliefert): *Wie schon wir den anger ligen sahen.* Und diese Stegmelodie hat immer bedeutende Wörter (z.B. *überal* / *Wierat* / *töhterli* / *aber als e*).

Anders als Kl 14 ist Kl 15 durchkomponiert, die Strophen sind nur durch die letzten beiden Reime verbunden. Viele Beispiele könnten zeigen, wie eng die Beziehungen zwischen Text und Melodie sind, denken wir nur auch an die Lautmalereien. Die Interpretation der Texte allein greift zu kurz. Daher ist auch die Zeileneinteilung nach Reimen (Kurzzeilen) vom Melodieverlauf her gesehen problematisch bis irrig (z.B. Kl 37 u.a.). Es ergeben sich neue Strophenformen.

Ein Beispiel für die Übereinstimmung von Text und Melodie bietet Kl 53. Die Schlagzeilen, das heißt die Reimhäufungen in den Zeilen, entsprechen genau der Melodie (*Ténor*), in der die Töne wiederholt werden.

Zeile 1: *Frölich, zärtlich, lieplich* – dd – dd – ee; gg – ff – ee – ed (Fallzeile). Diese Fallzeilen wiederholen sich immer wieder in Z. 2, 4, 5, 7, 8, 10, 11, sowie 12+13. Diese beiden bilden auf Grund der Melodieanalyse eine Zeile am Schluss. Ganz besonders interessant ist die Z. 9, die durch den Quintensprung samt Fallzeile völlig aus dem Aufgesang herausfällt, weil sie nämlich, was die Ausgabe von Klein (1952) nicht zeigt, wiederum ein Steg zwischen Aufgesang und Abgesang ist, ein Ruf: *wol auff zu dem tanz!* Also auch textlich abgesetzt. So ergeben sich klar zwei Stollen mit je vier Zeilen als Aufgesang, 12 und 13 bilden melodisch eine Zeile (dreizeiliger Abgesang). Auch die mehrstimmigen Lieder zeigen solche Quintensprünge, z.B. im *Maredel* Kl 48, dann bei Kl 49 in der Ténormelodie, ferner in Kl 55, Kl 57 usw.

Diese Erscheinungen sind für die Entwicklung der Musik in Richtung Pentatonik (Prim – Terz – Quint – Oktav) wichtig, vor allem in der Mehrstimmigkeit, um gute Klänge zu erzielen. Hier ist auch ein Hinweis auf die Instrumente angebracht, wenn wir uns an die Bemerkung zum Lied W 1 beim Mönch von Salzburg erinnern: Dieses *nachthorn* (so die Überschrift) ist ein zweistimmiges Tagelied (Unterstimme: *pumhart* in Quinten) mit der Überschrift: *Das nachthorn, und ist gut zu blasen.* Lied W 4 (*Ain enpfahen*, eine Tagelied-Variation) ist ein Zwiegespräch der beiden Liebenden, die Melodien sind auf den Zusammenklang konzipiert. Zusätzlich zu der Komposition der Mehrstimmigkeit mit den sogenannten Obertönen (Pentatonik) konnten damals die Blechinstrumente nur diese Töne spielen, also das Horn nur C – g – (b) – c – d – g (was ich als ehemaliger Hornstudent bezeugen kann). Es sind also bei den Analysen der Lieder alle Liedtraditionen einschließlich der Musiktraditionen einzubeziehen. Dass auch so manche Liedmelodie zum Tanz gedient haben wird (siehe Kl 53: Tanz-Aufforderung), muss einbezogen werden, ist doch schon bei Neidhart so oft vom Tanz die Rede. Ein Refrain hat in solchen Liedern dann durch die Melodie- und Textwiederholung eine besondere Funktion.

Literatur (zusätzlich zur Gesamtbibliographie)

Hugo von Montfort. Hrsg. von Eugen Thurnher, Franz V. Spechtler, George F. Jones, Ulrich Müller. I: Faksimile (Heidelberger Handschrift cpg 329, Berliner und Vorauer Fragment), II: Transkription: Texte und Melodien der Heidelberger Handschrift cpg 329 (Franz V. Spechtler), III: Verskonkordanz. Göppingen 1978 (= Litterae 56–58).

Hugo von Montfort: Das poetische Werk. Texte, Melodien, Einführung. Hrsg. von Wernfried Hofmeister. Mit einem Melodie-Anhang von Agnes Grond. Berlin und New York 2005.

Hugo von Montfort: Gedichte und Lieder. Faksimile des Codex Palatinus Germanicus 329 der Universitätsbibliothek Heidelberg. Mit Beiträgen von Franz V. Spechtler u.a.; Texte der Handschrift in vollständiger Übersetzung von Franz V. Spechtler. 2 Bände, Wiesbaden 1988/ 1989 (= Facsimilia Heidelbergensia 5).

Hugo von Montfort: UB Heidelberg cpg 329: http://digi.ub.uni-heidelberg.de/diglit/spg329/)

März, Christoph (Hrsg.): Die weltlichen Lieder des Mönchs von Salzburg. Texte und Melodien. Tübingen 1999 (= MTU 114).

Der Mönch von Salzburg: Sämtliche Lieder. Aus dem Mittelhochdeutschen übertragen von Franz Viktor Spechtler. Klagenfurt/Celovec 2004.

Mondsee-Wiener Liederhandschrift aus Codex Vindobonensis 2856. Faksimile. Wissenschaftlicher Kommentar von Hedwig Heger. Graz 1968 (= Codices selecti 19).

Spechtler, Franz Viktor (Hrsg.): Die geistlichen Lieder des Mönchs von Salzburg. Berlin und New York 1972 (= Quellen und Forschungen NF 51).

Spechtler, Franz Viktor und Hans Waechter: Psalmodie und Sangspruchdichtung. In: ZfdPh 119 (2000), Sonderheft, S. 50–58).

Spechtler, Franz Viktor: Johann von Bopfingen. In: VL IV, 1983, Sp. 543–544.

Die Sterzinger Miszellaneen-Handschrift. In Abbildung hrsg. von Eugen Thurnher und Manfred Zimmermann unter Mitwirkung von Franz V. Spechtler und Ulrich Müller. Göppingen 1979 (= Litterae 61).

Waechter, Hans und Franz Viktor Spechtler (Hrsg.): Der Mönch von Salzburg: Die Melodien zu sämtlichen geistlichen und weltlichen Liedern. Göppingen 2004 (= GAG 719).

Zimmermann, Manfred (Hrsg.): Die Sterzinger Miszellaneen-Handschrift. Kommentierte Edition der deutschen Dichtungen. Innsbruck 1980 (= Innsbrucker Beiträge zur Kulturwissenschaft, Germanistische Reihe 8).

Zimmermann, Manfred: VL IX,1995, Sp. 314–316.

Oswald von Wolkenstein: Liedtypen

Johannes Spicker

1. Liedtypen bei Oswald von Wolkenstein: Einleitung

Bei Reinmar dem Fiedler (13. Jhd.) findet sich der wohl ergiebigste Katalog von Liedtypen in der mittelhochdeutschen Lyrik. Er benennt bekanntlich (KLD 45, III) *tageliet*, *klageliet*, *hügeliet*, *zügeliet*, *tanzliet* und *leich* sowie *kriuzliet*, *twingliet*, *schimpfliet*, *lobeliet* und *rüegliet*, d.h. er formuliert und differenziert ein dezidiertes Gattungs- bzw. Typenbewusstsein (Tervooren 1993, 16). Den meisten der aufgezählten Liedtypen begegnet man auch bei Oswald. Allerdings fehlt bei ihm in der Regel die terminologische Fixierung, zugleich die ausdrückliche poetologische Reflexion. Gleichwohl und sicher nicht zu Unrecht wurden und werden in der Forschung Oswalds Lieder nach typologischen Gesichtspunkten zugeordnet. Einige Schneisen in die Vielfalt gattungstypologischer Bezüge und ihrer forschungsgeschichtlichen Sichtung möchte ich schlagen.

Oswald vermochte den Fächer profaner und geistlicher Themen und Formen breit abzudecken (Lutz 1991, 79), gattungstypologisch verarbeitet er eine ungewöhnliche Fülle von Sujets und Motiven, nicht zuletzt auch in außergewöhnlichen Kombinationen (Wachinger 1989, 155 ff.). Mit gutem Grund wird Oswald ein Drang zur lyrischen Vollständigkeit attestiert (Müller 1978, 209). Um eine mehr oder weniger systematische Erfassung der Liedtypen, wie sie bereits Ende der 70er und zu Beginn der 80er Jahre des letzten Jahrhunderts angeregt wurde, ist es allerdings in den letzten Jahren auffällig still geworden.

Dass sich die Liebeslieddichtung um 1400 eines Spektrums fester Typen bedient, wurde zur kategorialen Beschreibung bereits vor mehr als 30 Jahren gesichtet, wenngleich diese Beschreibung unmittelbar verknüpft war mit abwertenden ästhetischen Geschmacksurteilen (wie das „Schematische“ der Reihung oder der „modische Firlefanz der Liebesdichtung“; Brunner 1978, 123 und 133). Zu Recht hat man bemerkt, dass Oswalds umfangreiches Œuvre als eine Art Enzyklopädie der in seiner Zeit vorhandenen Liedtypen (in oft persönlicher Art der Gestaltung) verstanden werden kann (Brunner 1980, 394). Begründet hat man diese spätmittelalterliche Tendenz zur Formalisierung und Typisierung der Lieddichtung mit ihrer funktionalen Reduzierung (Kühnel 1986, 95). Diese ‚formalisierte' funktionale Reduktion habe zugleich, einher mit den Möglichkeiten der epischen Konkretisierung und der Personalisierung, zu einer Verfestigung im System literarischer Typen geführt.

Der Versuch, Lieder Oswalds in ein solches Typensystem einzugliedern, wird forschungsgeschichtlich allerdings in der Regel von dem Interesse überlagert, Lieder auf ihre biographische Verwertbarkeit zu befragen, weil man den jeweiligen Liedtypus primär als Vehikel literarischer Selbstaussprache versteht. Aufgrund dessen bleiben auch noch in jüngerer Zeit einzelne Typen als eher randständig ausgeklammert, so z.B. die Kalendermerkgedichte, die Hymnenübertragungen oder die vielsprachigen Lieder (Wachinger 2007, 316). Häufig werden hingegen einzelne Typen einer chronologischen Einordnung subsumiert oder ihre Zuordnung erfolgt aus dem Impetus, ihre Funktion konkret biographisch zu fixieren. Dies ist z.B. versucht worden im Kontext der Gefangenschaften (A. Schwob 1979) oder, mit einer sehr pointiert sozialgeschichtlichen Ausrichtung, als Speerspitze wider die Bauern (Mück/Okken 1981). Wie forschungsgeschichtlich dominant eine biographische Lesart zu werden vermag, zeigt das Beispiel der sog. *Ehelieder*. Hier wurde über Jahrzehnte ein Liedtypus geradezu konstruiert – und im Laufe der Jahre ausgeweitet –, indem ein Paradigma des interpretatorischen Vorgehens als eine typenbezogene Gemeinsamkeit (miss)verstanden wird (Spicker 1996/97 u. 2007, S. 51–59). Insofern handelt es hier sich um einen Typus, der im eigentlichen Sinn gar nicht existiert, oder über den Aussagen als Typus nur *ex negativo* sinnvoll erscheinen (Helmkamp 2003, 146–209).

Auch wenn wie im Fall der ‚Ehelieder' eine typenbezogene Charakteristik wenig sinnvoll ist, heißt dies freilich nicht, auf eine solche generell zu verzichten. Natürlich ist nicht jedes (vermeintlich autobiographische) Lied ein Liedtypus *sui generis* und damit ein „Solitär" (Hartmann 2005, 368). Sichtet man die Gattungen und Typen nach literarischen Kategorien, fällt allerdings auf, wie selten von einer biographischen Zuordnung abstrahiert wird. Mein Augenmerk richtet sich im Folgenden darauf, wie einzelne Liedtypen aktualisiert werden, wie sich Lieder im Kontext der Reihenbildung ‚verhalten' und wie typologische Stringenz und typologische Durchlässigkeit wechselseitig etabliert werden.

2. Versuche zur Liedtypologie bei Oswald von Wolkenstein: Röll 1981, Wittstruck 1987, Wachinger 1989

Zu Recht wurde bereits bei der ersten systematischen inhaltlichen Sichtung der Lieder durch Walter Röll 1981 darauf verwiesen, dass es aufgrund ihrer

Vielfalt nötig erscheint, Grundlinien herauszuarbeiten. Dabei sollte es nicht darum gehen, Gruppen gegeneinander scharf abzugrenzen, weil ein Lied mit einigen Zügen dem einen Typ, mit anderen einem anderen zugehört (Röll 1981, 69). Röll unterscheidet vier thematische Komplexe: die Liebe, die Reisen, die Lehre, die Gefangenschaft (Röll 1981, 69–118).

Tagelieder konstruiert Oswald in einer exemplarischen Reihe. In einigen Fällen verquickt er Marienlied und Lied über die weltliche Geliebte. ‚Lieder an Margarete' nennen den Namen *Gret* bzw. eine Namensinitiale, sie fallen ansonsten ganz unterschiedlich aus. Sehr heterogene Lieder der konventionellen Minne rubriziert Röll unter dem Aspekt einer biographischen Zuordnung. Lieder mit Tanz-, Wirtshaus-, Graserinnen- und Jagd-Motivik bleiben unberücksichtigt.

Als Reiselieder werden von Röll exemplarisch Kl 45 vorgestellt und die Polyglotten Kl 69 und Kl 119. Beispiele für Lieder mit Elementen von Reflexion und Lehre geben die Weltabsage Kl 9 und die Musterbeichte Kl 39, daneben werden die beiden Reimpaarreden Kl 67 und Kl 112 in ihrer Sonderrolle ausführlich gewürdigt. In die lebensweltliche Situation der Gefangenschaften werden Lieder im Rekurs auf die entsprechenden Arbeiten Anton Schwobs eingeordnet. Einen eigenen Stellenwert spricht Röll der Kalenderdichtung zu.

Rölls Überblick markierte den ersten Versuch, die Lieder umfassend nach Typen zu sichten und zu systematisieren. Angelegt war er als „Cicerone durch neuere Forschungsliteratur" (Röll 1981, XI), Rölls Verweis auf die zahlreichen Forschungslücken war allerdings mehr als zutreffend. Viele seiner Detailhinweise sind indessen immer noch brauchbar.

Ausgreifender und geradezu minutiös angelegt, dabei in weiten Teilen der Oswald-Forschung nahezu unbeachtet geblieben, sind die Ausführungen Wilfried Wittstrucks zum dichterischen Namengebrauch bei Oswald von 1987. In unserem Zusammenhang besonders interessant sind seine Bemühungen um eine gattungsspezifische Bestimmung des Textcorpus, vor allem im Hinblick auf die Vielfalt der Liedtypen.

Wittstruck differenziert in einem ersten Schritt (Wittstruck 1987, 222 ff.) einen Bereich der Hohen Minne mit 41 Texten, daneben 11 Texte aus dem Bereich der sog. ‚Niederen Minne', 10 Margareten-Lieder, 4 Lieder aus dem Bereich der sog. Hausmannin, 34 Texte aus dem religiösen Bereich, 11 Texte aus Moral und Ethik sowie einen Bereich Historisch-Politischer Lieder mit 19 Zuweisungen. Nur 4 Lieder lassen sich diesem Schema nicht subsumieren (Kl 22, 50, 84 und 134).

Mit weiterer Differenzierung komme das breite Spektrum der von Oswald aufgegriffenen Themen vollständiger zum Vorschein: Hierzu unterteilt Wittstruck in nicht weniger als 23 unterschiedliche Typen von Liebesliedern, 6 Typen von religiösen Liedern wie Marienliedern, Tischsegen oder *Cisioiani* (= Merkgedichte zum Heiligenkalender) und allgemein didaktische, daneben in weitere ethisch-didaktische Lieder sowie Lieder mit Fürstenpreis, Städtelob, politische Erzähllieder oder Ständesatire. Speziell die detaillierte Differenzierung der Liebeslieder durch Wittstruck (1987, 223–226) lohnt es, hier wiederholt zu werden, wobei die inhaltlichen Zuordnungen infolge der unscharfen Abgrenzungen durchaus zu diskutieren sind (z.B. bei den Tageliedern) und dies von Wittstruck auch vorgenommen wird:

a) Lieder über die Hohe Minne: 1.1. Frauenpreislieder (Kl 46/58/63/66/120), 1.2. Werbelieder (Kl 64/65/80/93/96), 1.3. Minnestreitlieder (Kl 43), 1.4. Abschiedslieder (Kl 88/107/124/125), 1.5. Sehnsuchtslieder (Kl 56/57/91/94), 1.6. Lieder über Dienst- und Treueversicherung (Kl 128/131/134), 1.7. Tagelieder (Kl 16/40/49/62/101/121), 1.8. Neujahrslied (Kl 61), 1.9. Minneallegorie (Kl 52), 1.10. Minneklage (Kl 51), 1.11. Tanz- und Frühlingslieder (Kl 37/42/47/53/74/89/90/100/106), 1.12. ‚Minnedidaxe' (Kl 17);
b) 2. Lieder über die ‚Niedere Minne': 2.1. Pastourellen (Kl 76/83/92), 2.2. Bauernspottlieder (Kl 48, 54/70/72/73/79/82), 2.3. Tanzlieder (Kl 21);
c) ‚Margareten-Lieder': 3.1. Preislied (Kl 97), 3.2. Sehnsuchtslied (Kl 97), 3.3. Lieder über Dienst- und Treueversicherung (Kl 77/119), 3.4. Neujahrslied (Kl 71), Tanz- und Frühlingslied (Kl 75);
d) 4. ‚Hausmannin'-Lieder: 4.1. ‚Minnedidaxe' (Kl 55/102), 4.2. Minneklage (Kl 59/60).

Mit diesem Schema erfasst Wittstruck einerseits die gesamte Palette von Liedtypen im Werk Oswalds. Auf der anderen Seite entzieht er gleichzeitig dem einzelnen Lied wie auch den einzelnen Liedtypen als solchen die Möglichkeit zur übergreifenden Systematisierung. Hierdurch verstellt sich der Blick letztlich auf die singuläre Ausformung, ohne dass z.B. die Reihenbildung adäquat in den Blick gerückt wird. Vor allem suggeriert die enge Systematik auch in den Fällen feste typologische Grenzen, bei denen eher mit Grenzüberschreitungen, Überschneidungen oder Transformationen zu rechnen ist.

Der für einen langen Zeitraum wohl instruktivste Beitrag zu den Liedtypen bei Oswald ist der Verfasserlexikon-Artikel Burghart Wachingers von 1989. Wachinger vermutet, dass Oswald ohne Zweifel eine breite Kenntnis von verschiedenen deutschen Liedtypen hatte, daneben, wenn auch punktueller, auch romanische und lateinische kannte. Wachinger skizziert in seinem Überblick neun Gattungs- bzw. Typenbereiche (Wachinger 1989, 665 ff.):

Recht eng bewahrt Oswald die Tradition der Tagelieder. Er durchspielt sie in einer Reihe einschließlich einiger Transpositionen in andere Situationen. Die umfangreichste Gruppe bilden Liebeslieder in der Ich-Form. Liebesdialoge verwendet Oswald sehr häufig, teils simultan in zweitextiger Zweistimmigkeit. Einen Sonderstatus als Minneallegorie hat das Jagdlied Kl 52. In einigen Fällen gestaltet Oswald traditionelle Naturbilder breit aus, so als Bild der allgemeinen Frühlingslust im Gegensatz zur eigenen Liebesentbehrung im Ich-Lied oder in Liedern mit Szenerie des Frühlings-Reigens, in denen die Schilderungen der Frühlingsnatur und der Aufruf zu Tanz und Liebesfreude Eigengewicht erlangen. Mehrfach gestaltet Oswald Lieder wie die Pastourelle oder andere, ‚objektive' Lieder, in denen er Distanz von der feinen Liebe, Kontrast zum hohen Stil und Lust am Derben durchspielt. Bei den geistlichen Liedern ist das Spektrum der Themen und Motive breit. Es finden sich z.B. unterschiedliche Segen, Weihnachtslieder, Marienpreislieder, Sündenmahnung, daneben Lieder mit Weltabsage und Glaubenshoffnung, in denen auch die eigene Lebenssituation zum didaktischen Exempel erhoben werden kann. In der weltlichen Didaxe verwendet Oswald z.B. Merkverse oder *Cisioiani* neben Reihungen von Sentenzenweisheit oder Gesellschaftslehre. Politische Lieder im engeren Sinn finden sich nur recht selten, so etwa im Lied gegen die Hussiten (Kl 27) oder im Greifenstein-Lied (Kl 85). Eine Gruppe für sich bilden Erzähllieder in der Ich-Form mit autobiographischen Situationsschilderungen.

Wachingers Übersicht erfasst das Gros der Liedtypen im Werk Oswalds. Sie verdeutlicht die Vielfalt der aufgegriffenen Muster, zugleich zeichnet sie die Grundlinien nach, die eine strukturierte Zusammenstellung aufgrund gattungstypologischer Gesichtspunkten ermöglicht. Wachingers systematisierte Sichtung ergibt so eine erste, das Gesamtwerk umgreifende Zuordnung.

Auf den ersten Blick fällt auf, wie anscheinend klar und fest umrissen sich in dieser Zusammenstellung bestimmte Liedtypen von anderen unterscheiden und abgrenzen lassen. Eklatant wird dies im Fall der Minneallegorie, der sogar eine Sonderrolle als eigenständiger Typus zugesprochen werden kann. Vergegenwärtigt man Wachingers systematische Differenzierung innerhalb der Liedtypen, so wird allerdings deutlich, wie brüchig und unfest sie werden kann. Dies zeigen schon die Transpositionen von Tageliedmotivik in andere Situationszusammenhänge, erst recht die Verbindung von Tageliedelementen mit einem erotisch stilisierten Marienpreis. Als eher unfeste Typen lassen sich daneben sowohl die monologischen Liebeslieder als auch die Lieder verstehen, in denen Naturbilder sehr heterogen aufgegriffen werden, oder auch die zu differenzierenden Lieder mit ‚kontrastiven' Elementen. Die Binnendifferenzierung innerhalb der geistlichen Lieder steht ebenfalls noch weitgehend aus.

Die von Wachinger vorgeschlagene Zusammenstellung der Lieder birgt neben ihrer systematischen Ordnungsfunktion den Vorteil, dass sie sich in einem heuristischen Sinn verstehen lässt. Lieder lassen sich zwar unter gattungstypologischen Gesichtspunkten subsumieren, doch sollte in vielen Fällen gleichzeitig die Vorläufigkeit einer solchen Zuordnung und eben ihre gattungstypologische Unfestigkeit in den Blick rücken (Spicker 2007, 64 ff.). Dies ist insbesondere dann der Fall, wenn einzelne Lieder sich unterschiedlichen Typen und Genres zurechnen lassen, sie eher die liedtypologischen Ränder streifen, in ihnen unterschiedliche Interferenzen dominieren oder sie gar als Lied- oder Gattungskonglomerate konstruiert sind. Gerade im Rückgriff auf konkurrierende textuelle Strategien können hier über eine ‚Verwilderung' neue, offene Texttypen erzeugt werden (Kern 2005, 374).

Die Lektüre der Lieder und Liedtypen sollte sich hieran orientieren. Dies habe ich mit meiner Übersicht 2007 versucht, von der ich im Folgenden ausgehe.

3. Liedtypen bei Oswald von Wolkenstein – ein Überblick

Mit dem folgenden Überblick soll kein neues Lektüre-Raster vorgelegt werden, keine Systematisierung um ihrer selbst willen. Vielmehr sollen Annäherungen aufgedeckt und sichtbar gemacht werden, die nachfolgend zu weiteren Lesarten führen mögen.

Die von Oswald in Auftrag gegebenen Handschriften A und B belegen das Interesse an einer vollständigen Kompilation von ‚Gesammelten Werken', sie belegen daneben sein Bemühen, umfassend die einzelnen Liedtypen zu gestalten. Oswald greift auf fast alle Formen und Inhalte traditioneller Lyrik zurück, sein Werk zeichnet sich durch einen Drang zur lyrischen Vollständigkeit – wie es Ulrich Müller (1978, 209) genannt hat – aus. Gleichzeitig rezipiert er ‚neue' Muster und Liedtypen z.B. aus der Romania. Darüber hinaus sind die Lieder der einzelnen Typen darauf angelegt, ein breites Variationsspektrum möglichst des jeweiligen Typus' abzudecken, das heißt, innerhalb einzelner Typen durchspielt er mit unterschiedlichen artistischen und rhetorischen Mitteln unterschiedliche poetische Gestaltungsmöglichkeiten. Zudem unterliegt den Liedern vielfach eine typologische Sprengkraft, die eine enge Fixierung übersteigt, weil Grenzen verschwimmen bzw. aufgelöst werden.

Unter diesen Aspekten lässt sich das Œuvre vorstellen. Die Prämisse bleibt aber wesentlich, dass die Zuordnung eines Liedes zu einem bestimmen Typus oft einen eher heuristischen Charakter aufweist in den durchaus häufigen Fällen, in denen Oswald Merkmale unterschiedlicher Liedtypen mischt oder sie bis hin zu ‚Gattungskonglomeraten' miteinander verwebt.

Oswald ist derjenige Autor mittelalterlicher Liebeslyrik, der sich besonders häufig am Typus *Tagelied* versucht. Je nach Zählung lassen sich dem Tagelied mindestens 13 Lieder zurechnen (dazu Müller 1977). Oswald stellt also ein Spektrum auf, in dem er die Bandbreite des Typus umfassend variiert. Von daher ist das Tagelied auch das vielleicht markanteste Beispiel einer typenbezogenen Reihe. Oswald nutzt dabei sowohl unterschiedliche Gestaltungsmöglichkeit innerhalb des standardisierten Genres als auch Kombinationen mit anderen Liedtypen. Seine Tagelieder dokumentieren offensichtlich die Absicht, die Gattungsmöglichkeit des Typus auffallend breit oder gar vollständig auszuprobieren bzw. aufzuzeigen. Die Tagelieder spiegeln mithin als Reihe das wider, was auch allgemein die Vielfalt seines Werks auszeichnet: den artistisch-spielerischen Impetus, umfassend und nuancenreich die literarisch-poetischen Möglichkeiten zu sondieren.

Geistliche Tagelieder, seit dem 13. Jahrhundert etabliert, übernehmen in der Regel nur den Weckruf des Wächters. Oswald setzt den Typus mehrfach ein. In Kl 34 verknüpft er einen Marienpreis mit erotischen Konnotationen. Oswald rekurriert hier auf die Verbindung von erotischer Bildlichkeit und geistlicher Bedeutung, also letztlich auf die traditionelle Hohelied-Exegese. Ähnlich mischt Oswald Gattungselemente in Kl 40: Das Lied kombiniert die Tagelied-Situation des Tagesanbruchs mit Motiven des Mailieds. Ein Schlüssel zum Verständnis des Liedes ist hier das Bild des geistlichen Maibaums, mit dem Oswald die geistliche Lesart hervorhebt.

In zwei Fällen setzt Oswald deutliche Anklänge an den romanischen bzw. den mittellateinischen Typus der *Pastourelle* um. Sowohl in Kl 76 als auch in Kl 83 inszeniert er ein metaphorisches Spiel mit ländlicher und sexueller Doppeldeutigkeit, die Metaphernbereiche werden komplex verschränkt. Das Gattungsschema der *Pastourelle* scheint verwendet, weil es die geistreiche Schilderung der körperlichen Vereinigung ermöglicht. Der polyphone Liedsatz macht geradezu auf den romanischen Liedtypus aufmerksam.

Als eine kleine typologische Reihe formt Oswald die *Trinklieder*, in vier Modifikationen setzt er sie um (Kl 54/70/72/84). Trinklieder wurden recht lange als wenig hochrangig eingeschätzt, doch zeigt gerade ihre klanglich-musikalische Seite, wie komplex und artistisch außergewöhnlich sie sind. Die Lieder sind Inszenierungen einer ausgelassenen Lustfreude, sprachlich-klangliche Spielformen mit dem Genre, was auch seine Entsprechung auf der musikalischen Ebene hat. So wird ihre polyphone Umsetzung – zwei- oder dreistimmig – zum Gradmesser der adäquaten Ausdrucksform. Die ‚inhaltliche' Ausgelassenheit des Trinklied-Typus, in dem traditionell Wein mit Lebensfreude gepaart ist, das rauschhafte Moment der Lieder und ihre Sinnenlust, setzt Oswald um in komplexe (und durchaus auch komplizierte) artistisch-musikalische Gestaltungsformen.

Zweimal gestaltet Oswald Lieder *vielsprachig*. Ihre Liebesthematik ist konventionell, nur der Name der Geliebten wird genannt oder es wird über Initiale auf ihn angespielt. In Kl 69 verwendet Oswald sieben Sprachen. Sie werden alle jeweils in den sechszeiligen Halbstrophen aufgegriffen, jede setzt mit einer anderen der sechs Fremdsprachen ein. Im Refrain thematisiert Oswald die Sprachen und damit einher sein artistisches Vorgehen. Die drei Strophen von Kl 119 mischen jeweils in ihrer ersten Hälfte sechs Sprachen, die in der zweiten paraphrasiert werden. Beide Lieder dürften weniger aufgrund ihres Inhalts als aufgrund ihrer Sprachform interessiert haben. Der Reiz bestand darin, das Prinzip der Sprachmischung zu durchschauen und die Stimmigkeit des Kunststücks nachzuvollziehen.

Den mnemotechnischen Typus Kalendermerkgedicht (*Cisioiani*) formt Oswald in einer Reimpaarrede (Kl 67) und in einem Lied (Kl 28). Er textet Heiligenkalender mit einer sehr großen Namendichte. In Handschrift A, in der die Texte hintereinander stehen, werden die *Cisioiani* geschieden in *gesprochen* und *gesungen*. Oswalds *Cisioiani* gehören sowohl sachlich als auch formal zu den interessantesten dieser Literaturform, er versucht sich also an dieser schwierigen, wenn auch literarisch nicht allzu ernsthaften Materie (siehe dazu auch Kersken 1975). Interesse hat er damit allerdings schon früh gefunden, denn Kl 67 ist bereits 1428, also noch vor der Kompilation von Handschrift B, im Cgm 3897 (Wolkenstein-Hs. H, 15. Jahrhundert; Bayerische Staatsbibliothek) gestreut überliefert.

Lieder der Körperbeschreibung als eine typenbezogene Reihe haben nur selten und damit unzureichend Beachtung gefunden. Sie werden in der Regel anderen Liedtypen zugerechnet. In insgesamt sieben Liedern setzt Oswald das topische Muster der *personarum descriptio a corpore* entweder extensiv um oder sie sind *in toto* als solche konzipiert. Oswalds Reihe kann sicher als ein Kulminationspunkt spätmittelalterlicher Beschreibungskunst gelten. In jeder Ausformung folgt Oswald eng dem *descriptio*-Muster.

Dies gelingt im traditionellen Rekurs auf das Schema oder indem das Beschreibungsmuster ‚meisterlich' rhetorisch überhöht und zugleich biographisch konkretisiert wird. Ebenso eng am Muster orientiert lässt sich die Topik in parodistischer Verfremdung umkehren. Oswald formt das Körperbeschreibungsmuster in einem breiten Spektrum, er inszeniert eine poetisch-virtuose Kette. Wie beim Tagelied oder dem Geistlichen Lied zeigt sich seine Kunstfertigkeit im Variieren, Erweitern und Zusammenfügen von etablierten Mustern. Die Bandbreite der Modifikation reicht von der einfachen Ausformung über die Überbietung traditioneller Rhetorik, von ornamentaler Ausschmückung z.B. mit Kornreimen oder ‚personalen' Konkretisierungen bis hin zur parodistischen Verfremdung des Topos.

Natürlich führt nicht jedes Aufgreifen eines Liedtypus dazu, dass Oswald ihn mehrfach gestaltet oder wie bei den Tageliedern oder den Körperbeschreibungsliedern eine Variationskette vorlegt. Mit Kl 44 konstruiert Oswald gattungstypologisch ein Solitär, ein Lied des *hûssorge-Typus*, wobei er ein geographisches Register und die unwirtlichen häuslichen Konstellationen mit der Thematik der politischen Bitte verbindet. Er intensiviert den typologischen Rekurs mit der Amplifikation der rhetorischen Überbietung. Darüber hinaus wird im Liedtypus ein weiterer zitiert, die romanische *chanson de la malmariée*.

Für die *geistlichen Lieder* lässt sich insgesamt festhalten, dass hier sehr Disparates subsumiert wird (siehe dazu auch Löser im vorliegenden Band). Dementsprechend ist das Spektrum der Formen und Themen sehr breit. Es finden sich z.B. Tischsegen, rhetorisch aufgeladener Gottespreis, Weihnachtslieder, Beichtspiegel, Musterbeichten und Passionslieder. Die Sichtung der Traditionslinien im Einzelnen steht noch weitgehend aus.

Auch *Marienlieder* setzt Oswald in einer recht komplexen Variationskette um. Zu ihnen gehören die Tagelieder, die weitgehend über Gattungsmischung konstruiert sind, Lieder aus der lateinischen und der liturgischen Tradition und marianische Lieder, die mit Motiven oder Formen der weltlichen Liebeslyrik vermengt sind. Zu ihnen zählen auch z.B. Mariensequenzen oder ein Mariengruß, das einzige lateinische Lied Oswalds. Lieder, die nicht liturgisch eingebunden sind, sondern ihre Metaphorik aus Bildbereichen des Minnesangs, der marianischen und der Hohelied-Tradition verschmelzen, werden ambivalent bzw. kontrovers diskutiert, ihre Zuordnung als Marienlied ist nicht eindeutig festgelegt. In zwei Fällen verbindet Oswald das Marienlob mit Tanz, also mit Anklängen an die weltliche Lyrik. Mit der changierenden Metaphorik zwischen weltlichem Liebeslied und Marienlied gelingen Oswald textlich-musikalische Gebilde, denen ein eigener Ton von heiterer Innigkeit und fast erotischer Intensität zugesprochen werden kann (Wachinger 2001, 114).

Eine besondere Gruppe innerhalb des Geistlichen Liedes bilden Lieder, die sich thematisch an *Altersklage, Weltabsage, Todesfurcht und Glaubenshoffnung* anlehnen. In ihnen spielen Elemente der Reflexion und der Didaxe eine wesentliche Rolle. Ihre künstlerisch-rhetorisch zumeist aufwändige Gestaltung ist durchaus eigenwillig, sie sind poetisch oftmals eindringlich verdichtet. In einigen Liedern bezieht Oswald auch punktuell die eigene Lebenserfahrung (z.B. seine *Gefangenschaften*) in die Reflexion ein. Allerdings dürfte es hierbei, wie auch bei den punktuellen biographischen Konkretisierungen in anderen Liedtypen, nicht darum gehen, durch eine umfassende literarische Stilisierung die vereinzelte autobiographische Selbstaussage zu ermöglichen. Vielmehr handelt es sich wohl eher um die Durchlässigkeit auch dieser Lieder für ‚reale' Reminiszenzen innerhalb der literarischen Tradition. Die Lieder dieser Gruppe greifen vielfältige Themen, Formen und Töne der Sangspruchdichtung auf.

Politische Lieder im engeren Sinn hat Oswald nur wenige im Repertoire. Das bekannteste ist wohl das sog. *Greifensteinlied* (Kl 85), ein politisches Parteilied. In der Auseinandersetzung mit den Hussiten fordert Oswald die Wiedererlangung von Adelsprivilegien und ein energisches Vorgehen gegen die ständische Bedrohung. Das *Preislied* Kl 86 ist ein repräsentatives Prunklied in der Tradition des herkömmlichen Herrscherpreises.

Einige Lieder lassen sich keinem etablierten festen Liedtypus zuordnen. Oswald gestaltet in ihnen konkretisierte ‚lebensweltliche' Episoden, zumeist auf bestimmte Erlebnisse bezogen. Sie werden entweder in einem zusammenhängenden Kontext präsentiert, so als Lob oder Schelte auf einzelne örtliche Situationen und Begebenheiten, oder Oswald stellt Episoden unterschiedlicher Geschehnisse zusammen, z.B. in den sog. *Reiseliedern* (siehe dazu Müller sowie Dallapiazza/Molinari im vorliegenden Band). Man hat versucht, speziell diese Lieder autobiographisch zu verstehen und gemeint, hierüber eine vermeintliche ‚Modernität' Oswalds fassen zu können. Oswald greift mit diesen konkretisierenden Episoden durchaus auf Selbsterlebtes zurück, doch wie in den traditionelleren Liedtypen ist die Selbstaussage kein Selbstzweck, sondern wird der poetisch-artistischen Formung nutzbar gemacht, auch wenn sie hier nicht ausschließlich punktuell eingesetzt wird. Ein herausragendes Merkmal dieser Lieder ist, dass Oswald in der Regel das eigentlich historisch Gewichtige der Kontexte ausspart, hingegen eher ‚realhistorisch' Nebensächliches zumeist komisiert aufgreift.

Aber auch andere Lieder haben ganz offensichtlich – oder auch nur vermutlich – *autobiographische* Bezüge: Im Zentrum steht hier das große Lied Kl 18 (*Es fúgt sich*), das „berühmteste Lied Oswalds und auch das meistinterpretierte" (Spicker 2007, 133). Das Verhältnis von zugrunde liegender historischer Wirklichkeit und dichterischer Stilisierung bei OvW, also von ‚Wahrheit' und ‚Dichtung', ist vor allem durch die Diss. von Müller (1968) zu einem bis heute diskutierten Thema geworden (siehe ferner A. Schwob 1979, Hartmann 1980, Speckhart-Imser 1984, Spicker 1993; dazu insgesamt Spicker 2007, 38–51).

Einen breiten Raum nehmen ‚konventionelle' *Liebeslieder* ein (zu den Liebesliedern siehe oben die Typologie von Wittstruck). Es sind Lieder, die in der Tradition der ‚Hohen Minne' stehen, vor allem, was ihre Motive, Terminologie und Metaphorik anbelangt. Sie unterscheiden sich vom klassischen Minnelied in der Regel dadurch, dass ihnen – aber nicht immer – das reflexive Moment fehlt daneben ist in ihnen auch der traditionelle Gestus des (vergeblich) hoffenden Werbenden deutlich reduziert. Oft wird – wie eben im klassischen Minnesang – geklagt, bei Oswald aber nicht primär über die Unerreichbarkeit der Dame, häufiger klagt er über den Schmerz des Abschieds oder über das Getrenntsein. Das Motiv des Dienens ist vielfach vorhanden, allerdings nicht so sehr als Dienen um Minnelohn, sondern als Folge der Liebesgewährung oder im Kontext der wechselseitigen Liebe. Auch für diese Lieder ist das Variationsspektrum und ihre Formenvielfalt ein hervorstechendes Merkmal.

Die meisten der ‚konventionellen', monologischen Liebeslieder haben keinen Natureingang. In einer Reihe von Liedern entfaltet Oswald recht breite Naturbilder. In einigen von ihnen setzt er die Naturschilderung ein, um sie im Bild des erwachenden Frühlings und der damit einsetzenden Lebensfreude der Liebesentbehrung des lyrischen Ichs entgegenzustellen. Meistenteils paart Oswald die frühlingshafte Natur mit einem Aufruf zu Liebesfreude und Tanz, die Natur erhält oftmals Eigengewicht. Oswald rekurriert hier auf die Szenerie des Frühlings-Reiens, wie sie Neidhart mit seinen Sommerliedern oder Tannhäuser mit seinen Leichs ausgeprägt haben. Ein hervorstechendes Merkmal dieser Lieder Oswalds ist ihre artistische Verselbständigung und ihre Virtuosität, vor allem über Reimhäufung mit klanglicher Zuspitzung.

Durchaus häufig konstruiert Oswald *Liebesdialoge*, meistens als Liebes- und Treuebekundungen. Sie sind allesamt zwei- oder mehrstimmig, was den Vortrag gestalterisch sicherlich interessant macht, zumal die Liebesdialoge inhaltlich oftmals wenig Spannung bieten. Auch bei ihnen fällt die Breite der Variation ins Gewicht.

Die Lektüre der Lieder Oswalds zeigt natürlich Disparates. In seinen Liedern findet sich nicht nur poetisch-artistisch Hochkarätiges. Gleichwohl wird mit der Lektüre klar, wie Oswald mit vielen Liedern außergewöhnliche Formungen gelingen, denen naturgemäß Eigengewicht zukommt. Doch zeigt sich zugleich bei der Zusammenschau, wie facettenreich und nuanciert die Lieder austaxiert sind. Wichtiges Merkmal von Oswalds Liedkunst ist ihre poetische wie musikalische Variationsbreite und Typenvielfalt. Liest man die Lieder nicht von vorneherein selektiert, so relativiert dies die Einseitigkeit, mit der oft einige wenige Lieder in den Vordergrund gestellt werden. Sichtet man die Liedtypen, so wird deutlich, dass sich Oswald nicht der Stilisierung bzw. Typisierung als einer Art Notanker für die biographische Selbstaussage bedient, sondern dass umgekehrt mit der Durchlässigkeit von Liedtypen für Konkretisierungen auch biographische Elemente hervortreten. Nicht nur in ihnen, sondern auch in der Gestaltung konventioneller Lieder, der komplexen Formgebung geistlicher Lieder oder im spielerisch-artistischen Umgang mit literarischen Mustern von der Umsetzung in hergebrachter Form bis zur Parodie zeigt sich die hohe Kunstfertigkeit Oswalds.

Nicht das Aufgreifen eines bestimmten literarischen Typus markiert das Besondere im Werk Oswalds, vielmehr ihre Variation, die virtuose

Inszenierung der Typenvielfalt. Dieser Vielfalt der Typen entspricht die Vielfalt der musikalischen, klanglichen und sprachlichen Artistik. Oswald spielt die unterschiedlichen poetischen Gestaltungsmöglichkeiten einzelner Liedtypen regelrecht durch, in der Regel taxiert er die Möglichkeiten geradezu aus. Dies hat eine Parallele in der Vorführung und Verselbständigung dezidiert artistischer Momente vor allem in der musikalischen und klanglichen Gestaltung.

Literatur (zusätzlich zur Gesamtbibliographie)

Tervooren, Helmut: Gattungen und Gattungsentwicklung in mittelhochdeutscher Lyrik. In: Gedichte und Interpretationen. Mittelalter. Hrsg. von Helmut Tervooren. Stuttgart 1993 (= RUB 8864), 11–39; wieder in: Helmut Tervooren: Schoene wort mit süezem sange. Philologische Schriften. Hrsg. von Susanne Fritsch und Johannes Spicker. Berlin 2000 (= Philologische Studien und Quellen 159), S. 163–174.

Kern, Manfred: „Lyrische Verwilderung". Texttypen und Ästhetik in der Liebeslyrik des 15. Jahrhunderts. In: E. Andersen u.a. (Hrsg.): Texttyp und Textproduktion in der deutschen Literatur des Mittelalters. Berlin/New York 2005 (= Trends in Medieval Philology 7), S. 371–394.

KLD = Deutsche Liederdichter des 13. Jahrhunderts. Hrsg. von Carl von Kraus. Band I: Text. Tübingen; 2. Auflage durchgesehen von Gisela Kornrumpf. Tübingen 1978. Band II: Kommentar. Tübingen 1958. Neu hrsg. von Hugo Kuhn; 2. Auflage durchgesehen von Gisela Kornrumpf. Tübingen 1978.

Die Lieder Oswalds von Wolkenstein mit erotischer Thematik und das Problem der (auto)biographischen Interpretation

Ulrich Müller

Wie im Beitrag von Johannes Spicker im vorliegenden Band ausgeführt, lässt sich bei OvW eine Fülle von Liedgattungen feststellen, die (fast) alle von der Tradition angebotenen Möglichkeiten umfasst, zum Teil noch durch Mischungen und Kombinationen vermehrt. Den ausführlichsten Versuch einer differenzierten Gliederung, vor allem, aber nicht nur nach inhaltlichen Kriterien, hat Wittstruck 1987 unternommen. Die Fülle der Gattungen, Unter- und Mischgattungen spiegelt natürlich die ungemeine thematische Breite der Liedinhalte wider. Vier thematische Großbereiche sind deutlich, nämlich: Liebe und Erotik, Gefangenschaft, Reisen und Geistlich-Religiöses im weitesten Sinn; verschiedene kleinere kommen noch hinzu. Diese thematischen Bereiche decken sich aber nicht völlig mit den Gattungen: Nicht jedes Lied, in dem das Thema Erotik vorkommt, ist ein „Liebeslied", und nicht jedes Lied, das Reisethematik enthält, ist ein „Reiselied" – ein Beispiel dafür ist das Rückblickslied Kl 18 *Es fügt sich,* in dem ‚Reisen' und ‚Liebe' dominierende Themen sind, ohne aber damit die Gattung des Liedes zu prägen.

1. ‚Liebe' und ‚Minne', Liebeslieder und ‚Minnesang'

Lieder mit erotischer Thematik spielen, wie erwähnt, eine wichtige, wenn nicht zentrale Rolle im Oeuvre OsvW, also Lieder über Erotik und Liebe sowie ‚Liebeslieder' im engeren Sinn. Vor einem Überblick sind einige definitionsähnliche Feststellungen notwendig, denn gerade auf diesem Gebiet ist die allgemeine Terminologe, selbst die der Literaturwissenschaft, wie auch sonst etwas unscharf.

Das heute noch geläufige Substantiv ‚Liebe' ist bei OvW, laut Wort-Konkordanz (Jones/Mück/Müller 1973) und MHDBDB mit etwas mehr als 80 Belegen häufiger als das mittelhochdeutsche Substantiv ‚minne', das heute kein Begriff der neuhochdeutschen Alltagssprache mehr ist, wenn auch als altertümlicher oder ironischer Ausdruck durchaus noch verstanden wird. Im Hochmittelalter und so auch noch zu Oswalds Zeiten sind beide Begriffe häufig (mit insgesamt keinem eindeutigen quantitativen Übergewicht eines der beiden); sie bezeichnen letztlich dasselbe, auch wenn es immer wieder Interpretationsansätze gab, hier feinsinnige Unterschiede herauszuarbeiten. Primär gemeint sind damit die Beziehungen zwischen Frauen und Männern, und zwar jeglicher Art; auch die ‚Liebe' zu bzw. von Gott oder Maria kann damit gemeint sein, während gleichgeschlechtliche Beziehungen (die es damals natürlich auch gab und die in der antiken Literatur durchaus eine Rolle spielten) religiös und gesellschaftlich so sehr poenalisiert waren, dass sie in der mittelalterlichen Literatur offen ausgesprochen eigentlich nicht vorkommen – und wenn, dann nur negativ, wie etwa in den vielen *Beichtspiegeln* (so auch in Oswalds vollständiger Liste der natürlich nicht persönlich gemeinten Sünden Kl 39 III,35, dazu Jones 1970/1980; zum Allgemeinen siehe Spreitzer 1988 und Bein 1990). Die Frage, was ‚Liebe' aber nun genau sei, wie sie entstehe, sich genau äußere und auch vergehe, gilt als ein Kernthema der europäischen Literatur; allerdings hat die kurze Übersicht von Jankowiak/Fischer (1992) ergeben, dass „romantic love"/‚Romantische Liebe' (was man im Einzelnen auch genau darunter versteht) offenbar in fast allen Kulturräumen der Welt als menschliches „Universale" zu finden sei.

Und dennoch, trotz intensiver Bemühungen der verschiedenen Wissenschaften, darunter der Naturwissenschaften und insbesondere der Psychologie und Physiologie, sind ‚Liebe' sowie ihr Entstehen und auch Verschwinden bis heute nicht erklärt. Selbst etwa nach der Lektüre einer Untersuchung von ‚Liebe' „mit Hilfe elektrokordikaler, elektromyographischer und biochemischer Parameter" durch Dietmar Henzler (1994, 5) oder der Beiträge der Forschergruppe Fisher/Aaron/Brown u.a. (1998, 2004, 2005, 2010), die das offenbar weltweit zu findende Phänomen der ‚romantischen Liebe' experimentell analysieren und neurophysiologische Entsprechungen zu „addictions" wie Rauschgift-Sucht erkennen wollen, weiss man letztlich, abgesehen von der neuen Terminologie, nicht wesentlich mehr als etwa nach Sapphos Liebes-Symptomatik (oder auch Oswalds Aufzählung in Kl 18 V/VI).

Nachdem ‚Liebe' zwischen Menschen in ihrer unterschiedlichsten Form durchaus ein Zentralthema der antiken, d.h. griechischen und lateinischen Literatur war, aber auch des jüdischen Alten Testaments (man denke nur an das *Hohelied*), wurde das Thema vom aufkommenden und sich verbreitenden Christentum zumindest in der Öffentlichkeit verdrängt und/oder spiritualisiert. Stark verallgemeinernd formuliert: Das Thema ‚Liebe' wurde im lateinisch-katholischen, also im westlichen Teil Europas, erst ab etwa dem frühen 12. Jahrhundert wieder ‚entdeckt' (Dinzelbacher 1981), und zwar formuliert in der nunmehr volkssprachlichen Literatur der emporstrebenden und sich allmählich emanzipierenden weltlichen Führungsschichten sowie – auf Mittellatein – von der sich gleichzeitig herausbildenden Schicht der Intellektuellen in Kirche und Verwaltung. Im Bereich der gesungenen Lyrik in den Volkssprachen waren es die Dichtersänger, die sich selbst als Trobadors und Trouvères bezeichneten (zu okz. *trobar*/afrz. *trouver* = ‚erfinden'), im deutschsprachigen Raum extrem selten als ‚Minnesänger'. Diese Sänger propagierten teilweise, aus einer strikt männlichen Sicht (nur in der Romania gab es auch einige wenige Sängerinnen), eine neue Form von ‚Liebe', die man bezeichnen kann als *sapienter et curialiter amare* (Karnein 1978, 16), d.h. als *fin' amors* (= okzitanisch, als Terminus erstmals bei dem Trobador Marcabru belegt) bzw. *amour courtois* (Gaston Paris 1883, 519f.). Sie bekamen in der deutschsprachigen Germanistik dann die unscharfen Bezeichnungen ‚Minne' bzw. – ganz aufs Ethische fokussiert – ‚Hohe Minne'. Die umfangreiche mediävistische Forschungsgeschichte und die verschiedenen mittelalterlichen Konzeptionen und Darstellungen von ‚Liebe' hat Rüdiger Schnell (1985) umfassend bibliographisch dokumentiert, dargestellt und diskutiert (siehe auch Müller 1986, 2002, 2004).

Diese neue, ‚höfische' Ausprägung der ‚Liebe' präsentierte das Prinzip der sog. *‚wânminne'*, der unerfüllten, auf Sehnsucht und schwierige Werbung fixierten ‚Liebe' im Sinne von ‚Passion' in der doppelten Bedeutung des Wortes, die der ethischen Optimierung des Werbenden dienen könne. Speziell diese Ausformung wird heute in der Mediävistik mit einem vielverwendeten Begriff als ‚Hohe Minne' bezeichnet, wohingegen er im Mittelalter nur selten, erstmals bei Friedrich von Hausen (MF 52, 7; Schweikle 1985, 169 ff.) vorkommt und terminologisch mehrdeutig ist (ständisch, ethisch-moralisch); extrem selten, wie erwähnt, findet sich im Mittelhochdeutschen, ganz im Gegensatz zur späteren Literaturwissenschaft, der Terminus *minnesanc*, und dasselbe gilt für das Nomen agentis *minnesänger*/*minnesinger*.

Davon unterschieden im Mittelhochdeutschen waren damals die *gernde diet*, also die fahrenden Berufssänger, die auf Entlohnung für ihre Werke und Auftritte angewiesen waren und die heute in der Mediävistik üblicherweise unter dem doch etwas verquer klingenden Begriff ‚Sangspruch-Autoren' zusammengefasst werden, und zwar im Gegensatz zu den Autoren von Liebesliedern, unter denen sich auch zahlreiche Angehörige des Adels befanden. In der Romania wurde grundsätzlich nicht hinsichtlich der Autoren, sondern der Lied-*Inhalte* unterschieden: *canso* = ‚Liebeslied' (manchmal auch nur: ‚Lied') und *sirventes* (der mhd. ‚Sangspruchdichtung' entsprechend, von okz. *sirven* = ‚Diener').

Die Fachliteratur zu den Themenbereichen ‚Minne', ‚Minnesang' und ‚Hohe Minne' umfasst, seit dem Traktat *De Amore* des Andreas Capellanus (spätes 12. Jhd.), inzwischen eine nicht enden wollende und auch nicht enden werdende Menge von Abhandlungen; aus der Masse des Geschriebenen ragen hier immer noch die durch *common sense* und abgewogene Stoffbeherrschung gekennzeichneten Monographien von Olive Sayce (1982) und Günther Schweikle (1988/1995) heraus; anregend und informativ sind die kürzlich erschienenen Beiträge von Schmidt (2007) und Classen (2008), s. ferner Müller 1985/86.

Von allem Anfang an wurde in der mittelalterlichen Liebeslyrik aber auch sehr ‚direkte' Liebe, bis hin zur Machismo-typischen Zote, besungen. Das zeigt bereits der erste namentlich bekannte Trobador, nämlich Graf Wilhelm IX. von Aquitanien, der ganz zutreffend von der Literaturwissenschaft als „trovatore bifronte" charakterisiert wurde (Rajna 1928). Doch wurden solche „contre-textes" (Bec 1984) offenbar seltener verschriftlicht und vor allem später von der Literaturwissenschaft schlicht ignoriert oder als ‚Schmutz' und ‚obszön' abqualifiziert – wie etwa im Fall des Neidhart, des wohl erfolgreichsten und auch folgenreichsten mittelhochdeutschen Sängers.

Als Gegenbegriffe zur ‚Hohen Minne' werden in der Mediävistik immer wieder die Begriffe ‚Niedere Minne' bzw. ‚Mädchenlieder' verwendet, die aber beide irreführend sind: Diese damit gemeinten Lieder handeln nicht von unerfüllter Liebe, von *wânminne*, sondern von gegenseitiger Liebe ohne Betonung von Standesunterschieden (so in den ‚Mädchenliedern' Walthers von der Vogelweide) oder von erfüllter, ‚sinnlicher' Liebe der unterschiedlichsten Art, die aber in den Liedern nicht als *amor carnalis* abgewertet wird; der selten vorkommende Begriff *nider* ist eher ständisch gemeint. Die immer wieder zu findende Negativbewertung solcher Formen der Liebe und Liebeslieder, etwa bei Neidhart und vor allem auch bei OvW, ist mehr ein moralisches Problem mancher Literaturwissenschaftler/innen als der mittelalterlichen Texte selbst (so auch vorsichtig angedeutet bei Schnell 1985, 134).

Insofern ist es völlig irreführend, OvW als „Minnesänger" oder gar als „letzten Minnesänger" zu charakterisieren: Er war vielmehr ein Dichtersänger, der in der Tradition der volkssprachlichen Liedkunst des Mittelalters, besonders des Mittelhochdeutschen, aber auch der Romania stand, sehr vieles davon aufgriff und auch neu- und umgestaltete. Wenn man ihn schon, in Parallele zum ‚Letzten Ritter' Kaiser Maximilian I., benennen möchte, dann würde ‚Letzter Trobador' eher passen.

Im Gegensatz zu vielen Sängern vor, neben und nach ihm war er kein Berufssänger, der von seiner Kunst leben musste (Müller in Tagung Neustift 1974), sondern – um moderne Begriffe zu verwenden – ein lyrischer Entertainer und Liedermacher, der seine Werke einerseits immer wieder für persönliche Zwecke instrumentalisierte, zur Pflege von Image, Prestige, zur Propagierung und Durchsetzung persönlicher und politischer Intentionen, der aber sicherlich geradezu auch ‚getrieben' wurde, sich künstlerisch auszudrücken und selbst darzustellen. Künstlerische Kreativität ist bekanntlich bis heute nicht wirklich zu erklären.

2. Der Themenbereich ‚Erotik' bei Oswald von Wolkenstein

Im verzweigten Gattungsgefüge der Werke OsvW ist Erotisches in jeder Ausprägung – wie erwähnt – ein zentrales Thema, auch in Liedern, die man üblicherweise anderen lyrischen Gattungen zuordnet. Vor allem in den Liedern von den Reisen und über die Gefangenschaften ist dies der Fall: So findet sich die eindrucksvollste Darstellung von auswegloser und unerfüllter *wânminne* sowie von Liebe als Krankheit in zwei Strophen des Rückblicksliedes Kl 18 (V/VI). In Liedern über die Reise nach Südeuropa (Kl 19) oder seine Aufenthalte in der Konzilstadt Konstanz (einschließlich Überlingen; Kl 123, Kl 45, siehe auch Kl 98) sowie in den Reichsstädten Augsburg (Kl 122), Ulm (Kl 41 II) und Nürnberg (Kl 99) verbindet OvW offenkundig Politik und Erotik, und ähnlich ist es in den Liedern über seine Reisen nach Ungarn (Kl 30 und 55).

Marold/Robertshaw (1926/1995, 295–299) und Salmen (1953) haben versucht, das gesamte Werk Oswalds thematisch und chronologisch zu ordnen, allerdings mit dem unbefriedigenden Ergebnis von letztlich zahllosen und unaufgelösten Fragezeichen; Speckhart-Irmer (1984) und Wittstruck (1987; siehe dazu Spicker im vorliegenden Band) unternahmen eine thematische Gliederung der Liebeslieder im engeren Sinn. Ein Teil der erotischen „contre-textes" ist unter dem Aspekt der Bauernsatire ausführlich kommentiert bei Okken/Mück (1981), von Trinkliedern verschiedener Art (Kl 70 und Kl 84; ferner Kl 54 und Kl 72) bis hin zu den beiden Pastourellen im engeren Sinn (Kl 76 und Kl 83, siehe aber auch Kl 73 und Kl 79), wobei die beiden Autoren mit hintergründiger Ironie auch wirklich keine Gelegenheit auslassen, noch so verborgene oder gewagte, zumindest aber immer publikumswirksame Zweideutigkeiten Oswalds mit philologischer Präzision zu interpretieren.

Insgesamt ergibt sich dabei eine eindrucksvolle Vielfalt, und man erhält den Eindruck, dass OvW den Drang und/oder Ehrgeiz hatte, alles, was ihm die Tradition auf diesen Gebieten anbot, aufzugreifen, zu variieren oder weiterzuentwickeln (Müller in Tagung Seis 1974, Spicker 2007 und im vorliegenden Band). Aus der mittelhochdeutschen Lyrik-Tradition fehlt eigentlich nur die Form des Leichs, eine lyrische Großgattung, deren letzte Spuren beim Mönch von Salzburg zu finden sind (W 31 und W 47) – es sei denn, man sieht in den crescendierenden und jeweils aus Versikel-Paaren aufgebauten Groß-Strophen von Oswalds Tanzlied Kl 21, mit seinen zwei Fassungen, noch einen letzten Nachklang. Woher Oswald seine Kenntnisse hinsichtlich Thematik, Einzelmotiven, metrischen und musikalischen Formen genau hatte, lässt sich nicht mehr klären. Geläufig waren ihm aus dem Mittelhochdeutschen insbesondere die Neidhart-Tradition und der Mönch von Salzburg, etwa aus Quellen wie der wohl in Neustift geschriebenen *Sterzinger Miszellaneen-Handschrift* (dazu Spechtler im vorliegenden Band). Eindeutige Zitate sind allerdings ganz selten bei ihm: Das gesuchte und auffällige Reimwort in dem Vers *und ist halb mein freud erfröret* (Kl 18 IV,15) aus der Heinrich von Meißen/Frauenlob zugesprochenen Strophe 141 ist ein solcher Einzelfall (zumal OvW für Kl 3 wohl die Frauenschelte aus jener Strophe übernommen hat), und dasselbe gilt wahrscheinlich auch für die venezianisch/italienische Windrose von Kl 17, die mutmaßlich aus Tannhäusers *Kreuzlied* XIII stammt (dessen Einfluss man auch sonst vermutet; zu Kl 17 siehe Mayr 1961, 52–57). Zu möglichen Anregungen aus der Romania sei auf Sieglinde Hartmann im vorliegenden Band sowie die einschlägigen Titel in der Bibliographie (u.a. von Albrecht Classen) verwiesen.

Unter den Liebesliedern finden sich Ich-Monologe, Liebesklagen und Liebeswerbungen, Frühlingslieder, Dialoge, Schönheitsbeschreibungen in Form von literarischen Akt-Bildern (eventuell auch ein Einfluss des Tannhäusers), derbe erotische Szenen und auch ein Beispiel von geradezu einzigartiger Lust an Wort-Erotik (Kl 53; siehe dazu die Übersetzungsvergleiche von Cora Dietl im vorliegenden Band). In seiner Art erst- und einmalig ist auch das zweistimmige Dialoglied, in dem Oswald und seine Margarete beim Liebesspiel im gemeinsamen Badezuber vorgestellt werden (Kl 75). Eine größere Sondergruppe sind die Tagelieder OsvW, in denen er – ähnlich dem Mönch von Salzburg – inhaltlich und formal auch wirklich alles ausprobiert, was die Tradition dieser im Mittelhochdeutschen sehr beliebten Gattung des erotischen „genre objectif“ (Jeanroy 1925) bereit stellte (Treichler 1968; Müller 1978; die umfassendste, allerdings nicht einzige Sammlung mittelhochdeutscher Texte stammt von Hausner 1983).

Alle diese verschiedenen Inhalte und Formen sind auf vielfältige Weise in- und miteinander verwoben, sodass Listen von Gruppen und Gattungen sowie den damit zu verbindenden Liedern einen falschen, da viel zu plakativen Eindruck vermitteln. Erst eine genaue Lektüre und Interpretation der Texte und Melodien sowie auch das Anhören heutiger Aufführungsversuche vermitteln hier adäquate Einsichten.

3. Die beiden Frauen: Anna Hausmann und Margarete von Schwangau

Zwei wichtige Frauenfiguren sind aus der Biographie OsvW namentlich bekannt: Anna Hausmann, ledig gebliebene Tochter des Brixener Schulmanns Hans Hausmann, offenbar für viele Jahre Oswalds Geliebte (dazu ausführlich U.M. Schwob 1989; früher fälschlicherweise „Sabina Jäger" genannt), sowie seine Ehefrau Margarete von Schwangau, die *stolze Swäbin* (Kl 110,10; dazu Pörnbacher 1983; Hartmann 2004). Durch ausdrückliche Nennung des Namens oder der Namensinitiale oder durch den Kontext lassen sich einige Lieder eindeutig auf Margarete von Schwangau beziehen (Name: Kl 33; Kl 69; Kl 71; Kl 75; Kl 77; Kl 97; Kl 119,24 [?]; eindeutiger Kontext: Kl 18 VII und Kl 44). Solche Namenshinweise finden sich im Deutschen erst seit dem Mönch von Salzburg und Hugo von Montfort, während die Trobadors gelegentlich einen Decknamen (*senhal*) verwendeten; nur der mächtige Graf Wilhelm IX., der erste in ihrer Reihe, konnte sich die Impertinenz leisten, zwei adlige Damen, möglicherweise aus seiner eigenen ‚Sippe', durch Namensnennung (*Agnes* und *Ermessen*) in höchst gewagtem Zusammenhang bloßzustellen (*Farai un vers, pos mi sonelh*: Pillet-Carstens 183, 12).

Außerhalb des Liedcorpus möchte ich im Zusammenhang mit Margarete von Schwangau ausdrücklich auf die bei Pörnbacher 1983 im Anhang abgedruckten „Urkunden und Briefe" verweisen, die sich auf sie beziehen, darunter vor allem ihr Brief vom 8. Mai 1445 an Oswald, ihren *lieben gemaheln* in Meran (Nr. VI): Sie macht sich offenbar Sorgen um seine Gesundheit, und er solle im Falle eines längeren Aufenthaltes nach ihr senden; tatsächlich ist sie dann knapp drei Monate später, am 2. August 1445, an seinem Sterbebett gewesen (Senn 1960; Pörnbacher 1983).

Die *Hausmannin* wird von OvW in Kl 26,120 ausdrücklich und namentlich als spätere Quelle seines Unglücks bezeichnet, die ihm im wahrhaften Sinne ‚teuer' zu stehen käme (Kl 126,149f.). Er nennt sie seine Geliebte (*búl* Kl 60,7), von der er behauptet, sie habe bei seiner ersten Gefangennahme und seiner anschließenden Folterung eine entscheidende Rolle gespielt (z.B. Kl 2 III/IV; Kl 59), auf die er aber jahrelang (*wol dreuzen jar und dennocht mer* Kl 1,21) fixiert gewesen zu sein scheint – ein für die Wolkenstein-Rezeption höchst beliebtes Thema (siehe Müller im vorliegenden Band). Sie ist wohl auch gemeint, wenn er klagt: *Ain mensch von achzehen jaren klúg,/ das hat mir all mein freud geswaigt* (Kl 57,1 f.). Doch muss man sich hüten, alle Lieder Oswalds, die von glücklicher Liebe handeln, mit Margarete in Zusammenhang zu bringen, all diejenigen, die auf Klage und ungelohnten Dienst gestimmt sind, mit Anna Hausmann. Der „Sitz im Leben" vieler Lieder – so ein Ausdruck aus der evangelischen Bibelwissenschaft – ist schlechterdings nicht mehr feststellbar. Das aber führt zu einem Problem, das die Mediävistik und speziell die Wolkenstein-Philologie seit einigen Jahrzehnten intensiv beschäftigt: dem möglichen biographischen bzw. autobiographischen Hintergrund mittelalterlicher Lieder, und dies ganz speziell bei OvW.

4. Das Problem der (auto)biographischen Interpretation mittelalterlicher Lyrik und speziell bei Oswald von Wolkenstein

Die Frage, inwieweit ein künstlerisches, also auch literarisches und musikalisches Werk mit der Biographie seiner Schöpferin, seines Schöpfers verbunden sei, ist mit der Rezeption von Kunst von Anfang an verbunden, also nicht erst seit der positivistisch-biographischen Epoche der Literatur-Interpretation. Der unmittelbare Zugang zu Kunst und Literatur (man sollte ihn nicht ‚naiv' nennen!) tendierte und tendiert, soweit wir wissen, zu allen Zeiten zur biographischen Interpretation, und wenn man heutige Autorinnen und Autoren danach befragt, wird man in dieser Meinung bestärkt. In der gleichen Weise wurden von allem Anfang etwa die Gedichte der Griechin Sappho verstanden (welche im 7. Jhd. v. Chr. die ältesten bekannten, mit einem Autornamen verbundenen ‚modernen' Liebesgedichte der europäischen Literatur verfasste), aber etwa auch diejenigen des Catull oder die erotischen Elegien von Tibull, Properz und Ovid. Und dasselbe lässt sich für volkssprachliche Liebeslieder des Mittelalters eindeutig nachweisen: So schon durch die Gattungen der okzitanischen *vidas* und *razos,* also der Trobador-Biographien (*vitae*) und der Kommentare (*rationes*) zu vielen ihrer Lieder, und das zeigt gleichfalls der fast zeitgenössische Dante-Kommentar von Giovanni Boccaccio. Auch für mittelhochdeutsche Lieder lässt sich genügend Material beibringen, das eine biographische Interpretation nahelegt. All dies beweist, dass die nunmehr seit Jahrzehnten in der Germanistik repetierte Behauptung, mittelalterliche (Liebes-)Lyrik sei grundsätzlich Rollenlyrik gewesen und das jeweilige Ich eines Liedes sei kein biographisches, zumindest in dieser apodiktischen Weise nicht richtig ist (siehe dazu u.a. Müller 2002 und 2004).

Umgekehrt lässt sich auch beim angeblichen Musterbeispiel für Erlebnislyrik, nämlich Goethe, feststellen, dass dort die Tradition und die entsprechende Stilisierung des Dargestellten eine wichtige Rolle spielten: Bis heute wird darüber gestritten, ob jemand Spezielles und wenn ja wer mit der attraktiven Geliebten gemeint sei, die in der frühen Fassung der *(Römischen) Elegien* den Namen *Faustina* trug und auf deren nacktem Rücken das lyrische Ich Hexameter skandiert (Elegie I 5): eine mailändische Gräfin, ein Mädchen in Rom oder Christiane Vulpius (was im damaligen Weimar vor allem vermutet wurde) – dass diese skandalträchtigen Texte sicherlich von der Tradition der Liebeselegien Ovids ebenso maßgeblich geprägt sind wie offenbar von persönlichen Erlebnissen, wurde und wird immer wieder übersehen. In allen diesen Gedichten sind erlebte Wirklichkeit und poetische Stilisierung, literarische Topik und Biographie, ‚Dichtung' und ‚Wahrheit' untrennbar und unentwirrbar verbunden – ganz notwendigerweise. Dies gilt für Catull, Reimar den Alten, Walther von der Vogelweide, Neidhart, die Trobadors, Trouvères und Dante ebenso wie für Goethe, nur die Mischungsverhältnisse sind jeweils andere. Und vor allem: So gut wie immer sind diese so vielfältig und kompliziert, dass man resignierend feststellen muss, vom jeweiligen Kunstwerk nicht mehr mit auch nur hinlänglicher Sicherheit auf das biographisch zugrunde Liegende rückschliessen zu können.

Dies gilt natürlich auch für OvW, bei dem die Frage nach ‚Dichtung' und ‚Wahrheit', wie erwähnt, aufgrund der offenkundigen (auto)biographischen Bezüge seiner Texte immer wieder gestellt wird. Angestoßen wurde die bis heute andauernde Diskussion am Beispiel der ‚Lieder von den Reisen' (Müller 1968; siehe dazu im vorliegenden Band Spicker, Hofmeister sowie der entsprechende Abschnitt im ‚Reise'-Kapitel von Müller). Auch bei OvW müssen alle seine Werke, wie bei jedem Künstler, irgendeinen „Sitz im Leben" gehabt haben, aufgrund dessen sie entstanden sind. Man kann wohl sagen, dass alles, was er in Zusammenhang mit seiner Person berichtet, in irgend einer Weise mit dieser auch zu tun hat, dass aber dies alles jeweils von einer bestimmten Wirkungsabsicht und Stilisierung geprägt ist, die es nicht mehr zulassen, die Lieder als historische Zeugnisse zu verwenden. So sind die erotischen Realismen in Kl 20, die Lazda-Cazers (2008) erwähnt (und ihre Interpretation der auffälligen Methapher V. 105ff. verweist auf eine durchaus mögliche Assoziation), ein für OvW kennzeichnendes Beispiel für seine Technik der realistischen Konkretisierung von Tradition, hier der Abschiedssituation in der Lyrik-Gattung ‚Tagelied'; aber ihre Überlegungen, hieraus im Sinn eines Dokumentes gleich auf Oswalds Privatleben oder sogar auf „a better understanding of at least one aspect of medieval society" (S. 598) rückzuschließen, verkennt doch, dass es sich hierbei um ‚normale' menschliche Universalien handelt und das Bemerkenswerte nur darin liegt, dass Oswald sie unverblümt erwähnt.

Andere Beispiele zu ‚Dichtung' und ‚Wahrheit', und zwar aus dem Bereich der Lieder über die Reisen, sind im entsprechenden Kapitel des vorliegenden Bandes angeführt. Einige wenige weitere Beispiele aus anderen Themenbereichen seien noch erwähnt: Im Rückblickslied Kl 18 berichtet *Ich Wolkenstein*, neben verschiedenen Reisen, von einer unauflöslichen Bindung an eine nicht genannte Frau, was seinen Ehеplänen unüberwindbar entgegenstehe; zudem fürchte er sich vor Ehestreit und Kindergeschrei. Genau zur gleichen Zeit schreibt er in sichtlich großer Anzahl glühende Liebesgedichte an seine (künftige) Ehefrau. Das ist einerseits unvereinbar, dennoch aber beides jeweils richtig: Für einen Lebensrückblick mit Schuld und Buße sind andere Darstellungsmittel notwendig als für die Werbung um eine schöne Frau. Jahre später zitiert er dann seine damaligen Angstvorstellungen in einer bildhaften Szene von Kl 44 als eingetroffen, wohl nicht primär, um sein Publikum mit privaten Eheschwänken zu unterhalten, sondern um durch starke Übertreibungen um Mitleid und politische Unterstützung zu werben – da kann er das Ganze gar nicht grell genug ausmalen; in Kl 104 IV greift er dann die offenbar wirksame Methode nochmals auf.

Eine ähnliche Motivation muss man bei den Liedern vermuten, die das Thema ‚Gefangenschaft' behandeln und die A. Schwob 1979 aufgelistet und ausführlich interpretiert hat. Es erscheint zumeist im Rahmen anderer Liedgattungen (Geistliches Lied, Liebeslied), ist aber in dem großen Lied Kl 26 alleiniges Thema. Es bietet aber wohl kaum einen realistischen Gefängnis-Bericht, sondern ist eher der Versuch, eine schmähliche politische Niederlage in eine groteske Abenteuer-Reihe umzudeuten, nach dem Motto: ‚Seht, was ich alles erleben und aushalten musste – und konnte!'

Postscriptum:

Zum Abschluss eine kleine ‚Ersatzprobe' für einen Teil der autobiographischen Lieder OsvW: Das Besondere des Wolkensteiners wird deutlich, wenn man sich vorstellt, ein heutiger Staatsekretär, der bei weltpolitischen Verhandlungen nicht gerade im Zentrum mitwirkte, aber doch bei allem dabei war, und der anschließend wegen massiver Korruptionsvorwürfe einige Wochen Untersuchungshaft durchhalten musste, ziehe dann wie ein Liedermacher durch die Lande und Talk-Shows, um im Stil eines Kabarettisten das Erlebte darzustellen, damit zu renommieren und gleichzeitig um Verständnis, wenn nicht Nachsicht für sich zu werben. Und da er immer schon ein begabter Entertainer gewesen sei, enthielte sein Programm nach wie vor teils deftige erotische Darstellungen, teils hochromantische Liebeslieder, die aufs Gemüt drückten. Voilà: Oswald!

Literatur (zusätzlich zur Gesamtbibliographie)

Aaron, Arthur/Helen Fisher/Debra J. Mashek/Greg Strong/Haifang Li/Lucy L. Brown: Reward, Motivation, and Emotion Systems Associated with Early-State Intense Romantic Love. In: Journal of Neuphysiology 94 (2005), S. 327–337.

Bec, Pierre: Burlesque et obscénité chez les troubadours. Pour une approche du contre-texte médiéval. Paris 1984.

Bein, Thomas: Orpheus als Sodomit. Beobachtungen zu einer mhd. Sangspruchstrophe mit (literar)historischen Exkursen zur Homosexualität im hohen Mittelalter. In: Zeitschrift für deutsche Philologie 109 (1990), S. 33–55.

Dinzelbacher, Peter: Über die Entdeckung der Liebe im Hochmittelalter. In: Saeculum 32 (1981), S. 185–208.

Fisher, Helen: Why We Love. The Nature and Chemistry of Romantic Love. New York 2004 u.ö.

Fisher, Helen E./Arthur Aaron/Lucy L. Brown: Romantic love: a mammalian brain system for mate Choice. In: Human Nature 9 (1998), S. 23–52.

Fisher, Helen E./Lucy L. Brown/Arthur Aaron/Greg Strong/Debra Mashek: Reward, Addiction and Emotion Regulation Systems Associated With Rejection in Love. In: Journal of Neurophysiology 104 (2010), S. 51–60.

Henzler, Dietmar: Verhaltensneurobiologische Korrelate emotionaler Prozesse: Kortikale Komplexität, Schreckreflex und Speichelkortisol bei leidenschaftlicher Verliebtheit und emotionalen Vorstellungen. Diss. Tübingen 1994.

Jankowiak, William R./Edward F. Fischer: A cross-cultural perspective of romantic love. In: Ethnology 31 (1992), S. 149–155.

Jeanroy, Alfred: Les origines de la poésie lyrique en France au moyen âge. Paris [3]1925, Reprint Paris 1965.

Karnein, Alfred: Auf der Suche nach dem Autor: Andreas, Verfasser von „De Amore“. In: Germanisch-Romanische Monatsschrift 59 (1978), S. 1–20.

Lazar, Moshé: Amour courtois et fin' amors dans la littérature du XIIe siècle. Paris 1964.

Müller, Ulrich: Die Ideologie der Hohen Minne: Eine ekklesiogene Kollektivneurose? Überlegungen und Thesen zum Minnesang. In: Müller 1986, S. 283–315 [auch in: Gesammelte Schriften, 2010]. – Gekürzte Fassung in: Minnesang – literarischer Ausdruck einer ekklesiogenen Kollektivneurose. Zur Kontroverse um die Interpretation der ‚Hohen Minne‘. In: Akten des VII. Internationalen Germanisten-Kongresses Göttingen 1985: Band 6: Frauensprache – Frauenliteratur? Für und Wider einer Psychoanalyse literarischer Werke. Tübingen 1986, 231–239.

Paris, Gaston: Études sur les romans de table ronde. Lancelot du Lac II: Le *conte de la charrette.* In: Romania 12 (1883), S. 459–534.

Rajna, Pio: Guglielmo, conte di Poitiers, trovatore bifronte. In: Mélanges de linguistique et de la littérature offerts à M. Alfred Jeanroy par ses élèves et ses amis. Paris 1928, S. 349–360.

Sayce, Olive: The Medieval German Lyric 1150 – 1300. The development of its themes and forms in their European context. Oxford 1982.

Schmidt, Klaus M.: Erlöse uns von der Erlösung oder Minnesangs unendliches Ende. In: Bennewitz, Ingrid (Hrsg.): wort und wîse, singen unde sagen. Festschrift für Ulrich Müller. Göppingen 2007 (= GAG 741), S. 357–371.

Schnell, Rüdiger: Causa Amoris. Liebeskonzeption und Liebesdarstellung in der mittelalterlichen Literatur. Bern, München 1985 (= Bibliotheca Germanica 27).

Schweikle, Günther: Minnesang. Stuttgart 1988, 2. Auflage Stuttgart, Weimar 1995 (= Sammlung Metzler 244).

Spreitzer, Brigitte: Die stumme Sünde: Homosexualität im Mittelalter (mit einem Textanhang). Göppingen 1988 (= GAG 498).

Pilgerreisen im Spätmittelalter

Elisabeth De Felip-Jaud

Pilgerreisen gab es zu allen Zeiten und in vielen Religionen (Ohler 2000, 14). Wie heute gehörten sie für viele Menschen im Mittelalter zum festen Bestandteil des religiösen Lebens. Besonders das Spätmittelalter gilt als eine diesbezüglich höchst mobile Epoche. Pilger dürften neben Scholaren, Kaufleuten, Söldnern, Bischöfen und anderen Reisenden ein vertrautes Bild auf den Straßen gewesen sein. Im Folgenden sollen indessen nur christliche Pilger und nur die Pilgerfahrten im Spätmittelalter betrachtet werden.

In der Forschung wird zwischen Wallfahrt und Pilgerreise, zwischen Wallfahrer und Pilger unterschieden. Mittelalterliche Quellen hingegen unterscheiden nicht zwischen Pilgern und Wallfahrern, dort werden beide Bezeichnungen gleichwertig gebraucht. Auch im Rahmen dieser Darstellung erweist sich die Unterscheidung des ‚Pilgers' als eines Individualreisenden vom ‚Wallfahrer' als dem Angehörigen einer Reisegruppe als wenig fruchtbar und so werden beide Begriffe synonym verwendet.

Als Mittelalter sei das Jahrtausend von 500 bis 1500 verstanden und das Spätmittelalter den Historikern folgend von der zweiten Hälfte des 13. Jahrhunderts bis 1500 datiert. Für das vorliegende Thema bedeutet das zweite Eckdatum einen Einschnitt, denn seit den 1520er Jahren versiegten Wallfahrten in jenen Gebieten, in denen sich die Lehren der Reformatoren durchgesetzt hatten. In katholisch geprägten Gebieten gehören Wallfahrten und Pilgerreisen dagegen bis heute zu den Bestandteilen des christlich-religiösen Lebens.

An einigen exemplarischen Punkten soll das Typische des spätmittelalterlichen Pilgerwesens und das Besondere an OsvW Darstellung seiner Pilgerfahrt beleuchtet werden.

1. Pilgerfahrten

Im Laufe der Kirchengeschichte wechselten Begeisterung und Desinteresse, wenn nicht Ablehnung für das Pilgern. Eine Hoch-Zeit des Pilgerns setzte im 11. Jahrhundert ein, doch nach der Blütezeit im hohen Mittelalter erlebte das 13. Jahrhundert diesbezüglich einen Tiefpunkt: Kreuzzüge als Waffen gegen Christen eingesetzt verloren an Glaubwürdigkeit, nach dem Fall von Akkon (1291) war Jerusalem unerreichbar geworden und nach Zeiten des Aufschwungs und der Blüte hatten Wallfahrtsorte an Beliebtheit verloren. Das Spätmittelalter jedoch sah wieder ein stetes Wachsen und Anschwellen des Pilgerstroms. Das periodische Pilgern in den Heiligen Jahren machte nach 1300 Schule und die Verleihung großer Ablässe an den Wallfahrtsorten ließen die ‚Pilgerkrise' überwinden. Ferner nahmen die lokalen und überregionalen Pilgerzentren und Gnadenstätten im Spätmittelalter entsprechend der damaligen Frömmigkeit stark zu. Heiligen- und Muttergottesverehrung und entsprechende fromme Mobilität gehörten zu den wichtigsten Ausdrucksmitteln der Religiosität aller Schichten und Stände im Spätmittelalter. Im Spätmittelalter waren – anders als etwa noch im 13. Jahrhundert – sehr viele Pilger unterwegs.

2. Pilgerziele

Grundsätzlich gilt es auch im Spätmittelalter verschiedene Arten von Pilgerfahrten und damit unterschiedliche Pilgerziele zu unterscheiden: Da sind zum einen die Fernpilgerfahrten zu den drei großen Wallfahrtsorten nach Jerusalem, Rom und Santiago de Compostela und zum anderen die zahlreichen überregionalen und lokalen Pilgerorte (Ohler 1994, 23 f.).

Nach dem Fall von Akkon 1291 gab es erst seit der Mitte des 14. Jahrhunderts wieder regelmäßige Pilgerfahrten nach Jerusalem, die wegen ihrer hohen Kosten als besonders exklusiv galten und vor allem bürgerliche Kreise und den Adel anzogen. Pilgerfahrten ins Heilige Land hatten in der zweiten Hälfte des 14. Jahrhunderts und in der Mitte des 15. Jahrhunderts (und auch später noch) stets den gleichen Ablauf, ungefähr dieselbe Route, meist das gleiche Programm, was aus den vielen Berichten damaliger Jerusalem-Pilger ersichtlich wird.

Neben Jerusalem entwickelte sich Rom schon früh zum zweiten großen Wallfahrtsziel der Christenheit. Durch die Einführung der Heiligen Jahre im Jahre 1300 durch Papst Bonifatius VIII. und den damit verbundenen Plenarablass erlebte der Pilgerverkehr nach Rom im Spätmittelalter einen nie gekannten Höhepunkt. Unter dem Einfluss der Reformation und mit der Verbreitung des humanistischen Gedankenguts von Italien aus über die Alpen wurde dann im 16. Jahrhundert Rom als monumentales Freilichtmuseum der klassischen Antike wiederentdeckt, weswegen auch die Pilgerreisen dahin vermehrt den Charakter von Bildungs- und Studienreisen annahmen.

Obgleich aus dem Spätmittelalter weniger Berichte über Pilgerreisen nach Santiago de Compostela als zu den anderen beiden großen Wallfahrtsorten überliefert sind, hat der galicische Wallfahrtsort dennoch seine Anziehungskraft nicht verloren.

Neben diesen sogenannten *peregrinationes maiores* haben zahlreiche überregionale Pilgerorte wie etwa Bari, Padua, Le Puy, Mont Saint Michel oder Canterbury ihre Attraktivität bis ins 16. Jahrhundert bewahren können. Kaum zu überblicken sind die zahlreichen Wallfahrtsorte mit regionaler Bedeutung wie etwa im deutschen Sprachraum Aachen, Einsiedeln, Köln, Thann im Elsaß, Trier, Siegburg, Marburg, Mariazell, um nur einige wenige zu nennen. Pilgerorte und -wege bildeten ein dichtes Netz. Für die Pilger hatte das den Vorteil, dass sie sich anderen Pilgern anschließen, den Gefahren ausweichen, für den Hin- und Rückweg unterschiedliche Wege wählen und verschiedene Heilige ehren konnten.

3. Pilgermotive

Die Motive für eine Pilger- oder Wallfahrt waren im Spätmittelalter oft sehr unterschiedlich. Vieles muss Vermutung bleiben, denn die Pilgerreisebeschreibungen geben hier nur wenig Anhaltspunkte und betonen durchwegs vor allem die fromme Intention der Fahrt.

Man unternahm die Pilgerfahrt für das Heil der Seele, um Vergebung der Sünden zu erlangen, oder als Akt der Reue. Neben der Suche nach leiblichem und geistlichem Heil, dem Wunderglauben und ähnlichen Motiven waren die zahlreichen Ablässe, die man durch den Besuch der heiligen Stätten erwerben konnte, bis zur frühen Neuzeit oft Anlass, sich auf den Weg zu machen.

Eine Pilgerreise konnte auf einem Gelübde gründen oder als Dank- oder Bußfahrt unternommen werden, man hoffte auf Linderung oder gar Heilung von Krankheiten, oder man erbat Nachkommenschaft, was etwa Herzog Albrecht II. von Österreich im Jahre 1237 auf seiner Wallfahrt nach Aachen tat (Kühnel 1996, 99).

Man unternahm die Reise auch stellvertretend für andere. Demgemäß hat auch Herzog Albrecht eine ihm auferlegte Sühnewallfahrt nicht persönlich verrichtet, nach Einsiedeln etwa trat Graf Wilhelm von Montfort für ihn die Wallfahrt an (Kühnel 1996, 102). In diesen Zusammenhang gehören die stellvertretenden Pilgerreisen, die testamentarisch verordnet worden waren, und zwar als Sühne für die Sünden des Testators. Meist wurde dafür dann eine Geldsumme festgesetzt und damit eine dritte Person engagiert, die die Pilgerfahrt ausführte. Teilweise wurden diese Stellvertreterpilgerfahrten von ‚Berufspilgern' ausgeführt, teilweise durch entsprechende Mittel abgelöst. Diese *peregrinationes ex voto* jedenfalls sind ein typisches Kennzeichen spätmittelalterlicher Frömmigkeit. Viele Menschen wurden für ihr pilgerndes Unterwegssein bezahlt. Ebenso wurde es im Spätmittelalter vermehrt Usus, auch Kriminelle zur Sühne zu Pilgerreisen zu verpflichten. Diese Wallfahrten *ex poenitentia* werden im Spätmittelalter in beträchtlichem Umfang praktiziert.

Eine Pilgerreise gründete sich oft nicht allein auf religiösen Motiven. Immer wieder war sogar der religiöse Anspruch lediglich der Deckmantel für Reiselust und Weltinteresse. Dies zeigt sich beispielsweise im Bericht des Nürnberger Patriziers Hans Tucher, der 1479/80 eine Reise nach Jerusalem absolvierte. Tucher schreibt von seiner Lust am Reisen und beschreibt die Infrastruktur, die kulturellen Errungenschaften oder Handelswaren in den von ihm besuchten fremden Ländern im Verlauf seiner Reise ins Heilige Land.

Mancher unternahm eine Wallfahrt, um sich drückender Pflichten zu entziehen, politischen oder wirtschaftlichen Konflikten zu entkommen, drohenden Seuchen auszuweichen, andere drängte es lediglich, wieder einmal unter Menschen zu kommen.

Es sind ebenso Nachrichten überliefert, die erkennen lassen, dass aus amourösen Motiven Pilgerreisen unternommen worden sind, um beispielsweise einer geliebten Frau zu imponieren, oder aus Ruhmsucht, um beispielsweise als Geistlicher eine Messe in der Grabeskirche zelebriert zu haben. Den Ritterschlag am Heiligen Grab zu erhalten – eine Zeremonie, die der Ulmer Dominikaner-Pater Felix Fabri in seinem *Evagatorium* genau wiedergibt – wurde zunehmend vordergründiges Motiv für eine Pilgerfahrt.

In manchen Familien war es auch geradezu eine Familientradition ins ‚Heilige Land' zu reisen. Oder wer die nötigen Finanzen hatte, wollte – aus welchen Gründen auch immer – alle drei *peregrinationes maiores* besuchen, wie dies der niederrheinische Adelige Arnold von Harff und vermutlich auch Hans Tucher getan hatten.

Dass Pilgerreisen Nebenzwecke einschließen oder überhaupt die ganze Pilgerfahrt an sich zum Nebenzweck wird, lässt sich an einigen spätmittelalterlichen Reiseberichten belegen. Pilgermotive konnten wohl schon im 15. Jahrhundert etwas Breitgefächertes sein und durchaus das einschließen, was man heute Tourismus nennt.

4. Kritik am Pilgertum

Der zunehmend weltliche Einschlag der Pilgerreisen ließ bereits sehr früh Kritik laut werden. Bemerkenswert ist sie in zahlreichen Sprichwörtern aus dieser Zeit formuliert: „Wer oft wallfahren tut, wird selten gut", „Als Pilgerin fortgehen, als Hure wiederkommen" oder – wie man bei Arnold von Harff 1469 liest – „Je näher bei Rom, je schlechter der Christ." Gerade etwa Arnold von Harff zeigt sich skeptisch gegenüber dem Reliquien- und Ablasswesen, nachdem er auf seiner weiten Fahrt zweimal den Leib des Apostels Matthäus und gar dreimal die Hand des Heiligen Thomas zu sehen bekam.

Doch schon viel früher erhoben sich kritische Stimmen gegen die Pilgerfahrten (Ohler 1994, 169 f.) – schon gegen Ende des 4. Jahrhunderts schrieb der Heilige Hieronymus von wenig erbaulichen Erfahrungen von Pilgern. Im ausgehenden Mittelalter wird die Kritik schärfer (Ohler 1994, 171): Wallfahrenden Männern wird die Vernachlässigung ihrer ehelichen und beruflichen Pflichten vorgeworfen, Frauen würden in Abwesenheit ihres Mannes verführt, wallfahrende Frauen würden Vergewaltigungen riskieren, eine Wallfahrt verschlinge zu viel Geld, das für andere Zwecke besser auszugeben sei, Pilger gerieten oft in Streit und in Gefangenschaft, auch die Heiligenverehrung und der Reliquienkult wurden nicht nur von den Reformatoren in Zweifel gezogen. Erasmus von Rotterdam spottete über die Pilgerreisen, ihre Motive und den Devotionalienhandel. Insgesamt stünden die Gefahren für Leib und Seele in keinem Verhältnis zum möglichen Gewinn. Die Kritik bewog schließlich kirchliche und weltliche Obrigkeiten ab dem Hochmittelalter dazu, nach und nach Fernwallfahrten, Wallfahrten von Frauen und schließlich Wallfahrten überhaupt zu verbieten. Völlig unterdrückt werden konnten Pilgerreisen dennoch nie.

5. Pilgerberichte

Über die Pilgerzentren und die Reisen dorthin geben neben Itinerarien, Pilgerführern und Merkzetteln besonders Pilgerberichte Auskunft. Die Pilgerberichte des Spätmittelalters werden im Vergleich zu den frühmittelalterlichen Aufzeichnungen präziser, wenn ihnen auch – gattungstypisch – eine formale und thematische Stereotypie gemeinsam ist (Hippler 1987, 211). Ein Sonderfall ist die von Geoffrey Chaucer in der 2. Hälfte des 14. Jahrhunderts verfasste mittelenglische Sammlung von Erzählungen im Rahmen einer fiktiven Pilgerreise zum Grab von Thomas Beckett in Canterbury (*Canterbury Tales*).

Ließ die Gattung des Pilgerberichts im hohen Mittelalter wenig Spielraum für die Mitteilung subjektiver und individueller Erlebnisse, so nimmt die Darstellung ethnologischer, klimatischer, ökonomischer, sozialer, botanischer und zoologischer Phänomene in den Berichten des Spätmittelalters zu. Besonders das Interesse für geographisch-naturwissenschaftliche Gegebenheiten ist im Spätmittelalter stark ausgeprägt. Menschenbeobachtungen aus begründetem ethnologischen Interesse, den Pilgern des 13. und 14. Jahrhunderts noch meist fremd, werden seit der Mitte des 15. Jahrhunderts immer stärker dokumentiert. Nun in einer Zeit, als die Mobilität zunahm, entstand das Bedürfnis, übliche Routen, die Fahrt an sich noch genauer aufzuzeichnen. Je mehr Stätten zudem erwähnt werden konnten, desto bedeutender wurde der Bericht.

Der niederrheinische Adelige Arnold von Harff verfasste über seine dreijährige ‚Pilgerfahrt' in den Vorderen Orient, nach Italien, Frankreich und Spanien umfassende Aufzeichnungen, die 1469 abgeschlossen wurden. Der umfangreiche Pilgerbericht, der auch als Reiseführer dienen sollte, besticht durch außergewöhnlich großen Informationsgehalt. Akribisch gibt Harff Bestandsaufnahmen über Menschen, Sprachen und Alphabete, Trachten und Brauchtum, Glauben, Städtebau und Festungswerke, über Fauna und Flora, Sitten und Zustände der von ihm besuchten Länder. Geschickt verknüpft Harff Wissen aus traditionellem Schrifttum und eigene Erkenntnisse und Erfahrungen.

Im Jahre 1470 tritt der Tiroler Gaudenz von Matsch in Venedig seine Pilgerfahrt ins Heilige Land an. Sein Pilgerbericht wurde von seinem Begleiter, Friderich Staigerwallder, niedergeschrieben und besticht durch viele geographische, nautische und klimatische Beobachtungen und Erzählungen über bestimmte Orte und Landschaften und detaillierte Beschreibungen von Gebräuchen im Heiligen Land.

Die Nürnberger Hans Tucher und Sebald Rieter besuchen 1479 gemeinsam das Heilige Land und schreiben detaillierte Berichte über Leben, Sitten, Sprache, Aussehen und Kleidung der Araber.

Der wohl 1495/96 erstmals gedruckte deutsche Pilgerführer nach Santiago de Compostela von Hermann Künig von Vach „die walfart und strass zu sant jacob …" ist vor allem in seinen geographischen Angaben ein erstaunlich detailliertes Pilgerbüchlein und besonders für den Historiker und Volkskundler von herausragendem Wert.

Zunehmend macht sich ein weltlich-pädagogischer, ja weltlich-unterhaltender Zweck der Niederschrift geltend (Sommerfeld 1924, 827). So vermerkt etwa Felix Fabri, dass er mit der Abfassung seines *Evagatorium* neben religiös-erbaulichen und pädagogisch-didaktischen Zwecken die Absicht verfolge, seinen Ordensbrüdern eine unterhaltsame Lektüre für die Mußestunden zu geben (*Evag.* I, 1). Der Frankfurter Verleger Sigmund Feyerabend spekuliert ganz bewusst mit der Lesebegierde eines weltlich gesinnten Publikums. Mit dem von ihm herausgegebenen *Reyssbuch des heiligen Landes* (1584) suche er das Wohlgefallen derer, die gerne über fremde Länder hören und lesen. Die Schilderungen sollten Ansporn zum Reisen und zugleich fesselnde Unterhaltung sein.

Im Spätmittelalter scheinen die Verfasser von Pilgerberichten trotz eingeflochtener persönlicher Schilderungen bestimmten Darstellungsweisen und einer thematischen Konvention verpflichtet gewesen zu sein. Die Schrift des erwähnten Adeligen Arnold von Harff indes zeigt auf anschauliche Weise, wie sich die Pilgerberichte ab dem 16. Jahrhundert zu Reiseberichten im klassischen Sinne zu wandeln beginnen. Diese deutlich individuell geprägten Berichte lassen, bei aller Naivität und oft auch Kritiklosigkeit, bereits erkennen, dass hier eine der Wurzeln der gelehrten Bildungsreise liegt.

6. Oswalds von Wolkenstein Pilgerreise in den Vorderen Orient

OvW hat keinen Pilgerbericht geschrieben, auch kein Pilger- oder Reiselied verfasst, das den ganzen Verlauf einer *peregrinatio* schildert, sondern er streut da und dort Bemerkungen, ein Wort, einen Namen aus seiner Reise in die Verse seiner Lieder ein (Schwob 2001, 492). Bei aller Unsicherheit der Deutung und im Wissen, dass individuelles Erlebnis und Stilisierung bei Oswald nahezu unzertrennlich verbunden sind, lässt die biographische Realität hinter diesen Erinnerungen eine Pilgerreise Oswalds ins Heilige Land annehmen (s. dazu ausführlich Mayr 1959 und 1961)

Wir wissen zwar viel über das Leben Oswalds und viele seiner Lieder enthalten autobiographische Aussagen, doch die außerliterarischen Lebenszeugnisse sind speziell für die Jugendjahre lückenhaft. So ist es trotz ungewöhnlicher Informationsfülle und intensiver biographischer Forschung bis auf weiteres ungewiss, wann Oswald eine Pilgerfahrt ins Heilige Land, die mehrere Lieder andeuten und die ein späterer Brief voraussetzt, unternommen hat (Wachinger 2007, 402); ein möglicher Termin könnte die Zeit um 1410 gewesen sein.

Dass OvW eine Pilgerfahrt unternommen hat, lässt ein Brief Oswalds an Ludwig III., Kurfürst von der Pfalz, aus dem Jahr 1426 (LZ 163) vermuten. Hierin erteilt er dem Fürsten Ratschläge für dessen Palästinareise. Oswald empfiehlt dem Kurfürsten, die üblichen Mittelmeerschiffe zu meiden und ein eigenes, schnelleres Schiff zu nehmen; auch solle er sich nicht überreden lassen, zum Jordan oder nach Jericho zu reiten, weil es viele Straßenräuber gäbe, während aber der Weg nach Bethlehem relativ sicher sei.

Oswald schreibt in diesem Brief allerdings nie expressis verbis, dass er aus eigener Erfahrung spreche. In seinen Liedern hingegen versichert er wiederholt, das Heilige Land persönlich besucht und heilige Stätten mit eigenen Augen gesehen zu haben.

Mein tummes leben wolt ich verkeren, das ist war / und ward ain halber beghart wol zwai ganze jar (Kl 18,49–51): Welche realen Vorgänge hinter dem hier erzählten Versuch einer ‚Bekehrung' stehen, ist unklar (s. Spicker 2007, 133–138; Wachinger 2007, 349). Trotz mancher berechtigter interpretatorischer Bedenken dürften sich diese Verse, in denen der Wolkensteiner sich mit Begarden (geistlichen Laienbrüdern) vergleicht, aber auf Oswalds Pilgerfahrt beziehen. Er berichtet im Lied *Es fügt sich* auch von der *kutten* (Kl 18, 56 und 62) und beschreibt seinen Pilgerhut mit lappenartiger Verlängerung, *die kappen mit dem lappen* (Kl. 18, 58), an anderer Stelle nennt er die *zwai stäbichin* (Kl 90,9), das aufgestickte Kreuz und auch seinen Pilgerbart (*ich trug ain part gar wolgevar* Kl 122,15).

Über die Fahrt selbst erfahren wir aus Oswalds Liedern nur Andeutungen. Zusammen mit den zahlreichen bereits genannten detaillierten Pilgerberichten anderer Jerusalemfahrer ist folgende Deutung möglich: Im geschilderten Pilgerhabitus, sein Seelenheil durch eine Stiftung gesichert, reiste der ritterliche Pilger über Venedig (Kl 12,56) zu den Heiligen Stätten. Aus dem Länderkatalog in Kl 44 erfahren wir, dass er in *Suria* (Kl 44,3) war, das damals auch das Heilige Land umfasste, und in Kl 51,5 sagt Oswald, dass er *gen Josophat* getrieben wurde. Der Name dürfte hier wohl pars pro toto für das Heilige Land stehen. Von Jerusalem aus besuchte er Bethlehem, das einen besonderen Eindruck bei Oswald hinterlassen hat: *Zu Betlaheme ob der grufft / die spalt hab ich gesehen* (Kl 35,11–12) oder *In ainer stat, ist mir wechannt / und haisset Betlehem genant* (Kl 126,5–6). Wie aus dem schon erwähnten Brief an Kurfürst Ludwig geschlossen werden darf, unternahm er nicht die gefährliche Fahrt zum Jordan und nach Jericho, sondern reiste nach Damaskus und Tripolis im nördlichen Libanon (Kl 12,56) – wohlgemerkt: wenn man seinen Gedichten Glauben schenken darf.

Auf dem Seeweg kehrte er wieder nach Venedig zurück. Von aller Sorge und Ungewissheit befreit entledigte sich Oswald seiner Kutte und auch seiner Andacht …) *mit kurzer schnür die andacht für zum gibel aus / do ich die kutt von mir do schutt in nebel rauss* (Kl 18,61–62). In dem Lied *Var, heng und lass* (Kl 17), das wohl auf der Rückfahrt des Schiffes verfasst wurde, hat Oswald die Erlebnisse und Eindrücke seiner Fahrt ins Heilige Land zusammengefasst: Er beginnt mit dem Abschied des Kreuzfahrers von der Geliebten, nennt, sicherlich angeregt vom Pilgerlied des Tannhäuser (1. Drittel 13. Jhd., Lied XIII), acht Winde, die mit ihrer Gunst oder Ungunst für die Fahrt nach *Suria* verantwortlich sind, und schildert eindrucksvoll, mit Zitaten aus der venezianischen Seemannssprache, das Leben an Bord eines Pilgerschiffes (s. ausführlich Mayr 1959, 52–55; ferner A. Schwob 2001, 492; Spicker 2007, 42).

So mannigfach, wie an anderer Stelle dargestellt, waren möglicherweise auch die Motive OsvW für seine Pilgerreise: wiedererwachte Reise- und Abenteuerlust, aber auch die Genugtuung, den Boden des Heiligen Landes einmal berührt zu haben und beim Heiligen Grab zum Ritter geschlagen worden zu sein. Ein Zusammenhang von Pilgerfahrt und Forderung der Geliebten ist nur in den poetischen Äußerungen im Lied *Ach senleiches leiden* (Kl 51) bezeugt, der Realitätsgehalt aber ist fraglich.

Diese Überlegungen zu Oswalds Pilgerreise abschließend, muss nochmals betont werden, dass die Dichotomie ‚topisches oder biographisches Ich' es nicht zulässt, überall, wo Oswald „ich" sagt, Autobiographisches zu vermuten (Wachinger 2007, 415). Vieles ist „offensichtlich vielfach überformt" (Wachinger 2007, 401), kann aber nicht nur als Fiktum abgetan werden. Dennoch sind in seinen Liedern sehr wohl Reflexe seines realen Lebens und verstreut in seinem Œuvre Erinnerungen und reale Details seiner Pilgerreise zu finden.

7. Resümee

Im Spätmittelalter waren sehr viele Menschen pilgernd unterwegs. Pilgerorte und -wege bildeten dabei ein dichtes Netz. Neben kostspieligen, exklusiven Fernreisen fanden Wallfahrten zu lokalen Gnadenstätten vermehrt großen Zuspruch. Die Motive fürs Pilgern waren so bunt wie die Pilgerscharen selbst. Nicht zu den Pilgerreisen im eigentlichen kann man die ‚Preußenfahrten' des späten Mittelalters rechnen, kriegerische Züge des europäischen Adels in die Länder der Deutschen Ritterorden: Sie waren, wie etwa die ‚Ehrenreden' des Peter Suchenwirt (14. Jahrhundert) zeigen, sehr beliebt, und auch OvW hat 1399 und/oder 1402 an einer solchen Unternehmung teilgenommen (LZ 5 und 18). Über die Pilgerzentren und die Reisen dorthin geben Pilgerberichte Auskunft. Diese sind im Spätmittelalter gekennzeichnet durch eine gattungs- und textsortentypische formale und inhaltliche Gleichförmigkeit, lassen aber bereits eine Weiterentwicklung zu Reiseberichten im beinahe schon klassisch modernen Sinne erkennen. OvW verarbeitet seine Pilgererlebnisse in seinen Liedern und bestätigt nicht nur hierin die Spruchweisheit: Reisen bildet.

Literatur (zusätzlich zur Gesamtbibliographie)

Erwähnte Texte (einen allgemeinen Überblick geben Röhricht 1900 und Halm 1994):

Arnold von Harff: Rom – Jerusalem – Santiago. Das Pilgertagebuch des Ritters Arnold von Harff (1496–1498). Mit den Abbildungen der Handschrift 268 der Benediktinerabtei Maria Laach. Nach dem Text der Ausgabe von Eberhard von Groote übersetzt, kommentiert und eingeleitet von Helmut Brall-Tuchel und Folker Reichert. Köln/Wien 2007.

Felix Fabri: Sollbach, Gerhard E. (Hrsg.): In Gottes Namen fahren wir. Die Pilgerfahrt des Felix Faber ins Heilige Land und zum St. Katharina-Grab auf dem Sinai A.D. 1483. Kettwig 1990 [Auswahl].

Gaudenz von Matsch: Tagebuch der Heilig Land-Reise des Grafen Gaudenz von Kirchberg, Vogt von Matsch im Jahre 1470. Bearbeitung und Kommentierung des von seinem Diener Fridrich Steigerwallder verfaßten Reiseberichts. Bearbeitet von Werner Kreuer. Paderborn 1990 (= Essener Geographische Arbeiten 20)

Hans Tucher: Herz, Randall (Hrsg.): Die „Reise ins gelobte Land" Hans Tuchers des Älteren (1479–1480). Untersuchungen zur Überlieferung und kritische Edition eines spätmittelalterlichen Reiseberichts. Wiesbaden 2002.

Hermann Künig: *Die walfart und strass zu Sant Jakob.* Der älteste deutsche Pilgerführer. Hrsg. von Klaus Herbers und Peter Plötz. Ostfildern 2004.

Fouquet, Gerard (Hrsg.): Die Reise eines niederadeligen Anonymus ins Heilige Land im Jahre 1494. Frankfurt/Wien 2007

Hack, Achim Thomas (Hrsg.): Ein anonymer Romzugbericht von 1452 (Pseudo-Enenkel) mit den zugehörigen Personenlisten (Teilnehmerlisten, Ritterschlagslisten, Römische Einzugsordnung). Stuttgart 2007.

Abhandlungen zu mittelalterlichen Pilgerreisen:

Ertzdorff, Xenia von/Neukirch, Dieter (Hrsg.): Reisen und Reiseliteratur im Mittelalter und in der Frühen Neuzeit. Amsterdam/Atlanta GA 1992 (= Chloe, Beihefte zu Daphnis 13).

Ganz-Blättler, Ursula: Andacht und Abenteuer. Berichte europäischer Jerusalem- und Santiago-Pilger (1320–1520). 3. Aufl., Tübingen 2000.

Halm, Christian: Deutsche Reiseberichte. In: Europäische Reiseberichte des späten Mittelalters. Eine analytische Bibliographie. Hrsg. von Werner Paravicini, Frankfurt a.M. u.a. 1994, Teil 1 (= Kieler Werkstücke, Reihe D: Beiträge zur europäischen Geschichte des späten Mittelalters 5).

Hebers, Klaus: Jakobsweg. Geschichte und Kultur einer Pilgerfahrt. München 2006

Herbers, Klaus: Der Weg der Jakobspilger. Eine Bildreise. Hamburg 2008.

Hippler, Christiane: Die Reise nach Jerusalem. Untersuchungen zu den Quellen, zum Inhalt und zur literarischen Struktur der Pilgerberichte des Spätmittelalters. Frankfurt a.M. u.a. 1987

Huschenbett, Dietrich: Die Literatur der deutschen Pilgerreisen nach Jerusalem im späten Mittelalter. In: DVjs 59 (1985), S. 29–46.

Kühnel, Harry: Alltag im Spätmittelalter. Graz u.a.1996.

Moraw, Peter: Unterwegssein im Spätmittelalter. Berlin 1985 (= Zeitschrift für Historische Forschung, Beiheft 1).

Ohler, Norbert: Pilgerleben im Mittelalter. Zwischen Andacht und Abenteuer. Freiburg u.a. 1994.

Ohler, Norbert: Reisen im Mittelalter. 4. Aufl. München 1995.

Ohler, Norbert: Pilgerstab und Jakobsmuschel. Wallfahren in Mittelalter und Neuzeit. Düsseldorf/Zürich 2000.

Röhricht, Reinhold: Deutsche Pilgerreisen nach dem Heiligen Lande. Überarbeitete und erweiterte Ausgabe Innsbruck 1900, Nachdruck Aalen 1967.

Sommerfeldt, Martin: Die Reisebeschreibungen der deutschen Jerusalempilger im ausgehenden Mittelalter. In: DVjs 2 (1924), S. 816–851.

Wolf, Gerhard: Die deutschsprachigen Reiseberichte des Spätmittelalters. In: Der Reisebericht. Die Entwicklung einer Gattung in der deutschen Literatur. Hrsg. von Peter J. Brenner. Frankfurt a.M. 1989, 81–116.

Oswald von Wolkenstein: Seine Reisen und Reiselieder

Ulrich Müller

1. Zu den Reisen Oswalds von Wolkenstein und zur Geschichte von ‚Reiselyrik'

OvW war, wie der biographische Überblick im vorliegenden Band zeigt, ein Mann, der viele und teilweise weite Reisen unternommen hat, auch wenn die genauen Einzelheiten nicht bis ins Detail bekannt sind; er nennt eine große Anzahl von Ländern und Orten und suggeriert, dass er diese auch kennt, doch lässt sich nicht eindeutig nachweisen, dass die vielen „geographischen Register" in seinen Liedern zuverlässig so zu verstehen sind. Mit seinen zahlreichen Reisen ist Oswald zwar ein markanter Fall, aber für den Adel seiner Zeit nicht exzeptionell. Wie etwa die sog. ‚Ehrenreden' des österreichischen Autors Peter Suchenwirt (14. Jhd.) für Biographien einzelner Adliger seiner Zeit zeigen, war die Mobilität des Adels ganz beträchtlich, und dies gilt auch für einen Teil der Intellektuellen und ‚Kleriker' (im Sinne von englisch *clerk*) in der Verwaltung und an den Universitäten sowie für die wandernden Scholaren und Studenten (dieses Wort ist übrigens im Deutschen erstmals bei OvW belegt: Kl 19, 184). Die Gründe für die Reisen sind im Militärischen und Politischen zu suchen (der römisch-deutsche König bzw. Kaiser hatte bekanntlich keine zentrale Residenz), aber auch ‚Ausbildungsreisen' gab es (allmählich) für junge Adlige (als Beispiel sei der schwäbische Adlige Georg von Ehingen 1428–1508: *Reisen nach der Ritterschaft* genannt) sowie natürlich die zahlreichen Pilgerreisen – siehe dazu den Beitrag von De Felip-Jaud im vorliegenden Band, wo sich auch bibliographische Hinweise zum Thema ‚Reisen im Mittelalter' und zur damaligen zunehmend beliebten Reiseliteratur finden.

Oswalds Lieder zum Themen ‚Reisen' sagen bzw. suggerieren, dass es sich dabei um eigene Reisen, also um autobiographische Texte oder „autobiographische Splitter" handelt (Müller 1989). Solche Literatur über eigene Reisen, also mit autobiographischem Gehalt, gab es in Europa seit der griechischen Antike, zumeist in Form von Prosa. Ein frühes Reisegedicht ist das *Iter Brundisinum*, ein Hexameter-Gedicht, in dem der römische Dichter Horaz eine Reise im Frühjahr 37 v. Chr. von Rom auf der Via Appia nach Brundisium (Brindisi) beschreibt, die er in Begleitung seines Gönners Maecenas und u.a. mit Vergil unternommen hat (dazu ausführlich Radke 1989); es war im Mittelalter ebenso bekannt wie Ovids Gedicht *Tristia* I 10, in dem dieser in Form der elegischen Distichen seine Reise von Rom in die Verbannung nach Tomi am Schwarzen Meer (8. n. Chr.; heute: Constanta, Rumänien) darstellt, oder die *Mosella* (Reise des Romano-Galliers Ausonius entlang der Mosel von Bingen nach Trier, 368 n. Chr.), während ein Manuskript von *De reditu suo* (Gedicht über die Seereise des Romano-Galliers Rutilius Claudius Namatianus von Rom nach Gallien, 416 n. Chr.) erst Ende des 15. Jahrhunderts im Kloster Bobbio wieder gefunden wurde. In der mittelhochdeutschen Lyrik finden sich solche Hinweise auf Reisen u.a. bei Walther von der Vogelweide (*Preislied* L 56,14, vgl. auch den *Tegernsee-Spruch* L 104,23), auf einen Kreuzzug bei Neidhart (u.a. SNE I, 99 ff.: R 12; SNE I, 141 ff.: R 19; siehe Müller 1983) sowie – ziemlich sicher autobiographisch – vor allem beim Tannhäuser (Lied XIII mit der venezianisch/italienischen ‚Windrose', wahrscheinlich OvW bekannt: Kl 17) und in Freidanks möglicherweise auf Selbsterlebtes zurückgehenden *Akkon-Sprüchen*, die in ihrer Konstruktion teilweise einige Reiselieder OsvW vorwegnehmen (siehe unten). Etwas früher sind zwei Reiselieder des isländischen Skalden Sigvat Thordarson (Anfang 11. Jhd.) entstanden, über Reisen nach Schweden (*Austrfaravísur*) und England (*Vestfararvísur*), die schon Wolfgang Mohr (1960/1983) mit OvW verglichen hat, der diese aber natürlich nicht kennen konnte. Später, 1450, schrieb der fränkische Liederdichter Michel Beheim ein eindrucksvolles Lied über eine Nordlandreise (Lied 327 *von meiner mervart*: Krönung von Christian I. 1450 in Drontheim; s. auch Lied 329, 49–57: Hatheyer 2006/2007).

2. Das Thema Reisen in den Liedern Oswalds von Wolkenstein

Die erste ausführliche Darstellung dazu verfasste Norbert Mayr 1961, der auch den Begriff „Reiselieder" in die Wolkenstein-Philologie einführte; als allerdings ganz allgemeiner Gedichttitel findet er sich schon bei Eichendorff (*Aus dem Leben eines Taugenichts* 1826) und bei Hofmannsthal (1898). Mayr geht zuerst auf die sog. „Reisenotate" ein, eine Zusammenstellung aus den Liedtexten, deren Verfasser unbekannt ist. Diese lagen dem ersten Wolkenstein-Herausgeber und -Biographen Beda Weber (1850) noch vor, sind heute jedoch nicht mehr auffindbar. Mayr stellt fest, dass sie inhaltlich über die Liedtexte hinaus keine zusätzlichen Informationen bieten würden. Dann interpretiert Mayr die Lieder OsvW, die von Reisen handeln, und zwar ausgehend von den Reisen selbst. Er unterscheidet dabei

„Reiselieder“ im engeren Sinne (133), ferner Lieder, in denen „die Fremde … bloß Erinnerung, Gegenstand der Reflexion“ sei (133), sowie eine dritte Gruppe, in denen ‚Reise‘ nur noch „irgendeine Spur“ (133) hinterlassen habe. Dabei geht Mayr ausführlich auf die Reisen sowie die dazugehörigen einzelnen Texte ein.

Ziemlich dasselbe Textrepertoire liegt dann der Untersuchung von Ulrich Müller (1968) zugrunde, allerdings mit einem völlig anderen Erkenntnisinteresse (siehe auch Spicker 2007, 41–43): Ihm geht es, anders als Mayr und dessen Vorläufern, nicht primär um die Realität der verschiedenen Reisen, sondern um die Art und Weise, wie das Thema in den einzelnen Liedern bzw. Liedgruppen dargestellt wird, wie es stilisiert wird und wie ‚historische Wahrheit‘ poetisch, unter anderem unter dem Einfluss der Tradition, in ‚Dichtung‘ umgeformt wurde. Wie erwähnt (s. den Beitrag zu den Liedern OsvW mit erotischer Thematik im vorliegenden Band) wurde damit die bis heute andauernde Diskussion um ‚Dichtung‘ und ‚Wahrheit‘ in den Liedern OsvW begonnen, also um die Funktion des Autobiographischen; Grundthese ist, dass die literarische Stilisierung hier (wie übrigens in vielen autobiographischen Texten) so stark sein kann, dass sich die sicherlich zugrunde liegende biographische Realität daraus nicht mehr rekonstruieren lasse.

Das untersuchte Textrepertoire ist, wie erwähnt, weitgehend dasselbe wie bei Mayr (1961). Es wird allerdings anders gegliedert, nämlich in folgende vier Typen (Müller 1968, 8 f.): (1) „Lieder, in denen Reise-Erlebnisse ‚nebenbei‘ erzählt werden: Kl 12, 17, 21, 35, 86, 126“; (2) „Lieder, in denen ein begrenzter Ausschnitt aus einer Reise erzählt wird: Kl 30, 55, 86, 98, 99, 103, 105, 122, 123“ oder die (3) „eine ganze Reise in ihrem Verlauf berichten: Kl 19, 41“ sowie schließlich (4) „Lieder, in denen Oswald im Rückblick und der Erinnerung von seinen Reisen erzählt: Kl 18, 23, (26), 44, 104.“ Wie bei Mayr (1961) gelten hier die Typen 2 und 3 als „eigentliche ‚Reiselieder‘“ (1968, 9).

3. Poetische Eigenheiten der ‚Lieder von den Reisen‘

Typ 1 der ‚Lieder von den Reisen‘ ist dadurch gekennzeichnet, dass die Reisethematik sekundär ist und in andere lyrische Gattungen eingebaut ist, etwa in ein Tagelied (Kl 17 und 20), in ein Frühlingstanzlied (Kl 21) oder in ein Weihnachtslied (Kl 35 und 126); ähnlich verhält es sich mit den Rückblicksliedern (Typ 4: Kl 18, 23, 44, 104). Ein formales Kennzeichen vieler Reiselieder der Typen 1 und 4 ist das sog. „geographische Register“, also die Aufzählung von Länder- und Ortsnamen, von denen der Verfasser behauptet oder zumindest suggeriert, dass er sie durch seine eigenen

Reisen kenne (die Namen sind aufgelistet und erklärt bei Wittstruck 1987). Aufzählungen von Namen sind kein von OvW erfundenes Stilmittel in der mhd. Literatur (zur älteren epischen Tradition Müller 1968, S. 89 ff., mit Literaturhinweisen), es findet sich markant bereits in der Epik bei Wolfram von Eschenbach (*Parzival* 791,1 ff.: Steine; 782,1 ff.: Planeten; siehe Lofmark 1965), in der Lyrik erstmals bei Neidhart, wo die Nennung von Ortsnamen und vor allem die Namenslisten der feindlichen *dörper* in einem persönlichen Bezug zum Sänger stehen, also Biographisches suggerieren. In der Lyrik wird die Nennung von geographischen Namen ansonsten für panegyrische Zwecke und gelegentlich als eine Art Beweis für eine Aussage verwendet (Letzteres zuerst bei Walther von der Vogelweide L 56,38 ff.); zur zunehmenden Verwendung im Herrscher- und auch im Frauenlob siehe Müller 1968, 89 ff. sowie in der Sangspruchlyrik vor allem Spicker (Boppe 2000, mit zahlreichen Beispielen).

Viele ‚Lieder von den Reisen', speziell die Rückblickslieder, aber auch Kl 19, tendieren dazu, das Biographisch-Individuelle ins Allgemeine zu heben, so wie es sich im Mittelhochdeutschen markant in Tannhäusers *Kreuzlied* (Lied XIII) findet und wofür Wolfgang Mohr den Begriff des „allegorischen Naturalismus" geprägt hat (Müller 1968, 53; 86–88; 230). Mohr (1960/1983) benennt, ausgehend von Tannhäusers Kreuzzugs-Darstellung, die auch für OvW geltende Interpretationsproblematik im Verhältnis von poetischer Tradition und Wahrheitsgehalt deutlich: „Wenn man etwas als literarischen Topos erkennt, so bedeutet das nicht, dass alles, was da erzählt oder berichtet wird, unwahr sei. Es betrifft nur die Art und Weise, wie die Wirklichkeit erlebt und das Erlebnis ausgesprochen wird, nämlich in Analogie an vorgeprägte Vorstellungs- und Stilmodelle, welche bestimmen, was von der Wirklichkeit sich dem Bewusstsein einprägt und auf welche Weise davon zu berichten ist" (Mohr 1960, 347 f. bzw. 345; 1983).

Eine Besonderheit der eigentlichen Reiselieder (Typ 2 und 3) ist die Technik OsvW, politische und persönliche Ereignisse sozusagen aus der Froschperspektive, im Stil von Cabaret und/oder Karikatur darzustellen: Er berichtet, auch wenn es sich um Weltpolitik handelt, von Wirtshaus, Tanzplatz und Tanzhaus, von Problemen mit Geld, mit Frauen (oft, aber nicht immer ‚leichten Mädchen' = *freulin*), mit Essen und Trinken, mit Wirten und Übernachtungen, mit lästigem Ungeziefer oder ihn bedrängendem Kindergeschrei. Auch hier steht er in einer Tradition, die sich erstmals in Freidanks ‚Sprüchen' über Rom findet und dann vor allem über Palästina, in den sog. *Akkon-Sprüchen* (*Bescheidenheit* 148,4–154,17 und 154,18–164,2), eine poetische Technik, die man auch für den *Tegernsee-Spruch* Walthers von der Vogelweide (L 104,23) vermuten kann. Freidank erwähnt mehrfach, dass man als Pilger und Kreuzfahrer in Akkon ‚geschoren und geschunden' werde, und er formuliert, wie später OvW, mit

Zynismus: *Swer ungerne lange leben,/ dem râte ich, daz er z' Akers strebe* (156,4 f.) – das hat eindeutig politische Bedeutung, denn gemeint sind damit, gesehen aus der ‚niederen Touristenperspektive', die Probleme von Kaiser Friedrich II. 1228 in Palästina.

Das ist genau dieselbe Technik, die OvW in den Liedern Kl 122 und 123 verwendet, wo er sich auf das Konstanzer Konzil bezieht (so wohl auch Kl 45; dieselbe Technik Kl 105): *Der seines laids ergeczt well sein/ und ungeneczt beschoren fein/, der ziech gen Costnitz an den Rein/, ob im die rais wol füge* (Kl 123,1–4). Die Rede ist dann in den Liedern nicht vom Konzil, sondern von geldgierigen *freulin* und einem ausbeuterischen und brutalen Gastwirt. Warum sich diese beiden Lieder nur in der älteren Handschrift A finden, nicht aber in B (und somit auch nicht in c), könnte inhaltliche Gründe haben, könnte aber auch ebenso Zufall sein. Beide Lieder verwenden ein Motiv, das Oswald als *pars pro toto* für sich selbst einsetzt, nämlich seinen ‚langen Bart', den er damals, auch nach Zeugnis des Brixener Gedenksteins und des „Wolfenbütteler Porträts", trug, der offensichtlich auffällig war und laut Kl 122/123 von den *freulin* ‚misshandelt' wurde. Auch in den Liedern Kl 18 und 19 aus derselben Zeit spielt er eine zentrale Rolle, hier aber in genau umgekehrter Form: Die „Leiden" und „Freuden" des Barts (Müller 1968, 162–185) meinen jeweils entweder eindeutig unfreundliche, vor allem finanziell negative Behandlung (Kl 122 und 123) oder aber herausragende Ehrungen (Kl 18 und 19). Dieselbe Perspektive, wenn auch ohne das Motiv des Bartes, verwendet OvW in weiteren Reiseliedern, die eine Stadt oder ein Land schelten (Kl 45: Überlingen; Kl 103: Piacenza, ähnlich auch Kl 105; Kl 30 und 55: Ungarn) oder loben (Kl 98: Konstanz; Kl 99: Nürnberg). Auch in dem Preislied auf Pfalzgraf Ludwig III. (Kl 86) steht offenbar Privates im Vordergrund, und in dem großen Lied über die Deutschlandreise (Kl 41) ist vom wichtigen Zweck der Reise, nämlich zur Feme nach Westfalen (U.M. Schwob 2004, 2009), nicht die Rede, sondern von Übernachtung (in Salzburg und Heidelberg), Essen und Trinken (Salzburg, Augsburg, Ulm), einer unfreundlichen Adelsdame (Ulm), Sängerauftritten (München, vor allem Heidelberg: Str. 3) und den Umständen des Reisens.

Ein besonderer Fall ist das umfangreichste der Reiselieder, nämlich Kl 19 (Typ 2), das in oft grotesken Bildern eine umfangreiche Reise von weltpolitischer Bedeutung zum Thema hat (Müller 1968, Dallapiazza/Molinari im vorliegenden Band): Die zugrundeliegenden Ereignisse erscheinen hier als Karikatur, welche die ‚große' Welt *sub specie aeternitatis* (Str. 28) demontiert, in denen aber gleichwohl OvW als ‚Mitspieler' seine eigene Rolle (als Narr?) herausstreicht, und zwar nach dem zynisch-selbstbewussten Darstellungsprinzip ‚I and the King'. Das andere Reiselied, das eine ganze Reise beschreibt, ist Kl 41, das aber in dieser Hinsicht sehr viel zurückhaltender ist (siehe oben). Hinsichtlich der Erzählweise kann das Gefangenschaftslied Kl 26 durchaus in Parallele zu dem früheren Lied Kl 19 als eine Art ‚negatives Reiselied' angesehen werden (Robertshaw 1977), wobei in Str. 1/2 die Südfrankreichreise mit ihren biographischen Höhepunkten ja als positiver Kontrast angesprochen wird.

Die Tatsache der angesprochenen Reisen ist für OvW wohl nicht zu bezweifeln, die erwähnten Namen werden mit seiner Biographie zu tun haben, und die erzählten Ereignisse werden einen realen Hintergrund haben. Dennoch ist es aufgrund der poetischen Stilisierung nicht mehr möglich, die zugrundeliegende Realität zu rekonstruieren. Wie stark und individuell die Formung der erlebten Wirklichkeit ist, in den meisten Fällen wohl auch gesteuert durch das angezielte und irgendwie über die Hintergründe informierte Publikum, zeigt sich, wenn man Oswalds Lieder (nicht nur jene von den Reisen) etwa mit denen des wenig späteren Michel Beheim vergleicht: Anders als OvW, der poetische Stilisierungen und Verformungen einsetzen konnte, die nur für ein eingeweihtes und informiertes Publikum verständlich waren, war Beheim auf Verständlichkeit seiner erzählten Erlebnisse (die inhaltlich manchmal durchaus an diejenigen Oswalds erinnern) angewiesen – nämlich als Berufssänger, für den seine Lieder und ihr Vortrag der Existenzsicherung dienen mussten (Müller, Tagung Neustift 1974).

Literatur (zusätzlich zur Gesamtbibliographie)

Hatheyer, Bettina: Bezüge zu den skandinavischen Ländern im Werk Michel Beheims. In: JOWG 16 (2006/2007), S. 243–262.

Lofmark, Carl J.: Name Lists in Parzival. In: Medieval German Studies. Presented to Frederick Norman. London 1965, S. 157–173.

Mohr, Wolfgang: Tanhusers Kreuzlied. In: DVJs 34 (1960), S. 338–355. Wieder in: Wolfgang Mohr: Gesammelte Aufsätze II: Lyrik. Göppingen 1983 (= GAG 300), S. 335–356. – Siehe auch: Wolfgang Mohr: Politische Dichtung: RL III, 2. Aufl. 1966/1967, S. 165a.

Müller, Ulrich: Thesen zu einer Geschichte der Autobiographie im Deutschen Mittelalter (1976). Mit einem „Nachtrag 1989" (Historische Skizze). In: Günter Niggl (Hrsg.): Die Autobiographie. Zu Form und Geschichte einer literarischen Gattung. Darmstadt 1989 (= Wege der Forschung 565), S. 297–320.

Müller Ulrich: Die Kreuzfahrten der Neidharte: Neue Überlegungen zur Textüberlieferung und Textexegese. In: Helmut Birkhan (Hrsg.): Neidhart von Reuental. Aspekte einer Neubewertung. Wien 1983, S. 92–128 (Transkription unter Mitarbeit von Ingrid Bennewitz-Behr). – Erste Fassung in: Franz H. Bäuml (Hrsg.): From Symbol to Mimesis. The Generation of Walther von der Vogelweide. Göppingen 1984 (= GAG 368), S. 35–68; auch in: Gesammelte Schriften [Göppingen 2010].

Radke, Gerhard: Topographische Betrachtungen zum Iter Brundisinum des Horaz. In: Rheinisches Museum 132 (1989), S. 54–72.

Südfrankreich, die iberische Halbinsel und Nordafrika: zur großen Reise Oswalds von Wolkenstein 1415/1416

Michael Dallapiazza und Alessandra Molinari

In einer Reihe von Liedern Oswalds finden sich mehr oder weniger ausführliche Verweise auf eine große Reise nach Südeuropa und sogar nach Nordafrika. Es sind dies die Gedichte: Kl 12, 18, 19, 20, 21, 23, 26 und 44.

1. Historisches Umfeld

Diese Lieder haben in der Forschung unterschiedliche Aufmerksamkeit gefunden, aber oft standen die Fragen nach „Dichtung und Wahrheit", also nach dem Wahrheitsgehalt dieser Lieder im Zentrum des Interesses. Es gilt allgemein als gesichert, dass sich Oswald in den Jahren 1415/16 im Auftrag König Sigismunds auf einer großen Gesandtschaftsreise befunden hat, die ihn in ihrem ersten Teil nach England, Schottland, Irland und schließlich nach Portugal (mit einem Abstecher nach Santiago de Compostela und das Cap Finisterre, dem *vinstern steren*, Kl 44,16), Cëuta (*Septa*) und Granada geführt habe. Am 18. September 1415, so nimmt man an, als König Sigismund in Perpignan eintrifft, das seinerzeit dem Königreich Aragón angehörte, beginnt dort der zweite Teil seiner großen Reise, die er als „Höhepunkt seines Lebens betrachtet" (A. Schwob 1977, 112) oder zumindest stilisiert hat. Denn wo sich Oswald in der Zeit von seiner Ernennung zum Diener des Königs (eine Art diplomatischer Dienst) am 16. Februar 1415 in Konstanz, mit dem ihm bis auf Widerruf 300 ungarische Goldgulden Jahressold zugesichert werden (LZ 70), und dem am 1. April 1416 offenbar in Paris für Oswalds Heimreise ausgestellten Geleitbrief des Königs tatsächlich aufgehalten hat, wird von keinem Dokument bezeugt. Die Geschehnisse dieser Zeit spiegeln sich allein in seinem Werk und können jenseits des historisch Gesicherten auch nur allein daraus erschlossen werden. Der Geleitbrief trägt allerdings das höchst unwahrscheinliche, also fehlerhafte Datum „1. April 1419", doch ist 1416 als gesichert anzusehen (LZ 73). Möglicherweise hat Oswald für eine spätere Verwendung das Dokument umdatiert.

Auf Drängen König Sigismunds hatte Papst Johannes XXIII. das Konzil zu Konstanz (1414–1418) einberufen. Ziel war die Aufhebung des seit 1378 bestehenden Schismas (*causa unionis*) durch den möglichst freiwilligen Rücktritt aller drei Päpste: Benedikt XIII. (Pedro de Luna) aus der Papstreihe von Avignon, der seit 1394 amtierte und in Portugal sowie den spanischen Königreichen und in Schottland anerkannt wurde, Gregor XII. aus der römischen Papstreihe und seit 1406 im Amt, in Neapel und Teilen Deutschlands und Italiens anerkannt, und schließlich eben Johannes XXIII. (Obedienz von Pisa), seit 1410 im Amt und in Italien und Deutschland anerkannt. Johannes stellte seinen Rücktritt in Aussicht, wenn auch die beiden anderen zurück getreten wären, floh aber dann bald mit Hilfe Herzog Friedrichs IV. und wurde schließlich abgesetzt. Darauf trat, mehr oder weniger freiwillig, Gregor XII. zurück. Um den letzten schismatischen Papst, Benedikt XIII., den Spanier Pedro de Luna, zum Rücktritt zu bewegen, entschloss sich Sigismund zu persönlichen Verhandlungen und brach nach Perpignan auf. Diese Reise Sigismunds ist in vielen Einzelheiten dokumentarisch gut belegt. Dort gelang es zwar nicht, Pedro de Luna zur Aufgabe zu bringen, doch sagten sich unmittelbar darauf im Konkordat von Narbonne (13.12.1415) die spanischen Fürsten von ihm los. Später wurde er auf dem Konzil in Konstanz abgesetzt. Bereits in Narbonne also waren Sigismunds Bemühungen von Erfolg gekrönt worden. Bisweilen wird das dort geschlossene Konkordat sogar die ‚Kapitulation von Narbonne' genannt (Feldges 1976, 397). Als allgemein anerkannter Unionspapst wurde am 11.11.1417 dann Martin V. gewählt.

Daten und Fakten dieser historischen Ereignisse erscheinen in verschiedenen Liedern Oswalds als „Auswahlbeispiele aus der historischen Realität" (A. Schwob 1994, 204), allerdings sicherlich mit poetischen Fiktionen vermischt, deren Anteil nicht mehr rekonstruierbar ist. Es darf als unbezweifelbar gelten, dass sich Oswald zur Zeit von Sigismunds Verhandlungen mit den spanischen Königen tatsächlich in dessen Gefolge befunden hat. Da die Urkundenlage auch dafür zu sprechen scheint, dass mit Oswalds Anwesenheit im zweiten Halbjahr 1415 in Tirol nicht zu rechnen ist, in dem sich doch so wichtige, durchaus ihn betreffende Ereignisse dort abspielten (A. Schwob 1977, 111), muss Oswald Konstanz wohl bald nach seiner Ernennung zum Gefolgsmann des Königs verlassen haben. Dafür spricht auch die Tatsache, dass in seinen Liedern nichts über die sich danach überschlagenden Ereignisse (etwa die Hinrichtung des Jan Hus) berichtet wird.

2. Dichtung und Wahrheit

Zwar werden in oben benannten Liedern Oswalds Reiserouten sowie die Länder und Königreiche, die er, beziehungsweise das lyrische Ich, besucht haben will, genannt (sechzehn an der Zahl, wie aus Kl 12 hervorgeht; die Stationen der Reise werden mit Abweichungen und in anderem Kontext außerdem noch in Kl 18, 20, 21, 23, 26 und 44 erwähnt), doch Details seiner dort erlebten oder hinzu erfundenen Abenteuer finden sich vor allem, und dazu sehr zahlreich, in Kl 19, *Es ist ain altgesprochner rat.* Dort wird der Aufenthalt in Perpignan, vom Einzug Sigismunds bis zu Oswalds Rückreise durch Frankreich, in 28 Strophen erzählt, in denen sich Politisches und Privates auf markante Weise vermischen. Sicherlich wäre eine solche Darstellung der Geschehnisse auch ohne persönliche Anwesenheit des Dichters denkbar, doch wäre es abwegig, ernsthafte Zweifel an Oswalds Augenzeugenschaft äußern zu wollen.

In genereller Einigkeit geht man allerdings auch weiterhin davon aus, dass Oswald direkt nach der Eroberung von Cëuta durch die Portugiesen in einem „zweistündigen Handstreich" (A. Schwob 1977, 113) am 21.8.1415, an dem er beteiligt gewesen sein will, nach Perpignan aufgebrochen ist. In Kl 26,11-12 heißt es:

Von Lizabon in Barbarei,
gen Septa, das ich weilent half gewinnen,

also von Lissabon nach Nordafrika und dann nach Cëuta, das er erobern half, sei er gezogen, und anschließend vielleicht sogar noch in Granada vom ‚roten König', Jussuf III aus der Nassriden-Dynastie (die den Beinamen ‚Söhne des Roten' führten) empfangen worden. Kl 26 (*Durch aubenteuer, tal und perg*) beschreibt zwar die Reiseroute des ersten Teils, die fast nur aus diesem Lied erschließbar ist, verbrämt als eine Art Zukunftsprojekt, in dem Vergangenes noch einmal erlebt werden soll, gibt jedoch anders als Kl 19 keinerlei Details irgendwelcher Art dazu an. Gleichwohl ist man auch heute noch bisweilen dazu geneigt, die romanhafte Ausschmückung der Reise durch Norbert Mayr (1961) im Geiste der 50er Jahre für biographisch bare Münze zu nehmen. Wenn Oswald an der Eroberung Cëutas teilgenommen hat, und dann in Perpignan beim Einzug des Königs schon in dessen Gefolge war, wie Kl 19 zu belegen scheint, hat er dies ungewöhnlich schnell (Ulrich Müller 1968, 129) geschafft, in höchstens 27 Tagen, in denen auch der Besuch in Granada stattgefunden haben soll.

Auf Oswalds Porträt in der Innsbrucker Handschrift B von 1432 ist er unbezweifelbar als Mitglied des Aragonesischen Kannen- bzw. Greifenordens dargestellt, der 1410 von Ferdinand I. nach einem entscheidenden Sieg über die Mauren gestiftet worden war. Oft ging die Forschung davon aus (Mayr 1961, Müller 1968), dass Oswald in diesen hohen und insbesondere für Verdienste im Kampf gegen die Mauren gedachten Orden im Herbst 1415 in Perpignan durch die Königinwitwe Margarete von Prades während der in Kl 19 beschriebenen Zeremonie aufgenommen wurde. Dem hat Hartmann 2001/2002 widersprochen: Vielmehr sei davon auszugehen, dass er das Ordenszeichen aus der Hand Felips de Malla, des Gesandten König Ferdinands erhalten habe, offenbar Ende Dezember 1415. Belegt ist die Verleihung an Sigismund und einige seiner Gefolgsleute. Unter diesen auch Oswald zu vermuten (Hartmann 2001/2002, 323), ist aber alles andere als zwingend. In Kl 26 behauptet das lyrische Ich, auf Abenteuersuche nach Portugal gereist zu sein, und um die „Liberei", also einen Orden, von einer edlen Königin zu erhalten. Auch dies ist wohl als nachträgliche Stilisierung aufzufassen.

3. Poetische Einzigartigkeit

Kl 19 ist zwar das umfangreichste ‚autobiographische' Lied Oswalds, doch ist ihm, anders als Kl 18 etwa, weitaus geringere Aufmerksamkeit der Forschung zuteil geworden, als ihm aufgrund seiner erst spät konstatierten „zentralen Stellung" (Müller 1968, 127) eigentlich zukommen sollte. Man nahm das Lied offensichtlich allein als eine Art ‚Steinbruch' für autobiographische Rekonstruktionen und hat, vielleicht wegen dessen vermeintlich einfacher Struktur, seine Besonderheiten übersehen, die eben vor allem formaler Art sind und es einzigartig machen. Das Gedicht biete, so die frühere Forschung, lediglich „anekdotenhaft eine Auswahl der grellsten und auffälligsten Reiseerinnerungen" (Mayr 1961, 81). Dagegen hat Rupp (1964) als Erster einen ernst zu nehmenden Interpretationsvorschlag unterbreitet, von dem dann Ulrich Müllers umfassende und wohl erschöpfende Analyse (1968) ihren Ausgang nimmt. Als ungeklärt dürfen heute allenfalls noch Details gelten, und hier insbesondere sprachliche. Eine Reihe von syntaktischen, wohl Oswalds poetischen Freiheiten geschuldeten, aber auch lexikalischen Schwierigkeiten belassen dem Gedicht nicht wenige weiße Stellen.

So vordergründig locker und einfach, wie sich beispielsweise die metrische Form der 28 Strophen präsentiert, so streng ist die Struktur des Liedes. Rupp (1964, 87) verweist auf seinen spiegelbildlich symmetrischen Aufbau: Die ersten 14 Strophen spielen in Perpignan, die zweiten in Narbonne, Avignon und Paris. Auf zwei Einleitungsstrophen folgen fünf, die den Empfang des Königs schildern, zwei thematisieren die Verhandlungen, worauf fünf vom Ulk der adligen Diplomaten sprechen (2–5–2–5). Im zweiten Teil sehen wir die ersten fünf Strophen den Geschehnissen in Narbonne und Avignon gewidmet, worauf in zweien von den Ehrungen durch die Königinnen berichtet wird, die nächsten fünf spielen schon in Paris, und die Coda wird gebildet durch zwei wieder eher sentenzenhafte Strophen (5–2–5–2). Müller (1968) sieht die Struktur ähnlich, vereinfacht aber auf die Strophenfolge 3 (Einleitung) – 11 (Perpignan) – 11 (Narbonne, Avignon, Paris) – 3 (Abschied, Laudatio, Schluss).

Die erste Strophe beginnt mit der scheinbar banalen Sentenz

> *Es ist ain altgesprochner rat/ mer wann vor hundert jaren:*
> *und wer nie laid versúchet hat/ wie mag er freud ervaren*
> (Kl 19,1–4);

Müller (1968, 129 f.) übersetzt „Es ist eine alte Lehre, die schon vor über 100 Jahren ausgesprochen worden ist: Wer niemals Leid erfahren hat, wie kann der Freude erleben?" Eine solche, vielhundertjährige Banalität kann schwerlich anders als ironisch Verwendung finden, und die oft drastische Selbstironie, die das ganze Lied kennzeichnet, manifestiert sich bereits hier. „Wenn es mir", sagt das erzählende Ich, „einst in Katalonien und Spanien gut ergangen ist, so habe ich dafür bezahlen müssen". Freude und Leid und dass beides untrennbar miteinander verbunden ist, habe dieses Ich erfahren müssen. *In Katlon und Ispanien, do man gern ist kestanien,* Kl 19,7–8, mag eine „Touristenbeschreibung" (Müller 1968, 130) sein oder, dem Text aber nicht zwingend entnehmbar, Spott des Ich auf die „lunatreue" Bevölkerung, indem diese „Armeleutespeise" (Feldges 1976, 388) besonders betont werde. In ihrer Beliebigkeit ist sie aber Zeichen für jenen Spott und jene Ironie, die von Beginn an den Geist des Liedes bestimmen. Strophe zwei spricht nun vom Ärger in Konstanz, der dem Ich widerfahren ist, bevor es in Perpignan Freuden, übrigens zum Teil wieder nur zweifelhafte, erleben durfte. Sein Bart, dem in diesem Gedicht sehr viel widerfährt, habe von „zarten jungen Damen", *freulin rain,* (Kl 19,9) so manches erleiden müssen, und seinem Geldbeutel sei ein „Stein" (*und meiner taschen der sigelstain/ ward maisterlich geschnitten*, Kl 19,11–12) „herausoperiert worden". Was dies bedeutet, ist unklar, doch spricht alles dafür, dass der oft erwähnte und meist von Verlust bedrohte Geldbeutel sowie die ebenso zahlreich dabei ins Spiel gebrachten Fräulein wohl nur das bedeuten können, was schon Rupp (1964) suggerieren wollte, ohne es auszusprechen: Das Ich bezieht sich wohl auf Begegnungen mit Prostituierten, in Konstanz wie später auch auf der Reise, die nach anfänglichem Spaß am Ende wohl meist unerfreulich verliefen. In der dritten Strophe steht ein Gleichnis vom Vogelfang, das man gewöhnlich auf König Sigismund bezieht, ohne dass dies jedoch zwingend aus dem Text hervorginge.

Nun beginnt die eigentliche Erzählung, anhebend mit dem pompösen Einzug (Str. 4 und 5) des (zukünftigen) Kaisers, wie Sigismund hier und an einer späteren Stelle genannt wird (Str. 5 *künftiger kaiser;* Str. 27 *von des kaisers hand*). Die erste Stelle ist korrekt formuliert, während die zweite auffallend ist, da Sigismund ja erst 1433 zum Kaiser gekrönt und sonst von Oswald korrekt immer König genannt wird. Entweder handelt es sich bei dieser Stelle um eine spätere Interpolation, oder das Lied ist nicht unmittelbar nach der Reise geschrieben worden. Str. 6 berichtet von der Begrüßung durch die Könige (wohl Karl III. von Navarra und Ferdinand I. von Aragon) und Königinnen (wohl die Königinwitwe Margarete von Prades und Eleonore von Albuquerque). Str. 7 spricht von den Moden der Frauen, und erst in der achten Strophe kommt der Bericht auf die Verhandlungen Sigismunds mit Benedikt XIII., den das erzählende Ich mit Schmähungen und beißendem Spott überzieht. Die nächste Strophe lässt in der Klage über das schlechte Nachtlager, wohl in einer Art Kaserne, an unsicherer werdende Umstände und Bedrohungen denken, denen die königliche Partei sich ausgesetzt sah. Str. 10, 11 und 12 antworten darauf allerdings mit Gelächter, mit der Schilderung von derb-grotesken Männerspäßen zwischen den adligen Saalgenossen, und in Str. 12 mit einer Parodie der Morgenliturgie. Mit Str. 13 und 14 wird der erste Teil abgeschlossen. Sie handeln nun von der Gefahr und den versuchten Anschlägen, aber auch hier hält sich das Erzählte in einer Schwebe zwischen Angst (in der Erinnerung an die Heimat, den Wolkenstein, die dem Ich beim angstvollen Hören der Sturmglocke einfällt) und Situationskomik, da das Ich „anmutig" (*in seuberlichem pumpern*, also „in anmutigem Geholper", Kl 19,108) die Treppe hinunterfällt, direkt vor die Füße seines Herrn.

Der zweite Teil preist die Einigung in Narbonne und die Persönlichkeiten, die zu Sigismunds Sieg beigetragen haben (Str. 15) und hofft auf Lohn. Doch gleich darauf meint es Fortuna wieder weniger gut mit den Helden, die ihre Pferde zurücklassen mussten, wohl als Pfand für nicht beglichene Rechnungen, und nun zu Fuß durch den Morast marschieren müssen, was auch als Pilgerparodie gelesen werden kann (Str.16). Auch diese Strophe erschließt sich im Detail sprachlich nur sehr schwer. Das Ich schließt ironisch, es habe selbst nur zweieinhalb Pferde (*von meinen örsen allen/ so bracht ich ouch drithalbe*n, Kl 19,127–128) übrig behalten. Str. 17 handelt in Avignon und ist eine böse Spottstrophe auf Pedro de Luna. Die vielen schönen Mädchen, die beim Tanz abends den Glatzkopf Pedro (*Petro glatz*, Kl 19,142) vergessen ließen, waren wohl erneut Prostituierte (Str. 18), wie der folgende Wortlaut vermuten lässt. Denn in der nächsten Strophe ist wieder vom Verlust des Geldbeutels die Rede, zusammen mit einem merkwürdigen und nur angedeuteten Gleichnis von der Mitgift einer edlen Frau: „Während der eine zwei davon (Geldbeutel) herausbrachte, ließ ich einen drinnen" (*ain ander füret zwen hinaus,/ so liess ich ainen drinnen*, Kl 19,146–147), nämlich bei den „entgegenkommenden" ‚Damen', die ihn wohl beraubten. Str. 20 spricht von einer Ehrung durch Margarete von Prades in Perpignan, die ihm die Ohren für zwei Ohrringe durchstochen und ihm einen weiteren in den Bart gehängt habe. Die offensichtliche Selbstironie, das schallende Sich-Selbst-Verlachen der folgenden beiden Strophen unterstreicht das Unernste, Humoristische, ja Spielerische fast des ganzen Liedes. Zunächst macht ihn Sigismund zum *wisskunte von Türkei,* Kl 19,162, zum Vicomte der Türkei, ein Adelstitel, der nie existiert hat, zu dem er noch ein karnevaleskes Maurenkleid erhält, ein Schleppkleid zum Umherstolzieren, in dem er nach Art der Heiden singt und tanzt (Str. 21). Als Sigismund in Paris einzieht und der Weg von vieltausend Menschen gesäumt ist, macht sich das Ich in seinem Kostüm zum Affen: Er wird ausgelacht und ein Lapp, ein Depp genannt (Str. 22). Str. 23 berichtet von den Ehrungen Sigismunds durch die Pariser Universität, und in Str. 24 wird das Ich, auf Knien rutschend, aber doch in ernsteren Worten wiedergegeben, von Königin Isabeau (Isabella) von Frankreich, einer Herzogin aus Bayern und in zwielichtigem Ruf stehend, geehrt, indem ihm, ähnlich wie die Ehrung in Str. 20, mit einem Diamant der Bart gekrönt wird (siehe dazu auch Müller, Dichtung 1968, 161–185). Ironisch, auch wenn der Wortlaut nicht völlig verständlich ist, handelt Str. 25 von der Belohnung, wobei eingangs ein Bild vom Fische-Fangen steht. Während Sigismund nach England segelt, schickt er das erzählende Ich in wichtigem Auftrag nach Hause (Str. 26). Str. 27, in der Sigismund erneut Kaiser genannt wird, deutet im Preis des Herzogs von Savoyen, dem Sigismund offenbar der Staatskasse wegen den Herzogtitel verkauft hatte, einen Unfall an, den überlieferten Zusammenbruch eines Festgerüsts. Str. 28 bemüht in spöttischen Worten Sentenzen vom Lauf der Welt und von der Eitelkeit allen Strebens: Am Jüngsten Tag sei schließlich ohnehin alles egal, der Koffer soviel wert wie der Henkel (*ain watsack als ain rieme*, Kl 19,220).

Es gibt für dieses Lied keine Gattungsvorbilder. Was uneinheitlich und verwirrend erscheinen mag und dem Lied, das auf den ersten Blick verschiedenartigste Dinge zusammenbringt, sogar den Tadel eines Historikers einbrachte, da sich das Erzählte ja gar nicht mit den historischen Tatsachen decke (Müller 1968, 148, Anm.6), folgt einem klaren Plan. Es lassen sich Prinzipien der Auswahl, der Anordnung und Durchführung erkennen, die dem Lied höchsten Rang in Oswalds Œuvre zuweisen. Nach Müller entwickelt sich das Lied um die beiden Hauptpersonen „Ich und der König". Zwar fällt die Schlichtheit der Strophe und der Sprache auf, die aber keineswegs völlig auf jene für Oswalds Dichten charakteristischen Sprachspiele verzichtet, doch ist die bisweilen feststellbare metrische Uneinheitlichkeit – oder Freiheit – bewusst eingesetztes Mittel. Rupp spricht von einer „Moritat" (1964, 86), Müller will eine gewisse Verwandtschaft mit dem „historischen Lied (Zeitlied)", aber auch mit dem politischen Spruch oder dem Scheltlied feststellen. Ganz offensichtlich benutzt bzw. entwickelt Oswald Elemente des Spott- und Schmähliedes, besonders dort, wo die Verse im zweiten Teil der achtzeiligen Strophe mit dem Reimschema a-b-a-b-c-c-d-d, in regelmäßigen jambischen Vier- bzw. Dreihebern der Ironie der Strophe den Rhythmus geben, was man eigentlich als Knittelvers bezeichnen kann.

„Das Lied als ganzes ist auf dem Prinzip der Reihung aufgebaut“, stellt Müller fest (1968, 153), und dem entspricht der inhaltliche Aufbau. Nur wenige Strophen sind syntaktisch und inhaltlich miteinander verbunden. Die einleitende Freud-Leid-Sentenz gibt gleichzeitig die dualistische Struktur der folgenden Strophen vor. Die Stilmittel „Entfaltung und Konzentrierung“, „Realisierung und Typisierung“, „Reihung und Kontrastierung“, die nach Müller dominieren, entsprechen den poetischen Gewohnheiten Oswalds. Eine Dreiteilung auf der Sinnebene stellte den persönlichen und scheinbar realistisch erzählten Bilderbogen einer wie auch immer ‚realen‘ Reise neben oder besser sogar: vor den Bericht weltpolitischen Geschehens unerhörter Tragweite, während sich beide der dritten Sinnebene unterordnen, die auf den ersten Blick sogar etwas Heilsgeschichtliches besitzt, das, barocken Ernst fast vorwegnehmend, auf die Relativität allen weltlichen Tuns im Angesicht des Jüngsten Tages zu verweisen scheint, und sogar die Dichtung und das Dichten selbst wird relativiert. Persönliches, Politisches und Symbolisch-Allegorisches werden hier verbunden (Müller 1968, 157). Aber auch das Allegorische, Heilsgeschichtliche ist wieder in ironisches Licht getaucht.

Oswalds Neuerung besteht in der Vermischung von Privatem und Politischem, von Banalem und höchst Bedeutsamem, bei dem jedoch immer ein bisweilen fast anarchisch anmutender Humor dominiert. Dazu kommt ein häufig recht frivoles Spiel mit dem Religiösen. Ebenso souverän, aber durchaus auch frivol, ist der Umgang mit literarischen Topoi – des Minnesangs so sehr wie der höfischen Epik. Das Weltpolitische, in das plötzlich das kleine Ich einzugreifen scheint, das von Königinnen, die gerade den zukünftigen Kaiser geküsst haben, Ohrringe erhält, ist plötzlich so klein wie die ungemütliche Herberge, in denen sich die Adligen den nackten Hintern zeigen, was zu berichten offenbar genauso wichtig (oder gar wichtiger) ist wie die Verhandlungen des Konkordats. Im Kleinen persönlicher Banalität erscheint das weltpolitisch Große als letztlich nebensächlicher Reflex. Ohne jede Parallele oder Vorbild in den Liedtraditionen ist die bisweilen sogar exzessive Selbstironie, Selbstverlachung des Ich, seine Respektlosigkeit allem gegenüber. In dieser Selbstverlachung, die eben zuerst Verlachung der Welt ist und die sogar über die offenbar nicht erfolgte Bezahlung seitens des Königs für die erbrachten Dienste noch spotten kann (Str. 25), steckt natürlich der Ernst angesichts der letzten irdischen Dinge. Weniger über diesen Ernst als über die Wichtigtuerei allen menschlichen Strebens lacht das Ich noch in dieser letzten Strophe.

Für die Bewertung des gesamten Lieds ist die letzte Strophe (28) von besonderer Bedeutung:

Wie vil ich [sich,] hör, sing und sag,
den louff der werlde strieme,
so ist recht an dem jungsten tag
ain watsack als ain rieme,
ain glogghaus gilt ain essich krúg;
dient wir der sel nach irem fúg,
das si wer unbetwungen,
so hett ich wolgesungen.

Ob man ihr allerdings gerecht wird, indem man sie wie Rupp und Müller als „geistliche Schlußstrophe“ (Müller 1968, 157; siehe Rupp 1964, 88) beschreibt, deren Schlussperspektive letztlich dem ganzen Lied eine fast religiöse Ausrichtung verleihe, sollte genauer bedacht werden, und auch Müller relativiert seine Aussage umgehend. Dass der Lauf der Welt nur aus Unwichtigkeiten bestehe, bedenke man den Jüngsten Tag und das, worauf alle Dinge hinzielen, ist einerseits eine aszetische Banalität, andererseits aber auch einer der literarischen Topoi, die oft in Oswalds Lied zitiert werden. Die *unbetwungen sel* erinnert durchaus an die Schlussverse von Wolframs *Parzival.* Beiden aber, dem Schluss des *Parzival* wie den weltverachtenden Traditionen, fehlt diese spöttisch-spielerische Fröhlichkeit, die Oswalds Verse im ganzen Lied kennzeichnen. Der Blickwinkel, unter dem das Ich die Welt sieht, sei der des Narren, der die Sinnlosigkeit durchschaue, aber doch eine Hauptrolle im Narrentheater spiele (Müller 1968, 157). Es könnte aber auch der Blickwinkel des Kindes sein, der hier alles relativiert. *Unbetwungen* bedeutet frei, unbändig, dem eigenen Antriebe folgend. Bescheinigt sich das Ich, das die Welt ja keineswegs verachtet, hier nicht trotz des Konjunktivs *wolgesungen* zu haben, indem es seiner Seele die Freiheit bewahrt habe?

4. Südwesteuropäische Realien

Die belegten historischen Ereignisse der Mission Sigismunds in Südfrankreich und Spanien, erzählt übrigens gegen die Chronologie, und die nicht belegbaren privaten Begebenheiten mit historisch bezeugten Persönlichkeiten aus dem Gefolge des Königs oder den Vertretern der spanischen Seite, gar mit den Königinnen, werden also eingebunden in vielleicht nur ironisch moralisierende, allgemeine und oft sentenzenhafte Passagen, zu denen einige wenige Hinweise auf lokale, gar folkloristische Eigenarten treten. All dies erscheint aber stets als lächerlicher Teil des menschlichen Sich-wichtig-Nehmens. Abgesehen von der schon erwähnten Vorliebe der

Bevölkerung für Kastanien, scheint das erzählende Ich den Moden und Gepflogenheiten der Frauen, vorrangig wohl Angehörigen der Oberschicht, besondere Aufmerksamkeit entgegenzubringen. Str. 6 bewundert die langen „Schwänze“, also wohl die besonderen Schleppen der Kleider, dazu die Ohrringe, die rot gefärbten Fingernägel und die Sitte, den Gast zur Begrüßung zu küssen, anstatt ihm nur die Hand zu reichen. Das Frühlingstanzlied Kl 21 (*Ir alten weib*; siehe dazu Müller 1994) bezieht sich ebenfalls auf diese Landessitte, allerdings aus distanzierterer Sicht. Hier spricht das Ich von den schönen weißen Beinen in roten Hosen und den schwarz geschminkten Augen. Diese Damen aber, so das Ich, seien auch an seinen grauen Haaren schuld. Die Mode der Ohrringe, auch für Männer, wird ebenfalls in mehreren Liedern erwähnt. Die Königin von Aragon habe ihm sogar die nötigen Löcher selbst in die Ohren gestochen (Kl 18,3; Kl 19,20). Lied Kl 12 (*In Frankereich*) berichtet, dass er von 4 Königinnen *verkrönt* worden sei, Kl 18 (*Es fügt sich),* schmückt die Begebenheit noch weiter aus und erwähnt auch die offenbar nur gespielte Entrüstung des Königs über diesen Schmuck. In der gleichen Strophe finden auch Perpignan und Pedro de Luna Erwähnung.

Spanien und die Iberische Halbinsel waren im Spätmittelalter beliebte Ziele auch für Reisende aus Deutschland, und so finden sich nicht wenige portugiesische und spanische Quellen, die davon zeugen. Dort Oswald ausfindig zu machen oder zumindest jemanden, der mit gewisser Wahrscheinlichkeit Oswald sein könnte, war Gegenstand verschiedener Untersuchungen. Besonders reizvoll ist der in portugiesischen Quellen genannte, aber namenlos gebliebene deutsche Edelmann, der offenbar tatsächlich einen nicht ganz unbedeutenden Beitrag an der Eroberung Cëutas hatte (Koller 1997), doch muss es Spekulation bleiben, ob dieser Ritter oder wenigstens einer aus dessen Gefolge nun Oswald gewesen sein kann, oder nicht.

Spekulationen und Vermutungen zu Oswalds tatsächlicher Rolle in Perpignan gingen von seiner vermeintlichen Ernennung zum *wisskunte von Türkei* aus. In der einundzwanzigsten Strophe heißt es:

Ain edler nam ward mir gelesen
wisskunte von Türkei;
vil manger wont, ich sei gewesen
ain haidnischer frei.
mörisch gewant, von golde rot
kunig Sigmund mirs köstlich bot,
dorinnen kund ich wol swanzen
und haidnisch singen, tanzen.

In zwei aragonesischen Chroniken wird tatsächlich von einem Türken im Gefolge des späteren Kaisers berichtet (Hartmann 1997, 134), doch ist jeder Versuch, einen Bezug zu Oswald herzustellen, nicht zwingend, auch wenn Hartmann in einer neueren Studie dies für zumindest sehr wahrscheinlich hält (Hartmann 2001/2002, 323, Anm. 29). Ebenso spekulativ müssen Interpretationen bleiben, die Oswald als Unterhalter im Gefolge Sigismunds und am aragonesischen Hof in Perpignan sehen wollen (Ogier 1999; Classen 1994/95; 2004), wo er zum Vergnügen der Hofgesellschaft in der Gestalt des Campeador El Mío Cid aufgetreten sei. Darauf bezögen sich sowohl *wisskunte, haidnischer frei* als auch das *mörisch gewant* (Classen 1994/95; 1999). Diese Bestrebungen, Oswalds Reiseimpressionen historisch abzusichern oder wahrscheinlich zu machen, gehen allerdings stillschweigend davon aus, dass mehr oder weniger jedes Detail des Liedes sich auf ein reales Geschehnis beziehe und keinesfalls nur eine poetische Konstruktion des Dichters sein könne.

Damit ist zumindest die historische Problematik abgesteckt, ohne dass sich am Oswald'schen Werk die sicherlich intensiven deutsch-spanischen Beziehungen im Spätmittelalter wirklich konkretisieren ließen. Dazu sind seine Lieder zu ‚literarisch'. Sie verweigern sich einer solchen Vereinnahmung. Was aber die Frage nach der Wahrnehmung der iberischen Welt von Seiten eines deutschen Betrachters anbetrifft, dürfen wir ihnen durchaus nicht unwichtige Fingerzeige entnehmen. So hat die ausführliche Untersuchung von Mathias Feldges (1976) zum scheinbar nicht sehr klaren Gebrauch der geographischen Terminologie bei Oswald Bedeutendes beisteuern können. Oswalds Verwendung dieser Begriffe ist verwirrend, wenn er beispielsweise in Kl 12 Aragonien, Kastilien, Navarra, Granada und Portugal aufzählt, dann aber noch *Ispanien* nennt. Offenbar gebraucht Oswald den Namen Spanien „je nach Kontext für zwei verschiedene Begriffe" (Feldges 1976, 398): *Ispanien* in Kl 19 (wie auch in Kl 12 und 44) meint zum einen „mit Sicherheit" (Feldges 1976, 388) das Königreich León-Galizien, zum andern das ganze „während seiner Reise unter christlicher Herrschaft der kastilischen Dynastie stehende Gebiet" (Feldges 1976, 398) – also den größten Teil der Iberischen Halbinsel, einschließlich Perpignan, aber ohne Portugal und Granada, wie in Kl 18, Kl 20, Kl 21 und Kl 23. Sicherlich ist Oswalds Spanien kein Phantasieland. Konkrete Vorstellungen, gespeist mit großer Wahrscheinlichkeit aus eigener Anschauung, stehen bestimmt am Anfang seiner Lieder zu dieser so oder so phantastischen und ihm so wichtigen Reise.

Oswald von Wolkenstein: Geistliche Lieder

Freimut Löser

Die Forschung hat Oswalds geistliches Liedschaffen lange vernachlässigt (siehe Spechtler 1974, 275) und eher Einzelaspekte aufgegriffen. Eine Gesamtdarstellung fehlt; erste Ordnungsversuche (z.B. auch nach der Überlieferung: Spechtler 1974) und Überblicksdarstellungen – außer zur Marienlyrik bei Spechtler (1974, 1978) – finden sich im Rahmen von Kapiteln zum geistlichen Lied in Oswald-Monographien bei Jones (1973), Joschko (1985), jetzt bei Spicker (2007) und im Verfasserlexikon-Artikel Wachingers (1987), für die Lieder 1–7 bei Hartmann (1980) und für die Marienlieder bei Hartmann (2007). Man wird generell gut daran tun, nicht (oder nur eingeschränkt) von einer ‚geistlichen Wende' im Zusammenhang mit Oswalds Gefangenschaft, einer Bekehrung im Kerker oder einem Bruch in Oswalds Denken auszugehen, sondern (mit Lutz 1991) eine konstante geistliche ‚Grundschicht' anzusetzen. Das Spektrum der geistlichen Themen und Motive in den Liedern Oswalds ist breit, ohne dass er zu allen aktuellen religiösen Fragen immer eine eigene Stellung einnimmt. Man kann bei Oswald ein ‚theozentrisches Weltbild' voraussetzen, mit der Ordnung der Schöpfung nach einem sinnvollen Plan und, daraus abgeleitet, sein Bekenntnis zu (christlich-)sozialen Normen (Goheen 1989, 3). Spekulatives und Mystisches fehlen ebenso wie gelehrte Betrachtungen zur Theologie. In der anders gelagerten Tradition der Sangspruchdichtung und der Meisterlieder sind Themen wie Trinität und Heilsgeschichte oder die im Kosmos erfahrbaren göttlichen Wunder verbreitet; bei Oswald stehen sie am Rand (Wachinger 1987).

Man könnte die Lieder Oswalds, die dem geistlichen Bereich zuzuweisen sind, mit Spechtler zwischen „objektiven und subjektiven" Liedern einteilen (Spechtler 1974, 276; ders., 1978, 182 f.), man kann sie aber auch mittelalterlicher Tradition gemäß in folgende Einteilung bringen:

1. Trinität,
2. Christus,
3. Maria,
4. Heiligenlieder und Heiligenverehrung,
5. der Mensch im Kirchenjahr und in der religiösen Zeit: liturgische/paraliturgische Gesänge und Segenslieder,

6. menschliche Reaktionen auf religiöse Herausforderungen: Geistliches Erwachen, Sündenbewusstsein, Beichte, Buße, Reflexion über das menschliche Sein im religiösen Kontext (besonders in Todesnot),
7. Verbindungen von Religiosität und Recht,
8. historisch-politische Ausformungen religiöser Implikationen (z.B. Jan Hus, Konzil in Konstanz, Glaubenskriege, Pilgerfahrten).

Formal/inhaltlich lassen sich (mit Wachinger 1987, 159) folgende Einflussrichtungen ausfindig machen: Sangspruchdichtung/Meistergesang und das Verfahren geistlicher Kontrafakturen zu weltlichen Kunstliedern. Weiter rezipiert Oswald zwei verbreitete lateinische Sequenzen und ein lateinisches Glossenlied an Maria (Sequenz Kl 129 und 130; Glossenlied Kl 109). Die Bekanntschaft mit den geistlichen Liedern des Mönchs von Salzburg ist zu erkennen. Die Nähe Oswalds zur Gnomik (z.B. Freidanks) hat Goheen (1989) dargestellt: Verhältnis des Menschen zu Gott, hierarchische Ordnung der Gesellschaft, Tugendkonzeption, Bekenntnis zur christlichen Sündenlehre, Lobpreis Gottes, Weltklage, Gott als ewiger Erhalter von Kreatur, Kosmos und Natur im Kontrast zur Unstetigkeit des Menschen, Adams Sünde und Passion Christi, Schlund der Hölle, Macht des Todes, Sündenlehre. Alle diese Themen lassen sich auch bei Oswald finden (charakteristisch: Kl 115). Von den, falls alle echt sind, 130 Liedern und zwei Reimpaarsprüchen Oswalds lassen sich die folgenden in den skizzierten engeren geistlichen Horizont einordnen:

1. Trinität

Die in der Sangspruchdichtung und in der Meistertradition besonders beliebten Themen, wie Trinität, Heilsgeschichte, Kosmos als göttliche Schöpfung in Relation zum Menschen, aber auch die Wunder Gottes in der Welt kommen bei Oswald nur am Rand vor. Eine preisende Anrufung Gottes (Kl 31) wäre hier freilich zu nennen. Die scheinbar fehlende Trinitätsspekulation findet sich ansatzweise im Tischsegen (Kl 14/15, siehe unten). In einem weiteren Lied mit gebethaften Zügen (Kl 29) wird in einem dreistrophigen Bau die Trinität angerufen. Auch im Bußaufruf (Kl 8) und im geistlichen ‚Wecklied' (Kl 2) ist ein explizites Gotteslob und ein Preis des Schöpfers zu finden, und in den Marienliedern (etwa in Kl 13) tauchen natürlich Trinitätsformeln auf. Eine kurze Zusammenstellung der Eigenschaften Gottes, die Oswald an den verschiedensten Stellen zum „Lob und Preis" Gottes versammelt, findet sich bei Joschko (1985, 143–145). Der Komplex verdiente eine eigene Untersuchung, wie sie ansatzweise Suerbaum (2007) für Kl 31 vorgelegt hat, die sie in den Einflussbereich der Psalmrezitation einordnet und mit der Tradition der Trinitäts- und Inkarnationsthematik der Sangspruchdichtung (Rumelant von Sachsen, Hermann Damen) konfrontiert.

2. Christus

Auch die Darstellung der Person Jesu (z.B. durch Vertextung der Evangelien) fehlt. Man kann am Rand zwei ausführliche Passionsdarstellungen dazurechnen (eine davon mit einer heilsgeschichtlichen Einleitung: Kl 111, das Gegenstück dazu als *Compassio Mariae*: Kl 114). Bedeutend ist hier das Lied Kl 29 (Passion und Leiden Christi). Zweimal gestaltet Oswald Lieder zu Christi Geburt: Kl 35 entwirft anschaulich (Ochs und Esel, Krippe) das Bild der weihnachtlichen Szenerie und des wütenden Teufels, der einen Spalt in die Mauer reißt, den Oswald selbst gesehen haben will. Kl 126 enthält ebenfalls die Erwähnung Betlehems und die ausdrückliche Versicherung des Ichs, diese Stadt sei ihm bekannt (V. 5). Das durch Christus erworbene Heil wird an den Stätten des Heils selbst „er-fahren". Oswalds zweitlängstes Lied ist das erwähnte Passionslied Kl 111. Oswald hat, wohl ohne direkt nach den vier biblischen Passionsberichten zu arbeiten, seine Kenntnisse aus Predigt, Liturgie, bildlicher Darstellung oder Passionsspielen. In dem Lied findet sich auch die einzige Zitation von Thomas von Aquin bei Oswald: Kl 111,49. Generell auffällig ist im religiösen Bereich der Verzicht auf den gelehrten Apparat, wie man ihn etwa aus der Sangspruchdichtung (z.B. bei Rumelant) kennt. Gemeinsamkeiten mit einem Passionslied des Mönchs von Salzburg sind festzustellen, ohne dass direkte Abhängigkeit nahe liegt (Spicker 2007, 95 f.; Schnyder 1996).

3. Maria

Die Erwähnung der *Compassio Mariae* (Passionslied Kl 114) schließt eine bei Oswald stark präsente Form mittelalterlicher Frömmigkeit auf: Maria (s. Spechtler 1974, 277 f., vor allem Spechtler 1978 mit einer Gesamtdarstellung der Marienlieder) spielt in seinen Liedern immer wieder eine Rolle:

Oswald nutzt hier nahezu die gesamte Bandbreite der Liedtraditionen um 1400. Als ‚Marienlieder' können bezeichnet werden: die Tagelieder Kl 34 und Kl 40 (weitgehend über Gattungsmischung konstituiert), Lieder aus der lateinischen und liturgischen Tradition (Kl 109, 114 und 130) und – das ist die Mehrzahl – marianische Lieder, die mit Motiven oder Formen der weltlichen Liebeslyrik vermengt sind: Kl 12, 13, 36, 38, 78 (Spicker 2007, 96 f.). Einen ersten Ansatz zu einer Gesamtschau der Marienbilder Oswalds im Blick auf dessen Schönheitsideal bietet Knapp (2002). Hartmann (2007) hat die Marienlyrik Oswalds (nicht ganz 10% seines Gesamtwerks, bestimmender Faktor in seinem geistlichen Liedschaffen) zusammenfassend gesichtet und zählt elf Marienlieder, für die sie folgende Liedtypen feststellt:

- Loblied auf Marias heilsgeschichtliche Funktionen, in dem sie auch als Vortänzerin in einem *raien* apostrophiert wird (Kl 13),
- Bearbeitung eines lateinischen Glossenlieds über das *Ave-Maria* mit eigener Teilübersetzung (Kl 109),
- Lied zu Mariä Verkündigung (Übertragung der lateinischen Sequenz *Mittit ad virginem* = Kl 130),
- Lieddichtung zum Osterfestkreis über das Mitleiden der Gottesmutter (Kl 114; siehe oben Kap. 2),
- zwei Bittlieder in Form von geistlichen Tageliedern (Kl 34 und Kl 40; zu letzterem Schiendorfer, 1996/1997),
- zwei Loblieder in Form von höfischen Tanzliedern (Kl 37 und Kl 38),
- zwei Schönheitspreise mit Motiven weltlicher Minnelyrik (Kl 78 mit auffälligen Parallelen zum Mönch von Salzburg und Kl 120),
- Marienpreis in Form eines autobiographischen Reiseliedes (Kl 12; Hartmann 2007; Kl 37 und 120 bei Spicker 2007 nicht als ‚Marienlieder'; dort stattdessen Kl 36).

Das Glossenlied (Kl 109) gilt einer allgemeinen Anrufung Marias. In drei Marienpreisliedern (Kl 13 und Kl 38 mit Rekurs auf das Tanzlied, Kl 34 mit einer Aufnahme des Tageliedes) gelingt es Oswald, durch Anklänge an weltliche Liebeslyrik und durch „neue Spielformen alter Metaphern, einen eigenen Ton von heiterer Innigkeit und fast erotischer Intensität" anzuschlagen. So Wachinger (1987, 160), der auch Kl 12 als Marienlied, nämlich als Absage an alle Frauen dieser Welt zu Gunsten der *einen* verstehen möchte. Die Bezüge zum Minnesang sind vielfältig. Das betrifft Vokabular und Topik ebenso wie die ‚höfischen Tugenden' *staete, schoene, edele, êre, triuwe* (Goheen 1975). Da sich andererseits – durch eine genaue ‚geistliche Lektüre', wie sie Lutz (1991) oder durch einen Kommentar von Einzelstellen, wie ihn etwa Schulze-Belli (2001/2002) vorgelegt haben – die Bezüge zur geistlichen Tradition in breitem Rahmen nachweisen lassen, ist eine Verortung am Schnittpunkt der Bereiche religiöse Lyrik/‚Minnesang' treffend.

Auffällig sind Verbindungen mit dem Tagelied Kl 34. Oswald steht mit seiner Verbindung von erotischer Bildlichkeit und geistlicher Bedeutung in einer Traditions-Linie. Diese Linie rekurriert auf das *Hohelied* und seine mittelalterlichen Auslegungen, wohl auch auf die (Liebes-)Mystik in der Prägung durch Bernhard von Clairvaux.

Ähnlich als Mischform zu verstehen ist Kl 40, in dem ebenfalls das Verhältnis zu Maria mit erotischer Bildlichkeit aufgeladen wird. Die geistliche Dimension auch dieses Liedes ist inzwischen erkannt worden (vgl. Schiendorfer 1996/97). In Kl 40 werden Motive des Tagelieds mit dem Mailied (u.a. Motiv des geistlichen Maibaums) kombiniert (vgl. dazu Schubert/Spicker 1996). Beide Lieder (Kl 34 und Kl 40) hat Wachinger (2001) im Kontext der Tradition als komplexe Marienlieder gedeutet.

Kl 24 endet mit einem kurzen Preis Mariens als Gebärerin des Erlösers; die Jungfrauengeburt wird in Kl 36 erwähnt, das Maria auch lobend anredet: *vas der barmung uberfluss* (V. 25).

Der Mariengruß Kl 109a ist als einziges lateinisches Lied Oswalds teilweise (Kl 109b) deutsch glossiert. Das Lied selbst hebt vor allem die heilsgeschichtliche Bedeutung hervor (Fürsprecherin, Tilgerin der Schuld Evas, Gefäß Christi; Einzelanalyse bei Spechtler 1978, 185–188).

Die Übersetzung des verbreiteten lateinischen Hymnus *Mittit ad virginem* Kl 130 (liturgisch bezogen auf das Fest Mariae Verkündigung, daneben auch für den Advent belegt) ist in der Tradition der Mariensequenzen verankert. Das Lied steht – ohne direkte Abhängigkeit – im Zusammenhang anderer Übersetzungen (u.a. Mönch von Salzburg und Heinrich Laufenberg; vgl. Spicker 2007, 97; Spechtler 1966 und Bärnthaler 1983).

Kl 114 und das Passionslied Kl 111 (s.o. Nr. 2) sind komplementär zu verstehen (Überschrift in Handschrift B: *Compassio beate virginis Mariae*; in Handschrift c beide direkt hintereinander überliefert), doch ist in Kl 114 der Schwerpunkt auf das Leid der Gottesmutter verlagert. Mit Spechtler (1978, 192) ist in einer Vermittlung des Kreuzesleides Christi durch die *Mediatrix* Maria eine ‚Vermenschlichung' des Leides Christi in der Tendenz der Laienfrömmigkeit der Zeit (Spiele gerade in Tirol, bildende Kunst) zu konstatieren.

Die nicht näher liturgisch zu verortenden Lieder (mit Metaphorik aus ‚Minnesang', marianischer und *Hohe-Lied*-Tradition) wurden in der Regel kontrovers diskutiert, denn ihre Zuordnung als Marienlieder ist nicht eindeutig:

Gerade aus diesem Changieren ergibt sich der Reiz. Man muss sich freilich klar machen, was es in seiner Zeit bedeutet, wenn Oswald in Liedern die Geliebte und die Gottesmutter gleichzeitig in einer einzigen Adressatinnen-Rolle anspricht.

4. Heiligenlieder und Heiligenverehrung

Heiligenlieder und Heiligenverehrung im engeren Sinn finden sich in Oswalds Oeuvre nicht. Das Lied Kl 1 (siehe unten Kap. 6c) ruft die Heilige Katharina als Fürsprecherin an. Oswald hat sich (da in Handschrift A eine ältere Bearbeitung von Kl 28 getilgt wurde, wohl um Platz für eine überarbeitete Version zu schaffen) aber insgesamt dreimal am Typus Kalendermerkgedicht versucht, wie die beiden erhaltenen *Cisioiani* in Kl 28 und Kl 67 zeigen. Oswald ist dabei darum bemüht, Heiligenkalender mit einer sehr großen Namensdichte zu schaffen. Dabei wird im Register der Handschrift A, in der die Texte hintereinander geboten werden, unterschieden in eine gesprochene (Kl 67) und eine gesungene (Kl 28) Version (Spicker 2007, 75 und 77; zu den *Cisioiani* auch: Spechtler 1973; Kersken 1975).

5. Der Mensch im Kirchenjahr und in der religiösen Zeit

Eine größere Rolle als die auffällig schmale Heiligenverehrung spielt das Kirchenjahr und die Liturgie im engeren Sinne sowie damit locker im Zusammenhang stehende Lieder zu speziellen Anlässen. Zwei Lieder zu Weihnachten (Kl 126 und Kl 35, das letzte mit Erinnerungen an Oswalds eigene Pilgerfahrt nach Betlehem) und zwei ausführliche Passionsdarstellungen könnten Weihnachten und Ostern zugeordnet werden. Die Übersetzungen der lateinischen Sequenzen gelten Ostern (Kl 129) und Mariae Verkündigung (Kl 130). Dazu kommt ein Morgensegen (Kl 29) und ein Tischsegen: Oswald formt dabei aus einem zweigeteilten Tischsegen zwei einzelne Lieder: Kl 14 und Kl 15 (zum Tischsegen besonders Spechtler 1977, 179–283).

6. Menschliche Reaktionen auf religiöse Herausforderungen

Menschliche Reaktionen auf die Herausforderungen im religiösen Bereich beschreibt Oswald in einer Reihe von Liedern:

6a) Der Aufruf zum Wachen findet sich in mehreren Liedern: Kl 118, möglicherweise das späteste erhaltene Lied Oswalds, kann als geistliches Wecklied mit Sündenmahnung verstanden werden (dazu Spicker 2007, 89 f.). Edition und Kommentar von Kl 118 (und Oswalds Maria/Tagelied Kl 40) jetzt bei Schnyder 2004. Damit (und mit dem Überblick über das geistliche Tagelied bei Derron/Schnyder 2000) ist eine Einordnung Oswalds in die Tradition möglich geworden.
Auch Kl 2 wird schon durch das erste Wort (*Wach, menschlich tier*) in den Umkreis des Tageliedes gerückt. Schon die ersten Verse zeigen die zentralen Gedanken: Umkehr, Diskrepanz zwischen göttlichem Schöpfungsplan und menschlichem Verhalten, Sündhaftigkeit; dann der Bekehrungsaufruf und die Beschwörung der Allmacht Gottes als Schöpfer und Erhalter. Die These der Forschung von der ‚Inkohärenz' bzw.

‚Rollendualität' des Liedes (Hartmann 1980, 86–97: „Gefangener der Liebe" und geistlicher Wächter) versucht Schnyder 1988 durch die Verbindung der Gattungsmuster ebenso zu erklären wie die Zusammenhänge des Liedes (Predigt, Perikope, Konrad von Megenberg).

6b) Das Bewusstsein der eigenen Sünde, die Notwendigkeit der Beichte und Buße ist bei Oswald mehrfach greifbar. Eindringliche Mahnungen finden sich zum Beispiel im Lied von den sieben Abteilungen der Hölle (Kl 32); Kl 39 bietet hingegen einen Beichtspiegel von „unerhört gedrängter Wortfülle der Sündenkataloge" (Wachinger 1987, 160). Mit Jones (1980) ist weniger von einem subjektiven Konfessionscharakter als vom didaktischen Impetus des Stückes auszugehen, das im Kontext von Beichtformeln, Beichtspiegeln und anderen Beichtliedern (u.a. Hans Rosenplüt, Hans Folz, Heinrich Wittenwiler) zu sehen ist. Kl 8 bietet einen Aufruf zur Buße mit Gedanken des Gotteslobes (durch die Natur und der in der Natur möglichen Gotteserkenntnis).

6c) Sündenklage, Altersklage, Todes- und Höllenangst, Weltabsage und Glaubenshoffnung bilden einen für Oswald „besonders wichtigen Themenkomplex" (Wachinger 1987, 160 f.). Sündenbewusstsein, Todesangst und das Gedenken ans Jenseits werden etwa in Kl 24 und in Kl 36 miteinbezogen. Todesnähe kann (in Kl 23) freilich auch komische Dimensionen gewinnen und erst in der Schlussstrophe in den Ton des *memento mori* einlenken (Wachinger 1987, 161).

In einer relativ geschlossenen Gruppe von Liedern treten all diese Motivkomplexe stärker in den Vordergrund. Überlieferung (dazu Moser im vorliegenden Band) und Zuweisung einer gemeinsamen Melodie deuten auf eine frühe Einheit. Spechtler (1971, 175) rechnet aber zahlreiche Lieder dieser Gruppe (Kl 1, Kl 2, Kl 3, Kl 4 und die Weltabsage Kl 5–11) nicht zu den geistlichen Liedern im engeren Sinn. In dieser Gruppe wird der Gesamtkomplex auf die eigene Lebenssituation, hier natürlich die Gefangenschaft und ihre Folgen, bezogen. Diese Situation ist aber nicht ausschließlich autobiographisch zu deuten: Das eigene Leben wird zum didaktischen Exempel. In diese Richtung führt schon Hartmanns grundlegende zusammenhängende Darstellung der Lieder Kl 1–7, die z.B. Kl 1 im Rahmen exemplarischer Selbstdarstellung spätmittelalterlicher Didaxe liest (Hartmann 1980, hier 45–85). Die Gruppe wird gebildet durch Kl 6–11, die von der genannten Thematik bestimmt sind, durch Kl 5, das diese Thematik in einer Altersklage konkret fasst, und durch Kl 1, 2 und 4, die im Blick auf die frühere Geliebte zusätzlich auch die Reflexion über wahre und falsche Minne einbringen. Auch Kl 3 (apokalyptische Einleitung und biblische Beispielfiguren) ist in diese Linie einzubeziehen.

Kl 11 schildert die Verkehrung des Lebens in der Welt. Die *tummen vrouwen und ouch man* (V. 12) sollten das Streben nach *gût* und *wertlich er* (V. 14) als Weg zur Hölle erkennen und auch beklagen. Selbst bei den Tieren ist die rechte Ordnung gegeben. Dem steht die „Vertierung" des Menschen gegenüber. Die Frage nach dem Verbleib von Verwandten und Freunden angesichts der Vergänglichkeit führt zur Kritik an *meiner frau.* Gemeint ist hier weniger die ‚reale' Geliebte (vermutet wurde darin eine Anspielung auf Anna Hausmann), sondern *meine frau* ist als allegorische Personifikation zu lesen: Frau Welt (Spicker 2007, 105). Die Interpretation, durch Lutz (1991, 56–61) verortet Oswald in der paulinischen Tradition.

Das dreistrophige Lied Kl 6 thematisiert „Todesvisionen und die Furcht, für die Sünden Buße leisten zu müssen [...]. Oswald entwickelt zu Beginn das apokalyptisch-eschatologische Bild einer gehörnten Bestie, die das Ich vernichten will" (Spicker 2007, 107). Das heißt nicht, dass Kl 6 und die anderen Lieder der Gruppe unbedingt als Ergebnis einer *Conversio,* die erst durch Inhaftierung und Folterung hervorgerufen wurde und als reines Zeugnis ‚gebrochener Individualität' zu lesen wären: Religiöse Dichtung allgemein (so auch diese) gehört zum Repertoire, ohne dass sie gleich durch konkrete Lebensumstände angeregt sein muss. So Schumacher (2001), der das Lied in den Kontext der Tradition (*Contemptus mundi, Ars moriendi,* Jedermann-Spiel, Totentanz) stellt. Aufschlussreich ist dabei auch ein Vergleich mit den Teufelsvorstellungen oder den Vorstellungen vom Bösen zu Oswalds Zeit in Literatur, Bräuchen und bildlicher Darstellung, konkret gerade in Brixen (U.M. Schwob 1989). Auch die warnende Frauenschelte aus Kl 3 gehört durch die Reihe zwölf betrogener Männer aus der Bibel ansatzweise in den Kontext des Geistlichen.

Die Gesamtgruppe wird in den Handschriften A, B und c, bedingt wohl durch die Eingangsworte *ain anefank,* mit dem großen siebenstrophigen Lied Kl 1 eröffnet: umfassende Reflexion der Sündenschuld, Weltabsage bedingt durch Todesangst, in die sich als Negativexempel auch das Rollen-Ich des Textes einbringt. Die Eingangsverse zitieren einen bekannten Psalm (110, 10 [111, 10]: *initium sapentiae timor Domini*, ‚Gottesfurcht ist der Weisheit Anfang'). Das Lied mahnt angesichts der eigenen Todesfurcht zu radikaler Umkehr. Dabei wird auch die heilige Katharina (eine der Vierzehn Nothelfer) angerufen, die durch die Familie Vilanders-Wolkenstein besonders verehrt wurde. Das Zentralthema ist die Reflexion über wahre und falsche Liebe. Liebe verbindet Gott und Menschen; sie ist so stark, dass sie sogar *gott den herren* [dazu] *twinget,* dass er dem Sünder vergibt (V. 4 f.). Demgegenüber steht die Frauenliebe, die dazu führt, dass das Ich dem Anspruch der Gottesliebe nicht gerecht werden kann. Das Lied mündet, die Ansprüche versöhnend, in einem Gebet für die Geliebte. Insgesamt ist Kl 1 ein „eindringliches Beispiel erbaulich-didaktischer Reflexion. Aufgrund der konkretisierenden Gefangenschaftsmetaphorik wird es in der Regel auf die persönliche Erfahrung Oswald während seiner Gefangenschaft 1421 bezogen. Die im Lied nur *frau* genannte Geliebte wird mit Anna Hausmann identifiziert. Oswald verwendet indessen eine große Zahl bekannter Vorstellungen und Muster aus geistlicher Reflexion und verbindet sie mit der topischen Metaphorik des Minnesangs. Die Aussage des Liedes ist überpersönlich, die Sündenklage hat exemplarische Funktion und erlangt als Weltabsage einen übergeordneten didaktischen Wert" (Spicker 2007, 114).

In einigen weiteren geistlichen Reflexionsliedern wird punktuell die biographische Anspielung miteinbezogen: Kl 4 (Bußaufruf, Hauptsünden), Kl 7 (Demut, Gebet für das Seelenheil), Kl 23 (Paulus-Bezug), Kl 4 und 36 (Sündenbewusstsein, Todesangst und Furcht vor dem Jenseits, die zur Mahnung eingesetzt werden; Spicker 2007, 115). Ein warnender und mahnender Altersrückblick mit Besinnung auf den Tod ist neben Kl 5 auch Kl 23.

Dass auch die berühmte ‚Lebensballade' Kl 18 im religiös-geistlichen Horizont gelesen werden kann, zeigt sich für Teile, wenn man die Dame der Strophe V (mit Fürbeth 1996, 97) als Maria interpretiert, und (ebenfalls mit Fürbeth) das Ganze als intendiertes Beicht- und Bußlied liest.

7. Verbindungen von Religiosität und Recht

Eine Verbindung zwischen religiösen und rechtlichen Aspekten ergibt sich bei Oswald dort, wo er sich – die im Mittelalter übliche Vorstellung teilend, dass Gerechtigkeit eine von Gott gewollte und ausstrahlende Tugend des Menschen sei – auf den *ein[en] brunn aller recht* beruft (Kl 112, dazu Lamberg 1974; allgemein: Goheen [1982], 22 f.).

8. Die Umsetzung des Religiösen in der geschichtlichen Situation

8a) Oswalds Anwesenheit beim Konzil von Konstanz ist seit je viel beachtet worden. Die Lieder, die für einen Aufenthalt dort in Frage kommen – nicht das spätere Konstanz-Lied Kl 98 und das ‚Überlingenlied' Kl 45 (dazu: A. Schwob 1980/81 und Brunner/Wachinger 2007, 376 f.) – bieten bemerkenswerter Weise keine geistlichen Reflexe, sondern schildern u.a. das Treiben der dortigen Damenwelt, nicht den theologisch-politischen Diskurs; eine Ausnahme ergäbe sich nur, wenn das Hussitenlied Kl 27 eigentlich als Anti-Hus-Lied (s. unten) zu interpretieren wäre.

8b) Zu den beiden Hussitenliedern (Kl 27 und Kl 134, letzteres fragmentarisch überliefert, Text bei Wachinger 2000, 421 f.; dazu auch: A. Schwob 1977 u.ö., 231 und Schweitzer 1996/97, 42 f.): Oswald, der mehrfach (Belagerung der Burg Vysehrad bei Prag 1420 u.a.) Hussiten begegnete, wendet sich heftig gegen die Ketzer, lehnt Verhandlungen mit ihnen ab, ruft im ‚Sprachspiel' der Zeit [*Hus* = ‚Gans'] zum Braten der ‚Gänse' auf und bittet Maria um Hilfe im Ketzerkampf. Diese Seite an Oswalds geistlich-politischer Propaganda hat in der Forschung starke Beachtung gefunden (siehe oben; U.M. Schwob 2001; dies. 2004; Feldges 1977; Könnecker 1980). Feldges wollte Kl 27 nicht wie sonst als Hussiten-Kreuzzugslied verstanden wissen, sondern als Auseinandersetzung mit Jan Hus selbst vor seiner Verbrennung am 6. Juli 1415. Einigkeit besteht darin, dass im Lied nicht die religiös-dogmatischen ‚Ketzereien' von Hus im Zentrum stehen, sondern die Erschütterung der ständisch-politischen Ordnung durch ihn und seine Anhängerschaft (so auch Könnecker 382 f.) mit Rekurs auf die Stände/Ordo-Darstellung in Kl 112 und 113 (vgl. Spicker 2007, 140 f.). Schweitzer (1996/97) stellt den geistlich-dogmatischen Diskurs (Wiclif) stärker in den Vordergrund. U.M. Schwob (2001 und 2004) sieht mit guten Gründen die Lieder Kl 134 und Kl 27 im Kontext historischer Ereignisse von 1431 und 1420 (Belagerung von Vysehrad), Lied Kl 27 besonders im Rahmen des ideologischen Kampfes (und der Propaganda und Gegenpropaganda) gegen die Hussiten.

8c) Oswald ist mehrfach als Preußenfahrer zu greifen, Teilnahme an Feldzügen 1399 und 1402 ist wahrscheinlich. Außer der Nennung der Orte (in Kl 18, 26, 44, 123) gibt es davon kaum Reflexe in seinen Texten, in Sonderheit keine von religiös/geistlicher Bedeutung (zum Komplex A. Schwob 1990 und U.M. Schwob 2008).

8d) Die Pilgerreise nach Jerusalem und in den Orient, die bisher nicht sicher datierbar ist (ca. 1410 ?), schwingt nach in einigen Textstellen der „Länderkataloge", im Abschiedslied Kl 17, in Kl 51; und im geistlichen Sinn ist sie in zwei Liedern über die Geburt des Herrn durch die reine Jungfrau bedeutsam (Kl 126 I,5 und besonders Kl 35; siehe oben Kap. 2). Die Forschung hat sich bisher mehr für die Datierung und die Hintergründe der Pilgerreise interessiert als für eine geistlich-religiöse Interpretation der Lieder. Ihre Bedeutung liegt darin, dass Heil und Heilsgeschichte sich mit der eigenen Person unmittelbar verbinden (Mayr 1959 und 1980; A. Schwob 1977 u.ö.; Robertshaw 1994/95).

Soweit die Texte. Oswalds religiöse/geistliche Haltung, die hier Ausdruck findet, hat Ausflüsse in der ‚Realität', in der Lebenswirklichkeit; zu diskutieren wäre in diesem Zusammenhang der Brixner Denkstein und seine mögliche Funktion im Zusammenhang der Palästinareise (Schwob 1977 u.ö., 75 ff.; ders. LZ 1999; Fürbeth 2003/4), ferner die Kapellenstiftung im Brixner Dom (A. u. U.M. Schwob 1999; A. Schwob 1977 u.ö., 44 ff.). Gerade im Fall Oswalds und seiner Familie lässt sich exemplarisch zeigen, wie etwa das „Schreckbild vom jähen Tod", das die Lieder entwerfen, mit dem konkreten Verhalten Oswalds korreliert und wie sich allgemeine „Tarifbußgesinnung", Stiftungen und materielle Leistungen zum Kauf von Fürbitte dazu verhalten (U.M. Schwob 1996/97).

Offene Fragen bleiben in Bezug auf die Texte schon genug: Was sich eigentlich hinter Oswalds Aussage verbirgt, er habe nach einer *conversio* gestrebt und sei zwei ganze Jahre lang ein „halber Begarde" gewesen, ist beispielsweise immer noch unklar (Kl 18 IV,1 f.; zuletzt Brunner/Wachinger 2007, 349 f.). Man hat die Pole von Oswalds Leben und Liedern benannt: rechte versus falsche Liebe, Gott und Jenseits versus Welt und Teufel, heilige Ordnung versus sündige Perversion; und man hat darin den „Schlüssel" zu seinem Oeuvre gesehen, auch weil die Sammlung seiner Lieder geistlich beginnt und endet, und weil so „das Geistliche das Ganze zeichenhaft trägt" (Lutz 1991, 69–72). Die geistlichen Lieder Oswalds verdienen (und benötigen dringend!) eine eigene große Gesamtwürdigung. Auffällig ist der insgesamt breite Bereich des Geistlichen, den Oswald abdeckt, ohne sich dabei je zu wiederholen.

(Eine erweiterte Version dieses Beitrags wird demnächst abgedruckt in JOWG.)

Oswald von Wolkenstein und das Rechtswesen seiner Zeit

Martin P. Schennach

1. Einleitung

Eine rechtshistorische Beschäftigung mit OvW kann zwei Zugänge wählen: So ist einerseits aus einer biographischen Perspektive die Stellung des Dichters zu rechtlichen Problemlagen seiner Zeit zu eruieren sowie seine konkrete Teilhabe an Rechtswesen und -pflege zu beleuchten, andererseits ist der Niederschlag von Rechtsphänomenen in seiner Dichtung zu analysieren. Dabei muss sich der Rechtshistoriker stets des hermeneutischen Problems der (potenziellen) literarischen Brechung seines Untersuchungsgegenstandes bewusst sein (Schmidt-Wiegand 2008, mit weiteren Literaturhinweisen).

2. Oswald von Wolkenstein und das Rechtswesen

OsvW Beteiligung an zahlreichen Rechtsgeschäften hat in umfangreichem urkundlichen Material ihren Niederschlag gefunden. Seine rechtsgeschäftliche Tätigkeit entspricht dabei seiner sozialen und familiären Stellung und muss hier nicht eingehender besprochen werden (hierzu ausführlich Rachoinig 2009).

2.1. Oswald von Wolkenstein und die Rechtspflege

2.1.1. Oswalds Mitwirkung im Rahmen der ordentlichen Gerichtsbarkeit

Die Vielzahl von Gerichtsständen – Landgerichte, das Hofgericht Brixen, das Hofrecht in Meran und Bozen, das landesfürstliche Hofgericht in Innsbruck –, an denen OvW im Lauf der Jahrzehnte entweder als Prozesspartei oder als Beisitzer (Urteiler) auftritt, reflektiert die durchaus komplexe Zuständigkeitsverteilung zwischen den Gerichten, deren persönliche, räumliche und sachliche Kompetenzen noch keineswegs eindeutig voneinander abgegrenzt, sondern teilweise noch bis in die zweite Hälfte des 16. Jahrhunderts umstritten waren (Schennach 2010, 326–330; Stolz 1998, 121–122). Dies betrifft u.a. das Verhältnis zwischen dem in Meran und Bozen Recht sprechenden Hofrecht und dem landesfürstlichen Hofgericht in Innsbruck, das sich nach der Verlegung der Residenz nach Innsbruck 1420 herausgebildet hatte. Hier fungierten nicht wie am Hofrecht landsässige Tiroler Adelige sowie Bozner und Meraner Bürger unter dem Vorsitz des Landeshauptmanns als Beisitzer, sondern ausgewählte landesfürstlichen Räte, so dass die landesfürstlichen Möglichkeiten der Einflussnahme auf den Prozessausgang im Vergleich zum Hofrecht deutlich größer waren. Die Edition der Lebenszeugnisse OsvW legt nahe, dass Kläger gerade bei als besonders konfliktträchtig erachteten Streitgegenständen dazu neigten, zur raschen und erfolgreicheren Durchsetzbarkeit des angestrebten Urteils einen Rechtsstreit unmittelbar beim Landesfürsten anhängig zu machen (z.B. LZ 111, 227–229).

Während OvW vor Landgerichten erwartungsgemäß nur bei Klagen um Grund und Boden gegen nicht-adelige Beklagte auftritt (LZ 177 und 258), scheint er beim Hofrecht in Bozen und Meran sowohl als aktiv wie auch als passiv Klagslegitimierter auf (z.B. LZ 202 f., 230), ebenso als Beisitzer (z.B. LZ 58). Demgegenüber tritt OvW vor dem landesfürstlichen Hofgericht in Innsbruck ausschließlich als Beklagter auf, was wohl nicht nur durch die archivalische Quellenüberlieferung bedingt ist, sondern eher als Ausdruck einer Vermeidungsstrategie OsvW angesichts seines zerrütteten Verhältnisses zu Herzog Friedrich IV. und folglich schlechter Prozessaussichten gewertet werden muss. Nur in Situationen, die keine andere Handlungsoption mehr offen ließen, erklärte sich OvW bereit, gegen ihn gerichtete Klagen vor Friedrich IV. auszutragen (siehe z.B. LZ 72).

Als Lehensmann des Bischofs von Brixen spielte OvW überdies beim Hofgericht Brixen – im Wesentlichen das Pendant zum Innsbrucker Hofgericht im weltlichen Herrschaftsbereich des Bischofs – früh eine exponierte Rolle (z.B. LZ 42, 59). 1409 fungierte OvW als „Hauptmann des Gotteshauses Brixen“ und übernahm damit in der Zeit der Abwesenheit des Bischofs als dessen weltlicher Vertreter eine wichtige Funktion, kam doch dem Hauptmann nach Ausweis erhaltener Instruktionen unter anderem die Wahrung des Rechts und die Pflege der Gerichtsbarkeit zu (Robertshaw 1977, 13–20; A. Schwob 1977, 46–47, 65–67; A. Schwob 1978, 12–13). Wenngleich sich keine einschlägigen Quellen erhalten haben, ist „eine Tätigkeit als Hofrichter [...] nicht ausgeschlossen“ (Joschko 1985, 57–58).

2.1.2. Oswalds Mitwirkung im Rahmen der Schiedsgerichtsbarkeit

Die Lebenszeugnisse OsvW reflektieren die herausragende Bedeutung der kompromissarischen Gerichtsbarkeit im Tiroler Raum in der ersten Hälfte des 15. Jahrhunderts. Insofern ist es durchaus repräsentativ, dass Oswalds Auftreten sowohl als Streitpartei (z.B. LZ 47, 63, 128) als auch als Urteiler (z.B. LZ 42, 58 f., 94, 125) oder gar Obmann eines Schiedsgerichts (z.B. LZ 61, 266) häufiger belegt ist als im Rahmen der ordentlichen Gerichtsbarkeit. Während er in der Reimpaarrede *Mich fragt ein ritter angevar* (Kl 112) mit Kritik an der Rechtspflege nicht spart, wird die Schiedsgerichtsbarkeit ausdrücklich positiv erwähnt (Lamberg 1983, 222). Schließlich wies die kompromissarische Gerichtsbarkeit, deren Wurzeln in Tirol auf das ausgehende 12. Jahrhundert zurückgehen dürften (Kobler 1975), erhebliche Vorteile auf: Da die Zusammensetzung des Schiedsgerichts stark durch die zugrunde liegende Parteienvereinbarung geprägt war, konnte zumeist jede streitbeteiligte Partei davon ausgehen, ihre Sichtweise schon im Urteilergremium hinreichend vertreten zu sehen. Dies versprach die Akzeptanz des Schiedsspruchs zu erhöhen und eine Eskalation des Konflikts in Fehdehandlungen hintanzuhalten.

Die Lebenszeugnisse OsvW spiegeln dabei das breite Spektrum von Möglichkeiten der Konstituierung des Urteilergremiums wider, die in der grundlegenden, oft im so genannten „Anlass-“ oder „Hintergangbrief“ schriftlich fixierten Parteienvereinbarung festgeschrieben wurden: So konnte unter anderem der Obmann (die Obmänner) einvernehmlich von den Parteien bestellt und diesem die Auswahl der Urteiler überlassen oder aber sämtliche Urteiler konsensual benannt werden (s. LZ 260); ebenso ist belegt, dass jede Partei eine bestimmte Zahl von Schiedsleuten bestellte, die ganz bewusst als Vertreter ihrer Rechtsansicht fungieren sollten und dementsprechend dezidiert als „Sprecher“ bezeichnet werden (LZ 98, 266). Der fehlende Einfluss einer Streitpartei auf die Zusammensetzung der Urteiler deutet auf eine schwache Position des Betreffenden hin (so z.B. bei OvW im Sommer 1422 in seinem Streit mit Martin Jäger, s. LZ 128). Häufig wurde die Anfechtung eines Schiedsspruchs vor einem ordentlichen Gericht durch eine vereinbarte Strafdrohung ausgeschlossen (so z.B. LZ 261).

2.1.3. Oswald von Wolkenstein und die Femgerichtsbarkeit

Die mit einem Freigrafen und sieben Freischöffen besetzten westfälischen Femgerichte hatten seit dem ausgehenden 14. Jahrhundert ihre ursprünglich räumlich und sachlich auf Landfriedensbruch begrenzte Zuständigkeit ausgeweitet, bei Nachweis von Rechtsverweigerung oder -verzögerung auch auf zivilrechtliche Streitigkeiten. Dabei waren die Freischöffen nicht nur für die Urteilsfällung zuständig, sondern nach ihrer Aufnahme als Freischöffe und ihrer Einweihung in das Verfahren der Feme unter anderem auch zur Urteilsvollstreckung verpflichtet. Wie die um 1430 in Tirol nachweisbaren Freischöffen (U.M. Schwob 2009, 65) versuchte auch OvW, sich in Fällen, bei denen eine Prozessführung in Tirol bzw. im Hochstift Brixen aussichtslos gewesen wäre, die prozessualen Vorteile der Femgerichtsbarkeit nutzbar zu machen (zum Folgenden U.M. Schwob 2009). Nach seiner Aufnahme als Freischöffe anlässlich einer Reise nach Westfalen im Winter 1427/1428 ließ OvW vor dem Arnsberger Freistuhl gegen Hans von Villanders, den Grafen Johann Meinhart von Görz, einen Bruder des regierenden Görzer Grafen, und den Brixner Bischof Ulrich Putsch Klage einbringen. Ab Herbst 1429 verfolgte OvW diese Klagen nicht weiter, hatten doch die Übergriffe auf Bischof Ulrich in der Brixner Hofburg, an denen OvW in exponierter Stellung beteiligt gewesen war, sowie die zeitgleiche Tötung des Hans von Annenberg durch sieben Tiroler Freischöffen OvW selbst in eine prekäre Lage gebracht, die durch die Verfemung eines seiner Diener noch an Brisanz gewann.

2.2. Oswald von Wolkenstein und die Ausbildung der Landeshoheit

Die Anrufung auswärtiger Gerichte musste als implizites Infragestellen der landesherrlichen Jurisdiktionsgewalt und damit der Landeshoheit besonders bei einem Landesfürsten wie Herzog Friedrich IV. Unmut erregen (A. Schwob 1978, 20–21). Zwar konstituierten nach zeitgenössischer Rechtsauffassung (im Unterschied zum späteren, von Jean Bodin geprägten Konzept der Souveränität) ein ganzes Bündel von Herrschaftsrechten die Landeshoheit (*superioritas territorialis*) über ein bestimmtes Gebiet, doch stellte die *iurisdictio*, die Wahrung des Rechts, mithin die Einrichtung des Justizwesens und die Rechtspflege, eines ihrer Kernelemente dar (Willoweit 1975, 17–47 und 186–198). Ähnliches gilt für die wiederholte Einschaltung König Sigmunds durch OvW im Streit mit seinem Landesfürsten, zumal eine Tätigkeit in Diensten des Reichsoberhaupts von Friedrich IV. ebenfalls als mit der Stellung eines landsässigen Adeligen unvereinbar betrachtet wurde.

Tatsächlich ist gerade die Regierungszeit Friedrichs IV. zentral für die Ausbildung und Konsolidierung der Landeshoheit namentlich gegenüber konkurrierenden adeligen Gewalten, wobei OvW durchgehend prononciert auf der Seite der Gegenspieler des Habsburgers stand. Die Ausschaltung der Tiroler Adelsopposition als Machtfaktor, namentlich von Heinrich von Rottenburg 1411 sowie der Gebrüder Wilhelm und Ulrich von Starkenberg 1426, erfolgte zwar letztlich militärisch – dem Machtkampf lagen jedoch divergierende Auffassungen darüber zugrunde, welches (Verfahrens-)Recht in der Gefürsteten Grafschaft Tirol gelten sollte.

2.2.1. Der Kampf für das „Tiroler Landrecht“

Der Adel und namentlich die Starkenberger pochten dabei nachdrücklich auf die Einhaltung des „Tiroler Landrechts“. Dieser Begriff bezeichnete nicht nur allgemein das in Tirol geltende Gewohnheitsrecht, sondern in einem engeren Sinn die „Rechte und Freiheiten“ der Tiroler Landstände, die ab der zweiten Hälfte des 15. Jahrhunderts unter dem Terminus der „Tiroler Landesfreiheiten“ subsumiert wurden (hierzu Schennach 2010, 638–640). In der Auseinandersetzung zwischen Friedrich IV. und der Adelsopposition kam dem Freiheitsbrief von 1406 eine besondere Bedeutung zu (Edition bei Schwind/Dopsch 1895, 297–299; Schober 1990, 15–18). Darin sicherten die Aussteller Friedrich IV. und Leopold IV. u.a. zu, sie würden *nyemand an recht entwern*, d.h. niemandem ohne ordentliches Gerichtsverfahren ein Recht entziehen. Darüber hinaus garantierten sie die Bestimmung, dass jeder in Tirol entstehende Rechtsstreit während ihrer Abwesenheit von Tirol *in denselben unsern landen vor unsern haubtleuten und den gerichten, als das von alter her ist komen*, ausgetragen werden müsse, *und sol daraus nicht getzogen werden* […] (Schober 1990, 17). Schließlich sollte jede Strafe von einem Gericht verhängt werden. Diese Zusicherung zielte vor allem auf die Bewahrung der Gerichtsstandprivilegien des Tiroler Adels ab (zum Folgenden v.a. Kranich-Hofbauer 1994; A./U.M. Schwob 1999; Hageneder 1999; s. schon A. Schwob 1974, 255–256). Ein Adeliger dürfe, so die daran anknüpfende Argumentation der Starkenberger, nur von seinesgleichen verurteilt werden; dem Landesfürsten sei es nicht erlaubt, einen Rechtsstreit außer Landes zu ziehen oder den Gerichtsumstand nach seinem Gutdünken zusammenzustellen (Kranich-Hofbauer 1994, 65). Demgegenüber reklamierte Friedrich IV. eine bedingungslose Unterwerfung auf Gnade und Ungnade, wobei er auf das Recht des Hauses Österreich Bezug nahm. *In concreto* war damit die Bestimmung des *Privilegium maius* gemeint, demzufolge jeder offene oder geheime (!) Widerstand gegen den Herzog ausreichte, um den vermeintlichen Missetäter ohne Verfahren um seine Güter und sein Leben zu bringen (Hageneder 1999, 25–26; Kranich-Hofbauer 1994, 101–102). Es ging also wesentlich um die Frage des räumlichen Geltungsbereichs des *Privilegium maius* und ob sich dieser auf Tirol erstrecke, zumal das *Privilegium maius* die Ausübung der Gerichtsbarkeit dem Landesfürsten vorbehielt.

Schon im August 1406 hatten sich 21 Tiroler Adelige, unter ihnen auch OvW, im Bund des Elefanten zur Wahrung ihrer „Rechte und Freiheiten“ zusammengeschlossen, wobei der Schutz des Landrechts gegen landesfürstliche Eingriffe im Bundesbrief bezeichnenderweise an erster Stelle erwähnt wird (Edition: LZ 28). Sowohl Heinrich von Rottenburg als auch die Starkenberger hatten gegenüber Friedrich IV. erklärt, dass bei Scheitern eines gütlichen Ausgleichs mit dem Herzog ihre Standesgenossen – die Tiroler Landherren, nicht die landesfürstlichen Räte – den Streit durch Prozess und Urteilsspruch beenden sollten (Brandis 1823, 309–310; A. Schwob 1977, 82). Demgegenüber sagte der Herzog nur ein Verfahren gemäß *dez loblichen hawss Osterrich sytt und gewonhait* zu, bei dem seine Räte als Urteiler zu fungieren hätten (Kranich-Hofbauer 1994, 292–293; Hageneder 1999, 22). Die Konfliktlage entsprach jener zwischen OvW und dem Herzog (s. auch A. Schwob 1977, 188). Mochte sich OvW auch gegen Jahresende 1421 anlässlich seiner Gefangensetzung durch Martin Jäger auf Forst notgedrungen bereit erklärt haben, gegen ihn gerichtete Klagen vor Friedrich IV., *seinen Réten vnd Lanndslewte / die er dann darczu seczt* (LZ 106), auszutragen, reagierte er noch in der zweiten Jahreshälfte 1425 auf eine landesfürstliche Ladung mit dem demonstrativen Hinweis auf den Freiheitsbrief von 1406 (LZ 155; s. schon A. Schwob 1977, 188). Ebenso wie die Starkenberger musste OvW in seiner Unterwerfungserklärung vom Mai 1427 (Noggler 1882, 154–156; A. Schwob 1977, 196–199; A. Schwob 1978, 18–19) den landesfürstlichen Rechtsstandpunkt bedingungslos anerkennen und erklären, nicht nur in Zukunft keinem anderen Herren mehr zu dienen, sondern in den Ländern Friedrichs IV. im Fall einer Klage fortan *recht nemen vnd geben* zu wollen *an stetten da das billich ist in denselben lannden* (LZ 168), wobei die Auslegung des Rechtszustandes offensichtlich uneingeschränkt dem Landesfürsten zukommen sollte.

Die Unterwerfung stellte für OvW vor allem angesichts der demütigenden Rahmenumstände zweifellos eine erhebliche biographische Zäsur dar, die auch literarisch entsprechend verarbeitet wurde (A. Schwob 1979/1980, 24–25; A./U.M. Schwob 1999). Ob für OvW auch absehbar war, welchen Einschnitt die beiden ersten Dezennien der Herrschaft Friedrichs für die Rechts- und Machtstellung des Tiroler Adels darstellten, bleibt unklar. Für die Festigung der Landeshoheit bedeutete die Niederwerfung der Adelsopposition zwar einen Quantensprung, doch war dies letztlich ein sich über Jahrzehnte hinziehender Prozess, der noch keineswegs zu einem Abschluss gelangt war. Dies vermag nicht nur die mit der postulierten Gerichtshoheit nicht zu vereinbarende Tätigkeit der Femgerichte zu illustrieren, deren letzte Spuren sich in Tirol bis in die ausgehende Regierungszeit Herzog Sigmunds nachweisen lassen (U.M. Schwob 2009, 162–170).

2.3. Oswald von Wolkenstein und das Fehdewesen

Vor allem die Fortdauer adeliger Fehdeführung als Mittel zur gewaltsamen Verfolgung von behaupteten Rechtsansprüchen zeigt, dass sich das mit der Durchsetzung der Gerichtshoheit Hand in Hand gehende Gewaltmonopol des Landesfürsten nur allmählich gegen konkurrierende Herrschaftsträger Durchbruch verschaffen konnte – gegen Herrschaftsträger, die sich lange Zeit ebenfalls zur legitimen Gewaltausübung berechtigt sahen (Wadle 2001, mit weiteren Literaturhinweisen). Zwar war OvW ebenso wie seinen Standesgenossen bewusst, dass die Fehdeführung an gewisse Voraussetzungen (z.B. ihren subsidiären Charakter) und an bestimmte Formen wie z.B. das vorherige Ankünden von Fehdehandlungen geknüpft war (Rösener 1998), deren Einhaltung im Konfliktfall sich sichtlich auch OvW angelegen sein ließ. Nach der Niederwerfung der Adelsopposition sind weiterhin adelige Fehden belegt, wobei auch OvW und sein Bruder Michael als Akteure aufscheinen (z.B. A. Schwob 1977, 263–268). Dies hängt wohl auch mit der je nach Machtkonstellation nur beschränkten Durchsetzbarkeit landesfürstlicher Urteile zusammen, die Martin Jäger 1425 lautstark beklagte (LZ 147). Dennoch deutet schon das Verhalten Friedrichs, wenn er 1435 Fehdehandlungen OsvW gegen den Bischof von Brixen rügt und ihn mit angeblichen Ansprüchen auf den Rechtsweg verweist (LZ 262), an, dass gewaltsame Rechtsdurchsetzung mittelfristig mit der Etablierung der fürstlichen Gerichtshoheit und der Herausbildung des Gewaltmonopols unvereinbar erscheinen musste. Ungeachtet der bestehenden Forschungslücken dürfte die Fehdeführung Tiroler Adeliger in der zweiten Hälfte des 15. Jahrhunderts trotz vereinzelter Belege insgesamt deutlich abgenommen haben (Grass 1988); in den Vordergrund trat bis zum beginnenden 16. Jahrhundert die Bekämpfung der bäuerlichen Fehde (Schennach 2004, 14–15; Schennach 2010, 198, 224 u.ö.; s. auch Reinle 2003). Dass parallel hierzu auch die Bedeutung der kompromissarischen Gerichtsbarkeit massiv abzunehmen scheint, die in der ersten Hälfte des 15. Jahrhunderts noch eine herausragende Rolle gespielt hatte, rundet das Bild einer sich verfestigenden Gerichts- und Landeshoheit ab.

3. Recht und Dichtung im Werk Oswalds von Wolkenstein

Zwar schlagen sich immer wieder rechtserhebliche biographische Ereignisse wie beispielsweise Fehdehandlungen im Werk OsvW nieder, doch kommt zweifellos der von der Forschung auch als „Rechtsgutachten“

(A. Schwob 1977, 294) bezeichneten Reimpaarrede *Mich fragt ein ritter angevar* (Kl 112) besondere Bedeutung zu (Lamberg 1974; Lamberg 1983; Schmidt-Wiegand 1984; 1996/1997 und 1999). Als Grundlage wird regelmäßig auf persönliche Erfahrungen Oswalds in der Rechtspflege einerseits, auf die Kenntnis des Schwabenspiegels andererseits hingewiesen, wobei sich Letztere durch deutliche Übereinstimmungen belegen lässt (s. schon Marold 1995, 266; dann Schmidt-Wiegand 1984, 1375; Joschko 1985, 111).

Einleitend wirft ein Ritter die Frage auf, wie die göttliche Gerechtigkeit jedermann zuteil werden könne, was derzeit *gar selten* der Fall sei. Im ersten Teil der Antwort Oswalds skizziert der Dichter zunächst die Missstände in der bestehenden Rechtspflege. Was die weltliche Gerichtsbarkeit betrifft, werden konsequent alle Prozessbeteiligten erwähnt und Fehlverhalten getadelt: Richter (V. 99 ff.), Gerichtsgeschworene bzw. Urteiler (V. 85 ff.) sowie Redner bzw. Vorsprecher (V. 117 ff. und 127 ff.) (s. auch Lamberg 1974, 77–78). Dabei werden die menschlichen und fachlichen Defizite aufgezeigt, die nicht nur in häufiger Befangenheit (V. 35 ff.) und Inkompetenz bzw. Dummheit bestünden, wobei dies vor allem bei den Geschworenen diagnostiziert wird, die vielfach nicht einmal bis fünf zählen (geschweige denn ein angemessenes Urteil fällen) könnten. Den bei weitem größten Raum nimmt die Geißelung der Korruption und der Bestechlichkeit des Gerichtspersonals ein (V. 45 f.: und *ist aim land ain herte búss, wo ma das recht erkouffen múss*). Dieses Thema wird mehrmals aufgegriffen und entwickelt (V. 69 ff., 127 ff.). Das Resultat ist ein dem anzustrebenden und einleitend angesprochenen Ziel der Herstellung göttlicher Gerechtigkeit diametral entgegengesetzter Zustand. Das Recht folgt dem Geld (V. 45 ff. und 123 ff.): *das recht hat gar ain wechsin nas, es lat sich biegen als der has* [...]. Dabei wird viermal betont, dass auch die Herrschenden am pitoyablen Zustand der Rechtspflege schuldig seien (Lamberg 1978, 78), wobei dies zweimal auf ungeeignete Räte in ihrer Umgebung zurückgeführt wird (V. 23 ff., 103 ff.).

Ausführlich bemängelt wird die geistliche Gerichtsbarkeit, wobei zunächst mit Verweis auf die Zwei-Schwerter-Lehre und die Drei-Stände-Lehre (V. 143 ff.) grundsätzlich die Ausübung weltlicher Herrschaft einerseits und die durch die Geistlichkeit ausgeübte Jurisdiktionsgewalt andererseits als mit ihren Standespflichten unvereinbar verworfen werden. Dabei werden insbesondere die *Rota romana* (der päpstliche Gerichtshof in Rom) und die dort auszumachende Käuflichkeit der Rechtspflege sowie die vielfältigen, der Gerechtigkeit Abbruch tuenden Prozessfinten (V. 186 ff.) (s. auch Robertshaw 1977, 25–26) kritisiert.

Der folgende Teil der Reimpaarrede ist den Verbesserungsmöglichkeiten der Rechtspflege gewidmet: Während sich die Darstellung der Defizite auf das Gerichtspersonal fokussiert, widmet sich OvW nunmehr überdies der Grundlage der jurisdiktionellen Tätigkeit, dem materiellen Recht. In Anknüpfung an die einleitende Fragestellung werden die *leges* (V. 20), die ‚kaiserlichen Gesetze', das *gsatzte recht* (V. 218) als wesentliches Fundament von Gerechtigkeit angesprochen, verschaffe doch die schriftliche Fixierung des geltenden Rechts Rechtssicherheit und beuge der Rechtsverdrehung vor (V. 391 f.; s. auch U.M. Schwob 2009, 133). Wurden der Hinweis auf das Kaiserrecht und die *leges* früher als Hinweis auf eine Propagierung der Einführung der gelehrten Rechte, d.h. des römischen und des kanonischen Rechts, interpretiert (Lambert 1983), haben die Forschungen von Schmidt-Wiegand (1996/97 und 1997; ähnlich schon Marold 1995, 226) klargestellt, dass OvW hier dem zeitgenössischen Sprachgebrauch entsprechend „die kaiserlichen Gesetz, die Landfrieden, die Rechtsbücher" (Schmidt-Wiegand 1997, 402) meinte. Dabei dürfte er unter den Rechtsbüchern namentlich den auch im österreichischen und Tiroler Raum verbreiteten *Schwabenspiegel* ins Auge gefasst haben, der diese Bezeichnung erst ab dem 17. Jahrhundert führte. Zuvor firmierte das um 1275 wohl in Augsburg von einem Kleriker verfasste Rechtsbuch als *kayserlich Rechtsbuch*, als „Kaiserliches Land- und Lehenrecht" bzw. schlicht als „Kaiserrecht" (Trusen 1985, 59), dessen Geltung ungeachtet des Charakters als Privatarbeit auf die kaiserliche Autorität zurückgeführt wurde. Damit stimmt überein, dass der Kaiser von OvW als *aller recht ain brunn* (V. 228) bezeichnet wird. Hinzu kommt als weitere Rechtsquelle das Gewohnheitsrecht, sofern es den von OvW in Übereinstimmung mit der zeitgenössischen Rechtslehre geforderten Kriterien der „Güte" und des „Alters" entspricht. Das Gewohnheitsrecht eines Landes konstituiert das jeweilige Landrecht, das jedoch nach Ausweis OsvW unbedingt des kaiserlichen Rechts als komplementären Elements bedarf: *und mag kain landsrecht sein erdacht an kaiserliche recht verbracht, es muss ain zúsatz da von haben, vil von den kaiserlichen gaben* (V. 231 ff.). Damit reflektiert das Gedicht die handschriftliche Überlieferung im österreichischen Raum, wo nicht nur eine Vielzahl von *Schwabenspiegel*-Handschriften überliefert sind, sondern auch vielfach Stellen des *Schwabenspiegels* in heimische Rechtsquellen inkorporiert wurden (Lhotsky 1963, 74–75). Der ‚guten, alten' Gewohnheit wird zunächst in Übereinstimmung mit der Rechtslehre die ‚böse', da unvernünftige Rechtsgewohnheit gegenübergestellt, die es ungeachtet ihres möglichen Alters zu reformieren gelte (V. 247 ff.). Zwar konstatiert OvW, *gwonhait neu niemand setzen mag* (V. 279) und grenzt damit den in Rechtsüberzeugung und gleichbleibender Übung bestehenden Geltungsgrund des Gewohnheitsrechts treffend von der Gesetzgebung ab, die neues Recht zu setzen vermag. Dessen ungeachtet zeigt er zwei Möglichkeiten zur Reformation einer als ‚böse' erkannten Rechtsgewohnheit auf, die durch Entschluss der

Rechtsgenossen – der wohl anlässlich einer Gerichtsversammlung gefasst werden soll, wie der Terminus *frag* (im Sinne von ‚Umfrage') nahelegt – und die (zumindest stillschweigende) Zustimmung des Kaisers in seiner Funktion als Gesetzgeber (V. 254 ff.) erfolgen kann.

In Anknüpfung an die Darlegung der Missstände wird zudem das Anforderungsprofil für das Gerichtspersonal umrissen: Während die Pflichten des Redners bzw. ‚Ratgebers' kurz angesprochen werden (V. 332 ff.), fällt der Tugendkatalog des Richters als Verhandlungsleiter deutlich umfangreicher aus (V. 284 ff. und 339 ff.). Am ausführlichsten widmet sich die Reimpaarrede dem Gremium der Urteilsfäller. Hier wird ausdrücklich die Gewohnheit verworfen, die gesamte Gerichtsgemeinde im Sinne der Gesamtheit aller vollberechtigten Gerichtsgenossen in die Urteilsfindung mit einzubeziehen (V. 395 ff.); vielmehr sieht der Dichter nach dem Vorbild anderer Länder die Heranziehung von zwölf für die Urteilsfindung zuständigen Gerichtsgeschworenen als erstrebenswert an. Damit weist OsvW Empfehlung in die Zukunft, vollzog sich doch im ausgehenden Mittelalter und in Tirol beschleunigt im Verlauf des 15. Jahrhunderts die Ablösung der Mitwirkung der Gerichtsgemeinde durch ein Gremium von Gerichtsgeschworenen (Schennach 2008, 243). An diese stellt Oswald angesichts des schon zuvor bemängelten Unverstandes hohe Anforderungen und kritisiert namentlich die Rechtssprechung durch Bauern, möchte er doch die jurisdiktionelle Tätigkeit dem durch Rechtspraxis ausgewiesenen Adeligen – dem ohnehin die Pflege der Gerechtigkeit *in aller christenhait gemain* (V. 276) zukomme – sowie dem gelehrten Juristen, der das Recht *lang gstudieret hat* (V. 280), vorbehalten: *Ain pawer, der nie schrifft verhort Und mit dem oxsen ist betort, der sol nu bas verstän das recht, wann ain gewandert güter knecht oder ain gelarter, weiser man* (V. 278 ff.). Dennoch darf man die Kritik an der bäuerlichen Mitwirkung in der Rechtspflege nicht überbewerten, steht ihr doch die Kritik an den Fürsten gegenüber, denen im letzten Teil dementsprechend empfohlen wird, sich mit weisen Räten zu umgeben: *wo das ain fürste nicht enhat, das recht daselben übel gat* (V. 307 f.).

Die in der Tradition der Rechtsdichtung stehende Reimpaar-Rede zeigt in ihrer Kritik am Niedergang des Rechtswesens und dem Streben nach einer Wiederherstellung der Rechtsordnung Berührungspunkte mit zeitgenössischen Schriften wie dem Werk *De concordantia catholica* des Nicolaus Cusanus von 1437/1438 oder der 1439 entstandenen *Reformatio Sigismundi* (Lamberg 1974, 85), die beispielsweise ebenfalls für eine Verschriftlichung des Rechts als Schutz von Rechtsverdunkelung und -verdrehung plädierte (Dohna 1960, 93–103) und dem Gewohnheitsrecht skeptisch gegenüberstand (Koller 1964, 115) oder die Funktion des Kaisers als Quelle des Rechts hervorhob (Dohna 1960, 104). Was in *Mich fragt ain ritter angevar* jedoch bezeichnenderweise ausgeblendet ist, zeitgenössisch jedoch fast immer im Zusammenhang mit Rechtsreformplänen thematisiert wurde, ist die Fehdeführung. Vor dem biographischen Hintergrund des Dichters wird deutlich, dass OvW die Fehde noch ohne weiteres als legitimes Mittel zur Rechtsverfolgung anerkannte und nicht als Gefahr für den Landfrieden wahrnahm.

4. Oswald von Wolkenstein als „Rechtssachverständiger"?

Frequent findet man in der jüngeren Forschung Aussagen, die OvW als „Rechtssachverständigen" qualifizieren. Dies wirft die Frage auf, ob die Rechtskenntnisse Oswalds über die seiner Tiroler Standesgenossen signifikant hinausgingen oder ob sie für einen Mann seiner ständischen Herkunft repräsentativ waren. Allein aus seinem Tätigwerden beim Hofrecht in Meran und Bozen oder am Brixner Hofgericht wird man hierauf noch nicht schließen können – dies stellte ungeachtet des Fehlens einschlägiger prosopographischer Untersuchungen eher einen Bestandteil eines adeligen Lebenslaufes dar (Schennach 2010, 328–330). Dasselbe gilt für die Wahrnehmung von Funktionen im Rahmen der kompromissarischen Gerichtsbarkeit, die weniger die Rechtskenntnisse der Urteiler als vielmehr zutage tretende soziale Netzwerke widerspiegeln. Dass OvW in einem Erbschaftsstreit zwischen Graf Heinrich von Görz und dem bayerischen Herzog als Bevollmächtigter des Görzers fungierte (Robertshaw 1977, 62–63), stellt ein gewichtiges Indiz für seine überdurchschnittlichen Rechtskenntnisse dar. Dass kaum Handschriften rechtlichen Inhalts in seinem Besitz belegt sind, hängt nur damit zusammen, dass die überlieferten Inventare ausschließlich den Hausrat auflisten (A./U.M. Schwob 1999, 263). Dass OvW nicht nur ein erfahrener und geschätzter Rechtspraktiker, sondern ebenso mit dem *Schwabenspiegel* wie mit rechtstheoretischen und rechtsreformatorischen Diskursen seiner Zeit vertraut war, legt die Reimpaarrede Kl 112 nahe.

Literatur (zusätzlich zur Gesamtbibliographie)

Dohna, Lothar Graf zu: Reformatio Sigismundi. Beiträge zum Verständnis einer Reformschrift des fünfzehnten Jahrhunderts. Göttingen 1960 (= Veröffentlichungen des Max-Planck-Instituts für Geschichte 4).

Dopsch, Alfons und Ernst von Schwind (Hrsg.): Ausgewählte Urkunden zur Verfassungsgeschichte der deutsch-österreichischen Erblande im Mittelalter. Innsbruck 1895 (Nachdruck Aalen 1968).

Grass, Nikolaus: Cusanus und das Fehdewesen, dargestellt am Beispiel der Gradner und Brunecker Fehde und des Thurgauer Krieges. In: Martinek, Oswin und Gustav Wachter (Hrsg.): Arbeitsleben und Rechtsordnung. Festschrift Gerhard Schnorr zum 65. Geburtstag. Wien 1988, S. 771–804.

Hageneder, Othmar: Politik und Verfahrensgerechtigkeit in der spätmittelalterlichen Herrschaft zu Österreich. In: Angerer, Thomas u.a. (Hrsg.): Geschichte und Recht. Festschrift für Gerald Stourzh zum 70. Geburtstag. Wien u.a. 1999, S. 19–36.

Kobler, Michael: Zu den Anfängen der Schiedsgerichtsbarkeit in Südtirol. In: Gagnér, Sten und Hans Schlosser (Hrsg.): Festschrift für Hermann Krause. Köln/Wien 1975, 94–109.

Koller, Heinrich (Hrsg.): Reformation Kaiser Siegmunds. Stuttgart 1964 (= Monumenta Germaniae historica, Scriptores 10, Staatsschriften des späteren Mittelalters 6).

Kranich-Hofbauer, Karin: Der Starkenbergische Rotulus. Handschrift – Edition – Interpretation. Innsbruck 1994 (= Innsbrucker Beiträge zur Kulturwissenschaft 51).

Lhotsky, Alfons: Quellenkunde zur mittelalterlichen Geschichte Österreichs. Wien u.a. 1963 (= Mitteilungen des Instituts für österreichische Geschichtsforschung, Ergänzungsband 19).

Munzel-Everling, Dietlinde: Sachsenspiegel, Kaiserrecht, König Karls Recht? Überschrift und Prolog des Kleinen Kaiserrechts als Beispiel der Textentwicklung. In: Höfinghoff, Hans u.a. (Hrsg.): Alles was Recht war. Rechtsliteratur und historisches Recht. Festschrift für Ruth Schmidt-Wiegand. Essen 1996 (= Item mediävistische Studien 3). S. 97–111.

Reinle, Christine: Bauernfehden. Studien zur Fehdeführung Nichtadliger im spätmittelalterlichen römisch-deutschen Reich, besonders in den bayerischen Herzogtümern. Stuttgart 2003 (= Vierteljahrschrift für Sozial- und Wirtschaftsgeschichte, Beiheft 170).

Rösener, Werner: Fehdebrief und Fehdewesen. Formen der Kommunikation beim Adel im späteren Mittelalter. In: Heimann, Heinz-Dieter (Hrsg.): Kommunikationspraxis und Korrespondenzwesen im Mittelalter und in der Renaissance. Paderborn u.a. 1998, S. 91–101.

Schennach, Martin P.: „Dem gemeinen armen Mann der Weg zum Recht ganz versperrt und verschlossen …". Gerichtskosten in Tirol in Spätmittelalter und Frühneuzeit. In: Ingenhaeff, Wolfgang u.a. (Hrsg.): Festschrift Rudolf Palme zum 60. Geburtstag. Innsbruck 2002, S. 455–486.

Schennach, Martin P.: Gesetz und Herrschaft. Die Entstehung des Gesetzgebungsstaates am Beispiel Tirol. Köln u.a. 2010 (= Forschungen zur Deutschen Rechtsgeschichte 28).

Schmidt-Wiegand, Ruth: Dichtung und Recht. In: Handwörterbuch zur deutschen Rechtsgeschichte. 2. Aufl. Hrsg. von Albrecht Cordes u.a. Bd. I. Berlin 2008, Sp. 1034–1043 [mit weiteren Literaturhinweisen].

Schober, Richard: Die Urkunden des Landschaftlichen Archivs zu Innsbruck (1342–1600). Innsbruck 1990 (= Tiroler Geschichtsquellen 29).

Stolz, Otto: Geschichte der Verwaltung Tirols. Teilstück des 2. Bandes der Geschichte des Landes Tirol. Innsbruck 1998 (= Forschungen zur Rechts- und Kulturgeschichte XIII).

Trusen, Winfried: Die Rechtsspiegel und das Kaiserrecht. In: Zeitschrift für Rechtsgeschichte, Germ. Abt. 102 (1985), S. 12–59 [mit weiteren Literaturhinweisen].

Wadle, Elmar: Zur Delegitimierung der Fehde durch die mittelalterliche Friedensbewegung. In: Ders.: Landfrieden, Strafe, Recht. Zwölf Studien zum Mittelalter. Berlin 2001 (= Schriften zur europäischen Rechts- und Verfassungsgeschichte 37), S. 103–122.

Willoweit, Dietmar: Rechtsgrundlagen der Territorialgewalt. Landesobrigkeit, Herrschaftsrechte und Territorium in der Rechtswissenschaft der Neuzeit. Köln, Wien 1975 (= Forschungen zur Deutschen Rechtsgeschichte 11).

Wretschko, Alfred von: Die Rechtshandschriften der Universitätsbibliothek in Innsbruck.In: Beiträge zur Rechtsgeschichte Tirols. Festschrift, hrsg. vom Ortsausschuss des 27. Deutschen Juristentages. Innsbruck 1904, S. 175–213 (auch separat).

Oswald in Art: Eine Dokumentation der Bildzeugnisse 1407–2010

Hans-Dieter Mück

Eine vollständige Übersicht zur Ikonographie OsvW, von seinen Lebzeiten bis in die Gegenwart, gab es bisher noch nicht. Sie wurde jetzt erstmals von Hans-Dieter Mück erarbeitet, und zwar für die von ihm konzipierte und realisierte Ausstellung ‚ICH/IO WOLKENSTEIN' auf Schloss Tirol (Südtiroler Landesmuseum), Juli bis November 2011. In dem von ihm herausgegebenen Katalog-Buch zur Ausstellung wird sich die vollständige Dokumentation mit allen dazugehörigen Abbildungen finden, letztere so weit als möglich in Farbe. Wir haben Hans-Dieter Mück gebeten, uns für das Handbuch eine Kurzfassung dieser Dokumentation zur Verfügung zu stellen. Sie ist im Folgenden abgedruckt, allerdings nur mit einigen der Abbildungen in schwarz-weiß. Der Charakter einer Dokumentation wurde beibehalten, d.h. der folgende Text unterscheidet sich in Stil und Einrichtung von den anderen Beiträgen des Handbuches. Im Interesse einer vollständigen Übersichtsliste finden sich dabei einige Überschneidungen zum Beitrag von Leo Andergassen im vorliegenden Band, in geringem Maße auch zu demjenigen von Hans Moser; darauf wird im Folgenden nicht eigens nochmals verwiesen.

U.M., M.Sp.

I. Ikonographische Vorleistungen Oswalds – gegen das Vergessenwerden

Nach 29. Mai 1407
Verschollenes Votivbild (wohl Wandbild in Fresko-Technik) in der von ihm 1407 gestifteten St. Oswald-Kapelle auf der Empore des Brixener Domes mit Szene aus seinem Leben: *Er ist auch auff dem mór in barbaria [Mittelmeer vor nordafrikanischer Küste] als ehr ein Schiffbruch Erlúten [1403/04] 3 tag auff dem mór auff ein malfasier Panzen sich Erhalten vnd durch der Heitenschafft widter heraus komben wie noch auff dem Port Kirch in Thurn als gemált zu sehen ist so Er baut ein mess gestúft vnd malhen hat lassen* (Marx Sittich Freiherr von Wolkenstein-Trostburg, vor 1619).

1408 [Abb. 1]
Als Stifterstein konzipierter Memorialstein, errichtet vor dem von ihm gestifteten St. Oswald-Altar (in der St. Oswald-Kapelle im Brixener Dom):

Wohl von der Brixener Werkstatt für Sepulkralplastik aus weißem Ratschinger Marmor gefertigter Gedenk-Bildnisstein (235×101 cm) mit zeitgleicher Umschrift (links: *ANNO DNI M CCCC VIII OSBALD[US] DE WOLKENSTAIN*). Darstellung in Relieftechnik des 30jährigen als Ganzfigur (in Überlebensgröße!) in Standestracht: Brustpanzer, Waffenrock, Bein- und Armröhren, Harnischschuhe mit Rittersporn, Panzerhandschuh, Scharniergürtel mit Schwertgehänge, Stochhelm mit Helmdecke und -zimier, Kreuz-Standarte. Besonders betont: Das geschlossene rechte Auge, die (noch hochgeschorene) Lockenpracht und ein bis zur Brust reichender (geflochtener bzw. ondulierter) Kinn- sowie breiter Schnurrbart. Darunter: Die Wappen der Familien Vilanders-Pardell (links: 3 Spickel), Vilanders-Trostburg (Mitte, unten: Doppelsturzsparren; falsche Wiedergabe: M statt W!) und Wolkenstein (rechts: Wolkenschnitt).

Der Gedenkstein ging beim Umbau der Domkirche verloren; Wiederentdeckung 1843 und Anbringung an der Außenmauer der Domsakristei. Heute an der östlichen Umfassungsmauer des alten Brixener Friedhofs zwischen Dom und Pfarrkirche.

Nach 5. Mai 1419 [Abb. 15]
Das Wolkensteinische Wappen mit bekröntem Spangenhelm mit Helmdecke und -zimier sowie mit dem Kohlkorb (rohgeflochtener Holzkorb) als Vermehrung der Helmzier Oswalds (Wappenbesserung als Gunstbezeugung erfolgte am 5. Mai 1419 durch Herzog Przemko I. von Troppau im ungarischen Blindenburg) als Federzeichnung auf Deckblatt eines von *Oswalt von wolckenstein Ritter* in Auftrag gegebenen Urbars (Pergament, 26,6×17,8 cm; Germanisches Nationalmuseum Nürnberg, W.-A., Fasz. 27).

Nach Frühjahr 1425 [Abb. 2 und 3]
Seitenfüllendes, mit rotem bzw. gelbem Rahmen 36,8×26,8 cm messendes farbiges Ganzfigurenbild vor hellblauem Hintergrund in Deckfarbenmalerei auf Innenseite des Vorderdeckels seines ca. Mitte April 1425 (in Wien?) fertiggestellten ersten Liederbuches (Lieder-Hs. A). Darstellung des mindestens 48jährigen *Osw[ald] Wolknstainner [Wolknsteiner?]* (rechts oben) in mehreren biographischen Funktionen bzw. Rollen:

1) Als Adeligen: Mit den Wappen Wolkenstein (samt Helmzimier) und Vilanders-Pardell, mit dem aragonesischen Ritterorden mit dem Greifen an einer Halskette (Avignon, Ende Dez. 1415) sowie mit einer üppigen braunen Pelzmütze und mit pelzbesetztem, knielangem braunen Rock mit halblangen Pelzärmeln.
2) Als Künstler, d.h. Sänger und Musiker: In Mi-Parti-Strumpfhosen, mit Heroldshorn am Gürtel und mit einer Schelle (!) an der Pelzmütze.

3) Als Liederdichter und -komponist, der ein Liedblatt mit dem Incipit seines Liedes Kl 1 *Ain anefang an gotlich [forcht]* hochhält, mit dem sein Liederbuch (fol.1 recto) beginnt.

Seit 1780 in der Wiener Hofbibliothek (heute: Österreichische Nationalbibliothek, Wien: Cod. Vindob. 2777)

Nach 12. Aug. 1431 / Vor 30. Aug. 1432 [Abb. 4 und 5]
Seitenfüllendes, mit (5 bis 10 mm breitem) grünen Rahmen 48,2×33,5/34 cm messendes farbiges Brustbild vor monochromem dunkelgrünen Hintergrund in Ölmalerei (mit Goldauflagen) auf angefalztem Pergament-Einsatzblatt auf Vorsatzblatt vor fol.1 seines am 30. August 1432 (in Basel?) fertiggestellten zweiten Liederbuches (Lieder-Hs. B).

Darstellung des mindestens 55jährigen *Oswalten von wolkenstein Ritter* in rotem, golddurchwirkten Prunkgewand mit Pflanzen- und Tierornamentik, dessen Rundkragen mit braunem Pelz besetzt ist. Auf dem Kopf: Violette Samtmütze mit weißem Pelzrand über lockiger, schulterlangen Haarpracht. Auf der Brust: Eine aus goldenen Henkelkannen (mit je drei Lilienblüten) gebildete Ordenskette mit daranhängendem dunkelfarbigen Greifen (Zeichen des aragonesischen Ritterordens von der Kanne, den Lilien und einem Greifen; Avignon, Ende Dez. 1415). Auf diagonal über die Brust gehängter weißer Ordensstola: Aragonesische Henkelkanne; darüber das Zeichen des Drachenordens, in den OvW wohl 1430/31 von König Sigmund aufgenommen wurde.

Die Realistik der angedeuteten Bartstoppeln, die lange waagrechte Narbe über dem pessimistisch geformten, streng geschlossenen Mund mit nach unten gezogenen Mundwinkeln, die halbrunde Narbe am linken Teil der Unterlippe, der doppelte Kinnhöcker sowie das geschlossene rechte Auge lassen wirklichkeitsgetreue Porträtnähe vermuten. Bei der unter der Malschicht entdeckten Pinselvorzeichnung zum Brustbild [Abb. 5] übersteigt deren Realistik noch die des Ölporträts.

Maler: Hans Maler von Bruneck (vgl. Kl 102) oder Pisanello bzw. einer von dessen Schülern?

Ab ca. 1600 im Besitz der Wolkenstein-Rodenegg auf Schloß Rodeneck (Pustertal), die das Liederbuch von ca. 1802 bis 1820/21 dem „öffentlichen Büchersaal“ in Innsbruck leihweise zur Verfügung stellten. Am 23. Jan. 1889 kauft es Kaiser Franz Joseph I. für 6000 Gulden ag. und übergab es am 29. Jan. 1889 der UB Innsbruck „zur entsprechenden Verwahrung“ (weshalb es bis heute keine Signatur bekommen hat).

Vor 2. Aug. 1445 [Abb. 18]
Zwischen Sept.1442 und Anfang 1445 dürfte der inzwischen mindestens 65jährige den Auftrag für seinen (verschollenen) Grabstein der Brixener

Werkstatt für Sepulkralplastik erteilt haben, der (nach dem 2. Aug. 1445) vor oder bei dem Taufstein bzw. vor dem Kreuzaltar im Langhaus der Neustifter Stiftskirche in den Boden eingelassen wurde.

Der hochrechteckige *weisse Marbelstein* trug – nach Ausweis sowohl der beiden erhaltenen Federzeichnungen [Abb. 18] von Marx Sittich Freiherrn von Wolkenstein-Trostburg (1563–1619) als auch der farbigen Miniatur auf dem sog. Churburger Stammbaum vom Anfang des 17. Jhs. – die Wappenschilde der Allianz der Wolkensteiner und der Schwangauer; darüber einen bekrönten Spangenhelm mit Helmdecke und -zimier sowie (im Gegensatz zum Ganzfigurenbild in Hs. A) mit dem bereits 1419 verliehenen Kohlkorb.

Das ebenfalls verschollene Votivbild (als gemaltes Bildepitaph), *droben an der Mauer*, stellte (nach Marx Sittichs Freiherrn von Wolkenstein-Trostburg Beschreibung) Oswald mit seiner Ehefrau, Margarethe von Schwangau, sowie mit ihren fünf erwachsenen Söhnen und mit ihren beiden Töchtern dar.

II. Zeitgenössische Bildzeugnisse aus der 1. Hälfte des 15. Jahrhunderts

Nach 16. Febr.1415 / Zwischen 1421 und 1424/25 [Abb. 14]
Halbfigurenbild als kolorierte Federzeichnung in der ehemals St. Petersburger ‚Abschrift‘ von 1424/25 (heute Nationalbibliothek, Prag: Cod. VII A 18) der zwischen 1421 und 1424/25 entstandenen (aber verschollenen) ‚Ur-Fassung/en‘ der unbetitelten ‚Chronik‘ des Konstanzer Geschichtsschreibers Ulrich Richental (ca. 1365–1437). Darstellung: ‚Oswald‘ mit blauer Mütze mit weißem (Pelz-?)Randbesatz (!) über halblanger, lockiger, brauner Haartracht (!), gekleidet mit einem roten (!) Mantel mit blauem (Pelz-?)Kragen – und mit den ‚Merkmalen‘ geschlossenes rechtes Auge und doppelter Kinnhöcker – erscheint in einer Szene auf dem Konstanzer Fischmarkt als einer der hinter dem Verkaufstisch stehenden Kaufinteressenten.

Nach 11. Mai 1417 / Zwischen 1421 und 1424/25 / Um 1465 [Abb. 13]
(Nur als Brustbild sichtbares) Ganzfigurenbild als kolorierte Federzeichnung in der um 1465 entstandenen Konstanzer ‚Abschrift‘ von Ulrich Richentals ‚Chronik‘ des Konstanzer Konzils von 1421/1424/25 (Rosgartenmuseum, Konstanz: Inv. Hs. 1). Darstellung: ‚Oswald‘ in blauem Mantel oder Wams, mit braunem (Pelz-?)Rundkragen und mit breitkrempigem Spitzhut (mit Brosche) über halblangen Haaren – aber mit geschlossenem *linken* [!] Auge und tieferhängendem Lid – erscheint (hinter einer Gruppe

von vier Reitern) als zwei Fahnenstandarten haltender Teilnehmer an der am 11. Mai 1417 auf dem Marktplatz zu Konstanz stattgefundenen Belehnung seines Freundes, Ludwig III., des Bärtigen, Pfalzgraf bei Rhein, Herzog von Bayern und Kurfürst von der Pfalz.

[Die verschiedenen, in den letzten Jahrzehnten vorgeschlagenen ‚Krypto-Porträts' wurden nicht berücksichtigt; siehe dazu Konrad 2005 und Andergassen im vorliegenden Band sowie das Katalog-Buch].

Vor/Nach 5. Aug. 1421 / 2. Viertel 15. Jhd. [Abb. 12]
Ganzfigurenbild, als einfache Federzeichnung in brauner Tinte ausgeführt, im 2. Teil (mit Datierung 15. Aug. 1421) einer um 1462 gebundenen Papiersammelhandschrift aus der Brixener Gegend mit literarischen Briefen und Traktaten (Herzog August Bibliothek, Wolfenbüttel: Cod. Guelf. 11 Aug. 4°). Darstellung (halb verdeckt durch den Textspiegel von Petrarcas *Liber sine nomine/titulo* von 1342/1359): Oswald in einfachem, wadenlangen Gewand mit gezaddelten, halblangen Ärmeln, das nur durch einen medaillonverzierten Gürtel gerafft wird, mit Schaube, die seine Lockenpracht (bis auf drei angedeutete kurze Haarbüschel) auf hoher Stirn verbirgt, mit bis zur Brust reichendem Kinn- sowie breitem Schnurrbart – und mit geschlossenem rechten Auge, mit dem Wolkensteiner-Wappen sowie mit der Inschrift *OSWALD'[US] D / WO* auf dem Schild (der ein Schwert verdeckt).

III. Rezeption und Reproduktion der ikonographischen Quellen im 16. und 17. Jahrhundert

1508/1519
Ganzfigurenbild als Reiter „zu Roß" (mit Turnierdecke) als Wandbild (gefertigt zwischen 1508 und 1519) in einem der Brüstungsfelder des spätgotischen Arkadenganges (Westtrakt des südlich gelegenen Palas) des nur ca. 6 km von Hauenstein entfernten Schlosses Prösels (Gemeinde Völs am Schlern). Darstellung (wohl nach Brixener Gedenkstein): *her oswald von wolkenstain* (Beischrift darüber) mit seinem *habit zu Roß*, mit Kreuzfahne, mit nach links gedrehtem Kopf mit bis zur Brust reichendem Bart und mit Barett der Zeit. Auftraggeber: Leonhard d.Ä. von Völs (1458–1530), ab 1498 Landeshauptmann an der Etsch und Burggraf von Tirol, Sohn des Caspar von Völs – dessen Vormund Oswalds älterer Bruder Michael und nach dessen Tod (1443) Oswalds Neffe Theobald und der ebenfalls dargestellte *edel hans von velsegg* gewesen sind.

1588/Nach 1588
Allianzwappen Oswalds und Margaretes (nach Neustifter Grabstein) als Wandbilder:

1) Genealogische Wappendarstellung der Familie (1588) im ehemaligen Ansitz Hohensaal am Meraner Sandplatz, an der nordseitigen Eingangswand in erster Schildbogenwand: Wappen von Oswald mit Inschrift *Oswaldt v. Wolkenstein, Ritter* (in gelb gerahmter Rollwerk-Kartusche) und von *Margaretha von Schwanga[u]* – sowie (nach falscher genealogischer Familienforschung) von Oswalds vermeintlich zweiter Ehefrau, *Anna v. Em*s, d.i. Anna Gräfin von Hohenems! Auftraggeber: Wilhelm III. Freiherr von Wolkenstein-Trostburg (Linie Meran-Hohensaal; 1554–1636).
2) Verkürztes Wappenprogramm (nach 1588) im Wolkenstein-Saal auf Schloß Bruck bei Lienz: Wappen Oswalds, Margarethes von Schwangau und Annas von Ems. Auftraggeber: Karl Freiherr von Wolkenstein-Rodenegg (1557–1618).

Um 1607/1608
Oswald in idealisierter Jünglingsgestalt als lebensgroße Stuckfigur – 1607/08 wohl von dem aus Wangen im Allgäu stammenden Maler und Bildschnitzer Joseph Proy gefertigt; vielleicht mit konzeptioneller Beteiligung des aus Schongau (!) stammenden Bildhauers Hans Reichle (um 1570–1642 Brixen) – in einem genealogischen Figurenprogramm an der nördlichen Fensterwand des Festsaales der Trostburg. Darstellung (nach Brustbild in der Lieder-Hs. B – mit falscher Lesung des Eintrags des Rubrikators *Rat iar.18* als *Raths, seines alters 18 Jar*; *siehe unten: Nach 1615/Vor 1619*): Oswald als 18jähriger Jüngling, gekleidet mit einem langwallenden Gewand mit Ärmelschleppen im Stil der Zeit um 1600. Sein (1943 bei der Beschießung der Trostburg zerstörter und danach erneuerter) Kopf war ursprünglich leicht über die Saiten einer (ebenfalls zerstörten) Leier (Lyra) in seiner linken Hand gebeugt, in denen die Finger der rechten Hand spielten.

Gekennzeichnet wurde er zudem durch den minutiös ziselierten aragonesischen Ritterorden und durch König Sigmunds Drachenorden. Auftraggeber: Engelhard Dietrich Freiherr von Wolkenstein-Trostburg (1566–1647), der seit 1594 mit Ursula Freifrau von Wolkenstein-Rodenegg (1578–1636) verheiratet gewesen ist (die dem/den Künstler/n Oswalds Lieder-Hs. B von Schloß Rodeneck dafür beschafft haben dürfte).

NB: Eine Rezeption des Brixener Gedenksteines liegt möglicherweise bei der Darstellung Michaels von Wolkenstein, auch genannt von Trostburg (gest. Mitte Jan.1443), vor, denn die Stuckfigur in spätgotischer Rüstung (!) hält mit der rechten Hand eine Kreuz-Standarte (!) und trägt archaische Haartracht.

Nach 1615/Vor 1619

Von besonderem Interesse für die Rezeption der ikonographischen Vorleistungen Oswalds ist der älteste überlieferte Stammbaum der von Oswald begründeten Rodenegger Linie der Wolkensteiner, der nach dem Tod (1846) von Elisabeth Gräfin Wolkenstein-Rodenegg auf die Churburg gelangte.

Der durchaus talentierte Maler fügte Oswalds Wappen (mit Inschriften auf Rollwerk-Kartuschen) auf diesem 168×281 cm großen Stammbaum (Papier über Leinwand) farbige Miniaturen bei:

1) Eine freie Kopie des Brustbildes der Lieder-Hs. B, wobei Oswald wiederum (wie bei der Stuckfigur auf der Trostburg) mit stark verjüngtem Gesicht – im Alter von 18 Jahren! – dargestellt wurde. Weitere Änderungen gegenüber der Vorlage: Blaue Mütze mit Spitze und borstigem Pelzrand, die sehr hoch auf dem Kopf sitzt; tiefer angebrachte aragonesische Ordenskette; Ordensstola mit goldenen Randborten und größer dargestellten Ordensinsignien (Drachenorden auf Schulterhöhe!) Beischriften: *aetatis suae 18 Jar* und *Auf Rodenegg ist ain groß [...] Puch / in folio in teitsch / das Oswald [...] / diser überschrift [...] gezeichnet [...]* (Quelle der Beischriften: Marx Sittich Freiherr von Wolkenstein-Trostburg, vor 1619: *Idem auff Rottneg ist ain wunndterbarlich buch gros von Pärgmen in follio mit Teitschen Versen, darein disen H. Oswalt biltneus in gross dis Plalt [sic!] abgemalt, wie auch in unser Stammbaum [Nach 1615/Vor 1619] auch gemalet ist [Abb. 61] sambt diser Uberschreift [...] seines alters 18 Jar.*)
2) Eine Darstellung von Oswalds Grabstein in Neustift. Die beige-gelb getönte Miniatur tradiert uns die hochrechteckige Grabplatte, die auf allen vier Seiten von einem schwarzen Rundstab umrahmt war, um den ein breites beige-gelbes (Schrift-?) Band gewunden war. Über den gegeneinander gestellten Wappenschilden Wolkenstein (links) und Schwangau (rechts): Der bekrönte Spangenhelm mit Helmdecke und -zimier sowie mit dem Kohlkorb. Beischrift (über Miniatur): *Herr Oswalt v. Wolkhen- / stain Ritters mit dem / ain aug grabstein in / münster zue Neuen Stifft.*
3) Eine Darstellung von Oswalds Gedenkstein in Brixen. Die beige-gelb getönte Miniatur gibt allerdings die Wappen Vilanders-Trostburg und Wolkenstein mit falscher Heraldik wieder – was unsere Vermutung bestätigt, daß der Miniaturenmaler nicht identisch mit dem Wappenmaler gewesen ist.

IV. Rezeption und Reproduktion der ikonographischen Quellen im 19. Jahrhundert in Auswahl

1875/1880
Als Dank dafür, daß ihm der Innsbrucker Germanist und Oswald-Forscher Ignaz Vinzenz Zingerle (1825–1892) von 1875 bis 1880 das Studium an der Münchner Akademie durch Vermittlung einer Anleihe von 300 Gulden ermöglicht hatte, fertigte der 1849 in Villanders geborene und seit 1880 in Klausen ansässige Maler Hans Rabensteiner († 1930 in München) eine Ölkopie (auf Leinwand, 65 × 50 cm) des Brustbildes in der Lieder-Hs. B (derzeit auf Rodeneck) – die im Jahre 1880 als ‚Portrait des Minnesängers OvW, geb. 1367 [!] im Schlosse Trostburg [sic!], gest. 1445' vom Tiroler Landesmuseum Ferdinandeum in Innsbruck erworben wurde.

1890
Obwohl der Tiroler Schriftsteller Johann Jakob Staffler (1783–1868) bereits 1846 (in seiner fünfbändigen topographisch-statistischen Landesbeschreibung von Tirol) seine Landsleute aufgerufen hatte, dem „Ritter OvW [auf] seinem Lieblingssitze [Hauenstein] ein Denkmal [zu] setzen" (Bd. 2. Teil 2. Innsbruck 1846. S. 1028), konnte Oswald – nach Abebben des lokalpatriotischen Walther von der Vogelweide-‚Fiebers' (1870–1889) – erst 44 Jahre danach mit einer weißen Marmor-Gedenktafel (angebracht am Kofel unterhalb von Hauenstein) „pietätvoll der Vergessenheit entrissen werden".

1892
Ein „würdiges Denkmal" blieb Südtirol ‚seinem' Oswald (bis heute!) mehr als schuldig; man begnügte sich in seinem Falle lediglich mit einer Büste – „in Lebensgröße [Höhe ca. 45 cm] ausgeführt" – von dem in Bozen ansässigen Münchner akademischen Bildhauer Max Prugger (Amberg 1876–1960 München).

Die im Aug. 1892 in der Permanenten Kunstausstellung in den Stadtsälen in Innsbruck ausgestellte Büste, die „allseitige Aufmerksamkeit und verdiente Anerkennung" fand, ist leider verschollen. Bekannt ist nur die Reproduktion eines anonymen Kupfer- bzw. Stahlstiches dieser Oswald-Büste als Beigabe zu J.C. Platters Besprechung in der Leipziger ‚Illustrirte[n] Zeitung' (Nr. 2565 vom 27. Aug. 1892. S. 229), die erkennen läßt, daß Prugger sich dazu vom Brixener Gedenkstein inspirieren ließ, aber als Drapierung Kettenhemd und Schulterpanzer wählte.

21. Mai 1900 [Abb. 3]
Wohl auf Veranlassung von Josef Schatz (1871–1950) und von Guido Adler (1855–1941) unternahm ein anonymer Maler am 21. Mai 1900 den löblichen Versuch, das stark beschädigte Ganzfigurenbild in der Lieder-Hs. A mit einer Aquarell-Rekonstruktionskopie (38,4 × 29,2 cm) sicht- und erkennbarer zu machen – wobei er offensichtliche Fehlstellen frei ergänzte und das Ganzfigurenbild stilisierend stark vereinfachte (Sammelband ‚Portrait Sammlung' Nr. 55. In: Bibliothek des Tiroler Landesmuseums Ferdinandeum Innsbruck: W 5233) (Schwarz-weiss-Reproduktion in der Edition Schatz/Koller, 1902; Farbige Reproduktion in: Der Schlern. 4. Jg. Bozen 1923. Nach S. 150; Farbabbildung in der Faksimile-Ausgabe der Hs. A. Graz 1977. S. 50).

VI. Oswald in Art im 20. und 21. Jahrhundert

Das Jahr 1900 markiert einen Wendepunkt der Rezeption und Reproduktion ikonographischer Quellen im Gefolge der Erinnerungspflege der vergangenen vier Jahrhunderte. Denn: Die Künstler des 20. Jahrhunderts lösten sich ab 1905 (dem denkwürdigen Jahr der Gründung der Künstlergruppe ‚Brücke' in Dresden und zugleich der Entstehung des ersten, nahezu abstrakten Gemäldes von Adolf Hoelzel) abrupt von der ihnen in der Vergangenheit ausschließlich zugedachten Reproduktions-Funktion zur Schaffung von ‚Abbildern' *von* Oswald – um „unmittelbar und unverfälscht" ihren, lediglich von Leben und Werk Oswalds evozierten individuellen, rein subjektiven ‚Sinnbildern' mit neuen, bisher unverbrauchten Ausdrucksformen Gestalt zu geben und sich für ihre autonomen Kunstwerke *zu* Oswald Gehör verschaffen zu können.

1905: Johann Baptist Moroder-Lusenberg
(St. Ulrich 1870 – 1932 St. Ulrich):
‚OvW' 1905. Statuette (Stuck oder Stein?) an Fassade über Balkon der 1902/03 in St. Ulrich in Gröden erbauten ‚Villa Venezia' des Künstlers.

Um 1911/12: Leopold Scheiring
(Nassereith/Nordtirol 1884–1927 ?; ansässig in Innsbruck):
Ohne Titel (OvW und Südtiroler Motive). Um 1911/12. Wandgemälde in der Innsbrucker ‚Wolkenstein-Klause' der 1911 gegründeten Innsbrucker Sängervereinigung ‚Wolkensteiner'.

1915: Johann Baptist Moroder-Lusenberg
„OvW als Grödner Wehrmann in Eisen, hoch zu Roß in ritterlicher Wehr mit der [roten] Kreuzfahne und dem Wappen seines Hauses". 1915. Holz-Statuette auf Rädern (Höhe: 2 m), dunkelbraun (Museum Cesa di Ladins, St. Ulrich in Gröden)
Auftraggeber: Kriegsfürsorgeamt, Bozen-Gries, und Zweigsammelstelle St. Ulrich in Gröden. Feierliche Benagelung: 2. Jan. 1916 in St. Ulrich. Anschließend Sammel-Tournee durch Südtirol, Österreich und Deutschland zugunsten des Fonds für Witwen und Waisen gefallener Grödner Soldaten.

1933: Franz Xaver Jung-Ilsenheim
(Wien 1883 – 1963 Salzburg):
„OvW schwört auf den Altarstufen einer Kathedrale [!] ‚Urfehde' [1. Mai 1427]'. 1933. Farbige Reproduktion nach Aquarell in: Austria. Von der Mark zum Weltreich. Den treuen Andre Hofer-Freunden gewidmet vom Andre Hofer-Werbedienst, Parsch bei Salzburg. Bilder und Buchschmuck: Franz Jung-Ilsenheim. Text: Erich Braumüller-Tannbruck. Salzburg 1933 (Bilderserie, hrsg. vom Andre Hofer-Werbedienst in Verbindung mit den Vereinigten Alpenländischen Feigenkaffee-Fabriken GmbH, Parsch bei Salzburg).

1941: Luis (Lois) Alton
(Krumau/Böhmen 1894 – 1972 Innsbruck):
Ohne Titel (OvW und Sabina). 1941. Farbiges Fresko an einem Haus in der Renkstraße in Innsbruck (im 2.Weltkrieg zerstört). Erhalten: Farbiger Entwurf „oswald zue wolkenstein" (Schriftband) als lautespielender Sänger mit schwarzer Augenklappe, in langem Mantel, zu dessen Füßen ‚Sabina' sitzt und auf einer langen Schriftrolle das von OvW vorgetragene Lied notiert (Veröffentlicht in: Tirol-Vorarlberg. Innsbruck 1941. Heft 4. S. 36).

1946: Heiner (Heinz) Gschwendt
(* Bozen 1914; lebt in Klausen):
Gunther Langes (1899–1972): Spiel um Mitternacht [OvW-Freilichtspiel. UA: Seis am Schlern, 26. Aug. 1946]. Mit Zeichnungen von Heinz Gschwendt. Brixen 1946.

1956: Anonymer Maler
„Allhiero / stund der edle Herre / Oswald von Wolkenstain / mit Ketten an diese Wand / gesmiedet von sayne Buhle / Sabine Jägerin im Jahr / 1422". 1956. Farbiges Fresko im sog. ‚Wolkensteiner-Keller' der ehemali-

gen starkenbergischen Burg Forst; im Auftrag des Algunder Kaufmanns Hans Troyer angefertigt anläßlich des damaligen Umbaus zum Hotel. Darstellung: Der überschlanke OvW (mit zugebundenem *linken* Auge!), mit Halsschelle angekettet an der Wand, als Gefangener der schlüsselschwenkenden ‚Sabina Jäger'. Heute privates Wohngebäude und nicht zugänglich.

1956: Claudius (Klaudius) Molling
(* Hötting bei Innsbruck 1933; lebt ebenda):
‚OvW' 1956. Pastell/Papier, 82×60 cm (Entwurf für Wettbewerb zur Gestaltung der beiden Wände der Bühne des Festsaales der Lehrerbildungsanstalt in Innsbruck, Fallmerayerstr. 7; Molling erhielt dafür den 1. Preis, der Entwurf wurde aber nicht ausgeführt)
‚OvW' 1956. Farbiges Fresko, 100×100 cm (Ausschnitt des Pastell-Entwurfs in Originalgröße der Ausführung).

1960: Claudius (Klaudius) Molling
‚OvW' 1960. Bronze-Büste, 100×70×50 cm, auf Sockel im Eingangsbereich der ‚Innsbrucker Liedertafel' in Innsbruck, Bürgerstr. 14 (Aufstellung und Enthüllung: 18. Juni 1966).

1962, Sommer: Ambrosius Humm
(* Zürich 1924; lebt in Wädenswil/CH):
‚Neun Gedichte des OvW 1377–1445'. Sommer 1962. 18 Radierungen (Text/Bild), je 17×17,5 cm, auf Büttenkarton, 38×24,2 cm; Titelblatt. 1962. Radierung, 17×17,3 cm, auf Büttenkarton, 37,5×24,2 cm. Druck: Bruno Stamm. Bibliophile Ausgabe, kartoniert mit Schweinslederrücken, 38,7×25,3 cm. Auflage: 30 im Impressum sign. Exemplare. Wädenswil: Selbstverlag 1962.
2. Auflage, Sept. 1986/1987/1991: 18 Radierungen (Text/Bild), je 17×17,5 cm, auf Büttenkarton, 33,2×46,6 cm; Auflage: 50 Exemplare.

1963: Ambrosius Humm
Biographische Gedichte des Herrn OvW. Im Original und in neuer Übertragung. Mit sechs Bildern nach Radierungen von Ambrosius Humm [1962]. Auswahl, Übertragung und Nachwort von Wieland Schmied. St. Gallen: Tschudy-Verlag [Dez.] 1963 (Die Quadrat-Bücher. Hrsg. von Hans Rudolf Hilty. Bd 27).

1968: Heinz Zander
(* Wolfen 1939; lebt in Leipzig):
20 Tuschfeder-Zeichnungen zu OvW. Reproduziert in: um dieser welten lust. Leib- und Lebenslieder des OvW. Aus dem Altdt. übertragen und hrsg. von Hubert Witt. Mit [20] Zeichnungen von Heinz Zander und einem Musikteil von Tilo Müller-Medek. Leipzig: Insel-Verlag Anton Kippenberg 1968 (Lizenzausg. Berlin/München/Wien: F.A. Herbig 1968)
Auf dem Schuber: Reproduktion einer farbigen Tuschfeder-Zeichnung von Heinz Zander.

1970/1973: Markus Vallazza
(* St. Ulrich in Gröden 1936; lebt in Bozen):

1) 1970–1972: Vorstudien, Skizzen, Zeichnungen, Monotypien, Gouachen und 49 Radierungen zu OvW und seiner Zeit (Erstmals präsentiert im Frühjahr 1972 in Corvara; Kataloge mit Vorstudien: Wiener Secession 1973; Edition Peter Bloch. Innsbruck 1975 [Bloch 1]).
2) 1972–1973: 5 Radierungen zu OvW und seiner Zeit.
3) Nov. 1972/Jan. 1973: OvW-Radierzyklus (OvW 25 Radierungen. Mit Liedern des Dichters und einem einleitenden Essay von Kristian Sotriffer. Wien: Edition Tusch 1973. – Große Kassette: Radierungen, 22 × 24 cm, auf Büttenkarton, 53 × 39,5 cm; Aufl.: 150 Exemplare; Kleine Kassette mit Reproduktionen nach den 25 Radierungen: 8,5 × 9 cm, auf Karton, 20,5 × 14,5 cm) – Siehe dazu auch Roland Verra im vorliegenden Band.

1974: Rudolf (Rudi) Maria Complojer
(* Unterinn am Ritten 1938; lebt ebenda):
Ohne Titel. 1974. Farbiges Fresko im Hallenbad des Hotels ‚Edelweiß' in Seis am Schlern (Auftraggeber: Paul Troyer)
Darstellung in Stationen: 1) OvW verläßt sein Elternhaus; 2) OvW ist seiner Geliebten ‚Sabina' total verfallen; 3) Oswalds v.W. ‚Läuterung'; 4) Besinnliche Herbstabende des alten OvW auf Hauenstein.

1976, Juni.
Gedenkmedaille „Oswald v. Wolkenstein 1377–1977. 600 Jahre" (mit Brustbild nach Lieder-Hs. B); Revers: „Seis am Schlern" mit Blick auf die Ruine Hauenstein am Fuße des Schlern. Juni 1976. Spiegelglanz-Ausführung (Heraeus, Hanau) in Gold (Ø 20 mm, 3,49 g) und in Silber (Ø 35 mm, 20 g).

1977: Simon Dittrich
(* Teplitz-Schönau/CZ 1940; lebt in Stuttgart):
‚OvW' 1977. Farbradierung von 2 Platten (bordeaux, dunkeloliv), 40 × 32,5 cm, auf Büttenkarton, 65 × 50 cm (Aufl.: 100 + LX Exemplare).

1977, 2.Februar.
Erstausgabetag der Sonderbriefmarke der Republik Österreich: „OvW 1377–1445". 2. Febr. 1977. Entwurf (nach Brustbild in Lieder-Hs. B): Adalbert Pilch; Stich: Kurt Leitgeb; Stich- und Rastertiefdruck, 3,1 × 3,1 cm, auf 3,5 × 3,5 cm (Aufl.: 3.150.000 Exemplare zu 3 österreichischen Schilling). (Siehe Abbildung 49).

1977, 22. Mai.
Erstausgabetag des ‚Ordens' für erfolgreiche Teilnahme an der ‚1. Schlern-Wanderung, Seis 1977': Brustbild nach Lieder-Hs. B in Relieftechnik, metallic, mit roter Mütze und roter Ordensstola, vor phantasievoller, kupferfarbener Ruine Hauenstein, 6,5 × 7 cm (Gewicht: 90 g).

1978: Michael Mathias Prechtl
(Amberg/Oberpfalz 1926 – 2003 Nürnberg):
‚OvW' 1978. Feder in Sepia, Aquarell, Farbstifte, auf altem Bütten, 33 × 20 cm
(Farbreproduktion auf Schutzumschlag zu Dieter Kühn: Ich Wolkenstein. Eine Biographie [1977]. Frankfurt a.M./Wien/Zürich: Büchergilde Gutenberg 1979).

1979: Hans-Ruprecht Leiß
(* Husum 1954; lebt in Flensburg):
„Oswalt von Wolckenstein". 1979. Offset-Reproduktion nach Bleistift-Zeichnung, 43,5 × 43,5 cm, auf Karton, 70 × 55 cm (Aufl.: 400 Exemplare).

1980: Otto Beckmann
(Wladiwostock 1908 – 1997 Wien):
„OvW – Ein plastisches Psychogramm". 1980. Knochenplastik, 30 × 10 × 7 cm
„Paraphrasen zu OvW" 1980. Sechs polarchromatische Fotos, 65 × 50 cm bzw. 50 × 65 cm.

1980: Peter Malutzki
(* Boppard am Rhein 1951; lebt in Flörsheim am Main):
Ohne Titel. 1980. Zwei Holzschnitte und Dieter Kühns Übersetzung von Kl 21,23–38 (Handsatz) als Flugblatt Nr. 17 der FlugBlatt-Presse. Mainz/Lahnstein 1980. Farbiges Büttenpapier, 35 × 50 cm (Aufl.: 100 Exemplare).

1980: Roland Wesner
(Stuttgart 1940 – 1987 Ludwigsburg):
‚Oswalds v.W. Welt-Bilder'. 1980. Mischtechnik auf Holz, 43 × 40 cm.

1983: Heinz Zander
(* Wolfen 1939; lebt in Leipzig):
‚OvW' (Porträt nach Lieder-Hs. B) und Ohne Titel. 1983. Tuschfeder-Zeichnungen. Reproduziert als Titel- und lnnendoppelblatt: OvW Ausgewählt und übertragen von Hubert Witt. Berlin: Verlag Neues Leben 1985 (Poesiealbum 210).

1985: Simon Dittrich
(* Teplitz-Schönau/CZ 1940; lebt in Stuttgart):
‚Oswalds v.W. Wunsch- und Traumburg in Tirol'. 1985. Farbradierung von 2 Platten, 19,4 × 25,7 cm, auf Büttenkarton, 34,5 × 49,5 cm (Aufl.: 100 + X Exemplare).

1985, Juli: Klaus-Peter Schäffel
(Biograph. Daten unbekannt; lebt in der Schweiz):
‚OvW Lieder. Eine Auswahl. 16 Holzschnitte'. Juli 1985. Bibliophile Ausgabe auf Hahnemühle-Büttenpapier, 26 × 17,3 cm; Text: Handsatz in der Koch'schen 14 Punkt Wallau; Initialen, Illustrationen und Titel: Holzschnitte; kartoniert mit Leinenrücken, 26,5 × 18 cm (Aufl.: 15 Exemplare) Emmendingen: Selbstverlag 1985.

1986, September: Ambrosius Humm
(* Zürich 1924; lebt in Wädenswil/CH):
‚OvW'. Wädenswil, Sept. 1986. Radierung (Druck: Rotbraun), 22,3 × 13,7 cm, auf Büttenkarton, 26 × 17,8 cm (Aufl. unbekannt). Werbeblatt für 2. Aufl. seiner ‚Neun Gedichte des OvW 1377–1445' (Erstauflage 1962; *s.o.*).

1987: Wolfgang Ehehalt
(* Leba/Pommern 1939; lebt in Stuttgart):
‚OvW'. 13. und 16. Febr. / 10. und 24. März 1987. Vier Collagen (Mischtechnik) auf Postkarten, 13,8 bzw. 14,6 × 10,5 cm.

1991: J.A. Kehl
(* Mylau 1946; lebt in Uhingen):
Ohne Titel (OvW, nach Gedenkstein). Völs am Schlern 1991. Mischtechnik über Laserkopie, 40 × 25 cm.

1991: Ri Meuser von Eschmar
(* Darmstadt; lebt in Troisdorf):
Ohne Titel (Zu Oswalds v.W. Lied Kl 60). Technik unbekannt. Reproduziert in: Narren und Co. Sinniges, Sinnliches und Eigensinniges zur rheinischen Lebensart. Mit neugesungenen Liedern nach OvW und mit Bildern von Ri Meuser von Eschmar ausgestattet. Gesammelt von Erwin Bücken (u.a.) Köln: Wolkenstein-Verlag 1991. S. 10.

1994: Thomas Rother
(* Frankfurt/Oder 1937; lebt in Essen):
‚Assoziation OvW'. 1994. Mischtechnik/Papier, 40 × 29 cm.

1997: Ute Langanky
(* Düsseldorf 1957; lebt in Neuss):
10 Linolschnitte zu Thomas Kling: wolkenstein. mobilisierun'. Ein Monolog. Künstlerbuch. Münster 1997.

VII. Oswald in Art 2010

Für die Ausstellung ‚ICH/IO WOLKENSTEIN' auf Schloss Tirol 2011 hat der Verfasser im Jahre 2010 folgende Künstler zum ‚Dialog mit OvW' eingeladen:

Uwe Bremer, Simon Dittrich, Wolfgang Ehehalt, Reinhard Fritz, Harald Reiner Gratz, Dieter Groß, Johannes Grützke, Anna Helm, Helmut Herbst, Ulrich Klieber, Ingeborg Leuthold, Armin Münch, Thomas Rother, Albert Schindehütte, Johannes Vennekamp und Ulrich Zeh.

Oswald von Wolkenstein: Rezeption in Literatur und Musik der Neuzeit

Ulrich Müller

OvW gilt vielen heute als ‚bedeutendster deutschsprachiger Lyriker zwischen Walther von der Vogelweide und Goethe' (zu dieser Einschätzung: Mück 1978, 484). Die allmähliche Entstehung dieser Meinung zeigt sich gut an der modernen produktiven und wissenschaftlichen Rezeption seiner Person und seines Werkes (einschließlich Übersetzungen), so in der Literatur, zum Teil auch in der Musik, unter anderem bei den Programmen von Mittelalter-Konzerten sowie Einspielungen (zur Gliederung der Mittelalter-Rezeption: Müller 1986). Unterschiedlich umfangreiche und akzentuierende Überblicke zur Rezeption und zur ‚Vermarktung' OsvW finden sich bei Mück 1977 und Spicker 2007; zur Rezeption in der Kunst, zu den Einspielungen und Übersetzungen sowie zur Forschungsgeschichte siehe die entsprechenden Beiträge im vorliegenden Band.

1. Rezeption in der Literatur des 19. Jahrhunderts

Mück (1978) hat die frühe Rezeption und auch die damals beginnende öffentliche ‚Vermarktung' OsvW materialreich dargestellt (siehe dazu ergänzend die ausführlichen bibliographischen Angaben bei Kühebacher u.a. 1974): Sie setzt ein mit dem damals entstehenden touristischen Interesse an Tirol. Bereits zu Anfang des Jahrhunderts hatten der Göttinger Musikwissenschaftler Johann Nicolaus Forkel (1801: Kl 19 und 56) und der Tiroler Historiker und Politiker Josef Freiherr von Hormayr (1804: Kl 18) erstmals Texte OsvW veröffentlicht, ferner hatten der Musiker Carl Leopold Röllig (1802) sowie neben anderen mehrfach Hormayr (1803/1804/1818/1824) sich mit OvW beschäftigt. Entscheidend wichtig wurde dann der Tiroler Benediktiner-Gelehrte Beda Weber (1798–1858), der 1848/9 auch nationalliberaler Abgeordneter in der Frankfurter Nationalversammlung war: Er veröffentlichte 1825 in Tirol das älteste Gedicht *über* Oswald, dann 1847 die erste Gesamtausgabe der Original-Texte (nach Handschrift c) sowie schließlich 1850 eine romanhafte Biographie („Oswald von Wolkenstein und Friedrich mit der leeren Tasche"). Es folgten, siehe dazu Mück 1978, dramatische Darstellungen (Streiter: Fragment 1828; Silesius 1842; Löhle 1842 [nur Ms.]; Tannenhofer 1870 [verschollen]; von Rodank [= Arthur Graf von Wolkenstein-Rodenegg, nur Ms. 1885]; Engelbrecht 1899; Jenny 1891), ferner weitere Gedichte (Lewald 1835; Seidl 1840; Zettel 1891: Angelika von Hörmann 1890 u.ö.: s. Kühebacher u.a. 1974, Nr. 401 ff.), dann die ersten Wolkenstein-Romane (Hermann Schmid 1865; Wolf 1899; sowie, bereits im folgenden Jahrhundert, von Rodank 1905) und die ersten Übersetzungssammlungen (Schrott 1886, Passarge 1891). Langanhaltende Wirkung hatten davon nur die Arbeiten von Beda Weber, deren Nachwirkung bis heute zu beobachten ist: Er hat die romantische, von Schwob (Biographie 1977) widerlegte, aber dennoch immer noch zählebige Legende von „Sabina", der Geliebten Oswalds, anschaulich erfunden; ferner veröffentlichte er „Reisenotate" Oswalds, deren Vorlage allerdings später nie gefunden werden konnte (Mayr 1961, 15–30).

In Südtirol wurde der Ruhm OsvW allerdings bald durch denjenigen Walthers von der Vogelweide weit überstrahlt, der seit den 1860/1870er-Jahren als Südtiroler und als größter mittelalterlicher Dichter des Landes gilt (Denkmal in Bozen: 1889) und der als solcher immer noch verehrt wird. Trotz aller berechtigter Zweifel an dieser Zuschreibung ist er aber durch die Tradition sozusagen zum Ehrenbürger Südtirols geworden (siehe: Schnyder 1989; Walther: Dichter und Denkmal 1990; zum angeblichen Geburtshaus: Birkhan 2005; Der Schlern 2007: „Zur Herkunft Walthers von der Vogelweide").

2. Rezeption in der Literatur des frühen und mittleren 20. Jahrhunderts

Für die Zeit bis in die frühen 1960er-Jahre sind hinsichtlich der literarischen Rezeption OsvW die ‚Eisenhand-Legende' sowie einige Romane zu nennen, mit Hubert Mumelter an der Spitze. Der in Kroatien geborene Wahl-Südtiroler Karl Felix Wolff (1879–1966), Journalist und Schriftsteller, präsentierte 1913 erstmals seine später vermehrten, vor allem in Tirol viel gelesenen und daher oftmals nachgedruckten ladinischen *Dolomitensagen*, wobei sein eigener schöpferischer Anteil daran bis heute nicht genau geklärt ist (Kindl 1983 und 1997); dazu gehört auch die Sage von ‚Eisenhand' (ladinisch *Man de fyèr*), die Wolff erstmals 1918 erwähnte und 1925 in seine Sagen-Sammlung aufnahm (siehe dazu auch Roland Verra im vorliegenden Band, der auch auf die schwache Rezeption in der ladinischen Literatur hinweist): Nicht im wissenschaftlichen Bereich, aber in der Öffentlichkeit spielt diese Künstler-Sage eine Rolle, zuletzt als Rahmen der Wolkenstein-Oper von Hiller/Mitterer (2004). Sie lautet in der Kurzfassung von 1918 wie folgt (Abdruck bei Kindl 1983, 95 f.):

> Oswald von Wolkenstein wird als kleiner Knabe von der Mutter durch einen Zauberspruch vor dem Wahrspruch geschützt: ihm war geweissagt worden, daß er ein glücklicher Mensch werde, wenn er dem Saitenspiel fern bleibe, daß sein Lebensglück aber zerbreche, wenn er sich der Musik zuwende. Die Mutter ließ ihm nun seine Hände verzaubern, daß er kein feines Instrument anrühren könne, ohne es zu zerbrechen. Daher nannte man ihn „Mandefier". Oswald wird nun ein Krieger und Jäger und geht in den Bergen auf die Jagd. Dabei lernt er eine wunderschöne Elfe kennen, die herrlich singen kann und die er heiraten möchte. Die Elfe willigt ein, verbietet ihm aber, jemals nach ihrem Namen zu fragen. Die Elfe erklärt ihm auch, daß der Bann, der auf ihm liegt, und der ihm den Zugang zur Musik verwehrt, nur durch ein großes Leid gebrochen werden könne und rät ihm, von der Kunst nur ja fern zu bleiben. – Oswald ist mit allem einverstanden, lauscht jedoch in einer Nacht dem Gespräch von wilden Weibern und erfährt dabei unbeabsichtigt den Namen seiner Braut: Antermoja. – In einem Gespräch mit ihr vergißt er das Namensverbot und nennt sie beim Namen. Die Elfe beginnt zu klagen und erklärt, daß sie nun für immer fortgehen müsse, schenkt Oswald zum Abschied die Harfe und wird dann von einem ausbrechenden See verschlungen. Oswald trauert tief um seine Elfe, dadurch bricht der Bann, und Oswald dichtet auf seiner Harfe ein wundervolles Lied. Er wird zum größten Sänger des Landes, aber sein Lebensglück ist dahin.

Romanhafte Darstellungen zu OvW verfassten Arthur von Rodank (= Arthur Graf von Wolkenstein-Rodenegg: 1905), Carl Johann Leuchtenberg (= Peter de Mendelssohn: 1936), Hans Hömberg (1947), Heinrich von Schullern (1948) sowie insbesondere der Südtiroler Hubert Mumelter (1896–1981), promovierter Jurist, Schriftsteller und Maler (siehe dazu ausführlich Mück 1980/1, ferner Mück 1978, 499–501). Mumelters Erstlingsroman *Zwei ohne Gnade* erschien 1931 im Leipziger Insel-Verlag und wurde ein beträchtlicher Erfolg, wobei die Sprachgewalt und der Phantasiereichtum des Autors gelobt wurden (siehe Mück); der Roman wurde mehrfach nachgedruckt, zuletzt 1976. Zu Mumelters 50. Geburtstag wurde am 26. August 1946 sogar ein patriotisches Oswald-Freilichtspiel von Gunther Langes aufgeführt (Mück 1978, 500 f.). In Mumelters Roman wird, mit großer ‚dichterischer Freiheit', „die gnadenlose Hassliebe zwischen dem trollhaft hässlichen Wolkensteiner und Sabina" erzählt (Klappentext von 1976): Die *femme fatale*, die Oswald nur Unglück bringt, wird schlussendlich bei einem Fest des Tiroler Herzogs, dessen skandalumwitterte Geliebte sie geworden ist, von dessen Sekretär Putsch vergiftet, der als Roman-Figur, historisch richtig, identisch mit dem späteren Brixner Bischof Ulrich II. ist und der sie – so Mumelter – vor langer Zeit verführt hatte. Zwei „Grafen von Wolkenstein", nicht aber OvW, kommen in dem ausdrücklich für Leihbüchereien bestimmten Roman von Fee von Stein (1950/1960er Jahre?) vor.

3. Rezeption in der Literatur seit den 1960er-Jahren

Ein Wolkenstein-Boom setzte mit den 1960er-Jahren ein: Die von dem Innsbrucker Germanisten Karl Kurt Klein initiierte neue Textausgabe (1962) lenkte den Blick auf diesen Autor, der zunehmend als herausragender Dichter und Liedermacher des europäischen Spätmittelalters gesehen wurde, etwa neben Petrarca, Charles d'Orléans und François Villon, im Deutschen neben dem Mönch von Salzburg, Heinrich Wittenwiler und Johannes von Tepl. Bereits zuvor gab es zunehmend wissenschaftliche Monographien und Artikel zu OvW, und Kleins Edition war dann ein entscheidender Anstoß für die bis heute anhaltende Beschäftigung mit diesem Autor. 1956 war in der *Archiv-Produktion* der Deutschen Grammophon-Gesellschaft die erste LP mit Oswald-Liedern erschienen, und wenig später die zweisprachige Auswahlausgabe von Wieland Schmied in der österreichischen *Stiasny-Bücherei* (Nr. 70: 1960) – Dieter Kühn bezeugt im vorliegenden Band die ersten Anregungen durch diese beiden Publikationen, und für mich selbst gilt übrigens, zeitlich noch vor Kleins Ausgabe, dasselbe. Für den wissenschaftlichen Bereich wichtig wurden die Wolkenstein-Tagungen in Neustift (1973) und Seis am Schlern (1977), deren Vorträge dann jeweils ein Jahr später im Druck erschienen, ferner die auf Initiative von Hans-Dieter Mück und mir im Jahr 1980 im Marbacher Literaturarchiv begründete Oswald-von-Wolkenstein-Gesellschaft.

Zwei einflussreiche Bücher erschienen 1977: Neben der Wolkenstein-Biographie von Anton Schwob, die unter anderem die ‚Sabina-Legende' richtigstellte und insgesamt dem biographischen Wissen eine solide geschichtswissenschaftliche Grundlage gab, Dieter Kühns *Ich Wolkenstein. Eine Biographie.* Der Autor schuf damit eine neue Textsorte, nämlich die Kombination einer wissenschaftlich abgesicherten Biographie, einer Monographie mit vielen Übersetzungen sowie einer individuellen ‚Suche', einer Queste, nach dem mittelalterlichen Autor. Das mit kleineren Revisionen mehrfach überarbeitete Buch (eine neue Bearbeitung soll 2011 erscheinen) wurde zu einem in anbetracht des Themas einzigartigen Bestseller: Über 140.000 Exemplare wurden bisher davon verkauft, die erfolgreichste Publikation dieses auch sonst erfolgreichen Autors. Weit über die Grenzen der Fachwissenschaft hat sie, die später mit je einem Buch über Neidhart (1981 u.ö.) und Wolframs von Eschenbach *Parzival* (1986) Teil einer *Trilogie des Mittelalters* wurde, OvW einer breiten Öffentlichkeit bekannt gemacht und diesem, zusammen mit den zunehmenden Einspielungen und Aufführungen seiner Lieder, zu einer für einen mittelalterlichen Autor ungewöhnlichen Popularität im deutschsprachigen Raum verholfen. Weitere Werke der literarischen Rezeption folgten: Die Südtirolerin Anita Pichler (1948–1997), bekannt geworden durch den Roman *Die Zaunreiterin*

(1986; 2004: *Hagazussa. Die Zaunreiterin*), erzählt in *Wie die Monate das Jahr* (1989) aus der Perspektive der Werbegrafikerin Myriam Valier von deren einjähriger Suche nach dem mittelalterlichen Sänger OvW, durch Zeichnen, Lesen und Imagination seines Lebens. Dabei spiegelt sich der ursprüngliche Auftraggeber Max Leiser, Inhaber einer Werbeagentur und ihr Geliebter, teilweise in OvW wider, und auch die erwähnte Antermoya-Sage ist von Bedeutung. Der Titel des Buchs zitiert Pichlers eigene Übersetzung der Anfangsverse des kalendarischen Wolkenstein-Liebesliedes Kl 58.

Sichtlich fasziniert von dem Wolkensteiner waren auch der in der DDR wirkende Lyriker Paul Wiens (1922–1982; *Neue harfenlieder des OvW* 1957), ferner Günther Eich (*Unterm Schlern* 1964) und H.C. Artmann (1921–2000; siehe Mück 1978, 506) sowie der Südtiroler norbert c. kaser (1947–1978; er schrieb seinen Namen und fast alle seine Texte klein); zu nennen ist hier sein Gedicht *de vita oswaldi von wolkenstein anno domini MCMLIIIVIII* [!] (in: Briefe 1991, 342–345). Des weiteren hat der in Wien lebende Autor und Musiker Gerhard Ruiss 2007–2010 eindrucksvolle Nachdichtungen der Oswald-Texte veröffentlicht. Eine Besonderheit ist der Kölner *Wolkenstein-Verlag*, der – laut eigener Aussage – sein Programm als „eine Hommage an den letzten deutschsprachigen ‚Minnesänger' OvW" versteht und in einem ‚Narren-Buch' von 1991 zusammen mit anderen Texten auch Lieder, „nach OvW neu gesungen" von Frieder Döring und Bert Brune, publizierte.

Ruiss (2007, 9) und Spicker (2007, 28 f.) verweisen auf den Lyriker Thomas Kling (1957–2005), der, wie offenbar auch andere, „sich selbst in einem kongenialen Verhältnis zur Klang- und Sprachartistik Oswalds sieht" (Spicker 2007, 28): In dem Essayband *Botenstoffe* (2001, 147–149, siehe dort auch 206) interpretiert er Oswalds Lied Kl 44 (zuerst in FAZ/Frankfurter Allgemeine Zeitung 1999). Besonders hervorzuheben ist der Lyrik-Zyklus *wolkenstein. mobilisierun' [!]. ein monolog*: Ursprünglich eine Art Libretto, das dann als „Performance" mit Kompositionen der Musiker Thomas Witzmann (1993) und später von Frank Köllges (1999) uraufgeführt und mehrfach wiederholt wurde, erschien der Text 1997 als bibliophile Ausgabe (28 Seiten), mit 10 Linoldrucken von Klings Frau Ute Langanky (Spicker 2007, 28 f.), ohne die Bilder dann postum in *Gesammelte Gedichte* (2006; siehe dort auch S. 277, 561, 652 f.).

Nichts mehr mit ‚Literatur', aber mit öffentlicher „Vermarktung" (Mück 1978) hat schließlich die im Jubiläums-Jahr 1977 erschienene Sonderbriefmarke der Österreichischen Post mit dem Oswald-Porträt zu tun (siehe Abb. 49), ferner der in Südtirol sehr populäre und allgemein bekannte *Wolkenstein-Ritt*: Diese aufwendige Veranstaltung, mit Reiter-Wettbewerben und einem feierlichen Reiterzug, wird seit 1983 an einem Juni-Wochenende in Völs/Kastelruth durchgeführt.

4. Rezeption in der Musik

Ob man OvW auch als Komponisten im modernen Sinne bezeichnen kann, ist Auffassungssache; er ist aber sicherlich ein später Vertreter der mittelalterlichen Trobadors, Trouvères und mittelhochdeutschen Dichtersänger, die ja in fast allen Fällen die Funktionen des Textdichters, des ‚Melodien-Erfinders' und Vortragenden vereinigten, so wie dann im 20. Jahrhundert viele der Chansonniers, Song-Writers und Liedermacher; verschiedene der französischen und deutschsprachigen Liedermacher haben in ihren Texten und vor allem bei Vortragskommentaren mittelalterliche ‚Vorfahren' genannt: François Villon (z.B. Georges Brassens: *Le Moyenageux*), Walther von der Vogelweide (z.B. Joanna: *Mit ungebrochenen Schwingen*; Franz Josef Degenhardt: *Unter der Linde oder Probleme der Emanzipation*, *Papstsprüche*; Peter Blaikner: *Elfte Liebesode*; siehe dazu Müller 1983) oder Oswald von Wolkenstein (Franz Josef Degenhardt: *40*; siehe Mück 1968, 504 und Anm. 160).

Bereits Ende des 19. und Anfang des 20. Jahrhunderts wurden Liedsätze OsvW bearbeitet, zumeist für Männerchor, so etwa von dem Tiroler Josef Pöll (1874–1940) – siehe dazu Mück 1978, 496–498 mit Anm. 84–99. Diese Bearbeitungen sind allesamt vergessen, ebenso wie die früheste Wolkenstein-Oper *Oswald von Wolkenstein* des lange Zeit in Linz lebenden Komponisten und Schriftstellers Emil Mayer (1822–1868), uraufgeführt am Linzer Landestheater 1856.

Moderne Vertonungen mittelalterlicher Originaltexte gab es durchaus gelegentlich, wenn auch lange Zeit nicht zum Wolkensteiner: Neben anderen Walther-Vertonungen sind Eduard Griegs Komposition zum Lindenlied (*Die verschwiegene Nachtigall* 1889) zu nennen, ferner Kurt Weills Zyklus *Frauentanz, op. 10* (1923), die knapp eine Viertelstunde dauernde Vertonung von sieben mittelalterlichen Gedichten für Sopran und Instrumentalensemble, oder später dann Johann Nepomuk Davids *Ezzo-Lied* (1957/1960; s. Müller 1977). Wolkenstein-Texte wurden, nach meinem Wissen, erstmals 1968 neu vertont, und zwar durch den slowenischen Komponisten Jacob Jež: *Do fraig amors. Kantate für Doppelchor, Mandoline, Laute, Gitarre und Schlagzeug* (siehe Rijavec 1982); die musikalisch Altes und Neues verbindende Komposition wurde vom Slowenischen Rundfunk Ljubljana damals auch auf LP eingespielt. Oswalds mehrsprachiges Lied Kl 69 *Do fraig amors* ist deswegen für die slowenische Geistesgeschichte wichtig, weil es sich hier um das älteste erhaltene Liebeslied mit wenigstens slowenischen Sprachbrocken handelt (siehe auch Kl 119).

Im Jubiläumsjahr 1977 gab es zwei Uraufführungen größerer Musikwerke über Oswald von Wolkenstein (Mück 1978, 528 und 537): Walther Zimmermanns *Die spanische Reise des OvW. Musikgeschichte über den Kontakt von Orient und Okzident. Teil I* (Köln 22.1.1977), wo Texte und Melodien OsvW, arabische Musik und mittelalterliche Instrumente eingesetzt werden, sowie Harald Genzmers Kantate *Oswald von Wolkenstein* für Sopran, Bariton, gemischten Chor und Orchester (Bozen 15.10.1977), der die Wolkenstein-Texte neu komponierte. Vier Wolkenstein-Texte hat dann der aus Bozen stammende Hubert Stuppner einige Jahre später vertont (*Vier Liebeslieder nach Oswald von Wolkenstein (Palinodie Nr. 4) für 16 Solostimmen*; Uraufführung Stuttgart 1982). Nach der bereits erwähnten ersten LP mit originalen Wolkenstein-Melodien von 1956 entwickelte sich in den folgenden Jahrzehnten geradezu ein Boom von Wolkenstein-Einspielungen, zuerst auf LPs, dann auf CDs (siehe dazu den Beitrag von Martin Schubert im vorliegenden Band). Moderne Versionen oder Verarbeitungen von Wolkenstein-Liedern oder -Melodien gab es bis zu den Opern von Bresgen und Hiller/Mitterer kaum, wenn man von Zimmermann, der modernen Bearbeitung von Kl 31 durch Dietmar Bonnen (1998: CD: *Les Saxosythes: sozusingen* [obst-music; Hinweis von Martin Schubert) oder Reinhard Febel (2003; siehe unten) absieht; wirkliche Wolkenstein-Entsprechungen etwa zu Kurt Schwertsiks *Tag- & Nachtweisen im Ton des Mönchs von Salzburg & Herrn Marteins*, die der Komponist (1979) als „fruchtbare Konjekturen" zum Tagelied-Zyklus des Mönchs von Salzburg bezeichnet, oder zu *monk's progress*, eine den Mönch von Salzburg zitierende Jazz-Komposition von Robert Friedl für die 1983 gegründete *Lungau Big Band* für Bläser (2005; auch CD), sind bisher nicht entstanden. Keinen Wolkenstein-Text verwendete Ernst Ludwig Kirchner für seine *Sonata da chiesa über ‚Ich spür ein Tyer' (Oswald von Wolkenstein)* für Violine und Orgel (1984, Uraufführung Wels 1985), wohl aber Reinhard Febel (*Wolkenstein. Lieder und Chöre nach Texten und Melodien des OvW*; Uraufführung Philharmonie Berlin 2003).

Schließlich sind noch zwei Wolkenstein-Opern zu nennen, die zu ihrer Zeit einiges Aufsehen erregten, und zwar von Cesar Bresgen und Wilfried Hiller/Felix Mitterer. Cesar Bresgen (1913–1988) gehört zu den wichtigen Komponisten Österreichs. Er hat sich intensiv mit mittelalterlicher Musik beschäftigt (ich kann mich noch gut an einen gemeinsamen Wolkenstein-Musiziernachmittag mit ihm am Salzburger Mozarteum erinnern, an dem auch Michael Korth, Johannes Heimrath, Franz Viktor Spechtler, ein Cellist namens Nikolaus Harnoncourt und ich beteiligt waren). Beim Weltmusikfest der *Internationalen Gesellschaft für Musik* (IGNM) wurde in Salzburg am 2. Juli 1952 ein szenisches Wolkenstein-Oratorium (*Der Wolkensteiner*) von Cesar Bresgen uraufgeführt: Er hat dort Wolkenstein-Texte zu einer tragischen Liebesgeschichte verbunden, die von der Blendung des Wolkensteiners und dem Tod seiner Geliebten namens Melusine handelt (zum Inhalt ausführlich Müller 1978); Originalmelodien OsvW wurden dabei, zusammen mit einem mittelalterlichen Instrumentarium, verwendet, teilweise in stark veränderter und verfremdeter Form. Bresgen hat das Werk dann für ‚normales' Orchester bearbeitet: Es erschien 1962 unter dem neuen Titel *Visiones Amantis (Der Wolkensteiner). Ludus tragicus in sechs Bildern für Solostimmen, Sprecher, Gemischten Chor und Orchester*, wurde 1964 konzertant von Radio Bremen sowie 1971 szenisch vom Landestheater Innsbruck aufgeführt, und zwar mit großem Erfolg – Aufnahmen dieser Aufführungen verdanke ich Cesar Bresgen.

Nur sehr entfernt vergleichbar ist damit die ‚Große Oper' *Wolkenstein. Eine Lebensballade*, die am 6. März 2004 in der Staatsoper Nürnberg ihre Uraufführung hatte und dann ins Stadttheater Bozen/Teatro Comunale Bolzano übernommen wurde. Initiator der Oper war Kammersänger Bernd Weikl, der dann auch die Hauptrolle verkörperte. Die Aufführung ist zwar nicht im Handel erhältlich, aber sie wurde in Rundfunk und Fernsehen gesendet, sodass es unter Interessenten wohl genügend private Aufnahmen gibt. Die Entstehung der Oper hat Hiller im Programmheft ausführlich beschrieben; eine ausführliche Analyse findet sich in Andrea Schindlers Monographie (2009, 245–291). Die Reaktionen auf die Uraufführung hat Sieglinde Hartmann 2005 dokumentiert. Das Libretto schrieb der aus Tirol stammende, aber in Irland lebende Felix Mitterer (* 1948), ein durch zahlreiche Theaterstücke und Drehbücher renommierter Autor, die Komposition der in München lebende Wilfried Hiller (* 1941), der ein umfangreiches kompositorisches Werk aufweist: Zahlreiche Opern und musikalische Bühnenwerke für Jugendliche sowie Kompositionen für Orchester, Kammerensembles und Vokalwerke. Mehrere seiner Werke sind zusammen mit Michael Ende entstanden, z.B. das Opern-Musical *Der Goggolori* 1985, ein Renner am Münchner *Theater am Gärtnerplatz*. Die Wolkenstein-Oper präsentiert, eingefügt in den Rahmen der Sage von Eisenhand und der schönen ‚Saligen' Antermoya, in einzelnen Bildern zentrale Lebensstationen OsvW, von der frühen Kindheit bis hin zu einem (so nicht überlieferten) Lebensende als resignierender Liebender und Künstler. Dabei verwendet der Komponist ein ungewöhnlich vielfältiges Instrumentarium und für die ‚Arien' durchwegs Original-Melodien Oswalds, wenn auch teilweise verändert. Bei Schindler (2009) findet sich eine genaue Aufstellung zu den eingefügten zwanzig Original-Liedern und ihrer dramatischen Funktion; für sechzehn Liedern wird der Text in der Originalform übernommen, doch keines der Lieder wird in der eindrucksvollen und bei der Uraufführung durch Percy Adlon opulent inszenierten Oper vollständig vorgetragen. Das Publikum der Uraufführung (bei der ich damals dabei sein konnte) reagierte sehr positiv, während die Rezensenten – wie üblich – geteilter Meinung waren.

Eine völlig andere Visualisierung zu OvW haben Barbara und Scott Wallace-Kriegl (Wien) konzipiert, nämlich mithilfe von sechs Marionetten, die Figuren aus Oswalds Biographie verkörpern, und unter Verwendung originaler Texte und Melodien; im Juli 2003 wurde das Stück u.a. mit Erfolg beim großen Mediävisten-Kongress in Leeds gezeigt.

5. Epilog

Rezeptionsgeschichte ist naturgemäß in Richtung Zukunft offen, und dies gilt natürlich auch im vorliegenden Zusammenhang. Immer wieder wurde davon gesprochen und geschrieben, dass der Autor Herbert Rosendorfer und der bereits erwähnte Komponist Hubert Stuppner ein Wolkenstein-Musical planen. Angesichts der überaus geistreichen Romane und Schriften des Südtiroler Autors, Juristen und Münchener Honorarprofessors Rosendorfer (und seinem nicht minder geistreichen Opern-Libretto *Mozart in New York* 1991) hätte man hier etwas Eindrucksvolles und Unterhaltsames erwarten können; leider ist aber der Plan, laut Auskunft von Rosendorfer, inzwischen aufgegeben worden. Einen kleinen Beitrag zur Wolkenstein-Rezeption enthält aber die erwähnte Oper über Mozart in New York (Helmut Eder/Herbert Rosendorfer, Uraufführung bei den Salzburger Festspielen 1991, auch im Fernsehen gesendet): Der etwas vertrottelte österreichische Gesandte in New York, in den Salzburger Aufführungen eindrucksvoll verkörpert von Waldemar Kmentt, trägt den Namen „Graf Wolkenstein“ – irgendwelche Ähnlichkeiten mit OvW bestehen allerdings nicht.

Literatur (zusätzlich zur Gesamtbibliographie)

Birkhan, Helmut: … *swer des vergaeze, der tête mir leide.* Walther-Gedächtniskultur in den Gästebüchern des Vogelweidhofes in Lajen. In: Helmut Birkhan, unter Mitwirkung von Ann Cotten (Hrsg.): Der achthundertjährige Pelzrock. Walther von der Vogelweide – Wolfger von Erla – Zeiselmauer. Vorträge gehalten am Walther-Symposion der Österreichischen Akademie der Wissenschaften vom 24. bis 27. September 2003 in Zeiselmauer. Wien 2005 u.ö. (= Österreichische Akademie der Wissenschaften, Philosoph.-Hist. Kl. Sitzungsberichte 721), S. 25–82.

Kindl, Ulrike: Kritische Lektüre der Dolomitensagen von Karl Felix Wolff. I Einzelsagen; II Sagenzyklen: Die Erzählungen vom Reich der Fanes. San Martin de Tor 1983 und 1997.

Müller, Ulrich: Mittelalterliche Dichtungen in der Musik des 20. Jahrhunderts: Das Ezzolied-Oratorium von Johann Nepomuk David (1957). In: Zeitschrift für deutsches Altertum 106 (1977), [Festgabe für Wolfgang Mohr], S. 308–319.

Müller, Ulrich: Liedermacher der Gegenwart und des Mittelalters, oder: Walther von der Vogelweide im Rock-Konzert. In: James F. Poag und Gerhild Scholz-Williams (Hrsg.), Das Weiterleben des Mittelalters in der deutschen Literatur, Königstein/Ts. 1983, S. 193–212.

Müller, Ulrich: Walther von der Vogelweide: Drunter und Drüber der Linde, oder: Die Rezeption eines mittelhochdeutschen Liedes (39,11) bei Liedermachern der Gegenwart. In: Helmut Birkhan (Hrsg.): Minnesang in Österreich. Wien 1983, S. 77–108

Müller, Ulrich: Grundformen der Mittelalter-Rezeption. In: Peter Wapnewski (Hrsg.): Mittelalter-Rezeption. Ein Symposion. Stuttgart 1986, S. 507–510. – Alle vier Beiträge 2010 auch in: U.M.: Gesammelte Schriften.

Schnyder, André: Der Dichter als Monument. Ein Kapitel aus der Geschichte der Rezeption Walthers von der Vogelweide. In: Archiv für Kulturgeschichte 71 (1989), S. 395–429.

Schwertsik, Kurt: Tag- & Nachtweisen im Ton des Mönchs von Salzburg & Herrn Marteins. In: Mittelalter-Rezeption [I]. Gesammelte Vorträge des Salzburger Symposions ‚Die Rezeption mittelalterlicher Dichter und ihrer Werke in Literatur, Bildender Kunst und Musik des 19. und 20. Jahrhunderts', hrsg. von Jürgen Kühnel u.a. Göppingen 1979 (= GAG 286), S. 591–599.

Walther: Dichter und Denkmal. Hrsg. von Oswald Egger und Hermann Gummerer. Wien, Lana 1990.

Zur Herkunft Walthers von der Vogelweide: In: Der Schlern 81/2 (2007) [dort insbesondere der Beitrag von Max Siller, S. 4–9].

Deutsche Übersetzungen der Lieder Oswalds von Wolkenstein

Cora Dietl

Seit der Mitte des 19. Jahrhunderts reizen die Lieder OsvW immer wieder zu Übersetzungen. Zwar sind sie, wie Wieland Schmied (1960, 116) erklärt, auf Deutsch geschrieben, „nur ist uns nicht mehr jedes Details verständlich". Jede Übersetzung eines literarischen Texts aber muss sich zwangsläufig zwischen einer ausgangs- und einer zielsprachenorientierten Übersetzung entscheiden; in beiden Fällen besteht die Gefahr, dass sie dem Original nicht gerecht wird, sei es, dass sie stilistisch oder im Wortlaut von ihm abweichen muss. Bei der Übertragung von einer Sprachstufe in die andere ist das Übersetzungsproblem besonders prekär, weil die alten syntaktischen Strukturen, sofern sie bewahrt bleiben, einen Eindruck des Archaischen vermitteln, der dem Stil des Quelltextes nicht entspricht und die Verständlichkeit behindern kann. Außerdem kann man bei einer wortgetreuen Übersetzung versucht sein, nur die Schreibweise der Worte zu ändern und dabei semantische Verschiebungen zu übersehen. Bei lyrischen Texten sollten zusätzlich Klang, Metrum und Reim berücksichtigt werden, die wichtige Konstituenten des Textes darstellen. Unmöglich ist es aber, dass alle Wortübertragungen und die von der Zielsprache geforderten syntaktischen Umstellungen unter Beibehaltung von Klangqualität, Silbenzahl und -länge erfolgen. So bleibt letztlich die Alternative einer freien Nachdichtung oder einer philologisch exakten Prosaübertragung. Zwischen diesen beiden Polen bewegen sich die deutschen Übertragungen der Lieder OsvW seit dem 19. Jahrhundert.

Im Folgenden werden die auf OsvW Lieder angewandten Übersetzungsmethoden am Beispiel eines seiner berühmtesten Lieder demonstriert, an Kl 53, *Frölich, zärtlich* (Klein 1962 u.ö.), das in vielen Sammlungen enthalten ist; wo das Lied unten nicht erwähnt ist, fehlt es in der entsprechenden Sammlung.

Frölich, zärtlich, lieplich und klärlich, lustlich, stille, leise,
in senfter, süsser, keuscher, sainer weise
wach, du minnikliches, schönes weib!
reck, streck, breis dein zarten, stolzen leib!
Sleuss auf dein vil liechte öglin klar!
taugenlich nim war,

wie sich verschart der sterne gart
inn der schönen, haittren, klaren sunne glanz!
Wol auff zu dem tanz!
machen ainen schönen kranz
von schawnen, prawnen, plawen, grawen,
gel, rot, weiss,
viol, plúmlin spranz.

1. Erste Annäherungen an Oswald im 19. Jahrhundert

Die ersten Übersetzungen einzelner Lieder OsvW legte 1858 Ludwig Scheyrer vor, gestützt auf die Edition von Beda Weber (1847), die für das 19. Jahrhundert die verbindliche Textausgabe OsvW war. Scheyrer wählt aus den Liedern Oswalds, die er in „historische, erotische und religiöse" (Scheyrer 1858, 233) gliedert, sieben Beispieltexte aus, wobei er einen deutlichen Akzent auf die Minnelieder legt. Er hat nach eigenen Aussagen „den Dichtungen so viel als möglich ihr ursprüngliches Kleid gelassen [...], damit sie, wo sie weniger gehaltvoll und klar sind, mindestens historisch merkwürdig erscheinen würden" (ebd., III). Er habe alte Ausdrücke bewahrt, damit das Fremdartige zu näherer Beschäftigung mit dem Text reize und damit Überraschungseffekte entstünden, wenn das, was in seiner Zeit „gemein und bäurisch" wirke, als Überreste alten Sprachgebrauchs erkenntlich werde. Diese alten Ausdrücke und Begriffe erläutert er dann in den Fußnoten zu seinen Übersetzungen. Auf Reim, Versmaß und unmittelbare Verständlichkeit habe er nicht immer Rücksicht nehmen können, erklärt er weiter (ebd.), und dies bestätigt auch ein Blick auf seine Übersetzung von Kl 53:

Fröhlich, zärtlich, lieblich und klärlich, lustlich, stille, leise,
In sanfter, süßer, keuscher, träger Weise,
Wach, du minnigliches, schönes Weib!
Reck',
Streck',
Schmück' dein'n zarten, stolzen Leib.
Schleuß' auf dein' viel lichten Aeuglein klar,
Taugenlich nimm wahr,
Wie sich verschart [Anm.: verlor]
Der Sterne Gart [Anm.: Garten]
In der schönen, heit'ren, klaren Sonne Glanz.
Wol auf zu dem Tanz!
Machen einen schönen Kranz
Von schönen,
Braunen,
Blauen,
Grauen,

Gel, [Anm.: gelben]
Roth', weiß',
Violen, Blumenglanz.

Was Scheyrer hier bietet, kann man kaum als Übersetzung bezeichnen, es ist eher eine orthographische Anpassung mit einzelnen Wortangaben. Wo er einzelne Worte austauscht, ist dies nicht immer korrekt (*schaunen* – „schönen"); syntaktisch schwierige Stellen (*machen einen* …) sind stehen geblieben, ebenso wie Begriffe, deren Bedeutung sich verschoben hat (*weib*). Dadurch ist die Übersetzung nicht wirklich verständlich. Auffällig ist auch die freie Behandlung der Versstruktur, die hier dazu geführt hat, dass alle Binnenreime in Endreime umgewandelt sind.

Knapp dreißig Jahre später übertrug Johannes Schrott eine Auswahl von 107 Liedern OsvW, gegliedert in historische Gedichte, Minnelieder und religiöse Gedichte. Mit seiner Auswahl will er „den Dichter in seinen Hauptrichtungen […] charakterisieren", wobei er allerdings die „allzufreien Bänkelgesänge" auslässt (Schrott 1886, XXIV). Seine Übersetzungen wollen weder „sclavisch" noch zu frei sein, „um das Gepräge nicht zu verwischen"; vor allem will er den Strophen- und Reimbau beibehalten (ebd., XXV). Dies hält er auch durch, wobei er allerdings den Rhythmus vernachlässigt. Im Wortlaut weicht er zum Teil beachtlich von seinen Vorlagen ab, spart einzelne Worte aus, ändert auch zuweilen das Subjekt der Sätze, was zu inhaltlichen Verzerrungen führen kann. Die Lieder stellt er unter selbst gewählte Überschriften, die auf deren Inhalt und den biographischen Kontext Bezug nehmen; beigegeben ist ihnen ein Stellenkommentar, der vor allem historische und biographische Erläuterungen gibt.

Nur drei Jahre später erschien im Reclam-Verlag, Leipzig, Ludwig Passarges Übersetzung von 57 Liedern OsvW, gegliedert in „Erlebtes, Weltbetrachtung, Alter" und „Frühlings- und Minnelieder", auch sie mit selbst gewählten Überschriften versehen, die auf den Inhalt der Lieder hinweisen. Passarge kritisiert an Schrotts Übersetzung, dass sie zu modernisierend sei, schließlich solle eine Übersetzung das Charakteristische einer Dichtung wiedergeben. Deshalb will er OsvW Lieder so weit wie möglich unverändert lassen, Metrum und Reim bewahren und nur das abändern, was unverständlich oder im Ausdruck veraltet sei (Passarge 1891, 21). Die Versuche aber, Metrum und Reim beizubehalten, zwingen Passarge letztlich doch dazu, zum Teil recht weit von der Vorlage abzuweichen oder durch eine rein orthographische Anpassung eher unverständlich zu bleiben. Er versucht dies durch Worterklärungen in den Fußnoten wett zu machen. In den Fußnoten finden sich zusätzlich Erläuterungen zum historischen Kontext.

Mit Passarges Ausgabe ist damit ein Kompromiss zwischen Scheyrers und Schrotts Annäherungsversuchen gefunden, der der Intention seiner

Zeit entspricht: den Dichter bekannt zu machen und einen Eindruck von seinem Werk zu vermitteln.

2. Übersetzung als Verständnishilfe in den 1960er Jahren

Erstaunlicherweise regte das Erscheinen der OvW-Edition von Koller/ Schatz bzw. Schatz (1902, 1904) kaum neue Übersetzungstätigkeit an; erst in den 1960er Jahren, etwa gleichzeitig mit Karl Kurt Kleins Neuausgabe (1962), erwachte ein neues Interesse an Übertragungen der Lieder OsvW, allerdings nicht unter Benutzung von Kleins Edition. Wieland Schmied brachte 1960 und erneut 1963 in einer zweisprachigen Ausgabe sechzehn Lieder OsvW heraus, gestützt auf die Edition von Beda Weber. Als Auswahlkriterium benennt er die literarisch experimentelle Qualität der Lieder, den biographischen Aussagewert und ihre Überzeitlichkeit. Mit seinen Übersetzungen will Schmied Verständnishilfen für den mhd. Text geben und ihren Sinn in aktueller Umgangssprache wiedergeben. Dabei folgt er dem Originaltext nach eigener Aussage möglichst genau und versgetreu; er ersetzt allerdings ältere Redewendungen durch aktuelle, passt die Sätze zum Teil der modernen Grammatik und Syntax an und streicht generell Füll- und Reimwörter, die „für den Sinnzusammenhang nicht nötig sind“ (Schmied 1960, 117) – außer bei Trink- und Tanzliedern, da hier die Klangqualität wichtig sei. Bei erzählenden Liedern kommt es ihm eher auf den Sinn an, bei Liebesgedichten auf die „poetischen Bilder“ (ebd., 116). Schmieds Treue zum Original geht so weit, dass er auch Worte, die einen Bedeutungswandel erfahren haben, stehen lässt, was die Verständlichkeit der Lieder erschwert (s. Spicker 2007, 34). In der Ausgabe von 1963, in der elf „biographische“ Gedichte zweisprachig abgedruckt sind, gibt Schmied die Vorläufigkeit seiner Übertragungen zu; nicht zuletzt deshalb stellt er die Übertragung links und den Originaltext rechts.

Mit Burghart Wachingers zweisprachiger Auswahlausgabe von 1964 war ein wichtiger Schritt in der Erschließung der Lieder OsvW für ein breiteres Publikum getan. Wachinger wählt 28 Lieder aus, die repräsentativ sind für die verschiedenen Liedformen, in denen OvW gedichtet hat. Die Übersetzungen, die versgetreu den Liedern (in der Fassung von Schatz) gegenüber gestellt sind, erheben keinen literarischen Anspruch und wollen allein den Zugang zum Text erleichtern. Als Probleme, die sich bei der Übersetzung der Lieder OsvW ergaben, benennt Wachinger die z.T. nur graduellen Bedeutungsverschiebungen zwischen dem Mittelhochdeutschen und dem Deutschen, die rhythmisch-assoziative Reihung der Satzglieder, die dem heutigen Bedürfnis nach einem logisch-grammatikalischen Satzbau widersprechen, und die mehrfache Beziehbarkeit von einzelnen Satzgliedern. Außerdem betont er den außergewöhnlich vielschichtigen Wortschatz und die Eigenwilligkeit des Wortgebrauchs bei OvW, eine „ungewöhnlich weitgehende vernachlässigung aller syntaktisch konstruktiven elemente (endungen, pronomina, artikel, wortstellung) zugunsten von klangreiz und gedrängter wortfülle“ (Wachinger 1964, 125). Nur teilweise lasse sich dies in einer Übersetzung nachahmen. Zuweilen, so stellt Wachinger fest, sei eine süddeutsch gefärbte Umgangssprache geeigneter, die Schattierungen von OsvW Ausdrücken wiederzugeben als die Standardsprache, daher setzt er auch Regionalismen ein. Die Beispielstrophe übersetzt er wie folgt:

> Fröhlich, zärtlich, anmutig und hell, lustvoll, still und sanft,
> ruhig, süß, rein, gemächlich:
> so wache auf, du liebliche, schöne frau!
> Reck und streck dich, freu dich an deinem zarten, herrlichen leib!
> Öffne deine strahlenden, hellen äuglein!
> Nimm heimlich wahr,
> wie die sternenweide zergeht
> im glanz der schönen, heiteren, klaren sonne!
> Wohl auf zum tanz!
> Laß uns einen schönen kranz machen,
> schimmernd von honigfarbnen, braunen, blauen, grauen, gelben, roten,
> weißen, veilchenfarbnen blümlein!

Die Übersetzung ist zeilengetreu und syntaktisch exakt; wo die Gesetzmäßigkeiten der heutigen Sprache eine Umformulierung oder Umstellung verlangen, wird keine Rücksicht auf Reim und Metrum genommen. Wörter, deren Bedeutung sich verschoben hat (*weib, keusche*), werden ersetzt; metaphorische Ausdrücke werden zum Teil aufgelöst (*sleuss auff; plüemlin spranz*), zum Teil verstärkt (*sternen gart*); Ellipsen werden nach Möglichkeit belassen (*wolauff zuo dem tanz*) und nur dort, wo es die heutige Syntax verlangt, aufgelöst (*machen ainen schönen kranz*). Bei der Übersetzung der Wortreihen wird auf eine exakte Übersetzung jedes Einzelworts geachtet, weniger auf Wahrscheinlichkeit („braune Blumen“) oder auf zusammenhängende Wortpaare („stille, leise“).

Wachingers Band ersetzte 1967 in der Reclamschen Universalbibliothek die Übersetzung von Ludwig Passarge. Er wurde mehrfach neu aufgelegt.

3. Nachdichtungen der späten 1960er und 1970er Jahre

Schon 1968 erschien im Insel-Verlag in Leipzig eine gereimte Übersetzung etwa der Hälfte der Lieder OsvW von Hubert Witt, auf der Grundlage der Edition von Klein. Die Auswahl versteht sich als repräsentative Zusammenstellung „poetisch relevante[r] Texte, die „zugleich aber die thematische und formale Vielfalt des Autors [...] dokumentieren“ (Witt 1968, 211). Die Übertragungen wollen keine Übersetzungshilfe geben, sondern stehen allein, ohne das mhd. Original, und sollen es nachempfinden. Sie sind so gehalten, dass sie „im Idealfalle archaisch und modern zugleich wirken sollen. Die poetischen Eigenschaften der Originale: Sinn, Ton und Gestus, Naivität, Raffinement, Kunst und Artistik, Sinnlichkeit, Ironie, Mehrdeutigkeit und anderes sollen so reich als möglich erhalten oder erneuert werden“ (ebd.). Dabei stellen aber OsvW „unbändig-willkürliche[r]“ Sprachgebrauch, seine Wortbildungen und Anspielungen, sein komplizierter Satz- und Versbau eine besondere Schwierigkeit dar, bekennt Witt. Die Beispielstrophe lautet in seiner Umsetzung:

Fröhlich, innig, zärtlich und sinnig, lustvoll, lieblich, leise
in sanfter, süßer, keuscher, reiner weise
erwach, du herrliches, du schönes weib,
reck, streck, zeig den zarten stolzen leib!
Schließ auf deine lichten augen klar,
nimm es heimlich wahr:
schon ist verblaßt der sterne glast
in dem schönen, heitren, klaren sonnenglanz.
wohlauf zum tanz!
winde einen schönen kranz
aus farbengarben, blauen, grauen,
gelb, rot, weiß,
bunte konsonanz.

Witt bemüht sich, die Endreime und möglichst auch die Binnenreime beizubehalten oder gegebenenfalls durch neue zu ersetzen. Hierfür werden zuweilen eine etwas altertümliche Satzstellung („augen klar“), veraltete Begrifflichkeit („weib“), eine Umstellung der Adverbien oder ein inhaltliches Abweichen vom Original („bunte konsonanz“) in Kauf genommen. Schwierigkeiten wie *saine* übersieht Witt und liest „raine“, oder er weicht ihnen aus wie bei *schaunen – praunen*, das er durch das klangmalerische „farbengarben“ ersetzt. An anderen Stellen umschifft er auch Obszönes durch freie, z.T. schwer verständliche Formulierungen.

In der Auflage von 1989 korrigiert Witt seine Übersetzung geringfügig: Im 4. Vers wird aus „zeig“ nun „weis“ und im 10. Vers wird aus dem Imperativ Singular ein Plural: „windet einen ... kranz“; diese Änderungen zeigen eine Unsicherheit bei der Übersetzung von *preis* und von *machen*. Erstaunlich ist schließlich seine Änderung im vorletzten Vers: Hier ersetzt er „gelb“ durch „hell“, als habe er nun *gel* als „hel“ verlesen. Insgesamt zeigen die Änderungen ein Ringen mit dem Text und eine Bemühung um Präzision, zugleich aber auch eine großzügige Interpretation des Textbefunds.

Reimend (wobei das Reimschema gegenüber dem Original auch geändert werden kann, nicht reimlos, siehe Spicker 2007, 33) und mit künstlerischem Anspruch übersetzt Dieter Kühn 1977 in *Ich Wolkenstein* (Neuauflage 1980) etwa die Hälfte der Lieder OsvW, ohne ihnen das Original beizugesellen. Die Übersetzungen wollen sowohl philologisch korrekt als auch atmosphärisch und klanglich den Vorlagen nachempfunden sein. Die Leserschaft soll einen scheinbar unmittelbaren Eindruck von OsvW Dichtung erhalten. Seine Übersetzungsweise reflektiert Kühn nicht generell, sondern nur bei Einzelfällen. Wo etwa der Klang das Organisationsprinzip des Gedichts ist, wie in Kl 53, erklärt er, dass er klangliche Entsprechungen suche und in diesem Fall weniger Gewicht auf die wörtliche Übertragung lege (Kühn 1980, 138). Dementsprechend lautet seine Übersetzung wie folgt:

Fröhlich, friedlich, lieblich und zärtlich, lässlich, sacht, gemach
und sanft und süß und frisch und rein erwach
du schönes, liebevolles Weib,
streck, reck, zeig den zarten, stolzen Leib,
mach deine strahlend hellen Augen auf,
und sieh, in deiner Morgenwonne,
wie nun erlahmt der Sterne Lauf
im Glanz der hellen, heitren, klaren Sonne.
Wohlauf zum Tanz!
Binde einen schönen Kranz
aus blauem, violettem,
rotem, gelbem, weißem,
lichtem Blütenglanz.

Die Reihenfolge und die exakte Entsprechung der Adverbien und erst recht der Farbadjektive (bei denen Kühn auch Schwierigkeiten ausweicht) werden den Erfordernissen des Reims geopfert; um den Reim zu erhalten, können auch der Imperativ *erwach* um einen Vers verschoben und die „Morgenwonne" eingefügt werden. Auf semantische Veränderungen wie von *weib* und *leib* nimmt er nicht nur aus Reimgründen keine Rücksicht, sondern derlei Verschiebungen im Tonfall der Lieder entsprechen auch dem Grundtenor seiner Übersetzung: Das Derbe und Obszöne oder entsprechende Doppeldeutigkeiten werden betont, eher verhüllende Metaphorik wird oft aufgelöst, so dass eine verblüffende Direktheit entsteht.

Eine zweisprachige Gesamtausgabe der Lieder OsvW nach Handschrift B samt Melodien legte endlich 1979 Klaus Schönmetzler vor. Bei den Übersetzungen handelt es sich um gereimte Übertragungen, welche dem Ziel folgen, „Oswald von Wolkenstein unverstellt und unmittelbar als Dichter zu erweisen, ohne den Umweg trocken-mühsamer Hilfstexte und ohne die vorausgesetzte Kenntnis eines späten, stark dialektgefärbten Mittelhochdeutsch" (Schönmetzler 1979, 7). Er verweist darauf, dass

OsvW Gedichte primär Lieder, „gesungene Melodie" seien, bei denen die Form über den Inhalt dominiere. Dies sollte auch in der Übertragung erfahrbar sein. Er gibt zu, dass sich eine Nachdichtung notwendig von der Vorlage entfernen muss. Da aber nicht alle semantischen Verschiebungen und andersartigen literarischen und kulturellen Hintergründe in der Übersetzung reflektiert werden können, gibt er die Originaltexte bei, aber räumlich getrennt von den Nachdichtungen. Diese wiederum werden unmittelbar mit den Melodien zusammengestellt und müssen damit der Vorlage nicht nur im Reimschema, sondern auch in Silbenzahl und Metrik genau entsprechen. Welche Konsequenzen das für die Übersetzung hat, zeigt ein Blick auf die Vergleichsstrophe:

Fröhlich, zärtlich, lieblich und klärlich,
Lustig, still und leise,
In sanfter, keuscher, feiner Weise
Wach, du minnigliches, schönes Weib,
Reck, streck, zeig den zarten, stolzen Leib!
Schließ auf die viel lichten Äuglein klar!
Stille nimm es wahr,
Wie sich verschart der Sterne Gart,
In der schönen, heitern, klaren Sonne Glanz!
Auf, hinaus zum Tanz!
Flicht uns einen schönen Kranz
Aus flaumig Braunem, Blauem, Grauem,
Gelb, Rot, Weiß,
Und von Veilchen ganz!

Statt einer Übersetzung legt Schönmetzler hier (fast wie Scheyrer 1858) eher eine orthographische Aktualisierung vor, fast alles ist belassen, auch der Satzbau; Reim und Rhythmus sind dadurch bewahrt, ohne Rücksicht auf die Verständlichkeit des Textes („verschart") und auf Bedeutungsverschiebungen („Weib"). An einigen Stellen war das Ersetzen einzelner Worte nicht zu umgehen: *schaun* ist wohl aus klanglichen Gründen als „flaumig" übersetzt, *viol* als Substantiv missverstanden, *spranz* einfach weggelassen. Das elliptische *machen* ist als Aufforderung an einen Dritten gedeutet, während alle Possessivpronomina der 2. Person durch Artikel ersetzt sind – wohl aus metrischen Gründen. An anderen Stellen sind Sätze oder Satzteile ganz ausgetauscht, mit Rücksichtsnahme auf den Vers; *allzeit frisch getusst* (Kl 53, III,13) wird so zu „Ehe du's gewusst".

Die Übertragung wird ergänzt durch einen Kommentar, der auf die Datierung und Überlieferung der Lieder, auf Lesarten, Melodien, Vorlagen, Textsorten, biographische und kulturelle Hintergründe sowie gelegentlich auf Übersetzungsfragen eingeht. Daraus wird das für die 1960/70er Jahre dominante Interesse deutlich, OsvW Lieder zuerst als Kunst nachzuvollziehen, dann in historischem Kontext zu sehen.

4. Philologische Übersetzungen zwischen 1989 und 2007

„Oswald von Wolkenstein übersetzt, wer kein Risiko scheut", erklärt Wernfried Hofmeister (1989, 1) im Vorwort seiner vollständigen Ausgabe der Lieder OsvW in nhd. Übertragung (basierend auf der Ausgabe von Klein). Die Gefahr, Oswalds virtuoser Sprache nicht gerecht werden und seine Gedanken verfehlen zu können, möchte er minimieren durch eine zeilengetreue Übersetzung, „um dem Leser das rasche Nachvollziehen der Übertragung nicht unnötig zu erschweren", allerdings ist der Originaltext nicht mitgegeben. Er sucht eine möglichst „exakte semantische Entsprechung"; jedes „auch noch so unbedeutend scheinende[…] Wort […]" wird sinngemäß richtig in den Text eingebracht. Dabei vernachlässigt er Metrum und Reim, da er nur Inhalte begreifbar machen möchte; den Satzbau stellt er nach den Regeln heutiger Syntax um, was zu sehr flüssig lesbaren Übersetzungen führt, wie etwa im Beispiel:

> Erwache fröhlich, sanft, anmutig, strahlend, wonnig, sacht und ruhig,
> auf angenehme, süße, reine, bedächtige Weise,
> du reizende, schöne Frau;
> recke, strecke dich, zeig stolz deinen anmutigen, edlen Körper;
> öffne deine so hellen, klaren Äuglein!
> Sieh im Verborgenen zu,
> wie sich der Sternenchor
> im Strahlen der schönen, hellen, gleißenden Sonne verliert!
> Nun auf, zum Tanz,
> einen schönen Kranz gemacht
> aus gelber, brauner, blauer, grauer,
> gelb-rot-weißer,
> violetter Blütenpracht!

Die Spannung der Anfangsverse ist durch das vorgezogene Prädikat aufgehoben; eine sehr klare Satzstruktur tritt an ihre Stelle. Abgesehen von dieser syntaktischen Freiheit legt Hofmeister eine exakte Übersetzung vor, mit Rücksicht auf Bedeutungsverschiebungen (*weib, leib*). Die Metapher des Sternengartens ist durch die leichter verständliche des Sternenchors ersetzt; die Frage, wer den Kranz machen soll, ist ebenso offen gehalten wie im Original. An anderer Stelle dagegen liegt eine mutige Interpretation vor: Der Wechsel von flektierten und unflektierten Farbadjektiven wird dahingehend gedeutet, dass die Farben Gelb, Rot und Weiß zusammenhängen. Recht sparsam geht Hofmeister mit Anmerkungen um; nur gelegentlich vermerkt er mögliche Übersetzungsvarianten, daneben markiert er Redewendungen und Sentenzen. Hofmeister bearbeitet derzeit seine Übersetzung für eine erneute Publikation.

In den Klassiker-Ausgaben und kurz danach bei Reclam sind 2006 bzw. 2007 überarbeitete Fassungen von Burghart Wachingers OvW-Übersetzungen erschienen. Sie umfassen 18 bzw. 41 Lieder in zweisprachiger Ausgabe, nach Handschrift A ediert. Die Ausgabe von 2007 beinhaltet außerdem die Melodien, herausgegeben von Horst Brunner. Der Kommentar und die Einleitung entsprechen sich in beiden Ausgaben. Wachinger bemerkt (2006, 615), er wolle mit seinen Übersetzungen zum Original hinführen und „dazu verlocken, sich in den mittelalterlichen Text zu vertiefen". Zu diesem Zweck ziehe er „eine gewisse Freiheit und Lesbarkeit" einer „pedantische[n] Wörtlichkeit" vor. Mithilfe der Übersetzung solle sich „auch der ungeübte Leser" in den Bau der mhd. Sätze hineinfinden. Wo verschiedene Übersetzungsmöglichkeiten bestünden, habe er sich für eine entschieden und dies nur in seltenen Fällen im Kommentar angemerkt. Wachinger bekennt, dass jede Übersetzung Interpretation ist: „Sie legt Stilhöhen, Bedeutungsschattierungen, Perspektiven fest und öffnet die Aussage für weitere, schließt sie für andere Assoziationen"; er habe sich bemüht, offene Aussagen und Komplexitäten in den Texten zu bewahren, gibt aber zu, dass dies zu einer gewissen Sprödigkeit der Übersetzung geführt habe (ebd., 616). In den Fällen, in denen sich seine Übertragungen gegenüber 1964 verändert haben, erläutert er dies im Kommentar. Die Beispielstrophe übersetzt Wachinger 2006 wie folgt:

Fröhlich, zärtlich, anmutig und hell,
lustvoll, still und sanft,
ruhig, süß, rein und gemächlich:
so wach auf, du liebenswerte schöne Frau!
Reck, streck, schmücke deinen feinen, herrlichen Leib
Öffne deine strahlend blanken Äuglein!
Nimm verstohlen wahr,
wie sich auflöst der Sternengarten
im Glanz der schönen, heiteren, klaren Sonne!
Auf zum Tanz!
Machen wir einen schönen Kranz
aus dem Schimmer beiger, brauner, blauer, grauer,
gelber, roter, weißer, violetter Blüten!

2007 korrigiert er noch einmal V. 5 und übersetzt diesen mit: „Recke, strecke dich und kleide deinen feinen, herrlichen Leib." Die Übersetzung ist jetzt noch exakter, behält noch konsequenter die Wortarten bei, überprüft aber vor allem die Wortbedeutungen. So erklärt Wachinger im Kommentar, dass *preis* von *brîsen*, „schnüren, einfassen" abzuleiten sei (s. Müller 1975, 115); *schaunen* führt er auf altfrz. *jaune* zurück, was er zur Differenzierung von *gel* und zur Andeutung des Lehnwortcharakters mit „beige" übersetze (Wachinger 2007, 323).

Der Kommentar gibt Informationen zur Überlieferung, nennt ausführlich Lesarten, kommentiert die musikalische/metrische Form sowie die Textsortenzugehörigkeit des jeweiligen Lieds, geht auf biographische

Kontexte, intertextuelle Bezüge und Sprichwörter ein, erklärt Anspielungen, Bildlichkeiten und sachliche Hintergründe und gibt Literaturhinweise. Mit diesem Kommentar kann Wachingers Ausgabe den Anspruch eines Standardwerks erheben.

5. Aktuelle Nachdichtungen

In neuester Zeit sind mehrfach Oswald-Nachdichtungen erschienen, die, ähnlich wie die Nachdichtungen aus den 1960er und 1970er Jahren, Oswalds Lieder in ihrer poetischen Form nachbilden, auf einen strengen akademischen Anspruch gelegentlich verzichten und stattdessen Liedtexte bieten möchten, die für sich, ohne die Originale, les- und sangbar sind. Neu ist dabei das Interesse an vollständigen Übertragungen des Oswald'schen Oeuvres.

So ist im Jahr 2007 Franz Viktor Spechtlers neue einsprachige Gesamtübertragung der Gedichte OsvW auf der Grundlage der Ausgabe von Klein (1978) erschienen. Spechtler folgt dem Grundsatz, dass die Texte „zum Vortrag geeignet sein" sollen (Spechtler 2007, 303), weshalb er Rhythmus und Silbenzahl der Originale beibehalten will; in derselben Weise hat er Übersetzungen des *Frauendienstes* von Ulrich von Liechtenstein (2000) sowie sämtlicher Lieder Walthers von der Vogelweide (2003) und des Mönchs von Salzburg (2004) vorgelegt. Die Wolkenstein-Beispielstrophe lautet bei ihm:

> Fröhlich, zärtlich, lieblich, strahlend, lustvoll, still und leise,
> in sanfter, süßer, reiner, ruhiger Weise
> erwach', du liebliche und schöne Frau,
> reck', streck', zeig' deinen zarten, edlen Leib!
> Tu' deine hellen Äuglein auf!
> Schau' im Geheimen zu,
> wie jetzt verblasst der Sterne Kranz
> im schönen, freudigen, hellen Sonnenglanz.
> Wohlauf zum Tanz!
> Macht einen schönen Kranz
> aus gelber, brauner, blauer, grauer
> gelb, rot, weißer
> violetter Pracht.

Der Anspruch einer silbengetreuen Übertragung ist freilich sehr hoch; an einigen Stellen waren Kompromisse notwendig, um die Silbenzahl beibehalten zu können, an anderen musste doch von diesem Grundsatz abgewichen werden. Zu den notwendigen, wenngleich den Sinn leicht verschiebenden Kompromissen zählen der Ersatz des Imperativs der 1. Person Plural von *machen* durch den 2. Person Plural („macht", das auch als „machet“ gelesen werden kann) oder der Verzicht auf die Blumen im letzten Vers. Spechtlers Interpretation von *schawnen* als „gelber“ entspricht der etymologischen Herleitung von altfranzösisch *jaune* und fügt sich rhythmisch gut in den Vers ein; hier liegt dann der Kompromiss eher im Verzicht auf einer Differenzierung zwischen *schawnen* und *gel*, das ebenso mit „gelb“ wiedergegeben wird, womit Spechtler letztlich die Armut des heutigen Deutsch gegenüber der Sprache Oswalds offenlegt.

Ebenfalls 2007 hat Gerhard Ruiss den ersten Band seiner dreibändigen Ausgabe von OvW-Nachdichtungen auf den Markt gebracht; der zweite und dritte Band erschienen 2008 und 2010. Ruiss beklagt, man habe OsvW Lieder „so oft und ausführlich erklärt und interpretiert, bis sie jeder Möglichkeit ihrer dichterischen Weiterexistenz enthoben waren“ (Ruiss 2008, 8). Deshalb wolle er die Lieder „für sich selbst sprechen lassen“ (Ruiss 2007, 10). Im ersten Band sind 53 Lieder OsvW ausgewählt, die ein breites Themenspektrum abdecken. Ruiss gliedert sie zum Teil „aus heutigem Verständnis“ (ebd.) neu, so dass sie insgesamt 62 neue Lieder ergeben. Für den zweiten Band hat er weitere 35 Lieder ausgewählt, in denen es um Liebe, Leben und Tod geht, während der dritte Band (2010) die restlichen Lieder enthält. Den gereimten Nachdichtungen sind im Anhang die Originaltexte nach der Ausgabe von Weber, ggf. ergänzt durch weitere Ausgaben, beigegeben sowie ein Stellenkommentar mit historischen und biographischen Hinweisen, Sach- und Worterklärungen. Die erste Strophe von Kl 53 lautet hier:

> Fröhlich, zärtlich, freundlich und friedlich, ruhig, sanft, sacht, leise,
> nach und nach, still, rein, auf deine Weise,
> wach auf, geliebtes, schönes Weib,
> reck, streck, zeig: zart ist dein stolzer Leib!
> schließ auf dein strahlendes Augenpaar,
> trau dem Blick, nimm wahr
> den verblaßten Sternengarten
> im hellen, heiteren Sonnenglanz!
> Wohlauf, nun zum Tanz!
> Laß ihn uns winden, den Kranz,
> gebunden aus vielerlei Blüten,
> dazu da, uns zu schmücken.

Die Endreime sind weitgehend bewahrt, nicht die Binnenreime. Eine exakte Übersetzung beabsichtigt Ruiss nicht, so kann er auch im ersten Vers mehr Adverbien reihen als im Original, dagegen am Ende der Strophe alle Blütenfarben weglassen und sich stattdessen überlegen, wozu der Kranz da ist. Sehr großzügig sind schließlich die Ersetzungen von *in sainer weise* durch „auf deine Weise“ oder von *taugenlich* durch „trau“.

6. Ausblick

Ausgehend von ersten, an der Ausgangssprache orientierten Annäherungen an OvW haben sich die Übertragungen seiner Lieder vom 19. bis zum 21. Jahrhundert innerhalb des oben angedeuteten Spektrums immer wieder hin und her bewegt. Was sich im Laufe der Zeit verändert hat, ist die Gebrauchsfunktion der Übersetzungen. Hierauf werden zukünftige Übersetzungen Rücksicht nehmen müssen. Zweisprachige Ausgaben richten sich heute nicht mehr primär an Fachfremde (s. Schmied 1963, Nachwort); sie sind vielmehr zum Standard im universitären (Lehr-)Kontext geworden. Daher ist heute (anders als bei Wachinger 1964) bei zweisprachigen Ausgaben ein wissenschaftlicher Kommentar unabdingbar. Die Übersetzungen dürfen hier zielsprachenorientiert sein, da das Original im Zentrum des Interesses steht. An die nichtfachliche Leserschaft richten sich die modernen Nachdichtungen. Sie wollen ohne eine Überfrachtung durch wissenschaftliche Kommentare einen möglichst realistischen Eindruck von der mittelalterlichen Literatur (und in diesem Fall einer klanglich, metrisch und sprachartistisch ausgefeilten Lyrik) vermitteln, was, sofern dennoch philologische Exaktheit angestrebt wird, die weitaus schwierigere Aufgabe darstellt.

Der vorliegende Beitrag befasst sich mit den *deutschen* Übertragungen der Lieder OsvW. Oswalds Oeuvre ist und wird aber durchaus auch in andere Sprachen übersetzt. In den Jahren 2006 bis 2008 z.B. sind 12 der Lieder, darunter auch Kl 53, von Zsolt Győrei ins Ungarische übertragen und in verschiedenen Anthologien veröffentlicht worden; die Übertragungen sind auf der Seite der OvW-Gesellschaft online publiziert (http://www.wolkenstein-gesellschaft.com/uebers_ungarisch.php). Die erste vollständige englische Übersetzung der Lieder OsvW hat 2008 Albrecht Classen herausgebracht. Seine Ausgabe bezeugt erneut das Interesse der US-Altgermanistik an OvW; bereits 1973 hatte George F. Jones die erste neuere OvW-Monographie publiziert und auf eine Anregung von ihm geht letztlich auch die Gründung der Oswald von Wolkenstein-Gesellschaft 1980 zurück. Im Zusammenhang mit der für Sommer 2011 geplanten Oswald-Ausstellung im Südtiroler Landesmuseum Schloss Tirol ist ferner eine italienische Übersetzung von 29 Liedern OsvW (darunter auch Kl 53) durch Patrizia Mazzadi in Arbeit. Die Lieder sind nach thematischen Gesichtspunkten ausgewählt und sortiert; dem Originaltext nach der Edition von Klein werden weitgehend zeilengetreue, modernisierende Übersetzungen gegenübergestellt, mit einem philologischen Kommentar.

Einspielungen von Liedern Oswalds von Wolkenstein. Mit einer Diskographie

Martin Schubert

1. Zusammenstellung von Einspielungen

Es ist an der Zeit für einen neuen ausführlichen Überblick über Einspielungen von Oswalds Liedern, da der letzte zehn Jahre zurückliegt (Melkert/ Schubert 1999; s. Schubert 2001/2002, Beyschlag 1978; Lomnitzer 1980). Der veränderte Markt erfordert aber einen neuen Zugriff: Damals reichte es, über den gedruckten Bielefelder Katalog der Tonträger die erhältlichen Einspielungen zu verzeichnen und an wichtigen älteren Aufnahmen zu messen. Der nach wie vor bestehende Katalog (www.bielefelderkataloge.de) verzeichnet aber immer weniger Tonträger mit Oswald-Stücken, was teils an der Pflege des Katalogs, vor allem aber an Ausverkäufen liegen mag – ein Hinweis auf die fortschreitende Erodierung des konventionellen Tonträgermarkts.

Die modernen Beschaffungswege dagegen sind in Hinsicht auf Oswald noch nicht recht angesprungen. Die Auswahl an mp3-Dateien in Internet-Tauschforen ist minimal. Stattdessen gibt es einen Strom suboffizieller Verbreitung in Internet-Ressourcen, der hier nicht das Thema sein soll. Zugleich bietet sich über Internethändler ein, je nach verfügbaren Restposten, bunter Strauß jüngerer und älterer Aufnahmen.

Schon ein Überblick über die letzten zehn Jahre war anhand der Vertriebswege nicht möglich. Gerade wegen des beschleunigten Vertriebs musste auf die Archivierung des Wissens zurückgegriffen werden, auf den Katalog des Deutschen Musikarchivs, der nationalen Archivbibliothek für Tonträger. Mühe kostete vor allem, die zahlreichen Wiederauflagen unter neuem Titel oder in Samplern auszusortieren.

Die aktualisierte Liste von Oswald-Einspielungen (siehe die separate Diskographie) umfasst 74 Tonträger mit insgesamt 271 Aufnahmen (vorige Listen: 49 Tonträger mit 197 Aufnahmen). Im Zuwachs von 25 Platten gegenüber den vorigen Listen stammen 17 Tonträger mit 66 Einspielungen aus den letzten zehn Jahren; die übrigen sind Neufunde zur früheren Liste, die ausschließlich zu den Anthologien gehören. Markierungen heute noch käuflicher Einspielungen entfallen in der neuen Liste wegen des sich rasch verändernden Markts.

Aufgrund der Findewege versteht sich, dass auch diese Auflistung keinen Anspruch auf Vollständigkeit erheben kann: Das Musikarchiv führt nur zu deutschen Produktionen – sofern ein Dokumentationsexemplar eingereicht und komplett verschlagwortet wurde.

2. Kriterienraster

Bei der kursorischen Übersicht werden verschiedene Kriterien angesetzt. Wichtig ist dabei, dass der Rang einer Einspielung unterschiedlich beurteilt werden kann, je nach dem angelegten Kriterium; mit den Worten Helmut Lomnitzers: „Eine Interpretation kann zwar künstlerisch abgerundet, aber trotzdem historisch falsch sein" (Lomnitzer 1980, 457). Dies gilt ebenso im Umkehrschluss: Auch historisch verantwortete Einspielungen können künstlerische Defizite aufweisen.

Die Vielfalt der vorliegenden musikalischen Ansätze ist zum Teil durch Oswald selbst, zum Teil durch den zeitlichen Abstand verursacht. Die vielen von Oswald aufgegriffenen Musikstile bedienen ganz verschiedene Gebrauchsinteressen. Außerdem ist die Anzahl der Parameter, die nicht mit verschriftet wurden, hoch und lädt zu verschiedenster Auslegung ein (s. die Parameterliste bei Röll 1981, 16 f.); Lomnitzer spricht hier sehr treffend von den „sog. verlorenen Selbstverständlichkeiten" (Lomnitzer 1980, 456). Denn es muss betont werden: Schriftlich notiert ist in den mittelalterlichen Quellen für einstimmige Musik nur der Melodieverlauf sowie bei mehrstimmigen Sätzen die rhythmischen Verhältnisse, d.h. die Bezüge der einzelnen Stimmen zueinander (siehe dazu Lewon im vorliegenden Band). Was im Gegensatz zu später nicht notiert wurde, sind Tempo, Stimmlage, Ausdruck oder der Gebrauch von Instrumenten, also die damaligen „Selbstverständlichkeiten"; sie müssen von den heutigen Interpreten improvisierend hinzugefügt werden, etwa aufgrund von Analogieschlüssen aus anderen Musikkulturen oder mithilfe von Beschreibungen sowie schriftlichen und bildlichen Quellen.

2.1. Philologische Treue

Die erwähnte Spannbreite zwischen Treue zum Notentext und freier Improvisation in nachempfundenem mittelalterlichen Duktus wird in den Einspielungen weidlich ausgenutzt. Die Arbeitsgrundlage hat sich, etwa seit den 1970er Jahren, sehr verbessert, da jetzt verbesserte Musikeditionen und Abbildungen der Handschriften vorliegen (s. Lewon im vorliegenden Band). Allerdings setzen sich nicht alle Musiker mit dem Quellenmaterial auseinander (s. Abschnitt 3).

Philologische Treue zur Überlieferung ist ein zweischneidiges Kriterium. Die Niederschrift ist, das versteht sich, nur eine Auswahl der Merkmale einer Aufführung. Eine erste Frage ist nun, ob aus dieser Niederschrift wieder ausgewählt werden kann oder ob man zumindest das Aufgezeichnete vollständig wiedergeben sollte. Mittelalterliche Zeitgenossen haben die Aufführung gegebenenfalls in Länge und Instrumentation an die Situation angepasst; wo nicht genügend Stimmen beisammen waren, konnte aus einem mehrstimmigen Satz ausgewählt werden. Wenn aber heutzutage solche reduzierten Fassungen zu hören sind, dann bleibt ein Stück unter seinen Möglichkeiten und unter der Intention der Niederschrift. Wer einen Kanon alleine einspielt, wird einen Teil des musikalischen Potentials nicht darstellen können, wie etwa K bei Kl 70 [die Buchstaben-Siglen verweisen auf die Diskographie am Ende dieses Beitrags]. Auch ist es sicherlich sinnvoll, aus dem vorhandenen Text nicht nur eine Auswahl, sondern alle Stimmen in allen Strophen einzuspielen. Bei vielstrophigen Liedern ist dies die Ausnahme; Einspielungen von fast einer Viertelstunde Dauer zeigen die besondere Leistung, die musikalische Spannung aufrecht zu halten (Kl 11 *O snöde werlt* bei H; Kl 18 *Es fügt sich* bei DHK; Kl 20 *Es seusst dort her* bei H; s. Bärnthaler 2005, 200). Stark auswählend verfahren die meisten Gruppen bei Kl 109a. Kl 18 wurde mehrfach in Teilen als Rahmen über eine Platte verteilt (GM, s. zu den verschiedenen Einspielungen Melkert/Schubert 1999, 446).

Dass man auch über ein Zuviel an Texttreue debattieren kann, zeigt sich dort, wo die in der Überlieferung und damit auch in der Klein-Ausgabe entstellten Reime ebenso entstellt eingespielt werden, etwa in Kl 18 die Binnenreime von I, 15 (BDFHKM) und der Reim von III, 8 (DFH). Hier ließe sich mit kleinen Konjekturen die intendierte Klangfülle herstellen. Auch die Umsetzung zweier übereinander stehender Noten in Kl 17 (Hs. A, fol. 7v) als Vorschlag bei Jochims (E) dürfte eine Notationsunsicherheit ungerechtfertigt in den Rang einer Aufführungsverzierung erheben (Lomnitzer 1980, 470).

Zum Kriterium des wissenschaftlichen Anspruchs gegenüber Text- und Notenmaterial gehört ferner die Durchsetzung von Erkenntnissen. So ist mittlerweile erwiesen, dass die Aufführung von Kl 70 *Her wiert* mit einer Dur-Terz falsch ist: Der in Hs. A fehlende Schlüssel wurde von Schatz/Koller 1902 frei ergänzt, während Hs. B eindeutig die Moll-Terz bietet (Melkert/Schubert 1999, 446 f.). Dennoch scheint es unmöglich, die Wiederauflage der falschen älteren Aufnahmen und Editionen zu unterbinden oder sich gegen ihren Einfluss durchzusetzen (2003b [die Jahresangaben verweisen auf die Diskographie am Ende dieses Beitrags]).

2.2. Historische Angemessenheit

Hinsichtlich der historischen Angemessenheit ist das Niveau insgesamt hoch, was auch an der zwangsläufigen Unbestimmtheit dieses Kriteriums liegen mag. In der historischen Aufführungspraxis der Musik der Neuzeit sind in den letzten Jahrzehnten große Fortschritte gemacht worden, indem neben der Restaurierung und Rekonstruktion von Instrumenten vor allem anhand von Quellen wie musikpraktischen Schriften die zeitgenössische Spielpraxis untersucht wurde. Für das Mittelalter sind die Kenntnisse über die Spielpraxis dünn und weitgehend auf geistliche Musik beschränkt. Ein Urteil, ob eine Einspielung historisch angemessen ist, ist eigentlich nur im Ausschlussverfahren vorzunehmen: Wenn ein unmittelalterliches Instrumentarium oder eine nachweislich moderne Formensprache vorkommen, dann sind die Ausführenden wohl nicht um authentische Realisierung bemüht. Dies kann auf Ungeübte mittelalterlich wirken, was sich aber in der Analyse als nur vordergründig urwüchsig entpuppt. Ein weiterer oft erwähnter Punkt ist das Verhältnis der verwendeten Instrumente zum Duktus des Stückes: So wird bei geistlich geprägten Stücken die Begleitung durch Saiteninstrumente (die sogenannte *musica bassa*) erwartet, während die Verwendung von Bläsern wie Schalmei, Pommer oder Zugtrompete (die *musica alta*) eher für tanzliedartige Stücke angesetzt wird.

Die vorliegenden Einspielungen erstreben ganz überwiegend mittelalterliches Instrumentarium und adäquate Formensprache, bei allerdings hoher Spannbreite. Für Oswalds Stücke war eine wesentliche, frühe Anregung die 1956 entstandene Archiv-Produktion (A). Lomnitzer hat in seiner Besprechung darauf hingewiesen, dass der Schwerpunkt auf mehrstimmiger Satzkunst dazu geführt hat, eine Reihe von Stücken nur instrumental einzuspielen, und dass gemäßigte Tempi, ‚leises' Instrumentarium und gedämpfte Stimmgebung der Klangvorstellung entsprechen, die seit den 1920er Jahren für mittelalterliche Musik entwickelt worden war (Lomnitzer 1980, 460 f.). Insofern ist diese Aufnahme ein wichtiger Beleg für die Geschichte der Einspielungspraxis.

Neue Standards in Oswald-Aufnahmen setzte 1972 Thomas Binkley mit dem Studio der frühen Musik (B). Die Musiker, die sich „auf das eigene Quellenstudium, ihr virtuoses Können und musikantisches Empfinden zu verlassen pflegen“ (Lomnitzer 1980, 463), bieten einen durch reiche Instrumentierung und durch Improvisations- und Verzierungstechniken verfeinerten Querschnitt durch mehr- und einstimmige Lieder.

Mögen die einstimmigen Stücke heute etwas gesetzt wirken, so sind die mehrstimmigen nach wie vor stilbildend. Einige Stücke (Kl 50, 54) sind in einem atemberaubenden, vielleicht übertriebenen Tempo aufgeführt (Beyschlag 1978, 232); einige dem heutigen Ohr gefälligere Veränderungen gegenüber dem Notentext wurden kritisiert (Lomnitzer 1980, 465); aber in Bezug auf das Handschriftenstudium und das analytisch auf Mehrstimmigkeit gerichtete Denken und Musizieren (s. Beyschlag 1978, 227) blieb diese Aufnahme für lange Zeit unerreicht. Dass von 13 Stücken acht Neueinspielungen waren, überrascht weniger als der Umstand, dass die Auswahl von vier Stücken mit derjenigen der Archiv-Produktion (A) übereinstimmt (Kl 18, 50, 85, 101). Bereits hier ist also ein Hang zur Kanonbildung erkennbar. Binkleys große Beliebtheit zeigt sich auch bei Nachahmern (s. Abschnitt 3).

Unter der Leitung von Othmar Costa entstand beim Österreichischen Rundfunk 1974 eine Langspielplatte (C), der Lomnitzer ausgewogen „eine solide Mitte" zwischen den beiden vorherigen Extremen bescheinigt (Lomnitzer 1980, 466): ausgewogen zwischen ein- und mehrstimmigen Stücken, ohne gewagte Experimente, was sich auch in einer mittleren Tempogebung äußert. Im Kanon von Kl 70 *Her wiert* wird die führende Stimme jeder Strophe je nach Rolle Männer- oder Frauenstimmen anvertraut, was als passende Umsetzung des Textgehalts gelobt wurde (Beyschlag 1978, 228). Bei den Duetten Kl 48 und 49 wurde mittlerweile angemerkt, dass die weitere wissenschaftliche Durchdringung Fehler dieser Interpretation erwiesen hat (Beyschlag 1978, 230 f.; Wachinger 1976, 34). Vorzüge dieser Einspielung sind die erste korrekt textierte Fassung von Kl 35 sowie das reiche Instrumentarium (Lomnitzer 1980, 467).

Die wesentliche Ausnahme hinsichtlich der historischen Angemessenheit ist die durch Hans Peter Treichler 1979 produzierte Platte (D). Er verknüpft in den Liedern gewissermaßen ‚historischen' Gesang der Oswald-Texte, die durch mittelalterliches Instrumentarium wie Krummhorn und Laute begleitet werden, mit gereimten neuhochdeutschen, gesungenen oder gesprochenen Übersetzungen. Dazu treten gelegentlich Gitarrenbegleitungen, die an Folk- und Chansonmusik erinnern (Kl 51, Kl 53, Kl 85). Die überwiegend mehrstimmigen Lieder werden mit einer Gesangstimme und oft strophenweise wechselndem Instrumentarium dargeboten. Die neuen Texte und die modernen Musikelemente dienen der Aktualisierung und Anverwandlung, brechen aber relativ unvermittelt in die ‚historischen' Teile ein.

Die Platte, die Wilfried Jochims 1977 auf Anregung Dieter Kühns aufnahm (E), ist durch die Beschränkung auf einen einzelnen Sänger und wenige Begleitinstrumente (Drehleier, Dudelsack, Laute; wenig Schlagwerk bei Kl 83 und 116) der Vorstellung einer Aufführung im kleinen Kreis verpflichtet, die vielleicht als Normalfall vermutet werden kann (Lomnitzer 1980, 468). Durch Rückvergleich mit den Handschriften sind hier philologisch zuverlässige Einspielungen entstanden. Neu ist das Unterfangen, gleichtonige Lieder einzuspielen (Kl 30 u. 31, 33 u. 35) und so die vielfältige Verwendbarkeit der Töne zu demonstrieren, wobei weltliche Lieder mit Borduninstrumenten, geistliche Lieder mit Laute begleitet werden. Die geistlichen Gesänge, findet Lomnitzer, hätten allerdings auch noch durch getrageneres Tempo und die Stimmfärbung hervorgehoben werden können, wie es etwa bei Binkley (B) zu hören ist (Lomnitzer 1980, 469).

2.3. Musikalische Gestaltung

Die Spannbreite der musikalischen Gestaltung ist, auch wenn man nur die gelungenen Realisationen rechnet, immens (s. Melkert/Schubert 1999, 444 f.). Ein großer Kontrast besteht zwischen den im weiteren Sinne ‚spielmännischen' Realisierungen, die Spielfreude bis zum derben Krawall in den Vordergrund stellen, und denjenigen, die sich um ein geschultes, durchsichtiges und sauberes Klangideal bemühen: Helmut Lomnitzer hatte vor rund 30 Jahren in seinem Überblick über Einspielungen vor allem das geschulte Klangideal vor sich. Er sah voraus, dass sich an der für 1978 angekündigten Platte der Gruppe Bärengässlin (F) „die Geister […] scheiden" würden (Lomnitzer 1980, 471). Bis heute ist diese Aufnahme das Standardbeispiel für eine brachiale Spielfreude, die eine turbulent nachgezeichnete Aufführungssituation der Klangreinheit vorzieht (Melkert/Schubert 1999, 443 f.). So wird in Kl 84 *Wolauff wir wellen slauffen* die Wirtshausatmosphäre durch Hintergrundgeräusche und neuhochdeutsche Zwischenrufe simuliert; die Aufnahmetechnik bleibt im Getümmel nahe am Sänger. Die Mehrstimmigkeit ist kaum herauszuhören: Eine Flöte umspielt mit improvisierten Tönen die Ténor-Stimme, während die vorherrschenden Sänger den Diskant singen. Trotz der freien Elemente ist die Einspielung relativ eintönig. Zu diesem Punkt lässt sich noch anführen, dass die verschiedenen Stücke ganz überwiegend im ‚Tempo giusto' eingespielt sind: Was nicht im freien Rhythmus vorgetragen ist, bewegt sich in Metronomzahlen zwischen 56 und 60, bei Kl 69 *Do fraig amors* steigt das Tempo einmal auf rund 72. Solch urwüchsiger Stil ist bis heute bei Gruppen auf Mittelaltermärkten beliebt.

Als direkter Vergleich für *Wolauff wir wellen slauffen* (Kl 84) bietet sich die neuere Aufnahme von 2002 durch das Ensemble Alta musica von Rainer Böhm (L) an, die dem Notentext in vorbildlicher Durchsichtigkeit gerecht wird. Die Begleitung übernimmt kein Melodieinstrument, sondern ein Saitentamburin, so dass keine Stimme hinzuerfunden wird. Die beiden notierten Stimmen Diskant und Ténor sind durchgängig ausgeführt, wobei die untere von einer Tenorstimme gesungen wird. Die Diskantstimme übernimmt in der ersten und letzten Strophe ein Sopran, sonst die Fidel. In den instrumentalen Zwischenspielen nach jeder zweiten Strophe übernehmen Fidel und Flöte Ténor und Diskant. Der rasche Wechsel der Besetzung erschafft so einen vielfältigen Eindruck, der doch der Überlieferung ganz verpflichtet bleibt. Die geradezu analytische, zugleich besonders klare und intensive Einspielung kennzeichnet die gesamte CD: Zum Vergleich werden Vorlagen von Oswalds Kontrafakturen (Kl 46, 47, 65, 88, 103) nach romanischen und anderen Quellen eingespielt. In den bevorzugten mehrstimmigen Liedern (neun von elf Oswald-Stücken) wechselt die Besetzung gerne strophenweise (Kl 84, 100, 103) oder bei einer Komplettwiederholung (Kl 48); die Einzelstimme bleibt hier, auch in der hallstarken Kirchenakustik, immer klar kenntlich.

Auch innerhalb der ‚gesitteten' Aufführungen gibt es große Differenzen. Der Außenseiter Hermann Prey nimmt 1994 das sonst selten eingespielte Kl 89 *Herz, mút, leib, sel* auf (1994b). In der respektablen Aufnahme entsprechen Timbre und Diktion dem modernen Kunstlied – durchaus verständlich, da die Einspielung aus einer Sammlung „Vom Minnegesang bis zu Beethoven und Loewe" stammt. Trotz einfühlender Lautenbegleitung ist der Duktus so außergewöhnlich, dass beinahe von Cross-over, also der Vermengung von Stilrichtungen, zu reden wäre. Zu vergleichen ist hier die zweite Einspielung, die nun durch Andreas Scholl vorliegt (M). Auch hier hat sich ein Sänger aus der Klassik in die Mittelaltermusik begeben, der dieses Stück als Countertenor und a cappella singt. Hier ist kein störender Einfluss des modernen Gesangs festzustellen: Bei aller Virtuosität klingt die Stimme ganz ungekünstelt.

Ein großer Schwerpunkt liegt naturgemäß auf der Ausgestaltung der Texte, deren vokale Qualitäten das verbindende Merkmal der von Oswald textierten Musik bilden. Das Ensemble für frühe Musik Augsburg (G) verbindet in seiner Einspielung von 1987 technische Brillanz und weitgehende Notentreue mit Spielfreude. Die dezente, aber abwechslungsreiche Begleitung ordnet sich dem Text unter: Da zudem großer Wert auf die Artikulation gelegt wird, sind diese Aufnahmen gut für Unterrichtszwecke geeignet, um die vokale Klangwirkung von Oswalds Texten darzulegen (Melkert/Schubert 1999, 444).

Die 1993 erschienene Sammlung einstimmiger Stücke von Sequentia (H) beeindruckt durch hohe Überlieferungstreue und sehr klare Ausführung. Auf Schlagwerk wird ganz, auf feste Rhythmen mehrfach verzichtet; außer beim einleitenden Kl 55 sind die Tempi langsamer als in anderen Einspielungen. Durch getragene Tempi und meditativen Duktus entstehen Bezüge zu den von dieser Gruppe eingespielten liturgischen Gesängen; der Anklang wird durch den Halleffekt der Aufnahme verstärkt. Der Text und das Textverständnis stehen bei dem a cappella vorgetragenen Kl 18 deutlich im Vordergrund, während die Stimme in den anderen Stücken als Klangfarbe weitgehend in den Instrumentenklang integriert wird (s. Melkert/Schubert 1999, 444 f.).

Zum unmittelbaren Vergleich bietet sich der seit Jahren in zahlreichen Konzerten mit Oswald-Werken vertretene Solist Eberhard Kummer an, bislang durch eine Sammel-CD von 1998 (K) vertreten. Er bietet eine solide, textgetreue und durch sparsame Instrumentierung durchsichtige Aufnahme. Kummer untermalt seinen Gesang nur durch die Drehleier (und kleine Trommel bei Kl 60) und formt so konsequent die Aufführungssituation eines Solokünstlers nach. Die Sammlung mit geistlichen, weltlichen, derben, scherzhaften und kämpferischen Stücken bietet einen repräsentativen Überblick über Oswalds Werke, die Kummer durch die verschiedenen Effekte seiner Drehleier (Melodie, Bordun, Schnarreffekt), durch verschiedene Stimmregister und Tempi differenziert. Die Sammlung ist von hohem Respekt vor dem Text und vor den überlieferten Noten getragen: Ergänzungen bleiben minimal, wie die zwei Noten für das melodielos überlieferte *Amen* am Ende von Kl 31 und Kl 6 (siehe Schubert 2001/2002, 263 f.).

Kurz erwähnt seien noch Beispiele für ein bewusstes Entgrenzen der musikalischen Gestaltung. Bei den drei Sängerinnen des Zorgina Vocal-Ensembles (2000a) wird das Jagdlied Kl 52 *Wolauff gesell, wer jagen well* zu einem glasklaren A-capella-Stück. Gewagt und nicht authentisch ist die Übernahme der Dissonanz am Anfang des Liedes aus Handschrift A (große Sekunde), die von anderen Musikern nach Handschrift B emendiert wird. Zorgina kostet diese Dissonanz, zumal bei der Wiederholung, voll aus. Die ausgestalteten Reibungen und die Unterlegung der untextierten Stimmen mit „Düb-Dü“ erinnern bereits an moderne Formen wie etwa den Barber-Shop-Gesang. Während dieses Lied sonst meist, der Jagd angemessen, durch Bläser begleitet wird, zeigt die Einspielung, wie ein dichtes harmonisches Geflecht allein mit Stimmen wiedergegeben werden kann. Die Textverteilung ist gelungener als in der Einspielung I (siehe Melkert/Schubert 1999, 448 f.), ordnet aber die Teile anders an (statt AA'BCBC hier ABCA'C; vgl. mit Beyschlag 1974).

Noch weiter gehen Einspielungen, die Oswalds Melodien als Material für moderne Realisierungen gebrauchen und die hier nicht im Fokus stehen. Ulrich Müller verweist in seinem Beitrag zu Recht auf den Kölner Dietmar Bonnen, der Stücke Oswalds im Cross-over mit mehreren modernen Musikstilen neu belebt hat. Eine gewitzte Einspielung von Kl 31 *Der oben swebt* auf einer CD von 2002 (2002a) beeindruckt durch übertriebenes Tempo, fragwürdige Formensprache und grundverkehrtes Instrumentarium. Bongos und Rainmaker umrahmen den Gesang, der plötzlich völlig organisch von einem Saxofon-Bluesriff untermalt wird. Im Ganzen ist dies eine originelle und musikalisch gelungene Einspielung, die nämlich Möglichkeiten in Oswalds Musik enthüllt und ihn unmittelbar mit der Neuzeit verbindet.

3. Semiorale Überlieferung

Es wurde bereits festgestellt, dass sich Musiker gerne an älteren Einspielungen orientieren. Ein extremes Beispiel ist die Platte des New London Consort von 1996 (I), die neun Stücke von Binkleys Sammlung (B) übernimmt und weitgehend in Instrumentarium und Tempo nachahmt. Bei dieser ansonsten sehr klangschönen, auf mehrstimmige Stücke konzentrierten Sammlung, die mehrfach Gesangs- und Instrumentalversionen gegeneinanderstellt (Melkert/Schubert 1999, 445), ist also deutlich festzustellen, dass der Weg zur Überlieferung oft nicht eigenständig beschritten wird, sondern dass eine Anlehnung an bestehende, für gelungen erachtete Einspielungen versucht wird.

Dieser Rückgriff auf vorwiegend im Hören statt im Notenlesen zu gewinnende Eindrücke wurde als „semiorale Überlieferung“ bezeichnet (Schubert 2001/2002, 265–267): An den Einspielungen von Kl 50 *Der mai mit lieber zal* ließen sich anhand von Tempo, Textbestand und musikalischer Ausführung klare Gruppen unterscheiden, in denen die Vorbildfunktion früherer Aufnahmen erkennbar wurde (bei C und 1990f; 1967b und 1990a; B und I). So wichtig der Einfluss gelungener Einspielungen für den Fortschritt ist, so bleibt als Kehrseite der Medaille immer die Gefahr, dass als kanonisch empfundene Vorbilder dominieren und damit die Vielfalt beeinträchtigen. Diese Beeinträchtigung findet sich sowohl in der Art der musikalischen Ausgestaltung, in der Entscheidung für instrumentale Wiedergabe als auch in der Auswahl der Stücke (Schubert 2001/2002, 267).

4. Kanonbildung

In den früheren Beiträgen wurde festgestellt, dass sich eine Art Kanonbildung abzeichnete. Nach wie vor zieht eine Gruppe von Stücken die meisten Einspielungen auf sich, und zwar Kl 18, 50, 70 und 84. Obwohl 1999 fünfmal mehr Tonträger vorgestellt wurden, als Lomnitzer 1980 vorlagen, war die Zahl der verschiedenen eingespielten Melodien nur von einem Drittel auf knapp die Hälfte gestiegen (Melkert/Schubert 1999, 442 f.). Dieser Trend hat sich noch verschlechtert. In den bis 2009 hinzugekommenen 15 Tonträgern mit 36 Aufnahmen ist nur ein Stück neu eingespielt worden. Die in den zahlreichen Aufnahmen bezeugte musikalische Vielfalt findet keine Entsprechung in einem vielfältigen Zugriff auf die Quellen.

Das neu eingespielte Stück verdanken wir dem glücklichen Zusammentreffen von musikwissenschaftlicher Forschung und Musikpraxis durch Rainer Böhm und sein Ensemble Alta musica (2000e). Böhm hat das bei Oswald einstimmig überlieferte Stück Kl 100 *O wunniklicher, wolgezierter mai* als Kontrafaktur des französischen Rondeaus *Triste plaisir* von Gilles Binchois erwiesen (Böhm 2001/2002) und dessen Mehrstimmigkeit zu Oswalds Text gesetzt. Im strengen Sinne ist dies gegen die Überlieferung, denn hier wird Passendes zugefügt, das aber in Oswalds Handschriften gerade nicht verschriftet wurde. Die Überlegenheit dieser Stimmen gegenüber modern hinzuerfundener Begleitung ist allerdings evident.

Die Aufnahme stellt wieder in analytischer Weise die Entdeckung vor und arbeitet die Bezüge der Einzelstimmen nach und nach heraus. Im ersten Durchgang bieten Fidel und Sängerin unisono die Ténorstimme, im zweiten tritt die tiefe Flöte mit dem Contraténor hinzu, im dritten setzt die Sängerin aus, während eine hohe Flöte im Diskant erstmals die Dreistimmigkeit einführt und gewissermaßen in ‚schmaler' Besetzung vorstellt. Im vierten Durchgang werden Fidel und Sängerin von der hohen Flöte begleitet, so dass eine andere Kombination zweier Stimmen zu hören ist, im letzten schließlich demonstrieren alle gemeinsam mit der tiefen Flöte den dreistimmigen Satz in der größeren Besetzung.

Erst in jüngster Zeit kommen weitere Neueinspielungen hinzu. Eine findet sich auf der Sammlung von Andreas Scholl von 2010 (M): das Ténorlied Kl 37 *Des himels trone.* Der Ténor wird wieder in Countertenorlage vorgetragen, der Diskant vom Dulcemelos, einer Form des Hackbretts, übernommen. Getragenes Tempo mit vielen Rubati (nur der B-Teil wird deutlicher rhythmisiert) bringen Klang und Text nach vorne. Die gesamte CD zeigt, dass die Counterstimme in getragenen Tempi besonders gut zur Geltung kommt, so bei Kl 53 *Frölich, zärtlich,* bei dem der Dulcemelos die in Hs. A textierte Diskantstimme übernimmt, und bei Kl 31 *Der oben swebt,* wo die Laute die nicht textierte Ténorstimme übernimmt. Besonders Kl 121 *Nu rue mit sorgen* wird mit einer Metronomzahl von 36 stark gebremst (gegen ca. 64 bei G); bei der hallreichen Aufnahme stellen sich unweigerlich Assoziationen mit Knabenchören ein. Mit Baritonstimme präsentiert der Sänger nur Kl 44 *Durch Barbarei, Arabia,* über einer Begleitung von Zupfinstrumenten und gestrichenem Bordun, und das zügigste Stück der Sammlung, Kl 55 *Wes mich mein búl* (Metronom ca. 60), mit Bordun- und Zupfbegleitung. Ein Schwerpunkt wurde auf mehrstimmige Lieder gelegt (sieben von zwölf Oswald-Stücken). Indem der Sopran den Diskant, der Countertenor den Ténor übernimmt, wird der irrige Oktavabstand vermieden, der sonst bei der Besetzung durch Mann und Frau entsteht (so in Kl 121 bei G, 1992a): Erst jetzt ist die enge Lage mit vielen Quint- und Unisonoklängen hörbar (bei Kl 121 und den beiden a cappella eingespielten Kl 51 *Ach senliches leiden* und Kl 107 *Kom liebster man*).

5. Gesamteinspielung

Insgesamt ist festzustellen, dass trotz der erfreulichen Neueinspielungen die Verwendung neuer Melodien im letzten Jahrzehnt stagnierte. Glücklicherweise wird dem Mangel in absehbarer Zeit durch die erste Gesamteinspielung der Lieder Oswalds begegnet, die vom Österreichischen Rundfunk (ORF), beraten u.a. von Ulrich Müller, organisiert wird. Eine umfangreiche CD-Sammlung soll alle Lieder umfassen, wobei Eberhard Kummer die einstimmigen Stücke, Michael Posch mit dem Ensemble Unicorn die mehrstimmigen Stücke bereits eingespielt hat bzw. vorbereitet. Damit wird eine ganz wesentliche Lücke geschlossen, und es ist spannend zu erwarten, welche neuen Entwürfe für die Stücke erprobt werden, für die es bislang keine Muster gibt.

Vorab wird 2011 im Rahmen des Projekts die CD *Oswald von Wolkenstein* der Gruppe Unicorn (N) erscheinen. Im Vordergrund stehen hier Spielfreude und Energie, gepaart mit Klangfülle und hochkarätiger Ausführung. Das reiche Instrumentarium der *musica bassa* wird gerne durch ein Portativ unterstützt und zudem angereichert durch eine virtuos gespielte Maultrommel, die beinah wie ein Synthesizer klingt (Kl 42, 61, 76). Spielmännische Zwischenspiele (Kl 61), eine orientalisch anmutende Auskostung der hoquetierenden Stimmen (Kl 93) und bauchtanztaugliche Trommeln (Kl 42) bereichern das Spektrum; sogar ein instrumentales Oswald-Medley kommt vor. Neu eingespielt werden hier wiederum Kl 37 sowie Kl 68, 77 und 78. Die mit Fidel, Laute und Flöten gestützte Wiedergabe von Kl 68 bezieht viel Schwung aus den synkopischen Verzierungen. Dies sowie das zügig a cappella vorgetragene Kl 77 und das instrumentale Kl 78 erweisen sich als energisch und markant musiziert. Besonders beeindruckt die hochzarte Einspielung von Kl 37, deren Sänger a cappella beginnen und erst ab der 2. Strophe durch Streicher unterstützt werden.

Die mir vorliegenden, aber noch nicht publizierten vier CD-Aufnahmen von Eberhard Kummer (Kl 1–36, 39–42, 44) zeigen wieder dessen große Konzentration auf den Text, die oft parallel geführte Instrumentalbegleitung mit kurzen, auf den Melodiebestand bezogenen Vorspielen. Die genannte solistische Besetzung wird, vor allem bei den tongleichen Liedern, in der Weise variiert, dass Begleitung mit Drehleier (Kl 1, Kl 4,

Kl 7), Harfe (Kl 2, Kl 5) und a-cappella-Gesang (Kl 3, Kl 6) abwechseln. Als weiteres Stilelement bringt Kummer gesprochene Passagen ein (z.B. Kl 2 III,13-18 und IV,7-18; Kl 4 II, 18; Kl 6 III,15-17 u. ö.) – ein diffiziles Unterfangen über der zugleich weitergespielten Begleitung. Mit dem illustrativen Einsatz des Schnarreffekts der Leier (Kl 11, 18, 19, 21, 23, 26 – sprechend auf das Stichwort *disonanz* in Kl 30 II,7) oder mit einer Mischung vieler Effekte (Kl 18) werden Lieder aufgelockert. Sehr ausdrucksstark sind im doppelten piano gesungene Passagen (Kl 6 III,13 f. u. 18). Die beachtliche Sololeistung wird nur ausnahmsweise (Refrain von Kl 19) durch weitere Stimmen verstärkt (wobei u.a. Bernhard Trebuch, der Leiter der Abteilung Alte Musik des ORF sowie Ulrich Müller mitwirken). Das Eröffnungskonzert von Eberhard Kummer zu jenem Symposium, bei dem wesentliche Teile des vorliegenden Bandes erarbeitet wurden, ist bereits online über die Homepage der Mittelhochdeutschen Begriffsdatenbank der Universität Salzburg (mhdbdb.sbg.ac.at) verfügbar, und zwar mit den Liedern Kl 21, 17, 85, 28, 26, 5, 14.

Die bewährten Musiker lassen erwarten, dass im Rahmen der Gesamteinspielung philologisch verantwortete, historisch adäquate und musikalisch inspirierte Einspielungen entstehen werden. Es ist ihnen und uns von Herzen zu wünschen, dass hiervon die verdienten neuen Impulse ausgehen.

Diskographie moderner Einspielungen

Die Diskographie ist nach den (gegen frühere Listen teils korrigierten) Daten der Erstveröffentlichung sortiert. Wenn nicht anders vermerkt, handelt es sich um CDs; bei kleinen Labels wird versucht, eine Kontaktadresse anzugeben. Angaben zur Textgrundlage sind nicht erschöpfend.

1. Oswald-Alben

(A) Lotte Wolf-Matthaus u a.: Oswald von Wolkenstein – 11 Lieder, 1956. [LP 25 cm] DG Archiv-Prod. 13042.
[enthält Kl 18, 48, 49, 50, 52 (instr.), 61 (instr.), 71, 85, 101, 108 (instr.), 109 (instr.)] (Ausgekoppelt erschien Kl 61 auch auf: Musikkunde in Beispielen – Instrumentenkunde (hier: Drehleier). [LP] Deutsche Grammophon LPEM 19310)

(B) Studio der frühen Musik/Thomas Binkley: Oswald von Wolkenstein, 1972. [LP] EMI 1C 063-30101; auch als CD: EMI 653-625-2
[enthält Kl 18, 31, 46, 48, 50, 51, 53, 54, 60, 85, 101, 103, 107]

(C) Kammerchor Walther von der Vogelweide, Leitung O. Costa: Oswald von Wolkenstein (um 1377–1445) – Lieder, 1974. [LP] Teldec, Das Alte Werk 6.41139 (SAWT 9625-B).
[enthält Kl 21, 35, 44, 47, 48, 49, 50, 51, 70 (Str. 1–4), 76, 118] (Ausgekoppelt erschienen Kl 21, 47, 50, 51, 70 und 76 auch auf: Doris Linser/Kurt Equiluz/Hermann Vogl – Kammerchor Walther von der Vogelweide, Leitung Othmar Costa: Musik des Mittelalters – Musik der Minnesänger, 1978. [LP] Telefunken 6.35412-00-501)

(D) Hans Peter Treichler: Oswald von Wolkenstein – Lieder vom Wein und von der Liebe, 1979. [LP] Gold Records 11095, CD 2002, Carpe Diem
[enthält Kl 18, 51, 53, 54, 70 (instr.), 76 (instr.), 84 (Str. 1, 2, 4, 5), 85, 101]

(E) Wilfried Jochims/Michael Schäffer/Toni Kannmacher: Ich, Oswald von Wolkenstein – Spätmittelalterliche Lieder, 1977. [LP] Aulos FSM 53516 AUL
[enthält Kl 6, 15, 17, 21, 30 (Str. 1–3), 31, 33, 35, 44, 61, 83, 91, 103, 116]

(F) Bärengässlin: Oswald von Wolkenstein – Frölich Geschray so well wir machen, 1978. [LP] Pläne G 1 0054, CD pläne 88841
[enthält Kl 6, 14, 18 (Str. 1, 2, 3, 7), 54, 69, 72, 84, 85, 91, 92, 96, 121]

(G) Ensemble für frühe Musik Augsburg: Oswald von Wolkenstein, 1987/88. [LP, mehrfach als CD; zuletzt:] Christophorus CD 77304.
[enthält Kl 3, 6, 18 (Str. 1, 2, 4, 7), 29, 42, 46 (frz. Text), 48, 49 (instr.), 53, 54 (instr.), 56, 65, 70 (Str. 1–3), 72, 76, 93, 103, 107, 108, 109a (Str. 1a, 9), 121, 122] (Ausgekoppelt erschienen Kl 53, 109a und 121 auch auf: Ensemble für frühe Musik Augsburg: Ancient Miracles, 1977. Note CHR 77178; Kl 48, 53, 70, 76 auf: Minnesang – Die Spätzeit, 2004. Christophorus, CHR 77271; Kl 109a auf: Ensemble für frühe Musik Augsburg: Weihnachten im Mittelalter, 2004. Christophorus Entree, CHE 01162)

(H) Sequentia: Oswald von Wolkenstein (1376–1445) – Lieder, Songs, 1993. Deutsche Harmonia Mundi 05472 77302 2
[enthält Kl 11, 13, 18, 20, 42, 44, 55, 69] (Ausgekoppelt erschienen Kl 20, 55 und 69 auch auf: Sequentia u.a.: Century Classics VIII – Liebeslieder im Mittelalter, 1998. deutsche harmonia mundi 05472 77607 2)

(I) New London Consort/Philipp Pickett: Knightly Passions – The Songs of Oswald von Wolkenstein, 1996. L'oiseau-Lyre 444 173-2
[enthält Kl 31, 43, 44, 46, 48, 50, 51, 52, 53, 54, 85, 96, 101]

(K) Eberhard Kummer: *Es fuegt sich* – Lieder des Oswald von Wolkenstein, 1998. Preiser Records LC 0992-91051 – eberhard.kummer@inode.at
[enthält Kl 6, 18, 19, 31, 55, 60, 70, 83, 85]

(L) Ensemble Alta Musica/Rainer Böhm: Oswald von Wolkenstein, 2002 (Aufnahme 2001). Carpe diem 16265
[enthält Kl 35, 43 (instr.), 48, 71 (instr.), 84, 100, 103, 107, 109a (Str. 1, 2, 9), 109b, 116]

(M) Andreas Scholl: Oswald von Wolkenstein – Songs of Myself, 2010. Harmonia Mundi HMC-902051
[enthält Kl 18, 31, 37, 44, 50, 51, 53, 55, 89, 96, 107, 121]

(N) Ensemble Unicorn: Oswald von Wolkenstein – Lieder, 2011 (Aufnahme 2010). Raumklang.
[enthält Kl 37, 42, 43, 46, 47, 48, 49, 53, 54, 60, 61, 68, 72, 76, 77, 78 (instr.), 93, 101, Medley]

(O) Eberhard Kummer: Sämtliche einstimmigen Lieder. ORF [bis Ende 2010 wurden aufgenommen: Kl 1–36, 39–42, 44; die weiteren Lieder sind in Vorbereitung]

(P) Eberhard Kummer: Konzert auf Schloss Tirol (November 2009), online: Mittelhochdeutsche Begriffsdatenbank der Universität Salzburg (mhdbdb.sbg.ac.at:8000/ovw-mediapage/)
[Kl 21, 17, 85, 28, 26, 5, 14; zusammen mit Margarete Springeth]

2. Anthologien

(1960a) Gotik und Renaissance (Meisterdiskothek Nr. 2), 1960. Opera, Europ. Phonoklub [LP] 2/1137 [Kl 101]

(1963a) Studio der frühen Musik/Thomas Binkley: Frühe Musik in England, Flandern, Deutschland und Spanien, Produktion 1963. [LP] Teldec SAWT 9432-B [Kl 35, 64]

(1967a) Ensemble Syntagma Musicum/Kees Otten: Anthology of early music, ca. 1967. [LP] Emi/His Master's Voice 5 C 053-24366 [Kl 70 (Str. 1), 96]

(1967b) Ensemble Syntagma Musicum/Kees Otten: De wereld van Syntagma Musicum, ca. 1967. [LP] Emi/His Master's Voice 5 C 047-24370 [Kl 50]

(1969a) Wendelin Müller-Blattau u.a.: Goldene Lieder des Mittelalters, Prod. 1969. [3 LP] MPS 15091-93; [2 CD] Polygram CD 837 203-2 [Kl 14, 18 (Str. 1), 60, 61, 101]

(1969b) Ensemble Gaston Soublette: Trouvères et Troubadours. Minnesaenger et Meistersinger, vor 1970. [LP] Disques BAM LD 5103 [Kl 35]

(1973a) Les Menestrels, Wiener Ensemble für alte Musik: Musik aus Österreichs Vergangenheit von 1200 bis 1550, 1973. [LP] Mirror Music 00001 [Kl 46, 52 (instr.), 76 (instr.), 103, 120 (instr.)]

(1975a) The Boston Camerata: Musica Teutonica. German music of the Middle Ages and Renaissance, ca. 1975. [MC] [Kl 101]

(1977a) Les Menestrels, Wiener Ensemble für alte Musik: Liebe und Minne, 1977. [LP] Mirror Music 00005 [Kl 54]

(1978a) Landshuter Hochzeit 1475: Landshuter Hofmusik. Gesellschaftsmusik der Renaissance in Bürgerhäusern und an Fürstenhöfen, 1978. [LP] Lorby NBi-947 [Kl 53]

(1979a) Elena Polanska/The Camerata: Harfenmusik des Mittelalters, 1979. [LP] FSM 53016 [Kl 101 (instr.)]

(1980a) Musica Antiqua Ambergensis/Helmut Schwämmlein: Spectaculum Musicae, 1980. [LP] Carus FSM 63112 [Kl 70 (Str. 1, 4, 5, 6)]

(1985a) Karl Wolfram: Ich spring an diesem Ringe. Lieder aus dem Mittelalter, 1985 (Aufnahme 1982). [LP] CA 1002 [Kl 18]

(1985b) Der Schwartenhalß: Steckt an die schweinen Braten, 1985. [LP, lt. Dt. Musikarchiv nicht im Handel erhältlich] Frank Breburda, Duisburg, F 668517 [Kl 84]

(1986a) Musica Mensurata: Gotische Polyphonie, 1986 (Aufnahme 1984). [LP] Eterna 8 27 956 [Kl 50]

(1989a) Odhecaton: t'Andernaken. Eine musikalische Rheinreise im 15. und 16. Jahrhundert, 1989 (Aufnahme 1987). FSM FCD 97217 [Kl 41]

(1989b) Kurzweil mit Kurtzweyl, 1989. Verlag der Spielleute CD/8902 – www.spielleute.de [Kl 60]

(1990a) Joculatores Upsalienses: De fyra arstiderna, 1990. BIS-CD-75 [Kl 50]

(1990b) Joculatores Upsalienses: Skogen, Flickan och Flaskan, 1990. BIS-CD-120 [Kl 70 (Str. 1)]

(1990c) Estampie – Münchner Ensemble für frühe Musik: A Chantar – Lieder der Frauen-Minne, 1990. Christophorus CHR 74583 [Kl 49] (Ebenfalls auf der Sammel-CD: Minnesang – Die Spätzeit, 2004. Christophorus CHR 77271)

(1990d) Dulamans Vröudenton – Salzburger Ensemble für Alte Musik: Sinnliches Mittelalter, 1990. Domino 901.642 – www.altemusik.net [Kl 92]

(1990e) Estampie – Münchner Ensemble für frühe Musik: „Ave Maris Stella" – Marienverehrung im Mittelalter, 1990. Christophorus CHR 77107 [Kl 109 (Str. a,I, b,I, a,IX)]

(1990f) Isaak Ensemble/Eva Lebherz-Valentin: J'ay pris amours, 1990/1991. Bayer Records 100 164 CD [Kl 15 (Str. 1+3), 50]

(1992a) Tandaradrei: Spielleut' auf der Burg, 1992. STP Records 4711 [Kl 42, 54, 84 (Str. 1, 2, 5), 92 (es fehlen Vv. 4–9, 40–45), 121 (Str. 1+3)]

(1993a) Capella Antiqua Bambergensis: Die Fräuelein von Franken – Musik und Geschichten aus der Zeit der Minnesänger, 1993. C.A.B. 06 [Kl 60]

(1993b) Ioculatores: Frofro – Weihnachtsmusik des 10.–15. Jahrhunderts, 1993. Raumklang RK 9503 [Kl 109b]

(1993c) The Newberry Consort/Mary Springfels: Wanderer's Voices – Medieval Cantigas & Minnesang, 1993. Harmonia Mundi HMU 907082 [Kl 20, 44, 52 (instr.), 120 (instr.)] (Wohl dieselbe Aufnahme von Kl 52 erschien auf: The Newberry Consort: Les Très Riches Heures du Moyen Age 3: Le Temps de L'Amour Courtois, 1995. Harmonia Mundi France HMX 290651)

(1993d) Ioculatores: Lieder und Tänze des 13.–15. Jahrhunderts, 1993. Raumklang RK 9301 [Kl 70 (Str. 1+2), 84]

(1993e) Ensemble für frühe Musik Augsburg: Et in terra pax – Geistliche Musik des Mittelalters, 1993. Christophorus CHR 77139 [Kl 35, 109b] (Ausgekoppelt auf: Ensemble für frühe Musik Augsburg: Weihnachten im Mittelalter, 2004. Christophorus Entree, CHE 01162)

(1993f) Die Ungelichen: Auf unser eygen art – Musik, Schauspiel und Gaukelei des 12.–16. Jahrhunderts, 1993. Verlag der Spielleute CD 9304 [Kl 84]

(1994a) Ensemble für frühe Musik Augsburg: Planctus Mariae – Spätmittelalterliche Musik der Karwoche, 1994. Christophorus CHR 77147 [Kl 114]

(1994b) Hermann Prey: Lied-Edition Vol. I – Vom Minnegesang bis zu Beethoven und Loewe, 1994. Philipps 442687-2 [Kl 89]

(1994c) I Ciarlatani: Musik der Renaissance am Hof zu Heidelberg – Capell vnd Musica bey der Churfürstlichen Pfalz, 1994. BMV Expressif EX 18 791; wiederaufgelegt als: I Ciarlatani: Ich rühm dich Heidelberg – Musik der Renaissance am Kurpfälzischen Hof, 1996. Christophorus CHR 77184 [Kl 41 (Str. 3), 86 (Str. 1+2)]

(1995a) Ensemble „Oswald": Mein Begehr und Wille, 1995 (Aufnahme 1993 f.). Verlag der Spielleute CD 9403 [Kl 70 (Str. 1), 84, 121] (Ausgekoppelt erschien Kl 84 auch auf: Musik der Spielleute vom Minnelied zum Bänkelsang. Teil 1, 1996. Verlag der Spielleute CD 9605)

(1995b) Sine Nomine Ensemble for Medieval Music: A Golden Treasury of Mediaeval Music, 1995. Amon Ra CD-SAR 63 [Kl 14]

(1996a) Rossignol: Magic of Merlin, 1996. Good 54 113 [Kl 108]

(1996b) Les Haulz et les Bas: Gothic winds. Bläsermusik der Gotik – Souffles gothiques, 1996 (Aufnahme 1995). Note CHR 77 193 [Kl 107 (instr.)]

(1996c) La Reverdie: Bestiarium, 1996. Cantus 9601 [Kl 21, 50 (frz. Text), 52 (instr.)]

(1996d) Freiburger Spielleyt: O Fortuna, 1996. FMF AM 1181-2 [Kl 61]

(1997a) Dulamans Vröudenton – Salzburger Ensemble für Alte Musik: Minnesänger in Österreich, 1997. Domino 972.772 [Kl 85]

(1997b) Canto Georgiano/Anzor Erkomaishvili: Flowers of Love, ca. 1997. VKS DT 25332 [Kl 44, 69]

(1997c) Ensemble Ars Cameralis/Lukas Matousek: Musik der Karls-Universität 1, ca. 1997. Note MK 0003 2231 [Kl 50]

(1997d) Ensemble für frühe Musik Augsburg: Mysterium Mariae, 1997. Note CHR 77 188 [Kl 13]

(1997e) La Reverdie: Insvla Feminarvm – Résonances médiévales de la Féminité Celte, 1997. Arcana A 59 [Kl 109a+b (Str. a,I–II zugleich mit b,I–II)]

(1997f) Tourdion: Chapelle royale, 1997. TCD 1 [Kl 64 (Str. 1), 70 (Str. 1–3), 84, 109 (Str. a,I, b,I, a,IX)]

(1998a) Les Menestrels: Oswald von Wolkenstein and his Italian contemporaries, 1998. Arte Nova 74321 58969 2 [Kl 46, 50, 52 (instr.), 54, 64, 70, 103, 108 (instr.), 109a (Str. 1, 2, 4, 3a, 7a, 8b, 9a)] (Ausgekoppelt erschienen Kl. 52, 64, 54, 70 auf: Les Menestrels u.a.: Medieval – Tanzmusik des Mittelalters, 2004. Arte Nova Classics 82876 52616 2)

(1999a) Les Saxosythes/Dietmar Bonnen: Sozusingen, 1999. Obst P 330.10 – www.obst-music.com [Kl 31, 70]

(2000a) Zorgina Vocalensemble: triplicité, 2000 (Aufnahme 1999). Raumklang germany 06667 [Kl 49, 52]

(2000b) Flûte Harmonique: Venus, du und dein Kind, 2000. Querstand VKJK 0421 [Kl 33, 60]

(2000c) Wünnespil: Argentea, 2000. Verlag der Spielleute CD 0004 [Kl 72]

(2000d) Ensemble Alta Musica/Rainer Böhm: Ciconia, Dufay, Wolkenstein, 2000. Carpe diem 16260 (Die Einspielung von Kl 100 ist nicht mit derjenigen auf der CD (L) identisch.) [Kl 46, 100]

(2002a) Dietmar Bonnen: Obst-Almanach 2002, 2002. Obst ALM 02 – www.obst-music.com [Kl 31]

(2002b) Laidvertreib: Minnelieder großer mittelalterlicher Dichter und Musiker, Lieder aus Handschriften, Tänze und Instrumentalstücke aus dem späten Mittelalter (1200–1400), 2002. Drrb Audio 23-06-02/Laid – www.drrb-audio.de [Kl 84]

(2002c) Carmina Vaganti: Des Minnesangs Blüte, 2002. Ferdinand Ledwig (Dennweiler-Frohnbach) ohne Bestellnr. [Kl 18, 121]

(2003a) Spielleyt – Early Music Freiburg: Tempus fugit – Musik des Spätmittelalters, 2003. Christophorus CHR 77258 [Kl 42, 47]

(2003b) Ensemble Oswald von Wolkenstein: Ohne Titel [Konzertmitschnitt], ca. 2003. IntrA-04502 – www.intraton.de [Kl 18 (Str. 1), 51, 70 (Str. 1), 84, 92, 101, 116 (Str. 1)]

(2005a) Ensemble Unicorn: Minnesang in Südtirol – Ich sünge gerne hübschen sanc, 2005. Pneuma, PN 790 [Kl 60]

(2006a) The Dowland Project/John Potter: Romaria, 2006. ECM New Series 1970 [Kl 31 (Str. 1+3)]

(2008a) Freiburger Spielleyt: Cum tympano – Musik des Mittelalters mit Perkussion, 2008. Christophorus 77296 [Kl 13]

(2008b) Gothic Voices/Andrew Lawrence-King: A Laurel for Landini, 2008. AVIE Records 2151 [Kl 65]

(2009a) Capella Antiqua Bambergensis: Klang der Gotik – Musik um 1300, 2009. CAB-11 [Kl 109a]

3. Oswald-Aufnahmen nach Klein-Nummern geordnet

(Zu den noch nicht publizierten ORF-Aufnahmen von Eberhard Kummer sowie dem online-Konzert 2009 siehe oben S. 324f.)

Kl 3: G. **Kl 6:** E, F, G, K. **Kl 11:** H. **Kl 13:** H, 1997d, 2008a. **Kl 14:** F, 1969a, 1995b. **Kl 15:** E, 1990f (Str. 1+3). **Kl 17:** E. **Kl 18:** A, B, D, F (Str. 1, 2, 3, 7), G (Str. 1, 2, 4, 7), H, K, M, 1969a (Str. 1), 1985a, 2002c, 2003b (Str. 1). **Kl 19:** K. **Kl 20:** H, 1993c. **Kl 21:** C, E, 1996c. **Kl 29:** G. **Kl 30:** E (Str. 1–3). **Kl 31:** B, E, I, K, M, 1999a, 2002a, 2006a (Str. 1+3). **Kl 33:** E, 2000b. **Kl 35:** C, E, L, 1963a, 1969b, 1993e. **Kl 37:** M, N. **Kl 41:** 1989a, 1994c (Str. 3). **Kl 42:** G, H, N, 1992a, 2003a. **Kl 43:** I, L (instr.), N. **Kl 44:** C, E, H, I, M, 1993c, 1997b. **Kl 46:** B, G (frz. Text), I, N, 1973a, 1998a, 2000d. **Kl 47:** C, N, 2003a. **Kl 48:** A, B, C, G, I, L, N. **Kl 49:** A, C, G (instr.), N, 1990c, 2000a. **Kl 50:** A, B, C, I, M, 1967b, 1986a, 1990a, 1990f, 1996c (frz. Text), 1997c, 1998a. **Kl 51:** B, C, D, I, M, 2003b. **Kl 52:** A (instr.), I, 1973a (instr.), 1993c (instr.), 1996c (instr.), 1998a (instr.), 2000a. **Kl 53:** B, D, G, I, M, N, 1978a. **Kl 54:** B, D, F, G (instr.), I, N, 1977a, 1980a, 1992a, 1998a. **Kl 55:** H, K, M. **Kl 56:** G. **Kl 60:** B, K, N, 1969a, 1989b, 1993a, 2000b, 2005a. **Kl 61:** A (instr.), E, N, 1969a, 1996d. **Kl 64:** 1963a, 1997f (Str. 1), 1998a. **Kl 65:** G, 2008b. **Kl 68:** N. **Kl 69:** F, H, 1997b. **Kl 70:** C (Str. 1–4), D (instr.), G (Str. 1–3), K, 1967a (Str. 1), 1980b (Str. 1, 4, 5, 6), 1990b (Str. 1), 1993d (Str. 1+2), 1995a (Str. 1), 1997f (Str. 1–3), 1998a, 1999a, 2003b (Str. 1). **Kl 71:** A, L (instr.). **Kl 72:** F, G, N, 2000c. **Kl 76:** C, D (instr.), G, N, 1973a (instr.). **Kl 77:** N. **Kl 78:** N (instr.). **Kl 83:** E, K. **Kl 84:** D (Str. 1, 2, 4, 5), F, L, 1985b, 1992a (Str. 1, 2, 5), 1993d, 1993f, 1995a, 1997f, 2002b, 2003b. **Kl 85:** A, B, D, F, I, K, 1997a. **Kl 86:** 1994c (Str. 1+2). **Kl 89:** M, 1994b. **Kl 91:** E, F. **Kl 92:** F, 1990d, 1992a, 2003b. **Kl 93:** G, N. **Kl 96:** F, I, M, 1967a. **Kl 100:** L, 2000d. **Kl 101:** A, B, D, I, N, 1960a, 1969a, 1975a, 1979a (instr.), 2003b. **Kl 103:** B, E, G, L, 1973a, 1998a. **Kl 107:** B, G, L, M, 1996b (instr.). **Kl 108:** A (instr.), G, 1996a, 1998a (instr.). **Kl 109:** A (instr.); Kl 109a: G, L, 1998a, 2009a; Kl 109b: L, 1993b, 1993e; Kl 109a+b: 1990e, 1997e, 1997 f. **Kl 114:** 1994a. **Kl 116:** E, L, 2003b (Str. 1). **Kl 118:** C. **Kl 120:** 1973a (instr.), 1993c (instr.). **Kl 121:** F, G, M, 1992a (Str. 1+3), 1995a, 2002c. **Kl 122:** G.

Die Forschung zu Oswald von Wolkenstein – ein Überblick

Wernfried Hofmeister

1. Grundlegendes

Um auf eng bemessenem Raum Jahrhunderte und – wie im Fall der OvW-Forschung – Hundertschaften von Publikationen überblicken zu können, empfiehlt es sich, an diese Aufgabe eher skizzenhaft summarisch heranzugehen und entsprechend pointiert zu formulieren. So mag es gelingen, zumindest für drei besonders forschungsrelevante Bereiche – übertitelt mit ‚Editionen', ‚Interpretationen' und ‚Rezeption' – annähernd repräsentativ die markantesten Strömungen und Entwicklungen nachzuzeichnen und auch einige zukunftsträchtige Perspektiven herauszuschälen. Dabei soll ein essayistisch angehauchter Grundton in Verbindung mit einer durchaus persönlichen Note die eher spröde Meta-Materie unserer ‚Forschung über die Forschung' leichter fasslich machen und einen ewig gültigen Gemeinplatz bewusst halten: Geisteswissenschaftliche Urteile sind niemals frei von individuellen Sichtweisen – auch nicht in einem möglichst wertneutral zu haltenden Überblick. Dass hier also weder dem Umfang noch der Stilhaltung nach eine ‚klassische' Forschungs*geschichte* angestrebt wird, mag man u.a. deshalb leichter verschmerzen, weil bereits andere Veröffentlichungen mit deren einschlägigen Darstellungen und detailfreudigen Diskussionen gleichsam in die Bresche gesprungen sind (s. vor allem – da aktuell und ebenso leicht wie günstig greifbar – Spicker 2007, 31–60).

Auch der nächste Hinweis rechtfertigt die Kompaktheit des Beitrags und verweist zugleich auf eines seiner arbeitstechnischen Fundamente, nämlich auf die umfangreiche *Oswald-Bibliographie* des vorliegenden Handbuchs. Erst durch sie ist es möglich, die Forschungsaktivitäten rund um OvW im Spiegel von rund 550 Einträgen fokussiert zu betrachten: Sie hilft uns nicht nur dabei, auf die Namen herausragend produktiver Forscherpersönlichkeiten aufmerksam zu werden, sondern (chronologisch gelesen) auch besonders ertragreiche ‚Oswald-Jahre' zu erkennen sowie – den Inhalt der Forschungen berücksichtigend – die bislang favorisierten (oder gemiedenen/‚vergessenen') Themen zu erfassen. Zudem sichert diese Literaturliste, dass unser Horizont weit über den deutschsprachigen Raum hinaus ausgedehnt bleibt, weil sie die sog. Auslandsforschung mit einbezogen hat: Diese wichtigen Stimmen ‚aus der Ferne' verschafften und verschaffen sich sowohl durch fremdsprachige Studien Gehör als auch durch Abhandlungen in deutscher Sprache (vgl. etwa die umfangreichen Arbeiten von Jones, Delbono, Robertshaw und Classen), womit sich der Wolkensteiner längst als ein im Grunde weltumspannender Attraktor für literaturgeschichtliche Studien erwiesen hat.

Hilfreich für die selektive Zuspitzung dieses Beitrags ist zudem das gegenständliche Handbuch selbst, weil sich in ihm wie in einem Kaleidoskop die ‚klassischen' Themenstellungen zu Oswalds Leben und Werk abbilden. In diesem Sinn liefern die darin versammelten Fachbeiträge (unmittelbar oder mittelbar) weitere ergänzende Forschungssummen zu den Globalbereichen Zeitgeschichte, Lebenszeugnisse, Überlieferung, Musik, Regionales in Oswalds Liedern, Recht, Religion, Gattungen, Reisen, Übersetzung und Rezeption.

2. Ein Vor-Überblick

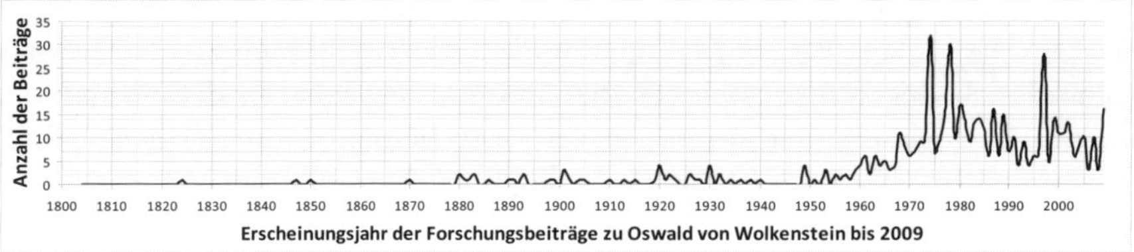

Lassen wir zuerst Zahlen sprechen, genauer gesagt die Forschungsstatistik (gezählt wurden bei Editionen und Übersetzungen nur die 1. Aufl., bei Sammelbänden lediglich die Einzelbeiträge, bei mehrfach gedruckten Beiträgen nur ihre Erstveröffentlichung, bei doppeltem Erscheinungsjahr – z.B. „2001/2002" – zählt das spätere, tatsächliche Publikationsdatum): Auch wenn die Idee einer statistischen Auswertung der Oswald-Forschung nicht prinzipiell neu ist (s. Röll 1981, 31 f.), so verheißt sie doch auf Basis unserer aktuellen Handbuch-Bibliographie (ausgewertet bis inkl. 2009) und unterstützt von der EDV-Technik aussagekräftiger zu sein denn je. Das Ergebnis dieses Ansatzes ist in obigem Diagramm entlang einer rund 200-jährigen Zeitachse zu sehen, wobei die visuelle Umsetzung nicht zufällig einer Herzschlagfrequenzkurve ähnelt, denn in gewisser Weise symbolisiert sie ja den ‚Pulsschlag' unserer Forschung. Auf einen Blick werden darin die markantesten ‚Ruhe- und Aktivitätsphasen' unserer

Forschungsgeschichte sichtbar; sie lassen sich wie folgt beschreiben: Bis 1880 erschienen nur sehr sporadisch Oswald-Beiträge, danach stieg die Frequenz für rund 60 Jahre auf ein merklich aktiveres und vor allem kontinuierlicheres Niveau an und zeigte erste Spitzenwerte bald nach 1900 sowie um 1920 und 1930. Nach dem Einbruch in den 1940er Jahren kam es bereits wieder gegen Ende dieses Jahrzehnts und dann noch signifikanter ab den späteren 1960er Jahren zu einem Neuaufschwung, der bis hin zu einer Verdreifachung der Beitragszahl (verglichen mit den Jahren bis 1940) führte. Auf geradezu fulminante Weise abermals rund verdreifacht wurde dieser Aktivitätswert in der Mitte der 1970er Jahre, wo zwei Frequenzspitzen (mit über 30 Beiträgen pro Jahr) auf ganz besondere ‚Anstrengungen' in der Oswald-Forschung hinweisen. Ab Anfang der 1980er Jahre sanken diese Höchstwerte sodann auf einen Schnitt von rund 10 Publikationen pro Jahr, der jedoch 1997 nochmals von einem heftigen Ausschlag (mit abermals fast 30 Veröffentlichungen) durchbrochen wurde, um sich gleich darauf wieder (in etwa) auf den vormaligen, immer noch respektablen Durchschnittswert einzupendeln.

Als Erklärung für die signifikantesten Frequenz-Schwankungen mag man auf folgende Faktoren hinweisen, von denen einige ganz allgemeiner Natur sind, andere dagegen mit der besonderen Lage der Oswald-Forschung zusammenhängen: Ganz generell kam es erst durch die universitäre Verankerung der Germanistik ab den 1850er Jahren zu einer verstärkten wissenschaftlichen Beschäftigung mit unserer Textgeschichte – darunter befand sich der Wolkensteiner, aber noch keineswegs in der vordersten Reihe. Vor dieser Zeit waren es sehr oft heimatbezogene, geschichtsbewusste Forscher vor Ort, die für viele ‚ihrer' Autoren und Werke als Entdecker fungierten. Im Falle unseres (Süd-)Tirolers Oswald war dies der in Innsbruck geborene Historiker Josef Freiherr von Hormayr zu Hortenburg (s. Hormayr 1804 u. 1824). Seine genealogisch versierten Berichte fanden wenig später (1830) bei Ludwig Uhland, dem Dichter-Forscher und verklärenden Vermittler zahlreicher Dichtungen des Mittelalters, auch überregional immerhin eine notizartige Fortsetzung. Das ab ca. 1880 merklich erhöhte Interesse am Wolkensteiner lässt sich wohl auf das Erscheinen der ersten *vollständigen Textausgabe* (Weber 1854) zurückführen. Für einen solchen Einfluss von Textausgaben sprechen dann noch deutlicher die ‚Pulsanstiege' nach 1900 und 1960, weil diese ganz ohne Zeitverzögerung mit dem Erscheinen von weiteren Editionen (Schatz 1902 und Klein 1962) zu korrelieren scheinen. Diesem wenig überraschenden Phänomen einer Anregung der Forschung durch Editionen widmet sich der nächste Abschnitt etwas genauer. Davor sei noch festgehalten, dass sich die Lücke nach 1940 mit den allgemein verheerenden Auswirkungen des 2. Weltkriegs erklärt und die erfreulichen Höchstausschläge von 1974, 1978 und 1997 (mit jeweils rund

30 Beiträgen) auf ganz spezielle Tagungsinitiativen zurückgehen resp. auf die Publikation ihrer Erträge: Nach der schon legendären ersten großen Oswald-Tagung 1973 in Neustift bei Brixen (hrsg. von Egon Kühebacher 1974) war dies die – nicht minder impulsreiche – Seiser Tagung 1977 zum 600. Geburtstag unseres Sängers (Mück/Müller 1978) sowie 1995 die Brixener Tagung zu seinem 550. Todestag (Hartmann/Müller 1997). Aus Redlichkeit sei abschließend nicht verschwiegen, dass die kleineren Pegelausschläge 1920 und 1930 einen gewissen Erklärungsnotstand bringen, weil sie sich durch keine ganz offensichtlichen Faktoren erklären lassen, es sei denn, man sieht in ihnen verspätete editorische Nachwirkungen oder/und ein stochastisches Phänomen: also schlicht eine zufällige Kumulierung individueller Forschungsvorlieben.

Der abrundende pauschale Statistikbefund lautet somit wie folgt: Die Wolkenstein-Forschung zeigt sich in der Summe aller Beiträge seit rund 50 Jahren ansehnlich etabliert und – grob geschätzt – ähnlich aktiv wie die Forschung zu den anderen ‚großen Klassikern' unserer mittelalterlichen Autoren und Werke. Daraus folgt, was schon eingangs u.a. das wache Interesse der Auslandsmediävistik hatte erkennen lassen: OvW gehört in Forschung und Lehre zum zentralen Kanon unseres Faches!

3. Editionen

„Ohne Primär- keine Sekundärliteratur" (Hofmeister 2009b, 73): Dieses sprichwortartige Selbstzitat sei gestattet, um auf den banalen und dennoch bedeutsamen Umstand aufmerksam zu machen, dass jede philologische Forschung zuerst die allgemeine Verfügbarkeit ihrer Textbasis, sprich eine erste Edition, braucht, um wirklich ‚anspringen' zu können. Die frühesten Teilabdrucke durch Michael Denis (1793–1802) konnten das für die Oswald-Philologie noch nicht leisten, sehr wohl aber rund 50 Jahre später Beda Weber, ein in Frankfurt am Main geborener und später in Tirol ansässiger Schuster, Theologe, Pfarrer, Schriftsteller, Gymnasiallehrer, Politiker (als neoliberaler Abgeordneter in der Frankfurter Nationalversammlung), Heimatkundler, Schriftsteller und Mitglied der Österreichischen Akademie der Wissenschaften in Wien; seine erste Gesamtausgabe von 1847 folgte der Hs. c. Nochmals gesteigert wurde das durch ihn geweckte Interesse am Wolkensteiner von Josef Schatz (1902, nach der Hs. A), der als geborener Tiroler, Innsbrucker Ordinarius und Mitglied der Österreichischen Akademie der Wissenschaften das Werk Oswalds auf einem sprachkundlich noch ambitionierteren Niveau (s. Schatz 1930) neu erschloss. Die allerbeste Verfügbarkeit und Nachhaltigkeit erreichte Oswalds Dichtung jedoch erst durch seine Aufnahme in die Reihe der *Altdeutschen*

Textbibliothek: Dafür verantwortlich zeichnete wieder ein Innsbrucker Ordinarius, nämlich der aus Siebenbürgen stammende Literatur-, Sprach- und Kulturforscher Karl Kurt Klein (1962, Textwiedergabe nach der Hs. B).

Noch vermag diese letztgenannte Standard-Edition die Oswald-Forschung zu tragen, da sie (in der 3., neu bearb. Auflage durch Hans Moser/Notburga Wolf/Norbert Richard Wolf 1987) zuverlässig, kompakt und käuflich ist. Zudem wird sie seit den 1970er Jahren von wichtigen Faksimile-Ausgaben unterstützt, welche Einblick in alle Überlieferungszeugen gewähren – meist in kostengünstigem Schwarzweiß-Druck, manchmal in Farbe (siehe die Einträge in der Gesamtbibliographie).

Wie aber nicht nur die Publikationsstatistik nahe legt, empfehlen sich von Zeit zu Zeit für neue Forschungsimpulse neue editorische Anstöße. Damit kann hier eine erste ‚Zukunftsperspektive' gezeichnet werden: Auf dem mittelfristigen Weg zu einer ganz neuartigen Hypertext-Edition, die uns dereinst alle Quellen virtuell erschließt und die Oswald-Texte mehrschichtig und multimedial präsentiert (und die sich gewiss nicht nur der Verfasser dieses Überblicks erträumt), könnte kurzfristig vor allem eine *4. Auflage der ATB-Ausgabe* anregend sein sowie eine Neuausgabe von Oswalds Werken auf Basis der Wiener Hs. A. An ersterer besteht seitens des Verlagshauses de Gruyter ein ebenso lebhaftes Interesse wie an zweiterer. Zur Textbasis beider Projekte sei ein kleiner Nachsatz hinzugefügt resp. editorischer Vorsatz anempfohlen: Im Sinne eines möglichst barrierefreien Zugangs zu Oswalds klangvoller Sprachkunst wäre es wünschenswert, Kleins Umlautzeichen über Vokalen (für diverse Diakritika in der handschriftlichen Überlieferung) durch geeignetere, phonetisch nicht mehr irreführende Schriftsymbole zu ersetzen; siehe beispielsweise die Reimreihe *müt, tüt, rüt* in Kl. 59,33–35, wo eine diphthongisch ‚erdige' Aussprache mit historisch sonorem /uo/ anzustreben ist und kein heller /ü/-Klang aus spitzem Mund. Ohne diese ‚Irrlaute' wären wir dann zwar um so manch kuriose Fehlartikulation ärmer (wie sie übrigens in unseren Lehrräumen keineswegs nur den Studierenden droht), aber dafür reicher an graphophonemischen Erkenntnissen.

Bereits vor der Realisierung der oben imaginierten Hypertext-Edition verlangt unser elektronisches Zeitalter nach adäquateren, zeitgemäßen Materialien. Das bedeutet in Hinblick auf unsere editorischen Quellen deren weitere Öffnung durch online abrufbare Digitalisate der handschriftlichen Überlieferung. Leider fehlen uns da noch die Oswald-Hs. A und c völlig und genügt die viel zu schwach auflösende Internet-Präsentation der Hs. B (seit 2005 via AOL, siehe die Bibliographie) in keiner Weise den editorischen Grundanforderungen.

Indirekt hängt mit diesem materiellen Desiderat ein weiteres zusammen, und zwar die Förderung der Schreiberhändeforschung, auf die schon

Röll (1981, 38) mit Recht als zukunftsträchtig hingewiesen hatte – was bis heute ohne Folgen blieb und daher auch ohne Aktualitätseinbuße: Gute elektronische Faksimiles, die der paläographisch-kodikologischen Forschung uneingeschränkt angeboten werden, machen zwar die Autopsie am Original nicht überflüssig, können jedoch diverse schriftvergleichende Prozeduren wertvoll unterstützen (s. Hofmeister/Hofmeister-Winter 2009, insbesondere 99). Eine solche Hilfestellung kann schließlich auch dem Erarbeiten einer neuen kritischen *Melodien-Gesamtausgabe* dienen: Kollers Erst-Edition (1902) blieb bis heute unersetzt, obwohl die Musikwissenschaft seitdem weit fortgeschritten ist; was hier mittlerweile geboten werden kann, zeigt Horst Brunner in seiner benutzerfreundlich modernen Melodien-Auswahl (Wachinger/Brunner 2007).

4. Interpretationen

Angesichts der Fülle an Themen, die sich in der Forschung speziell zu Oswalds Leben, seiner Dichtung und Musik angesammelt haben und die hier nicht detailliert besprochen werden können, sei nochmals an den für uns komplementären Wert der verschiedenen Spezialartikel in diesem Handbuch erinnert. Quasi zu deren Schnittmenge gehört auch das seit den Anfängen der Oswald-Philologie präsente und bis heute dominanteste Thema der *Fiktionalität*, genauer gesagt die Frage, wie Oswalds „Dichtung“ mit der historischen „Wahrheit“ (der ‚Faktualität‘) zusammenhänge. Für Diskussionsstoff sorgt da auf der einen Seite die extrem ich-freudige, selbstreflexive und an ‚verdächtigen‘ Biographismen reiche Darstellungsweise des Wolkensteiners und auf der anderen Seite eine einzigartige Fülle an Lebenszeugnissen zu ihm in der bereits imposanten, obwohl noch nicht ganz abgeschlossenen Edition der Lebenszeugnisse von Schwob (1999, 2001, 2004). Oft eingespannt in Stich- und Reizwortpaare wie „Realität“ und „Fiktion“, „Tradition“ und „Innovation“, „Individualität“ versus „Anonymität“ und ergänzt um die Begriffsschattierungen „Mythos“, „Stilisierung“, „Topos“ „Inszenierung“, „Artistik“, „Rolle“ oder „Maske“ engagieren sich hier zahlreiche Publikationen. Stellvertretend seien daraus folgende umfangreichere, großteils monographische Beiträge genannt: Weber 1850 (für den romanhaften, eher unfreiwilligen Anstoß der Diskussion), sodann Noggler 1883a, Villari 1901 (als erster fremdsprachiger Beitrag), Martini 1938, Mayr 1961, Delbono 1965, Müller 1968, Jones 1973, Robertshaw 1977, Schwob 1979, Hartmann 1980, Joschko 1985, Spicker 1993; vor allem die Diss. von Müller 1968 hat hier die bis heute anhaltende Diskussion angestoßen (dazu Spicker 2007, 38 ff.). Viele unselbstständige Veröffentlichungen oder Teilkapitel in resümierenden Werken setzen das Thema fort (z.B. bei Hirschberg/Ragotzky 1985; Joschko 1985, 42–93; U.M. Schwob 1996; Wand-Wittkowski 2002; Siller 2006 und Spicker 2007, 38–60, s. zu Letzterem Hofmeister in ZfdA 138, 2009, 549–553). – Ausmaß und emotionale Intensität des ‚biographischen Diskurses' weisen darauf hin, dass dieser mittlerweile weit über die Oswald-Forschung hinaus paradigmatischen Charakter angenommen hat. Getragen wird er von der einzigartigen Chance, einen frühen Blick auf das Künstler- und Mensch-Sein, den *homo ludens* und *politicus* und damit in die ‚zwei Seelen' in der Brust eines Autors werfen zu können (womit hier außer an Johann Wolfgang von Goethe auch an Hugo von Montfort und Ulrich von Liechtenstein angespielt sei, allesamt Dichterpersönlichkeiten, zwischen deren Werken und urkundlich bezeugten Tätigkeiten sich produktive Spannungen zeigen). Angesichts dieser Epochen überschreitenden Zusammenhänge und herausgefordert von Oswalds genialem Verwirrspiel rund um sein Ich (s. Wolf 2003, Hofmeister 2007) wird dieser Forschungsbereich wohl nie zur Ruhe kommen. Seine plausibelsten und zugleich stabilsten Ergebnisse dürfte er aber weiterhin am ehesten in der Mitte aller Extrempositionen zwischen ‚Kunst und Wirklichkeit' erzielen.

Auf der Suche nach Themenbereichen, die aus dem Schatten des biographischen Themenbündels herauszutreten vermögen, fällt der Blick auf die zahlreichen Beiträge zu Oswalds ‚Sprache': Dazu zählen neben den Publikationen, die den Kernbereich des linguistisch Sprachkundlichen berühren (vgl. Maurer 1922, Schatz 1930, Plangg 1963, Wolf 1969, Insam 1970, Alekseev 1974, Wiesinger 1974, Lüdtke 1981, Okken/Cox 1972, 1973, 1974, Okken/Cox/Spechtler 1974, Mück/Okken 1981, Schwob 1990, Müller 2000), auch Studien zu Form und Stil (Ranke 1940, Wendler 1963, Jackson 1969, Wachinger 1985), zu Motiven/Themen (Maurer 1953, Wolf 1991, Lienert 1997, Knapp 2002) sowie zu einzelnen Texten (als Einzelstudien vorgelegt u.a. von Pöll 1922, Bertau 1965, Rupp 1965, Moser 1969, Petzsch 1969, Beyschlag 1974, Kersken 1975, A. Schwob 1981, Mayr 1982, Hirschberg 1985, Robertshaw 1987 u. 1990, Edwards 1999, A.Schwob/U.M. Schwob 1999, Mertens 2001, Ogier 2002) und zu *Gattungsaspekten* (Beyrich 1910, Türler 1920, Müller 1974 und 1978, Brunner 1980, Janssen 1980, Hofmeister 1990, Helmkamp 1997 und 2003, Schnyder 1998 u. 2004). Forschungsgeschichtliche Grundlagenarbeit für viele dieser sprachanalytischen Studien hat Werner Marold in seinem epochalen *Kommentar zu den Liedern Oswalds von Wolkenstein* (1927) geleistet: Wegen ihrer sehr eingeschränkten Verbreitung konnte Marolds rund 600 Maschinschriftseiten umfassende, unveröffentlichte Dissertation in den ersten Jahrzehnten nach ihrer Fertigstellung nur vereinzelt Forschungsimpulse setzen (etwa für Röll 1968, eingesehen auch von Müller 1968). Zu Recht wurde sie daher Jahrzehnte später durch einen Nachdruck besser bekannt gemacht (von Robertshaw 1995 mit verdienstvoller Konkordanzarbeit), dabei aber gekürzt (siehe dazu Hofmeister in: Österreich in Geschichte und Literatur 42, 1998, H. 3–4a [Tirol], 210 f.). Ideal wäre daher nun noch die Bereitstellung eines (OCR-gelesenen) Digitalisats von Marolds altem Typoskript, denn dann könnte man in diesem *opus magnum* zielsicher alle form- und motivanalytischen Detailanmerkungen (wieder-)entdecken. (Wie und wo ein solches elektronisches Dokument am besten bereitgehalten werden sollte, wird weiter unten erwähnt.)

Zahlreiche Untersuchungen gelten Oswalds *Musik*. Sie schließen eng an die Form- und Gattungs-Analysen an und bilden für uns den dritten und letzten dominanten Interpretationsbereich. Beherrscht wird er von einer Orientierung zwischen *Ein- und* Mehrstimmigkeit (Beyschlag 1968, Pelnar 1981, Welker 1991, Loenertz 2003), der Erschließung melodiespezifischer Zusammenhänge (Jammers 1963, Wendler 1963, Petzsch 1964, Rijavec 1982, Hartmann 1993, Schadendorf 1997, Böhm 2002), von weiterführenden musikgeschichtlichen Studien (Müller-Blattau 1930 u. 1958, Senn 1962, Petzsch 1963, Stäblein 1970, Timm 1972, Salmen 1974, Pelnar 1979, Zak 1979, Brunner/Ganser/Hartmann 1981, Ganser 1982, Thoele 2004, Müller 2005 und 2007), aber auch von aufführungspraktischen Überlegungen (Timm 1974, Heimrath/Korth/Müller/Okken 1975, Lomnitzer 1980, Sammelband Berger 2010). Unterstrichen wird die Relevanz der musiktheoretischen Ebene durch die zahlreichen ‚Anwendungen' in Form von konzertanten Aufführungen und Tonträger-Einspielungen; darauf wird noch weiter unter gesondert hingewiesen (s. dazu auch den Beitrag von Schubert im vorliegenden Band).

Unser Gesamtbefund zu den Interpretationen von Oswalds Werk sei gleich ins Prospektive gewendet: Mehr denn je wird es gelten, Text und Melodie zusammenzuschauen, um die Wirkmächtigkeit von Oswalds Kunst zu erschließen (siehe dazu die anregend einführende Umsetzung bei Spicker 2007). Ebenso bereichern mag uns ein verstärktes Ineinandergreifen von moderner Sprach- und Literaturwissenschaft etwa durch textsortenspezifische Analysen (siehe Rachoinig 2009) und durch eine pragmalinguistische Beleuchtung von poetischen Rollenentwürfen und Figuren-Interaktionen. Dazu mögen weitere Erhellungen des textfunktionalen Stellenwerts von Sprachklischees und Phraseologismen aller Art treten, verbunden mit neuen Fragen zur ‚angesagten' Intertextualitätsforschung sowie zur spätmittelalterlichen Mentalitätsgeschichte. Dafür und für weitere bio-fiktionale Forschungen verspricht uns Oswalds unerschöpfliches Werk reiche Erträge.

5. Rezeption

Schon bei der frequenziellen Befundung der Forschungsstatistik haben sich die Faktoren ‚regionales Urinteresse', gefolgt von *‚internationaler Wahrnehmung'*, *Textausgaben* und ‚Tagungsinitiativen' als rezeptionsrelevante Indikatoren zu erkennen gegeben. Nun wollen wir Oswalds forschungsgeschichtliche *memoria* noch breiter in unseren Blick bekommen, indem wir (wieder auswahlhaft) weitere Einflussfelder betrachten, die zwar etwas hintergründiger für Oswalds wissenschaftliches Weiterleben sorgen, aber deswegen nicht minder relevant scheinen: Wie wir gleich sehen sollten, prägen sie nämlich das Profil unseres Oswald-Bildes und -Wissens seit jeher ganz wesentlich mit!

„Wer am Weg baut, hat viele Meister." Diese Erkenntnis trifft nicht nur auf die Erarbeitung von Editionen zu, welche es – trotz jahrelanger Bemühungen – letztlich nie allen recht machen können (ich erinnere dazu selbstkritisch an meine ‚mäkelnde' *tüt*-Diskussion oben), sondern sie gilt ganz ähnlich für Übersetzungen (siehe dazu Dietl im vorliegenden Band). Auch sie bilden für viele eine erste Anlaufstelle und sind in ihrem ‚wegweisenden' Anspruch ständig kritischer Überprüfung ausgesetzt. Speziell für Oswalds wortgewaltiges Werk wollen sie aber immer aufs neue gewagt werden, sei es, um sie nachdichtend unserem Künstler an die Seite zu stellen (Ruiss 2007, 2008, 2010), dabei noch dessen Sprachwitz zuzuspitzen (Kühn 1977), um seine metrische Formkunst nachzubilden (Schönmetzler 1979), einen ausgewogeneren Anspruch zwischen Formästhetik und Begriffstreue zu bieten (Spechtler 2007) oder – fast ohne ‚euphonische' Kompromisse – philologische Wort- und Sinntreue anzustreben (Wachinger 1964, 1967 und 2007; Hofmeister 1989 mit überarbeiteter Neuauflage im Verlag de Gruyter 2011). Die Oswald-Forschung verfügt somit über ein regelrechtes Netzwerk an Text-Übertragungen und kann, sofern diese greifbar bleiben, breite Rezipientenkreise bedienen: Das Spektrum reicht dabei von fachwissenschaftlichen Auswirkungen auf die Editorik (etwa durch abweichende Satzsegmentierungen) und auf die interpretativen Diskussionen, über die (sehr wünscheswerte) Ersteingliederung von Oswalds Werk in zahlreiche Hausbibliotheken bis hin zu seiner Einbindung in heiter-besinnliche Leseabende; nicht zu vergessen ist schließlich der Nutzen, den Musikschaffende im Grunde aus allen Spielformen von erklärenden, inspirierenden und/oder metrisch stützenden Übersetzungen ziehen. Wichtig ist es jedoch festzuhalten, dass es immer wieder auch die musikalischen Umsetzungen sind, welche auf unsere Forschungen zurückwirken. Als aktuelles Beispiel dafür sei die in Arbeit befindliche Einspielung aller Lieder Oswalds für eine CD-Edition des Österreichischen Rundfunks (ORF) genannt: Seitens der Forschung wird sie u.a. von Ulrich Müller begleitet, als kongeniale Musiker tragen sie Eberhard Kummer und Michael Posch (mit seinem Ensemble *Unicorn*).

Einen anderen wichtigen Rezeptions-Hebel der Forschung bedienen Beiträge in Nachschlagewerken – denn auch sie bauen am Weg und setzen sich daher ähnlicher ‚Meister'-Kritik aus wie Editionen und Übersetzungen. Schon deshalb verdienen sie es, hier wenigstens in symbolischer Auswahl bewusst- und hochgehalten zu werden. Dafür richtet sich der Blick in erster Linie auf das sog. Verfasserlexikon, unser zentrales und am stärksten meinungsbildendes Nachschlagewerk: 1955 erschien für seine 1. Auflage Friedrich Neumanns Eintrag zum Wolkensteiner, 1989 folgte ihm Burghart Wachingers neuer Artikel. Da während dieser Zeitspanne die Oswald-Forschung fast explosionsartig zugenommen hatte, dürfen wir es denn auch als repräsentativ (und keineswegs willkürlich) sehen, dass der Artikel zum Wolkensteiner in der 2. Auflage des Lexikons im Vergleich zu vielen anderen Dichtern markant stärker anwuchs. Dieser absolute Zuwachs an literarhistorischer Bedeutung findet sich durch weitere Nachschlagewerke bestätigt, darunter diverse Literaturgeschichten: Auch in ihnen wird Oswalds Wirken heute tendenziell mehr Platz denn je eingeräumt.

Diese fachinterne Entwicklung spiegelt sich (auf rezeptionell fast noch bedeutsamere Weise) auch in schulnahen Materialien wider (s. dazu die praxisnahen Beiträge von Siller 1988, Nelson 1990, Bärnthaler 2005). Wie eine Brücke zwischen Forschung und Schule wirken – außer den schon genannten Nachschlagewerken, aus denen noch die aktuelle Neuauflage des *Kindler Literaturlexikons* und des neuen *Killy* mit gut rezipierbaren Oswald-Beiträgen hervorgehoben sei (Hartmann 2009; Müller 2010) – unterrichtsorientierte Unterlagen, insbesondere Überblicke zum fach- und schuldidaktischen Lektürekanon der älteren deutschsprachigen Dichtung: In diesen ganz neu heranwachsenden Schlüsselbereich, der u.a. auf einer zielstrebigen Stärkung der Fachdidaktiken an den Universitäten gründet, stößt z.B. die (2010 erscheinende) große UTB-Reihe *Literatur für die Schule* vor. Für sie ist ‚natürlich' auch zu OvW ein ansehnlicher Bericht vorgesehen (und vom Verfasser dieses Forschungsbeitrags geschrieben). Schließlich sei auf die *Mittelhochdeutsche Begriffsdatenbank* an der Universität Salzburg hingewiesen (www.mhdbdb.sbg.ac.at), in welcher der gesamte Wolkenstein-Text, neben unzähligen anderen, für vielfältige Abfragen online zur Verfügung steht (siehe dazu u.a. Springeth im vorliegenden Band).

Zu guter Letzt besitzt speziell die Oswald-Forschung einen besonders wirksamen Hebel für eine vermehrte und zugleich qualitativ verbesserte Rezeption; der hat auch schon in unserer Forschungsstatistik deutlich sichtbare Erfolge gezeitigt, blieb in unserer Kommentierung jedoch noch verborgen hinter dem Faktor ‚Tagungs-Initiativen'. Die Rede ist von der *Oswald von Wolkenstein-Gesellschaft.* Seit ihrer (auf eine Anregung von George F. Jones zurückgehende und dann auf Initiative von Hans-Dieter Mück und Ulrich Müller erfolgten) Gründung 1980 sind zahlreiche Jahrbücher, meist Tagungsbände erschienen (siehe die Gesamtbibliographie), und sie bezeugen die internationale Ausrichtung dieser Gesellschaft und ihre daraus erwachsene weltweite Anerkennung als ein Forum für die gesamte Spätmittelalterforschung (derzeitige Erste Vorsitzende: Sieglinde Hartmann); ‚exklusiv' dem Namenspatron der Gesellschaft gelten die bilanzartigen Jahrgangsbände 3 (1984/85) sowie 9 (1996/97), doch in vielen weiteren wird er zumindest ‚gestreift'. Anders als Walter Röll, der vor knapp 30 Jahren „[e]in Zentrum der Oswald-Forschung aus den bibliographischen Daten nicht herauslesen" konnte (Röll 1981, 30), haben wir daher nun ein solches und kennen seinen Sitz: Es befindet sich im Internet, erreichbar unter der einprägsamen Adresse http://www.wolkenstein-gesellschaft.com (siehe dazu auch den Beitrag im vorliegenden Band).

An diese virtuelle Adresse – realiter an die gesamte Vereinigung – knüpfen sich die nachstehend angeführten Leistungen, aber auch Erwartungen, hier ‚nur' auf den Wolkensteiner fokussiert: So mögen auch weiterhin Tagungen der Gesellschaft für eine Feinabstimmung unseres Wissens über Oswald hilfreich sein. Für noch breitere, auch nicht wissenschaftliche Kreise nützlich sind die schon jetzt auf der Website angebotenen Materialien zu den Lebenszeugnissen, Handschriften, Texten, Melodien, Übersetzungen, Forschungen und zur Literatur: Laufende Aktualisierungen und Ergänzungen der Vereinshomepage (etwa durch Bereitstellung des oben angeregten Digitalisats von Marolds Dissertation) sollten dabei helfen, zu einer regelrechten Servicestelle und damit auch in der breiten öffentlichen Wahrnehmung zur ‚ersten Adresse' der Oswald-Forschung zu werden; aus dem Feld zu schlagen gilt es also die wenigen anderen Adressen, die bei einer Internet-Suchanfrage jetzt noch knapp vor ‚unserer' ausgeworfen werden. Einen kleinen Beitrag dazu könnte für eine breitere Öffentlichkeit last but not least das *Oswald von Wolkenstein-Archiv* leisten (s. Röll 1981, 28 f.), indem es – aufbauend auf der Grundstocksammlung von Hans-Dieter Mück und ergänzt um Bestände von Anton Schwob – weitere Forschungsliteratur sammelt, um diese für alle Interessierten einsehbar zu machen; die Bestände werden vom Verfasser betreut und von der Universitätsbibliothek Graz verwaltet (http://www-classic.uni-graz.at/ubwww/sosa/nachlass/sammlungen/wolkenstein-archiv).

6. Schluss

Obwohl – wie angekündigt – nur relativ wenige Forschungsbeiträge namentlich erwähnt werden konnten, noch weniger davon kommentiert, sollte trotz aller Geraffheit spürbar geworden sein, dass OvW mehr ist als ein austauschbarer Forschungsgegenstand: nämlich – ganz im Gegenteil – ein bis heute und noch in absehbarer Zukunft weithin ausstrahlendes Faszinosum für unser Fach, ja für die gesamte Gesellschaft! Als ein bestätigendes Indiz für Letzteres sei ins Treffen geführt, dass es der Wolkensteiner immerhin schon 1977 (als zweiter großer Mittelalterdichter 17 Jahre nach Walther von der Vogelweide) schaffte, auf einer österreichischen Sonderbriefmarke verewigt zu werden: Ein feiner Nachstich seines Porträts aus der Hs. B kam nicht weniger als 3.150.000-fach unter das Volk – ein Glanzlicht moderner *memoria* und sicher ganz nach dem Geschmack unseres Sängers (Abb. 49).

Für die engere Oswald-Forschung bedeutsam scheint, dass sich unser Autor durch seine Texte, Melodien und Lebensumstände bedeutenden wissenschaftlichen Themen geöffnet und dabei fachübergreifend gewirkt hat; aber er hält auch noch für künftige Generationen viel Erforschenswertes bereit. Somit wird sich der eingangs veranschaulichte Pulsschlag der Oswald-Forschung nicht verlangsamen, eher beschleunigen, denn er hat durch die Beiträge dieses Studienbuchs soeben einen neuerlichen Spitzenwert hinzugefügt bekommen, und dem dürften bald weitere folgen, ausgelöst vor allem durch Neueditionen und Tagungen sowie vielleicht durch innovative Rezeptions- und Medientechniken, die wir uns freilich heute noch kaum vorstellen können.

Literatur (zusätzlich zur Gesamtbibliographie)

Denis, Michael: Codices manuscripti theologici Bibliothecae palatinae Vindobonensis latini aliarumque occidentis linguarum, Bd. 1–5, Wien 1793–1802.

Hofmeister, Wernfried und Andrea Hofmeister-Winter: Schriftzüge unter der High-Tech-Lupe. Theoretische Grundlagen und erste praktische Ergebnisse des Grazer Forschungsprojekts DAmalS (Datenbank zur Authentifizierung mittelalterlicher Schreiberhände). In: editio. Internationales Jahrbuch für Editionswissenschaft 22 (2008), S. 90–117.

Springeth, Margarete: Der analytische Weg ist das Ziel: Die mittelhochdeutsche Begriffsdatenbank als Online-Textarchiv. In: Wege zum Text 2009, S. 185–202.

Wege zum Text. Überlegungen zur Verfügbarkeit mediävistischer Editionen im 21. Jahrhundert. Grazer Kolloquium 17.–19. September 2008. Hrsg. von Wernfried Hofmeister und Andrea Hofmeister-Winter. Tübingen 2009 (= Beihefte zu editio 30); darin u.a.: Wernfried Hofmeister: Wege zum Text: Problemaufriss zum Stellenwert von Editionen und ihrer Verfügbarkeit, S. 73–80.

Oswald von Wolkenstein in der Mittelhochdeutschen Begriffsdatenbank (MHDBDB) der Universität Salzburg

Margarete Springeth

Die MHDBDB ist eine frei zugängliche Online-Datenbank http://mhdbdb.sbg.ac.at

Die mittelhochdeutsche Begriffsdatenbank, kurz MHDBDB, ist eine frei zugängliche und kostenlose Online-Datenbank, die durch ihr äußerst vielseitiges Suchsystem einen Zugriff auf die wichtigsten Werke der mittelhochdeutschen Dichtung von den unterschiedlichsten Blickwinkeln aus ermöglicht. Auf der Basis eines umfassenden Textarchivs kann in ausgewählten oder in allen Texten nach Zeichenketten, Wörtern, Wortketten oder Wortpositionen sowie nach Wortfeldern gesucht werden. Vor allem bietet sie auch die Möglichkeit, nach komplexeren Wort- oder Begriffskombinationen zu suchen, das heißt, nach dem gemeinsamen Vorkommen von verschiedenen Wörtern oder Begriffen in einem gegebenen Kontextrahmen. Die Textbasis der MHDBDB bietet einen repräsentativen Querschnitt durch den mittelhochdeutschen Wortschatz hinsichtlich Einzelwörtern, Wortformen und Wortbedeutungen. Damit steht ein umfangreicher Teil der mittelhochdeutschen Literatur einer gleichzeitigen Abfrage zur Verfügung.

Die MHDBDB wurde im Laufe von etwa 40 Jahren von Klaus Schmidt (Bowling Green State University/Ohio) und Horst Pütz (Universität Kiel) entwickelt und wird nun an der Universität Salzburg unter Beteiligung der Universität Wien wissenschaftlich und technisch betreut (siehe http://mhdbdb.sbg.ac.at:8000/info.de.html).

Zur Zeit besteht das Archiv der Datenbank aus ca. 400 Texten – darunter auch die Lieder Oswalds von Wolkenstein [Die Lieder Oswalds von Wolkenstein. Unter Mitwirkung von Walter Weiss und Notburga Wolf hrsg. von Karl Kurt Klein. Musikanhang von Walter Salmen. Tübingen: Niemeyer 1962, 3., neubearbeitete und erweiterte Auflage von Hans Moser, Norbert Richard Wolf und Notburga Wolf. Tübingen:

Niemeyer 1987 u.ö. (Altdeutsche Textbibliothek 55)]. Im Textarchiv vertreten sind die wichtigsten epischen Werke des 13. Jahrhunderts sowohl der höfischen als auch der Heldenepik, aber ebenso religiöse und historiographische Werke sowie die zentralen Lyrik-Corpora des 13. Jahrhunderts, deren Erfassung zur Zeit kontinuierlich erweitert wird. Einen raschen Überblick über das Textarchiv und über die verwendeten Textausgaben kann man sich über den Link TEXTE AUFLISTEN verschaffen (http://mhdbdb.sbg.ac.at:8000/mhdbdb/App?action=TextList).

Die Datenbank ist in zwei zentrale Suchmodule gegliedert: die TEXTSUCHE und den WORTINDEX:

Im Modul TEXTSUCHE wird das gesamte in der Datenbank gespeicherte Wortmaterial von der Suche erfasst. Gegenstand der Suche können entweder die gesamte Textbasis, Einzeltexte, Autorencorpora oder Texttypen sein. Als Ergebnis erhält man die entsprechende Belegstelle im Kontext von 1–9 Zeilen, der gesuchte Schlüsselbegriff ist rot markiert.

Im Modul WORTINDEX hingegen wird ausschließlich das lemmatisierte Wortmaterial von der Suche erfasst. Als Ergebnis erhält man ausschließlich Lemmata ohne Belegstellen.

Die Textbasis enthält zur Zeit insgesamt ca. 8 Millionen Wörter. Der Wortindex umfasst derzeit ca. 29.000 Lemmata, denen ca. 40.000 semantische Merkmale zugeordnet sind. Sowohl das Textarchiv als auch der Wortindex werden natürlich ständig erweitert. Das in die Datenbank integrierte Wortmaterial ist bereits weitgehend lemmatisiert, d.h. nach Wortarten, Wortformen und nach Bedeutungen systematisch erfasst und geordnet. Somit steht es auch komplexeren Suchanfragen zur Verfügung. Grundsätzlich können jedoch einfachere Suchen, z.B. nach Wortketten, Einzelwörtern, Wortfolgen, Wortpositionen etc. auch in der noch nicht strukturierten Textbasis gut bewältigt werden. Da die Textbasis der Datenbank – wie erwähnt – laufend erweitert wird, sind korrigierte, elektronisch lesbare Texte jederzeit willkommen, werden gerne übernommen und in die Datenbank eingelesen. Der Name des/der Urheber/in und Ersteller/in wird selbstverständlich verzeichnet.

Seit kurzem sind nun auch die Lieder Oswalds von Wolkenstein in der Datenbank zugänglich. Bei diesem Autor sind zusätzlich die Texte mit der jeweils entsprechenden Seite des digitalen Faksimiles von Hs. B (UB Innsbruck) verlinkt. Des Weiteren ist vorgesehen, Hs. A vollständig digitalisiert in die MHDBDB aufzunehmen. Die MHDBDB bietet den Benutzer/innen prinzipiell keinen Zugang zu Volltexten, sondern ist bewusst als reines Suchsystem angelegt. Man kann sich beispielsweise Eigennamen in den Liedern Oswalds anzeigen lassen, ebenso gut aber auch Städtenamen oder Namen von Burgen. Wenn man etwa wissen möchte, welche Formen des Namens „Margarete“ Oswald verwendet, kommt man auf insgesamt

22 Belege in 13 verschiedenen Varianten, wobei die Form „Gret“ mit 6 Belegen die häufigste ist. Die MHDBDB stellt bedeutend mehr Möglichkeiten der Recherche bereit als die zweibändige Verskonkordanz von Jones/Mück/Müller (1973), die aber in Buchform zum schnellen Nachschlagen einzelner Wörter nach wie vor ihre Funktion hat.

Die MHDBDB ist mit der Bilddatenbank des Instituts für Realienkunde des Mittelalters und der frühen Neuzeit in Krems (IMAREAL) verlinkt. Zu einem mittelhochdeutschen Begriff in der Textdatenbank, soweit es sich um Realien handelt, können also direkt die entsprechenden Abbildungen in der Bilddatenbank gefunden und dargestellt werden. Des Weiteren ist die MHDBDB mit den *Mittelhochdeutschen Wörterbüchern im Verbund* (MWV) der Universität Trier, welche die beiden zentralen mittelhochdeutsch-neuhochdeutschen Lexika enthalten, direkt verlinkt. Es ist somit das entsprechende neuhochdeutsche Äquivalent eines mittelhochdeutschen Begriffes unmittelbar abrufbar. Auf weitere Kooperationen mit anderen Forschungseinrichtungen im In- und Ausland soll hier nur hingewiesen werden.

Die MHDBDB hat seit dem Jahr 2002 auf Grund der jahrzehntelangen Beziehungen zwischen der Mediävistik der Bowling Green State University/Ohio sowie den Computerwissenschaften und der Mediävistik in Salzburg ihren physischen Sitz an der Universität Salzburg. Verantwortliche Koordinatoren für die MHDBDB in Salzburg sind Margarete Springeth (E-Mail: margarete.springeth@sbg.ac.at) und Ulrich Müller (E-Mail: ulrich.mueller@sbg.ac.at). Seit April 2009 verfügt die MHDBDB mit Ruth Weichselbaumer über eine weitere Mitarbeiterin (E-Mail: ruth.weichselbaumer@sbg.ac.at). Die beiden Begründer der Datenbank, Klaus M. Schmidt (Bowling Green State University/Universität Salzburg; E-Mail: schmidt@bgnet.bgsu.edu) und Horst P. Pütz (Christian-Albrechts-Universität zu Kiel; E-Mail: h.p.puetz@online.de), bleiben in ihren ursprünglichen Funktionen weiterhin Mitglieder des Arbeitsteams.

Für Anfragen sind wir entweder über die oben angegebenen E-Mail-Adressen oder über folgende Kontaktadresse zu erreichen:
http://mhdbdb.sbg.ac.at:8000/questions.de.html

Die Oswald von Wolkenstein-Gesellschaft

Ulrich Müller

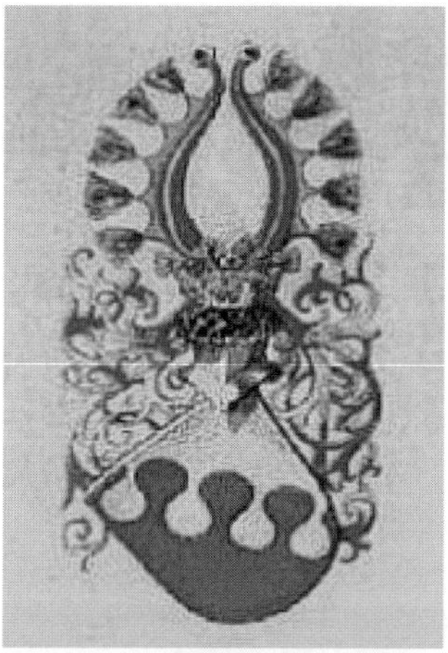

Die Oswald von Wolkenstein-Gesellschaft ist eine interdisziplinäre und internationale wissenschaftliche Gesellschaft, deren Zweck es, laut ihrer Satzung, ist, „sich um die Erschließung von Werk und Leben Oswalds von Wolkenstein zu bemühen, vor allem jedoch, die intensive und breite Erforschung der Literatur und Kultur des europäischen Mittelalters zu fördern."

Die Anfänge gehen auf eine Anregung des US-amerikanischen Wolkenstein-Forschers George F. Jones (University of Maryland, College Park) zurück, der in den späten 1970er Jahren einen ‚Newsletter' zur Wolkenstein-Forschung vorschlug, der dann an der Universität Stuttgart von Hans-Dieter Mück betreut und redigiert wurde. Auf Initiative von Hans-Dieter Mück und Ulrich Müller entstand sodann der Plan, eine wissenschaftliche Gesellschaft zu Oswald von Wolkenstein zu begründen. Die Gründungsversammlung fand am 21.03.1980 auf Einladung der Initiatoren am Deutschen Literatur-Archiv in Marbach unter Beteiligung zahlreicher Gründungsmitglieder statt. Gleichzeitig wurde ein Publikationsorgan der neuen Gesellschaft begründet, das „Jahrbuch der Oswald von Wolkenstein-Gesellschaft" (JOWG): Die Bände 1–6 (1980–1991) wurden von Hans-Dieter Mück und Ulrich Müller herausgegeben, seit Band 7 (1992) besteht das Herausgeber-Team aus Sieglinde Hartmann und Ulrich

Müller; bis 2007 erschien das Jahrbuch im Eigenverlag der Gesellschaft, seit 2008 wird es vom Verlag Dr. Ludwig Reichert, Wiesbaden betreut. Üblich ist von Anfang an ein zweijähriger Erscheinungsrhythmus, wobei in Ausnahmefällen auch zusätzliche Bände innerhalb und auch außerhalb der Jahrbuch-Reihe publiziert wurden.

Vorsitzende der Gesellschaft waren Horst Brunner (1980: Erster Vorsitzender) und Ulrich Müller (1980: Zweiter Vorsitzender), dann Ulrich Müller (1987: Erster Vorsitzender, seit 2007 Ehrenvorsitzender) und Sieglinde Hartmann (seit 1991 Zweite Vorsitzende; von 1987–1991 Bernd Thum); seit 2007 besteht der Vorstand der Gesellschaft aus Sieglinde Hartmann (Erste Vorsitzende), Freimut Löser (Zweiter Vorsitzender), Cora Dietl (Schatzmeisterin), Ingrid Bennewitz (Geschäftsführerin) und Wernfried Hofmeister (Leiter des Wolkenstein-Archivs an der Universität Graz).

Informationen zur Gesellschaft sind ihrer Home-Page zu entnehmen, die laufend erweitert wird: http://www.wolkenstein-gesellschaft.com/. Die Gesellschaft erfreute sich von Anfang eines regen Interesses. Sie hat derzeit (2010) 302 individuelle sowie zusätzlich 111 institutionelle Mitglieder, und sie gehört von daher zu den größeren wissenschaftlichen Gesellschaften ihrer Art. Die Aktivitäten der Gesellschaft konzentrierten sich auf zwei Bereiche: Die Veranstaltung wissenschaftlicher Tagungen zu Oswald und Wolkenstein und der Spätmittelalterforschung, zumeist als Eigenveranstaltungen, aber immer wieder auch in Kooperation mit anderen Institutionen. Regelmäßig präsent ist die Gesellschaft mit eigenen Sektionen bei den alljährlichen großen Mittelalter-Kongressen an der Western Michigan University, Kalamazoo, Michigan (USA), dort für die Gesellschaft maßgeblich organisiert durch Sibylle Jefferis, und an der University of Leeds, Großbritannien (von Anfang an organisiert von Sieglinde Hartmann), immer wieder auch durch Konzerte mit mittelalterlicher Musik. Soweit es die Mittel erlaubten, hat die Gesellschaft in einigen wenigen Fällen auch Forschungsprojekte zu Oswald von Wolkenstein unterstützt.

Die Oswald von Wolkenstein-Gesellschaft hat durchaus auch den Ehrgeiz, den Informationsaustausch innerhalb der Wolkenstein- und Spätmittelalter-Forschung zu fördern. Von allem Anfang an gehört es auch zu ihrer Programmatik, jüngere Wissenschaftlerinnen und Wissenschaftler in verschiedener Weise zu Wort kommen zu lassen.

Der Vorstand der Gesellschaft freut sich über alle Nachrichten und Kontaktaufnahmen.

E-Mail: Wolkenstein.Gesellschaft@t-online.de

Sitz und Postanschrift der Oswald von Wolkenstein-Gesellschaft:
Oswald von Wolkenstein-Gesellschaft e.V., Myliusstr. 25, D-60323 Frankfurt/Main

‚Oswald junior'. Oswald von Wolkenstein und die Vermittlung seines Werks an Jugendliche in verschiedenen Bildungsinstitutionen

Siegrid Schmidt

Der historische Blick auf kulturelle Phänomene, ob aus der bildenden Kunst, der Musik oder der Literatur, ist in den deutschsprachigen Bildungssystemen nicht mehr selbstverständlich. Die schulischen Lehrpläne (mit Varianten in allen deutschsprachigen Ländern) sehen speziell für die Literatur die Beschäftigung mit den Texten des Mittelalters nicht mehr obligatorisch vor, sondern die ministeriellen Vorgaben fordern lediglich die Auseinandersetzung mit einer zu wählenden historischen Epoche ein.

Dennoch finden sich immer wieder Lehrkräfte, die aus unterschiedlichen Gründen Texte bzw. Stoffkreise des europäischen Mittelalters vor- und zur Diskussion stellen. Manche tragen damit vielleicht der Tatsache Rechnung, dass sich Schüler/innen unterschiedlichen Alters für Mittelalter affine Plots wie „Harry Potter" oder für Tolkiens „Herr der Ringe" begeistern können. Ein anderer Ansatzpunkt wäre das jeweils eigene Interesse, die eigene Nähe der Unterrichtenden an der bzw. zur Literatur des deutschen oder europäischen Mittelalters. (Das große Interesse der Lehrenden und Lernenden am Mittelalter konnte ich seit 1992 in meiner Kultur-Vermittlungsarbeit auf der Festung Hohensalzburg anlässlich meiner einschlägigen „Mittelalter(-Literatur)-Programme" regelmäßig erleben).

Wie immer eine Planung für den literaturgeschichtlichen Unterricht zu Stande kommt, am Beginn des Stunden- bzw. Projekt-Konzeptes (wenn sich das Thema „Mittelalter" über mehrere Unterrichtseinheiten erstrecken soll) steht die didaktische Frage: „Wie ist die Literatur des Mittelalters mit der Interessens- oder gar Erlebniswelt der Jugendlichen zu verbinden?" Da kann zunächst über die oben erwähnten Texte und Filme, über das Interesse an Fantasy, die vielfach auf Motive und Figuren des Mittelalters (Merlin, Drachen, Artus, auf jeden Fall Burgen) rekurriert, der Weg zu deren Ursprüngen gesucht werden. Eine wichtige mediale Anknüpfung bietet die Musik; Jugendliche neigen dazu, ihren ganzen Tag mit Musik zu füllen, freilich mit etwas anderer, aber dies kann in der didaktischen Umsetzung Berücksichtigung finden. Ein weiterer Ansatz wäre es, die lebensaktuellen Themen der Jugendlichen in Texten des Mittelalters zu suchen. Hier scheint das Oswald'sche Oeuvre besonders ertragreich zu sein. Wenn es auch schwierig ist, die tatsächlichen Interessen der Jugendlichen (die noch nicht einmal eine völlig homogene Gruppe bilden etc.: Aspekte, die hier nicht weiter zu vertiefen sind) namhaft zu machen, gibt es doch Anhaltspunkte für tendenziell gemeinsam Angestrebtes und Erwartetes.

Ein gewisser Wunsch nach Herausforderung und Abenteuer schlummert in der einen oder anderen Form in jedem Jugendlichen, egal ob männlich oder weiblich. Soziale Kontakte, ihre Vielfalt und ihre Probleme spielen in der Adoleszenz in unterschiedlicher Weise eine Rolle: Es geht um die Verbindung in der Gruppe oder in Gruppen, um die Kontaktaufnahme zum jeweils anderen Geschlecht, aber auch wesentlich um die Selbstsicht und Selbstdarstellung, die Eigeninszenierung, die in ganz bestimmten Relationen zu den sozialen Kontexten stehen muss. Was wäre hier als Spiegelungs-, kommunikative und kreative Reflexionsfläche besser geeignet als die Lieder und die Lebenszeugnisse des OvW?

Seine Texte erzählen u.a. von diesen Momenten und Geschehnissen des Lebens. Die Lieder präsentieren, literarisch gestaltet und graduell verfremdet, Szenen aus dem Liebes- und Familienleben, Situationen mit Aggression und Kampf, die Auseinandersetzung mit politischen, gesellschaftlichen Weggefährten und Kontrahenten. Es geht also um Zugehörigkeit zu und Positionierung in einer Gruppe, und gerade das sind Hauptinteressen und Aufgaben der Jugendlichen im Alter um die 15 Jahre. Freilich tritt in diesem Alter die Neugier in sich wandelnder Weise am eigenen und am anderen Geschlecht in den Vordergrund, vielleicht zum ersten Mal ins Bewusstsein. Dass dieses Geschehen ganz unterschiedlich emotional und real in Szene zu setzen ist bzw. eine Vielfalt von Erscheinungsformen haben kann, ist ebenfalls bei Oswald nachzulesen: Szenarien von in Sprache gesetzter Zuneigung reichen von der Verehrung der aragonesischen Königin bis zur handfesten Verehrung der einen oder anderen Dame, zu „Szenen einer Ehe" oder zur Darstellung des derben Geschehens während der Fasnacht. Eine vergleichbare Bandbreite unterschiedlicher Paarbeziehungen lässt sich beispielsweise in ähnlich attraktiver Darstellung auch beim Mönch von Salzburg finden.

Sucht man nach einem Vorbild für Selbstinszenierung, ist man bei Oswald gewissermaßen an der besten Adresse. Nicht allein in seinem Werk finden sich Musterbeispiele dafür (z.B. Kl 18 *Es fügt sich*; siehe dazu auch Bärnthaler 2005), sondern spätestens hier sind auch Aspekte seiner Werkgestaltung aufzugreifen. Nicht zuletzt die von ihm selbst in Auftrag gegebenen Handschriften sind als Elemente seiner aufwändigen Selbstinszenierung zu werten.

Freilich wären diese Aspekte der übereinstimmenden Interessen der heutigen Jugendlichen und der von Oswald aufgegriffenen Themen bzw. deren didaktischer Instrumentalisierung vielfach zu erweitern und zu vertiefen. Einschränkend ist auf jeden Fall zu konstatieren, dass mit diesen punktuellen thematischen Anknüpfungen nicht die gesamte Komplexität der Texte und der Person ‚Oswald‘ zu erfassen sind, aber, so denke ich, es ist dennoch kein schlechter Anfang, kein zu bescheidenes Öffnen des Tores zur Literatur des Mittelalters. Es soll hier aber nicht verabsäumt werden, die methodischen Möglichkeiten der Vermittlung des Oswald'schen Werkes anzuführen. Auch in diesem Zusammenhang kann nicht die gesamte Palette ausgebreitet werden, sondern lediglich auf einige didaktische Besonderheiten für diesen Autor im Speziellen oder für die Lieddichtung des Mittelalters im Allgemeinen verwiesen werden.

Ist einmal die erste Anknüpfung gelungen, kann die Phase des Inputs mit reichhaltigem Material bestritten werden: Mit Dokumenten seines Lebens, die zumindest die Faszination des Alten und des Besonderen in sich tragen. Einige Phasen aus seinem Leben (Betrügereien, Schmuckraub etc.) sind nahezu wie Passagen aus Krimis zu erzählen, ohne dabei zu sehr ins Reich der Spekulation abzudriften. Wie diffizil es auch sein mag, die Verbindung von literarischer Darstellung und historischer Realität für Oswalds Leben zu bewerten, auf jeden Fall haben seine Lieder eine intensive epische, geschehensorientierte Komponente, die den Jugendlichen näher steht als die Thematisierung mehr oder weniger abstrakten Gedankengutes. Nicht zuletzt trägt die Möglichkeit, das Werk musikalisch vorzustellen, zur attraktiven und damit didaktisch nachhaltigen Rezeption bei. Ähnliches ist grundsätzlich auch für die Lieder des Mönchs von Salzburg zu konstatieren, die ihn mit seinen musikalisch innovativen Ansätzen ebenfalls für die schulische und allgemein historisch-literarische Vermittlung sehr geeignet erscheinen lässt.

Eine eigenaktive Phase in der Vermittlung kann in historisch forschende Richtung gehen, beispielsweise eine ganz kleine Auswahl der Lebenszeugnisse zur Lektüre etc. beinhalten oder einen kreativen Schwerpunkt aufweisen, der die Gestaltung der vorgegebenen Texte vorsieht oder, von ihnen inspiriert, Neues entstehen lässt, Episches oder Lyrisches oder vor allem Musikalisches – hier sind dem Gestaltungswillen wohl keine Grenzen gesetzt.

Eine weitere Vertiefung kann die Auseinandersetzung mit OvW durch die Verortung des von ihm Erlebten und/oder Erdichteten erfahren. Idealerweise, wenn dies geografisch und zeitlich möglich ist, besuchen Unterrichtende und Lernende die Orte Oswalds in Südtirol, seine Burgen und verschiedene Handlungsorte. Allerdings bieten sich auch weitere Möglichkeiten in historischen Gebäuden wie Burgen oder bei Ausstellungen und anderen Präsentationsformen von Oswalds Werk, diese Vertiefung erleben zu können. Historische Gemäuer bieten die Chance, die von Oswald vielfach beklagten Lebensverhältnisse nachzustellen und punktuell die räumliche Bedrängnis sinnlich nachzuvollziehen. Von diesem Erleben und Erkennen zusätzlich animiert, gelingen eigene kreative Ansätze, etwa literarische oder musikalische, wie oben angesprochen, noch selbstverständlicher und authentischer als im Klassenzimmer.

Einerlei, wo und wie das Thema ‚Oswald', sein Werk und sein Leben, außerhalb der Schule (möglichst altersgemäß) präsentiert und vermittelt wird, bedeutet dies als aus dem Schulalltag herausgehobene Erfahrung eine mnemotechnische Unterstützung des Unterrichts, die das originale Dokument, die mittelalterliche Handschrift ebenso leisten können wie das sinnliche Nacherleben von Lebensumständen, verschiedene Alltagserfahrungen oder die ironisch-melancholisch hinterfragenden Radierungen eines modernen Künstlers.

Hier konnte nur angedeutet werden, welches kognitive, erlebnisorientierte und kreative Potential der Dichter, Adelige und Mensch OvW für junge Leute, auch für ein wenig am Mittelalter interessiertes Publikum, in sich birgt. Eine solche gebündelte Vielfalt an historischen, literarischen und interessensorientierten Anknüpfungsmöglichkeiten bieten nicht viele Dichter oder Stoffkreise des Mittelalters für moderne junge Leute.

Gesamtbibliographie zu Oswald von Wolkenstein

Aufgrund der Bibliographien von
Hans-Dieter Mück (1980), Wernfried Hofmeister (1989)
und Johannes Spicker (2007)
zusammengestellt und ergänzt von
Verena Vitzthum, Margarete Springeth und Ulrich Müller
(mit weiteren Ergänzungen durch Beiträger/innen
des vorliegenden Studienbuches)

(Redaktionsschluss: August 2010)

Abkürzungen

AfK	Archiv für Kulturgeschichte
AUMLA	Journal of the Australasian Universities Language and Literature Association
DVJs	Deutsche Vierteljahresschrift für Literatur- und Geistesgeschichte
GAG	Göppinger Arbeiten zur Germanistik
GRM	Germanisch-Romanische Monatsschrift
JEGP	Journal of English and Germanic Philology
JOWG	Jahrbuch der Oswald von Wolkenstein-Gesellschaft
Kl	Zählung in: Die Lieder OsvW, hrsg. von Karl Kurt Klein u.a.
LZ	Die Lebenszeugnisse OsvW. Edition und Kommentar, hrsg. von Anton Schwob u.a.
MGG	Musik in Geschichte und Gegenwart. 16 Bände, Kassel u.a. 1949–1979 (Taschenbuch-Ausgabe in 17 Bänden. München u.a. 1989); 2. neu bearbeitete Auflage in zwei Teilen. Kassel u.a. 1974 ff.
MLN	Modern Language Notes
MLR	Modern Language Review
Monatshefte	Monatshefte für deutschen Unterricht, deutsche Sprache und Literatur
MTU	Münchener Texte und Untersuchungen zur deutschen Literatur des Mittelalter
OvW	Oswald von Wolkenstein
RL	Reallexikon der deutschen Literaturwissenschaft. Neubearbeitung des Reallexikons der deutschen Literaturgeschichte. 3 Bände. Berlin u.a. 1997–2003
RSM	Repertorium der Sangsprüche und Meisterlieder des 12. bis 18. Jahrhunderts. Hrsg. von Horst Brunner und Burghart Wachinger. Tübingen 1994–2009
RUB	Reclams Universal-Bibliothek

SAG	Stuttgarter Arbeiten zur Germanistik
SNE	Neidhart-Lieder. Texte und Melodien sämtlicher Handschriften und Drucke. Hrsg. von Ulrich Müller, Ingrid Bennewitz, Franz Viktor Spechtler unter Mitwirkung von Annemarie Eder, Ute Evers, Elke Huber, Sirikit Podroschko, Margarete Springeth, Ruth Weichselbaumer, Eva-Maria Weinhäupl. 3 Bde, Berlin/New York 2007
VL	Die deutsche Literatur des Mittelalters. Verfasserlexikon. 2. völlig neu bearbeitete Auflage. 14 Bände. Berlin u.a. 1978–2008
WdF	Wege der Forschung
ZfdA	Zeitschrift für deutsches Altertum
ZfdPh	Zeitschrift für deutsche Philologie

1. Faksimiles

OvW. Abbildungen zur Überlieferung I: Die Innsbrucker Wolkenstein-Handschrift B. Hrsg. von Hans Moser und Ulrich Müller. Göppingen 1972 (= Litterae 12).

OvW. Abbildungen zur Überlieferung II: Die Innsbrucker Wolkenstein-Handschrift c. Hrsg. von Hans Moser, Ulrich Müller und Franz Viktor Spechtler. Mit einem Anhang zum ‚Wolfenbütteler Porträt' und zur Todesnachricht OsvW von Hans-Dieter Mück. Göppingen 1973 (= Litterae 16).

OvW. Handschrift A. In Abbildung hrsg. von Ulrich Müller und Franz Viktor Spechtler. Privatdruck Stuttgart 1974.

Die Neustifter-Innsbrucker Spielhandschrift von 1391 (Cod. 960 der Universitätsbibliothek Innsbruck). In Abbildung hrsg. von Eugen Thurnher und Walter Neuhauser. Göppingen 1975 (= Litterae 40) [zur Todesnachricht OsvW].

OvW. Handschrift A. Vollständige Faksimile-Ausgabe im Originalformat des Codex Vindobonensis 2777 der Österreichischen Nationalbibliothek. Kommentar Francesco Delbono. Graz 1977 (= Codices selecti LIX).

OvW. Abbildungen zur Überlieferung IV: Die Streuüberlieferung. Hrsg. von Hans-Dieter Mück. Göppingen 1977 (= Litterae 36).

OvW: Liederhandschrift B. Farbmikrofiche-Edition der Handschrift Innsbruck, Universitätsbibliothek, o. Sign. Einführung und kodikologische Beschreibung von Walter Neuhauser. München 1987 (= Codices illuminati medii aevi 8).

OvW: Digitalisat der Handschrift B:
URL: http://www.literature.at/viewer.alo?viewmode=overview&olfullscreen=true&objid= 14399&page=3 (13.07.2010).

2. Ausgaben und vollständige Übersetzungen (chronologisch)

Die Gedichte OsvW. Mit Einleitung, Wortbuch und Varianten. Hrsg. von Beda Weber. Innsbruck 1847. URL:
http://www.literature.at/viewer.alo?viewmode=overview&objid=13132&page= (13.07.2010).

OvW. Geistliche und weltliche Lieder. Ein- und mehrstimmig. Bearbeitet von Josef Schatz (Text), Oswald Koller (Musik). Wien 1902 (= Denkmäler der Tonkunst in Österreich Jg. IX/1, Bd. 18) [Nachdruck Graz 1959].

Die Gedichte OsvW. Hrsg. von Josef Schatz. Zweite verbesserte Ausgabe des in den Publikationen der Gesellschaft zur Herausgabe der Denkmäler der Tonkunst in Österreich veröffentlichten Textes. Göttingen 1904.

Die Lieder OsvW. Unter Mitwirkung von Walter Weiss und Notburga Wolf hrsg. von Karl Kurt Klein. Musikanhang von Walter Salmen. Tübingen 1962, 3., neubearbeitete und erweiterte Auflage von Hans Moser, Norbert Richard Wolf und Notburga Wolf. Tübingen 1987 u.ö. (= Altdeutsche Textbibliothek 55)
URL: http://www.wolkenstein-gesellschaft.com/texte_oswald.php (13.07.2010).

OvW. Die Lieder mittelhochdeutsch-deutsch. In Text und Melodien neu übertragen und kommentiert von Klaus J. Schönmetzler. München 1979 u.ö.

Mück, Hans-Dieter: Untersuchungen zur Überlieferung und Rezeption spätmittelalterlicher Lieder und Spruchgedichte im 15. und 16. Jahrhundert: Die ‚Streuüberlieferung' von Liedern und Reimpaarrede OsvW. Band II: Synoptische Edition. Göppingen 1980 (= GAG 263) [dazu Band I: Untersuchungen 1980].

Pelnar, Ivana (Hrsg.): Die mehrstimmigen Lieder OsvW. Edition. Tutzing 1981 (= Münchner Editionen zur Musikgeschichte 2) [dazu Textband 1981].

OvW. Sämtliche Lieder und Gedichte. Ins Neuhochdeutsche übersetzt von Wernfried Hofmeister. Göppingen 1989 (= GAG 511) [Neubearbeitung 2011].

Die Lebenszeugnisse OsvW. Edition und Kommentar. Band 1: 1382–1419, Nr. 1–92. Hrsg. von Anton Schwob unter Mitarbeit von Karin Kranich-Hofbauer, Ute Monika Schwob, Brigitte Spreitzer. Wien u.a. 1999.

Die Lebenszeugnisse OsvW. Edition und Kommentar. Band 2: 1420–1428, Nr. 93–177. Hrsg. von Anton Schwob unter Mitarbeit von Karin Kranich-Hofbauer, Ute Monika Schwob, Brigitte Spreitzer. Wien u.a. 2001.

Loenertz, Elke Maria (Hrsg.): Text und Musik bei OvW. Edition und Interpretation der 40 einstimmigen, einfach textierten Lieder in Fassung der Handschrift B. Frankfurt/M. u.a. 2003 (= Europäische Hochschulschriften, Reihe I: Deutsche Sprache und Literatur 1837).

Die Lebenszeugnisse OsvW. Edition und Kommentar. Band 3: 1428–1437, Nr. 178–276. Hrsg. von Anton Schwob unter Mitarbeit von Karin Kranich-Hofbauer und Brigitte Spreitzer, kommentiert von Ute Monika Schwob. Wien u.a. 2004.

OvW. Sämtliche Gedichte. Aus dem Mittelhochdeutschen ins Neuhochdeutsche übertragen von Franz Viktor Spechtler. Klagenfurt/Celovec 2007 (= Europa Erlesen).

The Poems of OvW. An English Translation of the Complete Works (1376/77–1445) by Albrecht Classen. New York/Houndmills/Basinstoke 2008.

Gerhard Ruiss/OvW: *Und wenn ich nun noch länger schwieg'*. Lieder. Nachdichtungen I. Mit den Originaltexten im Anhang. Wien/Bozen 2007 (= Transfer LXXV).

Gerhard Ruiss/OvW: *Herz, dein Verlangen*. Lieder. Nachdichtungen II. Mit den Originaltexten im Anhang. Wien/Bozen 2008 (= Transfer LXXXVII).

Gerhard Ruiss/OvW: *So sie mir pfiff zum Katzenlohn*. Lieder. Nachdichtungen III. Mit den Originaltexten im Anhang. Wien/Bozen 2010 (= Transfer LXXXVII [!]).

Die Lebenszeugnisse OsvW. Edition und Kommentar. Band 4. Hrsg. von Anton Schwob u.a. Kommentiert von Ute Monika Schwob (in Druck).

3. Teilausgaben und Übersetzungen ausgewählter Texte (chronologisch)

Gedichte OsvW, des letzten Minnesängers. Zum erstenmale in den Versmaßen des Originals übersetzt, ausgewählt, mit Einleitung und Anmerkungen versehen von Johannes Schrott. Mit einem Bildniß des Dichters und einem Facsimile seiner musikalischen Compositionen. Stuttgart 1886.

Dichtungen von OvW (1376–1445.). Übersetzt, eingeleitet und erklärt von L[udwig] Passarge. Leipzig o.J. [1891] (= RUB 2839/40).

OvW. Der mit dem einen Auge. Übertragen, ausgewählt und eingeleitet von Wieland Schmied. Graz/Wien 1960 (= Stiasny-Bücherei 70).

Biographische Gedichte des Herrn OvW. Im Original und in neuer Übertragung. Auswahl, Übertragung und Nachwort von Wieland Schmied. Mit sechs Bildern nach Radierungen von Ambrosius Humm. St.Gallen/Stuttgart 1963 (= Die Quadrat-Bücher 27).

OvW. Eine Auswahl aus seinen Liedern. Hrsg., übersetzt und erläutert von Burghart Wachinger. Ebenhausen bei München 1964. – Wieder unter dem Titel: OvW. Mittelhochdeutsch/Neuhochdeutsch. Auswahl. Hrsg., übersetzt und erläutert von Burghart Wachinger. Stuttgart 1967 (= RUB 2839), Nachdrucke.

um dieser welten lust. Leib- und Lebenslieder des OvW. Aus dem Altdeutschen übertragen und hrsg. von Hubert Witt. Mit Zeichnungen von Heinz Zander und einem Musikteil von Tilo Müller-Medek. Leipzig 1968.

OvW. *Frölich geschray so well wir machen.* Melodien und Texte ausgewählt, übertragen und erprobt von Johannes Heimrath und Michael Korth. Erläutert von Ulrich Müller und Lambertus Okken. München 1975. – Wieder unter dem Titel: OvW. Lieder aus dem Mittelalter. Texte und Noten. Frankfurt/M. 1979 (= Fischer Taschenbuch 2955).

OvW-Liederbuch. Eine Auswahl von Melodien. Hrsg. von Hans Ganser und Rainer Herpichböhm. Göppingen 1978 (= GAG 240).

Witt, Hubert: OvW. Leib- und Lebenslieder. Aus dem Altdeutschen ausgewählt und übertragen. Neu durchgesehen. Leipzig (1982) (=Sammlung Dietrich 397).

Lyrik des späten Mittelalters. Hrsg. von Burghart Wachinger. Frankfurt/M. 2006 (= Bibliothek des Mittelalters 22).

OvW: Lieder. Frühneuhochdeutsch/Neuhochdeutsch. Ausgewählte Texte hrsg., übersetzt und kommentiert von Burghart Wachinger. Melodien und Tonsätze hrsg. und kommentiert von Horst Brunner. Stuttgart 2007 (= RUB 18490).

Zu Publikationen und Übersetzungen einzelner Lieder seit 1801 (bis 1974) siehe die Bibliographie von Egon Kühebacher u.a. In: Tagung Neustift 1974, S. 411–417. Der erste moderne Abdruck eines Liedes von OvW findet sich bei: Johann Nicolaus Forkel: Allgemeine Geschichte der Musik II. Leipzig 1801, S. 763–767 [Kl 19; Kl 56]; Neudruck hrsg. von Othmar Wessely. Graz 1967 (= Die großen Darstellungen der Musikgeschichte in Barock und Aufklärung 8). Die erste Übersetzung einzelner Lieder ins Neuhochdeutsche bei Ludwig Scheyrer: Die Schriftsteller Österreichs in Reim und Prosa. Wien 1858, S. 232–245 [Kl 11, 13, 37, 43, 50, 53, 75].

4. Abgekürzt zitierte Sammelbände (chronologisch)

Tagung Neustift 1974 = OvW. Beiträge der philologisch-musikwissenschaftlichen Tagung in Neustift bei Brixen 1973. Hrsg. von Egon Kühebacher. Innsbruck 1974 (= Innsbrucker Beiträge zur Kulturwissenschaft; Germanistische Reihe 1).

Tagung Seis 1978 = Gesammelte Vorträge der 600-Jahrfeier OsvW. Seis am Schlern 1977. *Dem Edeln unserm sunderlieben getrewn Hern Oswaltten von Wolkchenstein.* Hrsg. von Hans-Dieter Mück und Ulrich Müller. Göppingen 1978 (= GAG 206).

Sammelband OvW 1980 = OvW. Hrsg. von Ulrich Müller. Darmstadt 1980 (= WdF 526).

JOWG 1980 ff. = Jahrbuch der Oswald von Wolkenstein-Gesellschaft zur Erforschung des Spätmittelalters. Bd. 1–6 (1980–1990/1991) hrsg. von Hans-Dieter Mück und Ulrich Müller, seit Bd. 7 (1992/1993) von Sieglinde Hartmann und Ulrich Müller. Marbach/N., seit 2009: Wiesbaden.

Sammelband OvW 2009 = Oswald von Wolkenstein. Literische Tradition, Variation und Interpretatation anhand ausgewählter Lieder. Hrsg. von Jürgen Rauter. Rom 2009 (= AIO 531).

Sammelband Berger = Oswald von Wolkenstein. Die Rezeption eines internationalen Liedrepertoires im deutschen Sprachbereich um 1400. Hrsg. von Christian Berger. Freiburg (= Voces. Freiburger Beiträge zur Musikwissenschaft) [in Vorbereitung für 2010/2011].

5. Produktive Rezeption: Literatur/Musik (chronologisch)

(siehe auch Egon Kühebacher u.a., in: Tagung Neustift 1974 sowie Mück, in Tagung Seis 1978)

Weber, Beda. OvW. Gedicht. In: Allgemeiner Nationalkalender für Tirol und Vorarlberg. Innsbruck 1825, S. 115 f.; wieder in: Beda Weber: Lieder aus Tirol. Stuttgart/Tübingen 1842, S. 211–214; und in: Ignaz Vinzenz Zingerle (Hrsg.): Tirol. Natur, Geschichte, Sage im Spiegel deutscher Dichtung. Innsbruck 1852, S. 355–358.

Streiter, Josef: OvW. Dramatisches Gedicht. In: Alpenblumen aus Tirol. Ein Taschenbuch für das Jahr 1828, Innsbruck 1858, S. 133–166.

Lewald, August: Tyrol, vom Glockner zum Orteles, und vom Garda- zum Bodensee. 1833–1834. München 1835, S. 158; wieder in Zingerle 1852 (siehe oben zu Weber 1825), S. 353–355.

Seidl, Johann Gabriel: OvW. Gedicht. In: Wanderungen durch Tyrol und Steyermark I: Wanderungen durch Tyrol. Mit 30 Stahlstichen nach Zeichnungen von Ludwig Mayer. Leipzig [1840], 2. Auflage Leipzig 1847 (= Das malerische und romantische Deutschland 7, 1).

Zettel, Karl: Dem letzten Minnesänger. In: Nicht rasten, nicht rosten! Jahrbuch des Scheffel-Bundes. Wien 1891. S. 134–135.

Silesius, Eduard (= Eduard Freiherr von Badenfeld): Der Kampf um Tirol. Dramatisches Gedicht. I: Friedrich der Treue, Herzog von Tirol; II: OvW. Historisches Schauspiel in vier Akten. Bunzlau 1842.

Weber, Beda: OvW und Friedrich mit der leeren Tasche. In eilf [!] Büchern. Innsbruck 1850.

von Rodank, Arthur (= Arthur Graf von Wolkenstein-Rodenegg): Sabina Jäger. Drama in 5 Akten. (Manuskript), Innsbruck 1885.

Hörmann, Angelika von: OvW. Erzählendes Gedicht. Dresden 1890.

Jenny, Rudolf Christof: OvW, der letzte Minnesänger. Dramatisches Gedicht in 5 Acten. Prag 1891.

Engelbrecht, Louis: Herzog Friedrich mit der leeren Tasche. Festspiel in lebenden Bildern. Braunschweig 1899.

Schmid, Hermann: Friedel und Oswald. Roman aus der Tiroler Geschichte. In: Deutsche Roman-Zeitung II, 1865, Bd. 2/3; Buchpublikation in drei Bänden: Berlin 1866; dann in: Hermann Schmid: Gesammelte Schriften. Volks- und Familienausgabe 21–23. Stuttgart/Berlin/Leipzig [1890].

Wolf, Karl: Friedel mit der leeren Tasche. Roman. Meran 1899.

von Rodank, Arthur [= Arthur Graf von Wolkenstein-Rodenegg]: Sabina Jäger. Ein Zeit- und Lebensbild aus dem Anfange des 15. Jahrhunderts. Innsbruck 1905 (= Tiroler Romane von Arthur von Rodank 8).

Hörmann, Angelika von: OvW. Irrfahrt und Rückkehr. Gedichte. In: A.v.H.: Auf stillen Wegen. München 1907, S. 73–81.

Wolff, Karl Felix: (Eisenhand). In: Die altalpine Poesie der Ladiner. Österreichische Touristen-Zeitung, Wien Nr. 4/5, 1918; wieder in: Kindl 1983, S. 96 f.

Wolff, Karl Felix: Eisenhand (Man de fyèr). In: Karl-Felix Wolff: Dolomitensagen. Sagen und Überlieferungen, Märchen und Erzählungen der ladinischen und deutschen Dolomitenbewohner. 16. Aufl. Innsbruck: Tyrolia 1989, Nachdruck Bozen 2003, S. 176–179 (erste Erwähnung: 1918 [siehe oben]; in den Dolomitensagen erstmals in deren 3. Auflage in zwei Bändchen, Bozen: Gotthard Ferrari 1925, Bd. 2).

Mumelter, Hubert: Zwei ohne Gnade. Roman. Leipzig: Insel-Verlag 1931 u.ö.; Neuausgabe 1938 unter dem Titel: Oswalt und Sabina. Sechste Auflage: Zwei ohne Gnade. Rosenheim: Rosenheimer Verlagshaus 1976.

Langes, Gunther: Spiel um Mitternacht. Drama. Brixen 1946.

Carl Johann (= Peter de Mendelssohn): Wolkenstein oder die ganze Welt. Roman. Wien/Leipzig 1936.

Hömberg, Hans: Schnee fällt auf den schwarzen Harnisch. Bern 1947.

von Schullern, Heinrich: Der Herzog mit der leeren Tasche. Tiroler Roman. Innsbruck 1948 (= Das Land im Gebirge 2).

Wiens, Paul: Aus den Neuen Harfenliedern des OvW. Zuerst in: Nachrichten aus der Dritten Welt. Berlin 1957, S. 25–38; dann wieder in: Vier Linien aus meiner Hand: Leipzig 1976 (= RUB 510), S. 77–88.

Fee von Stein: Die Burgherrin von Wolkenstein. Roman. Gertenbach o.J. [1950/1960er Jahre?] („Grafen von Wolkenstein").

Bresgen, Cesar: Visiones Amantis. Ludus tragicus in sechs Bildern nach Dichtungen und Weisen des OvW für Solostimmen, Sprecher, Gemischten Chor und Orchester. Frankfurt/M. [1962] (= Edition Peters 4827).

Eich, Günther: Unterm Schlern. In: Zu den Akten. Gedichte. Frankfurt/M. 1964, S. 38; wieder in: Gesammelte Werke I: Die Gedichte. Die Maulwürfe. Hrsg. von Horst Ohde und Susanne Müller-Hanpft. Frankfurt/M. 1973, S. 120.

Pichler, Anita: Wie die Monate das Jahr. Erzählung. Frankfurt/M.: Suhrkamp 1989.

Narren und Co. Sinniges, Sinnliches und Eigensinniges zur rheinischen Lebensart. Mit neugesungenen Liedern nach Oswald v. Wolkenstein und mit Bildern von Ri Meuser von Eschmar ausgestattet. Gesammelt von Erwin Bücken, Bert Brune, Frieder Döhring u.a. Köln: Wolkenstein-Verlag 1991.

Rosendorfer, Herbert: Mozart in New York. Libretto. Musik von Helmut Eder. In: Don Giovanni in New York. Lorenzo Da Pontes italienisch-englisches Libretto für die US-Erstaufführung von Mozarts Oper (26). Mit Libretto der Oper „Mozart in New York". Hrsg. von Ulrich Müller und Oswald Panagl. Anif/Salzburg 1991 (= Wort und Musik 14), S. 165–188 („Graf von Wolkenstein").

kaser, norbert c.: de vita osvaldi von wolkenstein anno domini MCMLIIIVIII [!]. In: briefe (gesammelte werke – band 3). Hrsg. von Benedikt Sauer. Innsbruck 1991, S. 342–345.

Leitner, Ernst Ludwig: Sonata da chiesa über ‚Ich spür ein Tyer' (OvW) [1984] für Violine und Orgel. Wien/München 1991.

Kling, Thomas/Ute Langanky: wolkenstein. mobilisierun' [!]. ein monolog. Münster 1997 [„Künstlerbuch": großformatige Mappe bzw. bibliophile Ausgabe; mit 10 Linoldrucken der Künstlerin und einem lyrischen Monolog von Kling; siehe auch zur Musik]; nur Text auch in: Kling, Gesammelte Gedichte 2006 [siehe unten].

Kling, Thomas: OvW. In: Botenstoffe. Köln 2001, S. 147–149 [zu Kl 44].

Hiller, Wilfried: Wolkenstein. Eine Lebensballade. Libretto von Felix Mitterer. Klavierauszug und Partitur (Leihmaterial). Mainz: Schott 2003.

Febel, Reinhard: OvW. Lieder und Chöre nach Texten und Melodien des OvW. München 2003.

Mitterer, Felix: Wolkenstein. Eine Lebensballade. Libretto. Musik von Wilfried Hiller (2000–2003). [Druck des Libretto Nürnberg: Staatsoper 2004].

Kling, Thomas: Gesammelte Gedichte 1981–2005. Hrsg. von Marcel Beyer und Christian Döring. Köln 2006. Darin S. 561–579: wolkenstein. mobilisierun', dazu S. 938 f.: wolkenstein, augnschrift/OvW, sprachjoppe, exkursionsbericht; S. 649 ff. in Hintergrundstrahlung: OvW sieht sich/Wolkenstein sieht Paris/Wolkenstein sieht Heidelberg (S. 652 f.).

6. Forschungsliteratur (alphabetisch)

Aufgenommen sind Publikationen, die mehr oder minder explizit mit OvW zu tun haben; nicht aufgenommen sind, mit ganz geringen Ausnahmen, Erwähnungen in Literaturgeschichten, Lexika, in einer Zeitung oder in übergreifenden Abhandlungen (in denen neben anderen auch OvW vorkommt). Viele der frühen Erwähnungen OsvW sind verzeichnet in der Bibliographie von Egon Kühebacher u.a., in: Tagung Neustift 1974, S. 418 ff. *– Publikationen, die sich nicht speziell auf OvW beziehen und die in einzelnen Beiträgen genannt werden, stehen dort jeweils am Schluss.*

Alekseev, Michail P.: Die „russische Sprache“ OsvW. In: Ders.: Zur Geschichte der russisch-europäischer Literaturtradition. Berlin 1974, S. 7–21 und S. 339–341.

Altpeter, Annemarie: Die Stilisierung des Autobiographischen bei OvW und seinen Zeitgenossen Hugo von Montfort, Muskatplüt und Michel Beheim. Diss. [masch.] Tübingen 1949.

Andergassen, Leo: Das Selbstverständnis der Wolkensteiner im Spiegel ihrer Grabmäler, Heraldica und Stiftungen (15. bis 17. Jahrhundert). In: Pfeifer/Andermann 2009, S. 195–239.

Ariizumi, Yasuo: Tagelieder OvWs. (Kl 20 und Kl 48). Im Vergleich mit den sogenannten höfischen Tageliedern. In: Doitsubungaku-Ronkô. Forschungsberichte zur Germanistik. Osaka 77 (1986), S. 37–48. [In japanischer Sprache; deutsche Zusammenfassung S. 47–48].

Baasch, Karen und Helmuth Nürnberger: Forschungsbericht. *Frölich geschrai so well wir machen.* OvW im Wandel der Rezeption. In: Literatur in Wissenschaft und Unterricht 17 (1984), S. 241–269.

Baasch, Karen und Helmuth Nürnberger: OvW. Mit Selbstzeugnissen und Bilddokumenten. Reinbek 1986 (= rowohlts monographien 360).

Bachmann, Werner: Die Verbreitung des Quintierens im europäischen Volksgesang des späten Mittelalter. In: Festschrift Max Schneider zum achtzigsten Geburtstage. Hrsg. von Walther Vetter. Leipzig 1955, S. 25–29.

Backes, Martina: Das literarische Leben am kurpfälzischen Hof zu Heidelberg im 15. Jahrhundert. Ein Beitrag zur Gönnerforschung des Spätmittelalters. Tübingen 1992 (= Hermaea N.F. 6).

Banta, Frank G.: Dimensions and Reflexions: An Analysis of OvW’s *Frölich, zärtlich.* In: JEGP 66 (1967), S. 59–75. – Wieder in: Sammelband OvW 1980, S. 57–78.

Bärnthaler, Günther: Übersetzen im deutschen Spätmittelalter. Der Mönch von Salzburg, Heinrich Laufenberg und OvW als Übersetzer lateinischer Hymnen und Sequenzen. Göppingen 1983 (= GAG 371).

Bärnthaler, Günter: „Mach weiter so. Ich finde dich toll.“ Reaktionen von Schülerinnen und Schülern auf Oswalds Lied *Es fügt sich* im Kontext einer Geschlechter orientierten Interpretation. In: JOWG 15 (2005), S. 195–299.

Bartsch, Kurt: *Komm, fremder Dichter, laß uns Ping-Pong spielen!* Zu den *Neuen Harfenliedern des OvW* von Paul Wiens. In: *Durch aubenteuer muess man wagen vil.* Festschrift für Anton Schwob zum 60. Geburtstag. Hrsg. von Wernfried Hofmeister und Bernd Steinbauer. Innsbruck 1997 (= Innsbrucker Beiträge zur Kulturwissenschaft; Germanistische Reihe 57), S. 1–9.

Battisti, Carlo: Termini marinareschi italiani in una canzone di Oswaldo di Wolkenstein. In: Il Cristallo 4 (1962), S. 23–43.

Baum, Wilhelm: OvW in Katalonien. In: Deutsche Schule Barcelona. Jahresbericht 1983/84, S. 74–80.

Baum, Wilhelm: *Ich pyn yn fromden landen lannden uber mer und an anderen enden gewesen* ... Neue Dokumente zu OvW. In : JOWG 3 (1984/1985), S. 201–228.

Baum, Wilhelm: Oswald in Slowenien. Neue Dokumente zur Biographie des Dichters und zur Geschichte der Brixner Herrschaft Veldes (Bled) in Krain (Slowenien). In: Der Schlern 58 (1985), S. 179–188.

Baum, Wilhelm: Kaiser Sigmund von Luxemburg und OvW. (Mit Urkundenedition). In: JOWG 4 (1986/87), S. 201–228.

Berger, Christian und Tomas Tomasek: Kl 68 im Kontext der Margarethe-Lieder OsvW. In: JOWG 9 (1996/97), S. 157–177.
Berger, Christian und Tomas Tomasek: Das ‚Vogelstimmenlied' Oswalds von Wolkenstein (Kl 50). In: Gattungen und Formen des europäischen Liedes vom 14. bis zum 16. Jahrhundert. Hrsg. von Volker Honemann u.a. (= Studien und Texte zum Mittelalter und zur frühen Neuzeit 8), Münster 2005, S. 9–29.
Berger, Christian und Tomas Tomasek: Oswald von Wolkenstein als schöpferischer Mittler im spätmittelalterlichen Kulturtransfer. Zu den Liedern *Es ist ein altgesprochner rat'* (Kl 19) und *Wer die ougen will verschüren* (Kl 103). In: Vorbild, Austausch, Konkurrenz. Höfe und Residenzen in der gegenseitigen Wahrnehmung. Hrsg. von Werner Paravicini (= Residenzenforschung), Ostfildern (Druck in Vorb.).
Bertau, Karl: OsvW *Es ist ain altgesprochner rat* als gesungenes Lied. In: Germanistik in Forschung und Lehre. Vorträge und Diskussionen des Germanistentages in Essen 1964. Hrsg. von Rudolf Henß und Hugo Moser. Berlin 1965, S. 151–154.
Beyrich, Johannes: Untersuchungen über den Stil OsvW. Diss. Leipzig 1910. Weida i. Thür. 1910.
Beyschlag, Siegfried: OvW – Durchbruch zur Neuzeit. In: Sprachkunst 1 (1970), S. 32–41.
Beyschlag, Siegfried: Zu den mehrstimmigen Liedern OsvW. In: Literatur und Geistesgeschichte. Festschrift Heinz Otto Burger. Hrsg. von Reinhold Grimm und Conrad Wiedemann. Berlin/Bielefeld/München 1968, S. 50–69. – Wieder in: Sammelband OvW 1980, S. 79–106.
Beyschlag, Siegfried: OsvW Jagdlied *Wolauff gesell! Wer jagen well* Kl 52. In: Tagung Neustift 1974, S. 37–50.
Beyschlag, Siegfried: Kritische Anmerkungen zu Schallplatteneinspielungen von Fugen und Duetten OsvW. In: Tagung Seis 1978, S. 266–236.
Bisignano, Giuseppe: OvW und sein Hang zur Gewalttätigkeit. In: Der Schlern 78 (2004) Nr. 9, S. 41–43.
Boesch, Bruno: OvW als Zeitgenosse. In: Tagung Neustift 1974. S. 21–36.
Böhm, Rainer: Entdeckung einer französischen Melodievorlage zum Lied *O wunniklicher, wolgezierter mai* (Kl 100) von OvW. In: JOWG 13 (2001/2002), S. 269–278.
Bösch, Hans: Wundsegen. Das Zinsbuch des OvW. In: Anzeiger für Kunde der deutschen Vorzeit N.F. 25 (1878), Sp. 67.
Bösch, Hans: Ordnung und Gewalt des Minnesingers OvW zur Vornahme der Inventur des Nachlasses seines Vetters Veit von Wolkenstein. In: Anzeiger für Kunde der deutschen Vorzeit N.F. (1881), Sp. 296–299.
Bösch, Hans: Margareta von Schwangau, Gemahlin OsvW. In: Anzeiger für Kunde der deutschen Vorzeit 27 N.F. (1880), Sp. 75–80, 91–101.
Bravi, Ferruccio: La vita di Osvaldo Wolkenstein, poeta atesino de Quattrocento. In: Archivio per l'Alto Adige 49 (1955), S. 337–383 und 50 (1956), S. 385–455.
Bravi, Ferruccio: Mito e realità in Osvaldo di Wolkenstein. Bolzano/Bozen 1970 u.ö.
Bravi, Ferruccio: Osvaldo di Wolkenstein. Uomo e poeta. Bolzano/Bozen 1977 (Profili 1).
Bresgen, Cesar: Untersuchungen zum Rhythmus bei OvW. In: Tagung Neustift 1974, S. 51–59.
Brinkmann, Sabine: Die deutschsprachige Pastourelle. 13. bis 16. Jahrhundert. Göppingen 1985 (= GAG 307).

Brinkmann, Sabine: Mittelhochdeutsche Pastourellendichtung. In: Hans Fromm (Hrsg.): Der deutsche Minnesang. Aufsätze zu seiner Erforschung. Bd. 2. Darmstadt 1985 (= WdF 608), S. 401–432.

Brooks, A. N.: OvW and „Minnesangs Herbst“. In: AUMLA 12 (1959), S. 45–52.

Brunner, Horst/Hans W. Ganser/Karl-Günther Hartmann: Das Windsheimer Fragment einer Musikhandschrift des 15. Jahrhunderts. In: JOWG 1 (1980/1981), S. 185–222 [u.a. zu OvW Kl 50].

Brunner, Horst: Das deutsche Liebeslied um 1400. In: Tagung Seis 1978. S. 105–146.

Brunner, Horst: Tradition und Innovation im Bereich der Liedtypen um 1400. Beschreibung und Versuch der Erklärung. In: Textsorten und Textgattungen. Dokumentation des Germanistentages in Hamburg vom 1.–4.4.1979. Hrsg. vom Vorstand der Vereinigung deutscher Hochschulgermanisten. Bonn 1980. S. 392–413. – Auch in: Ders.: Annäherungen. Berlin 2008 [Aufsatzsammlung].

Bültmann, Lars: Kreuzzugslyrik im hohen und späten Mittelalter. In: Sammelband OvW 2009, S. 217–267.

Classen, Albrecht: Zur Rezeption norditalienischer Kultur des Trecento im Werk OsvW (1376/77–1445). Göppingen 1987 (= GAG 471).

Classen, Albrecht: Neue Dokumente zu OvW. Die Reichsstadt Nürnberg und die Wolkensteiner. In: ZfdA 116 (1987), S. 296–302.

Classen, Albrecht: Margareta von Schwangau: Epistolary Literature in the Late Middle Ages. In: Medieval Perspectives. Pedro S. Campa et al. (Eds.). The Southeastern Medieval Association 1/1 (1987), S. 41–53.

Classen, Albrecht: „The Italian Connection“. Zu einem Brief an einen gewissen Wolkenstein und einer provenzalischen Quelle für Oswalds polyglosses Lied Kl 69. In: JOWG 4 (1987/87), S. 155–162.

Classen, Albrecht: Peasant Satire in OvW’s Lyric Poetry: Reception and Adaption of a Poem by Raimbaut de Vaqueiras. In: Seminar 23/24 (1987/88), S. 287–309.

Classen, Albrecht: Der Bauer in der Dichtung OsvW. In: Euphorion 82 (1988), S. 150–167.

Classen, Albrecht: Liebesehe und Ehelieder in den Gedichten OsvW. In: JOWG 5 (1988/89), S. 445–464.

Classen, Albrecht: Onomatopoesie in der Lyrik von Jehan Vaillant, OvW und Niccolò Soldanieri. In: ZfdPh 108 (1989), S. 357–377.

Classen, Albrecht: A Representation of Reality in OvW’s Lyric Poetry and in Contemporary North Italian and South Tyrolean Frescoes and Book Illustrations. In: Arcadia 24 (1989), S. 113–130.

Classen, Albrecht: French and Italian Sources for OvW’s Onomatopoetic Lyric Poetry. In: Fifteenth-Century Studies 15 (1989), 93–105.

Classen, Albrecht: Sangeskunst und moderne Selbstverwirklichung im Werk OsvW. In: Winder McConnell (Hrsg.): *in hôhem prîse*. Festschrift für Ernst S. Dick. Göppingen 1989 (= GAG 480). S. 11–29.

Classen, Albrecht: Love and Marriage in Late Medieval Verse: OvW, Thomas Hoccleve, and Michel Beheim. In: Studia Neophilologica 62 (1990), S. 163–188.

Classen, Albrecht: OvW: A Fifteenth-Century Reader of Medieval Courtly Criticism. In: Mediaevistik 3 (1990), S. 27–53.

Classen, Albrecht: Die autobiographische Lyrik des europäischen Spätmittelalters. Studien zu Hugo von Montfort, OvW, Antonio Pucci, Charles d'Orléans, Thomas Hoccleve, Michel Beheim, Hans Rosenplüt und Alfonso Alvarez de Villasandino. Amsterdam/Atlanta 1991 (= Amsterdamer Publikationen zur Sprache und Literatur 91).

Classen, Albrecht: OsvW Beziehungen zu Italien – eine These im Kreuzfeuer der Kritik. In: Jahrbuch der Reineke-Gesellschaft 4 (1993), S. 67–81.

Classen, Albrecht: OvW und Leonardo Giustiniani: Zwei Zeitgenossen des frühen 15. Jahrhunderts. In: Literaturwissenschaftliches Jahrbuch 35 (1994), S. 33–62.

Classen Albrecht: "El Poema de Mio Cid" and OvW. A Playful Form of Masquerading and Literary Reception. The Spanish-German Connection. In: JOWG 8 (1994/95), S. 341–361.

Classen, Albrecht: To Fear or not to Fear, that is the Question: OvW Facing Death and Enjoying Life. In: Anne Scott/Cynthia Kosso (Eds.): Fifteenth-Century 'Mentalitätsgeschichte' Reflected in Lyric Poetry. Turnhout 2002, S. 274–291.

Classen, Albrecht: Espanya, València i OvW: Geografia de la baixa edat mitjana i història de la mentalitat geogràfica. Paisajes espirituales: el diálogo cultural entre Alemani y Valencia, ed. de Berta Raposo. Valencia 2003, S. 13–73.

Classen, Albrecht: Die Spanienreflexionen des OvW: Ein Vergleich mit den deutschen Berichten über Spanienreisen im späten 15. Jahrhundert. In: Der Schlern 78 (2004) Nr. 10, S. 68–73.

Classen, Albrecht (Ed.): Sexuality in the Middle Ages and Early Modern Times. New Approaches to a Fundamental Cultural-Historical and Literary-Anthropological Theme. Berlin/New York 2008. – S. 1–141: The Cultural Significance of Sexuality in the Middle Ages, the Renaissance and Beyond [mehrfach zu OvW].

Coreth, Anna: Der „Orden von der Stola und den Kanndeln und dem Greifen" (Aragonesischer Kannenorden). In: Mitteilungen des Österreichischen Staatsarchivs 5 (1952), S. 34–62.

Costa, Othmar: Workshop anläßlich der Oswald-von-Wolkenstein-Tagung im September 1973 im Kloster Neustift bei Brixen. In: Tagung Neustift 1974, S. 60–62.

Daxecker, Franz: Die Ptosis des rechten Auges OsvW. In: JOWG 9 (1996/97), S. 71–79.

Dejori, Luis: Heimatempfinden und Wirklichkeitsauffassung bei OvW. In: Der Schlern 34. 1960, S. 184–189.

Dejori, Luis: Heimatempfinden und Heimatlieder OsvW. Diss. [masch.] Innsbruck. 1961.

Delbono, Francesco: Premesse critico-bibliografice per uno studio della personalità e dell'opera di OvW. In: Siculorum Gymnasium. Rassegna della Facoltà di Lettere e Filisofia dell'Università di Catania. N. S. 18 (1965), S. 223–258.

Delbono, Francesco: OvW: Zur italienischen Rezeption und zu Biographie und Werk. In: Tagung Seis 1978, S. 393–410.

Delbono, Francesco: Per il centenario di OvW: le bigrafie. In: Studie Medievali 20 (1979), S. 261–268.

Delbono, Francesco: OvW, Lied 18: "Werbelied" per Margareta e moraleggiante addio al celibato. In: Annali. Istituto Universitario Orientale. Sezione Germanica 28/29 (1985/86), Napoli 1988, S. 101–117.

Delbono, Francesco: Zum Brixener Gedenkstein OsvW. In: Konferenzblatt für Theologie und Seelsorge 97 (1986), S. 125–129.

Derron, Marianne und André Schnyder: Das geistliche Tagelied des Spätmittelalters und der Frühen Neuzeit. Eine Bilanz und ein Projekt. In: JOWG 12 (2000), S. 203–216.

Doon, P. J. /Lambertus Okken/Heinrich Leonhard Cox: Wurde OvW gefoltert? In: Neophilologus 58 (1974), S. 391–394. – Wieder in Sammelband OvW 1980, S. 337–341.

Edwards, Cyril: Mothers' Boys and Mothers' Girls in the Pastourelle: OvW, *Frölich so will ich aber singen* (Kl 79). In: Forum for Modern Language Studies 35 (1999), S. 70–80.

Eis, Gerhard: Zu zwei unechten Liedern OsvW. In: Neophilologus 48 (1964), S. 28–31.

El-Assil, Jasmin: Rot, weiss ain frölich „Ehelied"? (Kl 87). In: Sammelband OvW 2009, S. 195–215.

Emmel, Hildegard: Die Selbstdarstellung OsvW In: Gestaltung Umgestaltung. Festschrift Hermann August Korff. Hrsg. von Joachim Müller. Leipzig 1957, S. 39–45.

Emmert, Anton: Schattenrisse der Vorzeit II: Beitrag zu OsvW Lebensgeschichte. In: Bothe von und für Tirol und Vorarlberg 76–79 (1833), S. 304/308/312/316.

Englmann, Alfred: OvW. Diss. [masch.] München 1951.

Fallows, David: Two equal voices: A French Song Repertory with Music for two more Works of OvW. In: Early Music History 7 (1987), S. 205–230.

Fallows, David (Ed.): A Catalogue of Polyphonic Songs, 1415–1480. Oxford 1999 [zu sämtlichen polyphonen Liedern OsvW].

Feldges, Mathias: *In Katlon und Ispanien, do man gern ist kestanien.* Wo liegt das *künigreich* Spanien des OvW? In: ZfdPh 95 (1976), S. 374–399.

Feldges, Mathias: Lyrik und Politik am Konstanzer Konzil – eine neue Interpretation von OsvW Hussiten. In: Literatur – Publikum – historischer Kontext. Hrsg. von Gert Kaiser. Bern u.a. 1977 (= Beiträge zur Älteren Deutschen Literaturgeschichte 1), S. 137–181. – Vortragsfassung in: Tagung Seis 1978, S. 81–104.

Frenzel, Peter Michael: The Episode in the Songs of OvW. Diss. [masch.] Michigan 1968 (Microfilm Print Ann Arbor 1969).

Fürbeth, Frank: *wol vierzig jar leicht minner zwai* im Zeichen der verkehrten Welt: Oswalds *Es fügt sich* (Kl 18) im Kontext mittelalterlicher Sündenlehre. In: JOWG 9 (1996/97), S. 197–220.

Fürbeth, Frank: *Zur Gedechtnuss den Märbelstein hinsetzen lassen.* Ikonographie und memoriale Funktion des ‚Gedenksteins' OsvW. In: JOWG 14 (2003/04), S. 271–302.

Ganser, Hans: Zu neueren Ausgaben der Lieder OsvW. In: Die Musikforschung 35 (1982), S. 387 –388.

Glowatzki-Mullis/Marie-Louise/Susi Ulrich-Bochsler/Georg Glowatzki/Ämilian Kloiber/Linus Ulrich: Untersuchungen zur Identifizierung der Skelettreste aus Neustift: Ist es OvW? In: JOWG 2 (1982/83), S. 155–191.

Goheen, Jutta: OvW zwischen „Mittelalter" und „Renaissance", eine Interpretation des geistlichen Liedes *In Frankereich.* In: Carleton Germanic Papers 3 (1975), S. 1–19.

Goheen, Jutta: Naturbild und ‚locus amoenus' im Liede OsvW. In: Akten des V. Internationalen Germanisten-Kongresses Cambridge 1975. Hrsg. von Leonard Forster und Hans-Gert Roloff. Bern u.a. 1976 (= Jahrbuch für Internationale Germanistik, Reihe A. Bd. 2, 2), S. 376–382.

Goheen, Jutta: Mittelalterliche Liebeslyrik von Neidhart bis zu OvW. Berlin 1984 (= Philologische Studien und Quellen 110).

Goheen, Jutta: „Realismus“ im Tagelied OsvW? Dimensionen des Zeitbildes. In: James F. Poag und Thomas C. Fox (Hrsg.): Entzauberung der Welt. Deutsche Literatur 1200–1500. Tübingen 1989, S. 89–106.

Goheen, Jutta: *Wach menschlich tier / brauch dein vernunft…* OsvW Beziehung und Beitrag zur mittelalterlichen Gnomik. In: Euphorion 83 (1989), S. 1–27.

Goheen, Jutta: Zum *ordo* des Alters: OvWs gnomische Perspektive auf Leben und Werk. In: Carleton Germanic Papers 22 (1994), S. 60–70.

Göllner, Theodor: Landinis *Questa fanciulla* bei OvW. In: Die Musikforschung 17 (1964), S. 393–398. – Wieder in: Sammelband OvW 1980, S. 48–56.

Göllner, Theodor: [Titelloser Vortrag zu OvW]. In: International Musicological Society, Report of the Tenth Congress Ljubljana 1967. Dragomir Cvetko (Ed.). Kassel 1970, S. 60–69.

Grass, Nikolaus: OvW und die Almwirtschaft. Ein Beitrag zur Kenntnis adeligen Landlebens im spätmittelalterlichen Tirol. In: Zeitschrift der Savigny-Stiftung für Rechtsgeschichte; Germanistische Abteilung 92 (1975), S. 105–116.

Gritsch, Johanna: Hauenstein. In: Tiroler Burgenbuch. Hrsg. von Oswald Trapp. Bozen 1977, S. 336–347.

Gruber, Karl: Notizen zur Familie von Wolkenstein. In: Der Schlern 50 (1976), S. 725 f.

Haas, Rudolf: Mannheim und Neckarau in einem Lied des Minnesängers OvW. In: Mannheimer Hefte 2 (1978), S. 121–126.

Hartmann, Karl-Günther: Tschechische Parallelen zu einer Melodie OsvW (Kl 123). In: JOWG 7 (1992/93), S. 199–218.

Hartmann, Sieglinde: Tod und Vergänglichkeit in spätmittelalterlicher Lyrik: OvW und François Villon. Magisterarbeit. [masch.] Frankfurt a. M. 1971.

Hartmann, Sieglinde: Altersdichtung und Selbstdarstellung bei OvW. Die Lieder Kl 1 bis 7 im spätmittelalterlichen Kontext. Göppingen 1980 (= GAG 288).

Hartmann, Sieglinde: OvW. Empirie und Symbolik in seiner Lebensballade. In: Jahrbuch der Thomas-Morus-Gesellschaft 1984/85, S. 83–95.

Hartmann, Sieglinde: Zur Einheit des Marienliedes Kl 34. Eine Stilstudie mit Übersetzung und Kommentar. In: JOWG 3 (1984/85), 25–43.

Hartmann, Sieglinde: OvW: *Es fügt sich, do ich was von zehen jaren alt.* In: Gedichte und Interpretationen. Mittelalter. Hrsg. von Helmut Tervooren. Stuttgart 1993 (= RUB 8864), S. 299–318.

Hartmann, Sieglinde: OvW et la Méditerranée. Espace de vie, espace de poésie. In: JOWG 8 (1994/95), S. 289–320.

Hartmann, Sieglinde: Sigismunds Ankunft in Perpignan und Oswalds Rolle als *wisskunte von Türkei.* In: *Durch aubenteuer muess man wagen vil.* Festschrift für Anton Schwob zum 60. Geburtstag. Hrsg. von Wernfried Hofmeister und Bernd Steinbauer. Innsbruck 1997 (= Innsbrucker Beiträge zur Kulturwisenschaft; Germanistische Reihe 57), S. 133–140.

Hartmann, Sieglinde: The Impact of Topography on Mountain Pastorals: OvW (ca. 1376/77–1445) and the Marqués de Santillana (1398–1458). In: JOWG 11 (1999), S. 181–210.

Hartmann, Sieglinde: OvW und seine Ehrung durch Königin Isabeau von Frankreich (1370–1435). In: ZfdPh 120 (2001), S. 60–77.

Hartmann, Sieglinde: Ein neues Bildzeugnis OsvW? Die *Schutzmantelmadonna* von Le Puy-en-Valey und das Marienlied *In Frankereich*. Mit einer kostümgeschichtlichen Untersuchung von Elisabeth Vavra. In: JOWG 13 (2001/2002), S. 297–332.

Hartmann, Sieglinde: Von Petrarca bis Pisanello. Zur Rezeption italienischer Kultur im Werk OsvW (1376/77–1445). In: Aevum. Rassegna di scienze storiche linguistiche e filologiche, Milano 2001, S. 577–599.

Hartmann, Sieglinde: Oswald von Wolkenstein (1376/77–1445). Les thèmes de sa poésie, la tradition du Minnesang et son nouveau langage de la perception sensorielle. In: Études Médiévales 4 (2002), S. 244–259.

Hartmann, Sieglinde: OvW und Margarethe von Schwangau: Ein Liebespaar? In: Paare und Paarungen. Festschrift für Werner Wunderlich zum 60. Geburtstag. Hrsg. von Ulrich Müller und Margarete Springeth unter Mitwirkung von Michaela Auer-Müller. Stuttgart 2004 (= SAG 420), S. 255–263.

Hartmann, Sieglinde: Dokumentation zur Uraufführung der Oper „Wolkenstein – Eine Lebensballade“ am 6. März 2004 im Staatstheater Nürnberg, Musik von Wilfried Hiller, Libretto von Felix Mitterer. In: JOWG 15 (2005), S. 417–439.

Hartmann, Sieglinde: Pourquoi traduire en français un auteur comme OvW? In : Translatio litterarum ad penates. Das Mittelalter übersetzen – Traduire le Moyen Âge. Hrsg. von Alain Corbellari und André Schnyder in Verbindung mit Catherine Drittenbass und Irene Weber Henking. Université de Lausanne 2005, S. 161–177.

Hartmann, Sieglinde: OvW heute: Traditionen und Innovationen in seiner Lyrik. In: JOWG 15 (2005), S. 349–372.

Hartmann, Sieglinde: Gotische Madonnenbilder und die Marienlyrik OsvW. In: *wort und wîse, singen unde sagen*. Festschrift für Ulrich Müller. Hrsg. von Ingrid Bennewitz. Göppingen 2007 (= GAG 741), S. 71–92.

Hartmann, Sieglinde: OvW. In: Kindlers Literatur Lexikon. 3., völlig neu bearbeitete Auflage. Hrsg. von Heinz Ludwig Arnold. Stuttgart/Weimar 2009. Band 12, S. 418–420.

Hartmann, Sieglinde: Gerichtsmedizin und mediävistische Gedichtinterpretation: Der Fall Oswald von Wolkenstein (1376/77–1445). In: Primus Conventus Austriacus Archaeometriae. Tagungsband zum Ersten Österreichischen Archäometriekongress, 15.–17. Mai 2009. Hrsg. von Jan Cemper-Kiesslich u.a. Salzburg 2010, S. 65–68.

Hartmann, Sieglinde: A Medieval Poet’s Sense of Humour: OvW and Emperor Sigismund in Paris. In: Islands and Cities in Medieval Myth, Literature, and History. Andrea Grafetstätter et al. (Eds). Frankfurt am Main et al. (in Druck).

Hassel, Veronika: Jahreszeitenallegorien. Konstanz und Varianz. In: Sammelband OvW 2009, S. 81–132.

Haubitz, Bernd: Vogelkundliches im Werk des späten Minnesängers Oswald von Wolkenstein (1376–1445). In: Journal of Ornithology 126/3 (1985), S. 295–301.

Hausner, Renate: Bericht über das Symposion anläßlich des 600. Geburtstages OsvW. In: Österreich in Geschichte und Literatur 22 (1978), S. 121–126.

Hausner, Renate (Hrsg.): *Owe do tagte ez*. Tagelieder und motivverwandte Texte des Mittelalters und der frühen Neuzeit. Göppingen 1983 (= GAG 204).

Hausner, Renate: Thesen zur Funktion frühester weltlicher Polyphonie im deutschsprachigen Raum (OvW, Mönch von Salzburg). In: JOWG 3 (1984/85), S. 45–78.

Helmkamp, Kerstin: Rollenstereotypen und Strategien der Fiktionalisierung. Zum Problem der ‚Hausmannin' in den Liedern OsvW. Mag.-Arbeit FU Berlin [masch.] 1993.

Helmkamp, Kerstin: Die „Gefangenschaftslieder" OsvW. In: JOWG 9 (1996/97), S. 99–109.

Helmkamp, Kerstin: Genre und Gender. Die ‚Gefangenschafts-' und ‚Ehelieder' OsvW. Diss. Berlin 2003.

Helmkamp, Kerstin: Gender und Genre. Frauen- und Männerstrophen in den ‚Wechseln' OsvW. In: Frauenlieder – Cantigas de amigo. Internationale Kolloquien des Centro de estudos humanísticos (Universidade do Minho), de Faculdade de letras (Universidade do Porto) und des Fachbereichs Germanistik (Freie Universität Berlin), Berlin 6.11.1998, Apùlia 28.–30.03.1999. Hrsg. von Thomas Cramer u.a. Stuttgart 2000, S. 141–149.

Herrmann, Max: Die letzte Fahrt OsvW. In: Vierteljahrsschrift für Literaturgeschichte 3 (1890), S. 602–608.

Hilgers, Heribert A.: Versuch über deutsche Cisiojani. ([Mit] Diskussion von Hubert Gindele.) In: Poesie und Gebrauchsliteratur im deutschen Mittelalter. Würzburger Colloquim 1978. Hrsg. von Volker Honemann u.a. Tübingen 1979, S. 127–161; 162 f.

Hirschberg, Dagmar und Hedda Ragotzky: Zum Verhältnis von Minnethematik und biographischer Realität bei OvW: *Ain anefangk* (Kl 1) und *Es fügt sich* (Kl 18). In: JOWG 3 (1984/85), S. 79–114.

Hirschberg, Dagmar: Zur Funktion der biographischen Konkretisierung in Oswalds Tagelied-Experiment *Ain tunckle farb von occident* Kl 33. In: Beiträge zur Geschichte der deutschen Sprache und Literatur 107 (1985), S. 376–388.

Hofbauer, Karin/Diethard Suntinger: Die St.-Oswald-Kapelle und das St. Oswald-Benefizium im Brixener Dom. Edition der Stiftungsurkunde OsvW aus dem Jahr 1407. In: Der Schlern 61 (1987), S. 735–739.

Hofmeister, Wernfried: *Zwar mir sait ainst ain weise mugg*. Der sprichwortartige Zitatenschatz OsvW als wissenschaftliche Herausforderung. In: JOWG 9 (1996/97), S. 59–70.

Hofmeister, Wernfried: Sprichwortartige Mikrotexte-Analysen am Beispiel OsvW. Göppingen 1990 (= GAG 537).

Hofmeister, Wernfried: Mai 1442: Oswald von Wolkenstein weist Vorwürfe zurück, Dichtung und Wirklichkeit zu vermengen. Die poetische Verwandlung des Ichs. In: Eine neue Geschichte der deutschen Literatur. Hrsg. von David L. Wellbery (et al.). Berlin 2007, S. 255–260.

Holtorf, Arne: Neujahrswünsche im Liebesliede des ausgehenden Mittelalters. Zugleich ein Beitrag zur Geschichte des mittelalterlichen Neujahrsbrauchtums in Deutschland. Göppingen 1973 (= GAG 20).

Holznagel, Franz-Josef und Hartmut Möller: Ein Fall von Interregionalität. OvW *Wach auf, mein hort* (Kl 101) in Südtirol und in Norddeutschland, in: Helmut Tervooren und Jens Haustein (Hrsg.): Regionale Literaturgeschichtsschreibung. In: ZfdPh 122 Sonderheft (2003), S. 102–133.

Holznagel, Franz-Josef: auch kund ich fiedeln, trummen, paucken, pfeiffen. OvW: Dichter, Sänger und Komponist. In: Concerto. Das Magazin für alte Musik, Mai 1987, S. 13–17.

Hormayr, Joseph Freiherr von: Ueber OvW und sein Geschlecht. In: Tiroler Almanach auf das Jahr 1803.Wien 1803, S. 85–125; [Fortsetzung unter dem Titel:] Uiber Oswalden von Wolkenstein und sein Geschlecht. In: Tiroler Almanach auf das Jahr 1804. Wien 1804, S. 127–159.

Hormayr, Joseph Freiherr von: OvW. In: Taschenbuch für vaterländische Gedichte 13 (1824), S. 334–369.

Innerhofer, Theobald Herbert: OvW und Neustift. In: 850 Jahre Chorherrenstift Neustift. 1. Südtrioler Landesausstellung. Katalog. Brixen 1992, S. 103–105.

Insam, Matthias: Wortstudien zu OvW. In: Formen mittelalterlicher Literatur. Festschrift Siegfried Beyschlag. Hrsg. von Otmar Werner und Bernd Naumann. Göppingen 1970 (= GAG 25), S. 197–205.

Jackson, William T.H.: Alliteration and Sound Repetition in the Lyrics of OvW. In: Formal Aspects of Medieval German Poetry. A Symposium. Stanley and N. Werbow (Eds.). Austin, Texas/London 1969. S. 43–78.

Jagt, Hendrik C. van der: Zum Wortschatz OsvW 104: *Von trauren möcht ich werden taub.* In: MLN 88 (1973), S. 535–561.

Jammers, Ewald (Hrsg.): Ausgewählte Melodien des Minnesangs. Einführung, Erläuterung und Übertragung. Tübingen 1963. (= ATB Ergänzungsreihe 1)

Janota, Johannes: Neue Forschungen zur deutschen Dichtung des Spätmittelalters (1230–1500). In: DVjs 45 (1971), Sonderheft: Forschungsreferate, S. 1–242.

Janssen, Hildegard: Das sogenannte ‚Genre objectif'. Zum Problem mittelalterlicher literarischer Gattungen dargestellt an den Sommerliedern Neidharts. Göppingen 1980 (= GAG 281).

Jones, George Fenwick, Hans-Dieter Mück und Ulrich Müller: Verskonkordanz zu den Liedern OsvW (Hss. B und A). 2 Bde. Göppingen 1973 (= GAG 40/41).

Jones, George Fenwick: OvW's *Mein sünd und schuld* and the ‚Beichtlied' Tradition. In: MLN 85 (1970), S. 635–651. – Wieder in: Sammelband OvW 1980. S. 241–261.

Jones, George Fenwick: *Ain tunckle farb* – Zwar kein ‚tageliet', aber doch ein Morgen-Lied. Zu OvW, Klein 33. In: ZfdPh 90 (1971), Sonderheft, S. 142–153.

Jones, George Fenwick: OvW – Vogelsteller und Jäger. Zu Kl 83 und 52. In: *Et multum et multa.* Festschrift für Kurt Lindner. Hrsg. von Sigrid Schwenk u.a. Berlin und New York 1971, S. 133–145.

Jones, George Fenwick: Fact and Fancy in OvW's Songs. In: Studies in Honor of Tatiana Fotitch. Washington D.C. 1972. S. 131–148. – Unter dem Titel: „‚Dichtung und Wahrheit' in den Liedern OsvW" auch in: Sammelband OvW 1980, S. 283–309.

Jones, George Fenwick: OvW. New York 1973 (= Twayne's World Authors Series 236).

Jones, George Fenwick: The 'Signs of Old Age' in OvW's *Ich sich und hör* (Klein No. 5). In: MLN 89 (1974), S. 767–786.

Jones, George Fenwick: Did OvW Compose at his Writing Desk? In: AfK 58 (1976), S. 381–409.

Jones, George Fenwick: Konnte OvW lesen und schreiben? In: Tagung Seis 1978, S. 39–79.

Jones, George Fenwick: OvW 1377–1977. Present State of Research. In: Monatshefte 70 (1978), S. 384–391.

Jones, George Fenwick: OvW's Animals and Animal Symbolism. In: MLN 94 (1979), S. 524–540.

Jones, George Fenwick.: Die Literatur des 15. Jahrhunderts – ein noch kaum bebautes Feld. In: Akten des VI. Internationalen Germanisten-Kongresses Basel 1980. Teil 3. Hrsg. von Heinz Rupp und Hans-Gert Roloff, S. 272–279 (= Jahrbuch für Internationale Germanistik. Reihe A. Bd. 8).

Jones, George Fenwick: Die Zeichen des Alters in einem anonymen Lied des Liederbuchs der Klara Hätzlerin und in OvW *Ich sich und hör*. In: Lyrik des ausgehenden 14. und 15. Jahrhunderts. Hrsg. von Franz V. Spechtler. Amsterdam 1984 (= Chloe. Beihefte zu Daphnis 1), S. 67–71.

Joschko, Dirk: OvW – Forschungsstand und Forschungsprobleme. In: Greifswalder Germanistische Forschungen 2 (1980), S. 85–95.

Joschko, Dirk: Pro und Contra. Die Lieder OsvW in der Übertragung durch Klaus J. Schönmetzler. In: JOWG 1 (1980/81), S. 263–279.

Joschko, Dirk: Zur Rezeption der Lieder OsvW in der DDR. In: JOWG 2 (1982/83), S. 291–296.

Joschko, Dirk: OvW. Eine Monographie zu Person, Werk und Forschungsgeschichte. Göppingen 1985 (= GAG 396).

Joschko, Dirk: Das neue Jahr in den Liedern OsvW. In: Sammlung – Deutung – Wertung. Ergebnisse, Probleme, Tendenzen und Perspektiven philologischer Arbeit. Festschrift für Wolfgang Spiewok. Hrsg. von Danielle Buschinger. Amiens 1988, S. 197–204.

Joschko, Dirk: Die Ehelyrik Hugos von Montfort und OsvW. In: Studien zur Literatur des Spätmittelalters. 2. Auflage Greifswald 1988 (= Deutsche Literatur des Mittelalters 2; Wiss. Beiträge der Ernst-Moritz-Arndt-Universität Greifswald), S. 26–40.

Joschko, Dirk, Zum Verhältnis von Tradition und Innovation in der Minnelyrik des späten Mittelalters. In: Economie, politique et culture au moyen âge. Actes du Colloque Paris 19 et 20 Mai 1990. Amiens 1991 (= Wodan 5), S. 91–101.

Jöst, Erhard: Bauernfeindlichkeit. Die Historien des Ritters Neithart Fuchs. Göppingen 1976 (= GAG 192).

Karg, Fritz: OvW. In: Zeitschrift für Deutschkunde 40 (1926), S. 458–467.

Kersken, Wolfgang: *Genner beschnaid*. Die Kalendergedichte und der Neumondkalender des OvW. Überlieferung – Text – Deutung. Göppingen 1975 (= GAG 161).

Kettemann, Rudolf: Heidelberg im Spiegel seiner ältesten Beschreibung. Heidelberg 1986.

Klein, Karl Kurt: OvW, ein Dichter, Komponist und Sänger des Spätmittelalters. In: Wirkendes Wort 13 (1965), S. 1–12. – Wieder in: Sammelband OvW 1980, S. 28–47.

Klein, Karl Kurt: OvW. Ein südtirolischer Dichter am Ende des Spätmittelalters. In: Der Neue Bund 3, Folge 5 (1956), S. 129–136.

Klein, Karl Kurt: Ritterliche Sänger. Von Walther von der Vogelweide bis zu OvW. In: Merian 10 (1957), Heft 11: Südtirol, S. 63–66.

Klein, Karl Kurt: Der ‚Minnesänger' OvW in der Politik seiner Zeit. In: Die Brennerstraße. Deutscher Schicksalsweg von Innsbruck nach Bozen. Bozen 1961 (= Jahrbuch des Südtirolers Kulturinstiutes 1), S. 215–243.

Knapp, Fritz Peter: Das weibliche Schönheitsideal in den Liedern OsvW. In: ZfdA 131 (2002), S. 181–194.

Kochmann, Brigitta: Beziehungen Paul Wiens' zu OvW – eine Studie. In: Wissenschaftliche Zeitschrift der Martin-Luther Universität Halle-Wittenberg. Gesellschafts- und sprachwissenschaftliche Reihe 27 (1978), Heft 4, S. 91–104.

Koller, Erwin: „War der deutsche Ritter etwa Oswald?!" Zur Teilnahme des Wolkensteiners am portugiesischen Überfall auf Ceuta. In: *Durch aubenteuer muess man wagen vil.* Festschrift für Anton Schwob zum 60. Geburtstag. Hrsg. von Wernfried Hofmeister und Bernd Steinbauer. Innsbruck 1997 (= Innsbrucker Beiträge zur Kulturwissenschaft; Germanistische Reihe 57), S. 251–156.

König-Seitz, Herta: Das Kreuzigungsbild im Chor der Kapelle von St. Oswald (Gemeinde Kastelruth). In: Tagung Seis 1978, S. 285–298.

König-Seitz, Herta: OvW, ich und das Bild von St. Oswald in Kastelruth. In: Arunda. Aktuelle Südtiroler Kulturzeitschrift 7 (1979), S. 66–69.

Könneker, Barbara: Johannes von Tepl – Heinrich Wittenwiler – OvW: Versuch einer Zusammenschau. In: Akten des 6. Internationalen Germanisten-Kongresses 3. Hrsg. von Heinz Rupp und Hans-Gert Roloff. Basel 1980, S. 280–287.

Könneker, Barbara: Zur Zeitdarstellung und Zeitdeutung in den Liedern OsvW. In: Daphnis 9 (1980), S. 373–392.

Konrad, Bernd: Bemerkungen zu den sekundären Bildzeugnissen des OvW. Eine kritische Untersuchung der Methoden seiner Identifizierung. In: JOWG 15 (2005), S. 373–391.

Kossack, Wolfram von und Stefanie Stockhorst: Sexuelles und wie es zu Wort kommt. Die Frage nach dem Obszönen in den Liedern OsvW. In: Daphnis 28 (1999), S. 1–33.

Kraft, Isabel: Die Lücke: Überlegungen zu einem Konzert. In: JOWG 15 (2005), S. 297–309 [zu OvW Kl 100].

Kranich-Hofbauer: Documents and references to the life of OvW. A computer-assisted edition. In: The art of communication. Proceedings of the eight international conference of the association for history and computing. Gerhard Jaritz et al. (Eds.). Graz 1994 (= Grazer Grundwissenschaftliche Forschungen 1), S. 387–396.

Krosta, Doris: Der Wandel des mittelalterlichen Bewußtseins bei OvW. Magisterarbeit München o. J. [1967 masch.].

Kuen, Heinrich: Rätoromanisches bei OvW. In: Ladinia 3 (1979), S. 101–124.

Kühebacher, Egon u.a.: Bibliographie zu OvW 1801–1974. In: Tagung Neustift 1974, S. 410–442 [Gemeinschaftsarbeit, siehe Vorbemerkung].

Kuhn, Hugo: Versuch über das 15. Jahrhundert in der deutschen Literatur. In: Literatur und Gesellschaft des Spätmittelalters. Hrsg. von Hans-Ulrich Gumbrecht (= Grundriß der Romanischen Literaturen des Mittelalters I , Begleitreihe). Heidelberg 1980, S. 19–38. – Wieder in: Ders.: Liebe und Gesellschaft. Hrsg. von Wolfgang Walliczek. Tübingen 1980 (= Kleine Schriften 3), S. 135–155.

Kühn, Dieter: Ich Wolkenstein. Eine Biographie. Frankfurt/M. 1977 u.ö.; erweiterte Ausgabe Frankfurt/M. (= insel taschenbuch 497); überarbeitete [und leicht gekürzte] Ausgabe Frankfurt/M. 1996 u.ö. (= Fischer-Taschenbuch 13334) (= Trilogie des Mittelalters 3). – Neu bearbeitete Fassung 2011.

Kühn, Dieter: Tannhäusers Kreuzlied. Eine Anmerkung. In: Tagung Seis 1978, S. 301–307.

Kühnel, Jürgen: Zum deutschen Minnesang des 14. und 15. Jahrhunderts. In: Deutsche Literatur des Spätmittelalters. Ergebnisse, Probleme und Perspektiven der Forschung. Greifswald 1986 (= Deutsche Literatur des Mittelalters 3), S. 86–103.

Ladendorf, Otto: OvW. In: Neue Jahrbücher für das klassische Altertum, Geschichte und deutsche Literatur 4 (1901), S. 133–159.

Lamberg, Gudrun: Die Rechtsdichtung OsvW. In: ZfdPh 93 (1974), S. 75–87.

Lamberg, Peter: Die Popularisierung des römischen Rechts durch OvW. In: Zeitschrift der Savigny-Stiftung für Rechtsgeschichte 100 (1983), S. 213–237.

Lange, Julia K.: Margarethe von Schwangau. In: Sammelband OvW 2009, S. 55–63.

Lange, Julia K.: Kl 68 und 97 im Kontext der Ehelieder. In: Sammelband OvW 2009, S. 133–160.

Laußermayer, Maria Theresia: Die Entwicklung der Buchmalerei in Tirol. Diss. [masch.] Innsbruck 1965 [S. 249–257: Das Bildnis des Minnesängers OvW].

Laußermayer, Maria Theresia: Ist das Porträt OsvW in Hs. B ein Werk Pisanellos? In: Tagung Neustift 1974, S. 63–67.

Lazda-Cazers, Rasma: Oral Sex in OvW's „Es seusst dort her von orient" (Kl. 20). In: Classen 2008, S. 579–598.

Leitzmann, Albert: Bemerkungen zu den spätmittelalterlichen Lyrikern 3: Zu OvW. In: Beiträge zur Geschichte der deutschen Sprache und Literatur 44 (1920), S. 309–311.

Leitzmann, Albert: Ein Cento aus Freidank bei OvW. In: Aufsätze zur Sprach- und Literaturgeschichte. Festschrift Wilhelm Braune. Dortmund 1920, S. 235–259.

Lester, Conrad H.: Zur literarischen Bedeutung OsvW. Wien 1949.

Lienert, Elisabeth: Bilder von Kindheit bei OvW. In: JOWG 9 (1996/97), S. 111–120.

Locher, Elmar: „Der Text im Text schafft den Körper des Imaginären". Zu Liedern OsvW. In: L'immaginario nelle letterature germaniche del medioevo. A cura di Adele Cipolla, Milano 1995 (= Scienza della letteratura e del linguaggio 12), S. 227–242.

Loenertz, Elke: *Ich spür ain lufft* (Kl 16). Thesen zum Verhältnis von Text und Musik bei OvW. In: JOWG 9 (1996/97), S. 221–237.

Loewenstein, Herbert: Wort und Ton bei OvW. Königsberg 1932 (= Königsberger Deutsche Forschungen 11).

Lomnitzer, Helmut: Wort-Ton-Probleme bei OvW. In: Tagung Neustift 1974, S. 68–84.

Lomnitzer, Helmut: Geliebte und Ehefrau im deutschen Lied des Mittelalters. In: Liebe – Ehe – Ehebruch in der Literatur des Mittelalters. Vorträge des Symposiums vom 13. bis 16. Juni 1983 am Institut für deutsche Sprache und mittelalterliche Literatur der Justus-Liebig-Universität Giessen. Hrsg. von Xenja von Ertzdorff und Marianne Wynn. Giessen 1984 (= Beiträge zur deutschen Philologie 58), S. 111–124.

Lomnitzer, Helmut: Lieder OsvW in neueren musikalischen Aufführungsversuchen. In: Sammelband OvW 1980, S. 453–477.

Lüdtke, Jens: OvW und die romanischen Sprachen. In: Logos semantikos. Studia linguistica in honorem Eugenio Coseriu. Bd. 1. Hrsg. von Horst Geckeler u.a. Berlin/New York 1981, S. 303–312.

Ludwig, Friedrich: Guillaume de Machaut, Musikalische Werke, Bd. II. Leipzig 1928, S. 36*f. [erster Hinweis auf 6 Kontrafakturen von OvW].

Lutz, Eckhart Conrad: Wahrnehmen der Welt und Ordnen der Dichtung. Strukturen im Oeuvre OsvW. In: Literaturwissenschaftliches Jahrbuch, N.F. 32 (1991), S. 39–79.
Mann, Otto: OvW und die Fremde. In: Deutschkundliches. Friedrich Panzer zum 60. Geburtstag überreicht von Heidelberger Fachgenossen. Hrsg. von Hans Teske. Heidelberg 1930 (= Beiträge zur neueren Literaturgeschichte 16), S. 44–60.
Mann, Otto: OsvW Natur- und Heimatdichtung. In: ZfdPh 57 (1932), S. 243–261.
Marold, Werner: Kommentar zu den Liedern OsvW. Diss. [masch.] Göttingen 1926.
Marold, Werner: Kommentar zu den Liedern OsvW. Teildruck Göttingen 1927.
Marold, Werner: Kommentar zu den Liedern OsvW. Bearbeitet und herausgegeben von Alan Robertshaw. Innsbruck 1995 (= Innsbrucker Beiträge zur Kulturwissenschaft; Germanistische Reihe 52).
Martini, Fritz: Dichtung und Wirklichkeit bei OvW. In: Dichtung und Volkstum (= Euphorion N.F.) 39 (1938), S. 390–411.
März, Christoph: Ankündigung: Neubearbeitung der Textausgabe der Lieder OsvW. In: JOWG 13 (2001/2002), S. 333.
Marx Sittich von Wolkenstein: siehe Wolkenstein, Marx Sittich von
Maurer, Friedrich: Beiträge zur Sprache OsvW. Giessen 1922 (= Giessener Beiträge zur Deutschen Philologie 3).
Maurer, Friedrich: Der Topos von den ‚Minnesklaven'. Zur Geschichte einer thematischen Gemeinschaft zwischen bildender Kunst und Dichtung im Mittelalter. In: DVjs 27 (1953), S. 182–206.
Mayr, Norbert: Die Pilgerfahrt OsvW ins Heilige Land. In: Germanistische Abhandlung. Hrsg. von. Karl Kurt Klein und Eugen Thurnher. Innsbruck 1959 (= Innsbrucker Beiträge zur Kulturwissenschaft; Germanistische Reihe 6), S. 129–145.
Mayr, Norbert: Die Reiselieder und Reisen OsvW. Innsbruck 1961 (= Schlern-Schriften 215).
Mayr, Norbert: OsvWs Liederhandschrift A in neuer Sicht. In: Tagung Seis 1978. S. 351–371.
Mayr, Norbert: Die Belagerung von Greifenstein fand nicht statt – Das Greifensteinlied OsvW in neuer Sicht. In: Tagung Seis 1978, S. 411–149.
Mayr, Norbert: Das Vogelfängerlied OsvW. In: Der Schlern 56 (1982), S. 35–40.
McDonald, William C.: Concerning Oswald's *Wie vil ich sing und tichte* (Kl 23) as Religious Autobiography. In: JOWG 2 (1982/83), S. 267–286.
Meiners, Irmgard: Zu OsvW Fuga *Mit günstlichem herzen* (Klein Nr. 71). In: ZfdA 105 (1976), S. 126–131.
Melkert, Hella und Martin J. Schubert: Lieder OsvW in neueren Einspielungen. In: JOWG 11 (1999), S. 437–450.
Mertens, Volker: ‚Biographisierung' in der spätmittelalterlichen Lyrik. Dante – Hadlaub – OvW. In: Kultureller Austausch und Literaturgeschichte im Mittelalter. Kolloquium im Deutschen Historischen Institut, Paris 16.–18.3.1995. Hrsg. von Ingrid Kasten u.a. Sigmaringen 1998, S. 331–344.
Mertens, Volker: Der Sänger geht baden…: Oswald in seinen „Margarethen-Liedern" – poetologisch, performativ, kulturwissenschaftlich in „fröhlicher Pluralität". In: Text und Kultur. Mittelalterliche Literatur 1150 bis 1450. Hrsg. von Ursula Peters. Stuttgart u.a. 2001 (= Germanistische Symposien. Berichtsbände 23), S. 329–344.
Mohr, Ferdinand: Das unhöfische Element in der mittelhochdeutschen Lyrik von Walther an. Diss. Tübingen 1913.

Mohr, Wolfgang: Die Natur im mittelalterlichen Liede. In: Geschichte, Deutung, Kritik. Literaturwissenschaftliche Beiträge dargebracht zum 65. Geburtstag Werner Kohlschmidts. Hrsg. von Maria Bindschneider und Paul Zinsli. Bern 1969, S. 45–63. – Wieder in: Sammelband OvW 1980, S. 194–217; sowie in Wolfgang Mohr: Gesammelte Aufsätze II: Lyrik. Göppingen 1983 (= GAG 300), S. 69–90 [zu OvW Kl 42 u.a.]

Molinari, Alessandra: Le albe di Oswald von Wolkenstein. Inquadramento storico-letterario, analisi testuale e traduzione in italiano (Prima parte). In: Linguae & Rivista di lingue e culture moderne 2 (2009), S. 67–94 ( ).

Möller, Elli: Vom Naturempfinden OsvW. In: Aus der Werkstatt. Festschrift für Alfred Götze. Hrsg. von Otto Diehl. Giessen 1936 (= Giessener Beiträge zur Deutschen Philologie 46), S. 38–43.

Morrall, E.J.: OvW and Mandeville's Travels. In: Mediaeval German Studies. Presented to Frederick Norman [...]. London 1965, S. 262–248.

Moser, Hans: *Durch Barbarei, Arabia.* Zur Klangphantasie OsvW. In: Germanistische Studien. Hrsg. von Johannes Erben und Eugen Thurnher. Innsbruck 1969 (= Innsbrucker Beiträge zur Kulturwissenschaft; Germanistische Reihe 15), S. 75–92. – Wieder in: Sammelband OvW 1980, S. 166–193.

Moser, Hans: Wie sorgt ein spätmittelalterlicher Dichter für die Erhaltung seines Werks? Nachlese zur Oswald-Überlieferung. In: Tagung Neustift 1974, S. 85–120.

Moser, Hans: Unbekanntes über eine bekannte Handschrift. Zur Vorzeichnung und dem getilgten Lied in der Oswald-Hs. B. In: Tagung Seis 1978, S. 373–391.

Moser, Hans: Anmerkungen zu Kl 27, 61 ff. In: Tagung Seis 1978, S. 421–424.

Motz, Atanáz: Über die ungarischen Sprachbrocken bei OvW. In: Magyar Nyelv 9 (1913), S. 424 ff.

Motz, Atanáz: OvW élete és költészete tekintettel magyar vonatkozásaira. [OvW: Leben und Dichtung mit Rücksichtnahme auf die ungarischen Beziehungen]. Budapest 1915.

Mück, Hans-Dieter: OvW – ein Frühpetrarkist? Überlegungen zur literarhistorischen Einordnung. In: Tagung Neustift 1974, S. 121–166.

Mück, Hans-Dieter: OvW zwischen Verehrung und Vermarktung. Formen der Rezeption 1835–1976. Mit einem Anhang: Dokumentation des Wolkenstein-Jahres 1977. In: Tagung Seis 1978, S. 483–540.

Mück, Hans-Dieter: Untersuchungen zur Überlieferung und Rezeption spätmittelalterlicher Lieder und Spruchgedichte im 15. und 16. Jahrhundert. Die ‚Streuüberlieferung' von Liedern und Reimpaarrede OsvW. Band I: Untersuchungen [Band II: Synoptische Edition]. Göppingen 1980 (= GAG 263).

Mück, Hans-Dieter: Die Vernehmungsprotokolle eines geplanten vierfachen Mordanschlags auf OvW im Jahre 1442. *Dy gichtczedel des widmärs und des kuleysen* im Wolkenstein-Archiv des Germanischen Nationalmuseums Nürnberg. In: Litterae Ignotae. Beiträge zur Textgeschichte des deutschen Mittelalters: Neufunde und Neuinterpretationen. Im Auftrag des Herausgeber-Gremiums gesammelt von Ulrich Müller. Göppingen 1977 (= Litterae 50), S. 65–84. – Wieder in: Sammelband OvW 1980, S. 423–452.

Mück, Hans-Dieter: [OvW]. Bibliographie 1803–1978. In: Sammelband OvW 1980, S. 485–504.

Mück, Hans-Dieter: Zwei ohne Gnade: Oswald und Sabina. Anstelle eines Nachrufs auf Hubert Mumelter. In: JOWG 1 (1980/81), S. 281–290 [Mit Reproduktion der lavierten Kreidezeichnung „Hubert Mumelter, 18.6.1976" von Markus Vallaza]. – Text auch in: Der Schlern 55 (1981), S. 548–552.

Mück, Hans-Dieter: Die durch das Mittelalter gestärkte Gegenwart oder Der unaufhaltsame Aufstieg des Johannes Schrott zum Cotta-Archiv. In: *De poeticis medii aevi questiones.* Käte Hamburger zum 85. Geburtstag. Hrsg. von Jürgen Kühnel, Hans-Dieter Mück und Ulrich Müller. Göppingen 1981 (= GAG 335), S. 241–302.

Mück, Hans-Dieter: OvW auf Prösels. In: *Spectrum medii aevi.* Essays in Early German Literature in Honor of George Fenwick Jones. Edited by William McDonald. Göppingen 1983, S. 361–379 (= GAG 362). – Wieder in: Der Schlern 57 (1983), S. 306–315.

Mück, Hans-Dieter: OvWs Liedpropaganda gegen die hoffärtigen Bauern [1983]. In: Der Schlern 60 (1986), S. 330–343. – Wieder in: Der Tiroler Bergbauer in Geschichte und Gegenwart. [Vorträge der gleichnamigen Tagung 1983 zur 1000-Jahr-Feier der Gemeinde Kastelruth]. Bozen 1986, S. 330–343.

Mück, Hans-Dieter und Hans Ganser: *Den Techst Vbr' das geleymors wolkenstain.* OsvW Liedtext Kl 131 im Cgm 4871 und Gilles Binchois' Chanson *Je loe amours.* Mit einem Anhang: Konkordanztabelle zu Oswalds Kontrafakturvorlagen. In: Franz Viktor Spechtler (Hrsg.): Lyrik des ausgehenden 14. und des 15. Jahrhunderts. Amsterdam u.a. 1984 (= Chloe 1), S. 115–148.

Mück, Hans-Dieter 1981: s. Lambertus Okken 1981.

Müller, Bernd: *Ich han gewandelt manig her/gen Preussen, Reussen uber mer.* Zur Problematik der Preußenfahrten OsvW. In: JOWG 5 (1988/1989), S. 465–477.

Müller, Karin: Minne- und Ehethematik in Oswalds Liedern. In: Sammelband OvW 2009, S. 161–194.

Müller, Maria E.: Höfische Literatur ohne Hof. Bemerkungen zur sozialen Gebrauchssituation der Lieder OsvW. In: JOWG 3 (1984/85), S. 163–185.

Müller, Ulrich: „Dichtung" und „Wahrheit" in den Liedern OsvW: Die autobiographischen Lieder von den Reisen. Göppingen 1968 (= GAG 1).

Müller, Ulrich: OvW: Die „Heimatlieder" über die Tiroler Streitereien (Kl 81, Kl 104, Kl 116). In: ZfdPh 87 (1968), Sonderheft, S. 222–234.

Müller, Ulrich: ‚Lügende Dichter?' (Ovid, Jaufre Rudel, OvW). In: Gestaltungsgeschichte und Gesellschaftsgeschichte. [Festschrift für Fritz Martini] In Zusammenarbeit mit Käte Hamburger hrsg. von Helmut Kreuzer. Stuttgart 1969, S. 32–50. – Wieder in: OvW 1980, S. 218–240.

Müller, Ulrich: Beobachtungen und Überlegungen über den Zusammenhang von Stand, Werk, Publikum und Überlieferung mittelhochdeutscher Dichter: OvW und Michel Beheim – ein Vergleich. In: Tagung Neustift 1974, S. 167–180.

Müller, Ulrich: Untersuchungen zur politischen Lyrik des deutschen Mittelalters. Göppingen 1974 (= GAG 55/56).

Müller, Ulrich: Thesen zu einer Geschichte der Autobiographie im deutschen Mittelalter. In: Akten des Internationalen Germanistenkongresses Cambridge 1975. Jahrbuch für Internationale Germanistik A. 2, 2 (1976), S. 300–310. – Erweitert wieder in: Günter Niggl (Hrsg.): Die Autobiographie. Darmstadt 1989 (= WdF 565), S. 297–320.

Müller, Ulrich: Die Tagelieder des OvW oder Variationen über ein vorgegebenes Thema. Mit neuer Transkription der Tagelieder des Mönchs von Salzburg von Franz V. Spechtler. In: Tagung Seis 1978. S. 205–225.
Müller, Ulrich: „Dichtung" und „Wirklichkeit" bei OvW. Aufgezeigt im Vergleich mit Altersliedern von Walther von der Vogelweide und Hans Sachs. In: Literaturwissenschaftliches Jahrbuch NF 19 (1978), S. 133–156.
Müller, Ulrich: Mittelalterliche Dichtungen in der Musik des 20. Jahrhunderts II: Das Wolkenstein-Oratorium von Cesar Bresgen. In: Mittelalter-Rezeption [I]: Gesammelte Vorträge des Salzburger Symposions „Die Rezeption mittelalterlicher Dichter und ihrer Werke in Literatur, Bildender Kunst und Musik des 19. und 20. Jahrhunderts". Hrsg. von Jürgen Kühnel u.a. Göppingen 1979 (=GAG 286), S. 580–590.
Müller, Ulrich Hrsg.): *Minne ist ein swaerez spil.* Neue Untersuchungen zum Minnesang und zur Geschichte der Liebe im Mittelalter. Göppingen 1986 (=GAG 440).
Müller, Ulrich: *Wie wol ich sunst tichten chann*: Veracity in German „Spruchdichtung" from Walther von der Vogelweide to Michel Beheim. (Translation: Susan May). In: Fifteenth-Century-Studies 12 (1987), S. 115–130.
Müller, Ulrich: Exemplarische Überlieferung und Edition. Mehrfachfassungen in authentischen Lyrik-Handschriften – zum Beispiel OvW und Michel Beheim. In: editio 6 (1992), S. 112–122.
Müller, Ulrich: OvW: *Ain graserin durch kůlen tau.* In: Gedichte und Interpretationen. Mittelalter. Hrsg. von Helmut Tervooren. Stuttgart 1993 (= RUB 8864), S. 338–352.
Müller, Ulrich: OvW und Neithart Fuchs. Das Tanzlied *Ir alten weib*, ein Schlager des späten Mittelalters. In: Prospero 1 (Triest 1994), S. 90–121.
Müller, Ulrich: Die Ostkontakte eines der bedeutendsten deutschsprachigen Liedermacher des Mittelalters: OvW. In: Die euroslawischen Kulturbeziehungen. Was hat uns ‚der Osten' geboten, was hat er zu bieten? Eine aide-mémoire für „westeuropäische" Bildungspolitik. In: Die Slawischen Sprachen 60 (1999), S. 217–238.
Müller, Ulrich: Accumulatio Cantata, das ist: Eine gesungene Liste von Eigennamen. Beispiele aus dem deutschsprachigen Mittelalter und dem 20. Jahrhundert. In: Bausteine zur Sprachgeschichte der deutschen Komik. Hrsg. von Alexander Schwarz. Hildesheim 2000 (= Germanistische Linguistik 153), S. 29–48.
Müller, Ulrich: Minnesang – eine mittelalterliche Form der Erlebnislyrik. *Essai* zur Interpretation mittelalterlicher Liebeslyrik. In: Literarische Leben. Rollentwürfe in der Literatur des Hoch- und Spätmittelalters. Festschrift für Volker Mertens zum 65. Geburtstag. Hrsg. von Matthias Meyer und Hans-Jochen Schiewer. Tübingen 2002, S. 597–617.
Müller, Ulrich: "L'Auteur est mort, vive l'auteur": Love in Poetry and Fiction. In: Albrecht Classen (Ed.): Discourses on Love, Marriage, and Transgression in Medieval and Early Modern Literature. Tempe, Arizona/USA 2004, S. 181–188.
Müller, Ulrich: Der mittelalterliche Autor: Eine (postmoderne) Mischung aus Lazarus, Proteus und Medusa? – oder: Autorisation und Authentizität: Mittelalterliche Liebeslyrik als Erlebnislyrik? In: Thomas Bein u.a. (Hrsg.): Autor – Autorisation – Authentizität. Beiträge der Internationalen Fachtagung der Arbeitsgemeinschaft für germanistische Edition in Verbindung mit der Arbeitsgemeinschaft philosophischer Editionen und der Fachgruppe Freie Forschungsinstitute in der Gesellschaft für Musikforschung, Aachen, 20. bis 23. Februar 2002. Beihefte zu editio 21 (2004), S. 83–92.

Müller, Ulrich: OvW. In: MGG, 2. Auflage, Personenteil 12 (2005), Sp. 1462–1467.
Müller, Ulrich: Frauen in Literatur und Musik. Lieder aus der „Sterzinger Miszellaneen-Handschrift" und von OvW. In: Margarete „Maultasch". Zur Lebenswelt einer Landesfürstin und anderer Tiroler Frauen des Mittelalters. Vorträge der wissenschaftlichen Tagung im Südtiroler Landesmuseum für Kultur- und Landesgeschichte Schloss Tirol. Hrsg. von Julia Hörmann-Thurn und Taxis. Innsbruck 2007 (= Schlern-Schriften 339), S. 301–327.
Müller, Ulrich: OvW. In: Killy Literaturlexikon 10 (2010), S. 18–24.
Müller, Ulrich: Gesammelte Schriften. Hrsg. von Margarete Springeth, Gertraud Mitterauer und Ruth Weichselbaumer, unter Mitwirkung von Annemarie Eder und Verena Vitzthum. 4 Bde, Göppingen 2010 (=GAG 750); [dort finden sich in Band I und II die meisten der oben genannten Beitrage wieder abgedruckt].
Müller-Blattau, Joseph M.: *Wach auff, mein hort.* Studien zur deutschen Liedkunst des 15. Jahrhunderts. In: Studien zur Musikgeschichte. Festschrift Guido Adler. Wien 1930, S. 92–99.
Müller-Blattau, Joseph: Musik und Lied beim Konstanzer Konzil. In: Bodensee-Hefte 9 (1958), S. 237–240.
Nelson, Charles G.: OvW. Augustine's Child? In: Alexander Schwarz (Hrsg.): Lesarten. New Methodologies and Old Texts/Méthodologies nouvelles et textes anciens. Bern u.a. 1990 (= Tausch. Textanalyse in Universität und Schule 2), S. 89–102.
Németh, S. Katalin: Ungarn zur Zeit OsvW. In: JOWG 9 (1996/97), S. 17–29.
Neumann, Friedrich: OvW. In: VL 5 (1. Auflage 1955), Sp. 817–830.
Niethammer, Petra-Marion: Urkundenfindbuch zu OvW. Verzeichnis der veröffentlichten Dokumente (1400–1445). Göppingen 1984 (= GAG 412)
Noggler, Anton: Der Wolkenstein-Hauensteinische Erbschaftsstreit und dessen Austragung unter OvW. In: Zeitschrift des Ferdinandeums für Tirol und Vorarlberg 3, Folge 26 (1882), S. 99–180.
Noggler, Anton: Eine unbekannte Reise OsvW. ([Mit einem] Excurs: Versuch einer näheren Zeitbestimmung der ersten Belagerung Greifensteins unter Herzog Friedrich dem älteren.) In: Zeitschrift des Ferdinandeums für Tirol und Vorarlberg , 3. Folge, 27 (1883), S. 3–70.
Noggler, Anton: Hat OvW im Jahre 1424 Tirol verlassen? In: ZfdA 27 (1883), S. 179–192.
Noggler, Anton: Einige kleine Mittheilungen zur vaterländischen Geschichte. I. Ein Bericht OsvW über die Zustände im heiligen Landen. In: Bothe von und für Tirol und Vorarlberg 79 (1893), S. 2129 ff.
Noggler, Anton: Einige kleine Mittheilungen zur vaterländischen Geschichte. II. Ein dunkler Punkt im Leben OsvW. In: Bothe von und für Tirol und Vorarlberg 79 (1893), S. 2293 ff.
Nolte, Theodor: *O frau, wie bitter ist dein sals / Ach frau, das ist mein zucker nar.* Bilder und Projektionen der Frau bei OvW. In: JOWG 9 (1996/97), S. 121–138.
Nössing, Josef: OvW (1376–1445). Sänger und Dichter, Politiker und Weltenbummler, Herr auf Hauenstein. In: Gemeinde Kastelruth. Vergangenheit und Gegenwart. Ein Gemeindebuch zum 1000-Jahr-Jubiläum der Erstnennung der Orte Seis und Kastelruth. Eigenverlag der Gemeinde Kastelruth 1983, S. 175–176.
Nössing, Josef: OvWs Urbar- und Zinsgüter mit besonderer Berücksichtigung von Kastelruth, Völs und Waidbruck. Tagung Seis 1978, S. 327–350.
Ockel, Eberhard: Die künstlerische Gestaltung des Umgangs mit Herrscherpersönlichkeiten in der Lyrik OsvW. Göppingen 1977 (= GAG 232).

Ogier, James M.: Oswald and Astrology. In: Albrecht Classen (Ed.): Medieval German Literature. Proceedings from the 23rd International Congress in Medieval Studies Kalamazoo, Michigan, May 5–8, 1988. Göppingen 1989 (= GAG 507), S. 181–195.

Ogier, James: "Cherchez la femme": The Lady of Oswald's *In Frankereich* and *Mich tröst ain adeliche maid.* In: JOWG 6 (1990–1991), S. 243–253.

Ogier, James M.: OvW – Clowning Around in Perpignan. In: JOWG 11 (1999), S. 173–180.

Ogier James: Oswald's Aragonese Homologue (Kl 19). In: Alfred R. Wedel and Hans-Jörg Busch (Eds.): Verba et litterae. Explorations in Germanic Languages and German Literature. Essays in Honor of Albert L. Lloyd. Newark, DE 2002, S. 257–267.

Okken, Lambertus: Stellenbibliographie zum Liederbuch OsvW. Hektographierter Privatdruck. Bilthoven 1972.

Okken, Lambertus: OvW: Lied 44. Wortschatz-Untersuchung. In: Tagung Neustift 1974, S. 182–218.

Okken, Lambertus und Heinrich Leonhard Cox: Untersuchungen zu dem Wortschatz der Lieder OsvW 54, 55, 59 und 60. I: Lied 54. In: Neophilologus 56 (1972), S. 298–310.

Okken, Lambertus und Heinrich Leonhard Cox: Untersuchungen zu dem Wortschatz der Lieder OsvW 54, 55, 59 und 60. II: Lied 55. In: Neophilologus 56 (1972), S. 435–450.

Okken, Lambertus und Heinrich Leonhard Cox: Untersuchungen zu dem Wortschatz der Lieder OsvW 54, 55, 59 und 60. III: Lied 59. In: Neophilologus 57 (1973), S. 42–61.

Okken, Lambertus und Heinrich Leonhard Cox: Untersuchungen zu dem Wortschatz der Lieder OsvW 54, 55, 59 und 60. IV: Lied 60. In: Neophilologus 57 (1973), S. 156–172.

Okken, Lambertus und Heinrich Leonhard Cox: Untersuchungen zu dem Wortschatz der Lieder OsvW 81 und 116. I: Lied 81. In: MLN 88 (1973), S. 956–979.

Okken, Lambertus, Heinrich Leonhard Cox und Franz Viktor Spechtler: Untersuchungen zu dem Wortschatz der Lieder OsvW 81 und 116. II: Lied 116. In: MLN 89 (1974), S. 367–391. – Wieder in: Sammelband OvW 1980, S. 310–336.

Okken, Lambertus und Hans-Dieter Mück: Die satirischen Lieder OsvW wider die Bauern. Untersuchungen zum Wortschatz und zur literarischen Einordnung. Göppingen 1981 (= GAG 31).

Olt, Reinhart: Beiträge in der Franfurter Allgemeinen Zeitung (FAZ):

Der ruhelose OvW fand zweimal die letzte Ruhe (4.3.1991, S. 11). – „Unter dem Krummstab ist gut leben." Das Augustinerchorherrenstift Neustift begeht den 850. Geburtstag seiner Gründung/ OsvW letzte Ruhestätte (9.7.1992, S. 9). – Halten die neuen Herren hof, kommen Lustbarkeiten nicht zu kurz. Schloß Prösels/ Früher Sitz des Landeshauptmanns an der Etsch/ Instandhaltung ohne Ruf nach dem Staat (18.4. 1994, S. 11). – OvW auf der Spur. Was sich in seinem Namen verbergen kann/ Zeugen aus Stein und Papier/ Biographie und Fiktion/ Belebender Streit (14.6.1995, S. 11). – Auf der Trostburg war OvW oft zu Gast (4.6.1987, S. 9). – Findet OvW endlich ungestörte ewige Ruhe? Die „moderne Odyssee" der Gebeine des „letzten Minnesängers"/ Gerichtsmediziner untersuchte Schädelfragment (11.7.1989, S. 9). – In Ratzes daheim, in der Welt zuhause. OvW, der beliebteste Minnesänger, wird heute noch verehrt (3.5.2002, S. 15).

Der Oswald-von-Wolkenstein-Ritt: Von der Schnapsidee zum Großereignis unterm Schlern (Textautoren: Luise Malfertheiner und J. Christian Rainer. Fotographen: Othmar Seehauser und Helmuth Rier). Bozen 2002.

Otten, Dirk: OsvW *Herz, prich.* In: Neophilologus 55 (1971), S. 400–417.

Pass, Walter: Zur Wiener Rezeption der notierten Wolkenstein-Handschriften. In: *Ir sult sprechen willekomen.* Grenzenlose Mediävistik. Festschrift für Helmut Birkhan zum 60. Geburtstag. Hrsg. von Christa Habiger-Tuczay u.a. Bern u.a. 1998, S. 629–651.

Paudler, A.: Sigismunds Geleitbrief für OvW. In: Mitteilungen des Nordböhmischen Excursionsclubs 14 (1891), S. 31–34.

Pelnar, Ivana: Die mehrstimmigen Lieder OsvW. Diss. [masch.] München 1977.

Pelnar, Ivana: Neue Erkenntnisse zu OsvW mehrstimmiger Liedkunst. In: Tagung Seis 1978, S. 267–284.

Pelnar, Ivana: Neuentdeckte Ars-Nova-Sätze bei OvW. In: Die Musikforschung 32 (1979), S. 26–33.

Pelnar, Ivana: Die mehrstimmigen Lieder OsvW. Textband. Tutzing 1981 (= Münchner Veröffentlichungen zur Musikgeschichte 32) [dazu Editionsband 1981].

Petzsch, Christoph: Hofweisen. Ein Beitrag zur Geschichte des deutschen Liederjahrhunderts. In: DVjs 33 (1959), S. 414–445.

Petzsch, Christoph: Eine als unvollständig geltende Melodie OsvW. In: Archiv für Musikwissenschaft 19/20 (1962/63), S. 100–113.

Petzsch, Christoph: Text- und Melodietypenveränderung bei OvW. In: DVjs 38 (1964), S. 493–512.

Petzsch, Christoph: Rufe im Tanzlied. In: ZfdA 95 (1966), S. 204–212.

Petzsch, Christoph: Die Bergwaldpastourelle OsvW *(Text- und Melodietypenveränderung II).* In: ZfdPh 87 (1968) Sonderheft, S. 195–222. – Wieder in: OvW 1980, S. 107–142.

Petzsch, Christoph: Reimpaare Freidanks bei OvW. In: Werk – Typ – Situation. Studien zu poetologischen Bedingungen in der älteren deutschen Literatur. Hugo Kuhn zum 60. Geburtstag. Hrsg. von Ingeborg Glier u.a. Stuttgart 1969, S. 281–304.

Petzsch, Christoph: Zum Freidank-Cento OsvW. In: Archiv für Musikwissenschaft 26 (1969), S. 125–139.

Petzsch, Christoph: Westeuropäisches bei OvW. In: Die Musikforschung 22 (1969), S. 315 f.

Petzsch, Christoph: Mehrstimmige Lieder als Interpretationshilfe. Späte Belege bei Freidank 84, 6 f. In: Euphorion 64 (1970), S. 362–375.

Petzsch, Christoph: Frühlingsreien als Vortragsform und seine Bedeutung im Bîspel. In: DVjs 45 (1971), S. 35–79.

Petzsch, Christoph: OsvW Nr. 105 *Es komen neue mer gerant.* Text-Form-Korrespondenz als Kriterium bei Fragen der Datierung und Überlieferung. In: ZfdPh 91 (1972), S. 337–351.

Petzsch, Christoph: Dem Usuellen nahe Zweiteiligkeit auch beim Marner und OvW. In: ZfdPh 101 (1982), S. 370–389.

Petzsch, Christoph: OsvW Lieder *Wach auff mein hort* und *Ain tunckle farb.* In: JOWG 2 (1982/83), S. 243–265.

Petzsch, Christoph: Grocheo um 1300. Zum Hoquetus und zu anderen Fragen der Liedforschung. In: JOWG 4 (1986/87), S. 241–248.

Petzsch, Christoph: Neues zum Hoquetus *Herz prich* OsvW. In: ZfdA 116 (1987), S. 100–103.

Pfändtner, Karl-Georg: Artikel ,Oswald von Wolkenstein, geistliche und weltliche Lieder (Handschrift B)'. In: Kunst in Tirol, Bd. 1. Von den Anfängen bis zur Renaissance. Hrsg. von Paul von Naredi-Rainer und Lukas Madersbacher. Innsbruck u.a. 2007, S. 285 f.

Pfeifer, Gustav und Kurt Andermann (Hrsg.): Die Wolkensteiner. Facetten des Tiroler Adels in Spätmittelalter und Neuzeit. Innsbruck 2009 (= Veröffentlichungen des Südtiroler Landesarchivs/Pubblicazioni dell'Archivio provinciale di Bolzano 30) [zahlreiche Beiträge zur Geschichte der Familien Wolkenstein].

Pfeifer, Gustav: *miles potens in comitatu* – Engelmar von Vilanders und der Tiroler Adel in der ersten Hälfte des 14. Jahrhunderts. Ein Kapitel aus der Vorgeschichte des Hauses Wolkenstein. In: Pfeifer/Andermann 2009, S. 29–52.

Plangg, Guntram: Romanisches in der Dichtung Owalds von Wolkenstein. In: Weltoffene Romanistik. Festschrift Alwin Kuhn. Hrsg. von Guntram Plangg und Eberhard Tiefenthaler. Innsbruck 1963 (= Innsbrucker Beiträge zur Kulturwissenschaft; Germanistische Reihe 10), S. 51–66.

Plangg, Ingund: Die Datierung der Lieder OsvW. Eine kritische Betrachtung, Dipl.-Arbeit [masch.] Innsbruck 1986.

Pöll, Josef: Ein Schäferlied des Wolkensteiners. In: Der Schlern 2 (1921), S. 438–439.

Pöll, Josef: Ein Neujahrswunsch des Wolkensteiners. In: Der Schlern 3 (1922), S. 18–19.

Pörnbacher, Hans: Margarete von Schwangau, Gemahlin des spätmittelalterlichen Liederdichters und -komponisten OvW. In: Lebensbilder aus dem bayerischen Schwaben 12 (1980), S. 1–27. Zuerst unter dem Titel ,Margarete von Schwangau. Die Gemahlin OsvW ca. 1390–1448'. In: Der Schlern 48 (1974), S. 283–297.

Pörnbacher, Hans: Verzeichnis der auf Margareta sich beziehenden Urkunden und Briefe. In: Der Schlern 48 (1974), S. 294–297.

Pörnbacher, Hans: Margareta von Schwangau. Herrn OsvW Gemahlin. Weißenhorn 1983.

Pörnbacher, Hans: *In Races bey Saleren.* Die Welt der Margareta von Schwangau, Oswald von Wolkensteins Gemahlin zwischen Säuling und Schlern. In: ARX. Burgen und Schlösser in Bayern, Österreich und Südtirol (2010), S. 7–10.

Pötsch, Maria Andrea: Untersuchungen zur geschichtlichen und dichterischen Wirklichkeit im Hoch- und Spätmittelalter. Dargestellt an den Liedern Heinrichs von Morungen und OsvW. Dipl.-Arbeit [masch.] Innsbruck 1961.

Rachonig, Sigrid: *Wir tun kund und lassen dich wissen.* Briefe, Urkunden und Akten als spätmittelalterliche Grundformen schriftlicher Kommunikation, dagestellt anhand der Lebenszeugnisse OsvW. Frankfurt/M. u.a. 2009 (= Mediävistik zwischen Forschung, Lehre und Öffentlichkeit 2).

Ranke, Friedrich: Lieder OsvW auf der Wanderung. In: Volkskundliche Gaben. John Meier zum 70. Geburtstag dargebracht. Hrsg. von John Meier und Erich Seemann. Berlin/Leipzig 1934, S. 157–166. – Wieder in: Ders.: Kleinere Schriften. Hrsg. von Heinz Rupp und Eduard Studer. Bern und München, S. 46–57 (= Bibliotheca Germanica 12).

Rasmo, Niccolò: Wolkenstein. In: Tiroler Burgenbuch IV: Eisacktal. Hrsg. von Oswald Trapp. 2. Auflage Bozen 1984, S. 223–234.

Ranke, Friedrich: Zum Formwillen und Lebensgefühl in der deutschen Dichtung des späten Mittelalters. In: DVjs 18 (1940), S. 307–327.

Rauter, Jürgen: Die Biographie OsvW. In: Sammelband OvW 2009, S. 15–54.
Rauter, Jürgen: Überlegungen zum Liedkorpus. In: Sammelband OvW 2009, S. 67–80.
Rauter, Jürgen: Greifensteinlied (Kl 85) – ein Neuanefangk. In: Sammelband OvW 2009, S. 267–309.
Richter, Lukas: Probleme des spätmittelalterlichen Liedes. In: Deutsche Literatur des Spätmittelalters. Ergebnisse, Probleme und Perspektiven der Forschung. Greifswald 1986 (= Deutsche Literatur des Mittelalters 3), S. 142–165. – Unter dem Titel ‚Zwischen Neidhart und Oswald. Zur Liedmelodik im deutschen Spätmittelalter' wieder in: Lukas Richter: Momente der Musikgeschichte II: Minnesang, Chorpolyphonoe, Tastenkunst. Aufsätze. Anif/Salzburg 2001 (= Wort und Musik 49), S. 56–80.
Rijavec, Andrej: OsvW *Do fraig amors* als Kantate des slowenischen Komponisten Jacob Jež aus dem Jahre 1968. In: Mittelalter Rezeption II. Gesammelte Vorträge des 2. Salzburger Symposions „Die Rezeption des Mittelalters in Literatur, Bildender Kunst und Musik des 19. und 20. Jahrhunderts". Hrsg. von Jürgen Kühnel u.a. Göppingen) 1982 (= GAG. 358), S. 247–260.
Robertshaw, Alan: Ein Brief OsvW? In: Veröffentlichungen des Tiroler Landesmuseums Ferdinandeum 56 (1976), S. 141–144.
Robertshaw, Alan T.: Urkundliches zum Leben OsvW. In: Österreich in Geschichte und Literatur 20 (1976), S. 408–410.
Robertshaw, Alan: OvW: The Myth and the Man. Göppingen 1977 (= GAG 178).
Robertshaw, Alan: OvW und ‚Sabina Jäger'. Liebe oder Liebesroman? In: Tagung Seis 1978, S. 455–481.
Robertshaw, Alan: Individualität und Anonymität. Zur Rezeption OsvW. In: Neophilologus 66 (1982), S. 407–421.
Robertshaw, Alan: OvW als Minnesänger. In: Minnesang in Österreich. Hrsg. von Helmut Birkhahn. Wien 1983 (= Wiener Arbeiten zur germanischen Altertumskunde und Philologie 24), S. 153–175.
Robertshaw, Alan: Chivalry, Love, and Self-Advertisement in OvW's *Es fügt sich*. In: MLR 82 (1987), S. 887–896.
Robertshaw, Alan: Zu Besitz und Wohnsitz OsvW. Hauenstein und die Hauensteinlieder. Mit einer Anmerkung zu den Hauensteiner Fresken. In: Der Schlern 64 (1990), S. 318–332.
Robertshaw, Alan: OvW, Schloß Neuhaus und das ‚Hans Maler'-Lied (Kl 102). In: Tiroler Heimat. Jahrbuch für Geschichte und Volkskunde 58 (1994), S. 31–41.
Robertshaw, Alan: OvW: Pilgrim and Travelling Salesman. In: JOWG 8 (1994/95), S. 321–339.
[Robertshaw, Alan]: Marold, Werner: Kommentar zu den Liedern OsvW. Bearbeitet und herausgegeben von A. R. Innsbruck 1995 (= Innsbrucker Beiträge zur Kulturwissenschaft; Germanistische Reihe 52).
Robertshaw, Alan: Der spätmittelalterliche Autor als Herausgeber seiner Werke. OvW und Hugo von Montfort. In: Elizabeth Andersen u.a. (Hrsg.): Autor und Autorschaft im Mittelalter. Kolloquium Meißen 1995. Tübingen 1998, S. 335–345.
Robertshaw, Alan: Reimpublizistik und Lieddichtung am Konstanzer Konzil. In: Lied im deutschen Mittelalter. Hrsg. von Cyrill Edwards u.a. Tübingen 1996, S. 245–256.
Robertshaw, Alan: Wordplay and Hidden Meaning in OvW's Songs. In: Literatur und Sprachkultur in Tirol. Hrsg. von Johann Holzer u.a. Innsbruck 1997 (= Innsbrucker Beiträge zur Kulturwissenschaft; Germanistische Reihe 55), S. 199–210.

Robertshaw, Alan: *Gen den sechzig jaren*. Observations in OvW's Use of Numbers. In: *Durch aubenteuer muess man wagen vil.* Festschrift für Anton Schwob zum 60. Geburtstag. Hrsg. von Wernfried Hofmeister und Bernd Steinbaucr. Innsbruck 1997 (= Innsbrucker Beiträge zur Kulturwissenschaft; Germanistische Reihe 57), S. 379–388.

Robertshaw, Alan: Zur Datierung der Lieder OsvW. In: Röllwagenbüchlein. Festschrift für Walter Röll zum 65. Geburtstag. Hrsg. von Jürgen Jaehrling u.a. Tübingen 2002, S. 107–135.

Robertshaw, Alan: Zur Bedeutung von Burgen für OsvW und seine Lyrik. In: Die Burg im Minnesang und als Allegorie im deutschen Mittelalter. Hrsg. von Ricarda Bauschke. Frankfurt 2006 (= Kultur, Wissenschaft, Literatur 10), S. 93–112.

Rocher, Daniel: OvW, un Villon tyrolien? Raisons et déraisons d'une comparaison. In: Cahiers d'Études Germaniques 8 (1984), S. 7–23.

Rodank, Arthur von [d.i. Arthur Graf von Wolkenstein-Rodenegg]: Sabina Jäger. Ein Zeit- und Lebensbild aus dem Anfange des 15. Jahrhunderts. Innsbruck 1905.

Roethe, Gustav: OvW. In: Deutsche Rundschau 50 (1923), Bd. 197, S. 143–158. – Wieder in: Ders.: Deutsche Reden. Leipzig (1927), S. 108–133.

Röll, Walter: Kommentar zu den Liedern und Reimpaarreden OsvW. Teil I: Einleitung und Kommentar zu den Liedern Klein 1–20. Habil. [masch.] Hamburg 1968.

Röll, Walter: OvW und Graf Peter von Arberg. In: ZfdA 97 (1968), S. 219–234. Wieder in: OvW 1980. S. 143–165.

Röll, Walter: Kontrafaktur. Zu Anlaß und Text des Hausherrin-Magd-Liedes OsvW. In: Tagung Neustift 1974, S. 228–231.

Röll, Walter: Zur Bezeugung und Verbreitung der Lieder OsvW. In: Tagung Neustift 1974, S. 232–236.

Röll, Walter: Probleme der neuen OvW-Ausgabe. In: Tagung Neustift 1974, S. 219–227.

Röll, Walter: Der vierzigjährige Dichter. Anläßlich des Liedes *Es fuegt sich* OsvW. In: ZfdPh 96 (1975), S. 377–394.

Röll, Walter: Vom Hof zur Singschule. Überlieferung und Rezeption eines Tones im 14.–17. Jahrhundert. Heidelberg 1976.

Röll, Walter: OvW und andere ‚Minnesklaven'. In: Tagung Seis 1978, S. 147–177.

Röll, Walter: OvW. Darmstadt 1981 (= Erträge der Forschung 160).

Röll, Walter: OvW: *Du armer mensch*. Interpretation. In: JOWG 2 (1982/83), S. 219–241.

Röll, Walter: OvW. In: Genie und Geld. Vom Auskommen deutscher Schriftsteller. Hrsg. von Karl Corino. Mit 34 Portraitzeichnungen von Peter Anders. Nördlingen 1987, S. 21–34.

Röll, Walter: OvW. In: Killy Literatur-Lexikon. Bd. 9. Gütersloh/München 1991, S. 26–30.

Rupp, Heinz: OvW *Es ist ain altgesprochner rat*. In: Philologia deutsch. Festschrift zum 70. Geburtstag von Walter Henzen. Hrsg. von Werner Kohlschmidt und Paul Zinsli. Bern 1965, S. 81–88. – Kurzfassung mit Diskussion in: Germanistik in Forschung und Lehre (Germanistentag Essen 1964). Hrsg. von Rudolf Henß und Hugo Moser. Berlin 1965, S. 149 f., 155 f.

Salmen, Walter: Werdegang und Lebensfülle des OvW. In: Musica Disciplina 7 (1953), S. 147–173.

Salmen, Walter: Die Musik im Weltbild OsvW. In: Tagung Neustift 1974, S. 237–244.

Salmen, Walter: OvW als Komponist? In: Literaturwissenschaftliches Jahrbuch N.F. 19 (1978), S. 179–187.

Salmen, Walter: Ikonographie des Reigens im Mittelalter. In: Acta Musicologica 52 (1980), S. 14–26.

Schadendorf, Mirjam: Individuallied und Kontrafaktur. Zum Verhältnis von Text und Melodie in den Liedern Kl 33 bis 36. In: JOWG 9 (1996/97), S. 239–257.

Schallaböck, Thomas und Ulrich Müller: Gesungene Reiseberichte aus dem 15. Jahrhundert: Die Reiselieder des OvW. Mit einem Anhang: Die letzte Reise Oswalds, oder: Das zweimalige Begräbnis des Wolkensteiners. In: Erkundung und Beschreibung der Welt. Zur Poetik der Reise- und Länderberichte. Vorträge eines interdisziplinären Symposiums vom 19. bis 24. Juni 2000 an der Justus-Liebig-Universität Gießen. Hrsg. von Xenja von Erzdorff und Gerhart Giesemann unter Mitarbeit von Rudolf Schulz. Amsterdam u.a. 2003 (= Chloe 34), S. 163–183.

Schatz, Josef: Wolkenstein. OvW (1367–1445). In: Allgemeine Deutsche Biographie 34 (1898), S. 137–138.

Schatz, Josef: Zu OvW. In: Zeitschrift des Ferdinandeums für Tirol u. Vorarlberg 3, Folge 45 (1901), S. 182–192.

Schatz, Josef: Sprache und Wortschatz der Gedichte OsvW. Wien/Leipzig 1930 (= Akademie der Wissenschaften in Wien. Phil.-hist. Klasse. Denkschriften 69, 2).

Schiendorfer, Max: *Ain schidlichs streuen.* Heilsgeschichte und Jenseitsspekulation in Oswalds verkanntem Tagelied Kl 40. In: JOWG 9 (1996/97), S. 179–196.

Schindler, Andrea: Mittelalter-Rezeption im zeitgenössischen Musiktheater. Katalog und Fallstudien. Wiesbaden 2009 (= Imagines medii aevi 23) [S. 242–291 zur Wolkenstein-Oper von Wilfried Hiller/Felix Mitterer]

Schmidt-Wiegand, Ruth: OvW. In: Handwörterbuch zur deutschen Rechtsgeschichte. Hrsg. von Adalbert Erler und Ekkehard Kaufmann unter philologischer Mitarbeit von Ruth Schmidt-Wiegand. Bd. 3. Berlin 1984. Sp. 1372–1377.

Schmidt-Wiegand, Ruth: „Kaiserrecht" bei Heinrich Wittenwiler und OvW. In: JOWG 9 (1996/97), S. 45–58.

Schmidt-Wiegand, Ruth: Die *leges* und das Kaiserrecht. Zu OvW 112, 20. In: *Durch aubenteuer muess man wagen vil.* Festschrift für Anton Schwob zum 60. Geburtstag. Hrsg. von Wernfried Hofmeister und Bernd Steinbauer. Innsbruck 1997 (= Innsbrucker Beiträge zur Kulturwissenschaft; Germanistische Reihe 57), S. 401–406.

Schmitt, Sigrid: *Vor angst slach ich mein kinder/ oft hinhinder.* Familienstrategien, Familienbewusstsein und Familienleben bei OvW. In: Bayern und Europa. Festschrift für Peter Claus Hartmann zum 65. Geburtstag. Hrsg. von Konrad Amann u.a. Frankfurt/M. u.a. 2005, S. 17–35.

Schmitt, Sigrid: Oswald von Wolkenstein. Zur Lebenswelt eines Niederadligen im Spätmittelalter. In: Die Wolkensteiner – Facetten des Tiroler Adels in Spätmittelalter und Neuzeit. Hrsg. von Gustav Pfeifer und Kurt Andermann (= Veröffentlichungen des Südtiroler Landesarchivs/Pubblicazioni dell'Archivio provinciale di Bolzano 30), Innsbruck 2009, S. 53–74.

Schnell, Rüdiger: Zum Verhältnis von hoch- und spätmittelalterlicher Literatur. Versuch einer Kritik. Berlin 1978 (= Philologische Studien und Quellen 92).

Schnyder, André: Auf die Couch mit Oswald? Vorschlag für eine neue Lesart von Kl 3. In: GRM N.F. 46 (1996), S. 1–15.

Schnyder, André: Das erste Passionslied OsvW – Eine Interpretation von Kl 111 (mit einem Seitenblick auf G 23 des Mönchs von Salzburg). In: Speculum medii aevi 2 (1996), S. 43–59.

Schnyder, André: Liedeinheit durch Gattungskombination und –transformation. Zu Oswalds Lied *Wach menschlich tier* (Kl 2). In: Alexander Schwarz und Laure Abplanalp (Hrsg.): Text im Kontext. Anleitung zur Lektüre deutscher Texte der frühen Neuzeit. Bern u.a. 1998, S. 231–244.

Schnyder, André: Das geistliche Tagelied des späten Mittelalters und der frühen Neuzeit. Textsammlung, Kommentar und Umrisse einer Gattungsgeschichte. Tübingen 2004 (= Bibliotheca Germanica 45).

Schönmetzler, Klaus J.: Pro und Contra: *Es well sich dann verkeren.* Anmerkungen zu meiner Neuausgabe und Übertragung der Lieder OsvW. In: JOWG 1 (1980/81), S. 239–261.

Schubert, Martin J. und Johannes Spicker: Tagungsbericht: OvW und die Wende zur Neuzeit. In: ZfdPh 115 (1996), S. 106–109.

Schubert, Martin J.: *Ain schreiber der was täglich truncken.* Zu Stand und Fortgang der Varianzforschung. In: JOWG 12 (2000), S. 35–47.

Schubert, Martin J.: Songs of OvW in New Recordings. Nachtrag zu Jahrbuch 11 (= Melkert/Schubert 1999). In: JOWG 13 (2001/2002), S. 261–268.

Schuler, Manfred: Die Musik in Konstanz während des Konzils 1414–1418. In: Acta Musicologica 38 (1966), S. 150–168.

Schulze-Belli, Paola: Oswald's St Mary's Songs: Religious or Courtly Poetry? In: JOWG 13 (2001/2002), S. 279–296.

Schumacher, Meinolf: Ein Kranz für den Tanz und ein Strich durch die Rechnung. Zu OvW *Ich spür ain tier* (Kl 6). In: Beiträge zur Geschichte der deutschen Sprache und Literatur 123 (2001), S. 253–273.

Schwanholz, Winfried: Volksliedhafte Züge im Werk OsvW: Die Trinklieder. Frankfurt/M. u.a. 1985 (= Germanistische Arbeiten zu Sprache und Kulturgeschichte 6).

Schwarke, Eva: Interpretationsstudien zur Lyrik OsvW. Diss. [masch.] Hamburg 1949.

Schwarz, Hans: Mhd. *smutz* als Lockruf und Interjektion. In: ZfdA 96 (1967), S. 154–163.

Schweikle, Günther: Zur literarhistorischen Stellung OsvW. In: JOWG 2 (1982/83). S. 193–217.

Schweikle, Günther: Prämissen der Textkritik und Editionsmethode der Lachmann-Schule überprüft an der Lyrik OsvW. In: Methoden und Probleme der Edition mittelalterlicher deutscher Texte. Bamberger Fachtagung 26.–29. Juni 1991. Plenumsreferate. Hrsg. von Rolf Bergmann u.a. Tübingen 1993, S. 120–136.

Schweitzer, Franz Josef: Die Hussitenlieder OsvW vor dem Hintergrund der Böhmischen Reformbewegung und Revolution. In: JOWG 9 (1996/97), S. 31–43.

Schwob, Anton: *Zwar disem fursten sol ich nymmer fluchen.* Zur Stellung OsvW im Streit zwischen König Sigismund und Herzog Friedrich IV. von Österreich. In: Tagung Neustift 1974, S. 345–271.

Schwob, Anton: Zum Grabstein OsvW. In: Der Schlern 48 (1974), S. 298–300.

Schwob, Anton: OvW. Eine Biographie. Bozen 1977 u.ö. (= Schriftenreihe des Südtiroler Kulturinstituts 4).

Schwob, Anton: Eine neue Wertung der Liederhandschrift OsvW. In: Der Schlern 51 (1977), S. 607–614.

Schwob, Anton: OvW – Selbstnennungen, Titel, Ämter und Würden. In: Der Schlern 51 (1977), S. 331–349.

Schwob, Anton: Landherr und Landesherr im spätmittelalterlichen Tirol. OsvW Ständepolitik. In: Tagung Seis 1978, S. 3–38.

Schwob, Anton: OvW. Der Dichter, der ein Bildnis von sich überliefern wollte. In: Südtirol in Wort und Bild 21, Heft 4 (1977), S. 16–20.

Schwob, Anton: Lyrik im Dienst der Politik? OvW. Lebenszeugnisse und Selbstdarstellung. In: Literaturwissenschaftliches Jahrbuch. N.F. 19 (1978), S. 157–177.

Schwob, Anton: Historische Realität und literarische Umsetzung. Beobachtungen zur Stilisierung der Gefangenschaft in den Liedern OsvW. Innsbruck 1979 (= Innsbrucker Beiträge zur Kulturwissenschaft; Germanistische Reihe 9).

Schwob, Anton: Probleme des mittelalterlichen Fürstendienstes und literarische Fiktion. OvW als Diener und Rat König Sigmunds. In: Südostdeutsches Archiv 22/23 (1979/80), S. 5–25.

Schwob, Anton: OvW. Sein Leben nach den historischen Quellen. Überarbeitete und stark erweiterte Fassung des Beitrags von 1974. In: Sammelband OvW 1980, S. 342–382.

Schwob, Anton: *hûssorge tuot sô wê*. Beobachtungen zu einer Variante der Armutsklage in der mhd. Lyrik. In: JOWG 1 (1980/81), S. 77–97.

Schwob, Anton: Das Konstanzlied *O wunnikliches paradis* (Kl 98) als Kontrapunkt zum Zerfall aristokratischer Herrschafts- und Lebensformen. In: JOWG 1 (1980/81). S. 223–238.

Schwob, Anton: Propaganda, Suggestion und Agitation in den politischen Liedern OsvW. In: Politicum 5 (1984), Nr. 22, S. 22–23.

Schwob, Anton: OvW. In: Deutsche Dichter. Leben und Werk deutschsprachiger Autoren. Bd. I: Mittelalter. Hrsg. von Gunter E. Grimm und Frank Rainer Max. Stuttgart 1989 (= RUB 8611), S. 382–397.

Schwob, Anton: *Durch Reussen, Preussen, Eiffenlant, gen Litto, Liffen, übern strant.* OvW im Deutschordensland. In: Al Harafisch. Beiträge zur arabischen und deutschen Literatur und Sprache. Hrsg. von Alaaldin Hilmi und Ursula Müller-Speiser. Stuttgart 1990 (= SAG 242), S. 159–167.

Schwob, Anton: Die Edition der Lebenszeugnisse OsvW als Basis für sprachwissenschaftliche Untersuchungen des Frühneuhochdeutschen. In: Deutsche Sprachgeschichte. Grundlagen, Methoden, Perspektiven. Festschrift für Johannes Erben zum 65. Geburtstag. Hrsg. von Werner Besch. Frankfurt/M. u.a. 1990, S. 201–208.

Schwob, Anton: Die Edition der Lebenszeugnisse OsvW und neue Funde zum realen Erlebnishintergrund seiner Lieder. In: *Ex ipsis rerum documentis*. Beiträge zur Mediävistik. Festschrift für Harald Zimmermann zum 65. Geburtstag. Hrsg. von Klaus Herbers u.a. Sigmaringen 1991, S. 159–172.

Schwob, Anton: … *er ezze mit vns obgenantem Brobst Niklasen … auz vnser schussel.* Beziehungen OsvW zu Probst und Konvent von Neustift. In: 850 Jahre Augustiner Chorherrenstift Neustift. Hrsg. vom Augustiner Chorherrenstift Neustift. Brixen 1992, S. 252–266.

Schwob, Anton: Der Dichter und der König. Zum Verhältnis zwischen OvW und Sigmund von Luxemburg. In: Sigismund von Luxemburg. Kaiser und König in Mitteleuropa 1387–1437. Beiträge zur Herrschaft Kaiser Sigismunds und der europäischen Geschichte um 1400. Vorträge der internationalen Tagung in Budapest vom 8.–11. Juli 1987 anläßlich der 600. Wiederkehr seiner Thronbesteigung in Ungarn und seines 550. Todestages. Hrsg. von Josef Macek u.a. Warendorf 1994 (= Studien zu den Luxemburgern und ihrer Zeit 5), S. 201–219.

Schwob, Anton: Bericht zum Stand der Edition der Lebenszeugnisse OsvW. In: JOWG 9 (1996/97), S. 3–15.

Schwob, Anton: Selbstbenennungen und Fremdbenennungen OsvW. Das Abbild einer außergewöhnlichen Karriere. In: Personennamen und Identität. Namengebung und Namengebrauch als Anzeiger individueller Bestimmung und gruppenbezogener Zuordnung. Hrsg. von Reinhard Härtel. Graz 1997 (= Grazer grundwissenschaftliche Forschungen 3/Schriftenreihe der Akademie Friesach 2), S. 253–269.

Schwob, Anton: Die Heirat OsvW mit Margarethe von Schwangau. Ein Beispiel schwäbisch-tirolischer Verbindungen im Mittelalter. In: Sprache und Dichtung in Vorderösterreich: Elsass, Schweiz, Schwaben, Vorarlberg, Tirol. Ein Symposium für Archim Masser zum 65. Geburtstag am 12. Mai 1998. Hrsg. von Guntram A. Plangg und Eugen Thurnher. Innsbruck 2000 (= Schlern-Schriften 310), S. 111–119.

Schwob, Anton: Beobachtungen zur Handschrift A OsvW. In: Entstehung und Typen mittelalterlicher Lyrikhandschriften. Akten des Grazer Symposiums, 13. bis 17. Oktober 1999. Hrsg. von Anton Schwob und András Vizkelety. Bern u.a. 2001 (= Jahrbuch für internationale Germanistik, Reihe A, 52), S. 243–254.

Schwob, Anton: Spätmittelalterliche Pflege der „memoria" als Quelle für historisch orientierte Wissenschaften. Das Beispiel OvW. In: Südostdeutsche Vierteljahresblätter 50 (2001), S. 83–91.

Schwob, Anton: Der deutschsprachige Wappenbrief Herzog Przemkos von Troppau für OvW vom 5. Mai 1419. In: *De consulatione philologiae.* Studies in Honor of Evelyn S. Firchow. Anna Grotans (Ed.). Göppingen 2002 (= GAG 682), S. 359–367.

Schwob, Anton: Ungern in „Ungern". Der Liederdichter OvW über seine Ungarnreisen. In: Erbauendes Spiel – Unendliche Spur. Festschrift für Zoltán Szendi zum 60. Geburtstag im Februar 2010. Hrsg. von Rainer Hillebrand. Wien 2010 (= Pécser Studien zur Germanistik 4), S. 45–54.

Schwob, Ute Monika: „Ich spür ein Tier mit Füßen breit…". Teufelsvorstellungen bei OvW und im spätmittelalterlichen Tirol. In: Literatur in Bayern 16 (1989), S. 28–39.

Schwob, Ute Monika: *Ain Frauen Pild.* Versuch einer Restaurierung des Persönlichkeitsbildes von *Anna der Hausmanin, gesessen zu Brixen. Hannsen Hausmanns Tochter.* In: Ingrid Bennewitz (Hrsg.): *Der frauwen buoch.* Versuche zu einer feministischen Mediävistik. Göppingen 1989 (= GAG 517), S. 291–326.

Schwob, Ute Monika: Urkundenkommentierung als Hilfsmittel der literarischen Interpretation. Zum besseren Verständnis der Lieder OsvW. In: editio 7 (1993), S. 125–135.

Schwob, Ute Monika: Emotionen im Hause Wolkenstein. Kunstvolle Aufbereitung in Liedern – Reduktion in Urkunden und Akten. In: Literatur und Sprache in Tirol. Von den Anfängen bis zum 16. Jahrhundert. Akten des 3. Symposiums der Sterzinger Osterspiele (10. bis 12. April 1995). Hrsg. von Michael Gebhardt und Max Siller. Innsbruck 1996 (= Schlern-Schriftern 301), S. 151–162.

Schwob, Ute Monika: Das Schreckbild vom jähen Tod und Vorsorge für den Todfall. Die Familie Wolkenstein als Beispiel für spätmittelalterliche Verhaltensweisen. In: JOWG 9 (1996/97), S. 81–98.

Schwob, Ute Monika: Frauen zwischen Autonomie und Fremdbestimmung. Beobachtungen anhand von Urkunden und Liedern OsvW. In: Frauenlieder. Cantigas de amigo. Internationale Kolloquien des Centro de Estudos Humanísticos (Universidade do Minho), de Faculdade de Letras (Universidade do Porto) und des Fachbereichs Germanistik (Freie Universität Berlin), Berlin 6.11.1998, Apùlia 28.–30.03.1999. Hrsg. von Thomas Cramer u.a. Stuttgart 2000, S. 133–140.

Schwob, Ute Monika: Ideologischer und militärischer Kampf gegen die Hussiten. OvW und Eberhart Windecke als Zeitzeugen. In: Deutsche Literatur des Mittelalters in Böhmen und über Böhmen. Vorträge der internationalen Tagung, veranstaltet vom Institut für Germanistik der Pädagogischen Fakultät der südböhmischen Universität České Budějovice. Hrsg. von Dominique Fliegler und Václav Bok. Wien 2001, S. 301–318.

Schwob, Ute Monika: Auf den Spuren innerfamiliärer Beziehungen im Spätmittelalter. Beobachtungen anhand der Urkunden und Akten OsvW. In: *De consulatione philologiae.* Studies in Honor of Evelyn S. Firchow. Anna Grotans (Ed.). Göppingen 2002 (= GAG 682), S. 369–384.

Schwob, Ute Monika: *Gott mus fur vns vechten.* Kommentare zu Hans Rosenplüt und OvW zum Dilemma der „Kreuzzüge" gegen die Hussiten. In: Deutsch–Böhmische Literaturbeziehungen – Germano-Bohemica. Festschrift für Václav Bok zum 65. Geburtstag. Hrsg. von Hans-Joachim Behr. Hamburg 2004 (= Studien zur Germanistik 7), S. 271–286.

Schwob, Ute Monika: OvW – ein Freischöffe der Feme. In: Literatur in Bayern. Sonderheft anläßlich der Emeritierung und des 65. Geburtstages von Dietz-Rüdiger Moser. Hrsg. von Carolin Raffelsbauer und Waldemar Fromm. München 2004, S. 20–28.

Schwob, Ute Monika: OvW als Zeitzeuge spätmittelalterlicher Kriminalfälle. In: *wort und wîse, singen unde sagen.* Festschrift für Ulrich Müller zum 65. Geburtstag. Hrsg. von Ingrid Bennewitz. Göppingen 2007 (= GAG 741), S. 53–70.

Schwob, Ute Monika: Zweifel am gerechten Glaubenskrieg? OvW und seine adeligen Freunde als Preußenfahrer. In: Mittelalterliche Kultur und Literatur im Deutschordensstaat in Preussen. Leben und Nachleben. Hrsg. von Jaroslaw Wenta u.a. Torún 2008 (= Sacra Bella Septentrionalia 1), S. 271–289.

Schwob, Ute Monika: Spuren der Femegerichtsbarkeit im spätmittelalterlichen Tirol. Innsbruck 2009 (= Schlern-Schriften 345) [insbesondere zu OvW].

Schwob, Anton und Ute Monika Schwob: *Durch Reussen, Preussen, Eiffenlant …* Beziehungen zwischen dem Deutschen Orden und den Familien Vilanders und Wolkenstein im Spätmittelalter. In: Der Schlern 63 (1989), S. 179–191.

Schwob, Anton und Ute Monika Schwob: Mit Pauken und Trompeten. Zu einem überraschenden Fund im Rechnungsbuch OsvW aus dem Jahre 1418. In: *Ist mir getroumet mîn leben.* Vom Träumen und vom Anderssein. Festschrift für Karl-Ernst Geith zum 65. Geburtstag. Hrsg. von André Schnyder u.a. Göppingen 1998 (= GAG 632), S. 141–146.

Schwob, Anton und Ute Monika Schwob: Von der Ungnade zur Gnade. Zur Inszenierung der mittelalterlichen *deditio* in OsvW Lied *Durch aubenteuer tal und perg* (Kl 26). In: Sprache – Kultur – Geschichte. Sprachhistorische Studien zum Deutschen. Hans Moser zum 60. Geburtstag. Hrsg. von Maria Pümpel-Mader und Beatrix Schönherr. Innsbruck 1999 (= Innsbrucker Beiträge zur Kuturwissenschaft, Germanistische Reihe 59), S. 101–114.

Schwob, Anton und Ute Monika Schwob: Von den „alten" Freiheiten zu dem „österreichischen Recht": OvW als parteiischer Zeitzeuge im Lied Kl 26 *Durch aubenteuer tal und perg.* Ethische und Ästhetische Komponenten des sprachlichen Kunstwerks. Festschrift für Rolf Bräuer zum 65. Geburtstag. Hrsg. von Jürgen Erich Schmidt. Göppingen 1999 (= GAG 672), S. 197–208.

Schwob, Anton und Ute Monika Schwob: Die Kapellenstiftungen OsvW im Brixner Dom (St. Oswald und St. Christophorus). In: *Ze hove und an der strâzen.* Die deutsche Literatur des Mittelalters und ihr „Sitz im Leben". Festschrift für Volker Schupp zum 65. Geburtstag. Hrsg. von Anna Keck und Theodor Nolte. Stuttgart 1999, S. 114–124.

Schwob, Anton und Ute Monika Schwob: Zwei Inventare OsvW als Dokumente adeliger Lebensführung im Spätmittelalter. In: *Ik lerde kunst dor lust.* Ältere Sprache und Literatur in Forschung und Lehre. Festschrift zum 65. Geburtstag von Christa Baufeld. Hrsg. von Irmtaud Rösler. Rostock 1999 (= Rostocker Beiträge zur Sprachwissenschaft 7), S. 247–267.

Schwob, Anton und Ute Monika Schwob: Das heiße Eisen tragen. In: Leitmotive. Kulturgeschichtliche Studien zur Traditionsbildung. Festschrift für Dietz-Rüdiger Moser zum 60. Geburtstag. Hrsg. in Zusammenarbeit mit Lutz Röhrich u.a. von Marianne Sammer. Kallmünz 1999, S. 321–328.

Schwob, Anton und Ute Monika Schwob: Zum Schreiben und Schreiben lassen im 14. und 15. Jahrhundert. Beobachtungen anhand der Lebenszeugnisse OsvW. In: Specht und Gämse. Beiträge zur Rechtschreibung des Deutschen (Symposion Salzburg 1998). Festschrift für Franz V. Spechtler. Hrsg. von Siegrid Schmidt u.a. Göppingen 2000 (= GAG 687), S. 93–106.

Schwob, Anton und Ute Monika Schwob: Zur schriftlichen Dokumentation von Palästinareisen in der ersten Hälfte des 15. Jahrhunderts. OvW und Johannes von Frankfurt. In: Sprache – Kultur – Identität. Festschrift für Katharina Wild zum 60. Geburtstag. Hrsg. von Peter Canisius u.a. Pécs 2001 (= Studien zur Germanistik 7), S. 488–507.

Schwob, Anton und Ute Monika Schwob: *Ich hör die voglin gros und klain/ in meinem wald umb Hauenstein.* Beobachtungen zu den emotionalen Bindungen des Grundherrn OvW an seinen Besitz. In: Röllwagenbüchlein. Festschrift für Walter Röll zum 65. Geburtstag. Hrsg. von Jürgen Jaehrling u.a. Tübingen 2002, S. 137–151.

Senn, Walter: Wo starb OvW? In: Der Schlern 34 (1960), S. 336–343.

Senn, Walter: Aus dem Musikleben in Neustift. In: Jahrbuch des Südtiroler Kulturinstituts „Stifte und Klöster" 1962, S. 426–440.

Siller, Max: OvW: Das „Törggelelied" und das „Greifensteinlied". In: forum schule heute. Pädagogische Zeitschrift für Grund-, Mittel- und Oberschullehrer in Südtirol 2 (1988), S. 48–52.

Siller, Max: OvW: Versuch einer pychohistorischen Rekonstruktion. In: Mediaevistik 19 (2006), S. 125–151.

Sotriffer, Kristian: Markus Vallazza und ‚sein' Wolkensteiner. In: Das Fenster vom 12. 1973. S. 1153–1169.

Spechtler, Franz Viktor: Der Mönch von Salzburg und OvW in den Handschriften. Mit einem bisher unbekannten Lied OsvW. In: DVjs 40 (1966), S. 80–89.

Spechtler, Franz Viktor: Beiträge zum deutschen geistlichen Lied des Mittelalters II: OvW. In: Tagung Neustift 1974, S. 272–284.

Spechtler, Franz Viktor: OvW. Kommentar zu Kl 116, 11–15. In: MLN 89 (1974), S. 387–391.

Spechtler, Franz Viktor: Beiträge zum deutschen geistlichen Lied des Mittelalters III. Liedtraditionen in den Marienliedern OsvW. In: Tagung Seis 1978, S. 179–203.

Spechtler, Franz Viktor: Johann von Bopfingen, die Sterzinger Miszellaneenhandschrift und die Lyrik des 14. Jahrhunderts. In: Egon Kühebacher (Hrsg.): Literatur und bildende Kunst im Tiroler Mittelalter. Die Iwein-Fresken von Rodenegg und andere Zeugnisse der Wechselwirkung von Literatur und bildender Kunst. Innsbruck 1982 (= Innsbrucker Beiträge zur Kulturwissenschaft; Germanistische Reihe 15), S. 141–156.

Spechtler, Franz Viktor: Lyrik des ausgehenden 14. und des 15. Jahrhunderts. Zur Einführung. In: Ders. (Hrsg.): Lyrik des ausgehenden 14. und des 15. Jahrhunderts. Amsterdam 1984 (= Chloe 1), S. 1–28.

Speckenbach, Klaus: Zu Wolframs *Von der zinnen* (MF V) und Oswalds *Los, frau und hör* (Kl 49). In: Volker Honemann und Tomas Tomasek (Hrsg.): Germanistische Mediävistik. 1. Auflage Münster 1999, 2., durchgesehene Auflage Münster 2000 (= Münsteraner Einführungen: Germanistik 4), S. 227–253.

Speckhart-Imser, Veronika: Studien zu Liebesliedern OsvW (Klein Nr. 12, 48, 56, 61, 82). Diss. [masch.] Salzburg 1984.

Spicker, Johannes: Literarische Stilisierung und artistische Kompetenz bei OvW. Stuttgart/Leipzig 1993.

Spicker, Johannes: Oswalds ‚Ehelieder'. Überlegungen zu einem forschungsgeschichtlichen Paradigma. In: JOWG 9 (1996/1997), S. 139–156.

Spicker, Johannes: OvW und die romanische *chanson de la malmariée*. In: ZfdPh 116 (1997), S. 413–416.

Spicker, Johannes: Singen und Sammeln. Autorschaft bei OvW und Hugo von Montfort. In: ZfdA 126 (1997), S. 174–192.

Spicker, Johannes: Geographische Kataloge bei Boppe. Eine Anregung. In: Neue Forschungen zur mittelhochdeutsche Sangspruchdichtung. Hrsg. von Horst Brunner und Helmut Tervooren. Berlin 2000 (= ZfdPh 119, Sonderheft), S. 208–221.

Spicker, Johannes: *Auch das was die natur zum sitz-platz außersehn / jst dadurch wenn es dick und außgefüllet schön.* Körperbeschreibungen in der spätmittelalterlichen Liebeslyrik. In: Edition und Interpretation. Neue Forschungspradigmen zur mittelhochdeutschen Lyrik. Festschrift für Helmut Tervooren. Hrsg. von Johannes Spicker u.a. Stuttgart 2000, S. 115–134.

Spicker, Johannes: OvW: Die Lieder. Berlin 2007 (= Klassiker-Lektüren 10).

Spitzer, Leo: Romanisches bei OvW. In: Neuphilologische Mitteilungen 21 (1920), S. 72–77.

Stäblein, Bruno: Das Verhältnis von textlich-musikalischer Gestalt zum Inhalt bei OvW. In: Formen mittelalterlicher Literatur. Festschrift Siegfried Beyschlag. Hrsg. von Otmar Werner und Bernd Naumann. Göppingen 1970 (= GAG 25), S. 179–195. – Wieder in: OvW 1980, S. 262–282.

Stäblein, Bruno: OvW, der Schöpfer des Individualliedes. In: DVjs 46 (1972), S. 113–160.

Stäblein, Bruno: OvW und seine Vorbilder. In: Tagung Neustift 1974, S. 285–307.

Stäblein, Bruno: Hussiana. In: Festschrift Walter Senn zum 70. Geburtstag. Hrsg. vom Tiroler Landesmuseum Ferdinandeum. München/Salzburg 1975, S. 221–238.

Stampfer, Helmut: Restaurierung der Ruine Hauenstein 1976–77. In: Der Schlern 51 (1977), S. 356–362.
Stampfer, Helmut: Adelige Wohnkultur des Spätmittelalters. In: Adelige Sachkultur des Spätmittelalters. Internationaler Kongress Krems an der Donau 22.–25.9.1980. Veröffentlichungen des Instituts für mittelalterliche Realienkunde Österreichs 5. Wien 1982 (= Sitzungsberichte der Österreichischen Akademie der Wissenschaften, phil.-hist. Klasse 400), S. 365–376.
Steden, Alena: Digitalisierung der Handschrift B. In: Sammelband OvW 2009, S. 311–344.
Strohm, Reinhard: Native and foreign polyphony in late medieval Austria. In: Musica Disciplina 38 (1984), S. 205–230.
Strohm, Reinhard: Song Composition in the Fourteenth and Fifteenth Centuries: Old and New Questions. In: JOWG 9 (1996/97), S. 523–550.
Strohm, Reinhard: Fragen zur Praxis des spätmittelalterlichen Liedes. In: Musikalischer Alltag im 15. und 16. Jahrhundert. Hrsg. von Nicole Schwindt. Kassel 2001 (= Trossinger Jahrbuch für Renaissancemusik 1), S. 53–76.
Suerbaum, Almut: Selbstinszenierung und literarische Tradition: Oswalds Lied Kl 31 *Der oben swebt.* In: *Mit clebeworten underweben.* Festschrift für Peter Kern zum 65. Geburtstag. Hrsg. von Thomas Bein. Frankfurt/M. 2007 (= Kultur, Wissenschaft, Literatur 16), S. 65–76.
Thoele, Karen: Musik und Text in den Kontrafakturen OsvW. Mag.-Arbeit [masch.] Göttingen 2005.
Thum, Bernd: Wirkt OvW modern? In: Südtirol in Wort und Bild 22 (1978), S. 4–10.
Thurnher, Eugen: Herrendienste des Wolkensteiners. Der Ritter auf dem Konstanzer Konzil. In: Bodenseebuch 38 (1963), S. 66–79.
Thurnher, Eugen: Das Bild der Heimat bei OvW. In: Ladinien. Land und Volk in den Dolomiten. Bozen 1963/1964 (= Jahrbuch des Südtiroler Kulturinstitutes 3–4), S. 286–300.
Thurnher, Eugen: Die politischen Anschauungen des Hugo von Monfort und OvW. In: Tagung Seis 1978, S. 247–265.
Timm, Erika: Die Überlieferung der Lieder OsvW (mit Tabellen und Noten). Lübeck/Hamburg 1972 (= Germanische Studien 242).
Timm, Erika: Ein Beitrag zur Frage: Wo und in welchem Umfang hat OvW das Komponieren gelernt? In: Tagung Neustift 1974, S. 308–331.
Töchterle, Georg: Zur Frage der Geburtsstätte OsvW. In: Der Schlern 6 (1925), S. 179–182.
Touber, A. H.: OvW et le lyrisme français des XIVe et XVe. In: 15th Century Studies (18) 1991, S. 279–284.
Townsley, Louis Frank: A Glossary to the Songs of OvW. Diss. [masch.] University of Maryland, Baltimore 1972.
Traub, Andreas: Guilleaume de Machaut und OvW. In: Literatur und Sprache in Tirol: Von den Anfängen bis zum 16. Jahrhundert. Akten des 3. Symposiums der Sterzinger Osterspiele (10. bis 12. April 1995). Hrsg. von Michael Gebhardt und Max Siller. Innsbruck 1996 (= Schlern-Schriften 301), S. 173–180.
Treichler, Hans-Peter: Studien zu den Tageliedern OsvW. Diss. Zürich 1968.
Tubach, Frederic C.: Serial Enumerations in the Self-Portrayals of OvW. In: Barocker Lust-Spiegel. Studien zur Literatur des Barock. Festschrift für Blake Lee Spahr. Hrsg. von Martin Bircher u.a. Amsterdam 1984 (= Chloe 3), S. 47–54.

Türler, Wilhelm: Stilistische Studien zu OvW. Nebst einem Anhang: Kritische Bemerkungen zu der Textausgabe von O. [sic!] Schatz (1904). Diss. Bern 1919. Teildruck Heidelberg 1920.

Uhland, Ludwig: Minnesang. Nachklänge des Minnesangs: 1. Hugo Graf von Montfort, 2. OvW [1823/1824]. In: Ludwig Uhland: Werke III. Geschichte der deutschen Poesie im Mittelalter. Hrsg. von Hartmut Fröschle. München 1981, S. 740–751.

Verskonkordanz zu den Liedern OsvW: siehe Jones 1973.

Villari, Linda: OvW. A Memoir of the Last Minnesinger of Tirol. London 1901.

von Hohenbühel, Alexander: Regesten der Urkunden aus dem Privatarchiv der Freiherren von Höhenbühel genannt Heufler zu Rasen im Ansitz Gleifheim. (1437–1791). Dipl.-Arbeit [masch.] Innsbruck 1999 (siehe LZ III, S. 319 f.)

Voss, Rudolf: Adliges Selbst- und Weltverständnis in den Gefangenschaftsliedern OsvW. In: ZfdA 134 (2005), S. 45–61.

Wachinger, Burghart: Sprachmischung bei OvW. In: ZfdA 106 (1977), S. 277–296.

Wachinger, Burghart: *Herz prich rich sich.* Zur lyrischen Sprache OsvW. In: JOWG 3 (1984/85), S. 3–23.

Wachinger, Burghart: OvW. In: VL 7 (1987), Sp. 134–169.

Wachinger, Burghart: Die Welt, die Minne und das Ich. Drei spätmittelalterliche Lieder. In: Entzauberung der Welt. Deutsche Literatur 1200–1500. Hrsg. von James F. Poag und Thomas C. Fox. Tübingen 1989, S. 107–118.

Wachinger, Burghart: Autorschaft und Überlieferung. In: Autorentypen. Hrsg. von Walter Haug und Burghart Wachinger. Tübingen 1991 (= Fortuna vitrea 6), S. 1–28.

Wachinger, Burghart: Liebeslieder vom späten bis zum frühen 16. Jahrhundert. In: Mittelalter und frühe Neuzeit. Übergänge, Umbrüche und Neuansätze. Tübingen 1999 (= Fortuna vitrea 16), S. 1–29.

Wachinger, Burghart: *Ma dame Mercye* und *swarz meidlin.* Zweifelhaftes am Rande des Œuvres OsvW. In: Vom Mittelalter zur Neuzeit. Festschrift für Horst Brunner. Hrsg. von Dorothea Klein u.a. Wiesbaden 2000, S. 403–422.

Wachinger, Burghart: *Blick durch die braw.* Maria als Geliebte bei OvW. In: Fragen der Liedinterpretation [Festschrift Gerhard Hahn]. Hrsg. von Hedda Ragotzky u.a. Stuttgart 2001, S. 103–117.

Wachinger, Burghart: Textgattungen und Musikgattungen beim Mönch von Salzburg und bei Oswald von Wolkenstein. [Manuskript 2009].

Wailes, Stephen L.: OvW and the Alterslied. In: The Germanic Review 50 (1975), S. 5–18.

Wand-Wittkowski, Christine: Topisches oder biographisches Ich? Das Lied *Ain anefangk* OsvW. In: Wirkendes Wort 52 (2002), S. 178–191.

Weber, Beda: OvW und Friedrich mit der leeren Tasche. In eilf Büchern. Innsbruck 1850.

Weiss, Heiko: Das Bildnis des Einäugigen. Bemerkungen zum Porträt OsvW in seiner Liederhandschrift B. In: Wolfgang Augustyn und Echard Leuschner (Hrsg.): Kunst und Humanismus. Festschrift für Gosbert Schüßler zum 60. Geburtstag. Passau 2007, S. 51–74.

Welker, Lorenz: New Light on OvW: Central European Traditions and Burgundian Polyphony. In: Early Music History 7 (1987), S. 187–225.

Welker, Lorenz: Mehrstimmige Sätze bei OvW: Eine kommentierte Übersicht. In: JOWG 6 (1990/91), S. 255–266.

Welker, Lorenz: Die Überlieferung französischer Chansons in der Handschrift 2777 der Österreichischen Nationalbibliothek (Wolkenstein-Handschrift A). In: Birgit Lodes (Hrsg.): Wiener Quellen der Älteren Musikgeschichte zum Sprechen gebracht. Eine Ringvorlesung, Tutzing 2007 (= Wiener Forum für ältere Musikgeschichte 1), S. 311–330.

Welker, Lorenz: Oswald von Wolkenstein. In: Grove Music Online. Oxford Music URL: http://www.oxfordmusiconline.com/subscriber/article/grove/music/20555 (accessed December 7, 2009).

Wellmann, Hans: *Ain burger und ain hofmann*. Ein ‚Ständestreit' bei OvW? In: Tagung Neustift 1974. S. 332–343.

Wellmann, Hans: „Stolze Schwäbin": Das Frauenbild – in der Lyrik und in der Realität. In: Der Schwabenspiegel 2 (2001), S. 26–35.

Wendler, Josef: Studien zur Melodiebildung bei OvW. Die Formeltechnik in den einstimmigen Liedern. Diss. Saarbrücken 1961. Tutzing 1963.

Wendler, Josef: OvW. In: MGG 14 (1. Auflage, 1968), Sp. 830–834.

Wenninger, Markus J.: Die Finanzkraft des Adels und die Finanzierung außergewöhnlicher Ausgaben mit besonderer Berücksichtigung Tirols um 1400. Mit Anmerkungen zu Oswalds Biographie. In: JOWG 2 (1982/83), S. 133–154.

Wierschin, Martin W.: OsvW *Es fügt sich*. In: Monatshefte für deutschen Unterricht, deutsche Sprache und Literatur 74 (1982), S. 433–450. – Wieder in: Ders.: Philologia [Gesammelte Schriften]. Würzburg 2005, S. 174–189.

Wiesinger, Peter: Zum Lautstand der Reime in den Liedern OsvW. In: Tagung Neustift 1974, S. 344–388.

Will, Cornelius: Der Anfang eines Klagelieds OsvW auf die Hussitenschlacht bei Taus im Jahre 1431. Nach einer gleichzeitigen Handschrift mitgetheilt. In: Verhandlungen des historischen Vereines von Oberpfalz und Regensburg. 51, N.F. 43 (1899), S. 89–100.

Wimmer, Albert K.: OvW's Poetry: Looking Glass into Late Medieval German Poetry. In: *Durch aubenteuer muess man wagen vil.* Festschrift für Anton Schwob zum 60. Geburtstag. Hrsg. von Wernfried Hofmeister und Bernd Steinbauer. Innsbruck 1997 (= Innsbrucker Beiträge zur Kulturwissenschaft; Germanistische Reihe 57), S. 539–546.

Winkler, Maria: ... *gen Tennmarckh, Sweden ... hab ich lang nicht gemessen* ... OvW in Skandinavien? In: *Durch aubenteuer muess man wagen vil.* Festschrift für Anton Schwob zum 60. Geburtstag. Hrsg. von Wernfried Hofmeister und Bernd Steinbauer. Innsbruck 1997 (= Innsbrucker Beiträge zur Kulturwissenschaft; Germanistische Reihe Bd. 57). S. 547–556.

Wiora, Walter: Zur Frühgeschichte der Musik in den Alpenländern. Basel 1949 (= Schriften der Schweizerischen Gesellschaft für Volkskunde 32).

Wiora, Walter und Salmen, Walter: Die Tanzmusik im deutschen Mittelalter. In: Zeitschrift für Volkskunde 50 (1953), S. 164–187.

Wittstruck, Wilfried: Der dichterische Namengebrauch in der deutschen Lyrik des Spätmittelalters. München 1987 (= Münstersche Mittelalter-Schriften 61).

Wolf, Gerhard: Spiel und Norm. Zur Thematisierung der Sexualität in Liebeslyrik und Ehelehre des späten Mittelalters. In: Hans-Jürgen Bachorski (Hrsg.): Ordnung und Lust. Bilder von Liebe, Ehe und Sexualität in Spätmittelalter und Früher Neuzeit. Trier 1991 (= Literatur – Imagination – Realität. Anglistische, germanistische, romanistische Studien 1), S. 477–509.

Wolf, Johannes: Die Tänze des Mittelalters. In: Archiv für Musikwissenschaft 1 (1918/19), S. 10–42.

Wolf, Norbert Richard: Die weltlichen Lieder des Mönchs von Salzburg. Diss. [masch.] Innsbruck 1965.

Wolf, Norbert Richard: Tageliedvariationen im späten provenzalischen und deutschen Minnesang. In: ZfdPh 87 (1968), Sonderheft, S. 185–194.

Wolf, Norbert Richard: OvW und der „Mönch von Salzburg". Überprüfung einer These. In: Tagung Neustift 1974, S. 389–407.

Wolf, Norbert Richard: OvW: Die Ichs in seinen Liedern und Handschriften. In: *Vir ingenio mirandus*. Studies Presented to John L. Flood. William J. Jones et al. (Eds.). Göppingen 2003 (= GAG 710), S. 195–207.

Wolf, Norbert Richard: Beobachtungen zur Wortbildung OvW II: Die Diminutiva. In: Literatur und Sprachkultur in Tirol. Hrsg. von Johann Holzner. Innsbruck 1997 (= Innsbrucker Beiträge zur Kulturwissenschaft; Germanistische Reihe 55), S. 81–91.

Wolf, Notburga: Syntaktisches bei OvW. Diss. [masch.] Innsbruck 1961.

Wolf, Notburga: Beobachtungen zur Wortbildung OsvW. In: Germanistische Studien. Hrsg. von Johannes Erben und Eugen Thurnher. Innsbruck 1969 (= Innsbrucker Beiträge zur Kulturwissenschaft; Germanistische Reihe 15), S. 93–105.

Wolff, Karl Felix: Dolomitensagen (siehe oben: Produktive Rezeption).

Wolkenstein, Marx Sittich von: Landesbeschreibung von Südtirol (verfasst um 1600), hrsg. von Otto Stolz u.a. Innsbruck 1936 (= Schlern-Schriften 34).

Wolkenstein-Rodenegg, Arthur Graf von: OvW. Innsbruck 1930 (= Schlern-Schriften 17).

Wolkenstein-Trostburg, Heinrich Graf von: Das Greifenstein-Lied des OvW. In: Der Schlern 34 (1960), S. 176–181 und 183.

Zak, Sabine: Musik als „Ehr und Zier". Neuss 1979.

Zimmermann, Manfred: Ein Zitat aus Oswalds Greifenstein-Lied im 16. und 17. Jahrhundert. In: Der Schlern 55 (1981), 346–348.

Zimmermann, Manfred: Zuwachs für das Corpus der Lieder OsvW. In: Der Schlern 55 (1981), S. 220–223.

Zingerle, Ignaz V[incenz]: Beiträge zur älteren tirolischen Literatur. I. OvW. In: Sitzungsberichte der Philosophisch-Historischen Classe der Kaiserlichen Akademie der Wissenschaften 64, Wien 1870, S. 619–696.

Zingerle, Ignaz Vincenz : Ein Geleitsbrief für OvW. In: ZfdA 24 (1880), S. 268–274.

Epilog

Oswald von Wolkenstein gehört, nach einem inzwischen weit verbreiteten Urteil (siehe auch Vorwort), zu den hervorragendsten Liederautoren des deutschsprachigen, wenn nicht des europäischen Mittelalters. Mit großer sprachlicher, rhythmischer und klanglicher Begabung ausgestattet hat er in einer Mischung aus Kompensationsbedürfnis, Rechtfertigungsdrang, Exhibitionismus und – Angst sich und seine Umgebung dargestellt, pessimistisch und illusionslos zugleich. Er stammte zwar aus einer angesehenen Landadelsfamilie, er besaß wenigstens die unbedingt notwendigen wirtschaftlichen Voraussetzungen zur Entfaltung seiner Persönlichkeit und seiner großen Begabung, getrieben aber wurde er vom sozialen Erfolgs-Ehrgeiz des Zweitgeborenen, vom Anerkennungsdrang des körperlich Benachteiligten. Er zeigt in seinen Liedern ein zwischen Sinnlichkeit und Schuldgefühlen schwankendes, gleichzeitig sensibles und gewalttätiges Ich, das sich im stetigen aufreibenden Kampf mit einem mächtigen Über-Ich und einem ebenso mächtigen Es befindet. Seine Lieder erweisen deutlich, dass ihr Autor einen Drang zur vollständigen künstlerischen Erprobung aller sich bietenden thematischen und formalen Möglichkeiten hatte, dem er ohne Rücksichten auf die Wünsche und Empfindlichkeiten eines zahlenden Publikums nachgeben konnte, gesteuert und gehemmt nicht vom Zwang des täglichen Broterwerbs eines Berufskünstlers, sondern allein zum Zweck der möglichst wirkungsvollen, Erfolg und Anerkennung verschaffenden Selbstdarstellung. Dies alles hat er in Wort und Musik umgesetzt, seinen Zuhörern und späteren Lesern dabei den Eindruck vermittelnd, als würde er in ganz ungewöhnlichem Umfang aus seinem eigenen Leben und von seinen eigenen Problemen erzählen, und damit zu einer Identifizierung einladend. Er hat den Auftrag erteilt, dass seine zahlreichen Texte und Melodien in zwei prachtvollen Pergament-Handschriften gesammelt wurden, jeweils versehen mit einem Bild von ihm, darunter dem ersten Individualporträt eines deutschsprachigen Autors überhaupt. Und zur Art und Weise seiner besonderen künstlerischen Produktivität kommt die Tatsache, dass wir aus den vielen Urkunden tatsächlich mehr von ihm und über ihn wissen als über jeden anderen Dichter und Komponisten des deutschsprachigen Mittelalters, dass nämlich seine Lebensgeschichte zwar nicht außergewöhnlich, aber doch bunt und abenteuerreich genug ist. So betrachtet stellt er, als „Lyriker und Sänger, Komponist und Publizist" (Bernd Thum), tatsächlich einen einmaligen Fall im gesamten Mittelalter dar, sowohl hinsichtlich der Quantität und Qualität seines Werkes als auch hinsichtlich der Quantität der Informationen über ihn.

(Ulrich Müller, in: Wege der Forschung 1980, S. 480 f.; hier leicht erweitert).

Die Mitwirkenden

Leo Andergassen, Direktor der Landesabteilung Denkmalpflege, Bozen
Horst Brunner, Professor i. R. für deutsche Philologie an der Universität Würzburg
Cora Dietl, Professorin für deutsche Literaturgeschichte mit Schwerpunkt Mittelalter/Frühe Neuzeit an der Universität Gießen
Michael Dallapiazza, Professor für Germanische Philologie an der Universität Urbino
Elisabeth De Felip-Jaud, Assistentin am Institut für Germanistik der Universität Innsbruck, Fachbereich: Mediävistik
Heinz Dopsch, Professor für Geschichte (Schwerpunkt mittelalterliche Geschichte und Vergleichende Landesgeschichte) an der Universität Salzburg
Sieglinde Hartmann, Honorarprofessorin an der Universität Würzburg
Wernfried Hofmeister, Professor im Bereich der Germanistischen Mediävistik an der Universität Graz
Alexander von Hohenbühel, Historiker, Eppan
Dieter Kühn, Schriftsteller, Köln
Marc Lewon, Musiker und Musikwissenschaftler, Grenzach-Wyhlen, Oxford
Freimut Löser, Professor für Deutsche Sprache und Literatur des Mittelalters an der Universität Augsburg
Gertraud Mitterauer, Bibliothek am Fachbereich Germanistik der Universität Salzburg
Alessandra Molinari, Ricercatrice für Germanische Philologie an der Universität Urbino
Hans Moser, Professor em. am Institut für Germanistik der Universität Innsbruck
Hans-Dieter Mück, Literaturwissenschaftler und freischaffender Ausstellungs-Kurator, Apolda
Ulrich Müller, Professor em. für Ältere Deutsche Literatur an der Universität Salzburg
Gustav Pfeifer, stellvertretender Direktor des Südtiroler Landesarchivs in Bozen
Siegfried de Rachewiltz, Direktor des Landesmuseums Schloss Tirol und des Landwirtschaftsmuseums Brunnenburg
Ingo Reiffenstein, Professor em. für Ältere deutsche Sprache und Literatur mit besonderer Berücksichtigung der germanistischen Linguistik an der Universität Salzburg
Alan Robertshaw, Emeritus Professor of German, University of Exeter, Großbritannien
Gerhard Ruiss, Autor, Musiker, Geschäftsführer der IG Autorinnen Autoren – Berufsverband österreichischer Schriftsteller und Schriftstellerverbände in Wien
Martin P. Schennach, Privatdozent für Rechtsgeschichte an der Universität Innsbruck
Siegrid Schmidt, Vertrags-Assistentin für Ältere deutsche Sprache und Literatur an der Universität Salzburg; leitende Kulturvermittlerin auf der Festung Hohensalzburg
Martin Schubert, Arbeitsstellenleiter der *Deutschen Texte des Mittelalters* an der Berlin-Brandenburgischen Akademie der Wissenschaften und Privatdozent an der Humboldt-Universität Berlin
Anton Schwob, Professor em. für ältere deutsche Sprache und Literatur an der Universität Graz

Ute Monika Schwob, Kommentatorin und Mitherausgeberin der *Lebenszeugnisse Oswalds von Wolkenstein*, Salzburg

Max Siller, Professor für deutsche Sprache und Literatur des Mittelalters und der frühen Neuzeit an der Universität Innsbruck.

Franz Viktor Spechtler, Professor em. für Ältere Deutsche Sprache und Literatur an der Universität Salzburg

Johannes Spicker, Literaturwissenschaftler, Nideggen-Abenden

Margarete Springeth, Leiterin der *Mittelhochdeutschen Begriffsdatenbank MHDBDB* an der Universität Salzburg

Helmut Stampfer, Landeskonservator für Südtirol i. R.

Roland Verra, ladinischer Schulamtsleiter, Bozen

Verena Vitzthum, Studienassistentin am Fachbereich Germanistik der Universität Salzburg

Abbildungen

Abb. 1: „Gedenkstein“ für den Brixner Dom
(ursprünglich: St. Oswald – Kapelle; Aufnahme: Ulrich Müller)

Abb. 2: Wiener Wolkenstein-Handschrift A:
Vollbild OsvW (aus: OvW. Handschrift A, 1974)

Abb. 3: Wiener Wolkenstein-Handschrift A:
Rekonstruktion des Vollbildes durch einen namentlich nicht bekannten Künstler
(aus: OvW. Geistliche und weltliche Lieder, 1902)

Abb. 4: Innsbrucker Wolkenstein-Handschrift B: Porträt
(aus: OvW. Abbildungen zur Überlieferung I, 1972) – Siehe auch Frontispiz

Abb. 5: Innsbrucker Wolkenstein-Handschrift B:
Vorzeichnung des Porträts, Infrarot-Aufnahme der Rückseite
(aus: Moser, in: Tagung Seis 1978, S. 388)

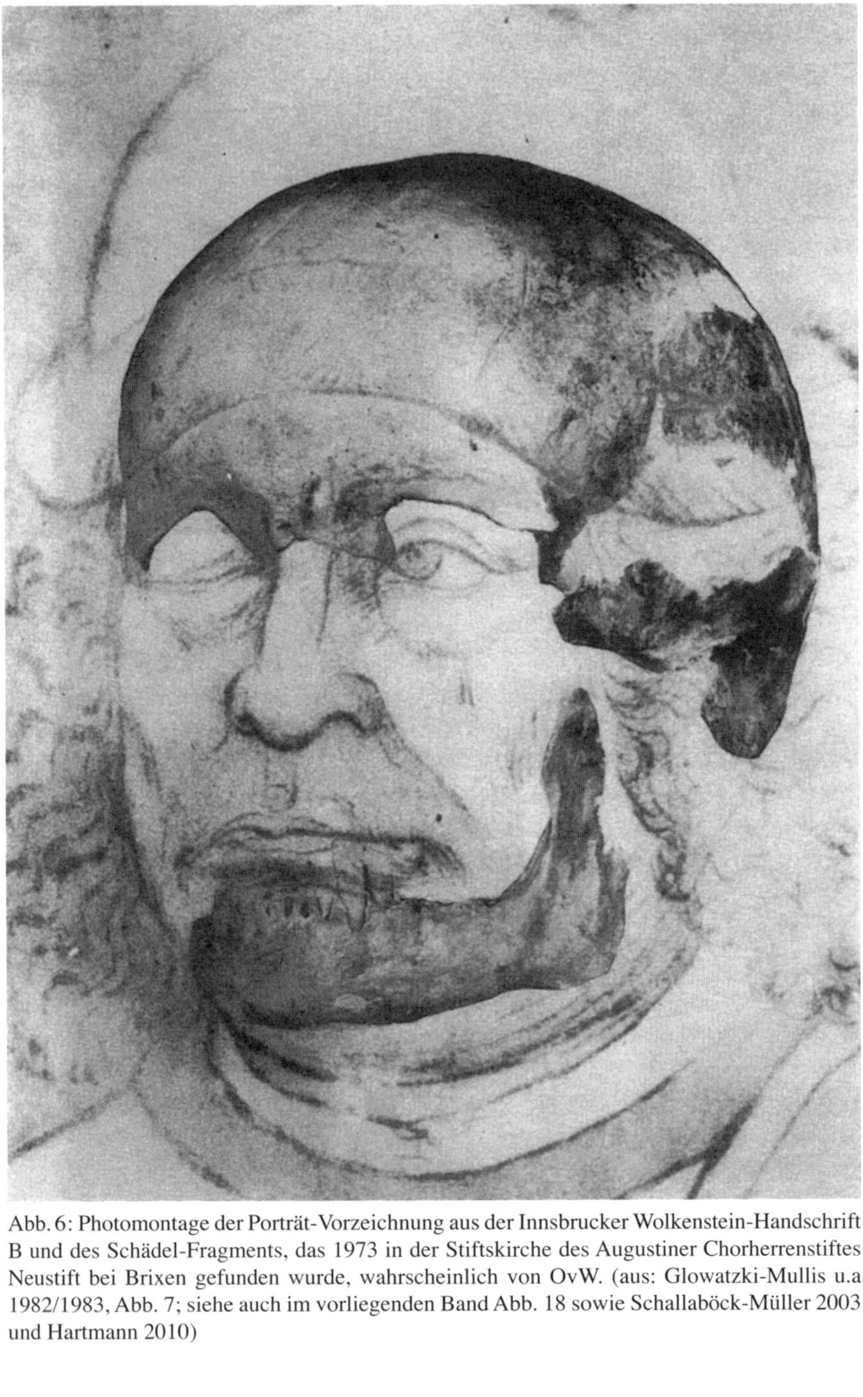

Abb. 6: Photomontage der Porträt-Vorzeichnung aus der Innsbrucker Wolkenstein-Handschrift B und des Schädel-Fragments, das 1973 in der Stiftskirche des Augustiner Chorherrenstiftes Neustift bei Brixen gefunden wurde, wahrscheinlich von OvW. (aus: Glowatzki-Mullis u.a 1982/1983, Abb. 7; siehe auch im vorliegenden Band Abb. 18 sowie Schallaböck-Müller 2003 und Hartmann 2010)

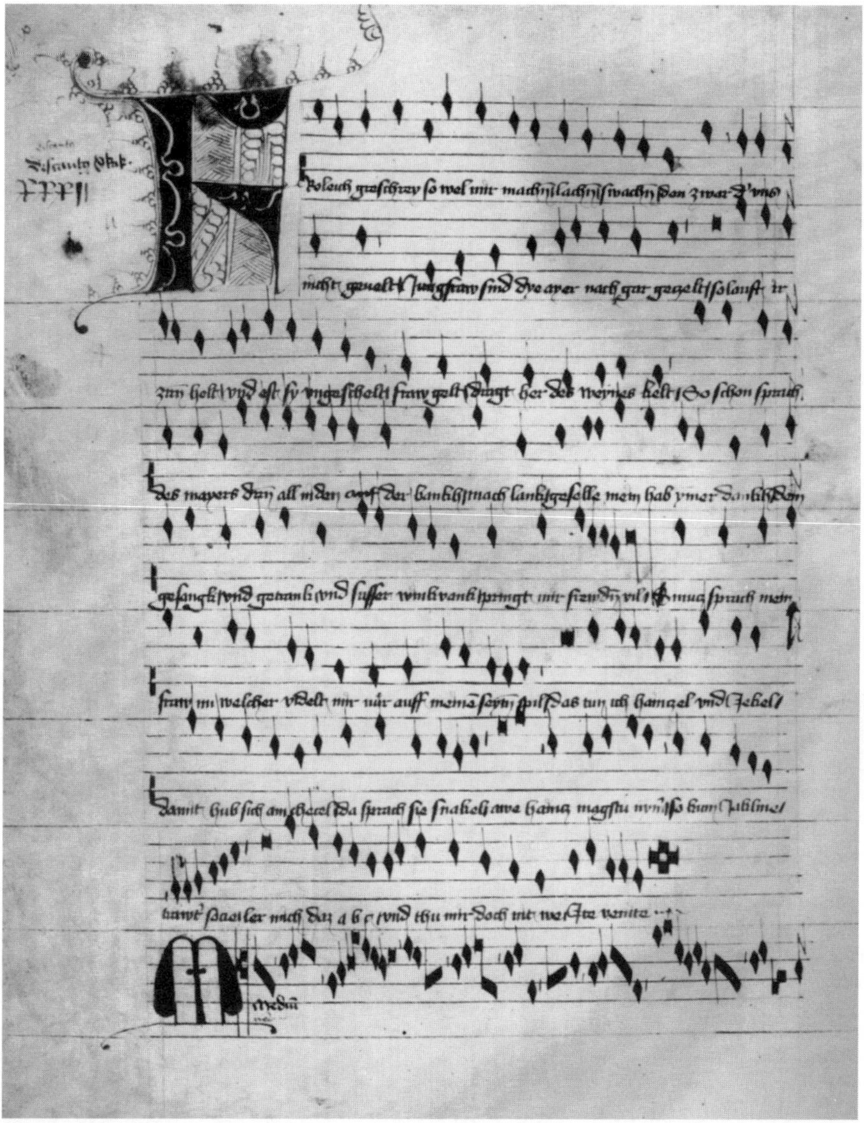

Abb. 7: Wiener Wolkenstein-Handschrift A, fol. 21v: Lied Kl 54
(aus: OvW. Handschrift A, 1974)

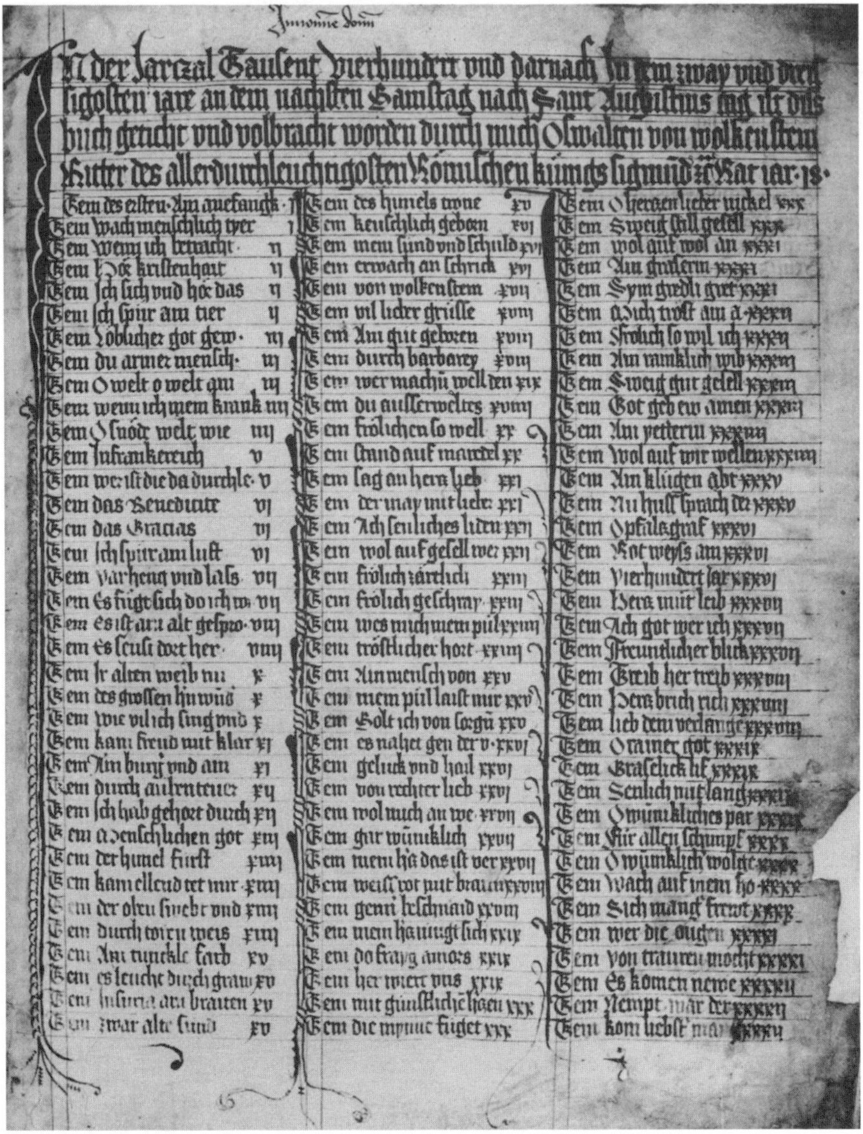

Abb. 8: Innsbrucker Wolkenstein-Handschrift B: Inhaltsverzeichnis, fol. Ir
(aus: OvW. Abbildungen zur Überlieferung I, 1972)

Abb. 9: Innsbrucker Wolkenstein-Handschrift B, fol. 24v: Lied Kl 56
(aus: OvW. Abbildungen zur Überlieferung I, 1972)

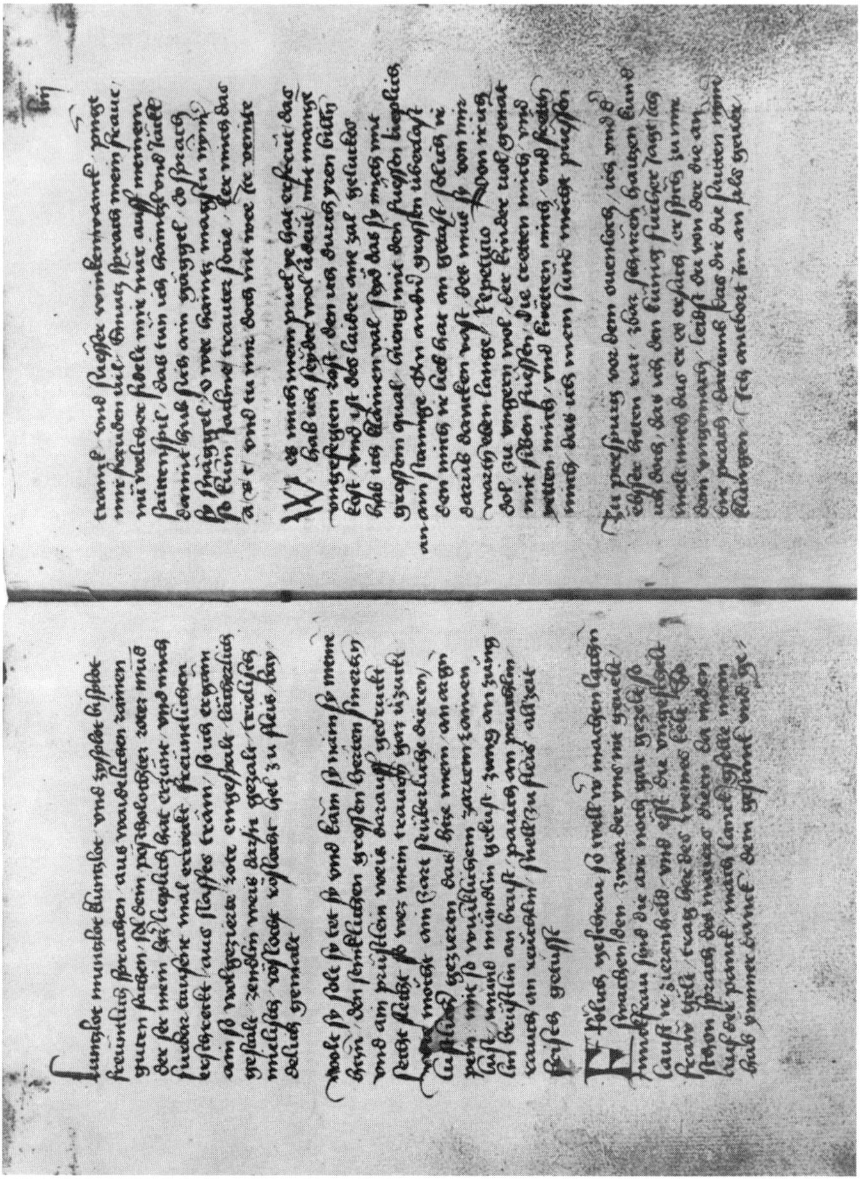

Abb. 10: Innsbrucker Wolkenstein-Handschrift c, fol. 53v/ 54r: Lieder Kl 55/2.Teil, und 57/1.Teil (aus: OvW. Abbildungen zur Überlieferung II, 1973)

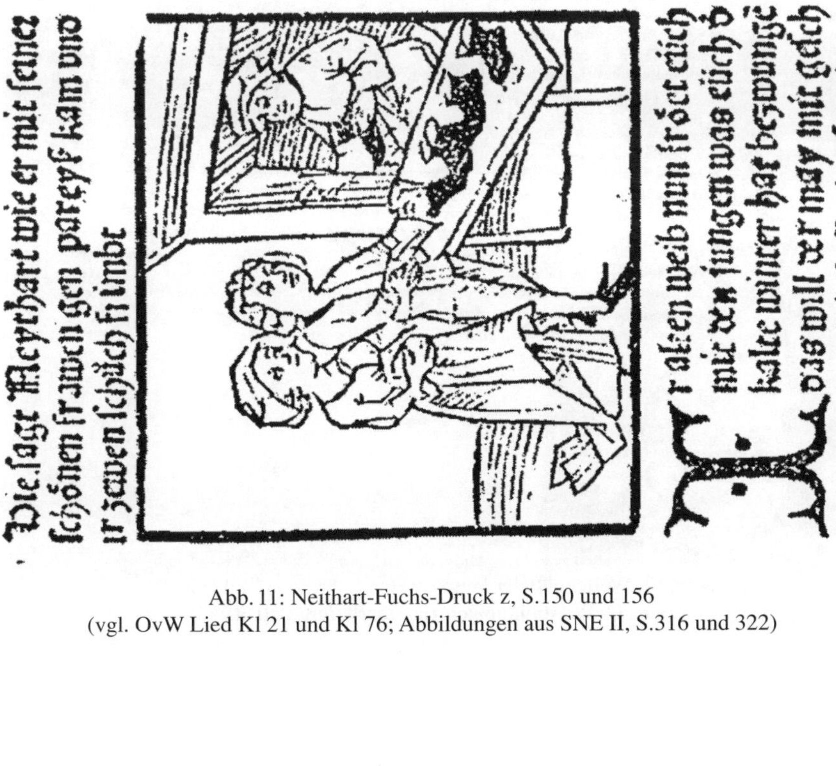

Die sagt Neythart wie er mit seiner
schönen frawen gen pareyß kam vnd
ir zewen schůch fi imbt

Der alten weib nun fröet euch
mit den jungen was euch d
kalte winter hat bezwungē
das will der may mit geich
rat taugen/ Mit liesser kraft gebenn

Ain graferin jn der kasteinn
pat die gab lust fröd mich
mit irem gerein Da ich sa
ch durch ir pfat die praiin
mich dete nit jren högk noch zein ich
graiff sy an vñ tätt sy zů mir schmuck
en Schon buckē inckē in dē pad wz al
ler welt ain klainer schad vnd det vns
baiden wol in leib vnd im hertzen

Abb. 11: Neithart-Fuchs-Druck z, S.150 und 156
(vgl. OvW Lied Kl 21 und Kl 76; Abbildungen aus SNE II, S.316 und 322)

Abb. 12: Wolfenbütteler Petrarca-Handschrift: Vollbild OsvW
(aus: OvW. Abbildungen zur Überlieferung II, 1973)

Abb. 13: Ulrich von Richental, Chronik des Konstanzer Konzils: OvW (untere Szene, zweiter von rechts) als Teilnehmer an der Belehnung Pfalzgraf Ludwigs III. am 11.5.1417 auf dem Konstanzer Marktplatz. Kolorierte Federzeichnung in der Konstanzer Abschrift der Chronik von 1465 (Archiv ARTeFAKT)

Abb. 14: Ulrich von Richental, Chronik des Konstanzer Konzils: OvW (wahrscheinlich oben, links) auf dem Konstanzer Fischmarkt, kolorierte Federzeichnung in der ehemals St. Petersburger Abschrift der Chronik (heute: Prag, National-Museum, Cod. VII A 18; Abbildung: Archiv ARTeFAKT)

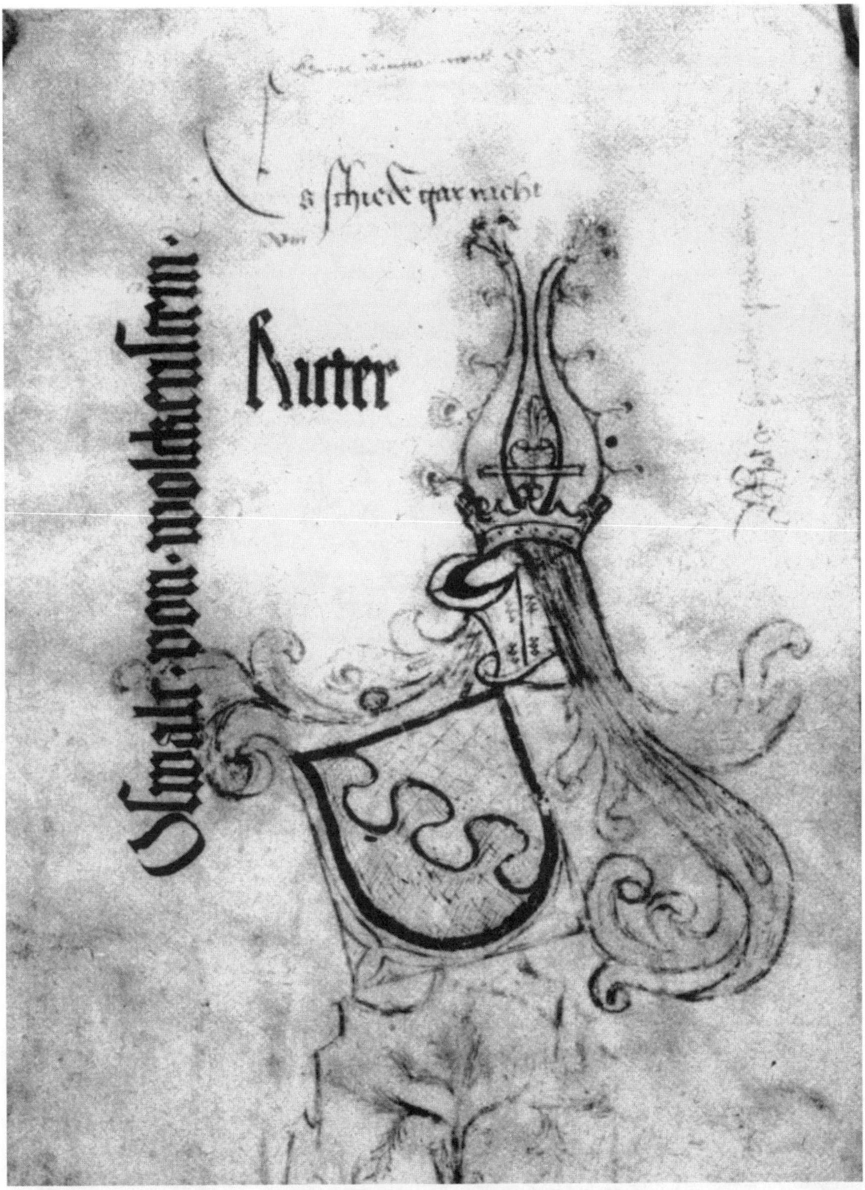

Abb. 15: Wappen OsvW, mit bekröntem Spangenhelm, Helmzimier und ‚Kohlkorb', auf dem Deckblatt eines von ihm nach Mai 1419 in Auftrag gegebenen Urbars (Pergament: Germanisches Nationalmuseum Nürnberg, Wolkenstein-Archiv, Fasz. 27; Abbildung: Archiv ARTeFAKT)

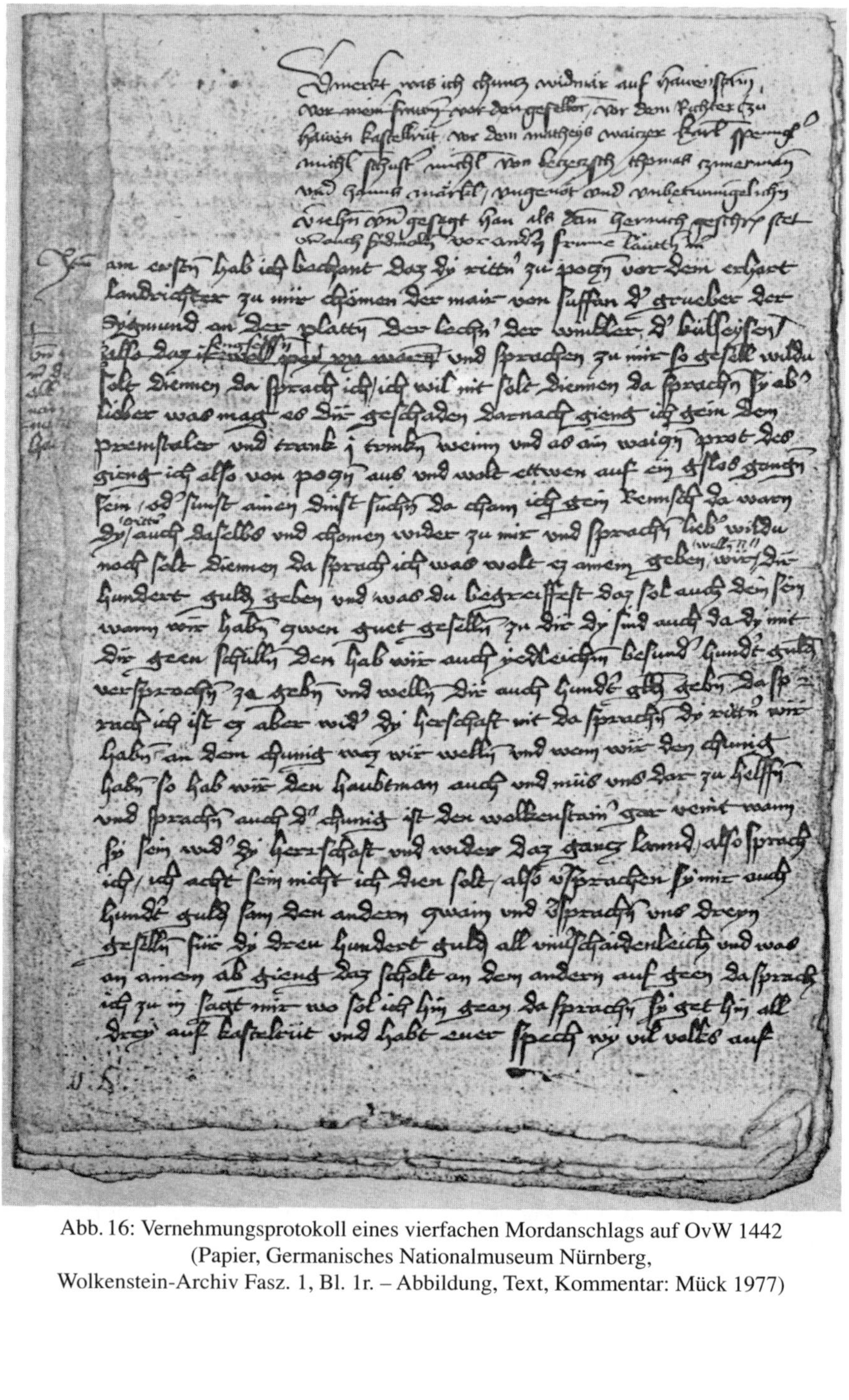

Abb. 16: Vernehmungsprotokoll eines vierfachen Mordanschlags auf OvW 1442 (Papier, Germanisches Nationalmuseum Nürnberg, Wolkenstein-Archiv Fasz. 1, Bl. 1r. – Abbildung, Text, Kommentar: Mück 1977)

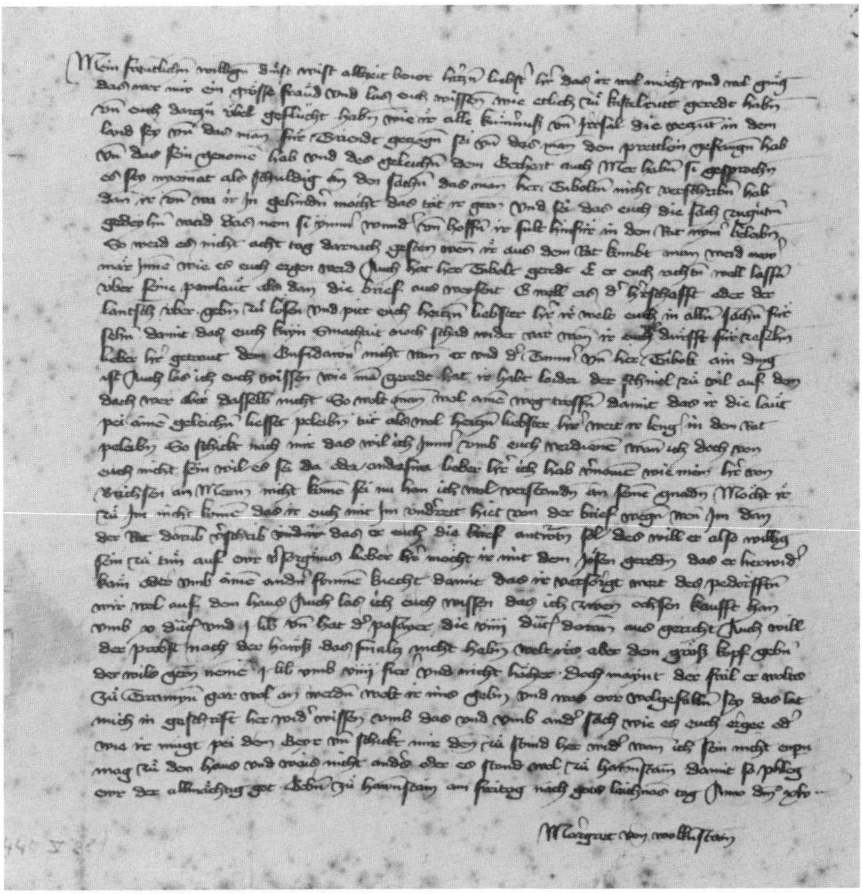

Abb. 17: Brief der Margarethe von Schwangau an ihren (todkranken) Ehemann OvW in Meran (Germanisches Nationalmuseum, Nürnberg; Text und Abbildung: Pörnbacher 1983)

Abb. 18: Grabstein OsvW in der Stiftskirche des Augustiner Chorherrenstiftes Neustift bei Brixen: Federzeichnung von Marx Sittich von Wolkenstein-Trostburg (Tiroler Landesmuseum Ferdinandeum, Cod. 3618; Abbildung: Archiv ARTeFAKT)

Abb. 19: „Kryptoporträt" OsvW (dritter von links: siehe Andergassen im vorliegenden Band): Votantengruppe in einer Intercessio-Szene, Fresko in der 12. Kreuzgangsarkade im Augustiner Chorherrenstift Neustift, Mitte des 15. Jhds. (Fotoarchiv des Amtes für Bau- und Kunstdenkmäler, Autonome Provinz Bozen, Abteilung Denkmalpflege)

Abb. 20: Ruine Wolkenstein im Grödner Tal; OvW hat in der namengebenden Burg seiner Familie wohl nie längere Zeit gewohnt; vgl. aber Kl 19,102 und Kl 41,1
(Aufnahme: Hubert Walder, Brixen)

Abb. 21: Ruine der Burg Hauenstein am Schlern, (umstrittener) Sitz OsvW, *auff ainem runden kofel* [= ‚markanter Berg'] *smal, mit dickem wald umbfangen* (so: Kl 44,22f.), siehe auch Kl 44,69; 26,28; 26,147g (Hs.A.); 59,42; 104,20; 116,10. (Aufnahme: Ulrich Müller)

Abb. 22: Ruine der Burg Hauenstein (Aufnahme: Ulrich Müller)

Abb. 23: Freskofragment aus der Burgruine Hauenstein, möglicherweise ein Bildnis OsvW (siehe Andergassen im vorliegenden Band; Aufnahme: Fotoarchiv des Amtes für Bau- und Kunstdenkmäler, Autonome Provinz Bozen, Abteilung Denkmalpflege)

Abb. 24: Trostburg im Eisacktal, Sitz der Wolkensteiner. Zur Zeit OsvW gehörte die Burg dem Familienältesten Michael von Wolkenstein; Oswald wurde vielleicht dort geboren, da dort auch seine Eltern wohnten; die Burg wurde jahrhundertelang von der Familie bewohnt und ist heute Sitz des Südtiroler Burgeninstituts und des Südtiroler Burgenmuseums.
(Aufnahme: Hubert Walder, Brixen)

Abb. 25: Brixen; zur Zeit OsvW die bedeutendste Stadt Tirols südlich der Alpen, bis 1803 Sitz eines Fürstbischofs (Aufnahme: Hubert Walder, Brixen)

Abb. 26: Augustiner Chorherrenstift Neustift bei Brixen (Aufnahme: Hubert Walder, Brixen)

Abb. 27: Porträt von König Sigismund, seit 1433 „Römischer Kaiser“, Antonio Pisanello zugeschrieben (Wien, Kunsthistorisches Museum; aus: Politische Lyrik des deutschen Mittelalters II, hrsg. von Ulrich Müller. Göppingen 1974, Abb. 2)

Abb. 28: Herzog Friedrich IV. (1382-1439), aus der nur kurzlebigen Tiroler Linie der leopoldinischen Habsburger; ironisch und nicht wirklich zutreffend bereits damals auch „Friedl mit der leeren Tasche“ genannt. Detail aus dem Stifterbild des Herzogs im Prämonstratenser-Chorherrenstift Wilten in Innsbruck, 1. Drittel des 14. Jhds., Kopie des nicht mehr erhaltenen Orginals (aus: Schwob 1977, S.63)

Abb. 29: Detail aus dem Grabstein des Brixner Fürstbischofs Ulrich II. Putsch. Der aus Oberbayern stammende Putsch († 1437) war seit 1408 Schreiber von Herzog Friedrich IV., 1413-1427 dessen Kanzler und seit 1427/1428 Bischof von Brixen. Im Streit des Domkapitels und Hochstifts von Brixen mit dem Bischof, dem das Nichteinhalten der Wahlkapitulationen vorgeworfen wurde, war OvW einer der Anführer, und er versetzte dem Bischof, nach dessen eigenen Aussagen, bei dessen Gefangennahme 1427 einen starken Fausthieb. (LZ 199: Diarium des Bischofs; siehe Kl 81 und 104; Aufnahme: Ulrich Müller)

Abb. 30: Burg Runkelstein, Westpalas, 3. Stock: Unterhaltung des Adels: Ballspiel. Zu den Abbildungen 30 – 39 siehe den Beitrag von Helmut Stampfer im vorliegenden Band. Die Aufnahmen stammen alle aus dem Fotoarchiv des Amtes für Bau- und Kunstdenkmäler, Autonome Provinz Bozen, Abteilung Denkmalpflege.

Abb. 31: Burg Runkelstein, Westpalas, 3. Stock: Unterhaltung des Adels: Fischfang – Siehe Abb. 30

Abb. 32: Burg Runkelstein, Westpalas, 1. Stock:
Im Jahr 2000 entdeckte Fragmente einer höfischen Szene – Siehe Abb. 30

Abb. 33: Burgruine Lichtenberg: Höfische Szene: Rosenpflücken – Siehe Abb. 30

Abb. 34: Burgruine Lichtenberg: Rad der Fortuna – Siehe Abb. 30

Abb. 35: Schloss Wendelstein: Einzug von Rittern (Fragment) – Siehe Abb. 30

Abb. 36: Ansitz Niederhaus: Höfische Szene: Spaziergang – Siehe Abb. 30

Abb. 37: Ansitz Niederhaus: Höfische Szene: Bad – Siehe Abb. 30

Abb. 38: Neustift, St. Margareth: Detail aus der Marienlegende – Siehe Abb. 30

Abb. 39: Meran, Pfarrkirche St. Nikolaus, Fresko im Turmdurchgang: Meister Wenzeslaus, Gründung des Trinitarierordens – Siehe Abb. 30

Abb. 40: Marienburg: Ordensburg, Sitz des Hochmeisters des Deutschen Ordens. Die Burg wurde im 2. Weltkrieg stark zerstört, von den Polen aber wieder aufgebaut. OvW war wohl 1399 und sicherlich 1402 im Ordensland und auf der Marienburg. (siehe LZ 5, 10, 18; Kl 18/ 26/ 44/ 123; Aufnahme: Ulrich Müller)

Abb. 41: Venezianisches Schiff für Palästina-Pilger (aus: Hugh WM. Davies: Bernhard von Breydenbach and His Journey to The Holy Land 1483-4. London 1911, Nr. 16 / 17: Druck Mainz 1486): Ankunft eines venezianischen Schiffs mit Pilgern in Palästina (Jaffa): Breydenbach Nr.25. – Der Mainzer Domherr und Politiker Bernhard von Breydenbach († 1493) begleitete 1483/1484 den jungen Grafen Johannes von Solms, zusammen mit dessen Beschützer Ritter Philipp von Bicken und dem aus Utrecht stammenden Zeichner und Drucker Erhard Reuwich auf einer Pilgerreise nach Palästina. Solms starb auf der Rückreise über den Sinai (Katharinenkloster) und Kairo in Alexandria. Reuwichs Zeichnungen wurden dann in der Veröffentlichung von Breydenbachs Reisebericht verwendet (erstmals 1486 in Mainz von Reuwich gedruckt); sie geben diesem eine weitgehende und ungewöhnliche Authentizität.

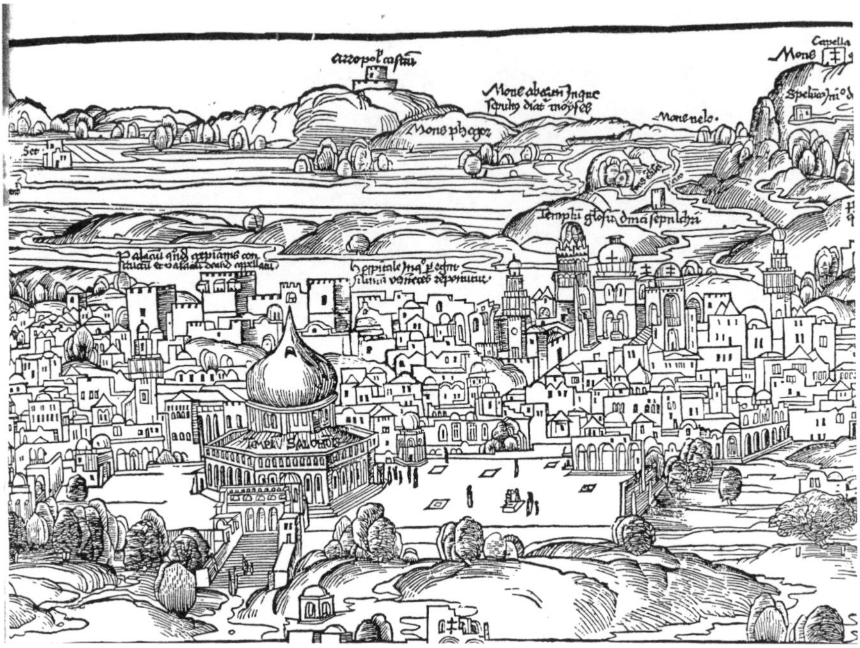

Abb. 42: Jerusalem: Blick auf die Stadt, etwa vom Ölberg: Breydenbach [siehe zu 41/43] Nr. 26 (Druck Mainz 1486, Ausschnitt). Die Abbildungen 42 und 43 zeigen die von Mauern umgebene Stadt Jerusalem (heute: Altstadt). Das jüdische Jerusalem wurde im Jahr 135 von den Römern, bis auf die sog. ‚Klagemauer', völlig zerstört. In der darauf folgenden Stadt (Aelia Capitolina) erbaute Konstantin der Große die Grabeskirche (335 eingeweiht, im Kern bis heute erhalten); ihr Turm sowie die Kuppel über dem Heiligen Grab sind auf dem Holzschnitt deutlich, auf der Fotografie weniger deutlich im Hintergrund rechts vom Felsendom zu sehen. Nach der arabischen Eroberung 638 wurde der ehemalige Tempelbezirk zu einem muslimischen Heiligtum, das dieser Bereich – mit Ausnahme der Kreuzfahrer-Jahre 1099-1187 – bis heute wieder ist; sein markantestes Bauwerk ist der durch eine Kuppel gekrönte Felsendom, der auf Reuwichs Holzschnitt zu Breydenbachs Reisebericht in der Form zwar richtig, aber mit einer zwiebelförmigen Kuppel wiedergegeben ist. Den Zentralbau des Felsendoms ließ wohl Kalif Abd el-Malik errichten, und zwar über einem Felsen, auf dem der Überlieferung nach Abraham seinen Sohn opfern sollte und von dem der Prophet Muhammed kurzfristig in den Himmel entrückt wurde; seine äußere Form ist bis heute weitgehend unverändert. Die Kreuzfahrer wandelten ihn in eine Kirche um (Templum Domini, nach dem auch der Templerorden sich nannte). Seit der arabischen Rückeroberung durch Sultan Saladin 1187 ist er wieder ein muslimisches Heiligtum. Die von Saladin für das Gebiet des Felsendoms (arab. haram al-sharif) und die Grabeskirche festgesetzte religiöse und politische Ordnung ist im wesentlichen bis heute gültig. Zwischen der Stadtmauer und dem Ausblickspunkt (also dem Ölberg) erstreckt sich das Kidron-Tal, auch „Tal Josaphat" genannt, mit dem Garten Gethsemane und dem bis heute unveränderten Mariengrab; es galt und gilt als künftiger Ort des Jüngsten Gerichts und ist ein für Christen und auch Muslime begehrter Bestattungsort. – Siehe Oswalds Lieder Kl 17, Kl 35 I und Kl 126,5f., die "Länderkataloge" sowie LZ 163 (Ratschläge für eine Palästina-Pilgerfahrt an Pfalzgraf Ludwig III. vom 9. September 1426); Josaphat wird in Kl 51,5 genannt.

Abb. 43: Jerusalem: Blick vom Ölberg auf die Stadt (Aufnahme: Ulrich Müller)

Abb. 44: Konstanz: Konzilsgebäude (erbaut als Warenlager1388), älteste bisher bekannte Photographie (1860); heute wird es als Restaurant und für kulturelle Zwecke genutzt (Aufnahme: Stadtarchiv Konstanz)

Abb. 45: Granada, Alhambra, erbaut im 13./ 14. Jhd., Sitz des maurischen Emirs, auch genannt der ‚Rote König' (al-Hamra'-u = ‚Die Rote'); in dem Palast befindet sich auch der berühmte und oft abgebildete ‚Löwenhof'. Die 711 von den Arabern eroberte Stadt Granada war von 1238 bis 1492 Hauptstadt des Kleinkönigreichs (Emirats) der Nasriden, die dann 1492 den „Katholischen Königen" von Aragon und Kastilien weichen mussten. In Kl 26 II sagt OvW, er sei auf dem Rückweg von Cëuta nach Perpignan (1415) in Granada vom ‚Roten König' empfangen worden. Siehe auch Kl 44,14; (Aufnahme: Ulrich Müller)

Abb. 46: Perpignan, Palast der Könige von Mallorca (= Palau dels Reis de Mallorca/ Palais des Rois de Majorque, Ende 13. Jhd.): Dort fanden 1415 teilweise die Verhandlungen von König Sigismund statt, bei denen auch OvW anwesend war. (Kl 19 IIff., Kl 18 III; ‚Aragon': Kl 12,2, Kl 19,15 und Kl 44,13); (Aufnahme: Herbert Schauer: www.dieumwelt.de)

Abb. 47: Avignon, Papstpalast, 14. Jhd. Nach der Verhandlungsniederlage des schismatischen Papstes Benedikt XIII. (Konkordat von Narbonne 13.12.1415) zog König Sigismund (und mit ihm OvW: Kl 19 XVIII) kurz vor Weihnachten 1415 prunkvoll in Avignon ein. Siehe auch Kl 12,4; Kl 21,94; Kl 44,14 und Kl 104,62; (Aufnahme: Ulrich Müller)

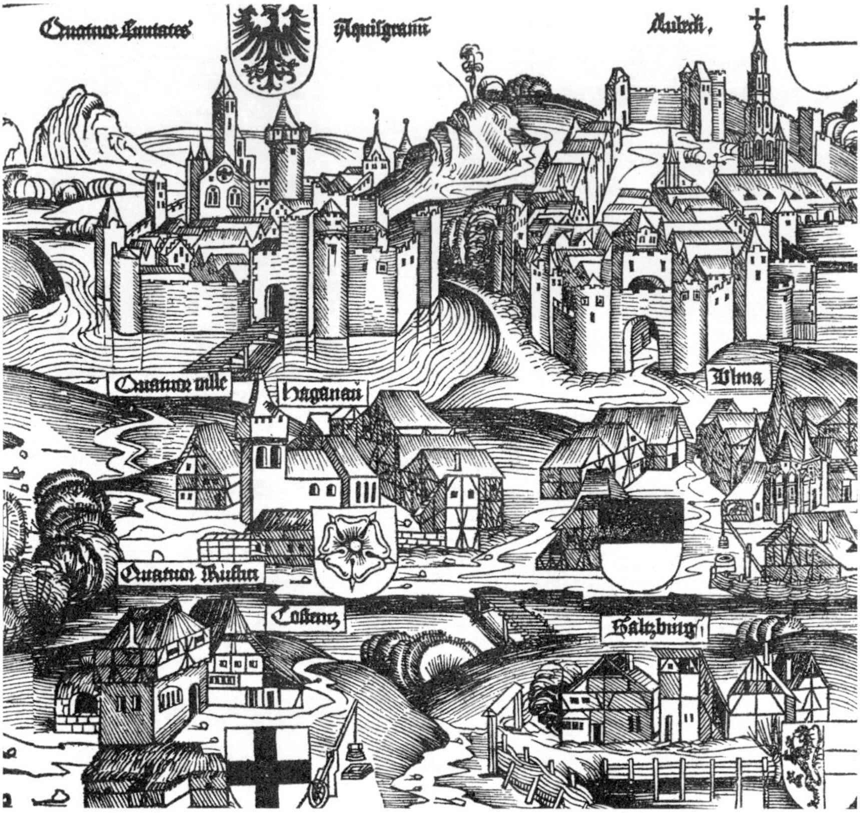

Abb. 48: Weltchronik des Hartmann Schedel, 1493 in Nürnberg auf Deutsch und Latein gedruckt: Symbolische Darstellung von Süddeutschland, mit den von OvW mehrfach bereisten und genannten Städten Konstanz, Ulm und Salzburg (siehe die Nachweise bei Jones u.a. 1973); (Abbildung nach dem Faksimile: München-Allach 1965)

Abb. 49: Briefmarke der Österreichischen Post anlässlich des (vermutlich) sechshundertsten Geburtstages von OvW 1977.
Für ihre Mitwirkung bei den Abbildungen danken wir Gertraud Mitterauer.

Abb. 50: Logo der Wolkenstein - Ausstellung 2011 im Südtiroler Landesmuseum Schloss Tirol